동아시아 역사 논쟁

이 저서는 2012년 정부(교육부)의 재원으로 한국연구재단의 지원을 받아 수행된 연구임(NRF-2012S1A5A2A01021326)

동아시아 역사 논쟁

초판 발행 2015년 10월 30일
초판 2쇄 2016년 8월 30일

지은이 김한규
펴낸이 유재현
편 집 온현정
마케팅 장만
디자인 박정미
인쇄·제본 영신사
종 이 한서지업사

펴낸곳 소나무
등 록 1987년 12월 12일 제2013-000063호
주 소 412-190 경기도 고양시 덕양구 대덕로 86번길 85(현천동 121-6)
전 화 02-375-5784
팩 스 02-375-5789
전자우편 sonamoopub@empas.com
전 자 집 http://blog.naver.com/sonamoopub1

ISBN 978-89-7139-593-6 93910

책값 35,000원

이 도서의 국립중앙도서관 출판예정도서목록(CIP)은 서지정보유통지원시스템 홈페이지(http://seoji.nl.go.kr)와 국가자료공동목록시스템(http://www.nl.go.kr/kolisnet)에서 이용하실 수 있습니다.(CIP제어번호: CIP2015028468)

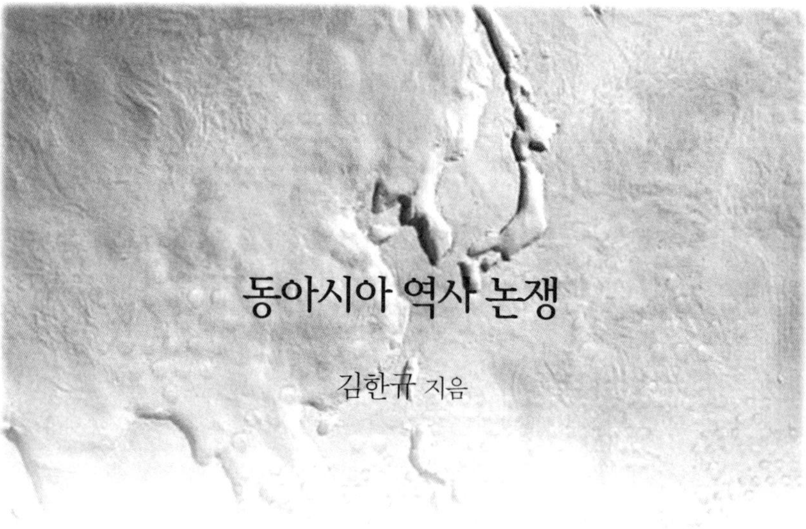

동아시아 역사 논쟁

김한규 지음

소나무

일러두기

1. 나라 이름은 독립적 역사공동체임을 강조하기 위해 현지의 발음으로 표기했다. 예컨대, 베트남(越南), 타이완(臺灣), 몽골(蒙古), 류큐(琉球), 투르크(突厥) 등으로 표기한다.

2. 사람 이름은 시대를 나누어 달리 표기한다. 전통 시대의 중국 인명은 우리식 한자 발음으로 표기하고 현대의 인명은 해당 지역의 발음으로 표기한다. 그러나 학술 저작을 통해 역사 논쟁에 참여한 학자들의 이름은 우리식 한자 발음으로 표기한다. 다만 빈번하게 출현하는 학자의 이름은 처음 나올 때 본국의 발음을 병기한다.

3. 지역 이름은 중국과 기타 지역으로 나누어 표기한다. 중국의 지명은 우리식 한자 발음으로 표기하고, 기타 나라의 지명은 현지의 발음으로 표기한다.

4. 청년 세대를 위해 한자를 가능한 한 사용하지 않는다. 다만 각 장에서 처음으로 나오는 한자 용어는 한글과 한자를 병기한다.

5. 논쟁의 쌍방이 동일한 사안에 대해 각각 다른 용어를 사용할 경우, 가능하면 중립적 용어를 사용한다. 한 예로, 중국과 일본 간의 역사 논쟁에서 중국 측은 '댜오위열서(釣魚列嶼)'라 하고 일본 측에서는 '센카쿠제도(尖閣諸島)'라고 주로 부르는데, 이 책에서는 '조어도(釣魚島)'라는 비교적 중립적인 약칭을 사용한다. 다만 일본 측의 공식적 자료에서는 '센카쿠제도'로 쓴다.

6. 마지막 장인 '동아시아 역사 논쟁의 비판적 이해'는 앞의 장들 내용을 축약·정리하고 비판적 이해를 덧붙여 결론에 대신한 것으로, 동아시아 역사 논쟁의 대체적 추이에 대한 포괄적 정보를 기대하는 독자를 위해 의도적으로 설정한 것이다. 따라서 보다 자세한 정보에 접하기를 원하는 독자는 본론의 각 장을 읽고 보다 개설적인 대강의 흐름을 파악하고자 하는 독자는 마지막 장을 읽어주기를 기대한다.

6. 참고문헌은 복수의 나라들 사이에서 전개된 역사 논쟁의 시간적 추이를 살펴볼 수 있도록, 소속 국가의 구별 없이 오로지 발표의 시간적 순서에 따라 정리했다.

책을 펴내며

며칠이 지나면 역사를 연구하고 그 결과를 전수하는 일을 직업으로 삼은 지 37년 만에 그 일을 그만두게 된다. 얼마 전 대학원 진학에 대해 상담하러 찾아온 한 학생에게 "왜 역사를 공부하려 하느냐"고 물었더니 "선생님은 왜 그동안 역사를 연구하셨습니까"라는 질문이 되돌아왔다. 그러고 보니 학생 시절과는 달리 근래에는 다른 이에게서든 자신에게서든 이런 근본적 질문을 좀처럼 들어보지 못해서 조금 당황스러웠다. 갑자기 중국의 역사학자들이 상투어처럼 말하는 '정치에 복무한다'는 말이 생각났다. 정치가 현실 문제를 해결하는 주요한 방법의 하나라면, 중국의 역사학자들은 자신이 소속된 사회와 국가의 현실 문제를 해결하기 위해 역사를 연구한다고 해석할 수도 있을 것이다. 역사가 과연 현실 문제를 해결할 수 있을까? 평소에 나는 이런 일은 불가능하다고 생각해왔다. 나는 그 학생에게 "현실 문제를 해결하기 위해 역사를 연구하지 않았고, 다만 현실 문제를 이해하기 위해 역사를 연구해왔다"고 대답해주었다.

실제로 그동안 내가 쓴 논문과 저서들은 대부분 현실 문제를 이해하기 위한 방편의 하나로 써졌다. 내가 쓴 첫 논문은 「나치 치하 독일 지식인의 동향」에 관한 것이었는데, 군사독재 치하에서 겪은 대학생활의 현실을 이런 방법으로 이해하려 했다. 석사학위는 '가의(賈誼)의 정치사상'을 주제로 한 논문으로 받았는데, 기원전 2세기의 인물을 대상으로 한 이 연구도 사실은 현실 문제에 대한 관심에서 출발했다. 원래는 20세기 초 중국의 무정부주의를 연구하려 했지만, 당시의 연구 여건이 너무나 좋지 않아 한 초 황로술(黃老術)과 관련된 가의 연구에 이르게 된 것이다. '중국적 세계 질서'와 한중관계사에 대한 연구는 물론 이 방면의 대가이신 은사 우호(于湖) 전해종(全海宗) 선생에 의해 계도된 바 컸지만, 한중관계 등 동아시아의 현실 문제를 이해하기 위한 방법의 하나로 역사적 접근을 선택한 셈이다.

사실 대학원에 진학하면서 한국사나 서양사가 아닌 동양사를 전공으로 선택한 까닭의 하나는 현실적 관심의 범위가 대체로 한국보다는 넓지만 서양까지 포함하지는 않았기 때문이다. 우리 세대가 다 그러하듯이, 이 나라에 태어나서 성장하고 생존하면서 온갖 일들을 겪었고 이웃 나라의 일들로부터도 삶에 적지 않은 영향을 받았다. 당연히 이런 일들이 왜 일어났는지, 도무지 이런 일들의 정체가 무엇인지 궁금하지 않을 수 없었고, 요행히 역사를 공부한 덕에 역사적 방법으로 이런 문제를 보다 쉽게 이해할 수 있는 기회를 갖게 되었을 뿐이다.

현재와 과거의 관계는 역사학도에게 던져진 숙명적 과제의 하나다. 현재는 당연히 과거의 결과다. 그러나 과거에 대한 지식이 현재에 대한 이해로 직접 이어질 수는 없다. 과거에 대한 지식이 불완전하고 불안정하기 때문이다. 많은 사람들이 과거에 대한 역사적 지식을 통해 현재의 문제를 풀어보려고 시도한다. 대부분의 역사 논쟁이란 것이 바로 역사를 통해 현재를 해결하려는 시도에서 비롯되었다. 그러나 역사란 과거에 대한 제한된 자료가 역사가에 의해 불안정하게 조합되고 해석된 결과일 뿐이기 때문에 결코 역사의 연장선상에 현재가 존재할 수는 없다. 그럼에도 불구하고 과거에 대한 모든 관심은 현재의 문제에서 시작된다. 현재를 이해하기 위한 한 방법으로 과거에 대한 지식을 얻으려 하는 것이다. 역사학이란 바로 이런 이유로 존재하게 되었으니, 현재를 이루게 된 과거의 과정을 이해함으로써 현재의 본질을 이해하려는 지적 과정의 하나가 역사학이다. 역사학적 인식은 비록 제한된 자료에 대한 선입견과 정서 등이 작용한 불완전한 해석의 결과임에도 불구하고 현재에 대한 이해의 한 방법으로 영원히 포기되지 못할 지적 행위임이 분명하다.

현재의 나와 과거의 타인의 관계를 따져 묻는 것도 역사학의 한 몫이다. 대학원에 진학해서 동양사를 공부하겠다고 찾아오는 후배들에게 우리나라의 역사를 공부하는 것도 어려운데 남의 나라 역사를 공부하는 것이 얼마나 어렵겠느냐는 이유를 들어 좀 더 신중하게 생각해보기를 권한다. 나라가 다르다는 것은 집단적 역사 체험을 달리한다는 뜻이다. 역사 체험을 달리한다 함은 그만큼 역사 이해가 어려워진다는 뜻이다. 그럼에도 불구하고 남의 나라 역사를 탐색하는 일을 포기할 수는 없다. 아무리 역사적 공동체의 귀속을 달리한다 하더라도 역사공동체 상호간의 역사적 관계는 존재하고 있기 때문이다. 따라서 이 책에서 시도하는 역사적 이해 역시 현재에 대한 내 개인의 지적 호기심을 충족시키는 한 과정이었음을 고백하지 않을 수 없다.

초등학교에 다닐 때의 일이다. 서울로 유학 간 가형이 방학이 되어 귀가했는데, 손에는 열 살 남짓 어린 동생에게 줄 듬직한 선물 하나가 들려 있었다. 『동아연감』(1959)이란 책이었다. 상당히 두껍고 큰 책이었는데, 가격도 만만치 않았던 것으로 기억된다. 그 책에는 그해 세계에서 일어난 중요 사건이 모두 기록되어 있었고 각종 통계자료가 정리되어 있었다. 너무나 귀중한 지식들이 한 아름 담겨 있었기 때문에 책 앞뒤로 수십 쪽이 찢겨지고 닳아 없어질 때까지 읽고 또 읽었다. 그런데 나는 유감스럽게도 기억력이 몹시 약하다. 그토록 열심히 탐독한 『동아연감』의 내용은 희미한 안개처럼 모두 날아가 버렸다. 오직 하나의 이름 '달라이라마'와 백마를 타고 가는 그의 모습이 찍힌 희미한 사진 한 장만이 나의 뇌리 속에 낙인처럼 분명하게 남아 있었다. '달라이라마'라는 이름과 사진 한 장이 무엇을 의미하는지는 전혀 이해하지 못한 채 성장한 뒤까지, 아니 대학교수가 된 뒤까지도 결코 잊히지 않는 꿈속의 장면처럼 오래도록 남게 된 것이다.

이 안개 속의 잔영처럼 남아 있던 이름과 사진 한 장은 1995년에 북경민족학원을 방문하면서 비로소 안개 속에서 빠져나왔다. 만나기로 한 그곳 교수를 기다리면서 본부 건물 현관 벽에 붙어 있는 신문 스크랩을 보았더니 온통 '서장공작(西藏工作)'이 잘 진행되고 있다는 내용이었다. 군사독재 시절에 신문 기사를 거꾸로 읽음으로써 행간을 정확하게 파악하는 연습을 충분하게 해둔 바 있었기 때문에 티베트 공작이 잘되고 있다는 중국의 신문 기사를 통해 티베트에서 무언가 심각한 일이 일어나고 있음을 감지할 수 있었다. 그때부터 티베트에 관한 자료를 찾아 정리하기 시작했다. 오로지 지금 티베트에서 일어나는 그 무언가 심각한 일을 알기 위해서였다. 그 결과 티베트가 인민해방군의 침공을 받아 중화인민공화국의 일개 자치구로 편입된 이후 끊임없이 저항하다가 엄청난 수의 인명이 살상되었고 이러한 저항의 정점에 14세 달라이라마의 망명이 있었음을 알게 되었다. 어렸을 때 『동아연감』에서 본 '달라이라마'란 이름은 티베트 정교 지도자의 칭호였고 그 사진은 14번째 달라이라마가 인도 다람살라로 망명하기 위해 히말라야 산맥을 넘는 장면이었던 것이다. 그때부터 나는 이런 사건이 일어나게 된 역사적 배경이 알고 싶어 관련 자료를 모아 정리했고 그 결과를 『티베트와 중국: 그 역사적 관계에 대한 연구사적 이해』(2000)로 출판했다. 나는 이 연구를 통해 수천 년 전에 수만 리 떨어진 티베트 고원에서 일어난 사건이 현재의 한반도에서 살고 있는 나와 전혀 무관한 사건일 수 없음을 한 번 더 확인할 수 있었다. 티베트인이 당대 중국인을 대비천(大非川)에서 격파한 사건은 한반도에서 안동도호부를 물러나게 했고, 한국전쟁은 중화인민공화국의 중국인이 티베트를 지배하는 것을 공고하게 해주었다. 무엇보다 티베트인과 중국인이 전개한 역사 논쟁에 한국인이 관심을 갖고 정리했다는 것 자체가 동아시아 세계가 하나의 역사 단위로서 존속하고 있음을 한 번 더 확인해준다.

베트남 역사에 대한 관심도 개인적 경험에서 비롯되었다. 대학 시절 하숙집을 전전하면서 늘 가지고 다녔던 재산 1호는 포터블 전축이었는데, 이 조그마한 전축은 베트남전에 참전한 외삼촌이 목숨 걸고 싸운 대가의 일부였다. 이 전축에 흑인 영가와 〈사계〉 판을 걸 때마다 생각하게 된 문제는 외삼촌과 같은 한국 사람들이 왜 그 먼 나라에 가서 싸우게 되었는가 하는 현대사적 문제보다는 베트남전이란 전쟁을 겪고 있는 베트남인은 어떤 역사적 경험을 가진 사람들인가 하는 고대사적 의문이었다. 당시 국민적 논의가 충분하게 이뤄지지 않은 상태에서 참전이 진행되었기 때문에 대부분의 국민에게는 베트남전은 물론이거니와 베트남이라는 나라 자체도 생소하기 그지없는 존재였다. 그 무렵 고교생이었던 나는 한국인이 왜 그 먼 나라까지 가서 우리를 해코지하지도 않은 베트남 사람들을 상대로 전쟁을 하는지 잘 알지도 못했고 관심도 없었다. 전쟁이 끝난 한참 뒤에야 5천 명이 넘는 우리나라의 젊은이들이 그곳에서 전사하고 그보다 훨씬 더 많은 젊은이들이 부상당하고 고엽제로 고통받고 있다는 사실을 알게 되었지만, 나는 여전히 베트남전을 포터블 전축을 갖게 해준 고마운 기회 정도로 기억할 뿐이었다.

물론 베트남전 참전으로 적지 않은 물적 대가를 얻게 되었다든가, 참전 한국군이 베트남의 민간인을 집단적으로 살상했다든가 등등의 전쟁 중에는 통제되었던 사실이 하나씩 밝혀지면서 베트남전과 한국인의 관계에 대한 의문이 조금씩 제고되었다. 무엇보다도 대학과 대학원 과정에서 역사를 공부하면서 베트남전의 성격과 의미에 대한 역사적 접근이 가능하게 되었는데, 베트남전을 기제로 하여 접근하게 된 베트남이라는 나라의 역사는 그 자체가 내게는 충격이었다. 스스로 자료를 찾아 확인한 베트남의 역사는 두 가지 측면에서 충격적이었다. 그 하나는 한국의 역사와 너무나 흡사하다는 것이다. 아마도 세계에서 한국인과 가장 근사한 역사를 체험한 이들을 찾는다면 그것은 베트남인일 것이다. 한국과 베트남은 대륙에 연접하여 대륙에서 밀려오는 정치·군사적 압박에 끊임없이 시달리면서도 강렬한 문화지향성과 강력한 문화창조력으로 역사공동체적 정체성을 장기간 보전하면서 지금까지 독립된 국가체제를 유지하고 있는 동아시아의 유이(唯二)한 나라들이다. 그 둘은 너무나 완강한 저항의 역사를 갖고 있다는 것이다. 베트남인은 당대 세계에서 가장 강대한 국가를 상대로 언제나 저항했고 언제나 승리했다. 베트남인은 전통 시대에는 중국의 송, 몽원(蒙元), 명, 만청(滿淸) 등의 침공에 번번이 성공적으로 항격했고, 근·현대에는 프랑스, 일본, 미국, 중화인민공화국 등 강대국의 침공을 완강한 저항으로 좌절시켰다. 베트남인이 이처럼 외세에 완강하게 저항한 자랑스러운 역사에서 정점을 찍은 것이 베트남전이었으니, 이러한 역사의 무대에서 생뚱맞은 조연 역할을 맡은 한국인의 한 사람에게 베트남전의 역사적 뿌리를 이해하는 일은 다른 어떤 주제보다도 강한 유인력을 갖고 다가왔었다.

박정희란 인물과 같은 시대를 살았을 때 그가 만주국 군관학교 출신의 관동군이었다는 뉴스를 접하고 만주국이란 어떤 나라인가, 관동이란 무슨 뜻인가, 이런 문제가 궁금해서 '만주'와 '관동'에 대해 자료를 탐색하다가 그것들이 '요동'과 비슷한 개념을 내포한 말임을 알게 되었고, 끝내는 '요동사'의 언저리까지 더듬게 되었다. 나의 대학 시절은 휴강과 휴업·휴교의 연속이었다. 여덟 학기 가운데서 휴강이나 휴업·휴교 등으로 학기가 중단되지 않았던 적이 한 번도 없었다. 한 학기에 한 달 남짓 강의하고 많은 월급을 받는 교수님들을 보고 교수가 참 좋은 직업이구나 하고 감탄하기도 했다. 그 당시에 자주 들은 단어 가운데 하나가 '만주'와 '관동'이었는데, 내가 겪은 모든 휴교와 휴업·휴교가 바로 '만주국'의 '만주군관학교'를 졸업한 '관동군' 장교 출신의 통치에 대학생들이 저항하는 과정에서 발생했기 때문이다. 그러나 그 당시에는 내가 훨씬 뒤에 바로 그 '만주'와 '관동' 때문에 혹심한 고초를 겪게 될 줄은 꿈에도 예상하지 못했다.

전통 시대에는 '만주'와 '관동'을 '요동'이라 불렀다. 그래서 '중국'과 '한국'의 사이에 개재한 '만주' 또는 '관동'의 역사를 '요동사'라는 이름으로 정리하여 2004년에 출간했다가 학계와 언론 등으로부터 전방위적인 공격을 받았다. 이 책이 특히 혹심한 비난을 받은 까닭의 하나가 그 당시에 공교롭게도 이른바 '동북공정'으로 인해 '고구려사의 귀속' 문제를 둘러싸고 한국과 중국 사이에 '역사 전쟁'이

한창 벌어지고 있었기 때문이다. '역사 전쟁'의 발발을 예측하는 능력을 갖지 못한 나는 그보다 훨씬 전에 탈고했음에도 불구하고 '전쟁' 중에 '이적'의 책을 출간했다는 죄목으로 한평생 들어도 남을 비난을 한꺼번에 들었어야 했다. 그러나 그때나 지금이나 역사란 '독점적 귀속'의 대상이 될 수 없다는 생각에는 변함이 없다.

전남 지역에 정기 답사를 다녀온 여학생들이 "남자다운 남자는 한 명도 안 남았습니다"라고 광주의 상황을 보고했을 때부터 공권력에 의한 민간인 학살의 역사에 관심을 갖게 되었다. 특히 허우샤오시엔(候孝賢)의 〈비정성시(悲情城市)〉는 광주로부터 타이완으로 시선을 돌리게 했고 2·28이란 무엇인가 하는 새로운 질문은 다시 타이완 국민의 절반은 왜 독립을 원하는가 하는 새로운 수수께끼로 이어졌다. 광주 참변을 경험한 한국인이라면 누구나 비행기가 하강할 때 귀를 먹먹하게 하는 대기의 충격을 기억할 것이다. 언론이 꽁꽁 묶여 있는 동안 그곳에서는 무언가 엄청난 일이 벌어지고 있는 것 같은데 무슨 일인지 도무지 알 수가 없는 진공상태 같은 것 말이다. 1947년 2월 28일 타이완에서도 이와 유사한 일이 일어났다. 많은 한국인은 〈비정성시〉란 영화를 통해 타이완의 2·28 참변을 간접 경험하면서 역사적 경험을 함께했다는 동류의식을 타이완인과 공유할 수 있었을 것이다. 2·28 참변은 2만여 명의 생명을 앗아갔고 40년간의 계엄령 통치를 가져왔으며 타이완을 본성인(本省人)과 외성인(外省人) 사회로 두 조각냈다. 2·28 참변을 계기로 타이완 주민은 중국인과는 다르다는 배타적 정체의식을 강화하면서 타이완에 중국과 구별되는 독립된 국가를 건립하려 노력했다. 이로 인해 타이완에서는 양안(兩岸. 대륙과 타이완)의 중국인과 타이완인 사이에 이른바 '통독(統獨) 논쟁'이라 부르는 거대한 역사 논쟁이 발발했다. 현재 타이완에서는 스스로 중국인이라고 생각하는 사람들과 스스로 타이완인이라고 생각하는 사람들이 두 개의 배타적 공동체를 형성하여 중국과의 통일과 중국으로부터의 독립을 각각 주장하고 있는데, 이러한 주장의 근저에는 타이완 역사공동체에 대한 서로 다른 역사의식이 깔려 있다.

북경올림픽을 전후하여 중국의 이곳저곳에서 총성이 들려올 때까지만 해도 이러한 '테러'가 누구에 의해 왜 일어났는가 하는 문제에 별다른 관심을 갖지 못했다. 그러나 북경의 어느 서점에서 '동돌(東突)' 운운하는 책들을 동시에 여러 권 발견했을 때 문제의 심각성에 대한 자각이 강렬한 지적 호기심을 불러일으켰다. '동돌', 즉 동투르키스탄의 독립운동은 이미 2천 년 전 한 무제가 서역을 경영하기 시작했을 때부터 싹이 감추어져 있었던 문제였으니, 그 싹을 덮고 있던 흙을 살짝 들쳐보고 싶은 호기심을 어떻게 억제할 수 있겠는가. 대학 시절 전해종 선생님 강의 시간에는 언제나 귀에 익지 않은 이색적인 지명과 국명이 등장했는데, 그 가운데서도 유독 독특하게 들린 이름들은 차사(車師)니 언기(焉耆)니 구자(龜玆)니 우전(于闐)이니 하는 서역의 오아시스였다. 윤후명이 꿈꾸었던 몽환의 '누란(樓蘭)'도 대학 시절에 수없이 들었던 서역의 오아시스였다. 그러나 근래에 그 오아시스의 나라에서 심심찮게 총소리가 들려온다. 그 총소리는 그곳의 원주민인 위구르인이 쏜 총소리라고도 하고, 그곳으로 진군한 중국군이 쏜 총소리라고도 한다. 중국인은 그곳에서 총을 쏘는 위구르인을 가리켜 테러리스트라고 규탄하고, 위구르인은 그곳에서 총을 쏘는 중국인을 가리켜 침략자라고 비난한다. 한대 이래로 중국인이 흔히 서역(西域)이라 부르던 그곳을 지금은 중화인민공화국의 신강위구르자치구(新疆維吾爾自治區)라 부른다. 특히 세계의 시선을 모으기 위해 북경올림픽을 전후하여 중국에서 발생한 '테러'의 대부분은 그곳 원주민들에 의해 일어났다. 그러나 한국인은 물론이거니와 중국인의 대부분도 이러한 '테러'가 왜 일어나고 있는지 그 이유를 잘 알지 못한다. 더구나 빈발하는 '테러'의 배후에 위구르인과 중국인 사이의 오래 묵은 역사의식의 간극이 존재하고 있음을 알지 못할 뿐만 아니라 이로 인해 양자 사이에서 치열한 역사 논쟁이 지속되고 있음을 알지 못한다.

이처럼 내게는 역사 연구란 개인적 체험이 불러일으킨 지적 호기심으로 인해 현재 직면한 문제를 이해하려는 목적으로 그 문제의 역사적 기원과 전개를 확인하는 과정이라고 할 수 있다. 현대 동아시아에서 일어난 각종 유의미한 사건이나 문제를 역사적으로 이해하려는 노력의 결과가 하나씩 쌓여서 논문이 되고 저서가 되기도 한 것이다. 그러나 내게 가장 흥미롭고 가장 근원적인 문제는 역시 오늘날의 한국을 역사적으로 이해하는 일이다. 한국사를 전공하든 동양사나 서양사를 전공하든 역사를 연구하는 이라면 누구나 역사를 연구하는 궁극적 목적이 현재의 한국, 즉 '나'를 이해하려는 데 있을 것이다.

이 책은 현대 동아시아에서 전개된 일곱 종류의 역사 논쟁을 모두 다루고 있다. 독자 가운데는 각 개별 논쟁에 관심이 있는 이도 있을 것이고 동아시아 역사 논쟁의 전체상에 관심을 갖는 이도 있을 것이다. 그래서 각 개별 논쟁에 대해 비교적 자세하게 논술하고 끝부분에 전체 논쟁을 요약하여 결론에 대신했다. 특히 제8장 「동아시아 역사 논쟁의 비판적 이해」는 「동아시아 역사 논쟁과 고구려사 역사 논쟁」이란 제목으로 최근 서강대학교 『인문논총』(43집)에 발표한 것으로, 동아시아에서 진행된 모든 역사 논쟁을 포괄적으로 정리·소개하고 그 일반성과 특수성을 논술한 것이다.

이 책의 주제에 관한 기존 연구 성과가 거의 존재하지 않기 때문에 기초 자료를 수집하는 데 많은 시간과 노력이 소모되었다. 이로 인해 부득이하게 많은 이들을 번거롭게 하면서 적지 않은 도움을 받지 않을 수 없었다. 이 기회에 특히 자료를 수집하는 과정에 도움을 준 이들에게 감사의 인사를 전하고 싶다.

2012년 2월에 복건(福建)의 하문대학(厦門大學) 타이완연구중심(臺灣硏究中心)을 방문했을 때 따뜻하게 맞아주고 많은 자료를 기증해준 임인천(林仁川) 주임과 진공립(陳孔立) 교수에게 감사의 인사를 보낸다. 2012년 10월에 미국으로 건너갈 때 대한항공 샌프란시스코 윤영 지점장의 신세를 많이 졌다. 그의 도움이 없었다면 적지 않은 고생을 감수해야 했을 것이다. 보스턴에서 기꺼이 숙소를 제공하며 온갖 편의를 아끼지 않은 홍승기 교수와 엘리엇 가족의 따뜻한 마음은 아직도 잊히지 않는다. 귀중한 자료에 접근할 수 있도록 도와준 하버드대학 옌칭연구소의 강미경 선생에게도 감사의 마음을 보낸다. 2013년 8월 와세다(早稲田)대학을 찾았을 때 도서관 자료에 접근할 수 있도록 배려하고 도와준 이성시(李成市) 교수와 정동준 박사에게도 감사의 인사를 표하고 싶다. 2014년 1월에 대북(臺北)의 중앙연구원(中央硏究院) 타이완연구소(臺灣硏究所)를 방문했을 때 이품혜(李品慧) 연구원이 보여준 친절은 무척 감동스러웠다. 그가 찾아준 자료는 이 책에서 매우 유용하게 이용되었다. 2014년 2월에 방문한 류큐대학(琉球大學)의 국제오키나와연구소(國際沖繩硏究所)에서도 전전주자(前田舟子) 박사의 호의를 만나 귀중한 자료를 적지 않게 접할 수 있었다. 자료 수집을 위해 하문, 류큐, 몽골, 타이완, 북경, 도쿄 여행 등에 기꺼이 동행해준 방향숙·김석우·정면·허지은·홍승현 교수 등 여러 후배들에게도 고마웠다는 인사를 전하고 싶다. 미국에서 귀한 자료를 구해 보내준 김광민 교수와 역시 귀한 논문을 구해서 보내준 몽골과학아카데미 역사연구소의 체렝도르지 교수에게도 감사의 마음을 보낸다. 북경에서 유학하면서 중국 자료를 구해 보내준 이미영과 연구보조원으로 참여하여 온갖 번거로운 일들을 다 맡아서 처리해준 김예신에게도 고마움을 전한다.

아마도 이 책은 '중국적 세계 질서'에 대한 나의 마지막 정리가 될 것이다. 대학원 시기부터 관심을 가져온 '중국적 세계 질서'라는 연구 주제는 우호 전해종 선생님으로부터 계도되었으니, 이 기회에 진심으로부터 우러나는 감사의 마음을 은사께 바치는 것이 마땅하다고 생각된다. 부디 건강을 잘 지키셔서 가르침을 계속 베풀어주시기를 바랄 뿐이다.

2015년 8월 岳陽 文星齋에서

차례

서론

최근 동아시아 국제 사회에서는 매우 치열한 역사 논쟁이 두 방향에서 전개된 바 있다. 하나는 티베트 귀속의 역사적 근거를 둘러싼 논쟁이었고, 다른 하나는 고구려사 귀속에 관한 논쟁이었다. 전자는 중화인민공화국의 인민해방군이 1950년에 티베트를 침공·점령함으로써 발생했는데, 티베트인과 중국인 사이에 벌어진 이 논쟁의 초점은 티베트가 오래전부터 중국의 일부였는가 하는 것이었다. 후자는 중국사회과학원 중국변강사지연구중심(中國邊疆史地研究中心)의 '동북변강역사여현상계열연구공정(東北邊疆歷史與現狀系列研究工程. 흔히 줄여서 '동북공정'이라 함)'이 2003년 여름 한국에 알려짐으로써 촉발되었는데, 중국인과 한국인 사이에서 벌어진 이 논쟁의 초점은 고구려사를 중국사에 편입시키는 것이 타당한가 하는 것이었다.

1959년 14세 달라이라마가 라싸를 탈출하여 인도로 망명한 이래로 티베트의 독립을 갈망하거나 지지하는 측과 티베트의 독립을 거부하거나 탄압하는 측 사이에서 티베트 독립 문제를 둘러싸고 치열한 논쟁이 전개되었는데, 이 논쟁의 가장 두드러진 특징은 양측 모두 자기 주장의 근거를 역사적 전통에서 찾으려 했다는 점이다. 티베트 독립을 주장하는 측의 주장에 의하면 티베트 최초의 통일 국가였던 토번(吐蕃) 왕국이 당시 중국의 당(唐)과 대등하고 독립적이며 대립적인 관계를 유지한 이래로 티베트는 한 번도 국가적 독립성을 상실한 적이 없었으며, 1950년 중국군의 티베트 침략으로 중화인민공화국에 강제로 병합되었다고 한다. 이에 반해 중국 측은 티베트가 중국의 판도 안으로 들어온 원(元)대 이래로 중국은 티베트 지방 정권에 대해 유효하게 주권을 행사해왔으며 중화인민공화국 인민해방군의 티베트 진군은 외국에 대한 침략이 아니라 해방을 위한 통일전쟁이었다고 주장했다. 이처럼 티베트 측이나 중국 측은 모든 쟁점에서 상반된 주장을 내놓았지만, 양측 모두 전통 시대의 국가 관계를 통해 티베트와 중국의 역사적 관계를 규정함으로써 현재의 정치적 입장에 대한 논거를 확보하려 했다는 점에서 일치한다.

중국사회과학원 중국변강사지연구중심이 주도한 '동북공정'이 한국 사회에 알려짐에 따라 촉발된 이른바 한·중 '역사 전쟁'은 매우 거칠고 감정적이어서 논쟁 발발의 합리적 이유를 발견하기가 쉽지 않을 정도였다. 이 '전쟁'의 한국 측 선봉에 나선 논객들은 중국인들이 고구려사를 중국사의 일부로 편입시키려 한다고 하면서 이를 한국에 대한 부당한 침략이라고 규탄했는데, 이들이 주로 제시한 논거는 '고구려는 자주적이며 독립적인 강대 국가였다'는 것이다. 이에 반해 '동북공정'에 참여한 중국 측 학자들은 '고구려는 중국 왕조의 일개 지방 정부였음'을 들어 고구려 역사가 중국사의 일부임을 입증하려 노력했다. 중국의 역사학계는 건국 이후 56개 민족을 아우르는 '통일적 다민족국가'를 유지해야 할 현실적 과제에 '복무'하기 위해 '중국사의 범위는 현재 중화인민공화국의 영토를 범주로 한다'는 가설을 옹립해왔지만 '동북공정'의 학자들은 이 전가의 보도를 보류해두고 국가 대 국가의 역사적 관계를 통해 고구려의 역사적 위상을 규정하려 했고, 한국의 학계에서도 주로 중국 국가와 고구려의 정치·외교적 관계에 대한 논의를 통해 고구려 역사를 지키려 했다.

이처럼 이들 두 국제적 논쟁은 몇 가지 공통점을 갖고 있다. 하나는 양자 모두 중국과 관련되어 있으며 현대 중국인에 의해 촉발되었다는 점이다. 다른 하나는 양자 모두 중국인이 이른바 '변강(邊疆)'이라고 부르는 공간을 둘러싸고 전개된 논쟁이라는 점이다. 현재 중국 학계에서는 역사상의 요동이나 막북(漠北)의 초원 유목 사회, 서역(西域), 티베트, 강저(羌氐)와 만월(蠻越), 타이완(臺灣) 등을 동북·북방·신강(新疆)·서장(西藏)·서남·해강(海疆) '변강'이라고 부르는데, 티베트와 고구려는 이들 '변강' 가운데 '서장' 및 '동북' 변강과 직접 관련되어 있다. 그러나 이 두 논쟁에서 발견되는 가장 큰 근사성은 논쟁 당사자들이 모두 국가와 역사공동체 개념을 구분하지 않고 무분별하게 사용하고 있다는 점이다. 주지하는 바와 같이, 전통 시대의 '중국(中國)'과 '한국(韓國)'은 국가의 명칭이 아니라 특정한 역사공동체의 개념을 내포하고 있었지만 '고구려'는 어디까지나 특정 국가의 명칭이었으니 이들을 서로 구별하지 않을 수 없다. 그럼에도 불구하고 이 두 논쟁은 모두 국가와 역사공동체 개념을 구별하지 않은 채 국가 간의 관계와 역사공동체 사이의 관계를 일치시키려는 방향으로 진행됨으로써 논쟁 쌍방이 모두 논리적으로 치명적인 동일한 허점을 드러내고 있다.

국가와 역사공동체 개념을 구별하지 않는 논쟁의 특징은 이 두 논쟁에만 국한된 것은 아니다. 중국이 일방으로 참여하는 역사 논쟁에서는 언제 어디에서나 이러한 특성이 발견된다. 현대 동아시아 국제 사회에서 전개된 역사 논쟁으로 중국과 타이완의 역사 논쟁도 유명한데, 이 논쟁에서도 국가와 역사공동체 개념이 분별되지 않았다. 일제의 패전으로 타이완이 중화민국에 양도된 이후, 특히 중화민국의 통치에 대한 불만으로 1947년에 폭발된 '2·28 사변' 이후 중국과의 통일 및 타이완의 독립을 다툰 이른바 '통독(統獨) 논쟁'이 지금까지 진행되고 있는데, 이 논쟁도 역사적으로 타이완을 통치한 정치 실체들과 중국 국가들의 관계 구명을 통해 통일과 독립의 논거를 찾으려 한 역사 논쟁의 성격을 띠고 있다. 주로 중국 학계에서 제기된 통일론에서는 만청(滿淸)의 군현 설치는 물론 한대 이래의 중국 왕조가 수행한 타이완에 대한 정치·군사적 작용까지 모두 역사적 근거로 거론되었고, 주로 타이완 학계에서 논의된 독립론에서는 타이완에서 식민지를 경영한 네덜란드나 일본은 물론 명말청초의 정성공(鄭成功)정권과 일부 지역에 대해 군현적 지배를 관철한 만청 정권까지도 타이완과는 무관한 '식민세력'으로 규정했다.

현대 동아시아 국제 사회에서 중국을 중심으로 전개된 3대 역사 논쟁이 모두 역사적 국가 관계를 통해 역사공동체의 관계에 접근하는 특수한 구조를 갖고 있는 까닭은 '중국'이라는 역사공동체와 '중화인민공화국'이라는 국가의 특수성에 기인한다고 볼 수 있다. 현재의 중화인민공화국이라는 국가는 '중국'이라는 역사공동체와 '변강'으로 불리는 수많은 역사공동체로 구성된 통합 국가임을 기억한다면, 티베트와 요동, 타이완 등 독립된 역사공동체에서 발생한 모든 역사적 사건과 정치적 실체를 '중국'이라는 범주 안에 포괄시키려는 현대 중국인의 인식체계를 이해할 수 있을 것이다. 따라서 이들 3대 논쟁은 지역적 특수성을 가짐과 동시에 보편적 일반성도 아울러 띠고 있다고 할 수 있을 것이니, 이들 3대 역사 논쟁을 함께 정리·분석·비교함으로써 각 논쟁의 특수성과 일반성을 아울러 이해할 수 있을 것이며 중국을 중심으로 한 전통 시대 동아시아 세계의 구조적 특성에도 효과적으로 접근하는 시각을 확보할 수 있을 것이다.

이와 더불어 중국과 베트남, 중국과 일본 학계에서 전개된 역사 논쟁도 정리해 보면, 앞서 언급한 3대 논쟁의 성격에 대한 이해를 보완하고 전통 시대 동아시아 세계 질서의 특성을 이해하는 데 적지 않은 도움을 얻을 수 있을 것이다. 중국과 베트남의 역사학계가 중국-베트남 관계사 분야에서 다툰 역사 논쟁과 중국과 일본 학계가 조어도(釣魚島) 영유권 문제를 계기로 벌여온 류큐(琉球) 관계 역사 논쟁은 주로 전통적 '번속(藩屬)'관계 또는 '종번(宗藩)'관계의 역사적 의미와 성격에 관한 것으로, 티베트와 중국의 전통적 단월(檀越, 供施)관계와 한국과 중국의 전통적 책봉-조공관계에 관한 논의와 비교 검토할 만한 가치와 내용을 갖고 있다. 전통 시대 동아시아 세계 질서의 기본 운영체계였던 책봉-조공체제는 서구의 근대적 국제법체제와는 상이한 특수성으로 인해 19세기 이래로 오랫동안 논의와 논쟁의 대상이 되어왔고, 현대 동아시아 국제 사회에서 전개된 각종 역사 논쟁에서도 핵심적 주제로 다뤄졌다. 따라서 앞의 3대 논쟁과 더불어 중국과 베트남, 중국과 일본의 논쟁도 함께 정리함으로써 전통 시대 동아시아 세계 질서에 대한 역사적 이해를 강화할 수 있으리라 기대된다.

한편 동아시아의 역사 논쟁이 중국과 한국, 중국과 티베트, 중국과 타이완, 중국과 베트남, 중국과 일본 간의 논쟁에 국한되지 않았음을 잘 알고 있다. 중국과 몽골, 중국과 동투르키스탄 사이에도 일정한 수준의 역사 논쟁이 존재했다. 중국이나 내몽골에서 출간된 각종 몽골사 개설서에서는 칭기즈칸을 비롯한 역사적 몽골인을 중화민족의 일원으로, 몽골사를 중국사의 일부로 서술했고, 몽골의 역사학자들은 이러한 중국인의 역사 서술에 대한 불쾌감을 노골적으로 표명하면서 중국인의 역사 '왜곡'에 완강하게 저항했다. 이와 마찬가지로 중국인들은 신강의 원주민, 특히 위구르인을 중화민족의 일원으로 규정하고 그들의 역사를 중국사의 일부로 서술했고, 신강을 중국과 분별되는 동투르키스탄으로 간주하는 위구르인은 자신의 역사를 동투르키스탄 역사로 따로 설정해 서술했다. 몽골과 동투르키스탄에 대한 중국인의 역사적 '침범'은 중국인만 갖고 있는 '통일적 다민족국가론'에 근거한 것이니, 그들에게는 내몽골과 신강이 현재 중화인민공화국의 영토 안에 포함되어 있는 한 몽골인과 신강 거주민이 중국인이고 몽골사와 신강사가 중국사임은 너무나 당연한 일이다.

동아시아 각지에서 다양하게 전개되고 있는 역사 논쟁은 예외 없이 논쟁의 일방이 중국이라는 공통점을 갖고 있지만, 중국의 논쟁 상대가 갖는 특수한 역사적 조건으로 인해 다양한 쟁점과 다기한 배경으로 진행되었다. 그럼에도 불구하고 적어도 두 방면 이상의 역사 논쟁이 쟁점과 배경에서 일정한 공통점을 갖고 있다. 예컨대 역사공동체와 국가 개념의 혼용이나 책봉-조공관계의 본질에 대한 몰이해, 통일적 다민족국가론의 무차별적 적용, 역사의 귀속과 역사공동체 귀속의 혼동 등과 같은 문제를 대부분의 논쟁이 공유하고 있다는 것이다. 이러한 문제들은 모두 전통 시대 동아시아의 '중국적 세계 질서'의 유산 또는 잔재라 할 수 있다. 이는 곧 각 논쟁의 특수성과 일반성에 대한 비교사적 접근을 통해 각 논쟁의 성격에 대한 이해를 제고할 수 있을 뿐만 아니라 전통 시대 동아시아의 '중국적 세계 질서'에 대한 이해를 심화할 수 있음을 뜻하기도 한다.

역사학자는 분류와 분석을 좋아한다. 시대에 따라 역사를 고대사·중세사·근대사·현대사 등으로 구분하기도 하고, 내용에 따라 정치사·사회사·경제사·문화사 등으로 분류하기도 하며, 지역에 따라 한국사·동양사·서양사 등으로 나누기도 한다. 그러나 이러한 분류와 분석은 모두 역사를 이해하기 위한 수단일 뿐, 실제로 역사가 그렇게 분류되거나 구분된 것은 아니다. 그럼에도 불구하고 언어에 의해 의식이 규정되기 때문에 흔히 역사가 시대적으로, 내용면에서, 또는 지역적으로 분리되어 있었던 것처럼 인식되기도 한다. 이러한 '분석적' 구분의식이 왕왕 역사에 대한 '종합적' 이해를 방해한다. 그 대표적 사례가 한국사와 동양사를 구분하는 것이다. 한국이 동양의 권외로 벗어날 수 없듯이 한국사가 어떻게 동양사의 범주를 이탈할 수 있겠는가. 한국사와 동양사의 구분의식은 흔히 한국사 또는 역사적 한국을 하늘에서 뚝 떨어진 초월적 존재로 만들어버린다. 아이가 태어나서 혼자서 성장할 수 없듯이 한국이란 나라가 태어나서 오늘에 이르기까지 혼자서 발전할 수는 없다. 인간이 모태와 보육, 가정과 사회, 국가와 세계 안에서 성장하듯 나라도 주변 나라들과의 끊임없는 교섭과 영향을 통해 성장한다. 혼자서 태어나서 혼자서 자라 혼자서 오늘에 이른 한국상(韓國像)은 역사적으로 존재할 수 없는 허상에 지나지 않는다.

우리가 역사를 이해함에 반드시 유의해야 할 일의 하나는 개별적 사실을 전체 안에서 이해하는 것이다. 어떠한 개별적 사실도 전체 구조 안에서 파악되지 않으면 역사적 지식으로 승화되지 못한다. 한 예로, 안동도호부가 평양에서 요양(遼陽)으로 옮겨간 사건은 개별 사건으로만 파악한다면 고구려 유민과 신라인의 완강한 저항의 결과에 지나지 않지만, 동아시아 세계 전체의 구조 안에서 파악한다면 당과 토번이 벌인 대비천 전쟁의 결과로 이해될 수 있다. 이른바 동북공정에 의해 유발된 한국과 중국 간의 고구려사 귀속 논쟁 역시 '동아시아의 역사 논쟁'이라는 전체의 틀 안에서 이해해야 보다 정확하게 파악될 수 있다.

독일이 통일된 뒤에 한국인은 한국이 세계에서 유일한 분단국으로 남게 되었다고 생각했다. 그러나 세계에서 분단국으로 남아 있는 나라가 한국뿐이 아니다. 몽골도 분단국이다. 복잡한 역사적 조건과 국제적 상황에 의해 몽골은 반분되어 그 북반부는 몽골공화국으로 독립하고 남반부는 중국의 내몽골자치구로 편입되었다. 중국인은 전자를 외몽골이라 부르고 후자는 내몽골이라고 칭한다. 몽골은 원래 하나의 역사공동체였지만, 근래에 이르러 외몽골인과 내몽골인이 체험한 역사적 경험이 다르고 이로 인해 자연스럽게 역사의식도 서로 달리하게 되었다. 그 당연한 결과로서 몽골인과 중국인 특히 외몽골인과 중국인 사이에도 역사 논쟁이 존재하게 되었다. 표면적으로만 보면 외몽골인과 중국인의 역사 논쟁은 그다지 뜨겁지 않다. 몽골공화국과 중화인민공화국의 현재 관계가 매우 미묘하기 때문이다. 그러나 서울에서 만난 몽골인 교수와 유학생들은 몽골사에 대한 중국인의 역사인식에 격렬한 반응을 내보이기도 한다.

현재 동아시아인의 시선을 가장 따갑게 받고 있는 곳은 조어도(센카쿠열도)다. 이 열도의 근해에는 중국과 일본의 군함이 수시로 드나들면서 군사적 긴장을 높이고 있을 뿐만 아니라 영유권을 둘러싸고 양국 정부가 치열한 성명전을 벌이고 양국의 학계는 뜨거운 역사 논쟁을 지속하고 있다. 독도의 영유권에 대해 일본으로부터 도전받고 있는 한국인으로서는 조어도 쟁의가 결코 남의 일만은 아니다. 더구나 한국은 이 논쟁을 촉발하는 데도 조연으로 참여한 바 있다. 조어도 논쟁은 1968년 조어도 해역에 엄청난 석유가 매장되어 있다는 발표가 있은 직후에 발발했는데, 이 해역에 매장된 석유의 개발에 일본·타이완·미국 등과 함께 적극 참여한 국가가 바로 한국이다. 독도의 영유권에 대한 일본의 도전에 어떻게 대응할 것인지 고심하고 있는 한국 정부는 아마도 조어도 논쟁의 구조적 특성을 연구해서 그 논리적 모형을 차용할 준비가 되어 있을 것이다.

우리는 개인적 체험을 통해 지속적으로 동아시아의 역사와 만나왔다. 특히 동아시아 각 방면에서 전개되고 있는 역사 논쟁은 동아시아 역사와의 만남을 더욱 심화시켜준다. 논쟁이 있다는 것은 누구나 함께 인정할 수 있는 정답을 쉽게 찾을 수 없는 어려운 문제라는 뜻이기도 하지만, 과거의 역사로부터 현재의 답을 찾으려는 이기심이 적극적으로 작동하는 문제라는 뜻이기도 하다. 물론 과거와 현재를 직선적으로 연결해 역사로부터 현재 문제를 풀 수 있는 즉답을 얻으려 하는 것은 어리석은 일이다. 역사와 현재 사이에는 하늘의 별만큼이나 많은 역사적 사실이 존재하고 역사가는 그 가운데서 몇 가지 사실만 선택할 수밖에 없기 때문이다. 그럼에도 불구하고 인간은 불완전한 기억을 유리하게 해석하여 현재의 문제를 해결하려는 노력을 포기하지 않기 때문에 역사를 공유하는 집단 사이에는 이른바 역사 논쟁이 끊임없이 이어진다.

여기에 더하여 동아시아에서 전개되는 역사 논쟁에는 다른 곳에서 보기 어려운 매우 독특하고 미묘한 요소가 개재되어 있다. 동아시아 역사 논쟁에는 공통된 분모가 하나 있는데, 그것은 곧 '중국'이다. 거의 모든 주요 역사 논쟁에 중국이 언제나 일방으로 참여한다. 이는 중국의 영토가 너무나 광범하여 동아시아를 구성하는 거의 모든 나라와 인접하기 때문이거니와, 이러한 이유 외에도 역사 논쟁이 대부분 '중국적 세계 질서'의 유산이라는 공통점을 갖기 때문이기도 하다. 동아시아의 역사 논쟁을 잘 들여다보면, 그것이 동아시아의 전통적 국제 질서와 현대적 국제 질서의 모순이 낳은 산물임을 어렵지 않게 발견할 수 있다. '중국적 세계 질서'란 그 자체의 모호함과 난해함으로 인해 학계에서도 많은 논란을 불러일으키는 주제다. 하물며 그것이 현재의 국익 문제와 결합하여 격렬한 논쟁이 야기되는 것은 오히려 자연스러운 일이다. 이는 달리 말해 동아시아의 역사 논쟁에서 현실적 이해관계를 배제하고 순수한 논리적 구조를 잘 분석하면 '중국적 세계 질서'의 모호함과 난해함을 극복하고 그 본질에 좀 더 가깝게 접근하는 데 도움을 받을 수도 있음을 의미한다.

동아시아 나라들 가운데 이른바 '중국적 세계 질서'에 가장 장기간, 가장 모범적이고 적극적으로 참여한 나라가 한국이다. 이는 곧 '중국적 세계 질서'를 이해하기 위해서는 한국의 전통적 존재양식을 이해하는 것이 필요불가결함을 의미할 뿐만 아니라 한국의 존재 형태를 이해하기 위해서는 '중국적 세계 질서'를 이해하는 것이 필수적 전제조건임을 의미하기도 한다. 동아시아를 구성하는 나라들 가운데 지금까지 계속 독립된 국가체제를 유지하고 있는 나라는 중국을 제외하고는 한국, 일본, 베트남, 몽골 네 나라뿐이다. 이 가운데서 일본은 대륙과 바다로써 격절된 특수한 자연조건을 갖고 있었고, 몽골은 사막으로 중국과 격절되었음에도 불구하고 그 절반이 중국의 일부로 편입되었으니, 결국 중국과 인접한 나라들 가운데서 지금까지 온전하게 생존한 나라는 한국과 베트남 두 나라밖에 없다. 그런데 이들 두 나라가 갖는 가장 큰 공통점은 전통 시대에 장기간 '중국적 세계 질서'에 적극적으로 참여한 모범적 멤버였다는 것이다. 이는 곧 한국과 베트남이 지금까지 생존한 이유 중 하나를 '중국적 세계 질서'와 관련해 찾을 수 있음을 의미한다.

이 책의 기본 목적은 현대 동아시아 국제 사회에서 전개된 주요 역사 논쟁을 정리하여 그 특수성과 일반성을 이해하고, 나아가 그를 통해 논쟁의 중심에 있는 '중국'의 역사적 본질과 중국을 중심으로 형성되었던 전통 시대 동아시아 국제 질서의 구조적 특성을 이해하려는 것이지만, 이러한 과정을 통해 얻을 수 있는 부수적 소득에 대해서도 기대하는 바가 적지 않다. 무엇보다도 상당 기간 우리 학계뿐만 아니라 우리 사회 전체에 커다란 충격을 던져준 '동북공정'에 의한 역사 논쟁을 합리적으로 이해하고 고구려사 논쟁을 논리적이고 생산적인 방향으로 유도하는 데 기여할 수 있을 것으로 기대한다. 만약 이것이 효과적으로 진행될 수 있다면 편협한 민족주의적 정서로 아전인수 격으로 역사를 해석하여 가르치는 역사 교육을 지양하고 명징한 비판정신으로 사실(史實)에 근거하여 합리적으로 역사를 해석해서 가르치는 역사 교육을 정착하게 하는 데도 일조할 수 있을 것이다. 아울러 국가가 정치적 목적을 가지고 역사 해석에 개입하고 역사 교육을 독점하려는 유혹을 이겨내는 데도 도움이 되기를 희망한다.

동아시아의 역사 논쟁은 대부분 국가나 민족의 현실적 이익을 다투는 논쟁이기도 하다. 한국과 중국 간의 고구려사 논쟁은 고구려의 영토적 유산을 다툰 논쟁이었고, 중국과 베트남의 역사 논쟁은 1979년에 일어난 중국-베트남 전쟁의 한 양식에 지나지 않았다. 타이완의 통독 논쟁은 중국과 타이완의 통일과 독립이라는 현실 정치에 직접 복무한 논쟁이었다. 중국과 티베트, 중국과 동투르키스탄의 역사 논쟁은 티베트와 동투르키스탄의 독립과 중국의 티베트와 동투르키스탄 지배의 역사적 근거를 찾는 논쟁이었다. 중국과 몽골의 논쟁은 외몽골의 독립과 내몽골의 중국 편입이라는 정치적 행위를 합리화하기 위한 논쟁이었고, 중국과 일본의 유구 논쟁은 조어도의 영유권을 쟁탈하기 위한 논쟁이었으니 더 말할 필요도 없다.

이처럼 현실적 국익을 다투는 논쟁에는 으레 민족주의나 애국주의적 정서가 개입되기 마련이어서 학문적 논리에 충실한 논쟁으로 시종되기는 쉽지가 않다. 정치인이나 언론인은 물론이거니와 논쟁에 참여한 역사학자들까지도 '정치에 복무'하기에 바빠서 학자로서의 기본 자세를 지키지 못할 뿐만 아니라 지킬 의지도 포기한다. 그러나 모든 일이 그렇듯이 예외는 있다. 중국의 손조민(孫祚民)과 타이완의 사명(史明), 일본의 정상청(井上淸, 이노우에 키요시) 등이 그들이다.

중국의 역사학계가 민족모순을 해결하기 위해 총동원되어 '현재 중화인민공화국의 영토 범위가 역사상 중국의 범위이고 중국사의 공간적 범주'라고 규정하려 했을 때 오직 산동성사회과학원의 손조민 연구원만이 "중국의 범위는 역사적 상황과 시대적 추이에 따라 변화할 수 있다"는 소수 의견을 제출해 일당백의 투쟁을 외롭게 전개했다. 그는 문화혁명의 '십년동란'에서도 살아남아 자신의 학문적 소신을 끝까지 굽히지 않았다. 1999년 산동대학이 주최한 어느 국제학회에 참석하러 갔다가 주최 측에 손조민 선생을 꼭 만나보고 싶다고 청했더니 불과 2년 전에 세상을 떠났다는 소식을 전해 듣고 몹시 안타까워했던 적이 있다.

타이완의 사명은 국민당 정권의 탄압을 받아 일본으로 망명한 뒤에 『타이완인 사백년사(臺灣人四百年史)』를 저술하여 "만청과 국민당 정권을 포함해 타이완 역사상의 모든 정권은 식민 외세였다"는 파격적인 가설로써 통독 논쟁을 주도했다. 그는 타이완 당국의 지속적인 탄압과 온 평생 지속된 망명생활에 굴복하지 않고 자신의 학문적 소신을 굳게 지키고 있다.

교토대학 사학과의 이노우에 키요시 교수는 일본 외무성이 1972년 「센카쿠제도(尖閣諸島)의 영유권 문제에 대한 기본 견해」를 발표하자 중국인보다 먼저 반박 논문과 저서를 발표해 체계적으로 비판했다. 이후 중국과 일본 간에 조어도 영유권을 다투는 역사 논쟁에서 오히려 중국 정부와 학계에서 그의 논저를 적극 이용하여, 그는 일본 사회와 학계에서 감당하기 어려운 비난을 받았지만 조금도 굴하지 않고 세상을 떠날 때까지 자신의 학문적 소신과 논리를 보완·강조했다.

국익과 관련된 국제적 논쟁에서 자신을 타자화하여 객관적 입장에 놓음으로써 자기가 소속된 국가나 사회의 즉물적 이익을 취하지 않고 오로지 학문적 신념과 논리에만 충실한다는 것은 결코 쉬운 일이 아니지만 매우 소중한 일이다. 국가와 당이 요구하고 학계가 의견을 모은 결론을 거부하고 자신의 신념을 끝까지 지킨 손조민, 국적을 초월하고 국론의 압박을 버티어낸 이노우에 키요시, 한평생 한 가지 신념을 지키기 위해 긴 망명생활을 견디고 있는 사명, 시세와 여론에 영합하는 쉬운 길을 택하지 않고 애국주의의 폭풍우에 맞서서 자신의 신념과 논리를 목숨 걸고 지켜낸 이들이야말로 동아시아 역사논쟁에서 가장 주목할 만한 주역들이다.

1
한국과 중국의 고구려 역사 논쟁

1. 머리말

2003년 여름 한국의 언론이 중국의 이른바 '동북공정'을 보도한 이후 한국 학계에서 '동북공정'의 고구려사 '왜곡'과 '탈취' 작업을 비판하고 중국 학계에서 이에 대응함으로써 한국 학계와 중국 학계 사이에 치열한 역사 논쟁이 벌어졌는데, 그 논쟁이 너무나 격렬해서 '역사 전쟁'이라 불릴 정도였다. 현대에 동아시아에서 전개된 각종 역사 논쟁 가운데서도 한국과 중국의 학계 사이에 벌어진 '고구려사 논쟁'이 가장 격렬하고 치열한 논쟁의 하나로 기억된다. 한국과 중국의 정부 당국이 정치·외교적으로 미봉 조처함으로써 최근에는 논쟁이 수면 아래로 가라앉은 듯하지만 이 논쟁이 갖고 있는 잠재적 폭발성은 여전히 온존해 있다고 할 수 있다.

한국 학계에서는 일반적으로 '동북공정'의 의도와 목적을 정치적인 것으로 해석하고 있다. 그러나 '동북공정'의 의도와 목적이 어떠한 것이든 그것은 우리의 관심사가 아니다. 그것은 언론의 해설 기사나 정치학 분야의 논저에서 관심을 가질 주제일 뿐이다. 우리가 관심을 갖고 있는 문제는 '동북공정'으로 인해 야기된 고구려 역사 논쟁의 논리적 구조와 학술적 의미를 확인하는 일이다. 고구려 역사 논쟁의 논리적 구조와 학술적 의미에 관심을 갖는 까닭은 논쟁을 불러올 수밖에 없는 고구려 역사와 고대 동아시아 세계사의 구조적 특성을 이해하고 싶기 때문이다.

'동북공정'으로 야기된 고구려 역사 논쟁은 한마디로 말해서 고구려 역사의

‘귀속’ 논쟁, 즉 고구려 역사가 중국사에 속하는가 아니면 한국사에 속하는가를 따지는 논쟁이다. 이러한 고구려 역사의 귀속을 따지기 위해 이와 관련된 여러 가지 주제에 관한 개별적 논쟁이 산발적으로 전개되기도 했다. 귀속을 확인하기 위해 거론된 주제들은 몇 가지로 정리될 수 있다.

한국의 역사학계에서는 이미 ‘중화인민공화국이 고구려 역사를 침탈하는 데 가장 중심이 되는 논리’를 일곱 가지로 정리한 바 있다. “① 고구려 종족의 기원은 한족 전설상의 인물인 고양씨의 후예의 하나인 고이족이다. 조선족의 선조가 아니다. ② 고구려가 중원 왕조에 정기적으로 조공을 하고 책봉을 받았기 때문에 중원 왕조의 지방 정권이다. ③ 고구려와 수·당의 전쟁은 수·당이 지방을 통일하기 위한 통일전쟁이다. ④ 고구려 멸망 후 고구려의 유민이 당나라에 끌려가 혈연적으로 한족에 흡수되었으므로 고구려사는 중화인민공화국사다. ⑤ 고구려의 중심지는 역사적으로 중화인민공화국의 국경선을 넘지 않았다. ⑥ 고구려의 고씨 왕족과 고려의 왕씨 왕족은 서로 다르므로 고려가 고구려를 계승한 것이 아니다. ⑦ 한반도 북부 지역도 중화인민공화국의 역사다. 오늘날 한·중 국경은 한민족이 북쪽으로 확장해 형성된 것이다.”[1]

그러나 실제로 한·중 양국의 학계에서 전개된 고구려사 논쟁의 핵심 주제를 정리하면 ① 고구려족의 족원(族源), ② 고구려의 건립 및 활동 공간, ③ 고구려와 중원 왕조의 책봉-조공관계, ④ 수·당과 고구려 전쟁의 성격, ⑤ 고구려 유민의 동향, ⑥ 고구려와 고려의 계승관계 등 대체로 여섯 가지 주제로 분류할 수 있다. 따라서 이러한 개별 쟁점을 따라 논쟁의 흐름을 살펴보면 연구사적·학술사적 정리를 통해 양측 논리의 특징과 한계뿐만 아니라 논쟁을 불러일으킨 고구려 역사와 고대 동아시아 역사의 구조적 특성까지 확인할 수 있을 것이다.

---

1 서길수, 「고구려 정체성에 대한 중국의 연구 현황과 논리」, 『고구려=중국사, 중국의 논리는 무엇인가』(2003년 고구려연구회 학술토론회 자료집), 38-40쪽; 최종택, 『2004년 남북공동기획 고구려문화전 해설집』(민화협, 2004), 61-62쪽.

2. 고구려사 귀속론의 전개

'고구려민족은 중국 역사상의 변강민족이고 고구려국은 중국 역사상의 변강민족 정권'이라고 주장하는 중국 학계의 주류 관점이 2003년 6월 24일자 『광명일보(光明日報)』에 변중(邊衆)의 「고구려 역사 연구의 몇 가지 문제에 대한 시론」이란 글로 발표되었다. 그러나 고구려가 중국 역사에 귀속된다는 주장은 이미 1941년 김육불(金毓黻)의 『동북통사(東北通史)』를 통해 제기되었다. 다만 1980년대 이전만 해도 중국에서 발간된 저명한 사학자들의 저작, 예컨대 범문란(范文瀾)의 『중국통사(中國通史)』(1978), 전백찬(翦伯贊) 주편의 『중외역사연표(中外歷史年表)』(1961), 곽말약(郭末若)이 주관한 『중국사강(中國史綱)』(1982) 등에서는 고구려를 중국의 외국으로 취급했고 수와 당의 고구려 침공을 모두 '침략전쟁'으로 간주했다. 이들 중국의 저명한 사학자들이 고구려를 외국으로 처리한 까닭은 북한과의 우호관계를 배려한 측면도 없지 않지만 무엇보다도 현재 중국의 판도를 기준으로 역사에서의 강역을 확정하고 정권과 민족의 귀속을 확인하는 중국 학계의 일반적 관행을 따랐기 때문이다.

1980년대부터 중국 학계에서는 김육불의 불씨가 되살아나서 '고구려는 중국 고대 동북의 소수민족 지방 정권이었다'는 역사인식이 유행하기 시작했다. 1985년에 출판된 장박천(張博泉)의 『동북지방사고(東北地方史稿)』에서 고구려는 줄곧 중원 정권의 번부(藩附)로 있었고 수·당의 고구려에 대한 전쟁은 통일전쟁이었으며, 고구려는 중국 왕조 밖의 독립된 국가가 아니었다고 주장했다. 1987년에 출간된 손진기(孫進己)의 『동북민족원류(東北民族源流)』에서는 고구려는 중국 동북 역사에서 중요한 민족 가운데 하나였다고 규정했고, 같은 해 동만륜(董萬侖)의 『동북사강요(東北史綱要)』에서도 고구려는 중원 왕조의 관할 아래 있던 지방 국가 정권이었고 중국 경내에 있던 민족이었다고 주장했다.

이처럼 '고구려가 오랫동안 중국에 귀속되었다'는 주장이 중국 학계에서 일반화되었으나 의견이 모두 통일된 것은 아니었다. 그 대표적인 예가 427년 고구려의 평양 천도를 전후해 귀속이 달라지는가 하는 문제였다. 대부분의 중국 학자들은 고구려의 평양 천도 이후에도 고구려의 귀속은 본질적으로 달라지지 않았다고 주장하지만, 담기양(譚其驤) 같은 저명한 역사지리학자는 고구려는 평양으로의 천도 이후 중국 역사의 강역 밖에 있었고 중국 역시 직접 고구려를 관할하지 않았기 때문에 고구려가 평양으로 천도한 뒤는 마땅히 독립국가로 승인해야 하고 조선에 속한다고 주장해 중국 학계의 의견이 양분되었다. 이와 더불어 중국 학계에서 '고구려는 고대 조선의 국가'라는 견해도 제기되었다. 양소전(楊昭全)·한준광(韓俊光)의 『중조관계간사(中朝關係簡史)』(1992) 등 주로 한·중 관계사를 다루는 논저에서는 고구려가 스스로 나라를 건립해 중원 왕조와 평등한 외교관계를 유지했다고 보았으며, 중원 왕조의 책봉은 고구려의 국가 지위 승인으로 그리고 중국 왕조와 고구려의 전쟁은 침략과 반침략의 전쟁으로 보았다.

중국 학계에는 제3의 견해, 즉 고구려사가 한국과 중국에 공동으로 귀속된다는 견해도 존재한다. 이 제3의 견해에는 두 가지 관점이 있다. 첫 번째는 범문란·여진우(呂振羽)·전백찬·상월(尙鉞)·담기양 등의 관점으로, 고구려 전기는 중국사에, 후기는 한국사에 편입되어야 한다는 관점이다. 두 번째는 손진기 등의 관점으로 압록강 이북은 중국사에, 이남은 한국사에 편입되어야 한다는 관점이다. 21세기에 들어서면서 이 제3의 견해가 중국 학계의 대표적 견해로 부상되었고 보편적으로 인정하는 원칙 또는 공식적인 입장으로 인식되고 있다. 일사양용(一史兩用)의 견해는 그 연구 성과물의 양에서도 현재 중국 학계를 대표하는 견해라고 할 수 있다. 그러나 일사양용의 견해는 고구려사가 중국에는 모든 시기에 귀속되지만 한국이나 주변 여러 나라에는 그 일부(고구려 후기)의 역사만 귀속된다고 그 범위를 제한하고 있다. 또는 고구려 역사는 중국사와 한국사에 동시에 포함될 수 있지만, 고구려는 중국에 귀속된다고 하여 두 문제를 구별하기도 한다. 그러나 많은 중국 학자들은 여전히 고구려가 중국에 귀속된다는 입장을 견지하거나 '일사양용'의 견해를 맹렬히 비판하고 있다.

중국 학계의 고구려사 귀속론의 역사적 전개에 대해 손진기는 다음과 같이 정리했다. "오랫동안 중국 학자들은 고구려사의 귀속에 대해 서로 다른 견해를 가지고 있다. 그중 하나는 고구려사는 한국사의 일부분이며 중국사와는 무관하다는 인식이다. 또 다른 하나는 고구려사는 중국과 한국이 공유하는 역사라는 관점이다. 그리고 1998년 이후 다시 새로운 관점이 나왔는데, 고구려사는 한국과 무관하게 전적으로 중국사에 귀속된다는 것이다. 이러한 몇 가지 관점은 계속 끊임없이 논쟁이 되고 있다. 현재 고구려사가 전적으로 한국에 속한다고 생각하는 학자는 그리 많지 않은데, 장비비(蔣非非)·왕소보(王小甫) 등이다. 또한 고구려사가 전적으로 중국에 귀속된다는 학자도 역시 그리 많지 않은데, 마대정(馬大正)·경철화(耿鐵華)·장벽파(張碧波) 등이다. 한편 고구려사는 중국과 한국이 공유해야 한다고 주장하는 학자로는 손진기, 강맹산(姜孟山), 유자민(劉子敏), 서덕원(徐德源), 박찬규(朴燦奎) 등이 있다."[2]

이처럼 고구려사의 귀속 문제를 주제로 중국 학계에서 여러 가지 논의가 진행되었지만, 이를 다른 관점에서 정리하면 현재 중화인민공화국의 영토를 기준으로 귀속 여부를 결정할 것인가 아니면 과거 역사상의 중국 왕조의 영토를 기준으로 귀속 여부를 판단할 것인가 하는 두 입장으로 나눌 수 있고, 후자는 과거 역사상 중국 왕조의 영토를 기준으로 하되 그 형식을 중시할 것인가 아니면 실질을 중시할 것인가 여부로 다시 나뉜다. 건국 이후 역사적 '중국'과 '중국사'의 범주를 획하는 학술 작업이 진행되어 한동안 현재 중화인민공화국의 영토를 기준으로 역사적 '중국'과 '중국사'의 범주를 규정하는 것이 유행했지만, 1980년대 이후 역사적 '중국'과 '중국사'의 범주를 보다 확장시키기 위해 과거 역사상의 '중국' 왕조의 영토로 기준을 바꾸는 경향이 나타나 지금은 후자가 중국 학계의 대세를 이루고 있다고 할 수 있다. 그 가운데서도 과거 역사상 중국 왕조의 형식적 영토 범위, 즉 형식적으로 군현이 설치된 지역과 책봉과 조공을 형식적으로 교환하는 '번속(藩屬)'국가까지 모두 '중국'과 '중국사'의 범주에 포괄시키는 입장이 주류를 이루고 있다면, 한편으로는 이에 반대하여 비록 형식적으로는 중원 왕조의 군현에 포함되고 책봉-조공관계를 갖고 있다 하더라도 사실상 독립된 상태에 있었

---

2 孫進己, 「中國高句麗的研究開放繁榮的六年」, 중국의 고구려사왜곡공동대책위원회 주최 고구려사국제학술심포지엄, 서울역사박물관, 2004년 3월 26-27일; 「중국 고구려사 연구의 '개방과 번영의 6년'」, 조정남·나영주, 『동북공정의 해부』(한국학술정보, 2011), 129쪽.

던 국가는 '중국'과 '중국사'의 범주에서 제외시켜 '외국'으로 봐야 한다는 입장도 있다.

이와 같은 중국 학계의 귀속론에 대응해 한국 학계는 유사한 과정으로 귀속 논의를 전개했다. 예컨대 이인철은 중국의 고구려사 편입의 부당성을 다음과 같이 조목조목 지적했다. "첫째, 고구려는 중국 경내의 민족이 세운 지방 정권이라는 주장에 대해서…건국 당시에는 중국의 경내가 아니었다. 한(漢)이 침략하기 전에 이미 고구려가 있었고, 그 고구려에 한이 현도군 고구려현을 기원전 107년에 설치한 것이다.…위만조선과 한의 경계가 압록강이 아닌 요하(遼河)였다.…둘째, 고구려의 활동 중심은 몇 번 옮겨졌지만 한사군의 범위를 벗어나지 못했다는 주장에 대해…30년 정도 한사군의 범위 안에 있었던 것을 가지고 줄곧 그러했다고 설명함은 잘못이다.…셋째, 고구려는 줄곧 중국 역대 중앙 왕조와 신속(臣屬)관계를 유지해왔을 뿐만 아니라 스스로 그 관계를 끊고 '중국' 밖에 존재했던 적이 없다고 주장한다. 그러나 신속관계는 고대 동아시아의 외교관계의 표현이었을 뿐이다.…일본의 역사도 중국사인가.…넷째, 고구려가 멸망한 후에 주체 부분의 고구려인이 한족(漢族)으로 융입되었다고 주장한다.…그러나 고구려가 멸망한 후 고구려인 중 한족으로 들어간 숫자가 한민족에 들어간 숫자보다 많다는 주장은 옳지 않다. 적은 부분의 고구려인이 한족으로 융합되었다고 하여 고구려사를 중국사라고 말할 수는 없다. 설사 중국으로 간 사람이 많다고 하더라도 중국으로 유입된 사람들은 한족이나 만주족에 동화되어 그 존재를 지금은 확인할 수 없다. 대신에 한반도에는 고구려를 구성했던 민족이 7천만 명이나 살고 있다. 그렇다면 고구려사는 그 존재를 확인할 수 없는 사람들의 역사이어야 하는가, 그 존재가 분명한 7천만의 역사이어야 하는가. 그 대답은 너무도 명백하다."[3]

따라서 중국 학계와 한국 학계의 고구려사 논쟁을 구성한 여섯 가지 쟁점을 중심으로 양측의 주장과 논거를 간략하게 분석·정리한다면, 이 논쟁의 흐름과 줄기를 대체적으로나마 파악할 수 있을 것이다.

---

3 李仁哲, 「중국의 고구려사 편입과 한국의 대응전략」, 백산학회 편, 『고구려사 연구의 제문제』(백산자료원, 2005), 378-380쪽.

3. 고구려 족원 논쟁

고구려 역사 논쟁의 첫 번째 쟁점은 고구려의 족원(族源), 즉 '고구려민족의 기원'에 관한 것이다. 중국 학계에서 고구려의 족원을 통해 고구려가 중국사에 포함된 일개 민족이었음을 입증하려 했기 때문이다. 동북공정의 포문을 연 변중의 시론에서 "우리는 고구려 민족이 중국 동북지역 역사에 등장한 한 민족이었고, 고구려 정권은 중국 동북지역 역사에 등장한 변경 민족 정권이라고 생각한다"고 하면서 "현재 약간의 차이가 있지만 대다수 중국 학자들은 고구려민족의 기원에 대해 예맥설(濊貊說), 부여설(夫餘說), 고이설(高夷說), 상인설(商人說), 염제설(炎帝說) 등을 제기하고 있는데, 이런 여러 학설에 공통점이 있다면 고구려민족은 주나라와 진나라 때 중국의 동북지역에서 활동했다는 점이다"[4]라고 하여, '고구려민족'의 중국 기원설을 제기했다. 동북공정을 총괄 지휘한 마대정도 "주(周)나라 사람들은 줄곧 '숙신·연·박 오북토야(肅愼 燕 亳 吾北土也)'라고 인정했는데, 주 무왕이 상조를 격파한 뒤 주나라 사람들이 동북지역을 관할했다는 점은 아주 분명하다. 그들의 세력은 이미 오늘의 동북 범위를 넘어섰다. 많은 역사 문헌이 증명하듯, 고구려족의 선조는 주·진(秦) 이래 줄곧 우리나라 동북지역 안에서 생활하며 번창해왔다"라고 하면서, "고구려족의 선조 및 그들의 문화 유적은 모두 주·진 이래로 우리나라 동북 범위에 있다고 말할 수 있으며, 이 민족은 우리나라 동북 역사의 한 민족일 것이다"[5]라고 주장했다.

고구려의 족원에 대해 마대정은 예맥설, 부여설, 상인설, 염제설, 고이설 등 다섯 가지 학설을 소개했는데, 정운용은 중국 학계에서 고구려의 종족적 기원을 보는 시각은 대체로 여섯 가지 견해(高夷族說, 濊貊說, 夫餘說, 炎帝族說, 商人說, 多民族說)로 구분된다고 소개했다.[6] 여기서 말하는 다민족설이란 맥(貊)·이(夷)·한족(漢族)

4 邊衆, 「試論高句麗歷史硏究的幾個問題」, 『光明日報』 2003.6.24; 「고구려 역사 연구의 몇 가지 문제에 대한 시론」, 조정남·나영주, 『동북공정의 해부』, 73-75쪽.

5 馬大正, 「머리말을 대신하여: 고구려 역사 연구와 관련된 몇 가지 문제에 대한 소론」, 馬大正·楊保隆·李大龍·權赫秀·華立, 서길수 역, 『중국이 쓴 고구려 역사』(『古代中國高句麗歷史叢論』, 黑龍江敎育出版社, 2001), 여유당출판사, 2007, 74-75쪽.

에서 기원했다는 삼원설(三源說) 등 현재의 '중화민족'처럼 여러 족속의 융합으로 형성되었다는 다원설을 말한다.

이 가운데서 상인 기원설과 염제족 기원설은 이른바 화하(華夏) 기원설로, 고구려의 족원이 화하에서 발견된다는 것이다. 고양씨설(高陽氏說)은 북연의 모용운(慕容雲)에 대해 "조부가 고화(高和)인데 구려(句麗)에서 갈린 족속이다. 운(雲) 스스로 고양씨 후예라고 하면서 고씨를 성씨로 삼았다"는 기록에 근거한 것이다. 상인설은 상인이 중국의 동북지역에서 기원했고 은상의 유족인 기자(箕子)가 동쪽에 있던 조선으로 가서 주나라 초에 후(侯)로 책봉되었다는 전승에서 근거를 찾았다. 특히 상인설은 고조선 기원설과 자연스럽게 연결되어 기자조선과 위만조선은 모두 중국인이 건립한 국가였고 고구려는 이들 조선의 후예가 세운 국가였다고 하여 고구려 족원을 역시 중국에서 찾으려 했다. 고구려사가 중국사인 근거를 고구려와 상나라가 모두 중국의 전설적인 인물 전욱(顓頊) 고양씨와 제곡(帝嚳) 고신씨(高辛氏)의 후예라고 주장한다는 점에서 상인설이나 고양씨설은 모두 화하 기원설이라 할 수 있다. 이러한 화하족 기원설이 고구려의 족원을 한국사와 단절시키고 중국사와 접목시키려는 기도이지만, 합리적 논거를 갖추지 못하고 있어 중국 학계에서도 일반적인 지지를 받지 못하고 있다.

예맥설은 한국 학계에서도 주장하는 학설이지만, 한국 학계의 일반적 시각과는 달리 이동론적 입장을 취하고 있다. 본래 중국 대륙 북방에 거주하던 북적(北狄) 계통의 족속인 맥족(貊族)이 서주 후기에 흉노계의 험윤(玁狁)에 쫓겨 요하 동쪽으로 이동하여 예족(濊族)과 융합함으로써 예맥족이 형성되어 고구려를 건립했다고 파악하거나, 상주 때 산동반도에서 살고 있던 예맥이 주가 상을 멸할 때 대부분 동북방으로 옮겨갔다고 이해하는 것으로 이 역시 화하 기원설처럼 고구려의 족원을 한반도와 원천적으로 차단하는 것이다. 고이설 역시 『일주서(逸周書)』 왕회편(王會篇)의 '정동고이(正東高夷)'에 단 진(晉) 공조(孔晁)의 주해에 "고이, 동북이고구려(高夷, 東北夷高句麗)"라고 한 기사에 근거를 둔 것으로 근래에 중국 학계

6 정운용, 「역사적 적용에 있어서 '다민족 통일국가론'의 허실」, 정운용 외, 『중국의 통일국가론으로 본 고구려사』(동북아역사재단, 2009), 39-40쪽.

에서 유행하는 화하 기원설의 일종이다.

중국 학계에서 제기된 고구려 족원설 가운데서 최근에 가장 일반적인 지지를 받고 있는 학설은 다원설이다. 예컨대 손진기는 "고구려의 기원을 화하와 동일시하고자 한두 가지의 사료를 가지고 억지스러운 논증을 하고 있으며 민족의 다원성을 인식하지 못하고 있다"고 하여 화하 기원설과 단일 기원설을 동시에 비판하면서, "고구려의 기원은 적어도 부여(貊)·이(夷)·한(漢)의 세 지류가 융합되어 형성된 것이다. 고구려 5부는 각각 서로 다른 종족의 기원을 가지고 있을 가능성이 있다. 계루부(桂婁部)와 절노부(絶奴部)는 부여(맥)에서 유래되었을 가능성이 있고, 만발발자(萬發拔子)문화는 순노부(順奴部)의 유적일 가능성이 있으며, 이(夷) 계열에 속한다. 소노부(消奴部), 즉 비류부(沸流部) 역시 이 계열로서 고이(高夷)일 가능성이 있다. 관노부(灌奴部)는 한인으로 구성되었을 가능성이 크다. 이 세 민족이 융합하여 고구려민족이 되었으므로 어느 한 민족을 강조함으로써 다른 민족을 배척할 필요는 없다"[7]고 주장했다. 양보륭(楊保隆) 역시 "서한 때 나타나 형성된 고구려족은 그 주요 근원이 우리나라 예맥족계이다. 고이인과 남으로 옮긴 부여인은 고구려족을 구성한 주체이고, 나중에 발전·성장 과정에서 잇따라 예맥족계에 속하는 옥저인(沃沮人)·동예인(東濊人)·소수맥(小水貊)이 고구려에 아울러진 뒤 한 민족으로 응집되었을 뿐 아니라 많은 고조선인의 후예, 한인(漢人)·선비인(鮮卑人)·숙신인(肅愼人)·거란인(契丹人)·백제인(百濟人) 등이 서로 다른 역사 조건 아래 서로 다른 경로를 거쳐 고구려국의 주민이 되었으며, 고구려족과 오랫동안 섞어 사면서 꽤 많은 사람이 고구려족에 아울러졌다"[8]고 하여 다원족 융합설을 지지했다.

한편 한국 학계에서는 중국 학계에서 제기된 고구려 족원설 가운데서 특히 화하족 기원설을 집중적으로 비판했다. 한 예로, 최광식은 한국 학계의 각종 비판 근거를 다음과 같이 종합하여 소개했다. "고구려가 고대 중국의 일개 지방에 불

---

7 孫進己, 「중국 고구려사 연구의 '개방과 번영의 6년'」, 135-137쪽.

8 楊保隆, 「고구려족의 민족 근원」, 馬大正·楊保隆·李大龍·權赫秀·華立, 『중국이 쓴 고구려 역사』, 166쪽.

과한 소수민족 정권이었다고 주장하는 근거 중 하나는 고구려 종족이 한족의 한 갈래였다는 점이다. 즉, 고구려의 선조가 상족에서 분리되었다는 가설을 제기하거나 고이족을 중국 전설상의 인물 고양씨의 후예로 설정하여 고구려 왕조의 후예임을 주장하고 있다. 그러나 그것을 근거로 제시하는『일주서』는 문제가 많은 사서이며, 고이족은 기원전 10세기경에 등장하는 종족으로 기원전 1세기에 건국된 고구려와 시기가 맞지 않는다. 고구려는 '구려'에서 비롯한 것이며, 고양씨는 전설상의 인물로서 단지 '고'씨이기 때문에 이 둘을 연관시키는 것은 마치 고양이와 고릴라가 '고'자로 시작하기 때문에 혈연적으로 관련성이 있다고 주장하는 것과 마찬가지로 터무니없는 이야기라 하겠다. 또한 귀신 숭배 신앙, 태양신 숭배 신앙, 난생 국조 신화 등은 세계적으로 나타나는 보편적 현상으로 이를 근거로 한족 계통이라고 주장하는 것은 견강부회라 하겠다. 예맥족이 2세기 초반 현도군과 요동군을 대대적으로 공격하여 현도군을 요동 지방으로 쫓아냈다는 기록이 중국 사서에 기록되어 있다. '예맥'이란 명칭은 선진 시기부터 요하 동쪽에 거주하며 농경을 영위하던 예족 일반에 대한 범칭이다. '예'와 결부되지 않은 '맥'은 중국 북방의 족속을 지칭하는 것이며, 이들과 압록강 중류 지역의 주민집단을 직접 연결시킬 수는 없다. 고구려를 이룬 주민집단은 본래 한반도와 만주 일대에 거주하던 예맥족의 일원이었으며, 기원전 2세기 후반부터 독자적인 정치세력으로 성장했다. 기원전 107년 한 무제가 현도군을 설치한 것은 사실이지만, 어디까지나 전한이 고조선을 멸망시키고 설치한 것이므로 압록강 중류 일대가 본래부터 중국의 고유 영토였다는 주장은 성립될 수 없다."[9]

고구려 족원에 관한 학설은 한·중 양국 학계에서 다양하게 제기되었지만, 고구려의 귀속과 관련된 양측의 입장은 결코 다양하지 않다. 그것은 "분명한 사실은 비록 예맥설·부여설·고이설·상인설·염제설 등 고구려민족의 기원에 대한 다양한 견해가 여전히 존재하지만, 이들 민족은 모두 중국 영역의 민족으로서 고구려민족의 귀속 성질을 절대 변화시킬 수는 없었다"[10]고 단정한 이대룡(李大龍)의

9 최광식,『중국의 고구려사 왜곡』(살림, 2004), 22쪽.

10 李大龍,「高句麗是古代中國的一個地方民族政權」, 2004.6.18.(http://chinaborderland.cass.cn/

말이나 "중국은 고구려가 중국 영역 내의 민족이 건립한 지방 정권이라고 주장하나, 고구려의 주민은 분명히 예맥족이다"[11]라고 단정한 최광식의 말이 이를 잘 드러내고 있다.

4. 고구려 강역 논쟁

고구려 역사 논쟁의 두 번째 쟁점은 고구려가 어디에서 건국했고 고구려인이 어디에서 활동했는가 하는 강역론이다. 중국 학계에서는 고구려가 중국 왕조의 군현 안에서 건국되고 군현의 영역 안에서 활동했기 때문에 고구려는 중국 왕조의 일개 지방 정부였다고 주장하지만, 한국 학계에서는 고구려가 중국 왕조의 군현 밖에서 건국하여 군현을 공격·축출하면서 발전했다고 주장한다. 이 논쟁에서 한 가지 특이한 점은 이러한 중국 학계의 주장이 1950년대 이후 현재 중화인민공화국의 영토 범위로써 역사적 중국과 중국사의 범위를 규정해온 관행에서 벗어나 과거 중원 왕조의 영토 범위로써 역사적 중국과 중국사의 범위를 규정한 결과라는 것이다.

고구려의 건국과 활동범위로써 고구려의 중국 귀속을 논단한 주장은 1940년대부터 제기되었으니, 김육불의 『동북통사』에서 "고구려 일족은 본래 부여에서 나왔지만 중화민족의 일부분으로 동북지역에 세운 오래된 소수민족이다. 고구려는 성립에서 멸망까지 줄곧 중원 왕조의 한 지방 정권이었다"라고 주장했다. 그러나 본격적으로 논쟁의 단서를 제공한 것은 역시 변중의 시론이었다. 변중은 "고구려의 선조는 주나라와 진나라 시기 줄곧 중국의 동북지역에서 생활했다.… 현도군 고구려현이 바로 고구려인이 살았던 곳이다. 기원전 37년 부여 사람인 주몽은 현도군 고구려현 관할 구역에 정권을 세우고 흘승골성(紇升骨城)을 수도

---

show-News.asp?id=2094; 「고구려는 고대 중국의 일개 지방 민족정권」, 조정남·나영주, 『동북공정의 해부』, 100-101쪽.

11 최광식, 『중국의 고구려사 왜곡』, 21쪽.

로 정했다.…고구려현 부근에서 건립된 고구려 정권은 처음에는 현도군, 이어서는 요동군에 속하게 되었다"고 하면서, "흘승골이든 국내성이든 평양성이든 고구려의 수도는 모두 한사군 지역 안에 있었다. 그러니 고구려는 중국 역사에 출현한 변방의 민족정권인 것이다"[12]라고 주장해 치열한 논쟁을 불러일으켰다. 동북공정의 효장 이대룡도 "고구려 정권은 서한 시기 현도군 고구려현 영역 내의 변경민족이 건립한 지방 정권이다"라고 규정하고, "서한 시기에 이르러 이들은 서한 현도군에서 활동했는데, 서한 왕조의 효율적 관할을 받아들이고 있었고 고구려 정권의 건립 초기에도 서한은 고구려에 대하여 여전히 구체적이고 직접적인 관리를 했다"고 하면서, "고려의 활동 중심이 이동하며 그에 따라 몇 번의 천도가 있었으나 결코 한사군의 범위를 벗어나지는 않았다"[13]고 주장했다. 이러한 주장은 이후 중국 학계의 변함없는 기조가 되었다.

중국 학계의 강역론은 크게 두 가지로 나뉜다. 하나는 한의 군현, 즉 현도군 고구려현 안에서 고구려가 건립되었다는 것이고, 다른 하나는 "고구려 국가가 존재한 705년간 그의 활동구역이 한(漢)·진(晉) 이래의 현도·낙랑·대방·요동군을 벗어나지 못했다"는 것이다. 이 두 가지 사실에 근거하여 "고구려는 양한으로부터 수·당에 이르는 사이 중원 왕조 판도 내에서 생존·활동한 소수민족정권이다. 게다가 빈번한 신속·조공·책봉 접수 등을 더하면 그의 역사는 중국 고대 동북 지방사에 귀속된다는 것은 조금도 의심할 바가 없다"[14]는 것이다.

다만 중국 학계의 고구려 강역론은 평양 천도의 의미를 놓고 두 가지 이상의 의견으로 나뉘어 있다. 즉, "어떤 학자들은 427년 고구려가 평양으로 천도한 것을 기준으로 고구려 역사의 귀속을 획분하려고 한다." 1998년 12월 중국사회과학원 중국변강사지연구중심의 마대정 연구원은 장춘에서 조사연구회를 소집하여 '고구려와 동북 민족 및 강역 연구'와 관련되는 문제에 대해 토론했고, 그 결

12 邊衆, 「고구려 역사 연구의 몇 가지 문제에 대한 시론」, 75-76쪽.

13 李大龍, 「고구려는 고대 중국의 일개 지방 민족정권」, 101쪽.

14 耿鐵華, 「고구려 유적의 '세계문화유산명록' 등재와 고구려 역사의 귀속문제」, 厲聲·朴文一 主編, 『고구려 역사문제 연구논문집』(고구려연구재단, 2005), 338쪽.

과 "고구려는 중국 동북 역사상의 고대 민족이며 고구려 국가는 동북 역사상의 지방 정권이라는 것을 일치하게 인정했다"고 한다. 당시 손진기가 "고구려의 귀속은 응당 427년 고구려가 평양으로 천도한 시기를 기준으로 두 개 단계로 나뉘어야 한다"고 하면서, " 앞 단계는 중국 고대 역사에 귀속되고 후 단계는 조선 고대사에 속한다"는 의견을 제출했지만 "그 자리에 있는 고구려 역사와 고고학자들의 반대를 받았다"[15]고 한다.

손진기의 말에 의하면 이러한 관점은 자기가 창조한 것이 아니라 그 선생인 담기양의 관점이라는 것이다. 담기양은 일찍이 "고구려가 압록강 이북에 있을 때 우리는 그를 중국 경내의 한 개 소수민족이 건립한 국가로 본다.…그 영역이 압록강 양안에 걸치고 있을 때 우리는 그 전경(全境)을 중국의 영역으로 처리한다. 그러나 5세기에 들어와서 고구려가 수도를 평양으로 옮긴 이후 다시는 그것을 중국의 소수민족정권으로 볼 수 없고 인접국으로 처리해야 한다. 고구려의 압록강 이남 영토뿐만 아니라 압록강 이북, 요수 이동의 영토도 인접국의 영토로 삼아야 한다"[16]고 주장했다. 현재의 국경으로서 역사 귀속을 획분하자는 것이다.

그러나 경철화 등 근래의 중국 학자들은 과거 중원 왕조의 영토로써 역사 귀속을 나누어야 한다는 전제하에 고구려가 평양으로 천도한 뒤에도 여전히 한사군의 영역 안에 위치해 있었기 때문에 고구려 국가의 본질이 변화한 것도 없고 고구려 역사의 귀속이 바뀔 수도 없다고 주장한다. 담기양의 『중국역사지도집(中國歷史地圖集)』에 실린 '수당도(隋唐圖)'에는 고구려를 중국 밖에 그려놓았다. 최근 중국의 학자들은 이를 반드시 정정해야 한다고 주장하고 고구려를 수·당의 강역 안으로 그리면서 어떤 특수한 표기를 할 수 있다고 주장하기도 한다.[17]

고구려가 현도군의 경내에서 건국되었고 고구려인의 활동범위가 한사군의 범위를 벗어나지 않았다는 이유로 고구려의 중국 귀속을 주장하는 중국 학계의

15 耿鐵華, 「고구려 유적의 '세계문화유산명록' 등재와 고구려 역사의 귀속문제」, 338-342쪽.
16 譚其驤, 「歷史上的中國和中國歷代疆域」, 『中國邊疆史地研究』 1991-1.
17 孫進己, 「중국 고구려사 연구의 '개방과 번영의 6년'」, 148쪽.

주장에 대해 한국 학계는 다양한 측면에서 비판을 가했다. 한국 학계에서 이 문제를 가장 집중적으로 연구한 김미경은 중국 학계가 고구려가 현도군 경내에 설치되었다고 하는 주장은 "고구려국과 고구려현을 혼동한 데 따른 것으로, 이는 고구려의 건국 시점에 대한 오류와 현도군과 고구려의 영역이 서로 겹치는 것으로 인식하는 데서 오는 오류"라고 지적했다. 그는 현도군과 고구려의 경계에 책구루가 설치되었다는 사실을 "현도군의 군치인 고구려현과 당시 고구려는 영역적으로 상당한 거리를 두었음과 고구려의 중심 집단이 대외 교섭권을 통제하는 데 성공했다는 것, 즉 국가를 세웠다는 것"으로 해석했다. 또한 김미경은 여러 사료에서 '속현도(屬玄菟)'라 한 것은 현도군이 고구려의 내속(內屬)을 관리했음을 뜻하고, 고구려가 현도군에 내속했다는 것은 고구려가 현도군을 통해 한과 관계를 가졌던 것으로 이해했다. 그는 고구려가 현도군에서 받아갔다는 '조복의책(朝服衣幘)'을 고구려가 한의 중앙 정부로 사신을 파견할 때 착용한 관복으로 파악했고, 고구려현이 관장했다는 '명적(名籍)'은 호적이 아니라 조복의책을 받아간 기록을 적은 명부로 간주했다.[18]

최광식도 중국 측은 고구려의 중심지가 역사적으로 중국의 국경선을 넘지 않았다고 주장하고 있지만 "이는 현재 중국 영토 안에 있는 영토뿐만 아니라 과거 역사적 영토까지 모두 중국의 역사 영역 안에 포함시키려는 패권주의 역사관에 따른 것이다"라고 지적하고, "이제는 고조선의 역사까지도 중국사의 일부로 주장하려는 저의가 보이고 있다"고 경계하면서 "진번군과 임둔군이 소멸되고 현도군이 요동 지방으로 옮겨가고 나서는 사실상 한반도에서 낙랑군의 통치력이 과거 한사군 지역에 미칠 수 없었다. 낙랑군의 통치력이 약화되고 오히려 토착세력의 영향력이 강화되어 고구려와 같은 고대 국가가 나타나게 된 것이다"[19]라고 비판했다. 신형식은 고구려가 중국 영토 내에 세워졌다는 논리는 "근대 국가관이나 영토 개념을 외면하고 고대의 영역(frontier)과 근대의 영토(territory)를 구

---

18 김미경, 「고구려 건국 문제를 통해 본 '지방 정권론'의 내용과 비판」, 정운용 외, 『중국의 통일국가론으로 본 고구려사』, 67-88쪽.

19 최광식, 『중국의 고구려사 왜곡』, 16-17쪽.

분하지 못한 오류에서 출발했다"[20]고 지적했다. 김락기는 "고구려의 발전에 따라 확대된 경역이 그 이전에 중원 왕조에서 일시적으로 군현을 설치했던 곳이라 하여 모두 중국 역사에 귀속된다는 매우 단순한 논리와 시각에서 역사를 본다면 현재와 미래는 아무런 의미가 없고 오로지 과거로 치환되고 마는 모순에 빠지게 된다"[21]고 경고하기도 했다.

5. 고구려 번속 논쟁

고구려 역사 논쟁의 세 번째 쟁점은 이른바 '번속'관계, 즉 책봉과 조공을 교환하는 관계의 성격에 관한 것이다. 중국 학계는 중원 왕조와 고구려 간의 조공-책봉으로 중국사 편입이 결정된다고 주장했고, 한국 학계는 책봉-조공관계는 독립적인 국가와 국가 사이의 외교관계에 지나지 않기 때문에 이것으로 귀속 여부를 결정할 수는 없다고 주장했다.

동북공정의 깃발을 든 변중은 "고구려는 중국의 중원 왕조가 관할하는 지역에서 주로 활동했으며 중원 왕조와 종속관계를 유지했다. 고구려 정권은 중원 왕조의 제약을 받았고 중국 지방 정권의 관할하에 있었으므로 고대 중국에 있었던 변방의 민족정권으로 보아야 할 것이다"라고 하면서 "고구려 또한 중국으로부터의 독립을 원하지 않았다.…고구려가 자신에게 스스로 부여한 위치는 중국 중앙 왕조의 변방 정권이었으니…남북조로 크게 분열돼 있을 때도 스스로 중국의 중앙 왕조에 대해 종속관계를 유지했다. 그뿐만 아니라 고구려는 책봉을 받았고 조공을 바쳤으며 질자를 보냈다.…당이 세워진 후 고구려는 당으로부터 책봉을 받았으니 이는 고구려 왕조가 당의 승인을 분명히 받았다는 증거이고 중국으로

---

20 신형식, 「中國의 '東北工程'의 虛實」, 백산학회 편, 『고구려사 연구의 제문제』(백산자료원, 2005), 334-340쪽.

21 김락기, 「고구려 경역과 중국 학계의 '지방 정권론'」, 정운용 외, 『중국의 통일국가론으로 본 고구려사』, 109쪽.

부터 자주 독립을 하지 않으려 했다는 뜻이다. 이러한 인식이 있었기 때문에 당이 고구려를 통일하자 많은 고구려인은 당에 대해 '망국'의 한을 품지 않았다"[22] 고 주장함으로써 논쟁의 발단을 열었다.

동북공정의 실질적 책임자인 마대정은 "종번관계의 문제를 해결하지 않고서는 중국 고대 강역 이론 연구는 돌파적 진전을 이룰 수 없다"고 하여 이른바 '번속이론(藩屬理論)'의 보강을 통해 고구려사 귀속 문제를 해결하려 했다.[23] 처음으로 '번속이론'이라는 용어를 사용하며 체계화한 이대룡은 2006년에 『한당번속체제연구(漢唐藩屬體制研究)』라는 저서를 출판하여 자신의 번속체제론을 일단 완성시켰다. 그는 중국 왕조와 주변 국가들이 책봉과 조공을 교환한 관계를 '번속관계'로 명명하고 중원 왕조와 고구려의 관계를 전형적인 '번속관계'로 규정했다. 그는 고구려와 역대 왕조의 관계를 "양진 왕조 이전의 직접 관리 시기, 남북조부터 수 왕조까지의 직접 관리 시기, 남북조부터 수 왕조까지의 직접 관리에서 기미 통치로 전환하는 과도기, 당 왕조 이후 기미 통치에서 직접 통치로 전환하는 시기 등 세 단계로 나누어" 설명했다. 그는 "장사·사마·참군과 같은 벼슬은 우리나라 역대 왕조의 고유한 것들이며, 어떤 것은 역대 왕조의 영향을 받아 생겨난 것이다. 만일 고구려가 우리나라 역대 왕조의 변방 소수민족정권이 아니라면 이런 벼슬 이름이 고구려의 관직으로 되지 않았을 것이다"[24]라고 주장하기도 했다.

물론 책봉-조공관계에 있다고 해서 모두 번속국으로 간주된 것은 아니어서 나름의 기준이 있다. 이러한 기준을 가장 세련되게 다듬은 중국 학자가 바로 손진기다. 손진기는 "당시 고구려가 중국 중앙 정부로부터 고구려왕이라는 책봉을 받는 동시에 중국의 중앙과 지방 관리인 정동대장군, 평주자사 등과 같은 책봉을 받은 것은 바로 고구려가 역사상 중국에 예속되었다는 것을 증명해준다. 세

22 邊衆, 「고구려 역사 연구의 몇 가지 문제에 대한 시론」, 72-80쪽.
23 정병준, 「중화인민공화국의 '藩屬理論'과 그 비판」, 고구려연구회 편, 『동북공정과 한국 학계의 대응논리』(여유당, 2008), 156-157쪽.
24 李大龍, 「고구려와 역대 중앙 왕조 관계의 성격」, 馬大正·楊保隆·李大龍·權赫秀·華立, 『중국이 쓴 고구려 역사』, 538-552쪽.

계 역사상 한 국가의 수뇌가 스스로 다른 국가의 중앙과 지방의 관리를 겸한 적이 없었으므로 독립된 국가라고 볼 수 없는 것이다. 필자는 책봉을 받는 것이 곧 중국의 지방 정권이라고 생각하지는 않지만, 고구려 당시의 이러한 특정한 책봉관계는 고구려가 중국에 귀속된 관계임을 증명한다"고 주장했다. 그는 고려나 조선 또는 신라나 백제와 달리 유독 고구려만 중국의 지방 정권으로 규정한 까닭은 "복종을 위주로 했는지 아니면 독립을 위주로 했는지를 근거로 하여 그 귀속을 정할 수도 있다. 고구려가 중국의 지방 정권이었다고 말하는 것은 바로 고구려의 전반 역사 속에서 귀속이 주를 이루었기 때문이다"[25]라고 주장했다.

유자민(劉子敏)도 같은 번복지국(藩服之國)이라 할지라도 내외의 구별이 있기 때문에 책봉체제에도 두 가지 상황이 나타났다고 했다. 즉, "이른바 내번(內藩)이란 중국 고유 영토에서 갈라져 나간 소수민족정권을 지칭하는 말이고 외번(外藩)이란 중국 고유 영토 이외의 속국을 말한다. 동북아 지구에서 볼 때 고구려는 응당 내번에 속하고 신라와 백제는 외번에 속하는 것이다."[26] 요컨대 신라와 백제는 외국이었지만 고구려는 중국으로 간주되었다는 것이다.

그러나 책봉-조공관계에 관해 중국 학계에서도 관점이 통일되어 있지 않다. 예컨대 저명한 역사지리학자인 담기양은 "조선과 베트남은 역대로 중원 왕조에 칭신납공하고 중원 왕조의 봉작을 받았지만 이들을 중국의 일부라고 할 수 있을까? 아니다. 그들과 명·청의 관계는 소국과 대국의 관계이고 번속국과 종주국의 관계일 뿐 이들이 명조와 청조의 영토는 아니었다"고 했고, 담기양의 제자인 갈검웅(葛劍雄)도 칭신조공(稱臣朝貢)에 의해 귀속을 결정할 수 없다고 하면서 "칭신납공의 형식에는 첫째, 소국과 대국의 관계로서 중국과 조선의 관계가 여기에 해당하고, 둘째, 통상무역을 하기 위한 유형이고, 셋째, 상대방이 완전히 대등한 신분으로 외교사절이나 무역대표를 파견하는 유형이 있다"고 했다. 그는 그중에서 둘째의 칭신납공은 중원 왕조의 속국으로 볼 수 없고, 셋째 유형도 조공이라고 할 수 없기 때문에 정권에 대한 '칭신납공'을 가지고 중국 왕조에 대한 귀속

---

25 孫進己, 「중국 고구려사 연구의 '개방과 번영의 6년'」, 133쪽.

26 劉子敏, 「中華天下秩序中의 高句麗」, 백산학회 편, 『고구려사 연구의 제문제』, 323-325쪽.

의 기준으로 삼을 수 없다고 주장했다.[27] 또한 저명한 조선족 학자인 박진석(朴眞奭)도 중국 역대 왕조가 진·한 이래로 국내에 시행한 지방행정제도(分封制, 郡縣制, 郡國制)의 경험을 기초로 주변 국가와 민족에 대해 시행한 것을 조공-책봉제도라고 규정하고 "조공-책봉관계하에서는 일반적으로 군신관계, 정치상으로는 일정 정도의 예속성이 있는 등 불평등한 요소가 있지만, 이것이 국내의 중앙 정부와 지방 정부 간의 관계는 아니라"고 했다. 그는 책봉-조공관계를 중국 역대 왕조와 주변 국가나 민족 또는 대국과 소국, 강국과 약국 간에 결성된 국제 사회의 정치·외교 질서라고 규정했다.[28]

요컨대 동북공정의 주도자들은 고구려가 중국의 일개 지방 정부였음을 입증하는 증거로서 중원 왕조와 고구려가 책봉과 조공을 교환한 국가였음을 거론했다. 동북공정의 중견인 이대룡은 이를 이론적으로 다듬어서 '번속이론'을 제기했다. 그러나 중국 학계가 이 문제에 대해 통일된 입장을 보이는 것은 아니다. 담기양 등은 책봉과 조공을 교환했다고 해서 고구려를 중국의 일부로 볼 수는 없다고 했고, 책봉과 조공을 교환한 중원 왕조와 고구려의 관계는 종주국과 번속국, 즉 외국의 관계일 뿐이라는 의견을 제시하기도 했다. 또한 고구려를 중원 왕조와 책봉-조공을 교환한 번속국으로 보고 이를 통해 고구려를 중국의 일부로 보는 입장에 동의한다 하더라도, 번속국의 의미를 외속국(外屬國)과 내속국(內屬國)으로 나누어 고구려는 내속국으로 보고 신라나 백제 또는 고려나 조선은 외속국으로 보아 고구려와 구별하는 시각을 보인 학자도 있다.

중국은 고구려가 조공과 책봉을 통해 중국에 신속했다는 점을 들어 고구려 역사의 중국사 귀속을 주장하고 있다. 그러나 한국 학계에서는 책봉-조공체제를 지배 또는 통치를 위한 국가체제가 아니라 동아시아 특유의 국제체제로 이해했다. 그 한 예로 임상선은 "책봉-조공은 중화적 세계관의 산물로서 본래 중국 내

---

27 葛劍雄, 『統一與分裂－中國歷史的啓示』(三聯書店, 1994); 林相先, 「중국학계의 발해·고구려 역사연구 비교」, 『중국의 동북공정과 중화주의』(고구려연구재단, 2005), 214-215쪽.

28 朴眞奭, 「試論四·五世紀東北亞世界的朝貢冊封體系－以高句麗爲中心」, 馬大正 編, 『高句麗渤海歷史問題硏究論文集』(延邊大學出版社, 2004); 林相先, 「중국학계의 발해·고구려 역사연구 비교」, 219쪽.

부의 정치 질서였지만, 중국의 황제가 주변 국가의 군장에게 특정한 관작과 물품을 사여함으로써 그의 지위를 공인하여 신속시키는 외교 형식으로 발전한 것이다"[29]고 주장한다. 신형식도 "원래 조공은 주(周)와 그 봉신 간의 정치적 신속관계에서 출발한 것이므로 중국과 그 주변 국가 간에는 한대 이후 책봉관계가 형성되어 있다"고 인정하면서, 동시에 "물론 이때 진공(進貢)과 회사(回賜)라는 형식의 물물교환도 있지만, 중국 측에서 책봉을 거부할 권한이 없는 전근대시대의 의례적인 외교의 한 형태였다. 중국의 정치적 우위를 인정한 형식적 절차이며 조공국의 정체성과 자주권은 결코 훼손되지 않았다"[30]고 책봉과 조공의 의미를 제한했다. 김인성은 "조공관계란 정치적 신속을 전제로 경제적 종속과 연호의 차용 등 의례적 행위가 수반되는 항속적 관계를 이르는데, 실제 그 이상과 실제가 일치하지 않는 경우가 보다 빈번하며 외교관계의 형식에 지나지 않는다. 특히 고구려와 중원 왕조의 경우 그러한 점이 현저하다"[31]고 주장했다.

중국 학계에서 책봉-조공관계를 지배-피지배 또는 통치-피통치의 관계로 규정하려 한 반면, 한국 학계에서는 책봉-조공관계의 형식 또는 정신과 내용 또는 실제가 크게 괴리되었음을 강조했다. 한 예로 강선은 "한·중 간의 전통적인 외교관계가 형식적으로 책봉과 조공을 통해 규정되었지만 실질적으로는 사대자소(事大字小)관계이며, 실제에서는 상대방의 내정과 외교에 간섭하지 않음으로써 상호 독립적인 외교관계를 유지했다고 했다"는 김한규의 해석을 인용하면서 "조공과 책봉은 중국이 주변 민족을 신복시켜 중국 중심의 세계 질서에 참여시킴으로써 그들을 간접적으로 지배하기 위한 제도적 양식이란 점에서 그 정신과 기능이 일치된다. 따라서 조공책봉관계는 중국을 종주국으로 주변 제국을 종속국으로 하는 종주관계를 전제로 한다. 그러나 이러한 조공과 책봉의 정신 및 종속관계는 중국의 이상에 지나지 않았으며 실제로는 이와 크게 괴리되어 나타난다. 중국과 주변 제국은 모두 별개의 정치권력이며, 이들의 관계는 현실적으로 역(力)

---

29 林相先, 「중국학계의 발해·고구려 역사연구 비교」, 214-215쪽.
30 신형식, 「中國의 '東北工程'의 虛實」, 백산학회 편, 『고구려사 연구의 제문제』, 334-340쪽.
31 김인성, 「역사적 진실 왜곡에 대한 비판과 반성」, 273-274쪽.

관계에 기초하므로 조공과 책봉도 중외 간의 역관계에 따라 그 성격을 달리했기 때문이다"[32]고 강조했다.

최광식도 "조공과 책봉은 당시 동아시아 전체에 걸쳐 적용된 외교 형식이었기 때문에 이를 근거로 고구려만을 중국의 지방 정권으로 규정하는 것은 논리적 모순이기도 하다.…조공-책봉관계는 남북조시대 중원 왕조와 주변 제국의 군장들 사이에 책봉을 통한 외교적 관계에 불과하다"라고 하면서, "중국은 조공과 책봉을 근거로 하여 고구려를 중국사로 편입시킨 다음 어쩌면 한국의 역사 모두를 중국사의 일부라고 주장할지도 모른다"[33]고 우려했다. 정병준 역시 "고구려가 중원 왕조의 영토였다는 주장이 타당성을 가지기 위해서는 무엇보다도 중원 왕조들이 고구려에 대해 '실질적 통제권'을 행사했다는 증거들이 명확하게 제시되어야 한다. 그렇지 않으면 조공-책봉으로 맺어진 번속관계는 명분과 형식의 수준을 넘기 어렵다"[34]고 비판했다. 강선도 "고구려의 경우에는 조공과 책봉이 외교상의 형식에 불과했을 뿐 별다른 구속력을 갖지 못했다. 즉, 고구려는 중국의 여러 왕조와 형식적으로는 종속관계의 양식인 조공과 책봉을 교환했으나 그 실상은 대등한 독립적 관계였다"고 하면서, 오히려 "역대 중국 왕조와 고구려 사이에 행해진 책봉은 비록 중국 왕조가 그 중심이었으나 실질적으로 책봉의 성격을 규정지은 것은 고구려의 태도였다.…책봉에 따른 신속을 현실적으로 인정할 것인지 아니면 형식만을 취할 것인지 결정한 쪽은 고구려였다.…책봉은 일방적인 고구려의 신속을 뜻하는 것이 아니며, 이를 근거로 고구려를 중국의 지방 정권으로 보는 견해도 성립할 수 없다"[35]고 결론 맺었다.

특히 한국 학계에서는 남북조시대에 전개된 고구려 다중 외교를 거론하여, 중국의 번속이론을 공박했다. 이인철은 고구려가 남조와 북조로부터 모두 책봉과

---

32 강선, 「'책봉'을 통해 본 고구려 '지방 정권론' 비판」, 정운용 외, 『중국의 통일국가론으로 본 고구려사』, 180쪽.

33 최광식, 『중국의 고구려사 왜곡』, 22-24쪽.

34 정병준, 「중화인민공화국의 '藩屬理論'과 그 비판」, 고구려연구회 편, 『동북공정과 한국 학계의 대응논리』, 183-188쪽.

35 강선, 「'책봉'을 통해 본 고구려 '지방 정권론' 비판」, 180-186쪽.

관직을 받아 속국이 되었다고 주장하는 중국 학계의 견해에 대해, "그런 논리대로라면 고구려는 북조와 남조 모두의 지방이나 속국이 되는 것이나 영토나 주권의 배타성으로 보면 남북조 모두의 지방이나 속국이 되는 것 자체가 불가능하다"[36]고 비판했고, 이도학 역시 "고구려는 서로 대립하던 남북조 모두와 관계를 맺어 이중 플레이를 했는데, 그런 만큼 이는 고구려의 자율적인 요소가 컸던 것으로 중원 왕조에 귀속된 지방 정권설을 운위하기는 어려워진다"[37]고 지적했다.

강선은 "고구려가 남북조에 모두 조공이라는 형식을 통해 외교관계를 유지한 것은 자국의 이익을 확대하기 위해 취한 일종의 등거리 외교로…이는 '신속'이나 '종속'이 아닌 고구려의 능동적인 외교로 보아야 한다"[38]고 주장했고, 최광식은 "고구려가 존재한 700여 년간 중국에서는 왕조가 20여 개나 일어났다가 사라졌다. 불과 몇 십 년 만에 없어진 왕조들이 대부분인데, 어떻게 종주국과 복속국의 관계가 이루어질 수 있었겠는가"라고 반문하면서, "오히려 장수왕 시기에는 남조와 북조를 등거리 외교로써 컨트롤하기도 했다"[39]고 주장했다. 방향숙 역시 장수왕이 북위와 송으로부터 동시에 책봉을 받은 사실을 거론하면서 "한 정권이 각기 다른 두 정권에 동시에 귀속될 수는 없다. 따라서 조공과 책봉이라는 중국 왕조와의 관행은 신속의 표현이라고 볼 수 없다"[40]고 해석했다.

한국의 학자들은 책봉-조공관계에는 여러 가지 층위가 존재하고 있었기 때문에 그것만으로 신속 여부를 판단할 수는 없다고 주장했다. 강권찬은 "당시 동아시아 지역에서 중국과 여타 국가와의 관계가 조공-책봉관계였기 때문에 이를 통해 고구려가 지방 정권이었다는 주장은 일면 무리가 있다"고 비판했다. 왜냐하면 "그

---

36 이인철, 「厲聲·朴文一 主編 『高句麗 歷史問題 硏究 論文集』 해제」, 厲聲·朴文一 主編, 『고구려 역사문제 연구논문집』, 12쪽.

37 이도학, 「삼국에 관한 주변 국가의 인식에 관한 연구」, 고구려연구회 편, 『동북공정과 한국 학계의 대응논리』, 589쪽.

38 강선, 「고구려와 북방민족의 관계에 대한 중화인민공화국 학계의 견해」, 고구려연구회 편, 『동북공정과 한국 학계의 대응논리』, 341-374쪽.

39 최광식, 『중국의 고구려사 왜곡』, 22-24쪽.

40 방향숙, 「中國學界의 古代社會性格 및 邊疆政權 인식」, 『한국사론』 40 ; 『중국의 동북공정 논리와 그 한계』(국사편찬위원회, 2004), 50-51쪽.

렇게 본다면 당시 동아시아 국가 중 중국과 조공-책봉관계를 갖지 않았던 국가는 없었으며 백제·신라·왜마저도 중국과 조공-책봉관계에 있었기 때문에 이들 국가도 중국의 지방 정권이라는 논리적 모순으로 이어지기 때문이다." 그는 이것이 "한국 연구자들의 대체적인 인식이며 반론의 중요 내용이기도 하다"고 주기(注記)했다. 또한 그는 손진기가 "고구려와 그 이후의 한반도의 정권이 일반적으로 조공-책봉관계에 있었지만 고구려가 중국의 지방 정권인 이유는 고구려만 중국의 지방 관리로서의 책봉도 동시에 받았기 때문이라"고 한 데 대해, "하지만 백제·신라도 중앙과 지방의 관직을 동시에 수여받기도 했다"[41]고 반박했다.

최광식도 "조공과 책봉은 당시 동아시아 전체에 걸쳐 적용된 외교 형식이었기 때문에 이를 근거로 고구려만을 중국의 지방 정권으로 규정하는 것은 논리적 모순이기도 하다. 이것은 중국이 백제나 신라·왜 등과 맺었던 조공-책봉관계와 하등의 차이가 없으며, 베트남의 경우도 마찬가지다"라고 비판했다. 그는 "만약 조공-책봉관계를 문제 삼아 종주국과 복속국으로 간주한다면 여기에는 고구려뿐만 아니라 백제와 신라·왜·베트남도 해당되며 고려와 조선까지 해당되므로 우리의 역사는 모두 중국사의 일부가 되어버리는 것이다"라고 하면서, "중국은 조공과 책봉을 근거로 하여 고구려를 중국사로 편입시킨 다음 어쩌면 한국의 역사 모두를 중국사의 일부라고 주장할지도 모른다"[42]고 우려하기도 했다.

한국 학계에서는 중국 학자들이 "과거의 개념을 지나치게 자의적으로 사용한다"고 비판하기도 했다. 그 대표적인 것이 '기미(羈縻)'나 '번속' 같은 용어인데, "기미는 중국이 화이관을 바탕으로 모든 이민족에 대해 보편적으로 사용하던 말이다. 그러나 이대룡은 이를 번속국에 한하여 사용하고 있는데, 이는 번속에 대해서도 마찬가지다. 이 경우 역사적 개념에 현재적 관념이 투영될 수밖에 없다"고 비판했다. 또한 그는 "과거의 용어나 개념을 현재의 말로 바꿀 때는 신중을 기해야 한다. 왜냐하면 같은 용어라고 할지라도 그 의미가 과거와 현재 사이에

41 강권찬, 「민족정책과 정치전략에 의한 역사왜곡」, 조정남·나영주, 『동북공정의 해부』, 201-203쪽.
42 최광식, 『중국의 고구려사 왜곡』, 22-24쪽.

차이가 있을 수 있기 때문이다"라고 하면서, "현재의 사전류에 번속은 '식민지' 또는 '예속국'의 의미로 풀이되어 있는데, 이는 근대 국제법의 해석에 따른 것이다. 그러나 이대룡은 과거와 현재 사이에 존재하는 차이에 대한 언급도 없이 번속이라는 용어를 중국의 '변경정권' 또는 '지방 정권' 등으로 바꾸어 부르고 있다"고 비판하기도 했다. 그는 원래 기미란 말은 "굴레와 고삐를 가지고 말과 소를 다루듯이 상대 국가나 민족을 견제하며 적극적으로 나서지 아니하되 관계를 단절하지 않는다"는 의미를 가지고 있었다고 한 김한규의 정의를 인용하면서, 이대룡이 '기미'와 '번속'을 동일한 뜻으로 사용하는 것을 비판했다.[43]

한편 한국 학계에서는 중원 국가들과 책봉-조공관계에 있었던 고구려가 중원 국가에 신속하기는커녕 오히려 독자적 세계 질서를 운영하면서 중심 국가의 역할을 수행했음을 강조했다. 이도학은 "삼국 모두 왕권이 강화된 단계에서 국왕의 칭호를 '태왕(太王)'이라고 했다"고 하면서, "중국에서도 왕후를 거느린 존재는 황제 말고는 없으므로 황제적 위상을 가진 존재가 삼국의 태왕임은 자명해진다"고 주장했다. 이도학에 의하면, 그럼에도 황제라는 제호를 사용하지 않은 이유는 한토(漢土)의 지배와 한토의 천자를 이상으로 삼지 않았기 때문이라고 했다. 오대 이전에는 한토를 일각이라도 지배했을 경우에만 제(帝)를 칭했다는 것이다.[44] 이도학은 태왕과 황제는 그 위상에서 서로 연결되는 호칭이라고 확신했다. 그는 신라에서 짐(朕)이나 순수(巡狩) 같은 황제적 용어가 사용되었고 붕(崩)자를 사용했다고 하면서, 이로 보아 삼국이 모두 황제관을 공유했음을 알 수 있다고도 했다.[45]

요컨대 한국의 역사학계에서는 책봉-조공관계를 전통 시대 동아시아 국제사회의 독특한 한 외교 양식으로 보고, 칭신(稱臣), 책봉, 조공, 조현(朝見) 등의 형식과 달리 실제로는 정치적 의미가 거의 없는 것으로 이해한다. 따라서 고구려와 중국 왕조들 사이의 책봉-조공관계도 실질적 복속이나 신속의 의미가 없는

43 정병준, 「중화인민공화국의 '藩屬理論'과 그 비판」, 175-183쪽.
44 文一平, 「年號와 帝號의 制」, 『湖岩全集』 5(민속원, 1995), 55-68쪽.
45 이도학, 「삼국에 관한 주변 국가의 인식에 관한 연구」, 612-615쪽.

관계라는 관점에서 중국 학계의 번속이론 등을 비판했다. 특히 중국이 다원적으로 분열된 위·진·남북조시기에 이뤄진 양자의 다원적 외교관계는 책봉-조공관계가 정치적·실질적 지배의 의미를 갖지 못하는 관계임을 보여준다고 주장한다. 한국의 학계에서는 양자 사이의 책봉과 조공은 단순한 '기미'의 의미만 갖고 있었으며 고구려는 중국과 달리 독자적인 세계 질서를 구축하여 운영하고 있었던 독립적 강국이었음을 강조했다. 또한 양자 사이에 교환되었던 책봉과 조공의 구체적인 사례를 거론하면서 그 각각의 역사적·실질적 의미를 추적함으로써 양국 사이의 책봉-조공관계가 갖고 있었던 형식과 실제의 괴리를 지적했다.

6 고구려-수·당 전쟁의 성격 논쟁

고구려 역사 논쟁의 다섯 번째 쟁점은 수·당-고구려 전쟁의 성격에 관한 것이다. 중국 학계에서는 이 전쟁이 통일을 위한 국내 전쟁이었다고 규정했고, 한국 학계에서는 수·당의 고구려 침공을 외국에 대한 '침략'이었다고 반박했다. 이처럼 동일한 사안에 대해 양측이 정반대의 이해를 갖게 된 까닭은 전쟁이 있기 전까지 중국 왕조와 고구려의 관계에 대한 이해가 전혀 달랐기 때문이다. 앞서 살펴보았듯이 중국 학계에게는 고구려는 중원 왕조의 일개 지방 정권이었기 때문에 중원 왕조가 고구려에 무력을 행사한 것은 통일을 위한 국내 전쟁이 되지만, 고구려를 자주적 독립국가로 이해하는 한국 학자들에게는 당연히 일국이 타국을 침략한 국제 전쟁이었다.

동북공정의 대표적 주자인 이대룡은 "고구려에 대한 수·당의 정벌은 고구려가 지방 정권이기 때문에 국가 사이의 전쟁이 아니라 중원 통일정권이 변강 소수민족 할거세력을 통제하던 정의로운 통일사업이었다"[46]라고 하고, "고구려가 서한 왕조 이래 역대 여러 왕조의 변경 소수민족정권이었고, 수 왕조 건국 초

46 李大龍, 「高句麗與唐王朝臣屬關係的建立和發展」, 『古代中國高句麗歷史叢論』(黑龍江教育出版社, 2001), 223頁.

기에 곧 수 왕조에게 신하로 칭했으므로 고구려에 대한 수 왕조의 전쟁은 통일 전쟁이었다"[47]라고도 했다. 또한 그는 "당 왕조는 서한 왕조부터 시작하여 역대 여러 왕조들처럼 고구려와의 소속관계에 대한 인식을 계승하면서 서한 왕조 시기에 '사군(四郡)'의 범위에 들어 있던 동북 변방의 소수민족이 연합하여 세운 고구려란 소수민족정권이 당 왕조의 범위 밖에서 독립하는 것을 용인할 수 없었고 평화적 방식으로는 고구려가 당 왕조에 복종하도록 할 수 없는 형편이었기 때문에 부득이 무력 통일 방식을 취할 수밖에 없었다"[48]라고도 했다.

수·당-고구려 전쟁의 성격을 '침략'이 아닌 '통일'전쟁으로 규정한 것은 이대룡이 처음이 아니었다. 이미 1985년에 장박천이 "수·당과 고구려의 전쟁은 통일된 다민족의 중앙집권국가가 요동의 군현을 수복하기 위해 진행한 전쟁이지 본국 통치계급의 영토 확장을 위해서 침략전쟁을 일으킨 것은 아니다"고 주장했고, 1990년에 출간된 이전복(李殿福)·손옥량(孫玉良)의 『고구려간사(高句麗簡史)』는 수·당과 고구려 전쟁이 국가 대 국가의 전쟁이 아닌 이유를 다음과 같이 제시한 바 있다. "① 고구려인 및 그 선조인 예맥족은 예로부터 중화인민공화국의 다민족 중의 일원이었다. ② 고구려 정권은 한(漢) 현도군 경내에서 건립되어 현도군의 통제를 직접 받았으며, 한대에는 한의 고구려 현령이 그 명적을 주관했다. ③ 고구려 역대 왕들은 모두 중원 정권의 책봉을 받아 관리 조직의 일원으로 중원 정권을 대신하여 그 지역 인민을 직접 관리했다. ④ 고구려 왕들은 중원 정권에 사신을 보내 조공하는 등 신하의 예를 다했고 아울러 조정으로부터 보답품과 명령을 받았다. ⑤ 고구려 정권은 중원 정권과의 예속관계를 탈피하여 독립한다고 선포하지 못했고 중원 정권도 내내 고구려에 대한 관할을 포기하지 않았다. ⑥ 고구려는 평양으로 천도한 후에도 중원과의 예속관계를 유지했으니, 실질적 관계 변화는 발생하지 않았다."[49]

47 李大龍, 「고구려와 隋 왕조의 관계」, 馬大正·楊保隆·李大龍·權赫秀·華立, 『중국이 쓴 고구려 역사』, 480쪽.
48 李大龍, 「고구려와 唐 왕조의 신속 관계 수립과 발전」, 『중국이 쓴 고구려 역사』, 535쪽.
49 김용만, 「고구려 후기 고구려, 수당, 북방 제국의 대립관계」, 고구려연구회 편, 『동북공정과 한국학계의 대응논리』, 387쪽.

박문일(朴文一)이 소개한 저우언라이(周恩來) 총리의 연설문에 의하면 "진·한나라 이후 빈번하게 요하 유역을 정벌했는데, 이는 전쟁이 실패하자 그냥 돌아왔을 뿐이지 분명한 침략이다. 당도 전쟁을 치렀고 실패했으나 당신들을 무시하고 모욕했다. 그때 여러분 나라의 훌륭한 한 장군이 우리 침략군을 무찔렀다. 이때 바로 발해가 일어났다. 이후 동북에는 바로 요, 금족이 발흥했다." 저우언라이는 북한 대표들에게 "만주족 통치자는 당신들을 계속 동쪽으로 밀어냈고 결국 압록강, 도문강 동쪽까지 밀리게 되었다. 만주족은 중국에 대해 공헌한 바가 있는데, 바로 중국 땅을 크게 넓힌 것이다. 왕성한 시기에는 지금의 중국 땅보다도 더 컸었다.…한족이 통치한 시기에는 국토가 이렇게 큰 적이 없었다.…이렇게 된 이상 우리는 당신들의 땅을 밀어붙여 작게 만들고 우리들이 살고 있는 땅이 커진 것에 대해 조상을 대신해서 당신들에게 사과해야 한다"[50]고 말했다. 그러나 고구려는 중국의 범주 안에 존재한 수당의 지방 정권이었기 때문에 수·당의 고구려 침공은 침략이 아니라 통일전쟁이었다는 것이 중국 학계의 일반적 입장이다.

고구려와 수·당의 전쟁 문제는 한국과 중국의 역사인식에서 가장 극명한 차이를 보이는 것 가운데 하나다. 수·당과 고구려 간 전쟁의 성격에 관한 중국 학자들의 주장에 대해 정복과 통일을 의도적으로 혼동시켰다는 것이 한국 측의 일반적 반응이었다. 최광식은 중국 학계에서는 수와 당이 고구려와 전쟁을 치른 것을 국가와 국가 간 전쟁이 아닌 중앙정권과 지방 정권의 통일전쟁이라고 주장하기 위해 수와 당의 황제가 고구려에 보낸 조서를 근거로 양자의 관계를 파악하고 있으나 "황제의 조서란 대부분이 과장된 것으로 정벌의 정당성을 확보하기 위해 과장된 표현을 사용하는 것이다"라고 비판하고, "이 전쟁은 고구려의 대륙정책과 수·당제국의 세계정책이 정면충돌하면서 빚어진 동아시아의 국제전이었다"고 주장했다. 그는 "수·당과 고구려가 중앙정권과 지방 정권의 관계가 아니라 국가와 국가 관계라는 것을 잘 나타내주는 것이 바로 천리장성이다. 천리장성이 고구려와 당나라를 갈라놓는 국경선인 것이다. 어떻게 중앙정권과 지방 정권 사

---

50 周恩來, 「周恩來總理談中朝關係」, 『外事工作通報』 10, 1963; 「저우언라이 총리가 말하는 중국-조선 관계」, 『동북공정의 해부』(한국학술정보, 2011), 176-177쪽.

이에 이러한 국경선이 존재할 수 있겠는가"[51]라고 반문했다.

한편 이 문제를 가장 전문적으로 다룬 김용만은 "그간 한국 학계에서도 고구려와 당의 전쟁을 신라의 삼국 통일의 한 과정으로 이해하거나 고구려사를 지나치게 한국사의 좁은 테두리에만 가두어두려고 했기 때문에 동아시아 역사, 세계사적 관점에서 고구려사를 보려는 노력이 부족했던 것도 사실이다"고 반성하면서, "고구려와 수·당이 주축이 된 이 국제 대전은 돌궐의 부흥, 설연타의 멸망, 철륵의 재건 실패, 토번의 발흥, 돌궐의 재부흥, 신라의 삼국 통일과 모두 연결되는 7세기 동아시아 역사를 바꾼 거대한 대사건으로 재조명되어야 한다"고 주장했다. 그는 "중화인민공화국 학계에서 고구려와 수·당간의 전쟁을 통일전쟁이라고 부르는 것은 마치 미국이 이라크를 공격한 이유를 악의 축을 물리치려는 행동이라고 현재의 미국인들이 말하는데, 후대 역사가들이 미국과 이라크는 본래 한 나라로 통일전쟁을 치렀다고 말하는 식과 같다"고 비판하면서, "고구려의 입장에서 당시 수·당을 바라보는 시각을 살펴보면 같은 동족이나 통일되어야 할 나라, 또는 고구려가 떠받들어야 하는 종주국이라는 의식이 전혀 보이지 않는다"고 지적했다. 그는 "거란, 설연타, 철륵, 돌궐 모두 고구려 전쟁의 중요한 변수로 작용했고 각자가 자신들의 발전을 위해 거대한 두 세력 간의 전쟁을 이용했다. 심지어 멀리 떨어진 토번조차 고구려와 당의 전쟁을 유심히 살펴보고 있었다.… 백제와 신라는 물론 말갈, 실위 등 주변 종족들도 고구려와 수·당 전쟁에 직간접으로 참여했다. 이렇게 수많은 세력들이 참여한 전쟁은 국제 대전이지 국내 전쟁으로 볼 수 없다"[52]고 주장했다.

요컨대 수·당과 고구려의 전쟁을 통일을 위한 국내 전쟁으로 규정하는 중국 학계의 입장에 대해 한국 학계에서는 동아시아 국제 사회의 주도권을 다툰 국제 전쟁이었다고 반박했다. 한국 학계에서 수·당-고구려 전쟁을 국제 전쟁으로 보는 까닭은 말할 필요도 없이 수·당과 고구려의 관계를 독립된 국가 대 국가의 관계로 보았기 때문이다. 수·당-고구려 전쟁의 성격에 대한 논쟁은 고구려 역사 논

51 최광식, 『중국의 고구려사 왜곡』, 24-25쪽.
52 김용만, 「고구려 후기 고구려, 수당, 북방 제국의 대립관계」, 423-440쪽.

쟁의 다른 쟁점들, 즉 고구려의 족원론이나 강역론, 번속론 등의 자연스러운 논리적 귀결로서 서로 유기적인 관련성을 갖고 있다.

7. 고구려 유민 논쟁

고구려가 패망한 뒤 그 유민의 거취는 고구려 역사 논쟁에서 또 하나의 주요한 쟁점이다. 중국 학자들의 주장에 의하면, 고구려 멸망 당시 고구려의 전체 호수는 69만 7000호가량인데, 그중에는 한족을 비롯한 여러 소수민족이 있었기 때문에 순수한 고구려인 호수는 15만 호 내외의 75만 명에 지나지 않았으며, 이들 고구려 유민 가운데서 당으로 흘러들어간 인구가 30만 명, 신라로는 10만 명, 돌궐로는 1만여 명, 발해로는 20만 명 들어갔으며, 중국으로 옮겨간 고구려인은 당의 고위 관료로 당을 위해 활동했다고 한다.[53] 그러나 한국 학계에서는 고구려 유민의 상당수가 신라나 발해로 유입되어 한국인의 조상이 되었다고 주장한다. 이처럼 고구려 유민 문제는 고구려사의 귀속 문제를 논의하는 데 매우 중요한 근거의 하나가 되고 있다.

동북공정의 문을 연 변중은 멸망 후 고구려인의 이동 방향을 거론하면서 "중국 학자들의 최근 연구 성과에 의하면 멸망 시 고구려인 숫자는 대략 70만 명 정도였는데, 이 가운데 30만 명이 중원 각지로 유입되었다고 한다. 신라에 귀의한 사람은 10만 정도, 말갈(발해)에 의탁한 사람은 10만 이상, 돌궐로 옮겨간 고구려인은 1만여 명이었을 것으로 보고 있다.…나머지 20만 명은 요동 각지로 흩어져 유민이 되고 전쟁 와중에 사망했을 것으로 추정된다.…대다수의 고구려인은 한족(漢族)에 융화되었다"고 하면서, "이러한 점으로 볼 때 고구려민족을 중국 동북지방에 등장했던 변방민족으로 보는 것이 역사적 사실에 가장 부합된다고 할 수 있다"[54]고 주장했다.

---

53 박승범, 「중화인민공화국 학계의 고구려 유민 연구 검토」, 고구려연구회 편, 『동북공정과 한국학계의 대응논리』, 682쪽.

마대정도 같은 수치를 동원하여 "나라가 멸망한 뒤 고구려인의 행방을 볼 때 668년 고구려국이 망한 뒤 당나라는 그들 주민 '69만호'를 받아들였다. 이는 당시 고구려국의 총 호수일 것인데, 그 가운데는 고구려족이 아닌 호수도 많이 포함되었다. 고구려족 호수는 대개 15만 정도이다.…최근 우리나라 학자들의 연구 성과가 입증하듯, 고구려국이 멸망할 때 고구려족 사람은 약 70만 명인데, 중원의 여러 지역에 옮겨 거주한 사람이 약 30만 명이고, 신라에 들어간 사람이 약 10만 명이며, 말갈(발해)을 찾아간 사람이 10만 명 이상이고, 돌궐에 흩어져 들어간 사람은 1만 명 남짓으로 모두 50만 명이다. 이 숫자에 요동 같은 곳에 흩어져 생활한 유민과 전쟁에서 죽은 사람을 더하면 총 인원이 고구려족 사람 수와 거의 일치한다. 그 가운데 신라에 들어 간 사람과 반도, 즉 지금의 용흥강(龍興江) 이남에 남아 생활한 약 10만 명의 고구려족 사람만 반도의 민족에 융합되었고 대다수는 한족에 융합되었다"고 하면서, "이런 점에서 볼 때 고구려족을 우리나라 동북 역사의 소수민족으로 보는 것은 역사적 사실에 꼭 들어맞는다"[55]고 주장했다.

이대룡도 이와 같은 통계 자료를 인용하며 "이로 인해 고구려 멸망 이후 절대다수의 고구려인이 중화민족의 일부로 융합되었음을 알 수 있다"[56]고 주장했고, "우리가 고구려는 우리나라 역사의 변경 지방 민족정권이었다고 말하는 것은 간단히 고구려가 우리나라의 현재 강역 안에서 활동했다는 근거만 가지고 말하는 것이 아니라 고구려가 멸망한 뒤 대부분의 고구려인이 모두 한족 위주의 중화민족에 융합되었기 때문이다"라고도 했으며, "거의 반 또는 3분의 1이 넘는 고구려 유민이 중원 지역으로 옮겨졌는데, 주목할 만한 것은 이러한 고구려인이 비록 고토를 떠나 옮겨왔지만 '국가가 망하고 가문이 망했다'는 감정은 거의 없었으며, 점점 한족으로 융합되었고 중국 통일의 대업을 완수하는 데 탁월한 공적을 남긴 인사들이 많이 나타났다는 점이다"라고 하면서, 『구당서(舊唐書)』와 『신

54 邊衆, 「고구려 역사 연구의 몇 가지 문제에 대한 시론」, 80-81쪽.
55 馬大正, 「머리말을 대신하여: 고구려 역사 연구와 관련된 몇 가지 문제에 대한 소론」, 76쪽.
56 李大龍, 「고구려 특정주제」, 변강사지연구중심 홈페이지(www.chinaborderland.com); 최광식, 『중국의 고구려사 왜곡』, 93-94쪽.

당서(新唐書)』에 전하는 고구려인으로 고선지(高仙芝), 왕모중(王毛仲), 왕사례(王思禮), 이정기(李正己) 같은 사람들을 열거하기도 했다.[57]

중국 학자들이 고구려 유민의 거취와 동향을 설명하면서 제시한 통계 수치는 모두 손진기에 의해 제공된 것이었다. 손진기는 자신이 "일찍이 고구려민족이 단일적으로 한국에 이동된 것이 아니라 네 가지 계통이 있고 주로 중국의 각 민족에 귀속되었다고 했다. 이러한 견해에 대해 최근 들어 중국 내의 많은 학자들이 대체적으로 인정하고 있다"고 회고했다. 그는 "세 가지만은 분명하다. 첫째, 고구려 멸망 후 전체 유민이든 고구려민족이든 막론하고 모두가 오늘날의 중국과 북한(한국) 두 나라에 나뉘어 귀속되었다는 점이다. 둘째, 어떻게 계산하든 중국에 유입된 고구려 유민이나 고구려민족이 모두 많은 수를 점하고 있다는 것이다. 셋째, 이들 유민은 모두가 이미 지금의 중국과 조선의 각 민족으로 융합되었으며 또한 현재 중국과 북한(한국)의 각 민족 총인구에서 모두 적은 수를 점하고 있다. 어쨌든 이 세 가지 결론은 변할 수는 없을 것이다"라는 의견을 제시했다. 다만 손진기는 변중이나 마대정, 이대룡 등 동북공정의 대표 학자들과는 달리 "고구려 사람의 이동에 관한 연구는 오늘날 고구려를 누가 계승하고 있는지 확정하는 것에 대해 중요한 의의를 가지고 있다. 그러나 이는 역사상 고구려 당시의 귀속을 결정하는 것은 아니다. 역사상 고구려의 귀속은 그 당시 누가 고구려를 관할했는가에 의해 결정되는 것이며, 훗날 그 민족의 이동은 고구려가 멸망한 후의 일로서 이것이 멸망 이전의 귀속을 결정할 수는 없다"고 하여, 고구려 유민의 동향만으로 고구려의 귀속을 결정하려는 중국 학계 일반의 경향을 경계하기도 했다.[58]

요컨대 중국 학계에서는 고구려 유민의 대다수가 중국으로 이동하여 한족과 융합되었다는 것을 강조하여 고구려와 중국의 관련성을 강조하고 고구려와 한국의 연결고리를 약화시키려 했는데, 특히 유민의 이동을 통계적으로 산출하여

---

57 李大龍, 「고구려국의 귀속」, 馬大正 外, 서길수 역, 『동북공정 고구려사』(『古代中國高句麗歷史續論』, 中國社會科學出版社, 2003), 사계절, 2006, 177-200쪽.

58 孫進己, 「중국 고구려사 연구의 '개방과 번영의 6년'」, 110-139쪽.

주장의 근거를 확보하려 한 경향이 주목된다. 손진기에 의해 제시된 고구려 유민의 거취 수치는 이후에 양보륭(楊保隆) 등에 의해 보다 자세하게 보완되었다.[59]

한국 학계의 고구려 유민 연구는 박승범의 다음과 같은 논술이 매우 적절하게 설명하고 있다. "국내 연구에서는 중국 연구자들이 사료의 오독이나 자의적 해석을 통해서라도 확인하려는 유민의 물리적 수량에는 커다란 관심을 두지는 않았다. 오히려 불필요한 주제라고 할 수 있다. 중국 연구자들이 유민의 수량에 관심을 갖는 것은 대다수 고구려인이 당나라로 유입되었고 그들이 조속히 한족화된 이상 고구려사는 '중국사'라는 그들의 논거로서 필요했기 때문이다. 이에 반해 국내 연구자들은 고구려 멸망 이후 그 영역에는 많은 고구려인이—그 수가 얼마든 상관없이, 물론 유민 대다수라고 전제하긴 하지만—남아서 끝내는 자신들이 지배층이 된 발해를 건국했다는 사실과, 당나라로 유입된 고구려인은 오랫동안 고구려인으로서 정체성을 지니고 있었으며 이런 사실은 '중국'의 왕조도 인정하고 있었다는 점을 상기시킨다. 따라서 사실이 그렇기도 하지만, 고구려 영역 밖으로 이주된 유민 숫자에 있어서는 당나라로 유입된 유민이 가장 많다는 점을 인정하기도 한다. 역사의 계승 문제는 숫자에 있는 것이 아니라 의식에 있다는 점을 더 중요하다고 보기 때문이다."[60]

중국 학계의 고구려 유민론에 대해 가장 정밀하게 대응한 박승범은 "중국 연구자들의 유민 숫자 추적은 일일이 분석하기에도 민망할 정도로 오류와 사료의 의도적 오독으로 점철되었다. 따라서 이에 대한 비판은 무의미하다"고 전제했지만, 유민 수에 대한 중국 측 근거는 다음과 같은 측면에서 성립할 수 없다고 조목조목 비판했다. "첫째, 당 지역으로 끌려간 고구려 유민은 최대 30만으로 추정할 수는 있으나, 결국 그들 중 상당수는 다시 본래의 거주지로 옮겨갔다. 둘째, 멸망 당시 알려진 고구려 호수 67만 7000호는 대부분 고구려인이었다.…셋째, 당지에 남아 있던 고구려 유민과 그 후손들 중 일부가 당의 고위 관료로 활동한

---

59 楊保隆, 「고구려국의 멸망과 고구려인의 행방」, 馬大正·楊保隆·李大龍·權赫秀·華立, 『중국이 쓴 고구려 역사』, 184-198쪽.
60 박승범, 「중화인민공화국 학계의 고구려 유민 연구 검토」, 666쪽.

것은 분명하지만 망국민의 대우를 받았고 고위 관료로 활동한 인물 말고는 노예 신분으로 전락한 경우도 많았다. 넷째, 고구려 영역에 남은 고구려 유민은 소멸된 것이 아니며…오히려 고구려 유민 대부분은 발해 건국을 계기로 다시 결집할 수 있었다." 박승범은 "엄밀히 말하면 타지로 이동한 고구려 유민의 규모가 고구려사의 귀속을 규정하는 것은 아니다.…논쟁의 핵심은 고구려 영역에 남은 고구려인의 정체성 지속 여부라고 할 수 있다"고 하면서, "발해 지배층의 다수는 고구려인이었으며, 최소한 종족적 또는 혈통적 뿌리와 무관한 이들도 스스로를 고구려인으로 인식했다. 자기 자신을 고구려인으로, 그 후예로 인식한 것은 고구려의 계승국으로 자처한 고려는 물론 주자성리학적 세계관이 관통했던 조선시대도 마찬가지였다. 이와 달리 중국에선 당나라나 이후 어떤 시기 왕조에서는 '고구려'와 연관된 집단이나 인식은 나오지 못했다. 결국 고구려인은 자신의 왕조 소멸과 무관하게 고구려인으로서 정체성을 유지했다. 그리고 그 인식의 공간적 범위는 서쪽의 '중국' 지역이 아닌 남쪽의 한반도 전 지역이었으며 지금도 이는 유효한 엄연한 사실이다"[61]라고 주장했다.

최광식도 "중국 측은 고구려의 유민이 당나라에 끌려가 혈연적으로 중국에 흡수되었으므로 고구려사가 중국사의 일부라는 억지 주장을 펼치고 있다"고 하면서, "고구려의 유민은 당나라에만 간 것이 아니라 신라와 돌궐에도 갔으며, 대부분의 고구려 유민은 그 지역에 남아 대당항쟁을 벌였고 그 결과 안동도호부를 요동 지역으로 옮기게 했다. 또한 마침내 발해를 건국하는 주체 세력이 되었으며, 발해의 주민 구성에 대부분이 참여했다. 발해의 건국자인 대조영이 고구려의 유자임은 말할 것도 없거니와 발해의 지배층 주민도 고구려의 유민이었다. 따라서 일본에 보낸 국서에 발해국을 '고려'라 표현했으며 발해왕을 '고려왕'이라 표현했다. 이와 같이 발해인은 발해가 고구려를 계승했다는 계승의식을 갖고 있었다. 더구나 당나라로 잡혀간 고구려인은 자의에 의한 것이 아니라 타의에 의해 강제로 잡혀간 것이라는 점을 묵과해서는 안 된다"[62]고 주장했다.

61 박승범, 「중화인민공화국 학계의 고구려 유민 연구 검토」, 667-680쪽.
62 최광식, 『중국의 고구려사 왜곡』, 17-26쪽.

서길수는 "양보릉의 계산은 아주 잘못된 셈본이고 역사의 진실이 아니다"라고 하면서 "고구려 인구 전체 350만 명 가운데 10분의 1도 안 되는 30만 명 정도가 중원에 가고(이 인원수에서 보장왕이 요동으로 돌아올 때 함께 돌아와 남은 숫자가 상당히 많다), 신라나 돌궐·왜로 간 모든 인원을 계산해도 300만 명 정도는 고구려 옛 땅에 남아 발해와 신라로 나뉘게 된다. 이것이 역사의 진실이다"[63]라고 주장했다. 신형식 역시 "고구려 고토에 남아 있던 유민은 130만 정도로 추정할 수 있음으로 중국 측에서 계산하는 수치는 설득력이 없다. 실제로 고구려가 멸망 후에도 절반 이상은 고구려 구토에 흩어져 살고 있었다"[64]고 주장했다.

요컨대 한국 학계는 중국 학계가 고구려 유민의 동향에 대해 계산한 통계적 수치에 대해 비판하여 중국으로 융합된 유민보다는 요동에 잔류하거나 한국으로 유입된 유민이 대다수를 이루었다고 주장했다.

8. 고려의 고구려 계승 논쟁

고구려 역사 논쟁의 마지막 쟁점은 고려가 고구려를 계승했는가 하는 문제였다. 중국 학계에서는 고구려와 고려의 시간·인구·영토상 차이를 지적하면서 양자는 서로 관계가 없었다고 주장했고, 한국 학계는 전통적인 사서의 기록에 근거하여 역사의식의 계승관계를 강조했다. 이 쟁점은 고구려사 논쟁 가운데서도 가장 뜨거운 쟁점이었으니, 변중이 가장 장황하게 강조한 것만 보아도 알 수가 있다.

변중은 고구려-고려의 계승관계에 대해 "비록 왕씨고려는 고구려의 칭호를 계승했지만 고구려의 승계와는 직접적 관련이 없다"고 하면서, "고구려가 패망하고 고려가 세워지기까지 큰 시간 차이(250년)가 있을 뿐 아니라 역사 발전과 연원도 크게 다르다.…고씨고려의 영토는 당나라 안동도호부에 의해 관할되었다.

---

63 서길수, 「옮긴이 해설; 『중국이 쓴 고구려 역사』를 펴내며」, 馬大正·楊保隆·李大龍·權赫秀·華立, 『중국이 쓴 고구려 역사』, 25쪽.
64 신형식, 「中國의 '東北工程'의 虛實」, 백산학회 편, 『고구려사 연구의 제문제』, 334-340쪽.

…고구려 왕족은 후계자가 끊겼으니 고구려 나라를 세운 지 700여 년 만에 중국 역사 발전의 긴 강 속으로 사라지게 되었다.…왕씨고려와 고씨고려는 관할구역 내의 주민 구성이 다르다.…고구려족의 연원은 중국 상고시대부터 있던 민족인 예맥족이 동쪽으로 이동해 부여·고이·옥저·소수맥·동예 등이 되었는데, 그 뒤 위씨조선의 후예와 한족, 선비족 등이 들어가 융합했다.…그러나 왕씨고려 관할지역 내의 주민은 신라인 위주였다.…왕씨고려는 한반도 남부에 있었던 '삼한인'이 중심이 된 나라라고 할 수 있다.…왕씨고려는 고씨고려의 후예가 아니다. …왕건은 서한 시절 낙랑군에 있었던 한인의 후예일 가능성이 아주 높다고 한다.…그는 마한·진한·변한을 통일한 것이니 후계자들도 삼한을 소유하길 바랐던 것이다. 왕건이 고씨고려의 후예였다면 그는 통치를 위해서라도 그 사실을 대대적으로 선전했을 것이다"는 등의 이유를 들어 "왕씨고려는 결코 고구려의 계승자가 아니었다"고 단정했다. 변중은 사람들이 왕씨고려를 고구려의 계승자로 잘못 보게 된 가장 큰 이유는 중국의 역사 기록과 깊은 관계가 있는 것으로 보았다. "『구오대사(舊五代史)』와 『신오대사(新五代史)』는 가장 먼저 고씨고려를 왕씨고려전에 기록한 책이었다. 그리고 『송사(宋史)』는 '왕건이 고씨의 자리를 계승했다'라는 표현을 최초로 사용한 책이다." 변중은 "그 후에 나온 역사서들은 이렇게 잘못된 기술을 답습했다.…『명사(明史)』는 기자조선-위씨조선-한사군-고구려-동사복국(東徙復國)-왕씨고려-이성계가 국호를 바꾸기 전의 고려-이씨조선으로의 계통을 세워줌으로써 중국 역사에 속하는 기자조선과 위씨조선, 한사군, 고구려를 모두 조선의 역사 속으로 들어가게 했다"고 하면서, 이렇게 중국 역사서에서 기술에 오류가 발생한 이유는 "전란으로 문헌이 유실된 데다가 왕씨고려에 대한 오도가 가장 중요한 원인으로 볼 수 있다"고 했다. 그는 "중국 사서들이 명백한 오류를 범함으로써 중국의 고대 변방민족이 사용하던 '고려'라는 명칭을 삼한 신라의 계승자인 왕씨 정권이 도용하게 되었고, 한 발 더 나아가 왕씨 정권의 계승자인 이조는 기자조선이 쓰던 '조선'이라는 이름을 또 도용하게 되었다. 그리하여 현대인은 중국 고대 동북지역에 있던 변방정권의 연혁을 이해하는 데 많은 혼란과 잘못된 견해를 갖게 되었다"[65]고 주장했다.

마대정도 "우리는 왕건 정권이 '고려'로 명명한 이유는 멸망한 정권을 일으킨다는 의미가 있다는 것은 부인하지 않지만, 이 나라가 고구려 정권이 멸망한 지 250년이 지나 성립된 것이고 도성이 개경이며 그들의 활동범위는 한반도를 벗어나지 않았다. 고구려를 '고려'라고 붙여서 부르지만, 왕건의 '왕씨고려'와는 시간과 활동지역뿐 아니라 왕족의 성씨와 아래의 관리 및 백성을 다스리는 조직이 모두 근본적으로 다르기 때문에 두 개를 혼동해서는 안 된다"[66]고 주장했고, 양보룽도 "일부 대한족주의(大漢族主義)에서 완전히 벗어나지 못했거나 역사 조건의 제한을 받은 역사가들은 고구려를 외국 민족이라고 보았고, 더군다나 이웃 나라 일부 학자들은 자의나 타의로 고구려, 고려족(즉, 왕씨고려), 조선족으로 전후 계승·발전해갔다고 여기고 있다"고 지적하면서, "왕건의 먼 조상이 낙랑군의 한인일 가능성이 아주 많다"고 주장하며 고려를 '삼한'의 국가로 규정하기도 했으며, 고구려-고려 계승을 기술한 중국의 기본 사료를 모두 부정하기도 했다.[67]

그러나 조선족 사학자 박진석은 여러 사료가 "적지 않은 고서에 외국전을 설치했는데 그중에는 왕씨고려와 이씨조선을 포함시키고, 그들의 역사 연혁을 서술할 때 모두 고구려를 포함시켜 고구려와 왕씨고려·이씨조선이 계승관계가 있다고 인정했다. 이와 같이 중국 역대 고서는 시종일관 고구려를 조선 역사상 고대 국가의 하나로 인정했다. 이는 조선 고서의 상관 기록과도 일치하는데, 예를 들면『삼국사기』『삼국유사』등 조선 고서는 모두 고구려와 백제·신라를 밀접하게 연관시키고 그들을 조선 역사상의 고대 삼국으로 처리했다. 또 9세기에 건립한 궁예의 태봉국과 왕씨고려가 모두 고구려의 계승의식을 가졌다고 인정했고 그 후의 이씨조선도 고구려를 조선 고대 국가의 하나로 보았다"[68]고 하여, 고구려와 고려의 계승관계를 인정했다. 그러나 일반적으로 중국 학계에서는 고구려

---

65 邊衆,「고구려 역사 연구의 몇 가지 문제에 대한 시론」, 82-92쪽.
66 馬大正,「머리말을 대신하여: 고구려 역사 연구와 관련된 몇 가지 문제에 대한 소론」, 83쪽.
67 楊保隆,「두 고려의 차이」, 馬大正·楊保隆·李大龍·權赫秀·華立,『중국이 쓴 고구려 역사』, 274-295쪽.
68 朴眞奭,「중국 국내외 고서에 기재된 고구려의 역사적 지위에 관한 시론」, 厲聲·朴文一 主編,『고구려 역사문제 연구논문집』, 100-101쪽.

와 고려는 선후 계승관계가 전혀 없음을 강조함으로써 고구려와 한국의 연결고리를 철저하게 차단하고 고구려와 중국의 관련성을 강화하려 했는데, 특히 고구려-고려 계승관계를 기술한 기존의 중국 정사 사료를 전면적으로 부정하는 것이 주목된다.

중국 학계에서는 고려가 고구려를 계승했다고 기술한 각종 사서의 기록을 부인함으로써 고려의 고구려 계승설을 부정했지만, 한국 학계에서는 각종 사서의 기록을 강조하면서 고구려-고려 계승론을 옹위했다. 김인성은 고려와 고구려의 관계를 부정한 변중의 시론에 대해 "왜 국가를 왕족관계로만 보느냐"라고 비판하며 "왕건은 고구려 왕실의 피를 이은 것이 아니라 그 법통을 이었다는 의미로 고려를 건국했는데, 시론은 이 점을 간과하고 있다"는 것이다. 이덕일은 "『구오대사』, 『신오대사』, 『송사』, 『요사(遼史)』, 『금사(金史)』, 『명사』가 모조리 고구려사를 잘못 기술하고 있다면 그것은 이 모든 중국 역사서가 잘못된 것이라기보다는 이 모든 중국 역사서가 잘못되었다는 『광명일보』의 인식이 잘못된 것이다"[69]라고 비판하기도 했다. 최규성은 "『고려사』「지리지」 서문에 고려 태조가 옛 고구려의 땅에서 일어나…삼한의 땅을 통일했다고 하여 고려의 정체성을 밝힐 수 있는 정보를 전한다.…태조가 건국 초기부터 고구려의 부흥을 꿈꾸고 북진정책을 추진하여 자연스럽게 고구려적 정신과 문화가 부흥하게 되었다.…고구려시대의 입식생활 전통을 그대로 계승하고…고구려적인 청결하고 과학적인 난방시설을 갖추었으며…고구려 고분벽화에 나오는 펑퍼짐한 바지 형태와 아주 유사한 옷을 입었다"고 하면서, "우리 민족은 만주 지역에 고조선을 건국한 이래로 삼국시대를 거쳐 남북국시대를 지나 발해가 망할 때까지의 오랜 기간 역사적인 연고권을 갖고 있다"고 주장했다. 그는 고려 태조의 발해 유민에 대한 특별한 인식과 배려와 고려의 고구려 계승의식 등을 거론하면서 "고구려족이 고려를 건국한 후 후백제와 통일신라를 통합하여 고구려 부흥국인 고려를 다시 세웠다"[70]

---

69 김인성, 「역사적 진실 왜곡에 대한 비판과 반성」, 『동북공정의 해부』(한국학술정보, 2011), 280-281쪽.

70 崔圭成, 「중국의 東北工程의 실체와 高麗의 高句麗 계승의식」, 백산학회 편, 『고구려사 연구

고 주장하기도 했다. 박승범은 "고려의 건국은 고구려 계승의식의 단적인 사례라고 할 수 있다.…한국사의 전통에서 고구려는 분명한 자국사로서 면면히 의식되고 있었다.…중국의 역사 전통에서 단 한 번도 고구려가 '중국'의 한 부분이었다는 인식은 없었다"[71]고 주장했다.

최광식은 고구려의 고씨와 고려의 왕씨는 혈연적으로 다르며 시간적으로 250년이나 차이가 나기 때문에 역사적 계승성이 없다는 중국 학계의 논리에 대해, "그렇다면 중국의 왕조는 한족과 북방민족의 왕조가 번갈아 가며 중원을 차지했으며, 한족의 왕조도 모두가 다른 성씨이므로 역사적으로 연결되지 않는다고 보아야 할 것인가"라고 반문하고, "중국이 주장하는 논리대로 한다면 중국의 왕조는 하나도 연결되지 않아 전혀 계승성이 없게 된다"고 주장했다. 또한 최광식은 "왕조의 계승성은 혈연적 계승성이 중요한 것이 아니라 역사적 계승성이 중요한 것이라"고 강조하면서 "백제의 부흥을 내세운 후백제, 고구려의 부흥을 내세운 후고구려가 바로 그러한 예이다.…고려가 고구려의 부흥을 표방한 '후고구려'의 의미를 갖는다는 것은 고구려의 도읍이었던 서경을 중시한 것을 보아도 알 수 있다"고 주장했다. 그는 고려 성종 12년 요나라의 대군이 침입하자 서희 장군은 요나라 소손녕 장군과 회담을 하면서 "고려가 고구려의 옛 땅을 차지하고 있다. 그 때문에 나라 이름도 고려라고 하며 평양을 도읍지로 삼았다"고 반박하여 오히려 강동 6주를 회복하기도 한 사건을 거론하며 "고려가 발해 유민을 적극적으로 받아들인 것도 발해가 고려와 마찬가지로 고구려를 계승한 국가라고 생각했기 때문이다. 중국인이 편찬한 『송사』에서도 고려는 본래 고구려라고 인식하여 「고려열전」을 서술했던바, 이는 고려가 고구려를 승계한 국가라고 인식한 당시 사람들의 역사인식이었으며, 이러한 인식은 이후 『명사』에까지도 이어졌다. 고려가 고구려를 계승했다고 하는 인식은 고려가 동명왕에 대한 제사를 받든 데서도 알 수 있다. 서경에 동명왕 사우를 건립하여 제사를 지냈으며, 개경 동신사에는 주몽의 어머니 하백녀를 동신성모로 모셨다. 이는 고구려 국모신 신앙과 제

의 제문제』, 402-413쪽.

71 박승범, 「중화인민공화국 학계의 고구려 유민 연구 검토」, 681-682쪽.

의가 고려시대에도 그대로 계승되고 있는 것을 보여준다고 하겠다"[72]고 주장했다.

요컨대 고려의 고구려 계승설에 대한 중국 학계의 입장이 고구려를 고려가 계승했다고 기술한 기존의 사료를 부정하고 시간과 공간 등의 연계성을 중시한 반면, 한국 학계의 입장은 기존의 사료가 갖는 문헌적 가치를 신뢰하고 고려가 고구려를 계승했다는 역사의식을 중시했다고 할 수 있다. 지금까지는 이 주제가 양적으로나 질적으로 아직 고구려사 논쟁 가운데서 핵심적 쟁점이 되지는 않았지만, 앞으로는 가장 치열한 논쟁이 이 부분에서 이루어질 가능성이 많다. 왜냐하면 고려가 고구려를 계승하고 조선이 고려를 계승했다면 고구려사의 한국사 귀속을 부정할 근거가 없어지기 때문이다. 동북공정의 포문을 연 변중의 시론에서 이 문제가 가장 장황하게 논술된 까닭도 여기에 있다.

9. 국가와 민족, 그리고 역사공동체

동북공정 이후 한중 양국의 역사학계에서 전개된 고구려 역사 논쟁은 철저하게 서로 다른 논거와 상반된 논리를 통해 치열하게 전개되었는데, 양측의 상반된 주장을 간략하게 정리하면 다음과 같다. ① 고구려의 족원(族源)에 대해, 중국 학계에서는 화하(華夏)에 기원을 둔 고이설과 상인설·고양씨설·예맥설 등이 제기되어 고구려인의 조상은 중국의 고민족이었다는 주장이 일반화되었으나, 한국 학계에서는 한국인의 기원론으로 간주되는 예맥설만 통설화되어 있다. ② 고구려의 강역에 대해, 중국 학계에서는 고구려가 한 군현의 경내에서 건립되고 발전하여 시종일관 중원 왕조의 영토 안에서 지방 정권으로 존속했다고 주장하지만, 한국 학계에서는 고구려가 한 군현 밖에서 건립되어 중원 군현을 침공·축출하는 과정에서 강대국으로 성장했다고 주장했다. ③ 고구려와 중원 왕조의 책봉-조공관계에 대해, 중국 학계에서는 고구려가 중원 왕조의 일개 '번속'으로서 책

72 최광식, 『중국의 고구려사 왜곡』, 17-28쪽.

봉을 받고 조공하면서 신속했다고 주장했으나, 한국 학계에서는 고구려가 형식적으로는 중원 왕조와 책봉과 조공을 교환했지만 실제로는 책봉-조공체제라는 동아시아 특유의 외교관계를 이용해 '자주적인 강대국'으로 존속했음을 강조했다. ④ 수·당-고구려 전쟁의 성격에 대하여, 중국 학계에서는 중국을 통일하는 국내 전쟁이었다고 규정했으나, 한국 학계에서는 수 또는 당이라는 중국의 국가가 '외국'인 고구려를 '침략'한 국제 전쟁이었다고 주장했다. ⑤ 고구려 유민의 거취에 대해, 중국 학계에서는 고구려가 패망한 뒤 그 유민의 대부분이 중국으로 유입되어 한족과 융합했다고 주장했으나, 한국 학계에서는 고구려 유민의 대부분은 한반도로 이동하거나 요동에 잔류하여 신라와 발해를 구성하는 주요 성분이 되었다고 주장했다. ⑥ 고려의 고구려 계승설에 대해, 중국 학계에서는 사서의 기록을 불신하며 고구려와 고려의 무관함을 강조했고, 한국 학계에서는 사서의 기록에 근거하여 고려가 고구려를 계승했음을 확인하려 했다.

그러나 이러한 고구려사 논쟁은 역사적 인식의 가장 기본적 전제와 기초 개념에 대한 몰이해에서 출발했다. 우선, 이 논쟁의 참여자들은 국가와 역사공동체의 개념을 구별하지 못했다. '고구려'란 특정한 국가의 명칭이지만 '중국'이나 '한국'은 특정한 역사공동체, 즉 역사적 경험과 역사의식을 공유하는 공동체의 명칭이다. 이 논쟁의 과정에서 '고구려는 중국이다', '고구려는 한국이다'라는 말은 수없이 되풀이되었지만, 이것은 논리적으로 성립될 수 없는 말이다. 정확히 말하면 '고구려는 중국(또는 한국)을 지배했다' 또는 '고구려는 한국(또는 중국)에서 한국인(또는 중국인)이 세운 국가였다'라고 표현되어야 한다. 국가 개념과 역사공동체 개념이 구별되지 않으면 이 논쟁과 관련된 모든 논의가 정확성을 잃게 된다. 한 예로 중국인이 중국에서 건립한 한(漢)이란 국가가 요동에 군현을 설치함으로써 요동은 한의 영토에 포함되었지만, 그렇다고 해서 요동이 중국의 일부로 편입된 것은 아니다. 당시의 한인은 요동을 중국으로 간주하지 않았기 때문이다. 따라서 한사군의 설치를 두고 한이 요동을 지배하게 되었다고 말할 수 있지만, 요동이 중국의 일부로 편입되었다고 말할 수 없다. 마찬가지로 '고구려가 한국의 국가인가 또는 중국의 국가인가'라는 문제와 '고구려 역사는 한국의 역사인가 또는 중국의 역사인가'라는 문제는 전혀 별개의 문제임을 분명하게 인지해야 한다. 왜냐하면 전자는 '사실(事實)'을 확인하는 문제이지만, 후자는 '의식(意識)'을 규정하는 문제이기 때문이다. 그럼에도 불구하고 중국 학계에서는 끊임없이 '고구려는 중원 왕조의 일개 지방 정권이었다'고 규정함으로써 '고구려 역사가 중국사에 귀속됨'을 입증하려 했고, 한국 학계에서도 '고구려는 자주적인 강대국이었다'고 강조함으로써 '고구려 역사가 한국사에 귀속됨'을 확인하려 했다. 역사적 개념을 명확하게 하는 과정을 생략함으로써 논쟁의 기초가 부실하고 논쟁의 방향이 어긋나게 되었다. 개별 쟁점에 대한 논의 역시 양측이 모두 민족주의적 정서에 함몰되고 애국주의적 규범에 구애되어 역사적 사실에 대한 객관적 이해를 상실하고 있었다. 여기서는 구체적 오류에 대한 분석과 비판은 생략하고, 기본적인 문제만 적시한다면 다음과 같다.

① 고구려의 족원 논쟁: 중국 학계와 한국 학계는 모두 예맥을 고구려인을 구성한 핵심적 족원의 하나로 인정하고 있지만, 중국 학계에서는 예맥을 '중국의 고민족' 가운데 하나라고 주장하고 한국 학계에서는 예맥을 한민족(韓民族)을 만든 양대 근간의 하나라고 간주한다. 그러나 예맥은 존속 당시에 '중국'에 위치한 바 없었고 '한(韓)'과는 달리 요동에 위치하면서 '한'과 구별된 별개의 역사공동체를 이루고 있었다. 예맥은 '예(濊)'와 '맥(貊)'의 합칭이다. '예'는 요동 동부에 위치한 역사공동체였고 '맥'은 중국의 북쪽에서 요동 중부로 점차 이동한 역사공동체였다. 양자는 요동에서 만나 고조선과 고구려라는 통합 국가 안에서 공존하면서 서로 융합하여 '예맥'이라는 하나의 역사공동체를 이루었다. 고구려를 처음 건립한 핵심 성분은 '맥인'이었으나 이후 고구려가 발전하는 과정에서 '예인'까지 포섭되어 고구려의 중핵적 성분이 된 것이다. '맥인'과 '예인'이 근간이 된 고구려는 이후 더욱 발전하면서 중국의 '한인(漢人)'과 요동 서부의 '선비인', 요동 동부의 '숙신인', 그리고 한반도의 '한인(韓人)'까지 아울러서 거대한 통합 국가가 되었던 것으로 이해하는 것이 합리적이다.

② 고구려의 강역 논쟁: 중국 학계에서는 고구려가 한 현도군의 속현인 고구려현에서 건립되어 한사군의 범위 안에서 발전했기 때문에 중원 왕조의 일개 지

방 정부 또는 할거정부였다고 주장하고, 한국 학계에서는 고구려가 현도군 밖에서 건립되어 현도군 등 중국 군현을 공격·축출하면서 발전한 자주적 독립 국가였다고 주장한다. 그러나 설사 고구려가 중원 왕조의 군현 안에서 건립·발전했다 하더라도 그것이 고구려가 중국 국가였음을 입증하는 근거가 될 수 없다. 마찬가지로 고구려가 한 군현 밖에 위치해 있었다 하더라도 그것이 고구려가 한국 국가였음을 입증하는 증거가 될 수 없다. 왜냐하면 고구려의 수도가 위치해 있었던 곳, 고구려인이 주로 활동한 곳은 중국도 한국도 아닌 제3의 영역인 요동이었기 때문이다. 무엇보다도 고구려가 한사군의 경역 안에서 건립·발전했다고 해서 고구려가 중국 왕조의 일개 지방 정부 또는 할거정부였다고 주장할 수 없을뿐더러 굳이 고구려의 건립과 발전이 한사군 경역 밖에서 이루어졌음을 입증하기 위해 애쓸 필요도 없다. 양국 학계가 모두 고구려의 강역 범위와 중국 군현 경계의 관계를 놓고 첨예하게 논쟁했지만, 이는 한대 변군(邊郡)체제의 본질적 특성을 정확하게 이해하지 못한 결과라 할 수 있다. 한대에는 중국에 설치된 군현을 내군(內郡)이라 하고 이적(夷狄)의 거주지에 설치된 군현을 변군이라 했는데, 변군에서는 내군과 달리 인두세의 징수, 요역과 병역의 수취, 한법(漢法)의 적용 등이 이루어지지 않았기 때문에 인민에 대한 군주의 직접적·개별적 지배가 관철되지 못했다. 변군의 군과 현은 면(面)으로 존재한 것이 아니라 성(城), 즉 점(點)으로 존재하고 있었으니, 그 공간적 구조는 전략적 요충지에 성곽을 쌓고 그 안에 관리와 군인이 거주하고 있었으며, 성곽 밖의 광활한 공간에서는 원주민이 산거하면서 고속(故俗)을 따라 자치하고 있었다. 그것은 마치 개척시대의 미국 서부에서 요새의 관리·군인·주민과 요새 밖의 인디언이 공존하는 것과 비슷한 양상이었다. 따라서 고구려인이 변군인 현도군 경내에 거주하고 있었다고 해서 그것이 곧 현도군 체제 안에서 직접 통치를 받고 있었음을 의미하는 것은 아니다. 이는 현도군에서 고구려 인구를 파악하지 못하고 있었던 것으로 보아서도 알 수 있는 일이다.

③ 고구려와 중원 왕조의 책봉-조공관계에 관한 논쟁: 책봉-조공관계를 통해 고구려를 중원 왕조의 지방 정권으로 간주하려는 중국 학계의 노력은 전통 시대

동아시아 국제 질서에 대한 기본적 이해의 결여에서 비롯되었다. 상(商)·주(周)시대 이래로 책봉과 조공 체제는 독립된 주권 국가 상호간의 국제적 승인과 국제사회 형성 과정에 이용된 특수한 예(禮)적 장치로서 군현제 같은 국가 내의 통치 체제와는 그 본질적 성격이 엄연히 구별된다. 한편 한국 학계에서는 '조공관계'의 문화적·경제적 의미를 강조함으로써 그 정치적 의미를 희석시키려 노력해왔지만, '조공'은 반드시 '책봉'이라는 행사를 동반해야 하나의 제도적 관계를 성립시키며 '책봉'은 국제 질서의 중심에 위치한 국가의 군장이 주변 국가의 군장을 승인함과 아울러 그 국가를 자국 중심의 국제 질서에 편입시키는 중요하고 실질적 의미를 갖는 정치적 행사였다. 따라서 고구려와 중국 국가들의 책봉-조공관계는 전통 시대 동아시아 특유의 독립적이나 불평등한 국제관계의 제도적 표현으로 이해되어야 할 것이다.

④ 수·당-고구려 전쟁의 성격 논쟁: 중국 학계에서는 고구려와 수·당의 전쟁을 중국 국내의 통일전쟁으로 규정했는데, 이러한 입장은 다른 문제에서도 표현되었다. 한 예로 송과 거란(요), 송과 여진(금)의 전쟁을 중국 국내의 통일전쟁으로 이해하고 악비 같은 전통적 '민족영웅'을 대한족주의자로 매도했다. 그러나 이러한 주장은 현재적 관점에서 과거의 역사적 사실을 재단하는 것으로, 현재는 요동이 중국의 일부로 간주된다 하더라도 당시에는 거란과 여진의 요동이 중국의 일부가 아니었음은 의심할 여지가 없는 일이었으므로 이들 전쟁을 중국의 내전으로 이해할 수는 없다. 고구려와 수·당의 전쟁 역시 중국 내의 중앙 정부와 지방 정권의 내전이 아니었음은 물론이거니와 중국 국가와 한국 국가의 국제 전쟁으로 보기도 어려운 측면이 있다. 그것은 중국 국가와 요동 국가의 전쟁으로 보는 것이 더 합리적이다. 이는 수와 당이 고구려를 정벌할 때 항상 이를 '정요(征遼)' 또는 '정요동(征遼東)'이라 표현한 것으로 보아도 알 수 있다.

⑤ 고구려 유민의 거취에 관한 논쟁: 중국 학계에서는 고구려가 패망한 뒤에 그 유민의 반 수 이상이 중국으로 유입되어 한족에 동화되어 한화(漢化)되었다고 주장했으나, 엄밀히 말해서 고구려 유민의 대부분은 요동에 잔류했으므로 고구려는 망국 이후에도 그 요동 국가적 전통을 유지하고 있었음을 알 수 있다. 한국

학계에서는 고구려 유민의 상당수가 한반도로 이동하여 신라민으로 편입되었고 역시 상당수는 발해 건국에 참여했다고 주장했지만, 이러한 주장은 오로지 추측에 의지한 것으로 중국 학계가 수치를 계산해 자신의 주장을 입증하려는 노력에 훨씬 못 미치는 것이다. 그뿐만 아니라 중국 학계에서는 오래전부터 발해는 당연히 당의 일개 지방 정권이었다고 주장하고 있기 때문에 고구려 유민이 발해 국민이 되었다는 것만 논증하면 곧 고구려 역사가 한국사로 귀속될 것으로 판단하는 것은 적어도 중국과의 고구려 역사 논쟁에서는 유효하지도 않고 유력하지도 않다.

⑥ 고려의 고구려 계승설 논쟁: 한국 학계에서는 고려가 고구려를 계승했다는 전통 사료의 기사에만 의존하여 고구려-고려 계승설을 고집하고 있지만, 고구려의 인구나 영토, 문화적 전통 등이 고려를 건립하는 데 얼마나 기여했는가를 구체적으로 확인하는 작업이 결여되어 있다. 중국 학계 역시 고려가 고구려를 계승했다는 전통 사료의 기사를 무조건 부정하면서 고구려와 고려는 이름만 같을 뿐 실제로는 아무런 관계가 없다고 주장하고 있지만, 역사적 계승의식이라는 요소가 역사공동체의 형성에 결정적 요소로 작용한다는 사실을 간과할 수는 없다. 사실의 확인과 관계없이 전통 시대의 한국인은 고려가 고구려를 계승했다는 역사의식을 잃어버린 적이 없었으며 전통 시대의 중국인들도 이를 인정하고 있었기 때문에 고구려와 고려의 관계를 무관한 관계라고 치지도외하는 것은 역사를 이해하는 올바른 태도라 할 수는 없다.

10. 맺음말

동북공정이 알려진 뒤로 중국 학계와 한국 학계는 고구려 역사를 놓고 서로 '왜곡'한다고 비난하면서 고구려 역사의 자국사 편입을 고집했다. 그러나 지금까지 고구려 역사 논쟁에 참여한 한국의 학자들 가운데는 민족주의적 정서와 자기 중심적 사고방식에서 벗어나지 못하고 객관적 시각을 놓친 경우가 적지 않았고, 애국주의로 무장한 중국의 학자들은 노골적으로 '정치에 복무'하기 위해 학문을 현실에 굴절시키는 경향을 농후하게 드러냈다. 학문이 논리 외적 정서에 이끌리고 정치 논리에 굴절되면 역사적 사실에 정확하게 접근할 수 없음은 당연한 일이다.

그럼에도 불구하고 '동북공정'의 소동과 '역사 전쟁'의 소란이 비생산적인 후유증만 남긴 것은 아니다. 고구려 역사 논쟁을 체계적으로 정리하는 과정에서 확인할 수 있었던 사실의 하나는 그럼에도 불구하고 이 논쟁이 학문의 발전에 기여한 바가 적지 않았다는 것이다. 고구려 역사 논쟁이 지금까지 양국의 학계에서 당연시되어왔던 문제들을 하나씩 학문적으로 검증할 수 있는 기회를 가져다준 것이다. 지금까지 오랜 기간 한국인은 물론 중국인에게도 고구려는 당연히 한국의 국가였고 고구려 역사가 한국의 역사였음은 의심할 여지가 없는 사실이었다. 그러나 학문의 세계에서는 '당연한' 사실이나 '의심할 여지가 없는 사실'이란 있을 수 없다. '고구려는 한국인이 세운 국가였는가' 또는 '고구려의 역사는 한국의 역사인가'와 같이 가장 기본적인 문제에 의문을 던져본 적이 거의 없었던 한국인에게 '고구려는 중국인이 세운 국가였다'거나 '고구려 역사는 중국의 역사다'라고 주장하는 동북공정은 실로 감당하기 어려운 충격이었을 것이다. 그러나 이 '어불성설'의 주장을 반박할 수 있는 논거를 찾는 과정에서 한국인은 그동안 경험하지 못했던 연토와 학습의 기회를 자주 갖게 되었다. 고구려는 예맥인과 한인(韓人)만으로 건립된 국가였는가, 고구려의 건립과 발전에 중국인의 역할은 무시해도 좋은가, 고구려는 한의 군현체제에 참여한 적이 없었는가, 책봉-조공관계에는 문화적·경제적 의미만 내포되어 있고 정치적 의미는 무시해도 좋은가, 고구려의 유민 가운데 한국으로 유입된 수는 얼마나 의미 있는 수인가, 고려는 인적·지리적으로 고구려의 얼마만한 부분을 계승했는가 등 한국인이 자문해본 적이 거의 없는 문제와 불가피하게 직면하여 이를 확인하지 않을 수 없었다. 중국인도 이 논쟁을 통해 중화인민공화국의 건립 이후 지금까지 역사상 '민족관계' 문제를 논의할 때 의문의 여지없이 적용해왔던 가설들, 즉 '현재 중화인민공화국의 영토 범위를 기준으로 역사상 중국과 중국사의 범주를 규정한다'거나 '중국은 자고로 통일적 다민족국가였다'는 등의 가설이 고구려 역사 논쟁에서도 여전히 유효하게 적용될 수 있는지 확인하지 않을 수 없었다.

그동안 당연시하여 의문을 품지 않았던 문제들을 다시 한 번 검증·확인하는 과정에서 한국과 중국 역사학계에서는 고구려 역사, 고구려와 중국 또는 한국 국가들과의 관계, 고구려와 중국, 고구려와 한국의 관계, 고구려를 포함한 고대 동아시아 국제 사회의 질서와 그 구조적 특성에 관해 새롭고 유효한 지식을 적지 않게 축적할 수 있었던 것으로 보인다. 만약 이와 유사한 역사 논쟁으로 우리의 지적 경험을 확장시킬 수 있다면 고구려 역사 논쟁에 대한 이해를 심화시킬 수 있을 뿐만 아니라 전통 시대 동아시아 세계 질서의 구조적 특성이라는 문제에까지 적절하게 접근할 수도 있을 것이다. 다음 장에서 국제 티베트 학계와 중국 학계 사이에서 전개한 티베트 역사 논쟁을 정리·분석·비판하여 모종의 새로운 지식을 확보하려는 까닭도 여기에 있다.

2
티베트와 중국의 티베트 역사 논쟁

1. 머리말

한국과 중국 사이에 전개된 고구려사 논쟁과 매우 흡사한 역사 논쟁이 티베트와 중국 사이에서도 전개되었다. 한국인이 자신의 역사라고 믿어 의심치 않았던 고구려 역사를 중국인이 자기네 역사라고 주장했듯이, 티베트인이 자기 역사라 인식해온 티베트 역사를 중국인이 중국사라고 주장했기 때문이다. 고구려사 논쟁의 쟁점이 고구려의 귀속 문제에 집중되었듯이, 티베트 역사 논쟁의 주요 쟁점도 티베트의 귀속 문제에 모아져 있었다. 즉, 고구려사 논쟁이 '고구려는 중국 왕조들의 일개 지방 정부였다'는 중국 측 주장에 대해 한국 측에서 '고구려는 강대하고 자주적인 독립 국가였다'고 반박하는 과정으로 진행된 것처럼, 티베트 역사 논쟁도 '티베트는 자고로 중국의 분할할 수 없는 일부분이었다'는 중국 측 주장에 대항해 티베트 측에서 '티베트는 중국과 분리된 자주적 독립국가였다'고 주장하는 과정으로 진행되었다. 고구려사 논쟁이 몇 개의 작은 주제로 논점이 나뉘어져 있었듯이, 티베트 역사 논쟁도 주로 다루어진 몇 가지 주요한 쟁점이 형성되어 있었다.

티베트와 중국의 역사 논쟁은 이미 기존 연구에서 전면적으로 정리되어 있다.[1] 따라서 여기서는 지금까지의 연구 성과를 간략하게 정리하고 기존 연구에서 다루지 못한 최근의 경향을 덧붙여 소개하려 한다. 기존 연구가 있음에도 불구하고

1 김한규, 『티베트와 중국-그 역사적 관계에 대한 연구사적 이해』(소나무, 1987). 티베트 논쟁의 자세한 내용이나 양측 주장의 전거 등은 이 책에서 확인할 수 있다.

여기서 다시 이 문제를 다루는 까닭은 고구려사 논쟁 등 동아시아의 다른 지역에서 전개된 다양한 역사 논쟁과 함께 비교할 수 있는 자료를 확보할 필요가 있기 때문이다. 티베트는 전통 시대에 동아시아 국제 사회의 빠질 수 없는 중요한 구성분자의 하나였고 티베트와 중국의 역사적 관계는 전통 시대 동아시아 세계 질서를 형성하는 매우 독특한 한 양식이었다.

2. 티베트 역사 논쟁의 경위

티베트 역사 논쟁은 14세 달라이라마의 망명 전 영국과 중국이 티베트를 놓고 제국주의적 다툼을 벌이던 20세기 초부터 간헐적으로 전개되었지만, 본격적인 역사 논쟁은 1967년에 티베트인 체폰 샤캅파(Tsepon W. D. Shakabpa, 孜本 夏格巴-汪秋德丹)가 『티베트 정치사(Tibet: A Political History)』를 미국 예일대학출판부에서 영문으로 출간한 뒤부터 불이 붙었다. 티베트 역사를 통사적으로 서술한 이 책은 1976년 인도에서 티베트어로 출판되고 1980년 『장구정치사(藏區政治史)』란 제명으로 중국어로 중국에서 출판되어 서구 사회와 티베트 및 중국 학계의 비상한 관심을 불러일으켰다. 이 책에서 샤캅파는 티베트와 중국의 역사적 관계에 대해 "티베트는 옛날부터 지금까지 하나의 독립 자주 국가였고 1950년 중국이 침입하여 비로소 독립을 상실했다. 13세기부터 1912년까지 티베트와 중국의 관계는 단지 일종의 종교상의 단월관계(檀越關係)였을 뿐이다. 1912년 중국인을 축출함으로써 중국과 티베트 간의 단월관계는 종결되었고, 1913년 독립 선언을 발표함으로써 티베트의 독립은 합법화하고 독립 국가의 일체 권력을 향유하게 되었다. 티베트의 '평화 해방'은 중국의 티베트에 대한 침략이고 티베트 민족과 문화는 훼멸되었다"는 사실을 논증했다.

티베트 관리로서 티베트 독립운동을 주도한 샤캅파가 티베트 역사를 중국사와 구별된 독립적 역사 체재로 서술했기 때문에, 이 책은 티베트 독립을 지지하고 옹호하는 사람들에게는 매우 유력한 논리적 근거를 제공한 반면에 티베트 독립을 원치 않는 중국인에게는 근거 없는 선동 문서로 비난되었다. 그 한 사례로서 이 책은 1987년 미국 볼더(Boulder)출판사에서 출간된 반 프라그(Michael C. van Walt van Praag)의 『티베트의 지위(The Status of Tibet: History, Rights, and Prospects in International Law)』에 역사학적 기반을 제공했다. 1990년 중국에서 『서장적지위(西藏的地位)』란 제명으로 출판된 이 책은 티베트와 중국의 역사적 관계를 토대로 7세기 이래로 티베트는 독립적이었음을 설명하고 국제법상에서 티베트가 하나의 독립적 정치 실체였음을 논증했다. 역사적 근거를 찾아 티베트의 국제법적 지위를 규정한 이 책은 '장독(藏獨)', 즉 티베트 독립을 지지하는 세력에게는 매우 중요한 논거를 제공하고 티베트 독립을 반대하는 중국 학계에서는 혹독한 비판을 불러일으켰다.

이에 중국에서는 티베트 독립설을 비판하는 학설을 집대성한 책이 나왔다. 왕관(王貫)·희요니마(喜饒尼瑪)·당가위(唐家衛) 등이 저술한 『서장역사지위변(西藏歷史地位辨一評夏格巴『藏區政治史』和范普拉赫『西藏地位』)이었다. 1995년 북경에서 출간된 이 책은 샤캅파와 반 프라그의 논리를 철저하게 분석해 조목조목 비판함으로써 '장독'세력의 논리적 공세에 전면적으로 대응했다. 한편 제3의 견해도 제출되었으니, 해외로 망명한 중국의 민주인사들이 양측의 견해를 일부 수용하면서 동시에 일부 비판하며 『중국대륙지식분자논서장(中國大陸知識分子論西藏)』을 1996년에 출간했다. 조장청(曹長青)이 주편하여 대북(臺北)에서 출간한 이 책은 정치적 구속으로부터 자유로운 중국인이 티베트 문제에 대한 자신의 견해를 어떻게 표출할 수 있는가를 잘 보여준다. 최근에는 미국의 티베트 학계를 중심으로 티베트의 인권·자치·환경 문제 등이 주로 논의되고 있지만 티베트와 중국의 역사적 관계에 대한 논쟁의 불꽃이 완전히 꺼진 것은 아니다.

왕관 등은 티베트 측의 주장을 다음과 같이 12가지로 정리했다. ① 서장(西藏)은 중국에 속하지 않는다. ② 당과 토번(吐蕃)은 싸움을 주로 했다. ③ 송대에는 중심이 밖으로 옮겨졌다. ④ 단월관계만 있었을 뿐이다. ⑤ 명조는 서장에 대해 관심이 없었다. ⑥ 만주와 몽골은 모두 중국이 아니다. ⑦ 서장은 하나의 정치적 실체였다. ⑧ 서장은 해방될 필요가 없었다. ⑨ 중공(中共)은 서장을 침략했다. ⑩ 중공은 인권을 침범했다. ⑪ 서장 민족은 자결해야 한다. ⑫ 망명정부는 합법적이다. 이에 반해 중국 학계에서는 다음과 같은 주장을 제기했다. ① 당대에 서장의 왕이 중국의 문성공주(文成公主)와 결혼했다. ② 서장은 원대에 병합되어 원의 관할하에 속했고 그 뒤부터 티베트는 중국의 일부가 되었다. 달라이라마의 전세(轉世)제도는 명대부터 비로소 시작되었다. 3세 달라이라마가 명조의 봉호(封號)를 받았다. ③ 청대에 여러 차례 청군이 서장으로 들어가서 보호했다. ④ 5세 달라이라마의 칭호는 만청 황제가 책봉한 것이다. ⑤ 1751년부터 1959년까지 존립한 서장 지방 정부 카샤(噶厦)는 건륭제에 의해 건립되었고 카샤의 주요 관원은 모두 청 황제의 비준을 거쳐야 했다. ⑥ 장개석의 국민당 정부가 몽장위원장을 라싸로 보내 14세 달라이라마의 좌상(坐床) 의식을 주지했다. ⑦ 소위 '서장 독립'이란 말은 영국 제국주의 침략세력이 서장을 침략한 뒤에 일부 친영 분자의 음모에 의해 제조된 것으로, 그 이전에는 서장의 언어에 '독립'이란 말이 없었다. ⑧ 전 세계의 국가 가운데 서장이 독립 국가임을 인정하거나 중국이 서장의 주권을 보유하고 있음을 부정하는 국가가 없다. ⑨ 중국 군대의 서장 진군은 침략이 아니라 봉건적 농노제 사회에서 신음하는 티베트 인민을 해방한 것이다. ⑩ 중국이 1950년대 서장을 점령하여 실효적으로 지배하고 있다.

이 같은 양측의 논쟁을 주제별로 정리하면 다음과 같이 분류될 수 있을 것이다. ① 티베트인의 족원, ② 당과 토번의 구생(舅甥)·화친(和親)관계, ③ 송과 티베트 지방 세력의 차마호시(茶馬互市), ④ 몽원(蒙元) 황제와 티베트 라마의 단월·공시(供施)관계, ⑤ 명조의 법왕(法王) 책봉, ⑥ 만청 황제와 달라이라마의 단월·공시관계, ⑦ 청군의 티베트 진군과 주장대신(駐藏大臣) 파견, ⑧ 13세 달라이라마의 독립 선언과 구한(驅漢), ⑨ 국민당 정부의 조문(弔問) 좌상(坐床) 사절 파견, ⑩ '17조 협의' 체결과 인민해방군의 라싸 진군, ⑪ 티베트인의 저항운동과 14세 달라이라마의 망명. 이러한 쟁점에 따라 양측의 주장을 간략하게 정리하면 다음과 같다.

3. 티베트 역사 논쟁의 내용

① 티베트인의 족원: 티베트 측에서는 티베트는 자연환경이 중국과 완전히 분리되어 있을 뿐만 아니라 그 족원도 중국과는 전혀 다르다고 주장하고, 특히 티베트인은 유사 이래로 '서장자치구' 지역을 넘어 청장고원의 광대한 지역에 분포해서 살아왔음을 강조했다. 그러나 중국 측에서는 중국은 수많은 민족이 공동으로 만든 통일적 다민족국가라고 전제하고, 장족(藏族)도 중국이라는 통일적 다민족국가를 이루는 일개 성원이라고 주장하면서 청장고원에는 장족뿐만 아니라 수많은 다른 민족도 함께 섞여 살아왔다고 주장했다.

② 당과 토번의 구생·화친관계: 티베트 측에서는 토번의 국왕은 중국의 어떠한 통치자와도 평등한 권력을 갖고 있었으며, 당과 토번의 관계는 평등하고 대립적인 관계였다고 주장했다. 그들의 주장에 의하면 문성공주의 출가는 토번의 군사적 위협을 받고 당 황제가 마지못해 보낸 것이었다. 그러나 중국 측에서는 당과 토번의 관계는 매우 우호적이었고 토번의 군주 송첸감포(松贊干布)가 당의 문성공주와 결혼함으로써 장족과 한족은 정치·경제·문화 방면에서 밀접하게 융합했으며 당 황제가 송첸감포를 책봉하여 '상하'관계를 맺었다고 주장했다.

③ 송과 티베트 지방 세력의 차마호시: 티베트 측에서는 송대 티베트의 대외관계의 중심은 중국에서 인도와 네팔로 옮겨졌다고 주장했다. 그들의 주장에 의하면, 송과 티베트 사이에는 차와 말을 교환하는 호시(互市)만 존재하고 있었을 뿐 아무런 정치적 관계도 존재하지 않았다. 그러나 중국 측에서는 토번이 멸망한 뒤에 티베트고원은 수많은 지방 세력으로 분열되었고, 이들 지방 세력 가운데 일부가 송조에 귀부하여 장족(藏族)과 한족(漢族)의 관계를 더욱 밀접하게 발전시켰다고 주장했다.

④ 몽원 황제와 티베트 라마의 단월·공시관계: 티베트 측에서는 원대 이후 티베트와 중국의 관계는 라마와 시주 사이의 단월(檀越)관계, 즉 공시(供施)관계일 뿐 지방 정권과 중앙정권의 관계는 아니었다고 주장했다. 그들의 주장에 의하면 몽원 황제는 티베트의 샤카(薩迦) 법왕에게 티베트고원의 통치권을 '시주'하고

사캬 법왕은 몽원 황제의 중국 통치를 기원하는 특수한 종교적 관계를 맺었다고 한다. 또한 티베트 측의 주장에 따르면, 몽원 황제와 샤카 법왕의 관계는 몽골인과 티베트인의 관계일 뿐 중국인과 티베트인의 관계가 아니었다는 것이다. 왜냐하면 원대의 중국은 몽골인에게 정복당한 몽골제국의 일부였을 뿐이기 때문이다. 그러나 중국 측에서는 쿠빌라이(忽必烈) 등 몽골인이 13세기에 중국 영토 안의 여러 민족을 통일해서 원조를 세우고 파스파(八思巴) 등 티베트 고승에게 서장 지방의 통치권을 위임했고 선정원(宣政院) 등 기구를 건립하여 티베트를 통제함으로써 "서장은 원대부터 조국의 판도 안으로 들어왔다"고 주장했다.

⑤ 명조의 법왕 책봉: 티베트 측에서는 명조의 황제는 티베트에 대한 몽골의 지배적 권력과 지위를 계승하지 못했고 티베트불교에 대해 관심도 갖지 못했다고 주장했으니, 그들의 주장에 의하면 짱추갈짼(强曲堅贊) 시기의 티베트는 이미 독립적 형세를 취하고 있었다. 그러나 중국 측은 명조는 기본적으로 원조가 서장을 다스리던 각종 제도를 계승했고 '중건다봉(衆建多封)'정책을 실시하여 장구(藏區) 각지의 여러 정교(政敎) 수령들을 법왕 등으로 책봉했으며, 명의 황제와 티베트 라마 사이에도 단월관계가 유지되었고, 차마호시와 조공-회사(回賜) 방식을 통해 장구와 중원의 경제·문화적 교류와 장족과 한족의 관계를 더욱 발전시켰다고 주장했다.

⑥ 만청 황제와 달라이라마의 단월·공시관계: 티베트 측은 만청의 순치 황제와 5세 달라이라마가 서로 만나 단월·공시관계를 맺고 상대를 각자 영토와 신민에 대한 주권을 향유하는 군주로 인정했다고 주장했다. 그들의 주장에 의하면 몽골인과 티베트인의 관계가 몽골인과 중국인의 관계가 아니었듯이 만주인과 티베트인의 관계 역시 만주인과 중국인의 관계가 아니었으니, 청대의 중국은 만주인에게 정복당한 만청제국의 일부에 지나지 않았다. 그러나 중국 측에서는 만주인이 전 중국을 통일하여 청조를 건립하고 달라이라마와 판첸라마(班禪喇嘛)를 차례로 책봉하고 카론(噶論)을 임명했다고 주장하고, 몽골인은 물론 만주인도 중국인이었기 때문에 만청의 티베트 지배는 곧 중국의 티베트 지배였다고 주장했다.

⑦ 만청 군대의 티베트 진군과 주장대신 파견: 티베트 측은 만청이 티베트고원에 군대를 파병한 것은 만청 황제와 달라이라마가 맺은 단월관계에 의해 달라이라마를 외적과 정적으로부터 보호하기 위한 조처였을 뿐이며 만청 정부가 라싸에 파견한 주장대신(駐藏大臣)은 단순한 외교사절, 즉 대사와 같은 존재였을 뿐이었다고 주장했다. 그러나 중국 측은 여러 차례 대규모 군대와 주장대신을 파견하여 티베트 내정과 외정을 통제했으며, 흠정장정(欽定章程)을 반포하여 서장 지방 정부의 체제와 법규를 규정함으로써 서장과 '조국'의 관계를 더욱 긴밀하고 견고하게 형성했다고 주장했다.

⑧ 13세 달라이라마의 독립 선언과 구한(驅漢): 티베트 측에서는 티베트와 중국의 국경을 분획한 심라(Simla)조약은 유효하다고 주장했고, 만청이 멸망하고 13세 달라이라마가 인도에서 티베트로 돌아온 뒤에 티베트는 자립을 선언하여 완전히 독립적인 국가를 건립했다고 주장했다. 그러나 중국 측은 19세기 말 만청(晩淸) 시기에 영국 제국주의 세력이 중국 연해와 티베트고원을 침입하여 장족과 한족의 관계를 이간하려 도발했으나 장족과 한족 두 민족은 만주족, 몽골족, 회족 등 중국을 이룬 다른 민족과 힘을 모아 제국주의 세력을 몰아내어 '조국'을 보위했다고 주장했다. 중국 측 주장에 의하면, 영국 제국주의 세력이 서장을 중국에서 분열해 내려고 심라 회의 등을 획책했으나 서장 애국 역량의 반대와 전국 인민의 결연한 반대에 부딪혀 뜻을 이루지 못했다는 것이다.

⑨ 국민당 정부의 조문(弔問)·좌상(坐床) 사절 파견: 티베트 측은 13세 달라이라마의 조문과 14세 달라이라마의 좌상을 위해 국민당 정부가 라싸에 파견한 사절단은 다른 국가의 대표에 비해 더 많은 의의를 갖지 못했다고 주장했다. 그러나 중국 측은 민국 시대에 들어가서도 티베트에 몽장위원회(蒙藏委員會) 위원장 등을 보내 달라이라마의 조문과 좌상 예식을 주관함으로써 중국이 원조 이래로 서장 지방에 대해 주권을 행사해온 전통을 계속 지킬 수 있었다고 주장했다.

⑩ '17조 협의' 체결과 인민해방군의 라싸 진군: 티베트 측은 티베트가 완전히 독립된 국가였기 때문에 1950년에 중국 인민해방군이 라싸로 진군한 것은 티베트 겸병을 위한 침입에 불과했고 이른바 '17조 협의'를 체결한 것도 달라이라마

가 협상 대표에게 전권을 주지 않았고 티베트 정부도 조약 체결의 권한까지 위임한 것이 아니었기 때문에 유효하지 않다고 주장했다. 그러나 중국 측은 1949년 중국공산당이 영도한 중국 인민 해방전쟁이 전국적 승리를 쟁취하자 영·미 등 제국주의 세력이 중국을 분열시키려는 음모를 획책하는 상황에서 중국 중앙정부와 서장 지방 정부 대표가 북경에서 '17조 협의'를 체결하고 이에 근거하여 인민해방군이 서장에 합법적으로 진군하여 서장 인민을 평화적으로 해방시켰다고 주장했다.

⑪ 티베트인의 저항운동과 14세 달라이라마의 망명: 티베트 측에 의하면 청정(清淨)·미묘(美妙)한 티베트고원이 중국 군대의 침입에 의해 거대한 감옥으로 황폐화되었으니, 중국의 침입으로 인해 인권이 유린되어 티베트 인구의 7분의 1에 해당하는 약 100여만 명의 티베트인이 사망했고, 대부분의 사찰이 파괴되는 등 티베트불교가 탄압을 받았으며, 티베트의 자원이 약탈되고 환경이 파괴되었고, 30만 병력이 주둔하고 핵무기가 배치되어 고도로 군사화되었다. 티베트 측은 14세 달라이라마가 망명하여 인도 다람살라에 건립한 망명정부가 티베트 전체 인민을 대표하는 유일한 합법적 정부이며, 티베트 문제를 해결할 수 있는 유일한 방법은 티베트인에게 고도의 자치를 허용하는 것이라고 주장했다. 그러나 중국 측은 서장으로 들어간 중국공산당이 봉건 농노제를 전복시키고 농노를 해방시켜 스스로 주인이 되게 하는 혁명을 성공시키고, 1965년 정식으로 중화인민공화국의 자치구로서 서장자치구가 건립되어 장족은 다른 55개 민족과 함께 통일적 다민족국가를 완성시켰다고 주장했다.

4. 티베트 역사 논쟁의 여진

사캅파와 반 프라그에 대한 왕관 등의 공세가 가해진 뒤에도, 티베트 독립론에 대한 중국 학계의 공격은 2000년대 이후까지 지속되었다. 특히 논리적 취약점으로 스스로 감지된 몇몇 부분에 대해서는 끊임없는 보강작업이 더해졌다. 그

한 예로, 장운(張云)은 2002년에 발표한 「샤갑파와 그 『장구정치사』를 평함(評夏格巴及其『藏區政治史』)」이란 논문에서 샤갑파의 저서에 존재하는 몇 가지 착오적 이론으로 서장 '자고독립(自古獨立)'설과 이른바 '단월·공시관계', '대장구(大藏區)'의 설정, '몽골과 만주의 황제는 중국이 아니다'라는 설 등을 꼽았는데, 이는 티베트 역사 논쟁의 가장 첨예하게 대립된 쟁점이기도 했다.

장운은 샤갑파가 '서장 독립'의 근거에 대해 "설역장지(雪域藏地) 3대구(三大區)는 예로부터 하나의 독립 자주적 국가였다"고 논단한 데 대해, "토번은 중국 역사에서 분치(分治) 상태를 이룬 왕조였고, 송대에 서장은 일종의 사분오열의 상태에 있었으며, 원대부터는 서장지방이 정식으로 중앙 정부의 행정 관할 아래로 납입되기 시작하여 이후의 각 조대의 중앙 정부가 서장지방에서 한 계열의 관리 조처와 제도를 채취했다"고 하여, 고대 역사상 '3대 장구가 하나의 국가를 이루었다'는 사실은 존재하지 않았고 '서장 독립'의 문제도 존재하지 않았다고 주장했다. 장운은 "종교는 일종의 사회·역사 현상으로 사회·경제와 정치의 지지를 떠날 수 없으니, 정교 합일을 특징으로 하는 장전(藏傳) 불교는 특히 이와 같아서, 통치자의 지지가 없으면 존재할 수도 발전할 수도 없었다"고 하면서, 중국의 "역대 중앙 정부의 지지가 없었으면 원조 샤카 법왕의 휘황한 발전과 명대 '8대 법왕'의 신속 용맹한 발전이 없었을 것이다. 건륭 황제가 서장지방의 관리체제를 개혁하여 7세 달라이라마에게 카샤(噶厦) 정부를 건립하도록 명하지 않았으면 민주개혁 전까지 의연히 존재한 정교 합일의 관리체제와 제도가 존재할 수 없었을 것이다. 달라이라마의 전세(轉世)는 금병체첨(金瓶掣簽)을 통해 확정되고 그의 행정 권력은 중앙 정부의 봉수(封授)에서 왔음은 각종 문헌과 실물이 모두 있어 부인할 수가 없다"고 주장했다. 그는 샤갑파가 서장과 "중국의 관계가 단지 종교상의 공시관계일 뿐, 근본적으로 정치상의 통속(統屬) 문제는 존재하지 않았다"고 하지만, "천하에 이 같은 관계가 있는가"라고 반문했다.

장운은 샤갑파가 서장자치구 지역뿐만 아니라 주변의 장족 거주지역을 모두 포함하는 이른바 '대장구'를 설정한 데 대해, "역사상 청장고원 지구는 다민족 취거구로서, 당대 토번 왕조가 건립되기 전에는 수십 개의 민족과 부락이 분포했고,

이들의 족류(族類)는 서로 비슷하기도 하고 또는 다르기도 해서 방국(邦國) 형식으로 광범한 청장고원 지구에서 활동했는데, 남리루첸(囊日論贊)과 송첸감포가 무력 정복을 통해 청장고원의 각 부락과 민족을 통일하여 중국의 서남 변강을 개발하고 건설하기 위해 불후의 위업을 건립했으며, 서장 민족의 형성과 발전을 위해서도 새로운 앞길을 열었다"고 하면서 "중국 역사상 하나의 분치 왕조를 만든 토번은 일찍이 광활한 청장고원과 인근 지방을 통치했지만 토번 왕조가 와해된 뒤 이러한 국면은 다시는 존재하지 않았다. 원대에 서장은 중앙 정부의 행정 관할 아래로 납입되어, 서장지방은 단지 원조 중앙기구 선정원 직속의 장구 3개 '구객(區喀)'의 하나였을 뿐이다"라고 주장했다.

'몽골과 만주 황제는 중국이 아니다'라는 설에 대하여도, "중국은 하나의 다민족 통일국가로서 중국 경내의 각 민족 형제들은 모두 이 대가정의 우수한 성원이니, 중국의 역사는 곧 이 일부 각개 민족이 서로 교왕하고 학습·융합하여 조국의 영토를 공동 개발하고 보호하며 외래 침략에 반대하여 중화문명의 역사를 전승했다"고 하면서 "몽골족과 만주족은 유사 이래로 중국의 소수민족으로 원조와 청조 통치자는 모두 스스로 자기가 전조(前朝) 정통의 계승자임을 자인했고, 그 칭호의 사용에서 제도의 건설까지 중화지주(中華之主)의 특징을 체현하지 않은 것이 없을 뿐만 아니라, 이러한 통치가 계급사회 안에서 모두 선명한 계급성분을 갖고 있었으니 그들은 몽골족과 만주족, 한족과 기타 소수민족 통치계급의 연합 통치자였다"고 주장했다.

장운은 "인구가 가장 많은 한족의 입장에서 말한다면, 이러한 소수민족의 통치에 반항한 허다한 활동이 확실히 존재했지만, 다만 이는 그들의 활동이 민족 압박과 계급 압박에 반대한 것으로, 한족 왕조 통치자에 반항한 역사상의 활동들과 본질적으로 다를 바가 없어 다만 그들 모두 외래 침략에 반대한 것이 아니었으며, 국내 모순에 대한 투쟁이었지 국제적 식민과 반식민 투쟁은 아니었다"고 하면서, "이 문제에 있어 일본 제국주의가 중국을 침략했을 때 일부 침략을 위해 복무한 어용 문인들이 일찍이 중국의 이러한 소수민족이 정권을 잡았던 시기의 역사 성질을 왜곡하려 했을 뿐, 고금 중외의 역사서와 연구 논저 가운데서 원조와 청조를 외국 통치자로 보는 경우는 아주 적다. 원대의 저명한 이탈리아 여행가 마르코폴로의 『마르코폴로 여행기』도 이 같은 사실을 부정하지 않았을 뿐만 아니라 서장을 '중국의 일개 성(省)'으로 확실하게 칭했다. 민족과 국가를 혼동하는 샤갑파의 이 같은 설법은 사실에 근거하지 않아 이론상으로도 창백·무력하여 아무런 설득력이 없다"[2]고 주장했다.

골드스타인(M. Goldstein)의 『티베트 현대사』에 대한 주원(周源)의 비평도 또 다른 사례가 될 것이다. 골드스타인의 『티베트 현대사』는 영문으로는 '티베트현대사, 1913-1951, 라마 국가의 멸망(A History of Modern Tibet, 1913-1951, The Demise of the Lamaist State)'이란 제명으로 1989년에 출판되었고 중국어로는 『서장현대사(西藏現代史)—라마 왕국의 복멸(喇嘛王國的覆滅)』이란 제명으로 북경에서 1994년에 출판되었는데, 비교적 중립적인 입장에서 티베트 현대사를 서술하여 티베트 학계에 큰 반향을 불러일으켰다. 골드스타인은 서문에서 "이 책이 갖는 관점은 친티베트도 아니고 친중국도 아니며, 달라이라마의 망명정부에 기울어지지도 않고 중화인민공화국 중앙 정부의 편에 서지도 않는 것이다"라고 하면서 객관성과 공정성을 강조했고, 특히 티베트의 멸망 책임을 보수적 승려 집단에 돌림으로써 달라이라마 망명정부의 강력한 반발을 불러왔기 때문에 중국 학계에서도 비교적 호의적 평가를 받았다. 그러나 2002년 주원은 「골드스타인의 『라마 왕국의 복멸』을 평함(評戈爾斯坦的『喇嘛王國的覆滅』)」이란 논문을 발표하여 이 책을 맹렬하게 비판했다. 그 까닭은 골드스타인이 1951년 10월 24일 티베트 정교 영도자인 14세 달라이라마가 중화인민공화국 중앙인민정부 주석 마오쩌둥에게 전신을 보내 중국 중앙 인민정부와 서장 지방 정부가 맺은 「서장의 평화 해방의 방법에 관한 협의」(17조 협의)를 옹호하겠다고 표시하고 마오쩌둥 주석이 달라이라마에게 회신을 보냄으로써 "사실상 독립적 라마 왕국의 완결을 표지하고" "티베트가 최종적으로 중국의 주권을 승인하지 않을 수 없었으니, 이는 티베트 역사상 처음 있는 일이었다"고 주장했기 때문이다. 그는 "중국의 티베트 동부 진군이 티베

---

2 張云, 「評夏格巴及其『藏區政治史』」, 『當代藏學研究的幾個理論問題』(中國藏學出版社, 2002), 445-446頁.

트 정부의 최종 굴복을 가져와서" "중국의 주권을 승인하지 않을 수 없었던" 주요 원인이 되었다고 했다. 무엇보다 골드스타인은 '독립적 라마 왕국'이 복멸하게 된 죄를 종교집단이 주가 된 티베트 '보수세력'에게로 돌렸다. 그는 "사원집단이 카샤 정부 안에서 현대화 실현을 적극 저지했다. 그들이 볼 때 현대화는 사원생활의 경제 기초에 해로움이 있고 티베트불교의 '가치' 농단에 불리함이 있었다. 이 기간 중에 전통과 변혁 사이에 허다한 잠재적 전환점이 있었지만 매 전환점마다 사원집단과 카샤 정부 내의 동맹자들이 모두 가장 보수적 주장을 지지했다"고 하고, 이로 인해 "티베트의 종교집단은 응당 티베트의 군사적 낙후에 대해 최후의 책임을 져야 한다"고 했다. 즉, 종교 세력의 저해로 인해 티베트가 현대화 실현 기회, 특히 군사 현대화의 기회를 잃어 독립적 티베트가 군사상의 낙후로 인해 중국 정부의 군사 압력에 굴종하여 '성하(城下)의 맹(盟)'(17조 협의)에 서명하지 않을 수 없게 하여 사실상 독립적 라마 왕국의 복멸을 가져왔다는 것이다. 골드스타인은 '사실상 독립적 라마 왕국의 복멸'을 가져온 또 다른 중요한 원인으로 "(영국과 미국 등) 티베트의 전통적 우방과 이웃 나라들이 (티베트에) 유효한 외교·군사 원조를 제공하는 것을 거절한 것"을 들었다. 이러한 것들이 '사실상 독립적인 라마 왕국이 복멸'하게 되어 '독립 국가'적 티베트가 1951년에 그 독립 지위를 상실하고 중국의 주권을 승인하지 않을 수 없었던 원인이라고 결론지었다.[3]

골드스타인의 이러한 관점에 대해 주원은 "서장은 결국 중국의 일부분인가 아니면 일개 독립된 국가인가? 이것이 우리가 이 문제를 토론하는 하나의 기본 전제이다"라고 하면서, "중국의 역사학자들과 적지 않은 외국 학자들은 대량의 고고 발굴과 역사문헌 당안 자료 및 자연과학의 연구 성과에 의거하여 역사 진실에 부합한 결론을 얻어냈으니, 곧 장족 인민은 중국 다민족 통일국가의 형성과 발전이라는 위대한 역사 진행 과정의 중요한 참여자요 역사의 증인이었고, 장족은 중화민족 대가정의 중요한 일원이며, 서장은 자고로 중국의 분할할 수 없는 한 부분이었다. 서장은 하나의 독립적 국가가 아니었으니, 하나의 국가 정부도

3 周源, 「評戈爾斯坦的『喇嘛王國的覆滅』」, 『當代藏學研究的幾個理論問題』(中國藏學出版社, 2002), 420頁.

서장이 하나의 독립 국가였음을 승인한 적이 없다.…다만 외국에 유망하고 있는 14세 달라이라마와 그가 영도하는 소위 '서장유망정부(西藏流亡政府)'만이 서방 반중국 세력이 벌이는 중국 분열활동의 응견(鷹犬)이 되어 '티베트는 역사상 내내 하나의 독립적 국가였다'고 고취하고 중국 정부가 1951년에 독립 국가적 서장을 침점했다고 선전하고 있지만, 이는 당연히 역사적 진실에 전적으로 위배되는 근거 없는 이야기다"[4]라고 주장했다.

주원은 다만 골드스타인이 이 책에서 처음부터 끝까지 서장의 종교세력을 지탄하며 "전 민족 신교와 종교 수령이 정교 대권을 장악하고 티베트로 하여금 부단히 변화하는 환경과 형세에 적응하는 능력을 상실하게 하고…종교와 사원이 서장 사회 진보를 가로막은 질곡이 되어…마침내 사실상 독립적 라마 왕국으로 하여금 복멸하게 한 죄와 화의 수괴였다"고 규탄한 관점은 "매우 타당하다"고 높이 평가했다. 그는 "사실 서장 근대사상에서 종교 신권(神權) 사상이 봉건 농노주계급을 위해 부패되고 몰락한 서장의 정교 합일적 봉건 농노제도를 유지·옹호하는 의식 형태는 확실히 서장 인민의 사상을 극단적으로 강화(僵化)하고 보수·속박하여 '서장으로 하여금 부단히 변화하는 환경과 형세에 적응하는 능력을 상실하게 하여 서장 사회의 진보에 질곡이 되게 했다"고 하면서, "서장의 역사를 이해하지 못하는 수많은 서방 민중의 마음과 눈으로는 정교 합일의 봉건 농노제의 구 서장이 불광(佛光)이 두루 비치고 범음(梵音)이 널리 들려 중생이 행복한 극락세계이기 때문에 골드스타인 선생의 이 같은 견해에 취할 만한 것이 없지 않아 있다"고 인정했다. 그러나 "그는 서장 종교 세력이 완고·보수하여 서장의 독립적 지위의 상실을 불러왔다고 하여 강렬하게 불만을 터뜨렸지만, 이는 철(鐵)이 동(鋼)을 이루지 못한 것을 한스러워하고 그 불행을 슬퍼하며 투쟁하지 않은 것에 화를 낸 것으로 시종일관 역사상 서장이 중국의 일부분이었음을 인정하지 않았다"[5]고 아쉬워했다.

최근에 왕휘(王暉)란 중국 학자가 『동서 사이의 서장문제(東西之間的"西藏問題")』

4 周源,「評戈爾斯坦的『喇嘛王國的覆滅』」, 421頁.
5 周源,「評戈爾斯坦的『喇嘛王國的覆滅』」, 423-425頁.

란 책을 북경에서 2011년에 출간하여 책봉-조공체제에 대해 신중하게 접근한 바 있다. 그는 '3·14' 사건, 즉 2008년 3월 10일부터 14일까지 라싸 등에서 일어난 일련의 반중국정부 시위와 이와 동시에 전 세계적으로 일어난 올림픽 봉화전송 제지운동, 여기에 대항하여 해외 중국 유학생 등 중국인들이 벌인 올림픽 봉화 보호운동 등으로 '서장 문제' 또는 '장독(藏獨, 티베트 독립)' 문제에 대한 세계적 관심이 다시 일어나자, 왜 이런 일이 일어났는지에 대해 나름의 심층적 분석을 시도했다. 이러한 노력의 일환으로 그는 티베트와 중국의 역사적 관계에서 핵심적 개념인 책봉과 조공 등의 개념을 다음과 같이 분석했다. "'종주권(宗主權)'과 '조공, 책봉, 번속, 번지(藩地)' 등의 개념이 매우 모호하여 갖가지 다른 역사 형태를 포함한다. 원·명·청 등 역대 왕조와 서장의 관계는 언제나 조공 개념 아래에서 기술되었지만, 그 성질상 중요한 차이가 있었다. 예컨대 원조는 행성(行省)을 서장에 설립하여 장인(藏人)은 원조의 편호제민(編戶齊民)이 되었으니, 서장과 원조의 관계는 통일 왕조의 중앙과 지방의 관계로 규정할 수 있다.…명조는 원조의 티베트 통치를 계승했지만…'이하지변(夷夏之辨)' 관념의 영향 아래서 명 왕조와 서장의 관계는 점차 중앙과 지방의 관계에서 비교적 전형적인 조공관계로 전화되었다. 청조의 황권(皇權)은 몽골의 칸통(汗統)과 중원의 황제, 만주의 족장, 장인 신앙의 문수보살 등이 다양하게 종합되었다. 주장대신과 군대가 주재하여 중앙정부와 서장 사이의 직접적 통속(統屬)관계를 드러내 보였지만, 이러한 통속관계도 내지의 각 성과는 같지 않았으니, 이는 청대 이번원(理藩院)의 설립을 통해 분명하게 나타난다.…조공관계에서는 엄격한 내외의 구분이 없었기 때문에 이 개념으로 왕조와 그 속지의 관계를 설명할 수도 있고 왕조와 그 번속의 관계를 설명할 수도 있으며, 심지어는 중국 왕조와 러시아 및 서방 국가 사이의 관계에도 사용할 수 있다."[6] 이러한 분석은 종래 이 논쟁에 참여한 중국 학자들의 주장에 비해 훨씬 더 신중하고 융통성 있는 이해라 할 수 있다. 만약 중국 학자들이 왕휘와 같이 비교적 객관적인 입장에서 책봉-조공관계를 이해하려 노력한다면,

---

6 王暉, 『亞洲視野: 中國歷史的敍述』(Hong Kong, Oxford University Press, 2010), 90-91頁; 王暉, 『東西之間的"西藏問題"(外二篇)』(北京: 生活讀書新知三聯書店, 2011), 112-115頁.

티베트와 중국의 역사적 관계의 본질에 보다 가깝게 접근할 수도 있을 것이다.

한편 티베트 망명정부의 한국 파견대사인 남카 스님(티베트하우스코리아 대표)은 2008년 12월 9일 코리아글로브 주최의 강연회에서 「누가 티베트의 자유를 말하는가; 티베트의 역사와 현실, 그리고 중도정책」이라는 강연을 통해 중화인민공화국의 티베트 점령의 부당성과 티베트 공정 이후의 현실에 대해 다음과 같이 증언했다. "중화인민공화국의 티베트 침공은 역사적 타당성이 결여되어 있다. 티베트는 역사적으로 중화인민공화국 점령 이전에는 몽골과 관계가 있었지 한족 왕조와의 관련성은 없었다. 현재 중화인민공화국은 통일적 다민족국가론을 통해 자기들이 원나라를 계승한 국가라고 주장하고 있다. 그러나 몽골민족의 정통 국가로 현재 몽골이라는 국가가 존재하고 있으므로 중화인민공화국이 티베트를 몽골로부터 계승했다는 주장은 실로 뻔뻔스럽기 짝이 없다." 그는 현재 티베트자치구에서 벌어지고 있는 상황을 폭로하면서, 현 상태로 유지된다면 티베트의 미래는 없을 것이며 현재 달라이라마가 추구하는 중도정책에 대해 중화인민공화국의 지도층은 티베트족은 시간이 가면 사라질 민족이라는 점에서 관심조차 기울이지 않는다고 절망감을 토로했다.[7]

5. 티베트 역사 논쟁에 대한 비판적 이해

이와 같은 티베트 역사 논쟁은 양측 모두 정치적 목적이 너무나 뚜렷해서 개별적 쟁점에 접근하는 과정이나 전체적 가설을 입증하는 과정에서 비합리적 태도를 적지 않게 노정했다. 먼저 개별적 주제에 대한 비합리적 접근을 간략하게 정리하면 다음과 같다.

① 티베트인의 족원 문제: 티베트 측에서는 티베트는 자연환경으로 중국과 완전히 분리되어 있을 뿐만 아니라 그 족원도 중국과는 전혀 다르다고 주장하면서

7 박원길, 「중국과 북방공정－코빌라이칸의 꿈을 빼앗긴 몽골」, 『한국·중국·일본과 몽골: 한·중·일의 초원을 향한 꿈』(소나무, 2013), 280-283쪽에서 재인용.

'서장자치구' 지역 범위를 훨씬 뛰어넘는 청장고원의 광대한 지역을 모두 '티베트'로 규정했다. 그러나 티베트 족원에 대해서는 티베트인의 조상이 북방 몽골에서 왔다는 이른바 '북래설(北來說)'에서 남방 인도에서 온 석가모니의 후손이라는 '남래설(南來說)', 티베트인의 외모가 말레이인과 비슷하다고 해서 말레이반도에서 왔다는 주장, 티베트 언어가 티베트-버마어계에 속한다는 이유로 버마에서 왔다는 주장 등이 있다. 그런가 하면 어떤 중국인 학자는 티베트인의 조상이 동방의 중원에서 왔다는 이른바 '한장일원설(漢藏一元說)'을 주장하고, 혹자는 티베트인의 조상이 강남(江南)에서 왔다는 '묘장동조설(苗藏同祖說)'을 제기하기도 했으며, 멀리 요동에서 왔다는 '선비기원설(鮮卑起源說)'과 청해(青海)에서 왔다는 '장강동원설(藏羌同源說)'도 있지만, 지금까지 학계에서 가장 설득력 있게 받아들여지는 학설은 야루짱포 강 유역에서 살던 원주민이 동쪽으로 진출하고 청해지방에서 살던 강인(羌人)들이 서쪽으로 발전하면서 서로 만나 융합하여 형성된 것이 고대 티베트인이라는 것이니, 이러한 최근 학계의 성과를 수용하여 티베트인 족원에 관한 기존 주장을 조정할 필요가 있다. 한편 중국 측에서는 중국은 수많은 민족이 공동으로 만든 통일적 다민족국가라고 전제하고, 장족도 중국이라는 통일적 다민족국가를 이루는 일개 성원이라고 주장하면서, 청장고원에는 장족뿐만 아니라 수많은 다른 민족도 함께 섞여 살아왔기 때문에 티베트인의 독점적 지위를 인정할 수 없다고 주장했다. 그러나 중국 학계에서 주장하는 '통일적 다민족국가'론은 현재 56개 민족이 한 국가를 이루고 있는 정치적 상황을 설명할 수는 있지만, 천 수백 년 전의 상황을 그대로 설명할 수는 없다. 고대의 '중국'은 황하 중·하류 유역의 일정한 지역에 제한적으로 적용된 개념이어서, 티베트인이 거주하던 청장고원까지 확장해서 적용하는 것은 논리적으로 전혀 불가능한 일이다.

② 당과 토번의 구생(舅甥)·화친관계: 티베트 측에서는 토번과 당의 군주는 평등하고 대립적인 관계에 있었으며 문성공주의 출가는 토번의 군사적 위협을 받고 당 황제가 마지못해 보낸 것이었다고 주장했다. 그러나 송첸감포가 당과 화친을 맺기를 원한 것은 군사적 패배 직후에 있었던 일이었고, 문성공주와 결혼

함과 동시에 송첸감포는 당 태종으로부터 부마도위(駙馬都尉)와 서해군왕(西海郡王)으로 책봉을 받은 바 있었기 때문에 이러한 티베트 측의 주장은 일정 부분 수정이 불가피하다. 한편 중국 측에서는 당과 토번의 관계는 매우 우호적이었다고 주장했지만, 당과 토번이 8차례나 화맹(和盟)을 되풀이했음은 양국 관계의 주조가 우호가 아니라 전쟁이었음을 입증한다고 할 수 있다. 또한 토번의 군주 송첸감포가 당의 문성공주와 결혼함으로써 장족과 한족이 정치·경제·문화 방면에서 밀접하게 융합했다고 주장하지만 이는 약 300년에 걸친 당-토번 관계사에서 일시적 현상에 지나지 않았고, 당 황제가 송첸감포를 책봉하여 '상하'관계를 맺었다고 주장했으나 이 역시 일회성으로 끝나버렸기 때문에 책봉과 조공이 반복적으로 이어지는 '책봉-조공관계'로 보기 어렵다. 엄격히 말한다면, 당과 토번의 관계는 전쟁과 화친을 반복한 화맹관계였다고 규정할 수 있는데, 이는 '당번회맹비(唐蕃會盟碑)'에 "서쪽은 대번(大蕃), 동쪽은 거당(巨唐)"이라 적혀 있듯이 양국이 대등하고 독립적인 인적국(隣敵國)이었음을 의미한다. 당군이 토번군에 대패하여 토욕혼(吐谷渾)을 상실한 670년의 대비천 전쟁과 토번군이 당의 수도 장안을 점령한 763년의 전쟁은 당과 토번 관계의 본질을 가장 잘 보여준 사건이다.

③ 송과 티베트 지방 세력의 차마호시: 송대의 중국은 요동에서 흥기한 거란과 여진 및 하서(河西)의 당항강(黨項羌) 등의 압박을 받는 취약한 상황에 놓여 있었기 때문에 중국 밖으로 그 정치력을 확장할 여력을 갖지 못했다. 송이 취사라부(嘴斯羅部) 등 일부 티베트 지방 세력과 책봉-조공관계를 맺을 수 있었던 것은 양자 모두 당항강 서하(西夏)의 압력을 받고 있었기 때문이다. 따라서 송대의 중국과 티베트의 관계를 '상하 예속관계'라고 운운하는 중국 측 주장은 과장되었음이 분명하다. 그러나 비록 양자의 관계가 국지적인 것에 제한되어 있었다 하더라도 티베트 측에서 송과 티베트는 무관하다고 하는 주장도 역시 과장된 것이라 하지 않을 수 없으니, 역사상 처음으로 중국의 국가와 티베트의 일부 정치 세력 사이에 책봉-조공관계가 발생했음은 무시할 수 없는 일이기 때문이다. 송과 티베트 지방 세력의 책봉-조공관계는 이후 명대에 보다 광범하게 확장되었다.

④ 몽원 황제와 티베트 라마의 단월·공시관계: 티베트 측에서는 원대 이후 티

베트와 중국의 관계는 라마와 시주 사이의 단월관계, 즉 공시관계일 뿐 지방 정권과 중앙 정권의 관계는 아니었다고 주장했다. 그러나 단월관계를 통해 몽원 황제와 티베트 라마 사이에 티베트 통치권이 교환된 만큼 양자의 단월관계가 순수한 종교적 관계였을 뿐 정치적 의미는 존재하지 않았다고 단정하기는 어려울 것이다. 한편 중국 측은 몽원의 황제와 샤카 법왕의 관계는 군신·상하 주속(主屬) 관계였고 원대의 티베트는 몽원의 통치하에 있었으며, 이로 인해 원대 이래로 티베트는 중국의 영토에 편입되어 있었다고 주장했으나, 몽원의 황제와 샤카 법왕의 관계가 설사 '군신·상하 주속 관계'였다고 하더라도 그것으로써 '원대 이래로 티베트는 중국의 영토에 편입되었다'는 가설을 입증하기는 어렵다. 왜냐하면 몽골인이 중국인이었는가, 몽원이 중국의 제국이었는가 하는 문제가 남아 있기 때문이다. 이에 대해 중국인 반체제 인사들은 "원조의 중국과 서장은 같이 몽골인의 노예였고, 같이 몽골인에 의해 점령되었다. 엄격히 말한다면 원조는 중국의 역사로 헤아려질 수 없고 그것은 몽골인의 역사다"라고 하고, "당시 몽골 칭기즈칸의 기병이 중국과 서장, 베트남, 조선 및 대부분의 아시아주와 러시아의 상당 부분 토지를 점령하여 몽골제국을 건립했다.…만약 이러한 무력 침점이 오늘날 사람들이 영토와 주권을 주장하는 근거가 될 수 있다면, 이러한 주장은 중국인이 제출할 것이 아니라 응당 칭기즈칸의 자손인 몽골인이 제출해야 할 것이다"라고 주장하면서, "왜 중국인은 당시에 같이 겸병되어 원조의 관할하에 있었던 베트남과 조선에 대해서는 (중국 땅이라고) 주장하지 않는가"[8]라고 반문한 바 있다.

⑤ 명조의 법왕 책봉: 티베트 측에서는 명조의 황제는 티베트에 대한 몽골의 지배적 권력과 지위를 계승하지 못했고 티베트에 대해 관심도 갖지 못했다고 주장했으나, 티베트의 세 법왕과 다섯 왕 등 여러 토사(土司)들이 명조의 황제에 의해 책봉을 받았으니, 티베트 측 주장은 과장된 것임이 분명하다. 중국 측이 명조는 기본적으로 원조가 서장을 다스리던 각종 제도를 계승했고 '중건다봉(衆建多

8 曹長青,「前言」, 曹長青 主編,『中國大陸知識分子論西藏』(臺北: 時報文化出版公司, 1996), 10頁.

封)'정책을 실시했다고 하면서 명조와 티베트 여러 세력은 '상하·주속관계'에 있었다고 주장한 것도 과장된 표현이다. 명조가 티베트의 여러 지방 세력을 책봉하고 조공을 받은 것은 사실이지만, 책봉-조공관계는 불평등하나 독립적 관계이기 때문에 '상하'관계이기는 했지만 '주속'관계였다고 표현하면 오해의 소지가 있다. 책봉-조공관계는 종속(宗屬)관계, 즉 종주국과 번속국의 관계를 말하며 종속(從屬)관계와 구별되어야 한다. 종주국은 번속국의 내정과 외교에 간섭하지 않으며 번속국은 엄연한 독립국이며 종주국의 '외국'이기 때문에 중국 측이 말하는 '포함-피포함'관계는 아니었다. 명조의 황제에 의해 책봉을 받고 조공을 한 티베트의 토사들도 '고속(故俗)', 즉 고유하고 자율적인 정치 질서를 그대로 유지했기 때문에 중국과는 엄연히 구별되었다. 이들에게 조공은 의무가 아니라 회사(回賜)를 얻을 수 있는 권리의 일종이었다. 명대의 티베트는 몽골의 알탄칸(俺答汗)과 달라이라마, 구쉬리칸(固始汗)과 판첸라마 등에 의해 공치(共治)되었으니, 알탄칸과 구쉬리칸은 세속적 권력을 행사하고 달라이라마와 판첸라마는 종교적 권위를 제공했다. '달라이라마'와 '판첸라마' 등의 칭호도 이들 상호간에 서로 증여된 것으로 명조와는 아무런 관련이 없었으니, 명의 황제와 티베트 승속 수령이 책봉-조공 관계를 갖고 있었다고 해서 티베트가 당시 중국의 일부였다는 결론을 이끌어낼 수는 없는 일이다.

⑥ 만청 황제와 달라이라마의 단월·공시관계: 티베트 측은 만청의 순치 황제와 5세 달라이라마가 서로 만나 단월관계를 맺음으로써 만청 황제는 달라이라마의 티베트 통치를 승인하고 달라이라마는 만청 황제의 몽골 등 초원 유목민 지배를 정신적으로 지원했다고 하면서 만청 황제와 달라이라마는 수평적·독립적 관계에 있었다고 주장했지만, 중국 측은 만청 황제가 달라이라마와 판첸라마 등을 책봉하고 조공을 받음으로써 양자는 상하·주속관계에 놓여 있었다고 주장했다. 그러나 순치제와 5세 달라이라마가 만나는 장면을 그린 포탈라궁의 유명한 벽화는 불평등하지만 독립적인 양자의 관계를 여실히 표현하고 있다. 청대에는 원대와 마찬가지로 원래 종교적 관계였던 단월관계가 정치적 성격이 강한 책봉-조공관계와 미묘하게 결합되어 제3의 독특한 국제관계가 티베트-중국 관계사

에서 창출·유지되었던 것으로 이해하는 것이 합리적이다. 만주인도 중국인이었기 때문에 만청의 티베트 지배는 곧 중국의 티베트 지배였다는 주장 역시 몽골인이 중국인이기 때문에 몽원의 티베트 지배는 곧 중국의 티베트 지배였다는 주장과 마찬가지로 매우 심각한 논리적 비약을 포함하고 있다. 중국을 침입하여 정복·지배한 몽원과 만청을 오로지 비중국 국가로 간주하는 주장이나, 요동에서 요동인에 의해 건립된 몽원과 만청을 정통적 중국 국가와 구별하지 않는 주장은 모두 올바른 이해라 하기 어렵다.

⑦ 청군의 티베트 진군과 주장대신 파견: 티베트 측은 만청 시대에는 티베트와 중국의 사이에 종교적 단월관계만 존재했다고 했지만, 달라이라마의 책봉과 청군의 입장(入藏), 주장대신의 파견, 선후장정(善後章程)의 반포 등으로 미루어보아 티베트 측의 주장은 분명 과장된 측면이 적지 않다. 왜냐하면 이러한 일련의 조치를 통해 티베트의 내정과 외교의 주권이 상당한 수준으로 훼손 또는 위축되었음이 분명하기 때문이다. 그러나 이 시기에 갖가지 조치를 통해 양자의 '상하·주속'관계가 확인된다고 하는 중국 측의 주장도 과장된 것이다. 중국 측은 이 시기 청군의 티베트 진주와 주장대신의 파견, 달라이라마 전세영동(轉世靈童)의 금병체첨, 서장선후장정(西藏善後章程) 13조와 장내선후장정(藏內善後章程) 29조를 통한 주장대신 권한의 강화 등을 통해 중국 국가의 티베트 통치와 티베트의 중국 판도 편입을 입증하려 했다. 그러나 청군의 티베트 진주는 영속적이지 않고 단속적이었으며 소규모였다. 또한 주장대신이 "일개 대사였을 뿐"이라는 티베트 측의 주장도 과장된 것이지만, 주장대신을 통해 중국이 티베트를 통치했다는 중국 측 주장도 분명 과장되었다. 전세영동을 뽑기 위한 금병체첨의 실시도 실제로는 전통적 방식의 의미를 바꾸지 못했고, 두 차례 선후장정의 반포 역시 그 실효성이 확인되지 않고 있다. 따라서 중국 측이 제시한 어떠한 논거 가운데서도 만청이 티베트를 실질적으로 통치했다는 증거를 발견하기 어렵고, 황제와 달라이라마 사이에서는 전통적인 단월관계와 책봉-조공관계만이 확인될 뿐이다.

⑧ 13세 달라이라마의 독립 선언과 구한(驅漢): 티베트 측에서는 서구 제국주의 세력이 동아시아로 진출하고 만청의 국력이 쇠잔한 상황에 편승하여 티베트

인은 만청의 '명목상 종주권'을 거부하고 자율적으로 대외관계를 결정하려 했고 영국이나 러시아, 네팔 등 이웃 나라들도 티베트의 국제적 품격과 국가적 지위를 인정했다고 주장했다. 그러나 티베트와 중국의 국경을 분획한 심라조약은 중국 측에 의해 비준되지 않았고, 중국의 티베트에 대한 종주국의 지위는 여전히 서구 열강에 의해 인정되고 존중되고 있었다. 중국 측은 '독립'이나 '주권'이란 말은 영국 제국주의자들의 발명품으로 그 이전에는 티베트인이 '독립'을 주장한 적이 없었다고 주장했다. 그러나 전통 시대의 동아시아 세계에서는 '독립'이나 '주권'이란 말도, 개념도, 관념도 존재하지 않았지만, 전통적 동아시아 세계 질서가 무너지고 서구적 세계 질서로 재편되는 이 시기에 이르러 동아시아인이 '독립'이나 '주권'이란 서구적 개념들을 처음으로 사용하게 된 것은 자연스러운 일이었다.

⑨ 국민당 정부의 조문(弔問)·좌상(坐床) 사절 파견: 만청이 멸망하고 티베트에서 공식적으로 중국인이 축출된 1912년 이후 중국에서 중화민국이 퇴출되고 중화인민공화국의 인민해방군이 티베트로 진주한 1950년까지 티베트의 국가적 지위에 대해 티베트 측은 독립 국가로서의 지위를 보전했다고 주장하는 반면, 중국 측에서는 티베트가 결코 독립 국가의 지위를 향유하지 못했다고 주장했다. 쌍방은 자신의 주장을 입증하기 위해 13세 달라이라마의 중국인 축출과 독립 의지의 표명, 심라 회의와 영국-티베트 조약 체결, 티베트와 중국의 두 차례 전쟁과 정전 협정, 13세 달라이라마의 원적 조문 사절단과 14세 달라이라마 좌상 경축 사절단의 파견, 제2차 세계대전 중에 티베트가 취한 일련의 중립 외교와 외교국의 설치, 승전 경축 사절단과 무역 사절단의 파견 등 이 시기 티베트-중국 관계사에서 발생한 주요 현안들을 쟁점으로 삼아 격렬한 논쟁을 전개했다. 그러나 이 시기에 티베트-중국 관계에서 나타난 가장 중요한 현상은 이전의 단월·공시관계나 책봉-조공관계라는 두 가지 제도적 관계가 철저하게 소멸되어 보이지 않는다는 것이다. 중국 측에서는 중화민국 헌법에 '서장'이 중화민국 영토에 포함된 것으로 규정되었음을 거론하지만, 그것은 중국의 일방적 조처일 뿐 티베트와의 협정이나 조약을 통해 이루어진 것이 아니다. 따라서 이 시기에 관한 논쟁

을 통해 확인할 수 있는 것은 1912년부터 1950년까지 티베트와 중국의 사이에서는 어떠한 제도적 관계도 발견되지 않는다는 것이다. 만약 중국 측이 "해방 전의 서장은 절대 독립 국가의 지위를 갖지 못했다"고 주장하려면 이 시기에도 티베트와 중국 사이에 특정한 제도적 관계가 존재했음을 입증해야 할 것이다.

⑩ '17조 협의' 체결과 인민해방군의 라싸 진군: 티베트 측은 이른바 '17조 협의'를 체결한 것도 달라이라마가 협상 대표에게 전권을 주지 않았고 티베트 정부도 조약 체결의 권한까지 위임한 것이 아니었기 때문에 유효하지 않다고 주장했다. 그러나 이 조약의 무효를 주장하기에는 티베트 측의 대응이 너무나 부실하고 국제적 상황이 취약했다. 중국 측은 서장 지방 정부의 협상 대표가 자유로운 조건에서 기꺼이 '17조 협의'에 동의했다고 주장했지만 당시 티베트 측 대표들이 매우 강압적인 분위기에서 서명을 강요받았다는 자료들은 철저하게 제거되지 않았으며, 대규모의 인민해방군이 일방적으로 참도(昌都)를 점령하고 라싸에 진주한 것이 합법적 '평화 해방'이라는 주장은 선전용 이상의 의미를 갖기 어렵다.

⑪ 티베트인의 저항운동과 14세 달라이라마의 망명: 티베트 측에 의하면 중국의 침입으로 인해 티베트 인구의 7분의 1에 해당하는 약 100만여 명의 티베트인이 사망했고 약 8천여 사찰의 대부분이 파괴되었다고 하지만, 이러한 수치는 객관적 자료에 근거하지 않은 추산에 지나지 않는다. 또한 티베트 측은 14세 달라이라마가 망명하여 인도 다람살라에 건립한 망명정부가 티베트 전체 인민을 대표하는 유일한 합법적 정부라고 주장하지만, 현실적으로 티베트 핵심부에 중화인민공화국 서장자치구가 건립되어 중화인민공화국의 실효적 지배를 50년 이상 받아왔다. 중국 측은 서장으로 들어간 중국공산당이 봉건 농노제를 전복시키고 농노를 해방시켜 스스로 주인이 되게 하는 혁명을 성공시켰다고 주장하지만, 인민해방군의 티베트 진주와 사회주의혁명은 티베트인의 의사와 전혀 상관없이 일방적으로 진행되었고 이로 인해 티베트인은 자신의 의지와 관계없이 일방적으로 중국에서 전개된 사회주의혁명과 문화대혁명의 폐해를 중국인과 함께 고스란히 입을 수밖에 없었으며, 대규모의 중국 인구가 중화인민공화국 정부

의 의도적 정책에 따라 티베트 지역으로 이주되고 있어 인구 비율의 역전이 이루어지는 심각한 상황에 놓이게 된 것도 부정할 수 없는 사실이다.

무엇보다 심각한 것은 양측 모두 국가 개념과 역사공동체 개념을 구별하지 못하고 혼동하고 있다는 점이다. 티베트 측은 '중국'과 구별되는 '티베트'의 역사공동체적 특성을 강조함으로써 '티베트'가 자고로 자주적 독립 '국가'였음을 입증하려 했고, 마찬가지로 중국 측도 티베트와 중원 왕조들의 정치적 관계를 통해 '중국'이라는 역사공동체에 '티베트'라는 역사공동체를 내포시키려 노력했다. 그러나 국가와 역사공동체는 별개의 개념이다. 예컨대 '토번'과 '당'은 국가 개념이지만, '티베트'와 '중국'은 역사공동체 개념이다. '토번'과 '당' 같은 국가들은 서로 침공하고 화맹하며 지배하고 통치할 수도 있고 발전하고 쇠퇴하며 멸망될 수도 있지만, '티베트'와 '중국'은 각각 다른 공간에서 각각 다른 역사적 경험을 통해 각각 다른 역사의식을 공유해온 공동체이기 때문에 쉽게 소멸되거나 통합되지 않는다. 즉, 현재 티베트인의 국가는 중국인에 의해 멸망되고 중국인의 국가에 통합되었지만, 티베트 역사공동체는 여전히 유지되고 있다. 따라서 역사공동체가 다르다고 해서 국가적 통합을 논리적으로 배척할 수는 없고 국가적 관계를 통해 역사공동체의 통합을 입증할 수도 없다. 티베트 측은 주로 전자의 논리를 견지했고 중국 측은 주로 후자의 입장을 고집했지만, 양자 모두 국가와 역사공동체 개념을 구별하지 못함으로써 논리적 설득력을 보여주지 못하고 있다.

전통 시대의 동아시아 세계에서는 '독립'이나 '주권'이란 말도, 개념도, 관념도 존재하지 않았지만, 전통적 동아시아 세계 질서가 무너지고 서구적 세계 질서로 재편되는 시기에 이르러 동아시아인은 '독립'이나 '주권'이란 서구적 개념의 말들을 처음으로 사용하게 되었다. 19세기 말부터 티베트와 한국, 베트남 등에서 '독립'과 '주권'을 주장하게 된 것은 이들이 중국과는 구별되는 독자적인 역사공동체를 구성하고 있었기 때문이다. 두 개 이상의 역사공동체가 하나의 국가에 의해 지배되는 경우도 있고 하나의 역사공동체가 두 개 이상의 국가에 의해 분점되는 경우도 있지만, 근대 서구 국제 사회의 역사적 경험은 하나의 역사공동체에 하나의 국가가 산생되는 것이 가장 안정된 형태임을 입증했다. 따라서 티베트에서 '장독(藏獨)'론이 제기된 것은 한국이나 베트남과 마찬가지로 티베트인이 티베트가 중국과 다른 별개의 역사공동체임을 자각함으로써 나타난 자연스러운 현상이었다.

사실 전통 시대 동아시아의 세계 질서는 '독립'이나 '주권'이란 말이 사용되기 어려운 특수한 특성을 갖고 있었다. 전통 시대 동아시아 세계를 구성한 거의 모든 국가가 책봉-조공체제라는 독특한 시스템에 의해 운영된 세계 질서 안에 내포되어 있었는데, 이 책봉-조공체제란 서구적 또는 현대적 '독립' 또는 '주권' 개념으로써는 도저히 설명할 수 없는, 전통 시대에 동아시아 세계에만 존속했던 특수한 국제체제였다. 19세기 말 한국으로 진출한 미국, 영국, 독일 등 서구 열강들이 "중국과 조선은 책봉과 조공의 예(禮)를 교환할 뿐, 중국은 조선의 내정과 외교에 간여하지 않는다"고 한 청(淸)의 총리각국사무아문(總理各國事務衙門)의 설명을 전혀 이해하지 못한 까닭도 여기에 있었다. 이 국제체제의 중심에 위치한 중국 국가의 군주는 주변 국가의 군주를 책봉하고 주변 국가의 군주는 중국 군주에게 조공하여 서로 상대의 정치적 지위와 권위를 인정 또는 승인함으로써 일정한 국제 질서를 구축하고 유지한다고 하여 이를 흔히 '중국적 세계 질서'라고도 부르지만, 반드시 중국인이 중국에서 건립한 국가의 군주만이 이 세계 질서의 중심에 위치했던 것은 아니다. 왕왕 장성 이북의 유목지역이나 산해관 이동의 요동에서 건립되어 중국을 정복·지배한 국가들의 군주가 이 세계 질서의 중심에서 책봉-조공체제를 주도하기도 했으니, 흉노나 돌궐, 거란, 여진, 몽골, 만주 등의 군주가 그러했다.

책봉-조공체제에 의해 형성된 국제관계는 기본적으로 '불평등하나 독립적인 관계'였다. 티베트 역시 동아시아 세계의 일원이었던 만큼 중국을 지배한 국가와 티베트의 관계 역시 책봉-조공체제에 의해 규제되었음은 자연스러운 일이다. 그럼에도 불구하고 티베트 역사 논쟁의 쌍방은 '단월관계'라는 종교적 개념과 '상하·주속'관계라는 비역사적 개념으로 전통 시대 티베트와 중국의 관계를 규정하려 했을 뿐, 책봉-조공체제의 본질적 이해를 통해 티베트와 중국 국가의 관계에 접근하려는 노력은 거의 생략했다. 따라서 이 논쟁이 보다 합리적 결론에 접근하기 위해서는 무엇보다도 전통 시대 동아시아 국제관계를 일반적으로 규제한 '책봉-조공체제'와 티베트 라마와 중국 국가의 군주 사이에 특수하게 작용한 '단월관계'가 어떻게 결합하여 티베트와 중국의 전통적 정치관계의 모식을 창출하게 되었는가 하는 문제를 이해하는 것이 보다 긴요한 과제가 될 것이다.

3
베트남과 중국의 중월관계사 논쟁

1. 머리말

지구상에 존재하는 수많은 나라들 가운데서 베트남만큼 그 역사가 한국의 그것과 근사한 나라는 찾아보기 어려울 것이다. 한국에 고조선이 있었듯이, 베트남에는 남월(南越)이 있었다. 중국에 한이 건국될 무렵에, 한반도 북부에는 위만이 영도한 중국계 유망민 집단이 유입되어 조선이라는 국가가 건립되었고, 대륙의 영남(嶺南) 지방에는 조타(趙佗)가 중국계 유이민 집단의 도움을 받아 남월이란 국가를 건국했다. 중국계 유망민 집단과 토착 조선인이 연합하여 세운 위만조선은 무제 시기에 한의 침공을 받아 멸망했고, 중국계 유이민 집단과 토착 월인(越人) 사회가 연합하여 세운 남월도 조선이 멸망하기 직전에 한 무제가 보낸 군대에 의해 멸망했다. 조선의 고지(故地)에는 4개의 한군(漢郡)이 세워졌고, 남월의 고지에는 9개의 초군(初郡)이 건립되었다. 조선에 세워진 '한사군'은 4세기 만에 모두 소멸되었고, 남월에 세워진 중국의 군현은 10세기 동안 존속했다.

한의 군현이 소멸된 뒤에 한반도에는 고구려와 백제, 신라 등 고대 국가가 출현했고, 신라에 의해 통일된 뒤에는 고려와 조선 등의 통일 국가가 뒤를 이었다. 10세기 중엽 중국의 군현을 축출하고 독립한 베트남인들은 정조(丁朝)와 전여조(前黎朝), 이조(李朝), 진조(陳朝), 후여조(後黎朝), 완조(阮朝) 등 자치적 독립 국가를 차례로 세웠다. 그동안 한국은 대륙의 많은 국가들, 예컨대 중국의 수·당과 거란의 요(遼), 여진의 금(金), 몽골의 원, 만주의 청 등으로부터 침략을 받았고, 베트남 역시 중국의 송과 명, 원, 청 등으로부터 잦은 침략을 받았으나, 양국 모두 강력한 외세의 침략에 완강하게 저항하여 독립을 끝까지 지켰다. 근세에 들어와서도 한국은 일본의 침략을 받아 일시적으로 식민지 상태로 전락한 바 있었고, 베트남도 프랑스의 침략을 받아 식민지화되기도 했지만, 양국 모두 제국주의 세력에 저항하여 독립 국가를 회복했다. 한국과 베트남은 현대에 와서 외세에 의해 분단된 경험을 공유하기도 했고, 중국과 미국 등 세계 최강국들과 길항하기도 했다. 양국은 전통 시대에 중국의 국가들과 책봉과 조공을 교환하는 '종번(宗藩)' 관계를 유지하고 중국과 광범하게 문화를 교류한 경험도 함께했다. 양국은 비록 지리적으로는 멀리 떨어져 있었지만 전통 시대에 중국과 함께 이른바 '동아시아 세계'를 구성하여 한자문화와 유교·불교문화 등을 공유하면서 '동아시아 세계 질서'에 동참했다는 점에서 어느 이웃 나라보다도 더 가까운 친근감을 서로 느낄 수 있다.

이처럼 한국인과 매우 유사한 역사를 경험한 베트남인이 1979년의 중월전쟁을 전후하여 중국인과 치열한 역사 논쟁을 벌인 바 있다. 위로는 반랑국(文郎國)의 영역이 어디까지 미쳤는가 하는 문제부터 이른바 '북속(北屬)' 시대 중국의 군현적 지배가 베트남 사회의 발전에 어떠한 영향을 미쳤는가, '종번'관계의 시기에 중월관계의 주류가 책봉과 조공의 교환 또는 문화적 교류였는가 아니면 침략과 항격의 전쟁 관계였는가 등 중월관계사의 여러 문제가 광범하게 다루어졌는데, 기본적으로는 전통 시대 동아시아 세계 질서를 어떻게 이해할 것인가 하는 문제에 귀결되었다. 이 논쟁은 중국과 베트남 사이에 전쟁이 진행되던 시기를 전후하여 양국의 언론과 역사학계가 전면에 나서서 격렬하게 진행되었기 때문에 가히 포탄 대신에 언어가 무기로 사용된 '역사 전쟁'이었다고 해도 과장이라 할 수 없었다.

한국인도 최근에 중국인과 이른바 '역사 전쟁'을 치룬 바 있다. '동북공정'에 의해 야기된 한국과 중국의 '역사 전쟁'은 표면상으로는 주로 고구려사의 귀속 문제를 둘러싸고 진행되었지만, 기본적으로 이 역시 전통 시대의 동아시아 세계 질서를 어떻게 이해할 것인가 하는 문제에 대한 논쟁이었다고 할 수 있다. 한국인과 베트남인은 매우 근사한 역사적 경험을 공유했듯이 최근에 이르러 중국인과 비슷한 내용의 역사 논쟁을 치루기도 했다. 따라서 중월관계사에서 획득한 지식을 이용하여 한중관계사를 비교사적으로 이해할 수 있을 것이다. 중국과 베트남 양국의 역사 논쟁을 정리하여 한국과 중국 양국의 역사 논쟁에 대한 이해를 제고할 것으로 기대할 수도 있을 것이다.

2. 중월전쟁과 역사 논쟁

중국인과 베트남인 사이에 벌어진 역사 논쟁은 베트남민주공화국과 중화인민공화국이 1979년 2월 17일부터 3월 18일까지 1개월에 걸쳐 벌인 전쟁을 전후하여 전개되었다. "중국은 베트남의 독립운동을 지지하여, 자국이 빈궁·낙후된 정황에도 불구하고 베트남에 200억 달러를 원조해서, 베트남은 항미·항불전쟁 중에 결정적 작용을 얻었다." 이에 대해 1977년 11월 20일 베트남공산당 중앙위원회 서기 레주언(黎筍)도 "베트남 인민은 마오쩌둥 주석의 정의 지극한 강화를 영원히 잊을 수 없다.…7억 중국 인민은 베트남 인민의 견강한 후순(後盾)이고 요활한 중국 영토는 베트남 인민이 믿을 수 있는 후방이다.…베트남 인민의 승리는 중국공산당, 중국 정부와 형제적 중국 인민의 강력한 지지와 거대한 원조와 떼어놓을 수 없는 것이다. 베트남 인민은 중국의 이 같은 '강개적(慷慨的)' 지원을 영원히 잊을 수 없다"[1] 고 표시하지 않을 수 없었다. 이처럼 사회주의 동맹국이 함께 힘을 모아 세계 최강의 미국을 물리친 뒤에 벌인 이 전쟁은 당시에 세계를 경악케 했다. 따라서 먼저 이 전쟁이 발발하게 된 원인과 과정 및 성격 등을 알아본 다음에 이 논쟁을 이해하는 것이 순서일 것이다.

1979년에 벌어진 중월전쟁을 베트남의 역사 교과서에서는 '북부 국경 방위 전쟁'으로 규정하고 그 경과를 다음과 같이 설명하고 있다. "중국은 베트남의 친밀한 인국(隣國)이다. 혁명 투쟁의 과정에서 양국의 인민은 밀접하게 단결해서 협

1 李亞青, 「由'同志加兄弟'到兵戎相見－再論中越關係」, 『齊齊哈爾師範專科學校學報』 2010-3, 123-124頁.

조했다. 그러나 1978년부터 중국은 국경선에서 군사적 도발을 감행하여 부대를 파견하고 원조를 동결시켰으며 전문가를 귀국시켜 양국 인민의 감정을 상하게 하는 행동을 일으켰다. 더욱 중대하게, 1979년 2월 17일 중국은 32개 사단의 군대를 보내 우리나라의 국경에 진공했다. 조국의 영토 방위를 위해 우리 군과 인민, 직접적으로는 북부 국경 6성의 군과 인민이 일어나 싸웠다. 우리 인민에 의해 완강하게 전개된 독립과 자유를 위한 전투는 국내와 세계의 여론에 의해 강한 후원을 받아, 1979년 3월 5일 중국은 우리나라에서 철퇴하기 시작해서 1979년 3월 18일에는 완전히 철퇴했다."[2]

이에 반해 중국에서는 1979년 2월 17일에 신화사(新華社)가 성명을 발표하여, "월남 당국은 중국 측의 재차 경고를 무시하고 최근에 연속으로 무장 부대를 출동시켜, 중국 영토를 침범하여 중국 변방 인원과 변경 주민을 습격해서 국세를 급격히 악화시키고 우리나라 변강의 평화와 안전을 엄중하게 위협했다. 중국 변방 부대는 도저히 참을 수 없는 정황하에서 분기하여 반격하지 않을 수 없었다"[3]고 했다. 중국 곤명군구(昆明軍區)의 「대월'자위반격작전'(對越'自衛反擊作戰')을 총결한 자료」에 의하면, "2월 17일 개전하여 3월 16일 철수를 완료할 때까지 광서와 운남의 참전 해방군과 지원 민병 가운데 희생된 이가 6,954명, 부상한 이가 14,800명이었다. 2월 17일부터 2월 27일까지 죽은 베트남군은 15,000명, 2월 28일부터 3월 16일까지 죽은 베트남군은 37,000명이었다. 실제로 사상자 수는 이보다 더 많을 수 있다."[4]

이 전쟁의 결과에 관해 한국의 어느 논문에서는 다음과 같이 평가했다. "1979년 전쟁에서 베트남의 저항이 완강했고 중국군의 피해가 심각했기 때문에 중국의 지도자들은 정치적 타격을 받았다.…1979년 전쟁을 군사적인 관점에서만 보

---

2 伊藤悅子 等 譯, 『ベトナムの歴史ーベトナム中學校歴史教科書』(東京: 明石書店, 2008), 742頁. 이 책은 2002년부터 개정되기 시작한 베트남 중학교 역사 교과서를 완역한 것이다. 베트남 중학교에서는 '역사'가 독립된 학과로 되어 있으며, 교과서는 '국정' 교과서 한 종류가 있어 전국의 중학생이 동일한 교과서로 배운다. 앞으로 이 책은 『ベトナムの歴史』라 약칭한다.

3 祝華新, 「不能忘懷的ー對越自衛反擊戰30周年祭」, 『視野』 2009-8, 4頁.

4 祝華新, 「不能忘懷的ー對越自衛反擊戰30周年祭」, 4-5頁.

면 베트남은 효과적으로 중국군을 방어했다. 최정예군을 하노이에 남겨두는 배수진과 국경 지역의 예비군만으로 중국군의 공격을 효과적으로 막았기 때문이다. 그러나 베트남은 큰 정치적 비용을 초래했다. 중국과의 전쟁이 끝난 이후에도 국경 지역의 긴장은 줄어들지 않았기 때문에 10만 명이 주둔하고 있던 병력을 60만 명까지 늘려야만 했다. 또한 계속된 캄보디아 주둔을 통해 아세안 국가들과 서방 세계로부터 지정학적 고립은 지속되었다."[5]

그러면 1979년의 중월전쟁은 왜 일어났는가? 미국과 싸우면서 그토록 사이가 좋았던 베트남과 중국이, 그것도 같은 사회주의국가 사이에 어떻게 전쟁이 일어날 수 있었는가? 이 문제에 대해 베트남의 『인민보(人民報)』에서는 다음과 같이 설명하고 있다. "2월 27일, 중국 부총리 덩샤오핑(鄧小平)은 일찍이 미국을 향해 북경이 베트남을 침략한 목적이 '베트남의 백전백승의 신화를 깨기 위한 것'이라 했다. 중국 확장주의와 패권주의의 두목이 이러한 만행적 호언장담을 통해 표명하려 한 것은 무슨 의미인가. 베트남민족은 이미 영원히 백전백승의 민족이다. 우리는 누구에게 전승했는가. 2천 년 이래 우리는 우리의 국토를 유린하려 기도한 요무양위(耀武揚威)의 중국 봉건 침략군을 한 조각 갑옷도 남기지 않고 죽여버렸다. 우리는 누구를 퇴패시켰는가. 우리는 프랑스 식민자와 일본 파시스트 및 미 제국주의 등 당대 가장 흉악한 침략 세력 전부를 우리 영토에서 쫓아냈다. 우리는 우리 민족 생존 권리를 박탈하려 기도하는 침략자를 굳게 물리치고 전승할 것이다. 왜 현재의 중국 집권자들은 우리나라 인민의 백전백승의 전통을 싫어하고 원망하는가. 적인(敵人)은 이미 그들의 검은 심장을 노출했다. 우리의 전군, 전민은…흉악한 침략군의 척추뼈를 쳐서 잘라 베트남민족의 백전백승 기치 위에 새로운 휘황한 성적을 첨가해야 한다."[6]

베트남의 『인민보』는 1979년 중월전쟁의 원인을 가까이로는 "중국의 확장주

5 김명섭·최정호, 「1979년 중국-베트남 전쟁의 원인에 관한 재고찰」, 『세계지역연구논총』 26-1, 2008, 162-163쪽.

6 「我們光輝的百戰百勝的旗幟」, 1979年3月2日字 『人民報』; 中國社會科學院 歷史研究所 編, 『古代中越關係史資料選編』(中國社會科學出版社 內部發行, 1982), 778-779頁. 『古代中越關係史資料選編』은 앞으로 『選編』이라 약칭한다.

의와 패권주의”, 멀리로는 중국에 대한 베트남의 ‘백전백승’이라는 신화적 역사에서 찾고 있다. 이에 반해 중국 학자들은 이 전쟁의 원인으로 베트남의 캄보디아 침공, 베트남과 소련의 합작, 베트남의 중국 영토 침범 등 베트남의 중국에 대한 일련의 도발을 다음과 같이 열거했다. “프랑스 지배하의 인도지나는 하나의 전체로서 베트남과 라오스, 캄보디아를 포괄하여, 프랑스는 하노이를 통해 삼국을 통치했다. 베트남은 프랑스인의 유산을 계승하여 인지연방(印支聯邦)을 건립할 몽상을 포기하지 않았다. 베트남공산당은 1930년에 인지공산당(印支共産黨)으로 이름을 바꾸었다. 베트남은 남북 통일 후에 인지연방 건립을 위해 소련 일변도로 기울어져 소련의 지지를 획득하여…1978년 11월에 소련과 「소월우호합작조약(蘇越友好合作條約)」을 체결했다. 베트남은 소련의 묵인하에 중국의 맹우인 캄보디아를 침략하여 크메르 루즈(붉은 크메르) 정권을 무너뜨렸다. 동시에 베트남 국내에서는 대규모의 ‘배화(排華)’를 진행하고, 중국의 영해와 영토에 대해서는 주권을 요구하여 중국 영해 범위에 속한 서사(西沙)군도와 남사(南沙)군도 등 도서를 그 판도 범위로 납입한다고 선포하면서 남사군도의 일부 도서에 출병해서 점령하였고, 중월 변경에 대규모 군대를 결집하여 변경 충돌을 일으키는 한편, 금란만(金蘭灣)을 소련에 조차해주었다.”[7]

중국의 부수상 리셴녠(李先念)도 1978년 12월 28일, “소련의 지원을 받고 있는 베트남 당국은 지역 패권을 위해 광분하고 있으며, 중국을 반대하고 베트남 내 중국 화교들을 추방하거나 잔인하게 기소하고 있다. 얼마 전에 소련과 베트남은 실제로 군사동맹을 의미하는 소위 우호협력조약을 체결했다. 그들은 중국과 동남아 국가들을 공격할 목적으로 먼저 캄보디아에 무력 침략과 전복활동을 시작했다. 베트남 당국은 즉시 이 위법적인 반중국·반중국인 행위를 중단해야 한다. 만약 그렇지 않으면 베트남은 모든 결과에 책임을 져야할 것이다”[8]고 언급하며

7 李亞靑, 「由‘同志加兄弟’到兵戎相見－再論中越關係」, 124頁.

8 Robert G. Sutter, *Chinese Foreign Policy: Development after Mao*. 김영문 역, 『毛澤東 이후의 중국 외교정책』(대광문화사, 1989), 103쪽; 김명섭·최정호, 「1979년 중국-베트남 전쟁의 원인에 관한 재고찰」, 153쪽.

전쟁의 가능성을 시사했다.

결국 1979년 중월전쟁의 원인은 다음의 4가지로 정리될 수 있다. 이아청(李亞靑)이 지적한 바와 같이, 그 첫 번째 원인은 베트남의 친소 경향이었다. 베트남은 중국과 국경을 맞대고 있고 캄보디아와 라오스에 대해 전통적인 영향력을 가지고 있었기 때문에, 1960년대 이후 지속된 소련과의 경쟁 구도 속에서 베트남은 중국의 동남아시아 정책에서 가장 중요한 위치에 있었다. 따라서 소련은 베트남을 지원함으로써 중국의 영향력을 억제하고 동남아시아에 대한 지배력을 확대하려고 했고, 중국은 적대적인 국가들이 동남아시아에 확산됨으로써 고립되는 것을 방지하고자 했다.[9] 베트남은 소련의 패권주의를 반대하고 중국과의 일방적 우호관계를 원하는 중국의 요구에 응하지 않고 사회주의권 내에서 주도권 쟁탈을 벌이는 중국과 소련 사이에서 균형적 외교관계를 취하려 했을 뿐만 아니라, 오히려 중국과의 관계가 소원해지는 것에 비례하여 소련과의 우호관계를 강화하여 1978년 11월 소련과 우호협력협정을 체결하여 중국을 자극했던 것이다.[10]

그러나 중월전쟁의 가장 큰 원인은 베트남의 캄보디아 침공이 제공했다. 베트남과 캄보디아는 오랫동안 인종적·역사적 적대감이 있어왔고, 1975년 이후 양국에 공산 정권이 수립되면서 각자 국수주의적인 대외 노선을 추구했다. 베트남은 캄보디아를 위성국화하기 위해 지속적으로 압력을 가했고, 새롭게 수립된 폴 포트 정권은 이에 저항했다.[11] 베트남은 캄보디아와의 갈등 끝에 1978년 12월 마침내 캄보디아를 침공하여 폴 포트의 크메르 루즈 정권을 무너뜨리고 베트남에 우호적인 헹삼린 정권을 세웠다. 이와 함께 베트남은 라오스와 우호협력조약을 체결하여 인도차이나 지역 3국 간에 전략적 동맹관계를 형성했다. 중국은 이러한 '인도차이나연방 구상'으로 알려진 인도차이나 지역에서 베트남의 세력 강화와 소련의 동아시아 세력 확대를 경계하고 동남아에서의 중국

---

9 김명섭·최정호, 「1979년 중국-베트남 전쟁의 원인에 관한 재고찰」, 161쪽.

10 이한우, 「베트남-중국 관계의 역사적 전개와 현재: 협력과 갈등의 이중주」, 『동아연구』 44, 2003, 139-140쪽.

11 권경희, 「베트남의 캄푸치아 侵攻—현실주의적 팽창 또는 방어?」, 『國際政治論叢』 34-2, 1994, 321쪽.

의 영향력 약화를 우려했다. 이에 중국은 베트남을 인도차이나 연방, 나아가서는 동남아시아 연방을 결성하여 동남아 맹주의 자리에 앉으려는 지역 패권주의자라고 비난했다.[12]

베트남의 '캄보디아 침공'은 중국이 참전을 결정하는 직접적인 원인이 되었다. 베트남의 통일 이후 중국이 가장 우려했던 국제정치적 상황은 캄보디아와 라오스에 베트남의 영향력이 강화되어 중국과 국경을 마주하고 있는 국가들로부터 고립되는 지정학적 구도였다. 따라서 중국은 이러한 사태를 미연에 방지하고자 베트남에 군사적인 '교훈'을 주고자 했다. 중국은 1979년 2월의 전쟁은 "공격이 아니라 자국의 방어를 위한 것(自衛反擊)"이고 "국제 사회의 지지 속에서 캄보디아 인민의 항베트남 투쟁과 구국운동을 돕는 것"[13]이라고 주장했다. 그러나 베트남의 교과서에서는 캄보디아 침공을 스스로 '서남부 국경 방위 전쟁'으로 규정하고 "캄보디아의 폴 포트 일당은 이전부터 음모를 갖고 구국 항미 전쟁 승리 직후에 총구를 이쪽으로 향하여 우리 인민을 공격했다. 그래서 국경에 연하여 도발적 작전을 연속으로 행하여 우리나라의 영토를 침범했다. 1978년 12월 22일, 폴 포트 일당은 다수의 포병대와 전차를 앞세워 19보병사단을 동원하여 따이닌에 진공하여 우리나라의 서남부 국경을 침략하는 전쟁을 개시했다. 우리 군과 인민은 정당방위권을 행사하여 폴 포트 군을 격퇴하기 위해 반격했다. 서남부 국경 전쟁은 신속히 종결되었다. 폴 포트 침략군은 우리나라에서 일소되어 서남부 국경에 평화가 찾아왔다"[14]고 주장했다.

한국의 유인선(劉仁善)은 이 전쟁에 역사적으로 접근하여 "캄보디아를 둘러싼 중국과 베트남의 갈등은 전통적인 중화적 세계 질서인 대패권주의(大覇權主義)와 대남제국(大南帝國) 질서라는 소패권주의(小覇權主義)의 대립이다"라고 이해했다. 역사적으로 중국은 언제나 베트남이 주변 국가에 개입하는 것을 간섭했

---

12 이한우, 「베트남-중국 관계의 역사적 전개와 현재: 협력과 갈등의 이중주」, 141쪽.

13 方連慶 等, 『戰後國際關係史(1945-1995)』(北京大學出版社, 1997); 김명섭·최정호, 「1979년 중국-베트남 전쟁의 원인에 관한 재고찰」, 161쪽.

14 『ベトナムの歴史ーベトナム中學校歴史教科書』, 741-742頁.

다. 캄보디아는 1860년대 프랑스 식민지가 되기 전까지 중국의 조공국인 동시에 베트남에 대하여도 조공을 바쳐왔다.[15] 따라서 1979년의 중월전쟁은 전통시대 중월관계의 연장선상에서 이해될 수 있는 사건이었다.

중월전쟁의 보다 직접적인 원인의 하나는 베트남의 화교 탄압이었다. 베트남 내의 화교는 약 150만 명이었는데, 1978년 3월 23일 베트남 정부가 남베트남의 모든 사기업을 국유화한다고 발표했다. 이에 중국은 1978년 5월 베트남에 대한 원조를 중단한다고 발표했다.[16] 베트남은 통일 이후 이전과는 달리 화교에게 베트남 국적을 가지도록 강제하기 시작했으며, 1978년부터 남부 자본가의 자산을 수용하는 과정에서 많은 화교 자본가의 자산을 몰수했다. 이 과정에서 많은 화교가 보트피플이 되어 베트남으로부터 피신했다. 베트남은 화교 문제를 계급 간 문제로 보려 했고 중국은 이를 민족 문제로 인식했다. 화교에 대한 탄압을 이유로 중국은 베트남에 대한 모든 원조를 중지했고, 이는 그간 점차 냉각되어온 양국 관계를 단절하는 결과를 낳았다.[17]

이 사건에 대해 중국인 학자 송북륜(宋北侖)은 “1975년 하반기부터 특히 1976년부터 베트남은 남방에서 극좌적 ‘사회주의 개조’를 추진했는데, 그 대상은 주로 남방의 화교 화인으로, 그들은 이 기회를 빌어 반화(反華)·배화(排華)와 국고 충실이란 두 가지 목적을 동시에 달성하려 했다. 1977년 초 베트남 당국은 ‘변경정화(邊境淨化)’를 개시하여, 처음에는 강제로 변경에 거주하는 화교를 베트남 내지로 이주시키고 도시에 거주하는 화교는 이른바 ‘신경제구’로 옮기게 했다.…통계에 의하면 북쪽으로 쫓겨 중국으로 돌아간 화교는 1979년에 27만여 명이고, 해상으로 도피한 화교는 100여만 명으로, 그중 상당수는 남해에 수장되었다”고 비난하면서, 베트남의 화교 탄압정책을 중월전쟁의 직접적 계기의 하나로 지적했다.

중월전쟁을 야기한 또 다른 직접적 동인은 베트남과 중국의 영토 분쟁이었다.

---

15 劉仁善, 『베트남과 그 이웃 중국–양국관계의 어제와 오늘』(창비, 2012), 442-443쪽.
16 권경희, 「베트남의 캄푸치아 侵攻–현실주의적 팽창 또는 방어?」, 321쪽.
17 이한우, 「베트남-중국 관계의 역사적 전개와 현재: 협력과 갈등의 이중주」, 139-141쪽.

남지나해에 있는 파라셀(Paracel) 군도(호앙싸 군도, 西沙群島)와 스프래틀리(Spratly) 군도(쯔엉싸 군도, 南沙群島)는 전략적으로 중요할 뿐만 아니라 주변 심해의 석유 매장 가능성 때문에 양국의 분쟁대상이 되어왔다. 양국의 영토 분쟁은 1973년 12월 남베트남이 통킹만의 석유 매장 가능성을 감지하고 공식적으로 국경선을 재획정하려 협상을 제안한 것에서 비롯되었다. 1974년 1월 남베트남 정부는 파라셀 군도를 확보하려 소규모 해군을 보냈으나 중국에 의해 강제로 축출되었고, 통일 후 1975년 9월 레주언은 북경을 방문하여 협상을 시도했지만 실패했다. 그래서 11월에 하노이 정부는 새로운 베트남 지도를 발행하여 두 군도를 베트남 영토로 표시했으며, 1976년 3월 26일에는 이 군도를 방위할 결의가 있음을 선언했다. 또한 480마일에 이르는 국경 문제도 분쟁의 요인이 되었다. 양국 국경 지역에는 소수민족과 메오족이 거주하면서 국경을 넘나들었기 때문에 안보상 문제가 제기되었고, 국경선 획정에 대한 이견이 있었다. 이에 양국은 서로 국경선 획정이 불분명한 상태에서 쌍방이 불법적으로 영토를 점령하고 있다고 비난했다.[18]

이 문제에 대해 중국 학자 송북륜은 "1975년 4월, 베트남이 남방을 해방한 틈을 타서 주권이 중국에 귀속된 6개 남사도서를 점령했다. 과거에는 베트남이 언제나 남사군도가 중국에 속함을 승인해왔다. 베트남이 중국의 남사군도를 침점했을 때, 비록 중국이 공개적으로 항의하지는 않았으나 한 국가가 다른 국가의 영토를 침점하는 것은 국제관계상 비상히 엄중한 행동이므로 이때 중월관계는 이미 대항으로 내달리고 있었다고 할 수 있다. 1975년 8월 베트남 당국은 중월 우호를 선전하는 데 공헌해온 하노이 중문(中文) 신문인 『신월화보(新越華報)』를 강제로 정간시켰다.…1978년 7월에는 월공(越共)이 4계(屆)4중전회(中全會)를 열어 '북경과 간포채(柬埔寨, 캄보디아)'를 '직접적 적인(敵人)'으로 규정하고, 중국을 '두호적인(頭號敵人)'이라 했다"고 하면서, "베트남의 반화·배화, 캄보디아 침략…중국의 연미제소(聯美制蘇)…등 국제 정세하에서 1979년 2월 중월 사이에 변계(邊界) 전쟁이 폭발하여 중국은 베트남의 침략에 대해 자위 반격을 진행했

18 권경희, 「베트남의 캄푸치아 侵攻—현실주의적 팽창 또는 방어?」, 320-321쪽.

다"[19]고 주장했다.

그러나 이 전쟁의 보다 근본적인 원인은, 유인선의 다음과 같은 지적과 같이 중국과 베트남의 전통적 역사의식에서 찾을 수 있다. "거시적으로 보면 중국과 베트남의 충돌은 언젠가는 있을 일로, 위의 사건들은 다만 촉매제 역할을 한 것일 뿐이라 하겠다. 전근대시기와 다름없이 여전히 '대한민족대국주의(大漢民族大國主義)'를 추구하는 중국과 이에 맞서 '고두(叩頭)'를 거부하는 베트남의 충돌은 불가피할 수밖에 없었고, 그 결과가 1979년의 중월전쟁으로 나타난 것이다. 다시 말하면, 이 전쟁은 이념에 앞서 민족주의가 중요한 요인으로 작용한 결과이다."[20]

중월전쟁은 중국과 베트남 양국의 역사의식과 직접 연결되어 있었다. 그 당연한 결과로 중월전쟁은 역사 논쟁을 불러일으켰다. 『고대중월관계사자료선편(古代中越關係史資料選編)』의 편집자가 "우리가 월(越)에 대해 자위 반격과 변경 보위의 전투를 진행한 이후 베트남 당국의 반화(反華) 시끄러운 소리가 더욱 미친 듯이 창궐했다"고 하면서, "두 편의 사론(社論)·평론을 선록(選錄)하여 그들이 과거에 베트남민족에 선양한 '반침략 전통'과 '백전백승 기치'의 반동적 목적을 폭로했다"[21]고 했듯이, 1979년 3월 중국군이 철수한 후 양국 관계는 극도로 악화되어 언어 전쟁으로 나타났다. 베트남 정부는 『중국백서(中國白書)』를 발표하여 중국은 역사적인 침략자인 동시에 베트남의 통일을 일관되게 방해했다고 비난했다. 이에 대해 중국은 중국의 원조와 우호가 최고조에 달했을 때조차 베트남이 역사상 반중국 저항운동의 영웅들을 계속 찬미했다는 식으로 반론을 폈다.[22]

물론 1979년 중월전쟁 직후에 전개된 역사 논쟁은 중월전쟁이 직접적인 도화선이 되었지만, 이미 중월전쟁 이전부터 시작되었다. 양국의 전쟁을 유도할 만한 불신과 혐오는 이미 그보다 훨씬 이전에 비롯되어 중월관계가 상당 기간 악화되

---

19 宋北侖, 「關于中越關係的分期問題」, 『東南亞縱橫』 85, 86, 1999-5, 6. 25-26頁.
20 劉仁善, 『베트남과 그 이웃 중국—양국관계의 어제와 오늘』, 448쪽.
21 「我們光輝的百戰百勝的旗幟」; 中國社會科學院 歷史硏究所 編, 『選編』 778-779頁.
22 劉仁善, 『베트남과 그 이웃 중국—양국관계의 어제와 오늘』, 460쪽.

어왔기 때문이다. 중화인민공화국과 베트남공화국의 관계 악화는 이미 양국이 성립되기 전, 즉 제2차 세계대전이 끝나면서 그 징조를 보이기 시작했다. 제2차 세계대전 후인 1945년 8월부터 1946년 3월까지 국민당 군대가 하노이로 진군하여 일본 군대의 투항을 접수했다. 국민당군이 점령한 기간에 베트남 국내에서 성세(聲勢)가 작지 않은 항의활동이 폭발했으니, 베트남인의 눈에는 중국의 위협이 충분히 현실적이었기 때문이다.[23]

그리고 양국의 국익은 프랑스를 격퇴한 제네바 협정을 맺을 때부터 충돌하기 시작했다. 베트남이 1954년 디엔비엔푸 전투에서 프랑스에 승리함으로써 베트남-프랑스전쟁은 종결되었고 제네바에서 강화 회담이 열렸다. 이 회담에서 프랑스를 비롯한 서방 국가들은 인도차이나전쟁을 종결짓기 위하여 베트남을 잠정적으로 두 지역으로 분할하는 방안을 제시했고, 소련의 몰로토프 외상과 중국의 저우언라이(周恩來) 총리가 서방 측의 안을 받아들이도록 베트남에 종용했다. 중국이 베트남에 종용할 수 있었던 것은 대프랑스전쟁에서 베트남이 승리한 것은 중국의 물질적·인적 대량 원조에 의해 가능했다고 중국 측이 생각했기 때문이었다. 또한 제네바 회담에서 베트남이 인도차이나 3개국은 '통합된 일체'라고 주장한 것에 대해 중국과 소련 모두 이에 반대했으며, 특히 중국은 베트남이 인도차이나에서 팽창주의를 추구하려 한다고 비난했다. 이러한 정세 속에서 베트남은 당시에 17도선을 기준으로 2년간 분단하는 안을 받아들일 수밖에 없었고, 1970년대 말 양국 관계가 경색되었을 때 베트남은 중국이 제네바 회담에서 서방 측과 타협함으로써 베트남의 완전 통일을 저해했다고 비난했다.[24]

제네바 회담 이후 중월 양국 사이에 금이 가게 된 것은 중국 학계에서도 인정하고 있다. 이아청은 "제네바 정전 협의는 베트남을 남북 두 부분으로 나누었다. 제네바 회의에서 중국 대표단은 협의의 달성에 대해 매우 큰 촉진 작용을 일으켜 신중국이 국제 사무에서 중요한 지위를 드러내 보였다. 다만 중국이 제네바 회의에서 한 표현이 대국사문주의(大國沙文主義)의 혐의를 면할 수 없었다"[25]고 자

23 李亞青, 「由'同志加兄弟'到兵戎相見—再論中越關係」, 123頁.
24 이한우, 「베트남-중국 관계의 역사적 전개와 현재: 협력과 갈등의 이중주」, 135-137쪽.

인했다.

또한 중월 양국은 힘을 모아 미국을 물리치는 전쟁을 수행하는 과정에서도 분열의 조짐을 자주 보였다. 베트남과 중국의 관계에 대한 1979년 『중국백서』에서 하노이는 중국 당국이 베트남 인민에게 장기 게릴라전으로 싸우되 대규모 공격을 해서는 안 된다는 식으로 강조했다고 비난했다. 아울러 북경 정부는 경화기·탄약·후방장비만을 지원하고, 베트남전쟁의 조기 종결을 원하지 않았다는 것이다. 당연히 중국은 하노이의 비난을 부인했다.[26] 디엔비엔푸 전투를 승리로 이끈 보응우옌지압(武元甲) 장군은 중국이 "국가 통일 사업은 뒷날 자자손손 세대에 남겨주어야 한다"며 남북의 조기 통일을 반대하는 태도를 취했다고 증언했다. 유인선은 과거에 하노이에서 축출된 막(莫)씨를 명과 청이 옹호한 것에서 잘 나타나 있듯이 "중국이 베트남의 통일을 바람직하게 생각하지 않았는데, 이는 역사적으로 중국의 전통적인 정책이었다"[27]고 강조했다.

이러한 '중국한제월남혁명승리론(中國限制越南革命勝利論)'에 대해 중국의 역사학계는 "베트남 사학계가 현대 중월관계를 중국이 '베트남을 삭약(削弱)하려 기도하고', '베트남의 승리를 제한하고 인도지나 삼국 인민을 분열시켜 3개 국가를 삭약하고 병탄하려 기도했다'(『參考資料』 1980년 10월 4일)고 주장했다"고 지적하면서, "온 세상이 다 알듯이 중화인민공화국이 성립된 뒤 20년 이상 중국의 당과 정부는 고도의 무산계급국제주의 정신을 발양하여 베트남 인민을 위해 기꺼이 최대의 민족 희생을 부담하고 베트남 혁명을 전면적으로 굳게 원조하여 최후의 승리를 취득하기에 이르렀으며, 강개무사(慷慨無私)하게 베트남을 도와서 전쟁의 상처를 치유하고 국민경제를 회복·발전시켰다"고 자부했다. 그들은 베트남의 항불전쟁과 항미구국전쟁 시기, 즉 1950년부터 1978년까지 중국이 베트남을 도와준 일들을 일일이 적거하고 "중국의 베트남에 대한 원조는 완전히 진심 성의에 의한 것이고, 완전히 무산계급국제주의에서 나온 것이다. 중국의 베트

25 李亞青, 「由'同志加兄弟'到兵戎相見－再論中越關係」, 123-124頁.
26 劉仁善, 『베트남과 그 이웃 중국－양국관계의 어제와 오늘』, 402쪽.
27 劉仁善, 『베트남과 그 이웃 중국－양국관계의 어제와 오늘』, 439-440쪽.

남에 대한 사심 없는, 거세무쌍(擧世無雙)의 원조에 대해 베트남 사학계는 온 힘을 다해 '베트남 혁명을 약화시키고' '베트남의 승리를 제한하며' 심지어는 베트남을 '병탄'하려 했다고 비난했지만, 중국 무산계급국제주의의 빛나는 형상을 조금도 깎을 수 없었을 뿐만 아니라 그들의 배은망덕한 반화(反華)의 추악한 원형을 폭로했을 뿐이다"[28]라고 베트남의 배은망덕을 비난했다.

1979년의 미국과 중국의 수교는 중월 양국 관계를 파탄에 이르게 한 결정적 원인의 하나가 되었다. 1979년의 『중국백서』는 마오쩌둥의 닉슨 초청을 가리켜 "베트남 혁명과 인도차이나 혁명은 물론 세계 혁명을 배반하는 노골적인 행위"라고 맹렬히 비난했다. 하노이 정부는 중국이 베트남 문제를 이용하여 타이완 문제를 먼저 해결하려고 한다면서 "베트남은 우리 국가이니 중국은 미국과 우리 문제를 논할 권리가 없다"[29]고 주장하기도 했다. 중국 학계도 미국과 중국의 접근이 중월관계를 파괴한 원인의 하나였음을 인정했다. 이아칭은 "소련의 위협 하에서 우리나라는 연미항소(聯美抗蘇)의 뜻이 있었다. 이에 중·미가 대화하기 시작했다.…중국인들은 소련이 그들을 위협하고 미국은 그들을 위협하지 않

28 楊立冰, 「評越南史學界歪曲中越關係史的幾個謬論」, 『東南亞縱橫』 1985-1. 23-25頁.

29 劉仁善, 『베트남과 그 이웃 중국–양국관계의 어제와 오늘』, 418-420쪽. 유인선에 의하면, 하노이 정부군의 남부사령관이었던 반 띠엔 중은 "1975년 4월 30일의 역사(사이공 함락)는 미 제국주의의 군사적 정치적 최대 실패일 뿐만 아니라 미국과 결탁해서 사이공 괴뢰 정권과 미국의 존재를 인정함으로써 자기네 국토를 장기적으로 분단하여 자기들을 그 반동노선에 끌어들이려 했던 중국 확장주의와 대국패권주의의 참담한 실패였다"고 말했다는 것이다. 유인선은 반 띠엔 중의 글이 1979년 중국과 베트남의 전쟁 직후에 발표되었지만, 평소에 베트남인들이 중국에 대해 가지고 있던 반감을 그대로 나타낸 것이라고 보아도 틀림없을 것이라고 단언했다(432-433쪽). 또한 유인선에 의하면, 1979년 2월 중국의 침공 이후 하노이의 출판물들, 특히 당 기관지들은 마오쩌둥주의를 '사회쇼비니즘', 즉 '사회주의의 옷을 입힌 쇼비니즘'이라고 극렬히 비난했다. 이러한 비난은 1981년과 1982년에 절정에 달했다. 1981년 6월 당서기장 레주언은 국회 연설에서 단정적으로 말하기를 "북경 정권 내부 반동집단은…우리 인민에게 직접적으로 위험한 적이다"라고 했다. 1982년 2월 1979년 2월 중월전쟁 전승 3주년 기념 논문에서 국가평의회 의장 쯔엉 찐 역시 "오늘날 우리 인민에게 직접적으로 위험한 적은 중국 정권 내부에서 마오쩌둥주의를 따르는 반동집단이며, 베트남 혁명과 세계 혁명의 근본적이며 장기적인 적은 미국을 선두로 하는 제국주의라는 것을 분명히 인식할 것"을 국민에게 요구했다고 한다(461쪽).

음을 알았다"고 하면서, "중·미가 접촉하고 대화하여 특히 미국 특사 키신저가 비밀리에 중국을 방문한 뒤에 베트남의 『인민보』는 사론 「닉슨주의의 파산」을 발표하여 중미 회담을 비판했다. 베트남은 자기들이 중국에 의해 팔려나간 것으로 생각했다. 베트남 영도인은 내부 보고에서 이를 비유하여 '두 형제 가운데 한 형제와 다른 사람이 치고받고 싸우는데 다른 한 형제는 이 형제의 적과 악수를 한다'고 했다.…중국의 국책이 개변하여, 베트남전쟁이 끝난 뒤에 중국은 기본적으로 베트남의 원조를 정지했다. 그러나 소련은 여전히 부단히 베트남을 원조하고 적극 자기편으로 끌어들였다. 중월은 역사상의 은원(恩怨)이 있고, 더구나 중미의 접촉과 대화 및 중국의 현 경제체제에 대한 개혁이 더해져서 베트남으로 하여금 자기들이 사기를 당했고 중국은 공산주의 세계의 '반도(叛徒)'라고 생각하게 했다. 중국과 베트남 양국은 서로 질책하고, 중월 양국의 모순은 이때 이미 조화할 수 없게 되었다"[30]고 했다. 송북륜도 "베트남이 중미관계를 잘못 이해하여 1970년대 초기의 중미 접촉과 화해를 '중국이 베트남을 팔아먹은' 것으로 생각했다.…베트남 영도자의 오도로 인해 베트남 내부에서 이때부터 반화 언론과 중국에 대한 우호적이지 않은 동작이 부단히 나와 중국 인민의 감정을 손상케 했다"[31]고 단정했다.

현재는 과거를 통해 해석되었다. 현실적 중월관계의 악화는 과거 중월관계에 대한 이해를 악화시켰다. 1955년 6월 호치민(胡志明)이 처음으로 중국을 방문했을 때 제1차 회담 중에 마오쩌둥 주석은 중국이 고대에 베트남을 침략한 사실을 거론했다. 호치민은 당시에 회답하여 말하기를 "중월 양국 인민은 고대에는 압박을 받은 붕우이고, 현재에는 혁명을 함께하는 전우이다"라고 하여, 두 무산계급 혁명가들은 '자견(自譴)'하고 '관대(寬待)'하는 정확한 태도를 표현했다고 한다. 그러나 중월관계가 악화되면서 1965년부터 베트남 신문들은 고대 중월관계를 내용으로 하는 문장을 발표하여 '주요한 위협은 북방에서 왔다'와 '북방 침략'을 선전하며 고대 베트남이 중국 봉건 왕조에 반항한 전쟁을 거론하고 "심지어는

30 李亞靑, 「由'同志加兄弟'到兵戎相見-再論中越關係」, 124頁.
31 宋北侖, 「關于中越關係的分期問題」, 16頁.

두 종류의 다른 성질의 전쟁을 구별하지 않고, 이들 전쟁과 당시의 항미 전쟁을 대등하게 간주했다."[32] 중국 학자들의 주장에 의하면, "1960년대 후기 이래로 베트남 사학계는 하노이 당국의 정치노선의 수요에 적응하기 위해 역사 조사와 역사 인물 기념, 역사 극본의 편찬 등 많은 종류의 형식을 통해 중월관계사를 대거 왜곡시키고, 『역사연구(歷史研究)』와 『문사지(文史地)』, 『인민보』와 『인민군대보(人民軍隊報)』 등 매체를 통해 연속적으로 부단하게 문장을 발표하여 중국을 공격하고 중월관계를 악화시키며 중·월 인민의 전통적 우의를 파괴했다. 베트남 사학계가 중월관계사 방면에서 한 헐뜯는 말은 일일이 다 들 수가 없다." 이에 1980년 이래로 중국의 "일부 사학 공작자들이 이미 일부 기담괴론에 대해 비박(批駁)을 진행했다"[33]고 한다.

『고대중월관계사자료선편』의 편집자에 의하면, 1966년 봄 중국의 "영도인이 레주언을 회견했을 때, 베트남 측이 중월관계사를 왜곡한 데 대해 엄숙한 비평을 제출했고, 레주언은 표면적으로는 부연(敷衍)했으나 베트남으로 돌아간 뒤 베트남역사연구원 원장 진휘요(陳輝燎)를 통해 위의 문장을 쓰게 하는 등…역사를 이용한 반화의 문장을 수없이 많이 쓰게 했다"[34]고 한다. 중국의 학자들에 의하면 "베트남의 어떤 '역사학자'는 레주언 집단을 대신해서 지구패권주의와 반화·구화(仇華)정책을 추행하기 위해 근거를 찾아, 마침내 중월관계의 역사를 마음대로 왜곡하여 없는 말을 지어내고 시비를 뒤집었다. 일찍이 항미 전쟁이 진행되던 시기에 그들은 이미 허다한 '역사 저작'에서, 바로 원월항미(援越抗美)로 공헌하고 심지어는 자기를 희생한 중국에 대해 에둘러 공격했다. 근래에 레주언 집단이 소련 사회제국주의에 진일보 경도됨에 따라 반화·구화활동도 진일보 승급하여 이들 어용 '역사학자'들이 다시 역사를 이용하여 한 계열의 반화적 졸렬한 연기를 진행했다."[35] 이들이 말하는 '역사 저작'이란 곧 베트남사회과학위원회

32 張家連, 「對古代中越關係的理論思考」, 『廣西教育學院學報』 1995-2, 15頁.
33 楊立冰, 「評越南史學界歪曲中越關係史的幾個謬論」, 20頁.
34 陳輝燎, 「越中兩國之間的歷史關係」(『歷史研究』 1966-6, 第88期) 紹介 注記, 『選編』 781頁.
35 魏火賢·潘香華·粟冠昌, 「略論宋熙寧年間的中越戰爭」, 『廣西師院學報』 1981-1, 52-53頁.

가 편찬한『베트남역사(越南歷史)』제1집[36] 등을 말한다.

이처럼 "1965년부터 북베트남의 주요 역사학술지인『역사연구』를 비롯한 많은 간행물은 중국 봉건 왕조의 베트남 침략 사례를 계속 게재함으로써 과거를 빌려 현재의 중국 정부를 암묵적으로 공격했다."[37] 실제로 베트남인들은 중국인을 '신로(新老) 식민주의자' 또는 '신국제반동세력', '대국확장주의자'로 규정하면서 "신로 식민주의자들은 부단히 베트남 문화를 폄하하고 서방 문화를 찬송하며, '종주국' 숭배 사상을 전파하고 민족 차별 정서를 퍼뜨린다. 오늘날 신국제반동세력은 대국확장주의 사상을 갖고 힘써 베트남 역사를 왜곡하고, 우리 조상들이 진행한 외국 침략에 항거한 항전과 건립한 혁혁한 전적의 의의를 폄하하며, 우리 민족의 정화(精華)를 망령되이 부인하려 하고, 우리나라 인민의 숭고한 정신 가치를 취소했다. 그들은 노동자계급의 입장에 서 있는 것처럼 가장하여 역사유물주의의 겉옷을 입고 베트남이 각 민족의 외국 침략에 대한 영웅적 항격의 전공을 찬양한 것을 '봉건집단을 찬양하는 것'이라 거짓말한다. 그들은 베트남이 자기의 영광스러운 역사를 자부하여 완강 불굴의 투쟁 전통을 적극 유호하고 발양하여 자기의 민족 주권을 수호하고 조국의 독립을 공고히 하는 것을 희망하지 않는다.…그들이 바라는 유일한 희망은 베트남민족이 반드시 그들에게 굴복하여 부속되는 것뿐이다"[38]라고 비난했다.

중국 역사학계 역시 중·월 양국 현실 관계의 악화에 비례하여 중월관계사에 관한 연구 경향에 변화가 있었음을 자인했다. 왕도(王桃)는 "50·60년대에는 모든 중월관계사 연구가 중·월 양국의 우호관계 선양을 주지로 삼아 양국이 공동으로 봉건 통치에 반항하고 외국 침략에 저항한 투쟁사를 강조했다. 그러나 70년대에 중월관계의 악화로 인해 대륙 학자들은 베트남의 지구패권주의를 드러내 보이는 것을 연구의 주축으로 삼았다. 이러한 사학정치화 연구는 중월관계사의

36 越南社會科學出版社, 1971; (中文版) 北京: 人民出版社, 1977.

37 郭明 編,『中越關係演變四十年』(南寧: 廣西人民出版社, 1992), 102頁; 유인선,「베트남의 도이머이(刷新) 정책과 베트남사의 재해석」,『동남아시아연구』3, 1994, 3쪽; 劉仁善,『베트남과 그 이웃 중국-양국관계의 어제와 오늘』, 391쪽.

38「越南的傳統力量」, 1978年9月7日『人民軍隊報』;『選編』, 776-777頁.

본래 면목을 이해하는 데 작용이 크지 않았다고 말할 수 있다. 그러나 같은 시기에 홍콩과 타이완 학자들의 연구는 보다 이성적이고 객관적이었다"[39]고 하고, 진옥룡(陳玉龍)은 "중국과 베트남은 산수(山水)가 이어지고 순치(脣齒)가 서로 의지한다.…특히 근래 30년 이래 중국 인민은 전력으로 베트남 인민의 항불·항미 투쟁을 지원하여 깊고 두터운 전투 우의를 세웠다. 호치민 주석이 '월·중 정의는 깊어 동지에 형제의 우의가 더해졌다'고 한 것과 같다. 그러나 최근 몇 년 이래 중·월 우의는 마음을 아프게 하는 파괴를 만났다. 일부 중월관계사도 베트남 사학계의 어떤 사람들이 왜곡하여 면목이 모두 잘못되었다. 이로 인해 현재 전개되는 중월관계사 연구에서 우리나라 사학 공작자들은 엄중한 정치 임무를 피할 수 없게 되었다"[40]고 자인했다. 증패(曾貝)와 유웅(劉雄) 등도 "건국 후 50·60년대까지는 당시 정치적 요소의 영향을 받아, 이 시기의 문장은 주로 중·월 우호를 선양하는 것을 중점으로 삼고 이데올로기적 색채가 농후했다. 70년대에 중월관계의 악화로 인해 이때 내지에서 발표된 문장은 주로 베트남의 지구패권주의를 폭로하고 반대하는 것을 주지로 삼아 베트남의 반화 언론과 폭행에 대해 격렬하게 비판하여 사학 연구가 엄중하게 정치화했으나, 홍콩과 마카오, 타이완 등 지구의 학자들은 비교적 객관적이고 이성적이어서 적지 않은 전문적 연구를 만들어 성과가 현저했다. 80년대 이후에는 점차 정치화와 이데올로기의 간섭에서 벗어나 날로 더욱 객관화하고 이성화했으며, 영역이 점차 확대되고 내용도 날마다 더욱 깊어져 비교적 많은 연구 성과를 취득했다"[41]고 전했다.

중국 역사학계에서는 베트남 역사학계의 중월관계사 연구가 일정한 정치적 목적을 띠고 있었음을 적극적으로 비판했다. 한 예로 이신평(李新平)은 "베트남이 항미·구국전쟁에서 승리를 거두고 남북 통일을 실현한 뒤에 집권자가 인민이 평화 건설을 진행하고 전쟁의 상처를 치료하도록 영도하지 않고, 지구패권주의와 구화·반화정책을 추진했다. 베트남 국내에서는 배화·반화의 역류가 일어

39 王桃,「20世紀以來中國學者關于淸代以前中越關係的硏究」,『東南亞硏究』2006-3, 84頁.
40 陳玉龍,「略論中越歷史關係的幾個問題」,『東南亞縱橫』1983-1, 27頁.
41 曾貝·劉雄,「元朝時期中國與越南關係硏究述評」,『洛陽師範學院學報』2010-4, 95-96頁.

나 중·월의 정치관계는 날로 악화되었다. 베트남 사학계의 어용 '학자'들이 제멋대로 거리낌 없이 베트남 역사와 중월관계사를 위조하고 개찬(改纂)했다. 마음대로 역사 문제를 정치화했다"[42]고 비판했고, 양립빙(楊立冰)은 "잘못된 논조의 창제자는 중월관계의 역사를 미친 듯이 왜곡하여, 베트남 봉건 통치계급의 변호사 노릇을 할 뿐만 아니라 온 힘을 다해 레주언 집단의 침략 확장 노력을 위해 취고수(吹鼓手) 노릇까지 담당했다. '지금까지 중국을 침략한 적이 없다'는 주장은 레주언 집단이 1974년 이래 중월 변경에서의 무장 도발을 '자위'라 하고, 월군이 중국 영토에 침입한 것을 '중국의 침략에 대한 반항'으로 만들어 레주언 집단의 반화·침화(侵華)를 위해 지구패권주의정책의 추진을 위해 요란하게 길을 열고 깃발 흔들며 소리 질렀다"고 하고, "베트남 사학계는 여전히 마음대로 원하는 대로 베트남 건국사를 뽑아 높혔다. 그들은 온힘을 다해 일찍이 4, 5천 년 이전에 베트남은 홍하(紅河) 유역에서 정치가 발전하고 문화가 상당히 발달한 국가였음을 고취함과 동시에, 중국은 옛날부터 베트남을 침략했다는 기담괴론을 제출했다.…베트남 사학계의 이러한 홍브엉(雄王) 건국, 중국 침략, '이징(二徵)'의 반침략 등의 논조는 모두 황당무계하여 공격하지 않아도 스스로 부서질 만한 것이다. 베트남 사학계가 이처럼 황당무계한 논조를 확산한 목적은 레주언 집단이 베트남 인민에 대해 진행한 '북방침략에 항격하는' 전통 교육을 위한 것이다. 베트남 사학계는 억지로 조작된 '역사'를 이용하여 반화적 여산(廬山)의 진면목을 보였다"[43]고 비난했다. 또한 양립빙은 "60년대 이래로 베트남 통치 집단은 그 반화·구화에 적응하고 '인도지나연방'을 긁어모아 동남아에서 칭패(稱霸)할 필요를 느끼고, 베트남 사학계에 역량을 집중하여 베트남 고대사를 '연구'하도록 수의(授意. 의중을 말하여 알아듣게)했다. 1968년 12월 베트남은 '홍브엉역사시기연구회(雄王歷史時期硏究會)'를 소집하여, (베트남 총리) 판반동(范文同)이 회의에서 동원하여 말하기를 '홍브엉 시기 역사를 연구하는 것은 중요한 의의가 있는 공작으로 그로 인해 얻을 수 있는 성과는 어느 누구도 계산할 수 없을 정도로 높은 가치를 갖는

42 李新平, 「越南史百年硏究概述」, 『文化硏究』 2009-2, 230頁.
43 楊立冰, 「評越南史學界歪曲中越關係史的幾個謬論」, 21-22頁.

다"[44]고 하며, 공개적으로 베트남 고대 역사를 임의로 편조(編造)할 것을 선동했다. 판반동의 '지시'에 대하여 베트남 사학계의 어떤 사람들은…신화와 전설에 분석을 가하지 않고 신사(信史)를 만들었을 뿐만 아니라 왜곡과 위조 등의 수법을 아끼지 않고 전면적으로 베트남 고대 역사를 두찬(杜撰)했다"고 주장했다. 그러나 그 자신 "이로 인해 우리나라의 베트남 역사 연구에 종사하는 사학 공작자 면전에 주어진 임무는 베트남 사학계의 기담괴론을 논박하여 배척하고, 베트남 당국의 험악한 용심(用心)을 폭로하는 것이다. 이는 지구패권주의를 반대하는 데 중대한 현실적 의의가 있다"[45]고 하여, 중국 학계도 뚜렷한 정치적 목적을 갖고 논쟁에 참여함을 자인했다.

이러한 논쟁의 결과 "현대 중·월 관방(官方)과 학자, 제삼방은 고대 중월관계를 해독할 때 비교적 큰 차이가 존재하게 되었다." 이러한 차이에 대해 이승위(李勝偉)는 「고대중월관계사의 다중 해독과 정확한 정위(古代中越關係史的多重解讀與正確定位)」란 글에서 다음과 같이 정리했다.

① 고대 중월관계에 대한 베트남 관방과 학계, 민간의 관점: 베트남 관방과 학계 및 민간의 월중관계사에 대한 시각은 표현방법상 약간의 차이가 있을 뿐, 대체로 일치된 방향을 갖고 있다.…20세기 50년대 중기에 월중관계가 이른바 '동지가형제(同志加兄弟)'의 가장 좋았던 시기에 베트남 총리 판반동이 내방한 중국 총리를 환영하면서 "베트남과 중국은 두 개의 인국(隣國)으로 유구한 경제와 문화 관계를 가졌는데, 일찍이 근 100년 동안 피압박의 생활을 함께 겪었다"[46]고 했다. 그러나 1993년 베트남의 지도자 도무오이(杜梅)가 싱가포르에 가서 리콴유(李光耀) 총리와 회담할 때 "베트남의 비정한 역사를 애상(哀傷)하게 말한다면, 그중 1000년은 중국과 교전했다"[47]고 했다고 한다. 베트남 학자와 민간의 시각에서 보면 월중관계는 굴욕과 반항이었다. 베트남 사학가 진중금(陳重金)은 『베

44 越南社會科學委員會 編, 『雄王建國』 1, 9쪽.
45 楊立冰, 「評越南史學界對越南古代史的'研究'」, 『學術論壇』 1983-2, 77쪽.
46 『人民日報』 1956. 11. 20.
47 『李光耀回憶錄: 1965-2000』(北京: 外文出版社, 2000), 349頁.

트남통사(越南通史)』에서 고대 월중관계사에 대한 묘사가 비교적 전면적이고 평가도 비교적 중립적이었는데, 베트남이 "중국 문명에 물들었다"고 했고, 종번관계를 이야기할 때는 다만 소국과 대국 사이의 관계라 하고, 중국에 대해 조공한 것을 "소국이 대국을 반드시 존경해야 하는 뜻을 취하고" "다소의 손실 없이 국가가 독립을 지킬 수 있었다"[48]고 했다. 다만 다수의 베트남 학자들은 고대 베트남의 굴욕적 지위를 강조했으니, 예컨대 베트남의 관방 색채가 비교적 농후한 『베트남역사(越南歷史)』는 베트남의 완조와 청조가 종번관계를 유지한 것을 "민족 자존심을 상실한 것을 표현한 것"으로, "시종 맹목적 예속의 신복(臣服) 태도를 지킨 것"으로 인식했다.[49] 민간의 관점은 대체로 베트남 학자들의 관점과 같다. 미국 영화 〈천(天)과 지(地)〉는 베트남계 여성의 회고록을 기초로 개편한 것으로 영화 중에서 베트남 노인이 자기의 딸을 위해 베트남 민중이 강폭(强暴)을 두려워하지 않고 대대로 북방 침략에 저항한 역사를 이야기한다. 베트남계의 한 미국 학자가 가족사를 쓴 저작에서 월중관계사에 대한 인식은 기본적으로 모두 중국 침략에 대한 항격에 모아져 있었다.[50] 이처럼 베트남 관방에서 학계와 민간까지 고대 중월관계사에 대한 해독은 북방 강권(强權)의 베트남 '침략'을 많이 강조한 반면, 북방에서 온 경제·문화가 당지의 발전을 어떻게 추진했는지에 대해서는 조금 또는 전혀 제기하지 않았다.[51]

② 중국 관방과 학계의 관점: "중월관계의 연원은 멀고 흐름은 길다", "중월 민속의 문화관계는 밀접하다"는 것이 중국 관방과 학자들의 비교적 일치된 쌍방 관계사에 대한 판정이다. 중국 관방의 고대 중월관계에 대한 관점은 고대 중국이 베트남을 노역(奴役)했다는 것이다. 20세기 70년대 중월이 '동지가형제' 시

48 戴可來 譯, 『越南通史』(北京: 商務印書館, 1992).

49 越南社會科學委員會 編, 北京大學東語系越南語教研室 譯, 『越南歷史』 第一集(北京: 人民出版社, 1977), 458頁.

50 Duong Van Mai Elliott, *The Sacred Willow: Four Generations in the Life of a Vietnamese Family*(NY: Oxford University Press, 1999).

51 李勝偉, 「古代中越關係史的多重解讀與正確定位」, 『河南師範大學學報(哲學社會科學版)』 2011-5, 38-3, 158頁.

기에 처하여 중국 관방은 모두 고대 중국 봉건 정권의 베트남 인민 통치와 압박에 대해 불만스러운 뜻을 갖고 있었다. 1956년 저우언라이가 베트남 하노이를 방문하여 이징묘(二徵廟)로 갔다. 『인민일보』는 당시 중월관계사에 관한 문장을 발표하고 "진·한부터 명·청까지 중국 역대 봉건 왕조는 모두 베트남을 침략하고 노역했고, 이들 대국주의 침략자들은 모두 실패로 끝을 고했다. 하노이 시 중심의 '환검호(還劍湖)'는 이러한 역사의 증인이다." "마오쩌둥 주석이 중월 변경상의 '진남관(鎭南關)'을 '목남관(睦南關)'으로 고치도록 지시한 것부터 저우언라이 총리가 베트남의 여성 민족영웅 동상에 헌화한 것까지 모두 중국 현대의 위대한 정치가들이 성실한 우의로써 역대 왕조 대국주의 침략자들이 남긴 채무를 상환하는 것을 볼 수 있다"[52]고 했다. 1977년 중국 (리셴넨) 부총리가 베트남 (팜반동) 총리와 담화하면서 "우리는 중국 봉건 왕조가 베트남을 침략한 것을 견책해왔다. 저우(언라이) 총리는 일찍이 친히 하노이의 이징왕묘(二徵王廟)에 가서 한 왕조의 침략에 반항한 이징왕을 향해 경의를 표했다"[53]고 했다.

관계가 정상화된 이후 중국 관방은 고대 중·월 양국의 교류와 교왕을 강조했다. 예컨대, 2005년 중화인민공화국 주석 후진타오(胡錦濤)는 베트남 국회에서 행한 연설에서 "양국 인민은 역사상 상호 깊고 두터운 감정을 품고 서로 존중하고 서로 이해하며 서로 지지하고 서로 신임하며 서로 합작하여 시종 양국 인민의 우의를 더욱 깊게 하고 양국 관계가 부단히 발전할 수 있는 동력을 추진한다. 고대에 우리 양국 인민은 밀접히 교왕하고 평화롭게 공존하며 양국의 발전을 공동으로 추진했다"[54]고 했다. 중국 학계의 고대 중월관계에 대한 해독은 종번관계였다. 소순정(邵循正)은 중국의 종번관계 문제를 논술할 때 '국제가정(國際家庭)'이란 개념을 인용하여 "옛날 중국이 아시아에 웅거할 때 번속이 환부(環附)하여 스스로 국제가정을 이루어 스스로 그 법률 관습과 기본정신을 가졌다." "이 제도하에서 중국의 지위는 군주나 아버지·형과 같고 번속의 지위는 신하나 아들·

52 展潮, 「紅河畔的友誼」, 『人民日報』 1956. 11. 23.
53 『人民日報』 1979. 3. 23.
54 『人民日報』 2005. 11. 1.

아우와 같았다. 대개 종번관계는 법률과 도덕을 겸했기 때문에 국제가정이라 부르는 것이 극히 적당하다"[55]고 했다. 대가래(戴可來)는 "10세기 이전에 중월관계는 베트남 역사상에서 '북속(北屬)관계'와 '종번관계'의 시대였다. 10세기부터 베트남은 중국 봉건 왕조의 1천여 년에 달하는 군현 통치에서 벗어나 자주 봉건국가를 건립했으나, 다만 입국 이후에 송조 이래 역대 봉건 왕조는 조공과 책봉을 핵심적 내용으로 하는 종번관계를 건립하여 양국 방교(邦交)의 기본 모형을 형성했다. 1885년 베트남이 프랑스 식민지로 전락할 때에 이르러 이러한 관계와 모형이 종말을 고했다"[56]고 했다. 손굉년(孫宏年)은 "종번관계는 양국 모두 봉건 왕조나 정권 사이의 관방 정치관계로서 경제 왕래와 문화 교류, 변계 교섭 등 방면과 마찬가지로 모두 당시 양국 관계의 일부분으로 이해했다.…종번관계는 여타 방면에도 영향을 미쳤기 때문에 그 연변과 발전은 모종 정도로 중월관계 발전의 배경과 기초가 되었다"[57]고 했다.

③ 제삼방, 즉 중국과 베트남이 아닌 제3자의 시각: 이것은 베트남 입장에 가깝다. 프랑스는 19세기에 인도지나 반도를 침점할 때 관련 학자들을 적극적으로 배합하여 완조와 청조의 종번관계를 힘써 부인하려 했다. 소순정의 연구에 의하면, 몇 명의 프랑스 학자들이 이 영역에서 공헌한 바가 비교적 많았다. 이에 앞서 드베리아(Jean Deveria)는 "중국이 베트남을 가리켜 번(藩)이라 하는데, 그 뜻은 울타리를 이르니, 이를 빌려 외인의 공격을 방어했다.…그 종주의 지위는 한갓 허명에 지나지 않았다. 중국은 또한 여러 가지 방법으로 겨우 그 존재를 증명했을 뿐이다"라고 했다. 푸보빌(Albert de Pouvourville)은 이 설을 인용하여 중국이 '종주'란 이름만 갖추고 실제는 없는 것이라 했다. "데포세(Desfosses)는 더 나아가서, 15세기 이후 중국-프랑스전쟁 전의 중일관계를 연구하여 중국의 종주권을 배제했다." 일본 학자 산본달랑(山本達郎, 야마모토 다츠로)은 "완조와 청조의 관계는 명분은 조공관계이지만 실제로는 대등한 관계였다"[58]고 했다. 이

55 『中法越南關係始末』(石家莊: 河北教育出版社, 2000), 50頁.
56 孫宏年, 『淸代中越宗藩關係硏究』(哈爾濱: 黑龍江教育出版社, 2006), 4頁.
57 孫宏年, 『淸代中越宗藩關係硏究』, 2頁.

상의 3방(方) 가운데서 베트남과 중국이 각각 1방을 갖고 있었는데, 중방(中方)의 관점이 더욱 객관적이었으나 중국 밖에서 받은 지지는 많지 않았고, 베트남과 중국 외의 제삼방은 월방(越方)의 해독 모식(模式)과 관점에 더욱 가깝고 국제적으로 비교적 큰 영향력이 있었다.[59]

송북륜은 현대 중월관계를 우호 시기(1950년에서 1975년 초 베트남 남방의 해방 전야까지), 대치 시기(1975년 4월 말 베트남 통일부터 1980년대 말까지), 정상화 시기(1990년대 초 이후)로 나누고 "중·월은 10년 동안이나 대치했다. 이는 중·월 양국에 모두 일정한 손실을 조성했다. 베트남 경제는 마이너스 성장을 하였고, 중국과 베트남 교계의 광서·운남의 개혁개방은 내지의 성·시 자치구에 비해 현저히 낙후되었다. 그러나 총괄적으로 말한다면, 베트남의 손실이 중국보다 컸다.…중월관계는 10여 년의 풍우가 지난 뒤에 1991년에 정상화를 회복했다"[60]고 했다. 중·월 양국은 경제 발전을 위한 안정적 국제 환경의 조성이 필요하여 1980년대 중반부터는 양국 간의 갈등을 해소하고자 노력했고, 그 결실은 1991년 양국 간 국교 정상화로 이어졌다.[61] 1991년 11월 중월관계가 정상화된 이래로 쌍방은 "장기온정(長期穩定), 면향미래(面向未來), 목린우호(睦隣友好), 전면합작(全面合作)"의 '16자 방침'과 "호린거(好隣居), 호붕우(好朋友), 호동지(好同志), 호화반(好伙伴)"의 '4호정신(四好精神)'을 양국 관계 처리의 원칙으로 선택했다.[62] 따라서 중월관계의 악화와 함께 전개된 중월관계사 논쟁은 중월관계의 회복과 더불어 수면 아래로 가라앉았다.

---

58 山本達郎 編, 『ベトナム中國關係史ー曲氏の抬頭から清佛戰爭まで』(東京: 山川出版社, 1975), 4頁.

59 李勝偉, 「古代中越關係史的多重解讀與正確定位」, 157-158頁.

60 宋北侖, 「關于中越關係的分期問題」, 16-26頁.

61 이한우, 「베트남-중국 관계의 역사적 전개와 현재」, 139-141쪽.

62 古小松·梁炳猛, 「恩怨過後正常化ー中越關係60年回顧與展望」, 『東南亞縱橫』 2010-1, 25頁.

3. 반랑국과 어우락국

중·월 역사 논쟁은 멀리 베트남 역사 기원에 관한 논의까지 거슬러 올라간다. 특히 동고문화(銅鼓文化)의 기원과 성격에 관해 중·월 양국의 역사학계는 판이한 의견 차이를 보여준다. 이 논쟁의 단서를 제공한 이는 베트남의 역사학자 도유영(陶維英)이었다. 그는 1959년에 출간된『베트남고대사(越南古代史)』라는 저서에서 "동기문화(銅器文化)의 전성 시기는 응당 어우락국(甌雒國)이 아직 독립하기 이전, 즉 기원전 3세기 후반 무렵이었다"고 하면서, "동썬동기(東山銅器)를 대표로 하는 동고 기술과 동기 기술은 완전히 본지인이 창조한 독특한 기술로서 조조(趙朝)나 서한 시대 중국인의 영향을 받아 창조해낸 것은 절대 아니었다"[63]고 주장했다. 동고문화가 베트남 특유의 고유한 문화임을 강조하는데 그치지 않고 중국의 동고문화에 영향을 주었다는 주장도 나왔다. 즉, 진휘요는 "베트남 문화는 중국 문화에 대해서도 중요한 공헌이 있었으니, 베트남의 동고가 1세기부터 중국으로 전래된 것이다.…베트남의 동고와 동마(銅馬)는 마원(馬援)이 베트남을 침략한 뒤에 중국으로 전입되기 시작했다"[64]는 주장을 펼쳤다.

이러한 베트남 사학계의 주장은 1970년대까지 계속 이어졌다. 한 예로, 무승(武勝)은 "베트남 북부는 동썬고(東山鼓)의 고향이었다.…여기에서 유전되어 광서와 광동에 이르렀다.…동썬 예술은 락월인(雒越人)의 동썬고 중심에서…베트남 교계(交界)의 화남(華南) 3성 지구로 전해졌는데, 이곳은 고대 월인의 거주지였다.…동썬고는 베트남에서 라오스, 캄보디아, 태국, 말레이시아 등으로 유전되었다.…총괄해서 말한다면, 동남아의 148건 동썬고의 전 재료는 베트남 고대의 동산문화가 홍브엉 시대 최고의 물질 유적의 고봉으로, 동썬(東山) 동고를 생산했음을 말해준다. 저명한 동썬고는 베트남의 하서(河西), 즉 홍하 이남의 북부 평원 일대에서 가장 일찍 발원하여 화남과 라오스, 캄보디아, 태국, 말레이시아, 인도네시아 등 동남아 지구로 유전되었다"[65]고 주장했다. 정명헌(鄭明軒)도 같은

---

63 陶維英,『越南古代史』(科學出版社, 1959), 185-188頁;『選編』, 675頁.

64 陳輝燎,「越中兩國之間的歷史關係」,『歷史研究』1966-6;『選編』, 781頁.

잡지에서 "우리 베트남민족은 자기의 대표성과 상징성을 갖는 유물이 있으니, 곧 동고다.…동고는 반랑국(文郎國) 극성 시기의 산물이다.…동고는 베트남에 가장 많다.…다른 지역이 아닌 베트남 북방에서 가장 오래되고 가장 아름다운 동고가 주조되었다.…동고는 고월(古越) 문명의 산물이었다"[66]는 주장을 되풀이했다.

이러한 베트남 사학계의 연구 성과를 근거로 1977년 베트남사회과학위원회가 편찬한 『베트남역사』 제1집에서는 "동썬문화의 주요한 특징은 반랑국 각지에서 모두 보편성을 갖는다. 동고는 베트남에서 북쪽으로 전(滇, 雲南), 촉(蜀, 四川) 지구로 전해지고, 남으로는 말레이반도와 야도지국(椰島之國, 인도네시아)으로 전해졌다"[67]고 동고베트남기원설(銅鼓越南起源說)을 통설화했을 뿐만 아니라, 한걸음 더 나아가 이를 근거로 "베트남 지역은 인류가 가장 일찍 출현한 지구의 하나요, 인류의 요람의 하나였다.…베트남은 세계에서 가장 일찍 인류가 출현한 지구의 하나였다.…동남아는 고대의 큰 문화 중심의 하나였고, 그 가운데서 월족(越族)의 문화는 중요한 지위를 점한다"[68]는 결론이 도출되었다.

그러나 베트남 사학계의 동고문화기원설과 동남아문화중심설은 중·월 역사 논쟁이 한창 고조되었던 1989년대 초 중국 역사학계의 강렬한 반발에 부딪히게 되었다. 그 대표주자인 양립빙은 「월남 사학계의 월남 고대사에 대한 '연구'를 평함」이라는 논문에서 "고대 베트남은 '동남아의 문화 중심이었다'고 고취"한 베트남 사학계를 격렬하게 비판했다. 그는 "고대 베트남이 동남아 문화의 발원지임을 증명하기 위해 베트남 사학계는 필묵을 아끼지 않고 동고 방면에서 문장을 크게 썼다.…이러한 설법에 의하면 베트남은 곧 동고의 발원지였다. 그러나 현재 베트남의 각종 동고는 모두 100개 정도에 지나지 않지만 중국 운남과 광서 등 남방 소수민족지구에서 출토되어 수장된 각종 유형의 동고는 1300개에 달하여 베트남 동고 총수의 10배에 상당한다.…또한 베트남 사학계가 자랑하는 '최

65 武勝, 「在越南和東南亞的東山鼓分布的狀況」, 『考古學』 1974-13; 『選編』, 689頁.
66 鄭明軒, 「越南古銅鼓的硏究情況」, 『考古學』 1974-13; 『選編』, 689頁.
67 越南社會科學委員會, 『越南歷史』 第一集, 22-38頁; 『選編』 686-688頁.
68 『越南歷史』 第一集, 3-10頁; 『選編』, 676頁.

고(最古)'의 옥루고(玉縷鼓, 즉 東山鼓)는 실제로 중국 동고의 제3세대에 속하고, 중국 제1세대의 동고는 지금까지 가장 원시적 형태인데 베트남에는 이 같은 종류의 동고가 없다"고 반박했다. 그는 "고고 발굴의 문명 증거가 많으면 많을수록 베트남의 동고는 중국 운남에서 전래되어온 것이다. 이른바 베트남이 '가장 오래된 동고를 생산하고 사용했다'는 것은 하나의 반박도 감당할 수 없는 주장이다"[69]라고 힐난했다.

또 다른 논쟁의 쟁점은 소위 '반랑국-홍브엉 시대'와 '어우락국 시대'에 관한 것이었다. 베트남의 중학교 교과서 제12과에서는 '반랑국'을 다음과 같이 설명했다. "반랑의 부락은 홍하 델타 지역의…거주 지역에 위치하여 그 시대 가장 부강한 부락의 하나였다. 여기에서 청동의 주조가 이른 시기에 발전했다.…반랑 부락은 강성하여 현재의 북부 및 북중부 델타 지역에 있던 다른 부락 추장의 원조를 받아 이들 부락을 통합해서 하나의 국(國)을 이루었다. 옛 역사서에 의하면, 기원전 7세기에 가녕(嘉寧) 지역에 각 부족을 따르게 하는 능력이 있는 수령이 있어 스스로 홍브엉(雄王)이라 칭하고, 반랑에 도읍을 두고 국명을 반랑이라 했다 한다.…반랑국이 성립하여 홍브엉을 정점으로 하여 사람들을 통치하는 국가가 탄생했다.…옛 역사서에 의하면, '홍브엉이 왕위에 올라 국명을 반랑이라 하고, 국을 15부로 나누었으며, 도읍을 백학(白鶴)에 두었다'고 한다. 왕은 국내의 최고 권한을 장악하여 '각 부가 신속했다. 문관으로 락후(貉侯)를 두었고, 무관으로는 락장(貉將)을 두었다(역주: 貉侯와 貉將은 雒侯와 雒將으로 쓰기도 한다). 왕의 아들은 관랑(官郎), 왕의 딸은 미랑(媚娘)이라 했다.…대를 이어 왕위는 부(父)에서 자(子)로 계승되었고 그 왕을 홍브엉이라고 불렀다'고 한다."[70]

또한 제14과에서는 '어우락국'에 관해 다음과 같이 설명했다. "옛 역사서에 의하면, 기원전 3세기 말 제18대 홍브엉 시대에 반랑국은 이전처럼 평온한 나라가 되지 못했다. 왕은 군비를 정돈하지 않고 술 마시며 노느라 정사를 돌보지 못했다. 홍수가 일어나서 많은 사람들이 곤란에 직면했다. 그 사이에 북방에서 진

69 楊立冰, 「評越南史學界對越南古代史的'研究'」, 『學術論壇』 1983-2, 79-80頁.
70 『ベトナムの歷史ーベトナム中學校歷史教科書』, 56頁.

(秦)이 중원을 통일했다. 기원전 218년 국(國)을 확대하기 위해 진의 황제는 남방으로 군사를 보내 싸웠다. 4년간의 전쟁 뒤에 진은 반랑국 북부까지 진군했다. 이에 반랑국은 오랫동안 친밀한 관계에 있던 떠이어우(西甌)인, 즉 어우월(甌越) 사람과 함께 생활한 지역에 있었다. 항쟁이 일어났다. 떠이어우의 수령은 살해되었지만, 떠이어우와 락월(雒越)의 인민은 항복을 받아들이지 않았다.…6년 뒤에 월인은 진군에 승리를 거두고 교위(校尉) 도휴(屠睢)를 죽였다. 진은 철수했다.…항전은 빛나는 승리로 마쳤다. 그때(기원전 257) 툭판(蜀泮)은 훙브엉에게 왕위를 양위했다. 떠이어우인과 락월인의 두 고국(古國)은 하나의 새로운 나라가 되어 이름을 어우락(역주: 甌貉은 甌駱, 甌雒이라고도 쓴다)으로 했다."[71]

『베트남역사』에 의하면, "청동기가 발전한 시대에 베트남의 역사는 훙브엉 시기-반랑국 시대로 진입했다. 반랑국의 탄생은 홍하 유역 문명이 수천 년 장기간 발전한 결과였다. 청동기문화 초기부터 시작해서 일부 월족 부락은 이미 북부와 중부 이북 지구에 정착했다. 고대사의 기록과 전설에 의하면, 이때 대체로 15개 락월 부락이 있었는데, 그들은 주로 월북평원(越北平原) 구릉 지구에서 생활했다. 수십 개 어우월 부락이 있어 월북 산구(山區)에서 주거했다. 매우 많은 지방에서 락월인과 어우월인 및 기타 부락이 함께 잡거했다. 치수와 외래 침략에 대한 저항의 필요에 의해 각 부락 사이에 경제·문화적 교류가 날로 강화되어 일부 혈연관계가 비교적 가까운 부락 사이에 점차 통일되는 경향이 나타났다. 반랑 부락의 수령은 역사상에서 중요한 작용을 하여, 락월 각 부락을 통일하고 반랑국을 건립했다. 그는 황제를 자칭했는데, 역사에서는 '훙브엉'이라 칭했다. 그 뒤부터 그 자손대대로 모두 '훙브엉'이란 칭호를 계승했다. '훙브엉'은 베트남 건국 초기에 수령의 총칭이었다.…전설 중의 침략자로는 '만(蠻)', '홍비자(紅鼻子)', '은(殷)' 등의 적구(賊寇)가 있었다.…반랑국은 분화되어 계급적 사회를 이루기 시작했다. 락월의 각 부락은 부락연맹을 조성하고 그 수령은 훙브엉이었다. 부락연맹은 하나의 일시적 과도단계를 거쳐 마침내 국가의 맹아 형태를 띠었다. 반랑국의 수령

71 『ベトナムの歷史ーベトナム中學校歷史教科書』, 63-64頁.

은 황제(雄王)였고, 황위는 부자 사이에 계승되는 세습제였다.…홍브엉은 18대까지 이어졌다.…황제의 아래에는 귀족계층이 있었으니, 고서에서는 '락후(雒侯)', '락장(雒將)'이라고 불렀다. 평민은 '락민(雒民)'이라 했다."[72]

소위 '어우락국'에 대한 베트남인의 입장은 "우리나라 국토상의 첫 번째 국가는 기원전 3세기의 어우락국이었으나, 다만 당시 조건의 제한으로 어우락은 아직 일개 통일 국가로 간주될 수는 없다. 각 락장은 의연히 각 지방에서 통치를 병행했다"[73]는 것이다. 즉 "반랑국은 15개 부락이 집합한 기초 위에 탄생했다. 어우락국은 락월 주민과 어우월 주민이 보다 높은 수준에서 결합한 결과였다. 국명은 화목과 통일의 정신을 포함했다"[74]는 것이다.

어우락국을 건국한 안즈엉브엉(安陽王)에 대한 베트남 학계의 입장은 다음과 같다. "안즈엉브엉 문제는 베트남 고대 역사의 중심 문제다. 안즈엉브엉은 어우락국의 전기인(奠基人)으로, 그가 창립한 국가는 우리 역사상 처음으로 출현한 배태(胚胎) 국가 형식이다. 어우락국을 건립하기 위해 안즈엉브엉은 우리의 조상들을 영도하여 진조(秦朝) 군대의 침략에 반항했다. 어우락국의 문화 상태 및 사회 조직은 우리의 조상이 북속(北屬) 시기 이전, 중국인의 문화와 사회영향을 받지 않은 시기의 고유한 문화 상태와 사회 조직이었다.…안즈엉브엉은 역사적 인물로 촉국(蜀國) 제왕의 후예였으니, 락월인의 입장에서 본다면 명백히 외족(外族)으로서 락왕(雒王)을 뒤엎고 그 국가를 점령했다."[75]

반랑국 문제에 대한 중국 학계의 입장은 대체로 다음의 세 가지로 분류된다.

첫째, 반랑국의 실체 자체가 의심스럽다는 입장이 있다. 예컨대, 양립빙은 "'반랑국' 문제에 대해 우리나라 사학계에서는 대체로 두 가지 의견이 있는데, 한 가지 의견은 '반랑국'이란 실체가 역사상 근본적으로 존재하지 않는다는 것으로, 중국 고적(古籍) 가운데 기재된 '야랑국(夜郎國)'이 '반랑국(文郎國)'으로 잘못 쓰였

---

72 『越南歷史』, 22-38頁; 『選編』, 686-668頁.

73 明峰, 『越南史略』(初稿) (三聯書店, 1958), 29頁; 『選編』, 691頁.

74 潘輝黎, 「統一, 我們民族的光輝歷程和事業」, 『人民軍隊報』 1975年11月11, 12日; 『選編』, 694頁.

75 陶維英, 「序言」, 『越南古代史』, 145-166頁; 『選編』, 691-692頁.

다는 것이다"[76]라고 하고, 대가래는 "베트남의 믿을 만한 역사는 진대보다 더 이를 수가 없다. 그전에는 베트남 역사가 전의(傳疑)시대에 속했다. 전설 중의 반랑국과 어우락국은 신빙하기에 부족하다"[77]고 했다.

둘째, 반랑국이 실재했다 하더라도 고대 국가로 볼 수 없다는 입장이 있다. 양립빙은 "'반랑국' 문제에 대한 우리나라 사학계의 다른 한 종류의 의견은 고대 교지(交趾) 지구에 일찍이 존재한 '반랑국'은 원시 사회의 부락 또는 부락연맹 조직이지 근본적으로 국가는 아니라는 것이다. 고적에 기재된 것으로 보면 당시 교지 지구에는 근본적으로 국가를 산생할 기본 조건이 갖추어져 있지 않았고 지금까지 발굴된 고고 문물 가운데에도 근본적으로 국가 형성의 어떠한 특징도 보이지 않는다"[78]고 했다. 대가래에 의하면 "베트남 농촌공사(村社)의 장기 존재와 언어학·민족학 중에 남아 내려온 일부 흔적으로 보아, 베트남의 조기 사회의 기층 구조는 농촌공사였음을 합리적으로 추단할 수 있다. 당시 사유 토지는 아직 출현하지 않았고, 모든 경작지와 산림·하천·저수지 등은 모두 촌사의 소유에 속했다. 이러한 기초 위의 락왕, 락후, 락장 등은 촌사 또는 그 연합체의 수령으로 진정한 의미의 국가를 만들 수는 없었으니, 문자도 없고 사회는 문명의 문람(門檻) 위에 있었다. 중국 봉건 왕조의 점령이 베트남 역사 발전의 자연 진행을 타파하여 베트남으로 하여금 노예사회를 지나 직접 봉건사회로 들어가게 했다."[79]

셋째, 반랑국이 존재했다 하더라도 그 영역이 동정호(洞庭湖)까지 미치지 않았다는 입장이 있다. 양립빙은 "원시 사회의 부락 또는 부락연맹 조직에 지나지 않는 이 반랑국을 베트남 사학계에서는 '중국의 문화보다 조금도 못하지 않은' '다민족국가'로 만들었다. 더욱 황당하고 가소로운 것은 '반랑국'이 당시 동방의 대제국이라는 것이다"라고 비판하면서, 중월전쟁 중에 중국군 곤명군구에서 노획한 베트남군 내부 교재인 『월중변계 형성의 과정과 우리 민족이 북부변계를 보위

---

76 楊立冰, 「評越南史學界歪曲中越關係史的幾個謬論」, 20頁.
77 戴可來, 「略論古代中國和越南之間的宗藩關係」, 『中國邊疆史地研究』 2004-2, 115頁.
78 楊立冰, 「評越南史學界歪曲中越關係史的幾個謬論」, 20頁.
79 戴可來, 「略論古代中國和越南之間的宗藩關係」, 115頁.

한 투쟁의 전통(越中邊界形成的過程和我們民族保衛北部邊界的鬪爭傳統)』에서 "반랑국 시대의 월·중 경계는 우리나라의 가장 오래된 일부 사서인 『영남척괴(嶺南摭怪)』(이외에도 『全書』, 『綱目』, 『輿地志』 같은 일부 서적)의 기재에 의하면, '반랑국은…북으로는 동정호에 이르렀으니…당시 우리나라의 북부 변계는 전체 광동과 광서를 포괄했음을 볼 수 있다'고 했다"고 기술했음을 들어, 다음과 같이 적극적으로 반박했다. "틀리지 않으니, 상술의 몇 종 베트남 사적에는 확실히 '반랑국' 강역이 '북으로 동정호에 이르렀다'는 기재에 관한 것이 있다. 그러나 문제는 첫째, 이러한 베트남 사적이 중국의 초기 사적과 비교해볼 때 모두 만기(晩期)의 저작이라는 것이다. 이들이 10세기 이전의 사정을 기록할 때 일반적으로 모두 중국 사서를 인용했는데, 혹자는 기본적으로 일부 신화와 전설을 더하기도 했다. 따라서 교지 지구의 고대 역사를 고찰할 때는 마땅히 비교적 일찍 만들어진 중국 고적에 의거해야 한다. 그런데 중국 고적에는 근본적으로 '반랑국'의 강역에 관한 기재가 없다. 따라서 '북으로는 동정호에 이르렀다'는 것은 사실 근거 없는 이야기에 지나지 않는다. 둘째, 상술의 몇 종 베트남 사적에 기재된 '반랑국' 강역은 일찍이 후대의 베트남 사학가에 의해 부정되었으니, 『월사통감강목(越史通鑑綱目)』을 고정(考訂)한 이는 이 책의 전편(前編) 권1 가운데서 고대 베트남은 '동정호와 파촉(巴蜀)과 아주 멀리 떨어져 있었다'고 명확하게 밝히면서 '옛 사적에서 반랑국이 서쪽으로 파촉에 이르고 북쪽으로 동정호에 이르렀다고 한 것은 그 사실을 과장한 것에 지나지 않는다'고 했으니, 이러한 고정은 고대 역사로 보아서도, 자연지리적 각도에서 보아서도 모두 정확한 것임은 의심할 바 없다. 유감스럽게도 베트남 사학계의 일부 사람들은 이 명확하게 정확한 고정을 보지 않고 여전히 '서쪽으로 파촉에 이르고 북으로는 동정호에 이르렀다'는 사설(邪說)을 주장하고 있다."[80]

넷째, 빈랑국은 문명고국(文明古國)이 아니고 베트남은 인류의 요람이 아니라는 주장이 있다. 양립빙은 "베트남 사학계의 어떤 사람들이 편조(編造)한 베트남

---

80 楊立冰, 「評越南史學界歪曲中越關係史的幾個謬論」, 20頁.

고대 역사 가운데 주요한 것으로 세 가지가 있다"고 하면서, "베트남은 '인류의 요람'이라고 자칭한 것과 베트남은 문명고국이라고 자봉(自封)한 것, 그리고 빈랑국 수령은 황제였다고 한 것" 등을 적시하면서, 하나하나 조목조목 비판했다. 먼저 베트남사회과학위원회 편저의 『베트남역사』 중에서 "베트남 지역도 현 인류가 가장 일찍 출현한 한 지구로서 인류의 요람 가운데 하나였다"[81]고 한 주장에 대하여, 양립빙은 "이 설법에 의하면, 베트남민족은 하나의 가장 오래된 민족이지만, 홍하 유역의 가장 이른 주민인 멜라네시아 종인(種人)과 인도네시아 종인 역시 토착 주민이 아니었다"고 하면서, "인도네시아 종인이든 멜라네시아 종인이든 모두 외래의 '이민(移民)'임은 분명하다. 그러면 베트남 북부의 원시 토착 주민은 누구인가. 그들이 생활한 시대는 지금과 얼마나 떨어졌는가. 아직 알지 못한다. 이를 통해 알 수 있는 것은, 베트남 사학계의 '인류 요람'론은 황당한 것이다"라고 비판했다.

베트남 인민무장공안사령부 정치부가 편찬해서 출간한 『우리나라 민족이 외래침략을 반대한 전통(我國民族反對外來侵略的傳統)』의 '참고자료' 가운데서 베트남이 스스로 세계의 다섯 번째 문명 고국이라고 자칭[82]하고 1971년에 출판된 『베트남역사』(베트남사회과학위원회 편)에서 "지금으로부터 4, 5천 년 전에 베트남의 역사는 홍브엉 시기, 반랑국 시대로 진입했다. 반랑국의 탄생은 홍하 유역 문명이 기천 년의 장기적 발전의 결과였다"[83]고 한 것에 대해, 양립빙은 다음과 같이 반박했다. "홍하, 즉 메콩강(湄公河) 유역은 고대에는 근본적으로 베트남의 영토가 아니었다. 기원후 1세기 베트남이 중국의 군현이 되었을 때 메콩강 유역은 '부남(扶南)'이란 이름의 국가(뒤에 眞臘, 東埔寨로 이름을 바꾸었다)가 건립되었고, 16·17세기에는 그 동부 영토(메콩강 삼각주와 金甌半島)와 인민은 점차 베트남 완조의 침점과 통치를 받았다. 따라서 베트남이 말하는 홍하-메콩강의 문명고국이란 사람을 놀라게 하는 역사 왜곡이다." 양립빙은 "반랑국 시대는 원시 사회

81 『越南歷史』, 3頁.

82 方萱, 「自封'文明古國'的奇談」, 『人民日報』 1979年 5月 13日.

83 『越南歷史』, 22頁.

단계에 있었다. 이러한 역사 단계에서는 인류는 국가를 필요로 하지 않았으니, 이는 마르크스주의 국가학설의 상식이다. 그런데 반랑국이 어떻게 베트남 역사상의 첫 번째 '국가기구'가 될 수 있는가"라고 비판했다. 베트남 사학계에서 "반랑국 수령은 황제였다(즉, '훙브엉'은 황제였다)"[84]고 한 것에 대해서는, 양립빙은 "'훙브엉'이란 락왕의 와칭(訛稱)이다.…'락(雒)' 자와 '웅(雄)' 자는 형체가 비슷해서…'락왕'이 '웅왕'으로 와전되어…5세기 혹 10세기 후에 락월인의 부락 수령, 즉 락왕이 '반랑국'의 '웅왕'으로 와전되었다"고 하면서, "그럼에도 오늘날 베트남 사학계에서는 '이와전와(以訛傳訛)'할 뿐만 아니라 '웅왕'을 봉(封)하여 황제로 삼은 것이다"[85]라고 비판했다.

다섯째, 반랑국을 구성한 사람은 중국에서 건너간 월인(越人)이라는 입장이 있다. 양립빙은 "조금이라도 역사 상식이 있는 사람이라면 모두 알듯이, 베트남인의 직접 조상은 '락월'인이다. 그리고 '락월'인은 중국의 오래된 '월(越)'족의 후예다"라고 하면서, "'락월'인의 역사는 오래되지 않았으니, 일반적으로 말하면, 그들은 기원전 333년 초국(楚國)이 월국(越國)을 병탄한 이후에 홍하 유역으로 옮겨갔으니, 지금까지 불과 2천 년의 역사에 지나지 않는다. '락월'인의 조상, 즉 '월'족인은 확실히 오래된 민족에 속한다. 그러나 '월'족의 발원지는 중국의 장강 유역이지, 베트남의 홍하 유역이 아니었다"[86]고 주장했다. 송북륜 역시 "고고학자와 역사학자들의 연구와 고증에 의하면, 중남반도(中南半島)의 홍하 유역에서 청동기시대에 생활한 락월인은 고대 '백월(百越)'의 한 가지였다. 옛 월인은 중국의 동남부에 월국을 세웠는데, 기원전 4세기에 초국이 월국을 멸하자 월인이 대량으로 남쪽으로 옮겨갔다. 그 가운데 한 가닥은 베트남 북부와 중국 광서 남부에 발을 딛고 이후의 락월인이 되었다"고 하면서, "오늘날 중국 경내의 '백월' 각 부족의 대다수는 남쪽으로 옮겨간 중원 주민과 융합하여 중국의 주체민족인 한족이 되었고, 베트남 북부의 락월인은 중국 내지에서 남으로 옮겨간 주민과 융합하

84 『越南歷史』, 35頁.

85 楊立冰, 「評越南史學界對越南古代史的'研究'」, 78-79頁.

86 楊立冰, 「評越南史學界對越南古代史的'研究'」, 77頁.

여 지금 베트남의 주체민족인 경족(京族)이 되었다"[87]고 주장했다. 유충명(劉忠明)도 "기원전 2세기에 중·월은 서로 교왕했다. 오늘날 베트남의 주체민족인 경족의 직접적 조상은 중국에 기원을 두었으니, 고대 중국 남방 '백월'민족의 일개 가지인 락월이 중국 내지에서 옮겨온 한족과 서로 융합하여 산생한 민족이다"[88]라고 주장했다.

베트남 역사학계에서 반랑국과 훙브엉 시대는 마치 한국사의 단군조선 시대처럼 학문 외적인 존재의미를 갖고 있었다. 완영(阮靈) 등은 "훙브엉 시대는 베트남 역사상에 확실히 있었던 시대로, 이 시대는 대체로 기원전 7세기 또는 더 이른 시기에 시작되었다"고 하면서, "훙브엉 문제는 과학의 문제일 뿐만 아니라 정치 문제이기도 하다.…훙브엉 문제를 해결하면 우리는 베트남 역사에서 매우 중요한 과학적 문제를 해결할 뿐만 아니라 우리의 애국 열정을 제고할 수도 있다"[89]고 기대했다.

전통 시대 베트남의 역사 기록에서는 비합리적 존재로 치지도외되었으나, 오히려 현대에 들어와서 정치적 이유로 인해 그 존재의미가 강조되기 시작한 것이다. 범휘통(范輝通)에 의하면, "고대의 사학가들은 황당하다는 이유로 훙브엉 고사를 삭제하여 기록하지 않았다." 그러나 1954년 호치밍이 훙브엉의 능묘를 방문하여 "여러 훙브엉들은 건국의 공이 있으니 우리는 함께 조국을 보위해야 한다"고 했다. 그 뒤부터 훙브엉 문제에 대한 고고학적 연구가 본격화되어 훙브엉 역사 시기가 진실로 존재했고 근거가 없는 전설이나 훼조된 신화가 아니었음을 확인하려 했다. 그 결과 "역사상에 하나의 훙브엉 시기가 있었다. 옛 사책(史册)의 기록과 전설 중에서 이르는 훙브엉이 건립한 반랑국의 지점과 시간은 일치되니, 지금의 훙브엉묘 주위 지구는 4천 년 전부터 한 집단의 사람들이 이곳에서 안정적으로 생활하고 경작과 동기(銅器) 제조를 할 줄 알았으며, 이 집단의 사람들은 허다한 세기를 경과하여 10개 세기 또는 수십 개 세기의 발전을 이루며 매우 독

---

87 宋北侖,「關于中越關係的分期問題」, 11頁.
88 劉忠明,「中越關係中的領土爭端」,『國際資料信息』2010-8, 6頁.
89 阮靈·黃興,「雄王問題和考古學」,『歷史硏究』1968-3;『選編』, 678頁.

특한 예술과 문명의 주인이 되었다"[90]는, 이른바 '4천년 기원설'이 제출되었다.

이에 대해 중국 학계에서는 반랑국이 정치적으로 조작되었음을 강력하게 지적했다. 양립빙은 "베트남 사학계의 일부 사람들이 반랑국을 '국가'라고 부르고 소위 반랑국의 강역을 선전하는 뜻은 베트남이 일찍이 4천 년 이전에 이미 중국과 어깨를 나란히 한 문명고국이었고 진조의 군대가 남진하여 베트남 북부와 서부의 대규모 영토를 '침점(侵占)'했음을 설명하려는 데 있었다"고 하면서, "주의할 것은 반랑국 강역이 '북으로 동정호에 이르렀다'는 주장이 베트남군 내부 교재로 편입되어 널리 알려지게 되었다는 것인데, 그 목적은 명백히 레주언 집단이 중국 남방의 대규모 영토를 엿보며 여론을 조작하여 베트남 당국이 추진하는 지구패권주의를 위해 역사적 근거를 제공하는 데 있었다"[91] 고 비판했다. 중월 역사 논쟁이 얼마나 현실 문제와 직결되어 있었는가를 여기서 여실히 엿볼 수 있다.

반랑국 문제에 대한 한국 학계의 입장은 베트남 학계와 중국 학계의 중간에 위치한다. 송정남은 "월미전쟁이 끝나기 전까지만 해도 베트남인은 『대월사기전서(大越史記全書)』와 『영남척괴』 등의 민족기원설에 근거하여 자신들의 기원을 기원전 2879년으로 주장했으나, 최근에는 기원전 7세기를 통설로 받아들이고 있다. 이것은 최초의 국가였던 반랑국(기원전 2879~258)의 18대 2622년이라는 황당한 이야기에 더 이상 무게를 두지 않겠다는 것에 반하여, 반랑국이 2350±100년으로 추정되는 동썬문화에 속한다는 학설에 무게 중심을 둔다는 의미다"라고 하여 베트남 역사 '4천년설'을 비판하면서, 한편으로는 "그러나 고고학적 사료들을 근거로 베트남은 일찍부터 인류 문명이 시작되었다는 점을 감안했을 때 비록 반랑국과 같은 국가 형태는 아니었을지라도 반랑국 이전에 그 어떤 씨족이나 부족국가 형태로 국가가 존재했을 가능성은 배제할 수 없다"[92]고 하여 베트남 학계의 일반적 경향에 접근했다.

유인선 역시 "1986년 베트남 정부가 도이머이(쇄신)정책을 채택하기 이전 하

90 范輝通,「考古學與雄王問題」,『祖國』1969-2;『選編』, 679-686頁.
91 楊立冰,「評越南史學界歪曲中越關係史的幾個謬論」, 20頁.
92 宋正男,「베트남史의 兩面性」,『釜山史學』23, 1999, 407-408쪽.

노이 사학계는 베트남 역사 4천년설을 주장하다가 현재는 그 역사가 2700년이라는 데 대해 일치를 보이고 있다"[93]고 소개하면서, "필자는 일찍부터 베트남의 역사는 현재 하노이 사학계의 의견처럼 2700년설이 옳다고 생각해왔다. 즉, 베트남의 실질적 역사는 기원전 7세기경 성립한 것으로 보이는 반랑왕국 시기부터 비롯되었다고 할 수 있다. 이 왕국과 뒤를 이은 어우락국까지는 한국사에서 말하는 고대 국가 이전 단계이다. 베트남 지역이 진정한 의미의 고대 국가 형성기에 들어선 것은 기원전 207년경 현 광저우(廣州)를 중심으로 중국인 관리에 의해 세워진 남비엣(南越)왕국이 기원전 2세기 후반 북부 베트남 지방을 포괄하면서부터였다. 따라서 베트남과 중국의 실질적 관계는 이 남비엣의 성립과 더불어 시작되었다고 볼 수 있다"는 자신의 견해를 피력했다. 이와 더불어 유인선은 "오늘날 베트남 역사학계에서는 『회남자(淮南子)』에 진시황의 군대가 처음 월과의 싸움에서 대패했다는 기록이 있는 것을 근거로 진이 베트남을 침입했고 베트남이 이를 물리쳤다고 주장한다. 다시 말하면, 중국의 최초 침입에 대한 베트남인의 성공적 저항이라는 것이다. 그러나 『회남자』에서 말하는 월, 즉 서구(西嘔)는 문자의 형태나 음운으로 보아 베트남 사학자 다오 주이 아인이 말하는 광시성의 떠이어우와 동일한 종족을 뜻하는 것으로 생각된다. 따라서 진의 남침은 광시성에 대한 것이며 베트남을 침입했다고 볼 수는 없다"[94]고 하여, 베트남 학계의 주장을 비판하기도 했다.

---

93 劉仁善, 『베트남과 그 이웃 중국—양국관계의 어제와 오늘』, 15-16쪽. 유인선은 "1960~70년대 하노이 사학계를 풍미했던 '민족해방투쟁사관'과 맥락을 같이하여 '베트남 역사 4천년설'도 거의 기정사실로 받아들여졌으나, 1986년 도이머이(刷新)정책의 채택과 더불어 이 설은 퇴조했다. 지금의 베트남 학계는 베트남 역사의 기원을 기원전 7세기의 동썬 청동문화기까지만 소급할 수 있다는 쪽으로 의견이 기울고 있다"(「베트남 전통사회와 유교화문제, 그리고 우리의 베트남사 연구」, 『東洋史學硏究』 50, 1995, 129쪽)고 베트남학계의 경향을 소개했고, "베트남 역사의 시원은 기원전 7세기 동썬 지방에서 청동기문화가 발달하는 무렵 건국된 것으로 믿어지는 文郎國 시대까지 거슬러 올라간다. 이후 기원전 3세기에 甌雒國이 잠시 세워졌다가 곧 南越에 의해 대치된다"(劉仁善, 「베트남역사와 중국—정치적·문화적 관계를 중심으로」, 『남방문화』 2, 1996, 76쪽)는 소견을 제시한 바 있다.

94 劉仁善, 『베트남과 그 이웃 중국—양국관계의 어제와 오늘』, 25쪽.

4. 북속 시대

"1980년대까지 하노이 역사학계의 베트남 역사를 보는 주요 관점은 한마디로 말해 '민족독립투쟁사관'이라고 해도 과언이 아닐 것이다. 다시 말하면, 베트남의 역사는 외세, 즉 중국, 프랑스, 미국의 침략으로부터 독립을 유지하려는 노력의 역사였다는 것이다. 1986년 정부가 도이머이(刷新)정책을 채택한 이후 역사학계에서도 과거 역사에서의 개혁을 중시하는 관점이 강해지기는 했지만, 아직도 민족독립투쟁사관은 베트남 역사 해석에서 중요한 위치를 점하고 있다."[95] 베트남의 '독립투쟁사관'에서 가장 빈번하게 논의되는 주제는 베트남이 중국인의 지배하에 놓여 있던 이른바 '북속(北屬) 시대'에 관한 것이다.

중국 학계에서는 "베트남 역사상 첫 번째 국가 정권은 기원전 258년에 홍하 중류 지구 꼬로아성(古螺城)에 건립된 어우락국인데, 기원전 210년에 진시황이 남월을 경략하면서 어우락국의 일부 지구를 중국 판도로 납입하여 군현 통치를 실행했다. 서한 무제가 또 노박덕(路博德)을 파견하여 복파장군(伏波將軍)으로 삼아 남월국을 공격해서 격파하고 그 땅을 나누어 9개 군으로 삼고 관리를 보내 다스렸으니, 이때부터 1천년 이상 베트남은 중국의 군현이 되어 중국 봉건 왕조의 '직접 통치' 아래에 놓이게 되었다. 베트남사는 이 단계의 시기를 칭하여 '군현시기' 또는 '북속 시기'라 한다"[96]고 하여, 한이 남월을 멸망시키고 그 고지에 9개 군을 설치한 시기부터 '북속 시대'라 부른다.

그러나 베트남 학계에서는 "역사상 기원전 179년부터 10세기까지 북속 시대라 부른다. 북속 시대에 우리나라는 국명을 잃고 분할되어 중국의 군현에 통합되었다"[97]고 하여, 남월이 베트남을 침공하여 군현을 설치한 시기부터 '북속 시대'로 규정했다. 이는 곧 베트남인이 남월을 중국의 한 국가로 이해함을 뜻한다.

95 劉仁善, 「전근대 베트남人의 歷史認識—黎文休와 吳士連을 중심으로」, 『東洋史學硏究』 73, 2001, 171쪽.

96 張家連, 「對古代中越關係的理論思考」, 14頁.

97 『ベトナムの歷史』, 101頁.

중국 학계에서도 "중월관계사에 세 개의 매우 다른 시기가 있는데, 제1시기는 중국 봉건 왕조가 직접통치한 시기로, 베트남사에서는 이를 '북속 시기'라고 한다"[98] 라고 하여, 베트남이 중국 왕조의 통치를 받은 시기를 '북속 시기'라고 불렀음을 인지하고 있다.

북속 시대, 즉 중국의 여러 왕조로부터 베트남이 침입을 받아 지배된 시기, 곧 남월부터 독립까지 1천여 년 역시 중·월 양국의 역사 논쟁에서 논란의 대상이 되었다. 베트남 학계에 의하면, "2천 년 전에 진조가 아직 중국을 통일하지 않았을 때 민월(閩越)과 어우월, 락월, 동월(東越), 전월(滇越) 등이 백월이라 통칭하며 하나의 공동 지역에서 공동 생활했는데, 지금 중국의 화남(華南)과 베트남의 북방이었다."[99] 그 뒤 영정(嬴政)이 중국을 통일하고 백월을 침략했을 때 "진군은 어우월인의 견강한 저항을 받았다."[100] 진이 멸망하고 중국이 혼란에 빠지자 남해군위(南海郡尉) 조타(趙佗)는 남월을 건립하여 독립했다. "기원전 179년에 조타는 군대를 거느리고 남하하여 어우락국을 병탄했다."[101] 이때 "어우락국은 조조(趙朝)의 침략을 받아 건국한 지 30년이 되지 않아 멸망했다."[102] 조타가 어우락국을 병탄한 후 베트남의 국토는 남월로 편입되었다. 그 뒤 "남월국이 멸망하자 어우락도 같은 운명을 만나 분할되어 군현이 되고 중국의 판도 안으로 편입되었다."[103]

여기서 문제가 되는 것은 '조조(趙朝)', 즉 조타의 남월을 베트남의 정통 왕조 시대로 볼 것인가 하는 것이다. "베트남 고사(古史)는 남월국을 왕통으로 열입(列入)하고 조타를 월무왕(越武王)으로 칭하며 개국의 군주로 추존"[104]했듯이, 전통적으로 베트남인은 조타의 남월을 베트남사의 첫 장으로 자부했다. 전통 시대 베트남의 옛 사가들은 여문휴(黎文休)·오사련(吳士連)부터 범공저(范公著)까지 모

98 戴可來, 「關于越南學術界反華的一些情況和問題」, 1978년10월, 鄭州大學歷史系 油印本.
99 章滔, 「關于越中兩國人民在近代的戰鬪友誼的一些資料」, 『歷史研究』 1968-10; 『選編』, 695頁.
100 『越南歷史』, 28-30頁; 『選編』, 694頁.
101 文新, 『越南簡史』(河內, 1963), 31-33頁; 『選編』, 694頁.
102 陶維英, 『越南歷史』(河內, 1955), 330頁; 『選編』, 696頁.
103 『越南歷史』, 10頁; 『選編』, 700頁.
104 戴可來, 「略論古代中國和越南之間的宗藩關係」, 116頁.

두 조조를 하나의 정통 왕조로 보았다. 여(黎)대 말기에 이르러서야 비로소 이러한 전통적 관념에 반대하는 사람이 나왔다. 『월사표안(越史標案)』을 쓴 오시사(吳時仕)는 일찍이 옛 사가들이 '맹목적으로' 조타를 베트남의 현명한 제왕으로 찬양한 것에 반대하여 "우리나라가 중국에 내속한 시간이 한대부터 당대까지 이르게 된 화근의 책임에서 조타가 벗어날 수가 없다"고 했다. 이러한 설법의 영향을 받아 완조의 『흠정월사통감강목(欽定越史通鑒綱目)』은 다시는 조조를 정통 왕조의 하나로 열입하지 않았다. 다만 구습을 따라 조조 전체 역사를 베트남의 국사 범위 안에서 기재했다. 베트남의 현대 사학가들도 이러한 '비민족적' 관점의 영향을 받아 『베트남사략(越南史略)』을 쓴 진중금(陳仲金)은 조조의 역사를 매우 상세하게 기술했고, 완린(阮鄰)은 그 『영광의 역사(光榮的史頁)』에서 여가(呂嘉)를 조씨 왕조의 충신으로, 베트남의 제일 민족영웅으로 찬양했다. 다만 유물사관을 '인민과 민족의 예리한 투쟁무기'로 삼은 도유영(陶維英) 등의 현대 사가들이 "조타는 우리 민족의 침략자"라고 지적하며 남월국 조조의 역사는 베트남 역사의 범위 안으로 들어갈 수 없다고 서술했다. 도유영은 "조타가 건립한 남월국은 한족 관리가 할거한 성질에 속하니, 그는 자기가 믿고 가까운 한족을 써서 월족인 소재 땅의 인민을 통치했다. 베트남 인민의 입장에서 말한다면 조타는 외족 침략자일 뿐이다. 그 뒤 조타는 어우락국을 항복시키고 안즈엉브엉(安陽王)을 소멸시켰으며, 어우락 땅을 나누어 2군으로 삼아 남월에 예속하게 했으니, 어우락 인민의 입장에서 말한다면 조타는 확실히 외족 침략자임은 의심할 바 없다"[105]고 단정했다. 조타의 어우락 병합이 중국의 침략이라고 한다면, 북속 시기의 시작 연대도 당연히 어우락국이 합병당한 기원전 179년이라고 볼 것이다.[106]

유물사관에 입각한 중국 학자들의 평가 역시 이 문제에서는 베트남의 유물사가들과 의견을 함께했다. 현대의 중국인은 남월을 중국의 일개 지방할거정권으로 이해하고 있다. 한 예로, 대가래는 "중국 봉건 왕조의 통치는 기원전 214년 진이 영남(嶺南)을 열고 계림(桂林), 남해(南海), 상군(象郡) 등을 설치하면서 시작

105 陶維英, 『越南古代史』, 166-168頁; 『選編』, 696頁.
106 劉仁善, 『베트남과 그 이웃 중국-양국관계의 어제와 오늘』, 29-30쪽.

되었다. 일반적으로 상군은 지금의 베트남 북부, 중부와 광서 남부의 일부 지방을 포괄한 것으로 인식된다. 진 말에 변리(邊吏) 조타가 기원전 207년에 '계림과 상군을 쳐서 병합하고' 광주를 중심으로 지방할거정권인 남월국을 건립하고, 그 땅에 교지(交趾)와 구진(九眞) 2군을 설치했다"[107]고 하고, 송북륜은 "진시황은 내지에서 1만 5천 명의 미혼 여자를 뽑아 영남으로 보내 수병(戍兵)의 부인으로 충당했다. 이 뒤로 더 많은 중원인이 영남으로 옮겨가서 '여월잡처(與越雜處)'했다. 진 말에 조타가…할거정권인 '남월국'을 세우고 '남월국왕'으로 자립했다. 조타는 베트남의 중북부에 교지와 구진 등 2군을 설치하여 '종기속이치(從其俗而治)'하게 하고 두 명의 '사자(使者)'를 파견하여 주관하게 함으로써 2군의 통치를 확립했다.…남월 정권은 중국 역사상의 일개 지방할거정권에 지나지 않았는데도 불구하고 베트남 고대 사서에서는 베트남국을 왕통으로 열입하여 조타를 남월 무왕이라 칭하고 개국의 군주로 추존했지만, 이는 성립할 수 없는 것이다. 뿐만 아니라 조타 본인은 중원인이었다"[108]고 하여, 조타는 중국인이고 남월은 중국의 일개 지방할거정권에 불과하다고 단언했다.

이처럼 현대 중국인의 남월 이해는 전통 시대 베트남인의 남월 이해와 명백하게 구별된다. 그러나 현대 베트남인의 남월 이해는 현대 중국인의 그것과 대치되지 않는다. 한 예로 베트남의 교과서에서는 "어우락국은 조타에 의해 침략되었다. 조타는 진의 장군으로, 어우락국의 북방에 접한 각 군(현재 중국의 광동, 광서에 해당)의 통치를 맡았다. 기원전 207년에 진의 쇠퇴를 타고, 조타는 3군으로 남월국을 세운 뒤에 주변 지역에 군대를 보냈으며 어우락국에도 공격하여 들어갔다. 어우락국은 우수한 무기와 용감한 투쟁정신으로 조타 군을 격파하고 국가의 독립을 지켰다.…그러나 기원전 179년에 어우락국 내부가 분열되어…조타는 다시 어우락을 공격하여…어우락국은 조씨의 지배 아래에 놓이게 되었다"[109] 고 기술하여, 조타를 외래의 침략자로 간주하고 있다. "현 베트남 학계에서는 남

107 戴可來, 「略論古代中國和越南之間的宗藩關係」, 116頁.
108 宋北侖, 「關于中越關係的分期問題」, 11頁.
109 『ベトナムの歷史』. 67-68頁.

월을 중국의 지방 정권으로 보고 있는 것이다."[110]

이런 측면에서 볼 때 적어도 남월의 국가적 성격이란 주제는 현대 중월 역사 논쟁의 쟁점에 포괄되지 않는다고 할 수 있다. 즉, 현대 베트남의 역사학계나 중국의 역사학계는 모두 남월을 중국의 지방 정권으로 본다는 점에서 의견의 모순을 보이지 않고 있다. 남월의 성격에 관한 논의에 관한 한 중국 학계와 대립적 위치에 있는 논쟁의 상대는 전통 시대의 베트남 사가들과 현대의 일부 베트남 사가들에 국한된다.

북속 시대에서 가장 논란이 된 쟁점은 이른바 '이징(二徵)' 사건이었다. 먼저 '이징' 사건에 대한 베트남 교과서의 기술을 보자. "34년, 소정(蘇定)이 교지군의 태수로 파견되었다. 그는 우리 백성을 탄압하고 우리 백성의 재산을 수탈해서 우리 백성을 곤궁에 빠뜨렸다. 당시에 미냉현(麊冷縣)에 홍브엉 계보의 락장 딸 징측(徵側)과 징이(徵貳) 자매가 있었다. 징측의 남편 시색(詩索)은 락장의 아들이었다. 락장 두 집안은 같이 큰 기도를 획책했다. 각지의 수령들과 약속하는 방법을 은밀하게 모색했지만, 시색은 한군에 의해 살해되었다. 40년 봄, 징 자매는 봉기했다.…이에 대해 여문휴는 '징측과 징이는 여성이지만, 일성(一聲)에 교지와 구진, 일남(日南), 합포(合浦) 각 군과 함께 영남의 65개 성이 호응했다. 국을 세우고 왕을 칭하여…월 땅의 형세가 패왕을 세우기에 충분하게 보였다'고 했다.…점령군을 내쫓은 뒤 징측은 왕(徵王)으로 추대되어, 미냉에 도읍을 두고 공로 있는 사람들에게 관직과 작위를 주어 정권을 수립했다. 락장들은 각 현의 지배권을 유지했다. 징왕은 백성을 위해 2년간 계속 면세했다. 점령 정권의 과혹한 법률과 무거운 노역은 폐지되었다.…43년 3월에 징 자매는 금계(禁溪)의 땅에서 장렬하게 전사했다."[111]

"어우락국은 조조의 통치를 17년간 받고, 기원전 111년에 또 한조의 통치를 받았다.…한조는 조조의 '월인으로 월인을 다스린다(以越人治越人)'는 정책을 계속 이었다.…동한 시기에 이르러 동화정책을 실행했다."[112] 바로 이러한 시기에

110 劉仁善, 『베트남과 그 이웃 중국-양국관계의 어제와 오늘』, 14-15쪽.

111 『ベトナムの歷史』, 72-75頁.

일어난 역사적 사건이 '이징 기의(起義)'였다. 이징 사건에 대해 베트남의 사학계에서는 매우 적극적으로 평가했다. 한 예로 진국왕(陳國旺)과 하문진(何文晉) 등은 『베트남봉건제도사(越南封建制度史)』에서 "우리 구사(舊史)에서는 전설에 근거하여 소정이 남편을 죽인 원수를 갚기 위해 징측이 그 동생과 함께 거병하여 주치(州治)를 공격했다고 했다. 이러한 관점은 이징 기의가 겨우 개인의 원수 갚기라 하여 기의의 사회적 의의를 낮추었다"고 하면서 그 역사적 의의를 적극적으로 평가했다. "기의의 더 심원한 원인은 응당 동한이 전체 교주(交州) 인민을 착취하고 압박한 정책 가운데서 찾아야 하니, 소정은 바로 그 대표적 인물이다.…징왕 정권은 하나의 독립 정권의 최초의 맹아로서 중국 봉건 통치자에 반대한 투쟁 가운데서 인민 기의 승리의 기초를 놓았다.…징측은 이미 인민 기의운동의 영혼이 되어 한조 봉건 통치에 반대해서 락월 귀족에게 권리를 가져다준 대표적 인물이었다.…이징의 기의는 바로 락월 인민이 중국 봉건 통치자 압박에 반대한 기의였다. 기의의 진보성이 여기에 있다. 중국 봉건 집단의 1천 년 이상의 통치를 거쳐 우리나라 사회 발전은 극히 완만하고 극히 낙후되었다. 국토상의 자원이 약탈되고 생산력은 속박·파괴되었으며 식민적 권리를 주기 위해 낡은 생산관계가 유지되고 월족 문화는 많이 소멸되었다. 이로 인해 락월 인민은 부단히 일어나 통치제도에 반항했다. 이징 기의는 한대 기의의 개단(開端)이었다."[113] 문신(文新)도 "징측·징이 기의는 북속 시기 베트남 인민이 제1차로 승리를 취득한 기의로서 전국 범위로 발전하여 국가의 독립을 회복했다"[114]고 평가했다.

베트남 사학계는 중국 학자들이 "공공연히 한조 봉건 침략자를 위해 변호할 뿐만 아니라 그들을 편들기까지 한다"[115]고 하면서, 이징 기의를 소극적으로 평가하는 중국 사학계를 공격하기도 했다. 베트남의 『인민보』에서도 "이징 기의가 일어난 시대에 한의 제제(帝制)는 바로 창성(昌盛) 시기에 있었으니, 동·남·서·

112 陶維英, 『越南歷史』, 33-38頁; 『選編』, 697-698頁.

113 陳國旺·何文晉, 『越南封建制度史』 第一卷(河內, 敎育出版社, 1960), 55-68頁; 『選編』, 702頁.

114 文新, 「準備紀念二徵夫人殉難1930年」, 『歷史硏究』 1972-1, 2; 『選編』, 703頁.

115 陳金何, 「關于維馨同志所寫的關于<越南史上封建化問題的若干問題>一文的商搉」, 『歷史硏究』 1964-3; 『選編』, 700頁.

북 각 방향으로 향해 진일보 확장했다. 한조는 힘써 '평천하'하고 '존군(尊君)·대일통(大一統)'사상을 선포했으며, 다른 민족을 '만이(蠻夷)' 또는 '번방(番邦)'으로 보고 모든 민족은 반드시 '천자(天子)'와 '천조(天朝)'에 복종해야 한다고 강요했다. 이징 부인의 기의는 이 같은 착오적 강권을 의연히 부정했다"고 하면서, "북방 봉건주의는 근본을 바꾸도록 독려하고 악독하게 동화정책을 추진하여 망령되이 우리나라를 영원히 그들의 군현으로 바꾸려 기도했다. 이징 부인의 기의는 그녀들을 징왕으로 추숭하고 국가의 권력을 장악·관리했다. 이는 우리 민족이 매우 일찍부터 민족주의 정신의 강렬한 각성과 국가 운명을 주재하는 의식을 가진 민족으로 발전했음을 뜻한다"고 하고, "『천남어록(天南語錄)』에 기재된 이징 부인 출사(出師)의 4항 선서 가운데 1항은 '과거 홍브엉의 사업을 회복한다'는 것이었으니, 이징 부인은 홍브엉의 후예였다"[116]고 적극적 의미를 부여했다.

이에 반해 중국 학계에서는 이징 사건이 변군(邊郡)에 대한 '개토귀류(改土歸流)'가 실행되자 락후, 락장 등 기득권자들이 자신의 권리를 잃지 않기 위해 일으킨 저항으로 이해했다. 한 예로 장가련(張家連) 같은 중국 학자는 "서한 말에 이르러 변군에 대해 '개토귀류'를 실시하여 일부 락후와 락장의 '주민(主民)' 특권이 한 왕조에 빼앗긴 뒤, 양국 봉건 통치자 사이의 관계는 전례 없이 긴장하여 락장이 베트남 민중을 충동질하여 여러 차례 중국 봉건 왕조에 저항하는 투쟁을 일으키게 했다"[117]고 하고, 대가래는 "중원의 이민(移民)이 쏟아져 들어오고 봉건 왕조의 통치가 강화됨에 따라 베트남은 점차 봉건화의 도정을 완성했다.…진조가 상군을 설치했지만, 통치의 정황은 상세하게 알지 못한다. 『수경주(水經注)』 권37에서 남월국은 '그 습속을 따라 다스린다(從其俗而治)'고 하고 '두 사자(使者)를 파견해서 전주(典主)'하게 했다고 한다. 서한은 비록 세 군을 설치했으나 '초군(初郡)'으로 열하게 되어, 락후와 락장이 '예전처럼 백성을 주관(主民如故)'했으며 부세(賦稅)가 없었다. 서한 말, 동한 초에 이르러 세 군은 오래 군현으로 열해져서 다시는 초군이 되지 않고, 봉건 왕조가 파견한 지방관이 군급 정권을 장악

---

116 「四千年歷史上最光輝的篇章之一」, 『人民報』 1978年 3月 11日; 『選編』, 704頁.
117 張家連, 「對古代中越關係的理論思考」, 14頁.

하여 당지의 인민을 통치하고 '조세'를 징수하기 시작했다. 이러한 통치정책의 강화는 고유한 씨족부락제도를 붕괴의 위기에 빠뜨리고 락후·락장은 고유의 지위를 잃게 하여 그들과 중앙왕조의 모순을 야기시켰다. 동시에 지방관 중 잔폭·탐욕의 무리가 봉건 통치와 락후·락장 및 인민의 모순을 격화시켜 마침내 40년에 냉현(冷縣) 락장의 딸 징측·징이가 영도한 이징 기의가 폭발했다"고 했다. 대가래는 여기에 그치지 않고 "이징 기의의 실패 후 락후·락장은 역사 무대에서 물러나고 동한의 통치가 현급까지 확장되었다. 마원(馬援)의 가장 중요한 업적은 봉건 법률을 교지까지 시행하게 하여 봉건 생산관계를 공고하게 한 것이다. 따라서 중월 양국 학자들은 모두 이징 기의 뒤에 베트남이 봉건화 과정을 완성하고 봉건사회로 진입했음을 인정한다. 이는 곧 이러한 과정을 통해 중국 봉건 통치자의 동향과 영향하에서 완성된 것으로, 이로 인해 그 내부의 사회 변혁은 철저하지 못했다"[118]고 하여, 오히려 이징 기의를 진압한 마원의 역할에 더 큰 역사적 의미를 부여하기도 했다.

진옥룡도 이징 등이 영도한 지방 민중 기의를 진압한 마원에 대해 "근래 베트남 사학계의 어떤 사람은 '도살자(屠夫)'라고 악평한 것도 마땅히 전면적으로 평가해야 한다"고 하면서 "베트남인은 집집마다 그를 위해 신위(神位)를 설치하고 그를 높여 '본두공(本頭公)'이라 칭하며 지성으로 받들었다. 정의가 저절로 인심에 있음을 볼 수 있다. 인민은 가장 좋은 역사 심판원이다. 따로 어떤 용심을 가진 사람이 역사 문제를 이용해서 반화(反華)한 것은 필시 돌을 갖고 자기의 다리를 찧는 것과 같다"[119]라고 하여, 이징 기의에 적극적 의미를 부여하는 베트남 사학계의 경향을 비판했다. 심지어 송북륜은 "마원은 교지를 정벌한 뒤에 거느린 군대의 사병 가운데 상당 부분을 교지와 구진 등지에 남게 하고 당지의 락월 인민 가운데에 안치했는데, 역사상 이들을 '마두인(馬頭人)'이라고 부른다. 지금까지 '마두인'은 당지의 월인과 융합하여 경족으로 변했다"[120]고 하여, 마원의 부하들

118 戴可來,「略論古代中國和越南之間的宗藩關係」, 116頁.
119 陳玉龍,「略論中越歷史關係的幾個問題」, 30頁.
120 宋北侖,「關于中越關係的分期問題」, 12頁.

이 지금 베트남인의 일부 조상이 되었다는 주장까지 펼치고 있다.

북속 시기에 대한 논의 가운데서 가장 문제가 되는 쟁점은 북속 시기에 베트남을 침공하여 점령·통치한 실체가 누구인가 하는 것이다. 중국인인가 아니면 중국을 지배한 봉건 통치계급, 또는 중국의 봉건왕조인가. 이 문제에 관하여, 현재 베트남 역사학계를 주도하는 유물사관 역사가들의 입장은 다음과 같다. "과거 봉건 통치자와 프랑스 식민자의 역사서는 매번 역대 봉건계급이 우리나라를 통치할 때 왕왕 고의로 사실을 왜곡하여, 이것이 '한족(즉, 중국인)'의 통치라고 말했다. 사실상 과거 우리나라를 통치한 것은 중국의 각 봉건 왕조이고 중국 봉건 통치계급이었을 뿐이다. 그들은 바로 중국 인민의 적이었고…중월 양국 인민의 공동 적이었다."[121] 요컨대, 이 문제에 관한 한 중국 사학계의 논쟁 상대는 현대 베트남 사학계가 아니라 "과거 봉건 통치자와 프랑스 식민자의 역사서"라는 것이다.

북속 시기에 관한 논의 가운데서 문제가 된 또 하나의 쟁점은 북속 시기에 중국 왕조의 베트남 통치가 베트남 사회의 발전에 얼마나 기여했는가 하는 것이다. 베트남인 사가 진국왕과 하문진이 『베트남봉건제도사』에서 "중국 봉건 집단의 1천 년 이상의 통치를 거쳐 우리나라 사회 발전은 극히 완만하고 극히 낙후되었다. 국토상의 자원이 약탈되고 생산력은 속박·파괴되었으며 식민적 권리를 주기 위해 낡은 생산관계가 유지되고 월족 문화는 많이 소멸되었다. 이로 인해 락월 인민은 부단히 일어나 통치제도에 반항했다. 이징 기의는 한대 기의의 개단(開端)이었다"[122]고 했듯이, 이에 대한 베트남 사학계의 입장은 매우 부정적이다. 완양벽(阮良璧)은 "중국의 영향 문제는 베트남 지배 역사의 문제가 아님을 우리는 알고 있다"고 전제하고, "북속 시기에 중국 통치계급의 침략도 중국 문화의 영향과 마찬가지로 베트남 사회의 발전에 대해 결정적 작용이 전혀 없었고, 고대 베트남 사회로 하여금 원시 사회제도에서 봉건제도로 전변하게 한 것도 없었다"[123]고 단언했다. 문신 역시 "중국 봉건자는 마원의 경략 이후에 베트남 경제

121 明峰, 『越南史略』 初稿, 29-40頁; 『選編』, 706頁.
122 陳國旺·何文晉, 『越南封建制度史』 第一卷, 55-68頁; 『選編』, 702頁.

발전을 촉진한 적이 없었고 다만 베트남의 경제는 쇠퇴했을 뿐이라"고 하면서, "고대 베트남이 일단 중국 봉건자의 통치를 받게 되자 중국의 봉건적 잔혹 착취 제도는 베트남 사회를 규제하여 베트남 사회로 하여금 일어날 수 없게 했다"[124] 고 중국의 베트남 지배를 격렬하게 규탄했다. 이에 반해 중국 학계에서는 "진조가 상군을 설치할 때부터 시작하여 당 이전까지 근 1000년의 역사에 중원 왕조가 베트남에 행정 관치기구를 설치했음"을 전제하고, "중월 학계에서는 이 시기 베트남의 사회 성질에 대해 비교적 큰 의견차이가 있지만, 중원 문화의 베트남 정치·사회 발전에 대한 작용은 의심할 필요가 없는 것이다"[125]라고 단정했다.

그러면 북속 시기에 베트남은 중국에 얼마나 동화되었는가. 북속 시기에 관한 논쟁 가운데서 가장 큰 쟁점이 된 것은 이 시기에 베트남이 문화적으로 얼마나 한화(漢化), 즉 중국에 동화되었는가 하는 문제였다. 이에 대해 중국 학계에서는 전통적으로 베트남의 한화를 일관되게 주장해왔지만, 현대에 와서도 일반적으로 "한 문화는 광대한 월인에 대해 또는 깊은 또는 얕은 영향을 주었다"는 전제 위에서 "중원 이민이 교지에 옮겨가서 몇 대에 걸쳐 살고 난 뒤에는 당지에서 공업(功業)을 세우고 당지 사회로 점차 융입되어 지방 호우(豪右)가 되었다"[126]는 사실을 강조하고 있다.

그러나 베트남의 교과서에서는 "북방의 봉건 세력은 교주에 한인을 더 많이 보내어 우리 백성에게 한자와 한의 말을 습득케 하고 한인의 법률과 풍속·습관에 따르도록 강제했다.…점령 정권은 각 군에 한자를 가르치는 학교를 열었다. 학문 외에도 유교와 도교·불교 및 한인의 율령과 풍속도 우리나라에 도입했다" 고 하면서, 그러나 "촌락에 거주하는 인민은 의연히 조상 전래의 말을 사용하고, 자청(刺靑)과 치흑(齒黑)을 시행했으며, 빈랑(檳榔)을 좋아하고 병(餠)이나 정월병(正月餠)을 만드는 등 전통적 풍속을 갖고 독자적 생활양식을 따랐다"[127]고 강조

123 阮良璧,「越南社會是否經過奴隷占有制的有關問題」,『歷史硏究』1960-10, 19頁;『選編』, 709頁.

124 文新,「發現度山舊石器的意義」,『歷史硏究』1961-3;『選編』, 710-701頁.

125 王桃,「20世紀以來中國學者關于淸代以前中越關係的硏究」, 85頁.

126 戴可來,「略論古代中國和越南之間的宗藩關係」, 117頁.

했다. 『베트남역사』에서도 "외국 봉건 통치자들은 세습적 락장제도를 취소하고 월족 인민의 고유한 법률을 폐지하여 우리나라를 그 직접 관할의 주군현으로 완전히 바꾸려 했지만, 인민의 반침략운동과 월족 인민의 공동체 기초 위에 건립한 강력한 사회 전통이 적인(敵人)의 통치 범위를 제한하여 적인으로 하여금 최후에는 느슨한 '기미(羈縻)'정책을 채용하게 했다. 우리나라의 매우 많은 지구는 북방 봉건통치자의 통치 범위 밖에 놓여 있었다"고 하면서, "한조 말년부터 당조 초년까지 수백 년의 시간에 북방 봉건 왕조는 우리나라를 '외역(外域)'으로 보았으며, 각 주군현에서 느슨한 '기미'정책을 채용했을 뿐이다. 다만 봉건 통치자가 군대를 주둔시키고 직접 관할한 지구에서는 그들은 잔혹한 통치정책 외에도 착취와 동화정책을 계속 힘써 추진했다"[128]고 하여, 북속 시대의 베트남이 직접적 통치의 대상이 아니라 '기미'의 대상, 즉 느슨한 간접적 지배의 대상이었음을 강조하기도 했다.

베트남의 역사학계에서는 이 문제에 대해 특별히 예민하게 대응하여 북속 시기 베트남의 한화설(漢化說)을 적극적으로 부정했다. 한 예로, 문신은 "이 1050년 기간에 베트남 인민은 언제나 일어나 침략자를 몰아냈기 때문에 베트남 민족과 각 형제 민족은 한족에 동화되지 않았다"고 단언하고 "이 기간에 양자강 유역 이남 각 성의 어우월인, 민월인, 남월인, 양월인(揚越人) 등은 모두 한족 봉건 통치자에게 동화되어 지금은 모두 한족인으로 변성되었고, 이외에도 이 기간에 운남과 귀주, 사천, 광동, 광서 등의 성에 거주한 동(僮), 이(彝), 태(傣), 산두(山頭) 등의 민족도 일정 정도 동화되었다. 10세기 넘는 기간에 다만 베트남민족만 한편으로 중국 문화의 정화를 흡수하면서 다른 한편으로는 중국 봉건 통치자의 동화정책을 성공적으로 저지했다.…중국 봉건 통치자의 확장정책으로…촉국과 장교(莊嶠)의 전국(滇國)도 모두 중국의 판도로 편입되었고, 금일의 중국 서역의 허다한 국가들이 모두 다시는 존재하지 않게 되었지만, 방대한 중국의 주위에서 오직 조선과 베트남만이 지금까지 계속 존재하고 있다"[129]고 자부했다. 장정(張

127 『ベトナムの歴史』, 78-83頁.

128 『越南歷史』, 69-75頁; 『選編』, 715頁.

正) 역시 "한·당의 정책은 우리나라를 그들의 군현으로 변하게 하고, 법을 두어서 우리나라의 풍속과 습관을 의식주에서 혼인까지 개변하려 했으며, 한어를 배우고 한자를 쓰게 했다. 그러나 우리는 중국인에 동화되지 않았다"[130]고 분명하게 주장했다.

진문욱(陳們郁) 역시 "한과 당, 명 등은 월인을 동화하는 정책을 집행하여 월인을 한인으로 바꾸고 우리나라를 북방의 주현으로 바꾸려 했다.…봉건 북방은 다음과 같은 수단을 써서 동화정책을 체계적으로 추진했다. 마원처럼 비상히 야만적인 도살을 대규모로 자행하고, 명군처럼 베트남의 일체의 민족문화를 훼멸했으며, 한족을 월 땅으로 이주시켜 한편으로는 통치권을 장악하고 한편으로는 한족의 풍속과 습관으로 본지의 풍습과 습관을 대체하려 했다. 북방의 1천 년 도호(都護) 통치자는 이를 통해 베트남민족과 베트남 국가를 소멸시키려 했지만, 그렇게 하지 못했다. 베트남민족은 그래도 존재하고 베트남 국가는 그래도 존재하니, 일련의 기의로써 완전하고 영구히 해방되었고, 동화정책은 끝내 실패로 돌아갔다"고 하면서, "우리 국토와 인민이 아직 존재하는 것은 요행도 아니고 중원에서 멀리 떨어져 있었기 때문도 아니다.…그들의 동화정책이 성공하지 못한 주요 원인은 베트남인이 무장 전투를 견지하여 독립을 쟁취함과 동시에 민족 특성을 비상히 굳게 보지하고 자기 민족의 생활 지반 위에 바싹 달라붙어 있었기 때문이다. 우리 조상들은 한자를 배웠지만 부모의 언어를 계속 보지했다. 일정 정도 동화되는 것은 면하기 어려웠지만…민족의 풍속과 습관을 의식적으로 지켰다.…베트남인은 끝까지 한화되지 않았지만, 우리나라 토지 위에서 다년간 거주한 한인들은 월화되었다"[131]라고 하여, 베트남이 끝까지 한화되지 않은 원인을 나름대로 분석했다.

등엄방(鄧嚴方)에 의하면, 북속 시기에 중국인은 "베트남을 소멸시키고 베트남 민족을 소멸시키며 베트남의 국토와 인민을 '천조(天朝)'의 일부로 바꾸기 위해

129 文新, 「發現度山舊石器的意義」; 『選編』, 710-701頁.
130 張正, 「從胡伯伯的遺囑到民族歷史的經驗」, 『青年』, 1973年 9月號; 『選編』, 718頁.
131 陳們郁, 「愛國主義, 越南人的最大的情感和思想」, 『歷史研究』 1969-12; 『選編』, 714頁.

각종 수단을 채취하여 불굴의 민족 의지를 압제하고 각 거주민 성분을 분열시키려 했으며, 기의의 수령과 의군(義軍)을 야만적으로 학살하고 반항자를 감금하여 북방으로 압송해서 고향에서 멀리 떨어져 본족 인민과 떨어져 있게 했다. 그들은 과중한 부세를 거두고 각종 잔인한 착취 수단을 써서 인민을 빈곤케 했으니, 진주와 대모(玳瑁), 상아와 서각(犀角) 등을 가져가고 기술이 뛰어난 장인을 '종주국'에 공급(貢給)했으며, 성을 쌓고 길을 닦게 했다. 그들은 인민으로 하여금 조상을 잊게 하여 어우락이란 명칭을 취소하고 락후·락장제도를 폐지하는 대신 군현제도로 대체하여 한인이나 기꺼이 외국인의 주구가 되려는 사람을 써서 관할하게 했다. 민족 문화 유산을 훼멸하고 도호(都護)의 풍속을 강제로 준수하게 했으며, 침략자의 언어와 문자를 강제로 사용하게 했다. 월률을 버리고 한률을 사용하며 유교와 기타 종교를 주입시켜 베트남 인민을 미혹시킴으로써 베트남 토지 위에서 제왕이 출현하는 것이 불가능함을 믿게 했다." 그러나 "1천 년의 엄혹한 시기를 경험했지만 최후까지 베트남은 여전히 존재하고 베트남 인민과 민족의 언어, 인민의 문화가 여전히 존재했고, 겨우 존재하는 데 그치지 않고 더욱 높고 아름다운 수준으로 발전했다."[132]

북속 시대에 관한 논쟁에서 다루어진 또 하나의 쟁점은 북속 시대가 언제 끝나서 베트남이 독립하게 되었는가 하는 문제다. 베트남인은 1천 여 년의 긴 북속 시대 동안에 끊임없이 '북속'에 저항하여 '북속 시대'를 끝내려 노력했고, 그 결과 마침내 중국 왕조의 지배를 종식시키고 독자적인 국가를 건립하여 독립을 쟁취했다.

중국인 학자 왕도에 의하면 "베트남은 중국의 중요한 인방일 뿐만 아니라 당말 이전에는 중국의 행정관 관할로 납입된 지 천 년이나 되었다가, 968년에 안남인 정부령(丁部領)이 '12사군(使君)'의 할거를 평정하고 안남을 통일하여 '대구월국(大瞿越國)'을 건립했다. 학계에서는 일반적으로 이 사건을 베트남 입국(立國)의 시작으로 본다. 중·월 양국의 학자들이 베트남의 입국에 관해서는 계속 의견차

132 鄧嚴方, 「統一的越南民族形成的發展過程」, 『歷史硏究』 1978-3, 4頁; 『選編』, 719頁.

이가 있었다. 중요한 것은 5종의 관점이 있는데, 제1종의 시각은 훙브엉 시대에 건립된 반랑국에서 시작했다는 것으로 베트남과 프랑스·일본의 일부 학자가 이 설을 견지했다. 이 설법을 주장하는 이들은 베트남 북부 지구가 일찍이 중국 왕조의 행정 관할을 받은 것을 부인하니, 정치적 경향이 현저하다. 제2종의 시각은 베트남의 옛 역사(『大越史記全書』 등과 같은 것)에서 조타가 건립한 남월국이 입국의 시작이라는 것으로, 국가의 정통으로 보고 이를 조조(趙朝)라고 칭하며 조타를 개국의 군주로 추존했다. 제3종 시각은 오권(吳權)이 938년(後晉 天福 3년)에 건국한 것을 표지로 삼으며, 제4종의 시각은 정부령이 968년(宋 開寶 원년)에 건국한 것을 표지로 삼는다. 제5종 시각은 남송 왕조가 1174년(宋 淳熙 원년)에 이천조(李天祚)를 안남국왕으로 책봉한 것을 표지로 삼는다. 중국 학자들은 보편적으로 제4종 관점에 동의하고, 제3·제5종 관점도 각각 지지자를 갖고 있다."[133]

좀 더 구체적으로 본다면, 황국안(黃國安)은 "제1시기는 기원전 257년부터 214년까지 어우락국 건립부터 진시황의 교지 침략까지. 제2시기는 기원전 214년부터 기원후 968년 정부령의 '대구월국' 건립까지. 제3시기는 968년부터 중법(中法)전쟁이 끝날 때까지. 제4시기는 중법전쟁이 끝난 뒤부터 1950년 중·월 양국이 정식으로 수교할 때까지. 제5시기는 1950년부터 1977년까지. 제6시기는 1978년부터 지금까지"[134]라고 하여, 정부령의 '대구월국'의 건립으로 북속 시대가 끝난 것으로 이해했다. 이아청도 "북송 초기에 베트남은 역사상 가장 유명한 장군인 정부령이 정권을 건립하여 968년에 칭제(稱帝)하고 국호를 대구월(大瞿越)이라 하여 대승명황제(大勝明皇帝)를 자칭하며 화여(華閭,지금의 嘉遠)에 도읍을 정했다. 이것이 베트남 역사상 첫 독립 왕조인 정조(丁朝)다"[135]라고 하여 대구월국의 건립을 베트남 독립의 첫 장으로 꼽았다. 진쌍연(陳雙燕) 역시 "오권이 죽은 뒤 베트남에서는 '12사군지란(十二使君之亂)'이 일어났다. 968년에 정부령이 내란을

133 王桃,「20世紀以來中國學者關于淸代以前中越關係的硏究」, 83頁.

134 黃國安,「關于中越關係史分期問題的探討」,『中國東南亞硏究會 第二屆年會論文專集』,『印度支那硏究』, 1980 增刊.

135 李亞靑,「由'同志加兄弟'到兵戎相見-再論中越關係」, 123頁.

평정하고 황제를 자칭하며 '대구월'이란 국호를 취하여 완전히 독립했다"[136]고 하고, 대가래도 "968년에 이르러 정부령이 12사군의 난을 평정하고 우내(宇內)를 통일하여 대구월국을 건립하고 장장 1천 년에 달하는 중국 군현 통치에서 벗어나 자주적 왕조의 신시기를 열었다"[137]고 했으며, 송북륜도 "정부령이 968년에 12 사군을 평정하고 안남을 통일하여 '대구월국'을 세우고 화여에 도읍을 정했다.…송 태조는 정부령의 청구를 접수하여 그를 검교태위(檢校太尉) 교지군왕(交趾郡王)으로 봉하고 베트남을 '열번(列藩)'으로 간주했다"고 하면서, "허다한 학자들은 베트남의 입국이 968년부터 시작되었다고 인정한다"[138]고 했다.

그러나 진옥룡은 "① 전의(傳疑) 시기: 상고부터 기원전 214년에 진이 상군을 설치할 때까지. ② 군현 시기(또는 '북속 시기'라 칭함): 기원전 214년부터 기원후 975년 정부령이 교지왕이 될 때까지로, 교지가 정식으로 중국의 판도에 납입된 시기였다. ③ '독립'(또는 '자립')시기: 975년부터 1885년 중법전쟁이 끝날 때까지. ④ 근 100년 이래 양국 인민이 상호 지원, 공동 반식민·반제 투쟁을 한 시기" 로 나누어, 정부령이 교지왕이 됨으로써 북속 시대가 종식된 것으로 이해했다. 그는 "939년에 오권이 칭왕(역사에서는 '前吳王'이라 칭함)하니, 이는 안남 지방 세력이 독립을 요구한 첫 번째 시도였다. 그 뒤로 30년 가까이 베트남은 군현에서 점차 '독립'으로 향한 과도기에 있어, 우리는 이를 '유리(遊離) 시기'라고 한다. 968년에 정부령이 '12사군'을 평정하고 안남을 통일하여 '만승왕(萬勝王)'이라 칭하고 '대구월국'을 세웠으니, 이것이 베트남 입국의 개시였다. 당 말에 왕실이 쇠미하고 번진이 군대를 갖고서 자중(自重)했다. 할거의 기풍이 베트남에까지 전해졌다. 905년 당조 최후의 정해절도사(靜海節度使)를 임용할 때부터 980년 여환(黎桓)이 정씨(丁氏)를 찬탈할 때까지 75년 동안 베트남은 앞뒤로 곡(曲), 양(楊), 교(矯), 오(吳), 정(丁) 등 5성(姓)의 지방 할거정권이 출현하여 평균 15년 정도 유지되어…교남 '소오대(小五代)'를 이루었다. 975년에 송 태조가 정부령을 '안남도호(安南都

136 陳雙燕, 「中越宗藩關係的歷史發展述論」, 『南洋問題硏究』 2000-4, 67頁.
137 戴可來, 「略論古代中國和越南之間的宗藩關係」, 117頁.
138 宋北侖, 「關于中越關係的分期問題」, 12頁.

護) 검교태사(檢校太師) 교지군왕(交趾郡王)'으로 책봉하고 그 아들 연(璉)은 '절도사'로 책봉하여 근 11세기에 이른 '내속'·'북속'·'군현'시기를 끝내었다"[139]고 했다. 그는 "975년 송이 정부령을 '안남도호 검교태사 교지군왕'에 책봉함으로써 11세기 가까운 시기의 '내속'(북속 또는 군현)관계, 즉 중앙 정부와 지방 정부의 관계를 종결했다. 베트남 입장에서 말한다면, 968년에 정부령이 '대구월국'을 세운 것은 마땅히 입국의 개시였다. 다만 이 '국(國)'은 송조의 정식 승인을 아직 받지 못했다. 7년 후에 송조는 그를 '교지군왕'으로 책봉하고, 1174년에 가서야 송조는 이영종(李英宗)을 정식으로 책봉하여 '안남국왕'으로 삼았으니, 정부령이 건국한 지 이미 206년이 지난 뒤였다. 일개 신흥 소국이 입국한 지 200년이 지나서야 다른 한 대국의 승인을 받은 것은 국가 관계사상 보기 어려운 것으로, 역사상 중월관계의 천사만루(千絲萬縷)의 특수성과 곡절성(曲折性)을 심각하게 반영하는 것이다. 따라서 역사상 중·월 양국의 국과 국 사이의 외교관계는 1174년에 이르러서야 비로소 진정으로 개시되었다고 말할 수 있다"고 하여, 정부령의 대구월국 자립이 아닌 안남국왕 책봉을 기점으로 독립 여부를 나누었다.

한편 진지초(陳智超)는 "엄격하게 말해서 중·월 사이의 국가 관계는 오권의 칭왕(939년)부터 시작되었다"[140]고 했고, 일본 학자 산본달랑 주편의 『중월관계사(中越關係史)』(山川出版社, 1975)는 905년 곡승유(曲承裕)가 자립한 시기부터 1885년 중법전쟁까지 서술하며 중국의 군현 시기(소위 '北屬 時期')와 나누어 독립 시기(소위 '自主' 時期)로 규정했다.[141] 따라서 중국 학계에서는 대체로 정부령이 대구월국을 건립한 968년을 북속 시기가 끝나고 독립시기로 들어가는 해로 이해하고 있음을 알 수 있다.

이에 대해 베트남의 교과서에서는 "9세기 말에 중국에서는 농민에 의한 반란이 수다하게 일어났다. 당은 쇠퇴했다. 이 기회를 타서 곡승유는 인민을 모아 봉기하여…송평(宋平)을 공격해서 점거하고 절도사라 자칭하고 자주적 정권을 세

---

139 陳玉龍, 「略論中越歷史關係的幾個問題」, 28-30頁.
140 陳智超, 「關于中越關係史硏究的若干問題」, 『中國史硏究動態』 1979年 第一期.
141 陳玉龍, 「略論中越歷史關係的幾個問題」, 27頁.

웠다"고 하고, "938년 남한군(南漢軍)에 대한 제2차 항전과 우리나라의 독립을 확정한 역사적인 백등강(白藤江)의 승리 이후 남한군의 침략 계획은 분쇄되어 939년에 오권은 왕위에 올라 꼬로아(古螺) 땅을 골라 도읍으로 삼았다. 북방의 봉건 조정의 10세기 이상에 달하는 통치는 종지부를 찍었다. 국의 독립과 주권이 확보되었다"[142]고 하여, 오권에 의해 북속 시대가 종결된 것으로 서술했다.

오권과 정부령에 대한 전통적 평가는 다소의 부침이 있었다. 먼저 "전통 시대 사가들은 오권이 남한의 군대를 물리쳐 더 이상 북인, 즉 중국인이 올 수 없게 한 공은 인정하면서도 왕을 칭했을 뿐 제위에 오르지 않고 연호도 제정하지 않았으므로 불완전한 독립이라고 보았다. 완전한 독립은 968년에 정부령이 제위에 오름으로써 이루어졌고, 그 결과 조왕(趙王), 즉 조타의 전통이 회복되었다고 했다. 이에 반해 혹자는 오권이 남한의 침입을 물리쳤을 뿐만 아니라 백관을 두고 조정의 의례를 제정하는 등 제왕의 규모를 갖추었다고 하면서 그의 치세를 독립의 출발이라고 생각하여 본기(本紀)에 포함시키기도 했다. 이에 대해 1514년에 「월감통고총론(越鑑通考總論)」을 쓴 무경(武瓊)은 오권은 아직 독립을 완성하지 못한 과도기적 인물이었으며 황제를 칭하는 정부령에 이르러 베트남은 비로소 독립을 성취했다고 보고, 오권은 외기(外紀)에 두고 정부령에서 본기를 시작한 현재와 같은 『대월사기전서(大越史記全書)』의 체제가 이루어졌다"[143]고 한다.

그러나 현대 베트남의 학계에서도 오권이 북속 시대를 종식시킨 것으로 이해하는 것이 일반적 경향이다. 한 예로 장양(章陽)은 "939년의 백등강 대첩은 베트남민족 발전사에서 극히 중요한 사건이었다. 그것은 베트남 국가의 진정하고 장기적인 기원을 연 대첩이었다. 그것은 외국 봉건 집단에 예속된 시기를 끝내게 했다. 역사적 백등강 대첩 후에 오권은 비록 여문휴가 말한 것처럼 '겨우 칭왕하여 칭제하지는 못했지만' 오권의 칭왕은 특별히 중요한 역사적 의의를 갖는다"[144]고 하여 오권의 역할을 강조했다. 한편 『베트남역사(越南歷史)』에서는 "이분(李賁)

142 『ベトナムの歷史』, 103-157頁.
143 劉仁善, 『베트남과 그 이웃 중국–양국관계의 어제와 오늘』, 115-116쪽.
144 章陽, 「紀念第一次白藤江大捷1030年」, 『歷史硏究』 1969-8; 『選編』, 721쪽.

의 칭제와 자기 연호의 건립은 매우 의의가 있는 일이었다. 이는 '천하패주(天下霸主)' 북방 황제에 대한 공연한 부정—산하와 강역의 획정—임과 동시에 베트남민족이 일개 독립적 민족임을, 이 강산의 주인으로 자기의 운명을 스스로 장악할 수 있음을 분명하게 긍정한 것이다"[145]라고 하여 이분을 주목하기도 하고, "906년 당조 황제는 정해절도사 곡승유를 가봉(假封)하여 '동평장사(同平章事)'로 삼았다. 비록 명의상으로 당조의 관원이지만, 실제로는 곡승유가 이미 자주 정권을 건립했다. 그는 외국 봉건 통치자의 손에서 정권을 빼앗아 기본적으로 북방 봉건 통치자의 1천 년 이상의 통치 구속에서 벗어났다"[146]고 하여, 곡승유에 의해 '자주 정권'이 건립되었음을 강조하기도 했다. 즉, 중국 학계에서 정부령으로 북속 시대와 독립 시대의 분기로 삼는 데 반해, 베트남 학계에서는 좀 더 거슬러 올라가 이분이나 곡승유, 오권 등에서 분기점을 찾는 경향이 있음을 알 수 있다.

북속 시대의 종언에 대한 한국 학계의 입장은 다음과 같다. 유인선은 이분에 대해 "이본의 남비엣(南越) 황제라는 칭호는 남비엣을 세우고 황제를 일컬으며 한에 저항한 조타의 선례를 따른 것이다. 이제 베트남은 중국의 지배를 거부하고 정식으로 독립된 국가임을 선언했다고 볼 수 있다"고 평가했고, 오권에 대해서는 "응오 꾸옌(嗚權)은 베트남이 중국의 오랜 지배에서 벗어나 독립하는 데 절대적인 역할을 한 중요한 인물이다.…그의 바익당 강 승리는 베트남이 중국의 식민 지배로부터 벗어나 민족 독립으로 가는 과정에서 하나의 중요한 이정표였다"[147]고 적극적으로 평가했다.

북속 시대의 시작에 대한 한국 학계의 입장은 다음과 같다. 송정남은 "베트남과 중국과의 공식적 관계가 시작된 것은 남월이 아닌 진나라로 소급해야 할 것이다"고 하면서, "중국인에 의해 세워진 왕조로 자신들을 병합한 성격에도 불구하고 『대월사기전서』가 남월국을 자신들의 위대한 왕조로 기록하고 있는 것은 자신들의 중국에 대한 투쟁사와 남월국의 중국에 대한 저항이라고 하는 공통분

145 『越南歷史』, 108頁; 『選編』, 705頁.

146 『越南歷史』, 141-146頁; 『選編』, 720頁.

147 劉仁善, 『베트남과 그 이웃 중국—양국관계의 어제와 오늘』, 80-115쪽.

모에 있겠으나, 황제의 권한이 크게 미치지 못했던 시기에 남월국이 진의 제후왕에 불과했던 것과 남월국의 어우락국(기원전 258~기원전 179) 병합이 엄연한 중국의 베트남 지배선상에 있었다고 할 때 남월국이 베트남의 왕조라고 하는 『대월사기전서』의 언급은 타당치 않다고 본다"고 비판하고, "이러한 관점에서 북속 시대는 한이 남월국을 병합했던 기원전 111년이 아니라 조타가 어우락국을 병합했던 기원전 179년이 된다"[148]고 하여, 베트남 학계의 입장에 동의했다.

한편 한국 학계에서는 "남월의 존립 당시에 남월의 영토는 중국이었는가"라는 문제가 제기되었다. 유인선은 "오늘날의 광둥과 광시 지방은 중국의 영역이지만, 당시(南越) 그 주민은 인종 면에서나 문화적인 면에서 홍강 델타의 주민과 비슷했으며 북방의 중국인과는 크게 달랐다. 오늘날 광둥으로부터 북부 베트남에 이르는 지역은 하나의 독자적 '문화권' 또는 '역사세계'였다. 이를 중국과 베트남이라는 두 지역으로 구분하는 현재의 개념은 후대 국경으로 인해 생긴 것이다"[149]라고 하면서, "남비엣 왕가와 르자(呂嘉)의 관계를 볼 때 남비엣은 중국 왕조도 베트남 왕조도 아닌 그 나름대로 하나의 독자적 세계였다고 생각된다"[150]고 하여, 제3의 의견을 제출했다.

실제로 남월의 원래 영토, 즉 광동·광서 지방과 베트남의 교지 지방은 교주(交州)와 광주(廣州)의 분치로 인해 두 개의 국가 영토로 나눠지게 되었다. "기원전 111년에 한 무제가 남월국을 멸하고 9군을 설치했는데, 그중 교지와 구진, 일남 등 3군은 지금의 베트남에 있어, 이때부터 그 땅은 중앙 왕조의 직접 관할에 속하게 되었다.…동오(東吳) 시기에 교주와 광주의 분치가 이뤄지고…하나의 제도로서 정착되었다.…이로 인해 교주의 관할구역이 감축되고 다시는 광서 지구에 포괄되지 않고 완전히 베트남의 경내에 있게 되어 마침내 베트남의 자주 봉건왕조의 기본 지역이 되었다. 교주·광주 분치는 교주와 광주를 '외지'와 '내지'로 보게 하여 각각 다른 길로 발전하게 했다."[151] 그러나 교주와 광주가 베트남과

---

148 宋正男, 「베트남史의 兩面性」, 414쪽.
149 劉仁善, 『베트남과 그 이웃 중국-양국관계의 어제와 오늘』, 27쪽.
150 劉仁善, 『베트남과 그 이웃 중국-양국관계의 어제와 오늘』, 32쪽.

중국의 두 국가 영토로 나눠졌다고 해서 두 역사공동체로 나눠졌다고 단정할 수는 없다. 왜냐하면 국가와 역사공동체는 별개의 개념이기 때문이다. 남월의 원래 영토는 비록 두 개의 국가에 각각 나뉘어 편입되었지만, 월인의 거주지라는 동일한 역사공동체 개념은 나눠지지 않았다.

5. 종속관계론: 종속관계 또는 문화관계인가, 아니면 전쟁관계인가

중·월 사이의 역사 논쟁에서 가장 많이 다루어진 주제는 베트남이 독립된 이후 프랑스의 식민 지배를 받기까지 시기에 집중되었다. 이 시기는 중국 학계에서 주로 종번(宗藩)관계 또는 번속(藩屬)관계가 유지된 시기로 규정되었고 이 시기 중월관계의 기조를 문화적 교류로 간주한다. 이에 반해 베트남 학계에서는 이 시기를 외침에 완강하게 저항하여 독립을 지킨 항격(抗擊)의 시기로 규정하고, 이 시기 중월관계의 기조를 전쟁으로 간주한다. 과연 이 시기 중월관계는 종번관계 또는 문화관계였는가, 아니면 전쟁관계였는가? 먼저 이 시기의 중월관계를 규정하는 중국 학계의 '종번관계' 개념과 그 시간적 범위에 대해 살펴본다.

중국 학계의 이신평은 "베트남은 옛날에 교지의 땅이었는데, 진·한부터 북송 초기까지 1000여 년 중에는 교지 지구가 중국 봉건 왕조의 통일적 관리와 통제 하의 군현이었다. 다만 10세기 중엽 우리나라 송조 시기에 월남은 자주적 봉건 국가를 건립했으나 계속 중국의 번속이 되어 양국 간에는 시종 종번관계가 유지되다가 1885년 월남이 프랑스의 식민지로 빠짐에 따라 이러한 관계가 비로소 종말을 고했다"[152]고 하여, '10세기 중엽 송대에 월남이 자주적 봉건 국가를 건립'할 때부터 '1885년에 월남이 프랑스의 식민지로 전락'할 때까지를 '종번관계'의 시기로 규정했다. 유충명도 "송조 시기에 정부령이 월남을 평정하고 '대구월'국을 건립하여 중국과 월남 사이의 예속관계는 직접적 종속(從屬)관계에서 종번

151 戴可來,「略論古代中國和越南之間的宗藩關係」, 116頁.
152 李新平,「越南史百年研究概述」, 230頁.

관계로 변했다. 송대 이후 청 말에 월남이 프랑스에 침점될 때까지 월남은 시종 중국의 부속국으로 존재했다. 이 사이에 중·월의 변계는 수시로 변동이 있었지만, 쌍방의 예속 또는 번속관계로 인해 시종 구체적 획정이 없었다"[153]고 하여, '정부령이 대구월국을 건립'할 때부터 '청 말에 베트남이 프랑스에 침점될 때까지'를 '종번관계' 또는 '번속관계'의 시기로 규정했다. 진쌍연 역시 "중·월 종번관계의 형성은 베트남이 독립적 국가를 이룰 때부터 개시된 것이다.…968년에 정부령이 내란을 평식하고 황제를 자칭한 뒤에…사신을 송에 보내 결호(結好)하고 매년 사자를 보내 조공했다. 송실은 그 정성에 감격하여 정부령을 교지군왕에 봉했다.…이러한 조공과 책봉은 최초의 중·월 종번관계였다"[154]고 하여, 베트남 독립 이후 중·월의 책봉-조공관계를 '종번관계'로 규정했다.

중·월 종번관계의 개시에 대하여 송북륜은 다음과 같이 정리했다. "종번관계(968~1885): 당조가 쇠망한 뒤 중국이 5대10국 시기로 들어가자 안남의 봉건주들은 기회에 편승하여 할거해서 칭웅(稱雄)하고 자주적 봉건 국가를 건립했다. 기원후 904년부터 안남에서는 앞뒤로 곡승유, 양정예(楊廷藝), 교공선(矯公羨), 오권, 정부령 등 5씨가 서로 이어 굴기(崛起)했다. 곡·양·교 3씨는 절도사를 자칭하고, 오권은 939년에 왕으로 자립했다. 944년에 오권이 죽자 안남 지구에서는 12개의 봉건주, 즉 '12사군(使君)'이 할거·쟁웅했다. 마지막으로 정부령이 968년에 12사군을 평정하고 안남을 통일하여 '대구월국'을 세우고 화여에 도읍을 정했다. 당시 중국 송조는 막 5대10국의 혼란을 종식시켰으나 국력이 박약하여 먼 변경 지구의 할거까지 통제가 미치지 못했다. 973년에 정부령이 사자를 보내 방물을 가지고 북송 왕조에 책봉을 청하면서 송조의 번속이 되기를 원함을 표시했다. 송 태조는 정부령의 청구를 접수하여 그를 검교태위 교지군왕으로 봉하고, 월남을 '열번'으로 간주했다."[155]

한편 진옥룡은 "975년부터 1885년 중법전쟁이 끝날 때까지"를 '독립'(또는 '자

---

153 劉忠明, 「中越關係中的領土爭端」, 6頁.
154 陳雙燕, 「中越宗藩關係的歷史發展述論」, 67頁.
155 宋北侖, 「關于中越關係的分期問題」, 12頁.

립') 시기로 규정하면서도, "이 시기 신흥의 월남 각 왕조는 중국의 '번속'으로, 일종의 정치상 종속관계였다. 엄격한 뜻으로 말한다면, 이른바 '독립'은 진정한 '독립'이 아니었고, 이른바 '자주'도 진정한 '자주'가 아니었다. 월남은 정치·경제·문화상으로 중국에 대해 일정한 의뢰성이 존재했다. 910년 동안 20년(1407~1427) 동안 명이 교지포정사사(交趾布政使司)를 두고 직접 중국의 통치를 받은 기간을 제외하고는 기본적으로 봉건대국(宗主國)과 번속의 상태에 놓여 있었다"고 하면서, "역사상 중·월 양국의 국과 국 사이의 외교관계는 1174년에 이르러서야 비로소 진정으로 개시되었다고 말할 수 있다. 이러한 국과 국 사이의 관계는 실제상 '종주국'과 '번속'의 관계였다. 이는 자연히 일종의 불평등한 봉건 압박관계였다. 근 100년 전에 중법전쟁 후에 체결된 중법조약은 이러한 '종주국'과 '번속'의 관계를 종결하고 양국 인민이 함께 반식민주의·반제국주의 투쟁의 시기로 들어가 중월관계사의 새로운 편장으로 들어가게 했다"고 하여, 중월 '종번관계'가 1174년에 이르러서야 비로소 시작되었다는 견해를 제출하기도 했다. 그가 강조하는 '1174년'은 바로 중국의 송조가 월남 군주를 정식으로 책봉한 해였다. 그는 "975년 송이 정부령을 '안남도호 검교태사 교지군왕'에 책봉함으로써 11세기 가까운 시기의 '내속'(北屬 또는 郡縣)관계, 즉 중앙 정부와 지방 정부의 관계를 종결했다. 월남 방면에서 말한다면, 968년에 정부령이 '대구월국'을 세운 것은 마땅히 입국의 개시였다. 다만 이 '국'은 송조의 정식 승인을 아직 받지 못했다. 7년 후에 송조는 그를 '교지군왕'으로 책봉하고, 1174년에 가서야 송조는 이영종을 정식으로 책봉하여 '안남국왕'으로 삼았으니, 정부령이 건국한 지 이미 206년이 지난 뒤였다"고 하면서, "역사상 중·월 양국의 국과 국 사이의 외교관계는 1174년에 이르러서야 비로소 진정으로 개시되었다. 이러한 국과 국 사이의 관계는 실제상 '종주국'과 '번속'의 관계였다. 이는 자연히 일종의 불평등한 봉건 압박관계였다"[156]고 하여, 1174년을 중월 종번관계의 개시로 보는 까닭을 설명했다. 대가래 역시 "남송 효종 순희(淳熙) 원년(1174)에 이르러서야 안남국의 이름을 내

156 陳玉龍, 「略論中越歷史關係的幾個問題」, 『東南亞縱橫』 1983-1, 28-30쪽.

리고 월남의 이영종을 안남국왕으로 진봉했다. 2년(1175)에 안남국인(安南國印)을 내려주고, 3년에 역일(曆日)을 하사했다. 이로부터 정식으로 안남왕국을 승인했다"고 하면서 "이 뒤로 월남은 '마침내 국으로 칭해져서 천하는 고려나 크메르(眞臘)와 같이 보고, 그것이 중국의 군현이었음을 알지 못했다'[157]"[158]고 하여, 종번관계가 1174년에 시작되었다는 설을 지지했다.

중국 학자들 가운데 혹자는 '종번관계'를 '번속관계'로 표현하기도 했다. 한 예로, 장가련은 "월남에 대한 중국의 '직접 통치'가 기원후 939년까지 이어졌다. 939년부터 1885년에 월남이 프랑스에 속하게 될 때까지 중·월 양국은 '번속관계'에 처했다"[159]고 하여, 이 기간의 중월관계를 '번속관계'라고 표현했는데, 이처럼 중국 학계에서는 베트남이 독립 국가를 수립한 뒤에 중국과 가진 관계를 '번속관계'로 규정하는 경우가 적지 않지만, 엄격히 말해서 '종번관계'라 하는 것이 올바른 표현이다.

진쌍연에 의하면, "역사상의 중국과 월남의 관계는 종번관계를 위주로 했으니, 월남은 중국을 종주국으로 삼아 정기적으로 중국에 조공하고 국왕은 중국의 책봉을 받았고, 중국은 그 책봉 대상의 월남에서의 통치 지위를 보증하는 의무가 있었으나, 월남의 내정·외교에 대해서는 어떠한 간섭도 하지 않았다. 이러한 종번관계는 월남이 독립한 때부터 개시된 존재로 중법전쟁에 이르러서야 종말을 고했다.…월남의 독립부터 후려 왕조 시기까지 중월 종번관계는 월남 왕실의 자의적 '수성(輸誠)'의 방식에서 점차 제도화된 조공관계로 조금씩 나아가서, 최종적으로는 일정한 법률 효력이 있는 번속국의 종주국에 대한 조공제도를 견고하게 갖추게 되었다."[160] 중국과 베트남은 책봉과 조공을 교환했으나, 실제로 중국은 베트남의 내정에 어떠한 간섭도 하지 않았다는 것이다. 송북륜 역시 "종주국과 번속국의 관계는 두 방면에서 체현되었는데, 정치상으로 번속국은 표청을

157 明 張鏡心, 『馭交記』 卷二.
158 戴可來, 「略論古代中國和越南之間的宗藩關係」, 119頁.
159 張家漣, 「對古代中越關係的理論思考」, 14頁.
160 陳雙燕, 「中越宗藩關係的歷史發展述論」, 66頁.

올려 종주국의 책봉 인가를 받았고, 경제상으로는 번속국은 진공(進貢)하고 종주국은 회증(回贈)했다. 종번관계의 상표(上表)와 책봉은 표면상으로는 불평등한 것이지만, 실제로는 일종의 예의와 형식일 뿐이었다. 월남은 하나의 독립된 국가였고, 중국의 봉건 중앙왕조는 그 내부 사무에 대해 거의 간섭하지 않았다"고 하면서, "심지어 월남의 어떤 문장에서는 '대월국왕은 반드시 중국의 책봉을 기다린 다음에야 즉위할 필요는 없었을 뿐만 아니라, 중국이 이미 책봉했기 때문에 대월국왕이 감히 중국에 반항하지 않았던 것은 아니다'라고 했음"[161]을 인용하기도 했다.

중국의 어떤 학자들은 중월 종번관계의 본질이 '덕화(德化)'나 '모화(慕化)'가 아니라 '모리(謀利)'였음을 지적하기도 했다. 왕도는 "중국 학자들은 주변 국가가 중국에 조공한 문제를 토론할 때, 봉건 사대부의 전통적 사유의 형식에서 벗어나지 못하고 '덕화'의 작용과 '모화'의 목적에 물들어 있다"고 비판하면서, "청대 이전 중월관계의 사실(史實)에서 본다면, 이익은 쌍방 관계의 기초였다. 중국 왕조에서 본다면 그 실제 목적은 한편으로는 주변 국가의 승인을 획득하여 '천하공주(天下共主)'의 허영을 만족하는 것이고 다른 한편으로는 중국 왕조의 안전이 대외관계에서 고려되는 수위의 요소였으니, 대외정책을 결정할 때 봉건 왕조의 안전과 이익은 가장 먼저 고려되는 근본 원인이었지, 소위 '덕화'의 효과는 언제나 그다음의 지위에 있었다. 청대 이전에 중국 사대부들이 일찍이 지적했듯이, 주변 국가가 입조하는 목적은 주로 두 방면이 있었으니, 하나는 위린(威隣)이고 하나는 모리였다"고 지적하고, "그럼에도 오늘날 국내 연구자들은 언제나 '덕화'의 목적을 과장하고 이익의 고려는 깊지 않았던 것처럼 말한다. 심지어 청대 이전의 중국의 일부 우혜(優惠)정책에 대해서도 간단하게 '덕화'로 이해하고, 주변 국가의 일부 반반(反叛) 행위에 대해서는 축소했다"[162]고 스스로 비판했다.

중국 학계에서는 책봉이 정치적 관계라면 조공은 경제적 관계라고 본다. 진옥룡은 "이른바 책봉은 일방의 청봉(請封)과 일방의 조허(詔許)로 이뤄지고, 조공은

---

161 宋北侖,「關于中越關係的分期問題」, 13頁.

162 王桃,「20世紀以來中國學者關于清代以前中越關係的研究」, 85頁.

일방의 '진공'(또는 上貢과 貢獻)과 일방의 '회사'로 이뤄진다. 책봉은 정치 범주에 속하고 조공은 경제 범주에 속한다"고 하여, 조공의 의미를 책봉의 그것에서 엄격하게 분리했다. 진옥량은 마단림(馬端臨)의 "조공은 호시와 사여를 통해 이익을 취하는 것에 지나지 않는다"[163]는 말을 인용하면서, "실제로 '조공'이란 형식을 통해 양국의 관방적 무역을 체현했으니, '조공' 형식 하의 무역이라고 말할 수 있다. '조공(來朝貢獻)'에 대해 우리는 반드시 전면적으로 정확하게 이해해야 한다. 내조(來朝)는 정치상의 목린(睦隣) 또는 번속관계이고, 공헌(貢獻)은 '조공' 형식하의 무역이었다. 이를 기초로 하여 국교가 정상화하고 다시 점차 민간 무역으로 전개되었다"고 하면서, "베트남이 '독립' 전과 후에 중국에 '공봉(貢奉)'한 것은 본질적으로 같지 않으니 반드시 구별해야 한다.…당대에 한 것은 안남 지방이 중앙에 세공(歲貢)을 바친 것이고, 송대 이후 베트남이 '조공'한 것은 실질상 모두 조공 형식의 관방 무역이었다"[164]고 하여, 중국에 대한 베트남의 조공이 관방 무역에 지나지 않았음을 강조했다.

이와 더불어 중국 학계에서는 책봉-조공관계의 '후왕박래(厚往薄來)'가 강조되었다. 조공을 통해 베트남은 이익을 보았으나, 중국은 손해를 보았다는 것이다. 진옥룡은 "베트남 측의 공(貢)은 모두 '서상(犀象) 등 무용지물'이었지만, 송조의 하사품은 모두 '생생지구(生生之具)'의 일용필수품으로 '계가회답(計賈回答)', 즉 공품의 가격을 계산해서 회사했으니 베트남측이 매번 이익을 남겼다"고 하면서, "송조는 베트남의 공품에 대해 흥취를 느끼지 못했을 뿐만 아니라 오히려 부담을 느꼈기 때문에 '각공(却貢)', 즉 공물을 물리친 것이 한 번에 그치지 않았다. 송조가 이와 같았고 원·명·청조도 그러했다."[165] 송북륜 역시 "종번관계의 진공과 회증은 양국 간에 유무를 서로 소통하는 무역관계를 반영했다. 이러한 관계는 불평등에서 일어났지만, 실제로는 조공하는 자가 납공하는 것보다 훨씬 더 많은 이익을 얻었다"[166]고 했다.

---

163 "朝貢不過利于互市賜與" (『文獻通考』 331, 四裔 8).
164 陳玉龍, 「略論中越歷史關係的幾個問題」, 30-32頁.
165 陳玉龍, 「略論中越歷史關係的幾個問題」, 32頁.

진쌍연은 송조에 이르러 "회증물의 가치가 공물의 가치를 크게 초과하여 실물의 시여로 인해 중원 왕조의 은택이 사해(四海)에 두루 미치게 했다. 이에 중월 종번관계도 '명(名)'과 '이(利)'를 함께 추구하는 과도기를 거쳐 순수한 명분관계에 이르게 되었다."[167] 대가래도 "송부터 시작하여, 중국의 역대 왕조는 '열번'의 조공에 대해 일관되게 상대방에게 유리한 '후왕박래'의 정책을 취하여 이익을 도모하지 않고, 오직 '그 성의를 가상히 여겨' '우조답지(優詔答之)'했다"고 하면서, 이에 반해 "베트남 통치자는 누누이 '걸공(乞貢)'을 거듭하여 주동적으로 빈번하게 조공했는데, 이는 조공이 그들에게 유리했기 때문이다. 그들은 중국의 '회사'를 두텁게 얻었을 뿐만 아니라 본국 노동 인민을 착취한 죄책을 조공과 사신왕래의 명분을 빌려 중국의 머리 위에 전가했다"[168]고 하여, '후왕박래'설을 강조했다.

장가련 역시 "납공 물품은 가치상 왕왕 중국 봉건 왕조의 '회사'보다 낮았다"고 하면서, "예컨대 송조 때에 베트남이 43차 조공하고 원조 때에는 47차 조공했으며, 명조 때는 79차 조공했다. 1022년 베트남의 공품은 총 가치가 1682관(貫)이었는데, 송조의 회사는 2000관이었고, 1028년 베트남 공품은 3060관이나 송조의 회사품은 4000관이었다.[169] 이는 중국 봉건 왕조가 베트남을 '보호'하는 지위에 둔 목적이 완전히 경제적 이익을 위해 구사된 것이 아니었음을 설명한다"[170]고 하여, 구체적 자료를 들어 '후왕박래'설을 논증했다.

손건당(孫建黨)도 '후왕박래'에 대해 토론할 때 "사신을 보내고 접대하는 비용 방면에서 청조의 총체적 지출은 베트남의 지출보다 훨씬 높았다. 총체적으로 말해서 조공 무역은 베트남 측에 유리했다"고 하면서, "조공 무역은 정치적 색채를 농후하게 갖고 있어 청조 통치자가 더 중시하는 것은 베트남 조공의 정치적 의의였지 경제 이익의 득실을 계산하거나 비교하지 않았으니 순수한 경제 무역활

166 宋北侖, 「關于中越關係的分期問題」, 13頁.
167 陳雙燕, 「中越宗藩關係的歷史發展述論」, 68頁.
168 戴可來, 「略論古代中國和越南之間的宗藩關係」, 118頁.
169 『宋會要輯稿』 藩夷 四.
170 張家連, 「對古代中越關係的理論思考」, 16-18頁.

동이 아니었다. 베트남은 왕왕 조공의 이름을 빌려 청조로부터 비교적 큰 경제 이익을 획득했다"[171]고 주장했다. 유신군(劉信君) 역시 " 경제 방면에서는 '후왕박래'의 원칙에 따라…조선과 베트남은 훨씬 큰 이익을 얻었다"[172]고 강조했다.

물론 중국 학계의 모든 학자가 '후왕박래'설을 고집하는 것은 아니다. 한 예로, 왕도는 이상과 실제는 다르고 제도적 규정과 실질적 실행은 일치하지 않는다는 점을 강조했다. 그는 "사실(史實)에서 본다면, 정책은 왕왕 실제와 큰 차이가 있었다. 그럼에도 불구하고 일반적으로 학자들은 고대 중월관계의 상태를 논술할 때 겨우 『명회전(明會典)』에 의거하는데, 이는 사람으로 하여금 걱정하지 않을 수 없게 한다"고 하면서, "예컨대 공기(貢期) 문제는 『명회전』에서는 안남은 '삼년일공(三年一貢)'한다고 기재했고 명 태조도 반복해서 강조했지만, 선덕(宣德) 이후까지만 엄격하게 실시되었고 정덕(正德) 이후에는 베트남 국내 정국이 불안하여 이에 따라 약간의 변화가 일어났다. 사실로 말한다면, 명조 270년의 역사에서 진실로 '삼년일공'한 것은 겨우 100년 시간에 지나지 않는다. 공상(貢賞) 문제에 있어서도 학계에서는 보편적으로 일부 주소(奏疏)의 재료를 인용하여 전통적 설법에 따라 중원 왕조가 '후왕박래'정책을 채용했다고 인정했지만, 실제로는 명조 전 시기에서 명 태조 초기 외에는 총체적으로 말해서 안남왕국은 양국의 방교(邦交)관계에서 경제적 실제 혜택을 얻었던 적이 없다. 따라서 청대 이전 중월관계를 연구하는 과정에서 '삼년일공'이나 '후왕박래' 등 정책의 실제 정황을 보다 엄밀하게 고증하지 못했다"[173]고 하여, 중국 학계에서 일반화된 '후왕박래'설을 비판했다.

한편 중국 학계에서는 중·월 양국이 종번관계를 갖게 된 정치적 이유에 대해서도 빈번하게 논의했다. 많은 이들은 종번관계를 통해 베트남은 정통성을 확보하고 중국은 세계 질서를 주도할 수 있었음을 주목했다. 한 예로 대가래는 "베트

171 孫建黨,「清代中越關係史研究的新成果一讀孫宏年博士著,『清代中越宗藩關係研究』」,『中國邊疆史地研究』2008-1, 144頁.

172 劉信君,「中朝與中越朝貢制度比較研究」,『吉林大學社會科學學報』50-5, 2010, 81-85頁.

173 王桃,「20世紀以來中國學者關于清代以前中越關係的研究」, 85頁.

남의 통치자는 중국 왕조로부터 봉호(封號)를 받고, 정치상 유력한 기댈 산을 찾아 그 국내의 통치 지위를 공고히 하고, '경천사대(敬天事大)' 문화사상의 영향을 받아 중국의 책봉을 받기만 하면 '정통'성을 확보하여 '복중(服衆)'할 수 있다고 생각해서, 베트남 역조 역대의 국왕은 중국의 책봉을 구하지 않은 자가 없었다. 중국 황제도 조공과 책봉을 통해 그 '천조대국(天朝大國)'의 종주 지위를 드러내 보였다. 따라서 양국의 조공·청봉(請封)·사봉(賜封) 증관(贈官) 및 조제(弔祭)·습봉(襲封)의 사신이 끊어지지 않아 양국 외교 왕래의 주요한 내용이 되었다"[174]고 하여, 중월 종번관계의 정치적 이유를 강조했다. 진문원(陳文源)과 주량(周亮)도 "고대 중월 종번관계 중에서 종주국이든 번속국이든 가릴 것 없이 왕조 교체 시기에는 모두 상대방의 승인을 구하여 국내에서 그 정권의 합법성을 갖추려 했다"[175]고 강조했다. 손굉년 역시 "베트남의 각도에서 보면 각 왕조와 정권의 군주가 모두 중국 황제와 종번 관계를 건립하고 유지할 것을 주동적으로 요구한 까닭은 대체로 불평등하게 보이는 형식이 그들과 그 대표 집단의 정치 이익에 손해를 끼치지 않고 오히려 이러한 방식을 통해 중국 통치자의 승인을 얻음으로써 본국의 유일 합법적 지위를 확립하여 정치적 적수를 물리치고 통치의 중요 자본을 안정시킬 수 있었고, 당사국도 이로 인해 일개 대국과 쌍방 관계의 기초를 획득할 수 있었기 때문이다"[176] 라고 주장했다.

이에 반해 혹자는 중월 종번관계가 성립된 기본 조건으로 중·월 양국이 항형(抗衡)하는 상황, 즉 세력 균형의 상황을 거론하는 이도 있다. 진쌍연은 "중월 종번관계의 문화·심리 기초는 유가 문화의 전파를 통해 가지고 온 중원 왕조에 대한 베트남의 강력한 향심(向心) 경향과 유가 문화에 대한 인동감(認同感)이지만, 중월 종번관계가 형성될 수 있었던 것은 베트남 국세의 강성으로 인해 중원 왕조와 항형할 능력을 갖게 됐기 때문이다. 따라서 실제로 어떤 의미로 말한다면,

174 戴可來, 「略論古代中國和越南之間的宗藩關係」, 119頁.

175 陳文源·周亮, 「明淸之際中越關係的演變與抉擇」, 『東南亞硏究』 2011-1, 65頁.

176 孫建黨, 「淸代中越關係史硏究的新成果ー讀孫宏年博士著, 『淸代中越宗藩關係硏究』」, 145頁.

중월 종번관계는 베트남 지구의 중원 문화에 대한 모화 정도와 그 자신 국력 강약이 서로 작용한 산물이다"라고 하면서, "중월 종번관계의 유지는 쌍방 역량이 항형한 결과로서, 몇 차례 실력 비교를 통해 중원 왕조는 '화이(華夷)' 질서 이념이 주도하는 국제관계 체제를 끝까지 계속 보지할 수 있었다"고 단언했다. 진쌍연은 "진조(陳朝) 중기에 이르러 월남은 이미 중원 왕조와 맞겨룰 능력을 완전히 가졌고, 이로 인해 중원 왕조도 번속국에 봉건적 불평등 속박을 강제로 가할 수 없었다"고 하면서, "중원 왕조와 주변 국가의 종번관계 체제가 장기적으로 보존될 수 있었던 주요한 원인은 쌍방의 종번관계에 대한 이러한 국제관계 모식에 독립적인 자기의 정권 체계와 조직 구조를 갖고 있었기 때문이니, 불평등한 것이 있었다면 명분상의 불평등이 남아 있었을 뿐이다"[177]고 분석했다.

대가래도 968년에 대구월국을 건립하여 자주 왕조의 신시기를 열었던 정부령이 국내에서 황제를 칭하고 내정을 완전히 스스로 처리한 것을 거론하면서, "이는 중국과 종번관계를 확립하는 데 불가결의 조건이 되었다"[178]고 했는데, 이 역시 중·월 양국의 항형관계가 종번관계의 조건이 되었음을 지적한 것이다. 중월 종번관계가 항형관계, 즉 세력의 균형 위에서 이뤄진 것이라면 그것은 일방적 지배-피지배의 관계가 아니라 상호 호혜적 관계였음을 의미한다. 그리하여 진쌍연은 중월 종번관계의 주요한 특색으로 "조공 시간이나 조공 차수, 공물의 다과 등은 일정한 수의성(隨意性)이 있어 대부분 월남의 최고 통치자의 선호에 의거해서 이뤄졌음"[179]을 인정하기도 했다.

그렇다고 해서 중·월 양국의 종번관계가 상호 항형의 조건 위에서 성립되었음을 인정하는 것이 중국 학계의 일반적 경향이라 할 수는 없다. 중월 종번관계는 엄연히 불평등한 관계이고 지배와 피지배의 종속적 상하관계였음을 강조하는 것이 보다 일반적인 흐름이라 할 수 있다. 예컨대, 장가련은 "기원전 214년부터 1885년까지 2천 년간 양국 관계는 확실히 일종의 불평등한 지위에 있었으니,

177 陳雙燕, 「中越宗藩關係的歷史發展述論」, 68-71頁.
178 戴可來, 「略論古代中國和越南之間的宗藩關係」, 117頁.
179 陳雙燕, 「中越宗藩關係的歷史發展述論」, 69頁.

중국의 봉건 왕조는 천조 상국과 정복자의 자태로 월남을 통치하고 '보호'했다" 고 하고, 또는 "968년 이후의 역사가 증명하듯이, 월남 봉건 정권은 중국의 '보호'를 접수하고 민족의 독립을 포기했다.…중·월 양국은 일방은 '번주'가 되고 일방은 기꺼이 '속국'이 되었다.…월남은 중국의 '보호'를 접수하여 중국 황제에게 '납공'하여 '귀순'을 표시하면 됐다"고 하면서, "결론적으로 말해서, 중월은 봉건시대에 국가관계가 확실히 불평등한 지위에 있었고, 이로 인해 양국 봉건 왕조의 사이에는 진정한 의미의 우호적 교왕이 존재할 수 없었으니, 역사상 중·월 봉건국가 사이의 관계는 명백히 '호침(互侵)', 즉 상호 침략과 '호위이용(互爲利用)', 즉 상호 이용의 특수성으로 표현된다. 이러한 특수성은 봉건 전건주의(專建主義)의 본질을 반영하는 것으로, 봉건 지주 정권이 피할 수 없는 역사 현상이었다"[180] 라고 결론지었다.

중월 종번관계를 지배와 피지배의 종속관계로 본다면, 번속국의 내정에 대한 종주국의 간섭이나 무력 개입은 필연적이다. 그로 인해 대가래는 "월남 왕조의 부단한 경질은 필연적으로 중국과의 종번관계에 변화를 발생시켰다. 찬위(簒位)된 여(黎) 왕조도 원래는 번신이었기 때문에 중국에 구고(求告)하여 보호를 요청하여, 이로 인해 중월 간의 왕조 전쟁을 불러일으켰다. 이러한 전쟁에서 중국은 대부분 종주권을 지키고 반역을 토벌하며 흥멸계절(興滅繼絶)해서 번신을 보호하는 것을 이유로 삼았다"고 하면서, "태평흥국(太平興國) 5년에 송 태종이 월남에 용병한 것은 여환이 정조(丁朝)의 지위를 찬탈해서 일어났고, 그 뒤에 명조가 진조(陳朝)의 회복을 명분으로 삼아 월남에 용병했으며, 청조 건륭제는 1789년 서산(西山) 완혜(阮惠)가 후려(後黎) 황제를 축출했기 때문에 월남에 용병했으니, 모두 이러한 성질의 전쟁에 속한다. 다만 원조가 월남에 대한 3차례 전쟁은 모두 분명히 침략 성질이 있었다"[181] 고 하여, 몽원의 베트남 침략을 제외한, 중국 역대 왕조가 베트남을 침공한 것이 모두 종번관계의 유지를 위한 불가피한 조처였음을 지적했다. 이연릉(李延凌) 역시 "건륭이 베트남을 병탄할 생각이 없으면서

180 張家連, 「對古代中越關係的理論思考」, 15-18頁.

181 戴可來, 「略論古代中國和越南之間的宗藩關係」, 119-120頁.

왜 출병하지 않을 수 없었는가? 필자는 그가 봉건 종번 관념과 정통사상의 지배를 받았기 때문이라고 생각한다"고 하면서, "번속에서 내란이 발생하고 그 국군(國君)이 사람을 보내 구원을 요청했는데도 종주국이 되어 출병해서 정통을 지지하지 않으면, 자소존망(字小存亡)의 도에 위배되고 다른 속국에 좋지 않은 영향을 미치게 된다"[182]고 했다. 이아청도 베트남은 중국에 "겸병되지 않은 대가로 반드시 일개 종속적·납공적 지위에 놓이게 되었다"[183]고 하여, 종번관계의 비대칭성을 강조했다.

이처럼 중국 학계에는 중월 종번관계가 대등한 항형관계 위에서 성립되었다고 보는 견해와 불평등한 종속관계의 성격을 강조하는 입장이 동시에 병존하고 있다. 그러나 중월 종번관계를 불평등한 종속관계로 보는 이들도 이 관계의 이상뿐만 아니라 현실도 간과할 수 없음을 인정하고 있다. 대가래는 "송대 이래로 중국 역대 왕조의 베트남과의 종번관계는 이상주의적 한 측면이 있었으며 동시에 현실주의적 태도도 있었다. 그 이상은 이러한 종번관계의 모식을 유지하여 번신을 보호하는 것이었으나, 새로운 왕조의 찬위를 저지할 수 없을 때에는 곧 실용주의적 태도를 취해서 찬위한 새 왕조를 승인하고 계속 그와 종번관계를 보지했다"고 하고, 동시에 "베트남의 찬위한 새 왕조도 중국과의 전쟁에서 승리를 거두고도 강대한 중국과 장기적으로 적대할 수 없음을 스스로 알아서 왕왕 사자를 보내 사죄하고 간절하게 청봉하여 중국과의 종번관계를 계속했다"고 하면서 "이로 인해 변흔(邊釁)과 전쟁은 일시적이었고, 종번관계는 면면히 천 년이나 오래 이어졌다"[184]는 결론을 내리기도 했다.

중국 학계에서 거론되는 또 하나의 중월 종번관계 조건은 베트남이 중국의 위세를 빌려 주변 국가들을 위압하는 데 이용되었다는 것이다. 장가련은 "베트남의 봉건 통치자도 중국의 보호를 접수하는 것이 일종의 굴욕이었지만 베트남은 북방에서 오는 군사 압력을 피하거나 감소시켜 이웃 나라들을 침략하여 '인

182 李延凌, 「乾隆與淸代中越戰爭」, 『印度支那』(『東南亞縱橫』), 1989-2, 1-2頁.

183 李亞靑, 「由'同志加兄弟'到兵戎相見-再論中越關係」, 123頁.

184 戴可來, 「略論古代中國和越南之間的宗藩關係」, 120頁.

지연방(印支聯邦)'을 건립하는 몽상을 실현하는 데 유리했기 때문에 민족 독립을 포기하고 '보호'를 접수하는 공리주의적 선택을 한 것이다"[185]라고 했고, 진쌍연 역시 "국세가 쇠약할 때는 상공(上貢)을 통해 중원 왕조의 위세를 빌려 주변 지구를 제압하여 번속국이 그 통치를 유지하고 지키는 방법이 되었다"고도 했다. 진쌍연은 한 예를 들어 송조가 "1174년에는 교지에 '안남국'을 내리고 이천조(李天祚)가 남국왕(南國王)으로 책봉되었는데…이조(李朝) 왕실은 이를 통해 중원 왕조에 의해 베트남 지구의 합법적 통치자로 확인받아 그 국내의 통치 지위를 보증받았으며…주변 지구에서 자기의 통치 지위를 제고하여 중원 왕조의 위세를 빌려서 주변 지구를 제압, 복속시킬 수 있었다"[186]고 했다.

베트남은 중국과의 종번관계를 통해 주변 국가들을 위압할 수 있었을 뿐만 아니라 종번관계의 메커니즘을 활용하여 베트남을 종주국으로 하는 제3의 종번관계를 성립시킬 수 있었는데, 중국 학계에서는 이를 가리켜 '아종번관계(亞宗藩關係)'라고 부른다. 대가래는 "중국 사회와 문화의 산물이요 '화이 질서'를 그 주요 내용으로 하는 종번관계는 일종의 불평등한 관계로서 유가의 '군신부자'와 '충효절의' 이념이 대외관계까지 확연되어 중국에 '이신사군(以臣事君)'하고 '이소사대(以小事大)'할 것을 주변 국가들에 요구하는 것이다"라고 하면서, "베트남은 중국 문화의 영향을 깊이 받아 중국의 정치제도를 모방하고 황제 집권제를 실행하여 대외관계 방면에서도 캄보디아와 라오스 등과 같은 주변의 약소국가들과 종번관계를 건립했다. 우리는 이를 '아종번관계'라 칭할 수 있다"[187]고 했다.

이 같은 중국 학계의 종번관계론에 대해 베트남인들은 구체적으로 일일이 대응하여 비판하기보다는 종번관계론 그 자체를 전면적으로 무시하고 그 대신 이 시기를 항격론(抗擊論)으로 대체하여 설명하려 했다. 한 예로, 1978년에 발표된 『인민군대보(人民軍隊報)』 기사에서 "신로(新老) 식민주의자들은 부단히 베트남 문화를 폄하하고 서방 문화를 찬송하며, '종주국' 숭배 사상을 전파하고 민족 차

185 張家連, 「對古代中越關係的理論思考」, 16-18頁.
186 陳雙燕, 「中越宗藩關係的歷史發展述論」, 69頁.
187 戴可來, 「略論古代中國和越南之間的宗藩關係」, 120頁.

별 정서를 퍼뜨린다. 오늘날 신국제반동세력은 대국확장주의 사상을 갖고 힘써 베트남 역사를 왜곡하고, 우리 조상들이 진행한 외국 침략에 항거한 항전과 건립한 혁혁한 전적의 의의를 폄하하며, 우리 민족의 정화(精華)를 망령되게 부인하고, 우리나라 인민의 숭고한 정신 가치를 없애려 한다. 그들은 노동자계급의 입장에 서 있는 것처럼 가장하여 역사유물주의의 겉옷을 입고, 베트남이 각 민족의 외국 침략에 대한 영웅적 항격의 전공을 찬양한 것을 '봉건 집단을 찬양하는 것'이라 거짓말한다. 그들은 베트남이 자기의 영광스러운 역사를 자부하여 완강불굴의 투쟁 전통을 적극 유호하고 발양하여 자기의 민족 주권을 유호하고 조국의 독립을 공고히 하는 것을 희망하지 않는다"고 비난하면서, "그들이 바라는 유일한 희망은 베트남민족이 반드시 그들에게 굴복하여 부속되는 것뿐이다"[188] 라고 하여, 중월관계 역사상의 종번관계 자체를 부정했다. 또한 1979년에 발표된『인민보』의 사설에서는 "중국 당권파 중의 괴수 세력이 우리나라를 침략하는 전쟁을 발동하여 그들 조국과 인민을 배반했는데…그 까닭은 그들의 조국도 침략에 반항하여 일찍이 여러 차례 외국의 봉건 세력과 제국주의에 의해 병탄되고 노역(奴役)한 바 있었고, 그들 국가의 인민도 자기의 독립을 위해 일찍이 수대의 매우 영용한 전투를 진행한 바 있었기 때문이다"라고 중국 지도층을 비난하면서 "1211년부터 1368년까지 몽골 봉건 세력이 일찍이 중국을 침략하고 통치했다. 1646년부터 1911년까지 만주 봉건 세력이 중국을 침략하고 통치했다. 1848년부터 1949년까지 거의 모든 제국주의 국가들이 모두 중국을 과분(瓜分)했다. 이처럼 겨우 최근 1천 년 안에 중국은 앞뒤로 독립을 5백 년 이상 잃었다.…그들 가운데서 베트남은 과거에 중국의 부속국이었다고 말하는 사람이 있다. 여러분 각하, 이렇게 말하는 것이 영광인가 치욕인가? 위에서 말한 5백 년 안에 중국 자신조차 모두 독립 국가가 아니었는데 어떻게 무슨 부속국이 있는가. 하물며 상술한 대부분의 시기에 베트남은 하나의 독립 국가였고 중국의 침략 세력에 전승했다. 그들은 역사를 알지 못하는가, 아니면 고의로 모른 척한 것인가"라고 힐난

188「越南的傳統力量」,『人民軍隊報』1978年9月7日字;『選編』, 776-777頁.

했다. 이 사설은 "과거 봉건계급의 전철을 다시 밟는다면 그들도 필시 그들의 선배처럼 치욕스러운 실패를 만나게 될 것이다"라고 하면서, "지금부터 4천 년 전에 우리 민족은 이미 찬란한 문화를 가졌고 일방의 주인이 되었다. 진과 한·당이 우리나라를 병탄하고 우리 문화를 소제하려 하고 우리 민족을 동화시키려 했다. 그들은 우리나라 인민의 대를 이은 연속적인 부단의 반항에 부딪혔다. 진조(秦朝)는 패퇴했고, 동한은 맹렬한 반한에 부딪혔으며, 양조(梁朝)는 쫓겨났고, 남한(南漢)은 분쇄되었다. 중국의 봉건 세력과 중국을 통치한 외국 봉건 세력은 대월국의 승인을 거부하며 여러 차례 우리나라를 침략하는 전쟁을 발동했지만 모두 격퇴되어 한 조각의 갑옷도 남기지 못한 채 자기 나라로 돌아갔다. 송조는 두 차례 대패하고, 원몽은 3차례 분쇄되었으며, 명조와 만청도 마찬가지로 퇴장했다"고 하여, 역대 중국의 침략과 베트남의 항격을 일일이 거론했다. 그리고 "그럼에도 중국 봉건 통치자들은 일관되게 오만하게 자대(自大)했다"고 하면서, 명조의 황제가 대월국 사신에게 "동주(銅柱)가 지금까지 오랫동안 파랗게 녹슬지 않았는가"라고 묻자 베트남의 사신이 "등강(藤江)은 옛날부터 피로 붉게 물들였다"고 대답한 사건을 상기시키면서, "오늘날 그들은 또 출병해서 예전의 낡은 길을 달리고 있다. 이러한 침략군의 전면에는 지릉(芝陵)과 백등(白藤)이 있고, 더 멀리에는 창강(昌江)과 여월(如月), 만겁(萬劫), 동다(東多), 사욱(唆郁), 유승(柳升), 잠의동(岑宜棟)의 머리 없는 원혼들이 바로 동등(同登)에서 그들을 기다리고 있다. 베트남민족은 이미 백전백승했다. 오늘날 우리는 무적이다"[189]고 강한 자신감을 과시했다.

여기서 거론된 '동주(銅柱)'란 이징의 반란을 진압하러 베트남을 침공한 한의 장군 마원이 세운 구리 기둥을 말하고, '백등' 등은 역대 중월전쟁에서 베트남인이 대첩을 거둔 장소를 말한다. 한 가지 흥미로운 것은 베트남인들이 중국 학계의 종번관계론을 거부하기 위해 제시한 논리적 근거가 중국도 몽골과 만주의 침입을 받아 정복되었던 시기에 중국이 어떻게 독립 국가인 베트남을 '부속국'으

189 「侵略魁首的可恥叛變」, 『人民報』 1979年3月2日字; 『選編』, 777-778頁.

로 둘 수 있었는가 하는 것이다. 이는 몽골 또는 만주를 중국의 일부로 간주하는 중국 학계의 입장과는 달리 베트남인은 몽골 또는 만주를 중국과 별개의 역사공동체로 이해하고 있음을 보여주는 것이다.

베트남인은 과거에 베트남이 중국의 책봉을 받고 조공한 역사적 사실에 대해 소국이 주권을 지키기 위해 불가피한 조처였다고 주장한다. 한 예로, 진국왕과 하문진은 "이조(李朝)는 북방에 대한 위기를 비상히 염려하여 표면상 화호(和好) 관계를 보지했으니, 예컨대 책봉을 접수하고 납공하며 불경 등을 청했다. 1010년에서 1073년까지 이조 황제는 사신을 23차례나 송에 보내었다"고 하면서, "이러한 정책은 새로 건립된 봉건 국가가 안정을 구하고 건설을 진행하는 데 매우 필요했다. 하물며 봉건제도 중에서 어떤 소국이 대국과 이웃하여 부득불 명의상 대국에 신복해서 주권을 지키지 않을 수 없었다"[190]고 설명했다. 베트남인들은 비록 중국과 불가피하게 책봉과 조공을 교환했던 시기에도 베트남은 중국과 항형하여 독립된 국가로 남아 있었음을 강조했다. '전승(戰勝)'이란 필명을 사용한 어느 베트남인은 "역사상 우리나라는 잠시 분할될 때가 있었다. 어떤 때는 봉건 집단의 할거로 인해, 어떤 때는 침략 집단에 의해 '분이치지(分以治之)'되기도 했다. 다만 이때에 반동 집단도 우리 조국을 완전하게 분할할 수는 없었고 우리 민족을 분리할 수 없었다. 그들은 각종 부동(不同)의 정치제도를 건립할 수 있었지만, 하나의 민족을 분할하여 허다한 부동의 민족과 국가를 만들 수는 없었다"고 하면서, "남국산하남제거(南國山河南帝居)"는 "영원불변의 진리로서 어떠한 세력도 부인할 수도 개변할 수도 없다"[191]고 단언했다. '남국산하남제거'란 1077년에 송군이 베트남을 침공했을 때, 월군의 사령관인 이상걸(李常傑)이 읊은 "남국의 산하에는 남국의 황제가 있고, 분수가 천서(天書)에 분명하게 정해져 있는데, 어떻게 적군이 침범해왔나, 너희들은 대패를 보게 되리라(南國山河南帝居 截然定分在天書 如何逆虜來侵犯 汝等行看取敗虛)"라는 시에 나오는 유명한 구절로,[192] 전

---

190 陳國旺·何文晉, 『越南封建制度史』 第一卷, 311-315頁; 『選編』, 726-727頁.

191 戰勝, 「獨立, 統一和社會主義緊密連系」, 『人民軍隊報』 1975年12月1日字; 『選編』, 783頁.

192 『ベトナムの歴史』, 174頁에서 재인용.

통 시대부터 베트남인들이 중국과의 항형을 자부할 때 항상 거론되었다.

이 문제에 대한 한국과 일본 학계 등 제3자의 입장은 비교적 베트남 측에 경도되어 있다. 이한우는 "중국이 베트남에 대한 종주국이라는 사고를 계속 지니고 있었다"고 하면서, 그 예로써 "중국 청나라의 법전인 『대청회전(大淸會典)』 1899년판에는 여전히 베트남이 중국의 조공국으로 기록되어 있으며, 1978년 캄보디아에 침공한 베트남을 '징벌'한다는 목적으로 중국이 1979년 초 베트남을 침공한 것은 역사적으로 종주국이라는 의식이 중국인의 사고 속에 여전히 자리 잡고 있다는 것을 나타내준다"[193]고 보았다. 그러나 이러한 중국인의 역사의식처럼 전통 시대에 베트남이 실제로 중국에 종속되어 있었는가 하는 것은 별개의 문제라 할 수 있다. 이에 대해 유인선은 "어떤 이들은 혹 베트남이 정치적으로나 문화적으로 중국의 종속국이 아니었는가 하는 의문을 갖기도 한다.…그러나 제2차 세계대전이 끝나고 베트남이 독립하면서 다른 동남아시아 국가들과 마찬가지로 베트남 역사도 새로운 각도에서 연구되기 시작했다. 즉, 베트남이 중국과 역사적으로 밀접한 관계에 놓였던 것은 사실이지만, 정치적으로 종속적 위치에 있지 않았고 문화적으로도 동화되지 않았다는 것이다"라고 하면서, "실제로 베트남인들은 자신들이 중국의 조공국임을 공식적으론 인정했으나 대내적으론 대등하다는 태도를 견지했다. 또 중국 문화는 필요에 의해서 선택적으로 받아들였으며 경우에 따라서는 자기네 문화와 절충하여 이를 변용시켰다"[194]고 이해했다.

유인선은 "과연 베트남은 중국의 예속국에 지나지 않았는가? 대답은 간단히 '아니오'라고 할 수 있다. 베트남인은 한 번도 자기네 나라가 중국의 예속국이라고 생각한 적이 없었다. 오히려 중국과 대등하다는 생각이 강했다"고 하면서, 이러한 베트남인의 대등의식이 어디에서 나타났는지 하나하나 열거했다. "베트남인의 대등성은 무엇보다 중국에 대한 호칭에 잘 나타나 있다. 그들은 자기 나라와 중국을 각각 남과 북이라는 지리적 개념을 가지고 구분했고, 따라서 자기들은 남인, 중국인은 북인(또는 唐人이나 淸人)이라고 했다. 상하의 개념은 결코 존재

193 이한우, 「베트남-중국 관계의 역사적 전개와 현재」, 134쪽.

194 劉仁善, 「베트남역사와 중국—정치적·문화적 관계를 중심으로」, 74-75쪽.

하지 않았다. 이러한 대등의식은 이미 남월의 조타 때부터 시작되었다.…자신을 황제로 칭하고 모든 의식은 이에 준하여 행하면서 중국 황제와의 대등함을 분명히 했다. 뒷날 이분(李賁)이 중국 지배에 저항하면서 남월제(南越帝)를 칭한 것도 여기에서 연유하는 것이었다. 939년 오권이 중국 세력을 물리치고 독립을 쟁취했음에도 불구하고 후일 베트남 사가들이 베트남의 진정한 독립을 정부령 때부터라고 하는 것도 그가 황제를 칭했기 때문이다. 13세기 베트남의 사가로 『대월사기(大越史記)』의 저자인 여문휴는 정부령의 칭제가 조타의 전통을 이어받은 것이라고 하면서, 베트남 역사의 시작을 남월로부터 기술하는 동시에 중국 지배로부터의 독립 완성을 정부령 때로 잡고 있다(『大越史記全書』, 180頁). 그는 오권이 남한의 군대를 격파한 데 대해서는 조금도 찬사를 아끼지 않았지만 왕을 칭해 중국 황제와의 대등성을 보이지 못한 데에는 아쉬움을 느꼈던 것이다. 베트남과 중국은 각각 다른 나라로 그 나름의 황제가 존재한다고 생각한 것은 여문휴만이 아니었다. 완천(阮薦)은 명의 군대를 물리친 다음 여리(黎利)의 명에 의해 지은 「평오대고(平吳大誥)」에서 베트남이 중국과는 지역도 다르고 문화도 다르다고 하면서 자신의 독립성과 독자성을 더욱 명백히 했다(『大越史記全書』, 546頁). '산천의 봉역(封域)이 다르듯이, 남북의 풍속 또한 다르다. 조(趙), 정(丁), 이(李), 진(陳)은 이 나라를 세우고 한·당·송·원과 더불어 그 나름의 황제를 가졌었다.' 이들 베트남인들은 모두 중국과의 대등성을 나타내는 척도로 월남 군주의 칭제를 들고 있다.…우선 대내적으로 황제는 모든 의례를 이에 준하여 행하는 동시에 연호를 제정했다.…대외적으로 중국과의 조공관계에서도 황제의 권위를 손상시키지 않기 위해 여러 가지 방법을 사용했다. 정부령이 자신의 이름이 아니라 아들의 이름으로 송에 조공을 바치게 하고…진조(陳朝)에서는 상황(上皇, 또는 太上皇)제도를 도입하여 중국 황제에 대해 월남 군주가 자신을 비하하는 일이 없도록 했다.…대중관계에서 월남의 군주가 자신을 비하하지 않기 위한 방법으로 가명(假名)을 쓰는 경우도 있었다.…이러한 대등의식 때문에 중국 왕조들과의 조공관계를 방교(邦交)라 했으며, 사절의 파견을 여원(如元)이니 여청(如淸)이라 하든가 또는 보빙(報聘)이란 말도 썼다. 이러한 용어에 종주국이니 종속국이니 하는 상하 질서의 개념은 존재하지 않는다. 심지어 베트남 황제 중에는 중국의 문물제도에 대하여 비평을 가하는 이까지 있었다.…그런가 하면 청조는 이민족의 왕조로 중국의 전통적인 문화의 계승자로는 부적합하며 이제 베트남이 문화의 중심지가 되어야 한다고 하면서 베트남을 중국(中國)이라고 불렀다. 베트남인들이 중국에 대해 대등의식을 가지게 된 중요한 원인의 하나는 무엇보다도 후자의 빈번한 무력 침입과 그로부터 생겨난 저항정신이다."[195]

유인선은 베트남인들이 중국과의 관계를 '방교'로 인식하고 있었음을 특별히 강조했다. "방교란 나라와 나라 사이에 이뤄지는 단순한 외교관계라는 뜻일 뿐 상하 개념은 존재하지 않는다. 응우옌(阮) 왕조는 당시 청과의 관계뿐만 아니라 이전 역대 베트남 왕조와 중국의 관계를 방교로 보았다. 이러한 사실은 1819년 레통(黎統)이 편찬한『방교록(邦交錄)』의 내용을 보면 알 수 있다. 이 책은 한 무제가 남비엣의 조타에게 보낸 칙서에서부터 1826년까지 양국 사이에 오고 간 각종 공식 문서는 물론 사신들끼리 주고받은 시문들까지 모두 모아놓은 것이다." 국호 문제 해결로 우호관계가 성립되자 청조에서는 곧 선봉사(宣封使)를 보냈고, 이를 맞은 완복영(阮福映)은 1804년 1월 13일 하노이에서 선봉의식을 행하고 '월남국왕'의 자리에 올랐다.『대남식록(大南寔錄)』의 표현을 빌리면 이로부터 '방교대례(邦交大禮)'가 이뤄졌다고 한다.[196] 유인선에 의하면, "완조는 중국 및 주변 국가들을 확연히 구분되는 두 개의 세계로 상정하고, 전자에 대하여는 방교라는 개념으로 표현되는 독립적 위치를 확고히 하면서 후자에 대해서는 자신을 중심으로 하는 독자적 화이 질서를 형성했다. 이는 1855년에 편찬된『대남회전사례(大南會典事例)』에 완조의 대외관계와 관련하여 처음으로 방교 외에 '유원(柔遠)' 이란 항목을 두고 중국을 제외한 주변 국가들과의 문제를 체계적으로 서술하고 있는 것에 의해 명백하다.…유원의 개념은 이미 가륭제(嘉隆帝) 때 형성되었다. 1815년 그는 '원방(遠方)의 내공국(來貢國)'으로 13개 국가를 열거하고 있다. 즉, 만상(萬象, 비엔티안), 남장(南掌, 루앙 프라방), 진녕(鎭寧, 라오스의 동부 고원지대), 면

195 劉仁善,「베트남역사와 중국—정치적·문화적 관계를 중심으로」, 78-79쪽.
196 劉仁善,『베트남과 그 이웃 중국—양국관계의 어제와 오늘』, 259-261쪽.

전(緬甸, 버마), 홍모(紅毛, 영국), 부랑사(富浪沙, 프랑스) 및 베트남 중부 고원지대의 화사국(火舍國)과 수사국(水舍國) 등등이 그것이다."[197]

유인선은 "이전의 역대 왕조들이 그러했지만, 완조는 중국에 대해 더욱더 독자적이지 않았는가 생각된다. 완조 역시 종래와 마찬가지로 중국과의 조공관계를 유지했다. 그러나 그 관계란 지극히 형식적인데 지나지 않았다. 완조의 창건자인 가륭제는 왕조의 건설과 함께 국호 문제를 상의하기 위해 청 조정에 사절을 보내 남월(南越)로 정해줄 것을 요청했다. 청원을 접수한 청은 남월이 기원전 광동·광서 지방을 중심으로 한 왕조였던 데다가 건설자인 조타가 한에 무례했다는 고사 때문에 이를 거부하고 대신 월남(越南)으로 하도록 요구하여 양국 사이에 합의가 이루어졌다. 그러나 가륭제는 월남이란 이름이 청에 의해 정해진 데 불만을 가진 듯 곧 청과의 상의 없이 일방적으로 국호를 대월(大越)로 고쳤으며(1812), 그의 뒤를 이은 명명제(明命帝)는 다시 국호를 대남(大南)으로 바꾸었다(1838). 그 이유는 완조가 영토를 남해(南海)까지 확장하여 대제국을 형성함으로써 새로운 이름이 보다 합당하다는 것이었다. 이후 완조는 국왕의 옥새도 새로 만들고 모든 문서에는 '대남'이란 이름을 사용했다"고 하면서, "이는 분명 완조가 청의 간섭 없이 독자적인 세계를 구축하고자 한 의지의 표현인 것이다"[198]라고 단정했다. 유인선은 이 '독자적인 세계 구축'을 가리켜 '대남제국(大南帝國) 질서'라고 표현했다.[199] 그는 완조의 '대남제국 질서'가 중화제국 질서를 그대로 모방한 것으로 이해했다. "문화적 우월감에 기반하여 자신을 종주국으로 하고 여타 국가들을 무조건 이적시(夷狄視)하여 종주국으로 낮추어 주종관계를 맺으려 하는 것은 중국식 조공체제와 하나도 다른 바 없다"[200]는 것이다.

그러나 베트남이 '중국적 세계 질서' 밖에서 따로 형성한 '베트남 중심의 국제 질서'가 '중화제국 질서'를 그대로 모방한 것이라는 유인선의 견해에 동의하지

---

197 劉仁善, 「베트남 阮朝의 성립과 '大南'帝國秩序」, 『아시아문화』 10, 1994, 84쪽.
198 劉仁善, 「베트남 阮朝의 성립과 '大南'帝國秩序」, 82-83쪽.
199 劉仁善, 『베트남과 그 이웃 중국-양국관계의 어제와 오늘』, 277쪽.
200 劉仁善, 「베트남 阮朝의 성립과 '大南'帝國秩序」, 86쪽.

않는 입장도 있다. 한 예로, 최병욱은 그것이 '중국적 세계 질서'를 그대로 모방한 것이라기보다는 독자적인 '동남아적 세계 질서'로 이해하는 것이 옳다는 견해를 제출했다. 최병욱도 "중국과의 관계에서 중요한 것은 대등성이었다. 특히 우열 관계가 명백해 보이는 책봉식에서 베트남의 신경은 늘 날카로웠다. 그래서 책봉 의식에 대한 기록의 언저리에는 늘 '시종일관 우리의 국체(國體)를 좇았다'(『寔錄』 二)거나 '모든 일에서 우리나라 예전(禮典)을 따랐다'(『寔錄』 二)는 표현들이 있다. 실제 그렇게 진행되었다"고 하면서도, "이 베트남적 '방교'의식 또는 대등의식을 중국에 대한 베트남의 자존심으로서가 아니라 베트남이 갖고 있던 동남아적 국제 질서 전통 속에서 이해해야 할 필요가 있음"을 지적했다. 최병욱에 의하면, "기본적으로 동남아시아 왕들에게 중국 황제는 자신들과 동등한 일개 국가의 군주였을 뿐이었다."[201] 이처럼 유인선과 최병욱은 베트남과 중국이 대등한 입장에서 '방교'를 맺고 있었던 것으로 이해하는 점에서는 일치하지만, 그 이유에 대한 이해에서 일정한 차이를 보였다.

최병욱은 "베트남 제국의 모습을 놓고 중국적 조공 질서에 익숙한 사람들은 중국과 닮은 '소중화 질서'라는 모방적 화이관 개념이라든가 중국과 닮기도 했지만 축소판이라는 의미의 '작은 용', '작은 중국' 및 '중국적 모델'이라는 용어를 베트남에 적용시켜왔다. 기존의 논의에 의하면, 황제라는 호칭을 사용한 이래 베트남적 황제 및 제국은 중국의 모방 내지는 축소판이었다. 19세기 베트남의 황제를 두고 '중국 황제의 동남아적 버전'이라고 한다든가 심지어 '중화제국 질서를 그대로 모방한 것'이라 단정하는 것도 이와 같은 관념의 연장이다"라고 하면서, "그러나 황제가 있고 연호가 있고 왕들이 있다면 중국적인 것일까? 중국 중화 질서가 실제 존재하느냐 아니냐의 여부도 문제려니와, 베트남 역사를 바라보는 방식으로 고수되는 '중국 흉내 내기'라는 인식 틀도 베트남에 대한 온전한 이해를 자주 방해한다. 이런 시각으로부터 해방되지 않는 한 베트남의 자율적 역사 또는 아시아의 자율적 역사는 요원할 터이다"라고 하여, 유인선의 '대남제국 질

---

201 최병욱, 「19세기 전반 베트남 帝國의 국제 질서」, 『동남아시아연구』 21-1, 2011, 270-272쪽.

서'설을 비판했다. 그는 중국적 천하 질서와 베트남적 천하 질서 사이에는 근본적 차이점이 있음을 강조하면서 "중국적 질서 속에서 천하의 중심은 오직 중국 하나뿐이다. 그러나 베트남의 천하 질서 속에서 중심은 여러 개였다.…베트남의 국제 질서는 중국적이라기보다는 동남아적이라고 해야 한다"[202]고 주장했다.

베트남과 중국의 외교적 대등성을 강조하는 것은 일본 학계도 예외가 아니었다. 일본의 대표적 베트남사가인 산본달랑은 『중월관계사』에서 "중국은 여러 차례 월남 군주가 친히 스스로 입조하기를 요구했지만, 실제로는 이것이 불가능했다"고 하면서, "중방(中方)의 요구가 특별히 강렬했을 때에는 월방(越方)의 공순한 뜻을 표현하기 위해 금인(金人)을 증송(贈送)하여 군주의 체신(替身)으로 삼았다. 건륭제가 출병한 뒤 완문혜(阮文惠)는 표면상 청정의 친자입조(親自入朝) 요구를 승낙했고, 청정은 역사에 전무한 성대한 일을 위해 큰 경비를 써서 환영을 거행했다. 그러나 실제로는 청에 간 것은 그 자신이 아니라 그의 체신이었다. 이때 청조의 군신이 취한 고압적 요구는 사기로 대답했으니, 이는 일종의 형식만 갖춘 거동이었다"고 단언했다. 산본달랑에 의하면, "월남 군주는 중국 측으로부터는 이러한 대우를 받았지만, 국내에서는 정부령이 칭제한 이래로 계속 황제 또는 제(帝), 천자(天子) 등으로 자칭해서 중국의 천자와 같은 칭호를 사용했다. 여조(黎朝)에서는 태조가 대왕이라 칭했다. 성종(聖宗)은 국황(國皇), 황상(皇上) 등의 칭호를 사용했다. 이는 모두 왕과 다른 더 높은 급의 칭호였다. 황제와 제라는 칭호는 중국인의 입장에서 본다면 오직 중국의 천자만이 사용할 수 있는 특수한 칭호였다. 다른 나라의 군주나 번속국의 통치자가 이런 칭호를 사용하는 것은 용허하기 어려운 모독이었다. 이로 인해 월남의 군주는 국내에서 황제라 칭하고 중국과 교섭할 때는 다른 칭호를 사용했다. 이뿐만 아니라 중국의 예제(禮制)에 근거하면, 상하급 관계에 처한 인물의 접촉에서 지위가 낮은 사람이 지위가 높은 사람을 대할 때는 반드시 자기의 진짜 이름을 사용해야 한다. 중국의 천자는 월남의 군주에게 진짜 이름의 사용을 요구하여, 스스로 '제'라고 봉한 월남 군주에

202 최병욱, 「19세기 전반 베트남 帝國의 국제 질서」, 250-255쪽.

게 참고 받아들이기 어려운 굴욕을 느끼게 했다. 독립 자주의 기분이 매우 농후한 진조(陳朝)에서 그 역대 군주의 명칭은 월방과 중방의 문헌에서 거의 전부 다른 칭호가 기록되었다. 베트남 문헌에 사용된 명칭은 진정한 이름이지만, 중국 문헌에 출현하는 것은 조공 사절이 사용하기 위한 특별한 명칭이었다. 호씨(胡氏)의 정황은 이와 대체로 같았다. 여조 전기에 양국 문헌에는 군주의 이름이 각각 두 개 출현했다. 양자 가운데 진짜 이름으로 간주된 명칭은 실제로는 진짜 이름이 아니었다. 중국 측에서 진명으로 인정한 명칭은 조공을 위해 사용한 명칭이었다. 여조 후기 양국 문헌에 보이는 명칭은 각각 같지 않아 대체로 진조 때의 정황과 같았다"고 하면서, "월남의 군주는 중국에 대해 조공 방식을 취했지만, 대등한 형식을 파괴하는 데까지 이르지 않도록 크게 노력했다"고 지적했다. 그는 "역사 전적 가운데서 진조는 사자를 원에 보낼 때 '부원(赴元)'이라고만 기재했다. 완조에 이르러서는 중국이 말하는 조공은 '방교'라고 칭해졌다. 입공한 사자는 '여청사(如清使)'로 칭해졌다. 중국과의 평등한 관계를 표시했다. 완조가 청조에 보낸 문서는 상대방을 상국(上國), 천조(天朝)라 하고, 자기는 하국(下國)이라 자칭했다. 그러나 국내에서 자기 문헌에서는 양국을 나란히 북조(北朝), 남조(南朝)라고 칭했다. 중국인을 가리켜 당인(唐人)이라 하고, 월남인을 한인(漢人), 한민(漢民)이라 칭했다. 그리고 월남을 중국이라고 부르고 월남인을 화민(華民)이라 부르는 정황이 있었다. 이는 중국과 평등한 관계를 표시할 뿐만 아니라 동시에 중화(中華) 문화를 흡수하여 자기를 중화의 위치에 놓기까지 했다"고 하고, "월남과 중국 이외의 인근 국가와의 관계는 '번속'관계였다. 점파(占婆)는 일찍부터 월남에 조공하는 국가로 인식되었다. 월남과 서방 산지의 각 민족 사이의 관계는 그 군주에게 월남의 관직을 수여하는 토사(土司) 방식을 채취했다."[203]

오사련은 『대월사기전서』에서 편찬 동기를 쓰면서 "대월은 오령(五嶺)의 남쪽에 있어 천(天)이 남북을 나누었다. 그 시조는 신농씨의 후예에서 나와서, 천이 진주(眞主)를 열었기 때문에 북조와 더불어 각각 일방을 제(帝)했다"고 했다. 『대

203 山本達郎 著, 陳選 節譯, 「『中越關係史』結束語」, 『東南亞縱橫』 1984-1(日本文. 東京: 山川出版社, 1975), 34-35頁.

월사기전서』 권10 「여태조황제사사(黎太祖皇帝史事)」에서는 월남을 '중국'이라 자처하고 명조가 '남침'했다 했으며, 명의 군대를 '적(賊)'이라 하여 내외지변(內外之辨)과 양이(攘夷)사상을 엄격히 보여주었다. 「범례(凡例)」에서는 "우리 월인은 북인의 침폭을 분노하여 인심(人心)이 매우 미워했기 때문에 군수를 공살(攻殺)하여 자립했다"고 했다. 명 선종 3년(1428)에 안남을 포기하고 월남 통치를 포기하여, 여리가 정식으로 즉위해서 월남 여조의 태조가 되어 순천(順天) 원년으로 개원하자, 『대월사기전서』에서는 "춘정월(春正月)에 명인(明人)이 자기 나라로 돌아가고 제(帝)가 마침내 천하를 통일하여 이 해를 대정(大定)의 해로 삼았다"고 하고, "논하여 이르기를, 천지가 정해져서 남북이 분치했다. 북은 비록 강대해도 남을 꺾을 수 없었으니, 여(黎)·리(李)·진(陳)의 시기에 볼 수 있었다"[204]고 했다.

이처럼 이른바 종속(宗屬)관계의 시기에 베트남인이 중국에 대해 항형과 독립·대항의 의식을 보여준 사례는 빈번하게 만날 수 있다. 그리고 이러한 전통적 의식은 현대까지 계승되어 중월전쟁과 역사 논쟁까지 이어지게 된 것이다. 프랑스에 대항하기 위해 중국군의 지원을 요청하자는 논의가 있었을 때 호치민은 다음과 같이 단호히 말했다고 한다. "중국군이 머무른다면 무슨 일이 있을지 아십니까. 우리의 과거 역사를 잊으셨군요. 중국군은 올 때마다 천 년 동안 머물렀습니다. 반면에 프랑스인은 잠깐만 머무를 수 있습니다. 결국 그들은 떠나게 될 것입니다."[205]

6. 중월 전쟁관계

1979년 2월에 중국의 『홍기(紅旗)』 잡지에 추계우(鄒啓宇)가 한 편의 문장을 게재하여, 송 희령(熙寧) 연간에 일어난 중월전쟁의 성격에 대한 베트남 역사학자들의 평가를 적극 비판했다.[206] 이에 이 문장은 베트남의 사가들을 자극하여 즉

204 李火卓然, 「越南史籍對"中國"及"華夷"觀念的詮釋」, 『復旦學報』(社會科學) 2008-2, 13-15頁.
205 劉仁善, 『베트남과 그 이웃 중국-양국관계의 어제와 오늘』, 331쪽.

각적인 반박을 진행하게 했다. 베트남 조국전선 중앙기관의 간행물『대단결(大團結)』1979년 제29·30기에 반휘려(潘輝黎)가 대학 사학회의에서 행한「북경 확장 세력에 대한 2천 년 이래 반항의 회고」라는 '학술 보고'를 실었는데, 이 보고는 중월 양국 관계에서 "중국 봉건 왕조가 베트남을 침략한 여러 차례의 전쟁이 이미 있었고 베트남 봉건 왕조가 중국을 침략한 전쟁도 있었다"는 추계우의 주장에 대해 크게 비판을 가하며, "이는 역사적 왜곡으로 그 목적이 침략과 반침략, 확장과 반확장의 경계를 뒤섞고 뒤엎으려는 것이다"라고 했다. 또한 "역사적 사실은 전체 봉건 시기에서 처음부터 지금까지 오로지 중국의 반동 정권이 확장을 기도한 침략전쟁과 베트남 인민이 민족 독립을 보위한 정의로운 전쟁만 있었을 뿐, 베트남이 중국에 대해 침략한 전쟁은 발생하지 않았다는 것이다. 이것이 확실한 역사적 사실이고, 어떠한 사람도 교변(狡辯)할 수 없는 것이다"라고 주장했다.

이에 대해 위화현(魏火賢) 등 중국 학자들은 "반(潘)의 문장은 표면상으로는 소처럼 기세가 장대하지만, 구체적 역사 사실에 한 번 접촉하면 곧 허약한 본질이 폭로된다. 추(鄒)의 문장이 인용한 대량의 중·월 사적 자료에 대해, 역사를 '혼효(混淆)'하고 '전도(顚倒)'했다는, 역사적 사실과 부합하지 않는다는 '교변'에 대해 반은 보고에서 한 마디도 언급하지 않고, '확실한 역사 사실'에 대해 논전을 진행하지 않고, 다만 강한 어조로 만화(蠻話)만 늘어놓았다. 이처럼 역사 문제에 대한 쟁론에서 채취하는 '타조(駝鳥)'식 태도는 실로 서글프고 가소로운 것이다"라고 강한 어조로 비판하면서, "이들 '타조'들이 승인하지 않은 역사 자료를 다시 인용하여 송 희령 연간의 중월전쟁의 배경과 원인, 성격 등 문제에 대해 간단하게 논술하여 역사적 시비를 가리고 이들 반휘려 등 '역사학가'의 비열한 수법과 목적을 폭로할 것이다"[207]라고 하며 반론을 제기했다.

또한 진옥룡은 1983년「중월 역사관계의 몇 가지 문제를 약론함(略論中越歷史關係的幾個問題)」이라는 논문을 발표하여 "역사상 중월 사이에 발생한 몇 차례 전

206 鄒啓宇,「利用歷史反華的拙劣表演」,『紅旗』1979-2.

207 魏火賢·潘香華·粟冠昌,「略論宋熙寧年間的中越戰爭」,『廣西師院學報』1981-1, 52-53頁.

쟁 문제에 관해 근년에 베트남 사학계에서는 일찍이 이 방면에서 반화(反華) 문장을 크게 만들었다"고 하면서, 반휘려 등이 지은 『베트남민족 역사상의 몇 차례 전략적 결전(越南民族歷史上的幾次戰略決戰)』[208]에서 비교적 직접적·돌출적으로 베트남 학계의 관점이 반영되었다고 소개했다. 이 책에서는 역사상 베트남이 외국과 치른 6차례의 "결정적 의의를 갖춘 전략적 결전"을 서술했는데, 그 가운데 5차례는 모두 중국의 송·원·명·청과의 사이에 있었던 전쟁이고 1차례만 섬라(暹羅)와의 전쟁이었다. 이에 대해 진옥룡은 "근 3년 이래 우리나라 사학계는 이미 송·원 부분에 관해서는 몇 편의 반박 문장을 발표했고,[209] 명·청 부분은 아직 전론(專論)이 발표되지 않았지만, 후일 여유가 있으면 따로 전론을 만들어 전면적으로 반박할 것이다"[210]라고 기약한 바 있다.

이처럼 1979년의 중월전쟁을 전후하여 베트남과 중국의 역사학계는 중월관계사의 주류는 책봉과 조공의 교환이나 평화적 문화 교류였는가, 아니면 전쟁이었는가, 중월 사이의 전쟁은 중국의 일방적 침략과 베트남의 항격이었는가, 아니면 쌍방이 서로 침략하고 방어한 양상이었는가, 특히 송 희령 연간의 중월전쟁은 베트남도 중국을 침략한 한 사례인가, 아니면 중국의 침략을 미리 방지한 베트남의 선제 공격이었는가 등의 문제를 둘러싸고 치열한 논쟁을 진행했다. 중월관계사에서 가장 논란거리가 된 쟁점의 하나는 중월 전쟁관계에 관한 것이다. 이 문제에 관한 논쟁의 쟁점은 크게 세 가지로 나뉜다. 그중 하나는 전쟁관계가 중월관계사의 주류인가 아닌가 하는 것이다. 이 쟁점을 놓고 베트남 측에서는 전쟁, 즉 중국의 침공과 베트남의 항격이 주류였다고 주장하는데 반해, 중국 측에서는 평화, 즉 종속(宗屬)관계를 통한 책봉과 조공의 교환 및 문화 교류가 주류였고 전쟁관계는 지엽적 관계였다고 주장한다. 이와 더불어 중월관계사에서 빈번

---

208 潘輝黎 等, 『越南民族歷史上的幾次戰略決戰』(戴可來 譯, 中譯本, 世界知識出版社, 1980).

209 鄒啓宇, 「利用歷史反華的拙劣表演」; 梁志明, 「十一世紀宋朝反擊越南李朝侵略戰爭中富良江位置考」, 『中國東南亞研究會第二屆年會論文專集』; 黃國安, 「歷史不容歪曲」, 『印度支那研究』 1981-1; 魏火賢·潘香華·粟冠昌, 「略論宋熙寧年間的中越戰爭」; 杜玉亭, 「"越南歷史"篡改兀良合台出使安南史實考」, 『印度支那研究』 1980年 增刊.

210 陳玉龍, 「略論中越歷史關係的幾個問題」, 33頁.

하게 지속적으로 일어난 전쟁이 중국이 베트남을 침공한 일방적 전쟁이었는가, 아니면 베트남도 중국을 침공한 쌍방적인 것이었는가 하는 것도 중요한 쟁점의 하나였다. 베트남 측에서는 중월관계사의 전쟁은 모두 중국의 일방적 베트남 침공으로 이루어졌다고 주장하지만, 중국 측에서는 중국 왕조가 베트남을 침공한 경우도 있었지만 베트남 왕조가 중국을 침공한 적도 있었기 때문에 일방적인 것은 아니었다고 주장한다. 이러한 논쟁의 과정에서 베트남의 중국 침공의 대표적 사례로 중국 측이 제기하는 전쟁은 베트남의 이조가 중국의 송조를 공격한 사건인데, 이 전쟁의 성격을 둘러싸고 가장 치열하게 논쟁이 진행되었다. 중국 측에서는 이 전쟁이 베트남이 중국을 침공한 대표적 사례라 지적하지만, 베트남 측에서는 송조의 침공을 사전에 봉쇄하기 위한 조처였다고 주장한다. 세 번째 쟁점은 중월관계사의 전쟁의 성격을 어떻게 규정할 것인가 하는 문제다. 중국 측에서는 마르크스 사관에 입각하여 봉건 왕조의 행위이기 때문에 침략한 쪽의 인민이나 침략을 당한 쪽의 인민이나 모두 피해자라는 계급모순론을 제기했고, 베트남 측에서는 민족과 민족의 항쟁으로 평가하기도 하고 또는 계급적 모순으로 이해하기도 한다.

1) 전쟁 주류론과 전쟁 지엽론

"베트남 관방과 학계 및 민간의 월중관계사에 대한 시각은 대체로 일치된 방향을 갖고 있지만, 표현방법상 약간의 차이가 있고 3자 간에 서로 영향을 미쳤다." 20세기 50년대 중기에 월중관계가 이른바 '동지가형제(同志加兄弟)'의 가장 좋은 시기에 베트남 총리 판반동이 내방한 중국 총리를 환영하면서 "베트남과 중국은 두 개의 인국(隣國)으로 유구한 경제와 문화 관계를 가졌는데, 일찍이 근 100년 동안 피압박의 생활을 함께 겪었다"[211]고 했다. 그러나 1993년 베트남의 영도인 도무오이(杜梅)가 싱가포르에서 총리 리콴유와 회담할 때 "베트남의 비정

211 『人民日報』 1956年 11月 20日.

한 역사를 애상하게 말한다면, 그중 1000년은 중국과 교전했다"[212]고 했다. "베트남 학자와 민간의 시각에 든 월중관계는 굴욕과 반항이었다." 다수의 베트남 학자들은 고대 베트남의 굴욕적 지위를 강조했으니, 예컨대 베트남의 관방 색채가 비교적 농후한 판본인 『베트남역사』는 베트남의 완조와 청조가 종번관계를 유지한 것을 "민족 자존심을 상실한 것을 표현한 것"으로, "시종 맹목적 예속의 신복 태도를 유지한 것"[213]으로 인식했다. 민간의 관점은 대체로 베트남 학자들의 관점과 같다. 〈하늘과 땅〉이라는 미국 영화는 베트남계 여성의 회고록을 기초로 개편한 것인데, 영화 중에서 베트남 노인이 베트남 민중이 강폭(强暴)을 두려워하지 않고 대대로 북방의 침략에 저항한 역사를 자기의 딸을 위해 이야기한다. 베트남계의 한 미국학자가 가족사를 쓴 『신성한 버드나무(The Sacred Willow)』라는 저작에서도 월중관계사에 대한 인식은 기본적으로 모두 중국의 침략에 대한 항격에 모아져 있었다.[214] 이처럼 베트남 관방에서 학계와 민간까지 고대 중월관계사에 대한 해독은 북방 강권의 베트남 '침략'을 많이 강조한 반면, 북방에서 온 경제·문화가 당지의 발전을 어떻게 추동했는지에 대해서는 조금 또는 전혀 제기하지 않았다.[215]

이에 반해 중국 관방과 학계의 관점은 "중월관계의 연원은 멀고 흐름은 길다", "중·월 민족의 문화관계는 밀접하다"는 것이다. 20세기 70년대 중·월이 '동지가형제' 시기에 처했을 때는 중국 관방은 모두 고대 중국 봉건 정권의 베트남 인민 통치와 압박에 기초하여 형성된 불만스러운 뜻을 갖고 있었다. 1956년 저우언라이가 베트남 하노이를 방문하여 이징묘로 갔을 때 『인민일보』는 당시 중월관계사에 관한 문장을 발표하고 "진·한부터 명·청까지 중국 역대 봉건 왕조는 모두 베트남을 침략하고 노역(奴役)했고, 이들 대국주의 침략자들은 모두 실패로 끝을 고했다. 하노이 시 중심의 '환검호(還劍湖)'는 이러한 역사의 증인이다", "마

212 『李光耀回憶錄: 1965-2000』, 349頁.
213 越南社會科學委員會 編, 北京大學東語系越南語敎硏室 譯, 『越南歷史』 第一集, 458頁.
214 Duong Van Mai Elliott, *The Sacred Willow: Four Generations in the Life of a Vietnamese Family*.
215 李勝偉, 「古代中越關係史的多重解讀與正確定位」, 157-158頁.

오쩌둥 주석이 중월 변경상의 '진남관(鎭南關)'을 '목남관(睦南關)'으로 고치도록 지시한 것부터 저우언라이 총리가 베트남의 여성 민족영웅의 동상 앞에 가서 헌화한 것까지 모두 중국 현대의 위대한 정치가들이 성실한 우의로써 역대 왕조 대국주의 침략자들이 남긴 채무를 상환하는 것을 볼 수 있다"[216]고 했다. 1977년 중국의 리셴녠 부총리가 베트남의 판반동 총리와 담화하면서 "우리는 중국 봉건 왕조가 베트남을 침략한 것을 견책해왔다. 저우(언라이) 총리는 일찍이 친히 하노이의 이징왕묘에 와서 한 왕조의 침략에 반항한 이징왕을 향해 경의를 표했다"[217]고 말했다. 그러나 중월전쟁을 거쳐 관계가 정상화된 이후에는 중국 관방은 고대 중·월 양국의 교류와 교왕을 강조했다. 예컨대, 2005년 후진타오는 베트남 국회에서 행한 연설에서 "양국 인민은 역사상 상호 깊고 두터운 감정을 품고, 서로 존중하고 서로 이해하며 서로 지지하고 서로 신임하며 서로 합작하여 시종 양국 인민의 우의를 더욱 깊게 하고 양국 관계가 부단히 발전할 수 있는 동력을 추동했다. 고대에 우리 양국 인민은 밀접히 교왕하고 사이좋게 지내면서 양국의 발전을 공동으로 추동했다"[218]고 했다.[219]

중국 학계의 고대 중월관계에 대한 해독(解讀)은 종번관계였다. 예컨대 중국 학자 대가래에게는 10세기 이전의 중월관계는 베트남 역사상에서 '북속관계'와 '종번관계'의 시대였다. 10세기부터 베트남은 "중국 봉건 왕조의 1천여 년에 달하는 군현적 통치에서 벗어나 자주적 봉건 국가를 건립했으나, 다만 입국 이후에 송조 이래 역대 봉건 왕조는 조공과 책봉을 핵심적 내용으로 하는 종번관계를 건립하여 양국 방교의 기본 모형을 형성했다. 1885년 베트남이 프랑스 식민지로 전락할 때에 이르러 이러한 관계와 모형이 종말을 고했다"[220]고 했다.

그러나 베트남의 역사학계는 종번관계에 관한 논의는 거의 생략한 채 전쟁 관계만을 강조했다. 한 예로 문신은 "베트남민족은 3개 큰 역사시대가 있는데, 곧

216 展潮, 「紅河畔的友誼」, 『人民日報』 1956年 11月 23日.
217 『人民日報』, 1979年 3月 23日.
218 『人民日報』, 2005年 11月 1日.
219 李勝偉, 「古代中越關係史的多重解讀與正確定位」, 158頁.
220 孫宏年, 『淸代中越宗藩關係硏究』, 4頁.

반랑 시대, 대월 시대, 호치민 시대다. 반랑 시대는 건국 시대이고 영웅적 위국 투쟁의 시대이기도 했으니, 베트남 인민은 일심단결해서 인민전쟁, 즉 유격전쟁을 조직할 줄 알아서 50만 진군(秦軍)을 격퇴했다. 대월 시대는 981년 여환(黎桓)이 영도한 항송 전쟁의 승리로 시작되었다. 여환 이후 이상걸은 두 차례 송군을 격퇴했고, 13세기에는 1258년과 1285년, 1287~1288년 등 세 차례나 항원 전쟁에서 승리를 거두었다. 1418~1427년에는 여리(黎利)와 완응(阮鷹)이 영도한 항명 전쟁에서 영광의 승리를 거두었다. 18세기는 돌출적으로 표현된 우리 민족의 위대한 세기였다. 농민 기의가 전국 범위로 발전하여 반동적 부패 봉건제도를 타도하고 두 차례 외국 침략을 격퇴했다. 대월 시대는 비상히 영광스러운 건국 시대였으니, 베트남인은 자기의 역량에 의지하여 독립적 문화와 경제를 건립했다"[221] 고 하여, 베트남 역사를 중국의 침략을 물리친 항격의 역사로 묘사했다.

진국왕 역시 "과거의 역사 과정 중에서 우리 국가와 우리나라 인민은 북방 봉건주의와 서방 자본주의 및 북미 제국주의의 능욕을 받았다. 그러나 우리 조상과 우리는 모두 기꺼이 욕을 받지는 않았다.…우리의 선조 이(李)·진(陳)·여(黎)는 송·원·명 등 봉건 왕조의 비루하고 탐욕스러운 중국의 면전에서 자위를 진행했다"[222]고 하고, 반휘려와 반대윤(潘大允)은 "우리 민족은 홍브엉의 건국부터 지금까지 약 4천 년의 역사가 있었다(1965년판에서는 '건국부터 지금까지 약 2천 년의 역사'라고 썼다). 이렇게 긴 역사 과정에서 민족의 외침에 반항한 역사가 전체 역사의 3분의 1을 점했다.…외침에 반항한 이 모든 투쟁은 모두 풍부한 민족적 영웅 역사였고, 모두 애국주의와 정의의 전쟁으로 일개 약소민족이 강국의 침략에 반대한 무장투쟁이었다"[223]고 했다.

베트남의 교과서에서도 중국의 침공으로 일어난 전쟁이 매우 강조되었다. 예컨대 "981년에 후인보(侯仁寶)가 지휘한 송군(宋軍)이 수륙 두 경로로 베트남으로 진공했지만, 송군은 대패하고 후인보 장군은 죽었다"는 사실을 강조한 베트

221 文新, 「關于越南歷史的講話」, 『歷史研究』, 1973-5·6; 『選編』, 753頁.
222 陳國旺, 「對故土-雄王廟的看法」, 『人民報』 1978年 3月 11日; 『選編』, 755頁.
223 潘輝黎·潘大允, 『蘭山起義』(河內, 1977), 485-486頁; 『選編』, 772頁.

남 교과서는 "이 승리는 우리 군과 인민의 외국 침략에 대한 확고한 의사를 표시한 것으로 대월국의 발전과 민족 독립을 방위하는 힘의 발전을 증명했다"[224] 고 적극 평가했다. 또한 "11세기 중엽 송조(中國)는 누적된 곤란을 안고 있었다.… 송조는 전쟁을 일으켜서 이러한 위기를 타개하기 위해 대월을 침공했다.…송조가 우리나라를 침략할 준비에 분주한 상황을 앞두고 이상걸은 '자위를 위한 선제 공격'이라는 독자적·창조적 방침을 실행했다"고 하면서, 이 "여월강(如月江)에서의 전투가 송군 침략의 운명을 결정지은 전투였다.…민족이 외부의 침략에 저항한 역사에서 거둔 위대한 승리의 하나였다.…전쟁의 지도자로서 이상걸은 실로 뛰어난 장군이었다. 그의 명성은 영원히 우리 민족의 자랑이 되었다. 이 항전은 빛나는 승리로 끝났다. 송군은 대월 침략의 꿈을 버리지 않을 수 없게 되었고 대월의 독립과 자주는 지켜지게 되었다"[225]고 적극 평가했다.

송대 중국과 베트남의 전쟁이 끝난 뒤에도 몽원과 명조·만청 등의 침공과 항쟁은 계속 이어졌다. 이에 대한 베트남 교과서의 설명에 의하면, 1258년에 3만의 몽골군이 베트남을 침공하여 도성을 철저하게 파괴하고 수많은 인민을 살해했다. 그러나 베트남인의 항전은 1개월 만에 승리로 막을 내렸다. 1279년 남송이 멸망하고 중국 전토를 몽골이 통치하게 되자, 원의 황제 쿠빌라이(忽必烈)는 참파와 대월까지 정복하려는 계획을 실행했다. 1283년 10만의 원군(元軍)이 참파를 침략하여 도성을 점령했다. 1285년에는 50만 원군이 대월을 공격했다. 그러나 2개월의 반격으로 진조(陳朝)의 군대와 인민은 당시 세계에서 최강이라 일컬어진 50만의 원군을 격퇴했다. 이에 대해 베트남의 교과서는 "몽골 원군에 대한 세 차례 항전에서 승리한 것은 원제국의 대월 침략 야망과 의사를 분쇄하여 완전한 영토 독립과 민족의 국가 주권을 지키고 당시 세계 최강의 잔인한 적을 깨뜨린 것으로…베트남민족이 강함을 보여주고 사람들의 자신감을 강화시켜 우리 민족의 정당성을 스스로 증명하고 인민의 신념을 강화시켰다"[226]고 평가

224 『ベトナムの歴史』, 158-160頁.
225 『ベトナムの歴史』, 165-175頁.
226 『ベトナムの歴史』, 191-205頁.

했다.

1406년에는 베트남의 호조(胡朝)가 진조(陳朝)를 찬탈한 것을 구실로 삼아 중국의 명조는 병사 20만과 수십만의 인부를 포함한 대병력을 동원하여 베트남을 침입했다. 이 전쟁에서는 호조가 패배하고 명조는 베트남에 통치 정권을 수립하여 국호를 폐하여 교지군(交趾郡)으로 바꾸고 베트남을 중국에 병합했다. 베트남의 교과서는 이때 명조가 "동화정책을 실시하고 과혹하게 인민을 착취했다. 수백 항목의 중세를 부과하고, 노비로 팔린 여자와 아이들을 중국으로 데리고 가고, 우리 인민에 풍속·습관을 버리도록 강제했으며, 우리나라의 귀중한 서물(書物)을 많이 불태우고 가치가 높은 많은 서물을 중국으로 가지고 갔다"[227]고 비판했다. 호조의 항전은 패배로 끝났지만 각지의 베트남 인민이 봉기했다. 1427년에 15만의 원군이 중국에서 들어왔지만 3만 이상이 섬멸되고 총사령관도 전장에서 죽었다. 베트남의 국토는 완전히 해방되었고 완천은 「평오대고」를 지었는데, 이는 베트남 "민족의 위대한 항전을 총괄한 영웅가(英雄歌)였다." 베트남 교과서는 "남산(藍山) 봉기의 빛나는 승리는 우리 인민이 강한 애국심을 갖고 우리나라의 자유와 독립을 쟁취하는 확고한 불굴의 의지를 갖고 전 인민이 단결하여 싸운 결과였다.…남산 봉기의 승리는 민족의 영웅인 여리와 완천을 필두로 한 참모본부의 적절한 전략과 전술 노선, 창조성과 밀접한 관계가 있었다.…남산 봉기의 승리는 20년에 걸친 봉건 명조의 과혹한 지배를 종결시키고 베트남의 사회·국토·민족의 새로운 발전기인 여조 초기를 열었다"[228]고 평가했다.

1771년에 완악(阮岳)·완혜(阮惠)·완려(阮呂)의 3형제가 서산(西山)에서 봉기하여 남부의 완씨(阮氏)와 북부의 여씨·정씨(鄭氏) 정권을 차례로 무너뜨렸다. 이에 여씨가 청조의 지원을 얻기 위해 사신을 파견했다. 청의 건륭제는 이 기회를 타서 베트남을 침략하여 남으로 영토를 확대하려 기도했다. 1788년 말 청은 손사의(孫士毅)에게 29만의 병력을 4군으로 나누어 베트남에 진군하게 했지만, 만청의 베트남 정복은 성공하지 못했다. 이에 대해 베트남 교과서는 "17년간의 전투를

227 『ベトナムの歴史』, 224頁.
228 『ベトナムの歴史』, 237頁.

통해 서산운동(西山運動)은 완씨·정씨·여씨의 부패한 봉건 정권을 타도하고, 국토를 분단하는 경계를 없애고 국가 통일의 기반을 구축했다. 동시에 서산운동은 청의 침략군을 타파하여 조국의 독립과 영토를 지켰다. 이러한 승리를 얻은 것은 첫째, 억압과 착취에 저항한 우리 인민의 투쟁의 의지와 애국정신이 높았기 때문이다. 이에 더해 광중제(光中帝)와 의용군 사령부의 재지(才知)에 능한 현명한 지도가 승리에 중요한 공헌을 했다. 광중제는 18세기의 우리 민족의 위대한 영웅이었다"[229]고 서술했다.

송과 원·명·청 등 베트남을 침공한 국가들 가운데서 베트남인의 저항을 물리치고 유일하게 정복에 성공한 국가는 명이었다. "명조는 역대 북방 봉건 왕조의 낡은 길을 달려 '천조(天朝)'의 각 번방에 대한 위력을 회복하고 명조 패주(覇主)의 권력 아래서 천하를 수복하려 했다." 그러나 명의 베트남 통치는 베트남 역사학계에서 매우 사납게 비판되었다. 즉, "진조 말엽 우리나라의 경제는 활발하게 발전되고 있었으나…명조의 침략과 통치가 이러한 발전의 허리를 철저하게 잘라버렸다. 잡세를 가혹하게 거두고 요역이 빈번했으며 검사와 금령이 비상히 가혹하고 각박했다. 관리들의 잔혹한 착취와 사기 수단 및 사병의 파괴, 약탈, 도살이 인민의 원기를 크게 손상케 함과 동시에 인민의 생산력을 파괴했다. 이러한 파괴가 우리나라 경제를 수십 년 안에 정체하여 발전할 수 없게 했다"[230]는 것이다. 이에 반해 명군을 축출하여 명의 통치를 종식시킨 베트남인의 저항은 매우 적극적으로 평가되었다. "조정(李朝와 陳朝)이 영도한 위국(衛國) 전쟁과는 달리 남산 기의는 민족해방전쟁으로, 기의 폭발부터 승리까지 모두 인민의 적극 참가와 자각 옹호가 있었다. 이 애국 전쟁은 인민 군중의 주동적 정신과 결정적 작용을 심각하게 체현하여 인민 전쟁을 보다 높은 수준으로 제고했다."[231]

몽원과 만청의 침공을 물리친 베트남인의 항격에 대한 베트남 학계의 일반적 평가 역시 베트남 교과서의 그것과 다를 바 없었다. 문신은 "13세기에 이르러

---

229 『ベトナムの歴史』, 273-286頁.

230 陶維英,『越南歷史』第一卷, 191-193頁;『選編』, 737-738頁.

231 陶維英,『越南歷史』第一卷, 295頁;『選編』662-742頁.

제2차 몽골군 항격 전쟁과 제3차 몽골군 항격 전쟁에서 인민전쟁이 비로소 베트남에서 출현했다"[232]고 했다. 반휘려도 "옥회(玉洄)-동다(棟多)대첩을 대표로 하는 결정적 작용을 일으킨 항청 전쟁의 승리는 외침에 반대한 민족의 역사상 가장 혁혁한 전공의 하나로 베트남인은 영원히 자부한다. 독립과 자유의 이상을 품은 영웅적 민족의 기묘한 생명력으로 자부한다"[233]고 하고, "서산운동은 완, 정, 여 봉건 집단을 뒤엎어 경계선의 분할을 취소하고 남북 두 방향에서 온 만청과 섬라 침략군을 쳐서 패퇴시켜 국가의 통일을 진정으로 회복했다"[234]고도 했다. 범옥봉(范玉奉) 역시 "1789년 우리 10만 대군은 농민영웅 완혜의 지휘하에 인민의 유력한 협조하에 동다 전투를 진행했다. 이는 우리 민족은 북방 봉건 집단의 침략에 항격한 역사상 최후의 한 차례 대결전이었다. 2월 5일 완혜의 신속(神速)한 전역(戰役)은 우리나라 군민의 철저한 승리로 종결되고, 20만 이상의 청군과 3만의 여소통(黎昭統) 괴뢰군을 소멸시켜 북방 봉건 집단의 침략 야심을 철저하게 분쇄했다"[235]고 자랑했다.

총괄해서 평가한다면, 베트남인은 "베트남 역사상 우리의 조상은 일찍이 여러 차례 위대한 전공을 세웠다. 이조는 송조의 두 차례 침략을 물리치고 거대한 승리를 거두어 우리 민족을 위해 근 2백 년의 강성을 불러왔다. 진조는 몽원 침략군의 제2차·제3차 침략을 물리치고 거대한 승리를 거두어 민족의 1백 수년의 독립을 유호(維護)했다. 여리와 완웅은 명조 침략군을 물리치고 위대한 승리를 거두어 3백여 년 동안에 어떠한 침략군도 감히 우리나라를 침범하지 못하게 했다"[236]고 자부하고 있다.

그러나 중국 학계의 반응은 전혀 달랐다. 중국 학자들은 중월관계사에서 전쟁은 지엽적이며 일시적인 현상에 지나지 않았다고 주장했다. 중국 측에 의해 주로 제기되는 전쟁지엽론은 "전쟁은 양국 관계사의 지류에 속했고 평화와 우호가

232 文新,「反對蒙古侵略軍抗戰的幾個特點」,『歷史研究』1968-9;『選編』, 763頁.
233 潘輝黎,「1789年1月30日己酉年初玉洄棟多大捷」,『歷史研究』1974-1·2;『選編』, 748頁.
234 潘輝黎,「統一,我們民族的光輝歷程和事業」;『選編』, 751頁.
235 范玉奉,「我們民族歷史上的戰略決戰」,『人民報』1977年 4月 24日;『選編』, 748頁.
236 戰勝,「我們民族的歷史性勝利」,『人民軍隊報』, 1975年 11月 27日;『選編』, 752頁.

주류였다"[237]거나, "중월관계사를 종관하면, 책봉과 조공은 장기적·경상적으로 작용을 일으킨 인소였지만, 변흔(邊釁)이나 전쟁이 발생한 시간은 일시적인 한순간에 지나지 않았다"[238]거나 "중월 종번관계의 900여 년간 양국의 우호가 역사의 주류였고 전쟁의 시간은 매우 짧아서 모두 합쳐야 20여 년에 불과했다"[239]는 것이었다.

양립빙은 "베트남 사학계가 여전히 마음대로 원하는 대로 베트남 건국사를 뽑아 높이고…중국이 자고로 베트남을 침략했다는 기담괴론을 제출했다.…베트남 사학계의 이와 같은 유심적(唯心的) 설법에 의하면, 중국은 은조(殷朝)에 일찍이 군대를 파견하여 베트남(文郎國)을 침략했고, 진조에 이르러 베트남을 병탄(甌雒國을 멸망)했다. 그들은 진·한 이래 교지 지구가 중국의 봉건 왕조에 반대한 투쟁을 모두 '반침략'의 '위국' 전쟁이라 말했다"고 하면서, "그러나 조금만 역사 상식이 있는 사람이라면 모두 알듯이, 10세기 중엽 이전에 교지 지구는 중국 봉건 왕조의 군현에 속했다. 중국 봉건 왕조와 교지 지구의 관계는 국가 사이의 관계가 아리라 중국 경내의 중앙과 지방의 관계였다. 동일한 국가 안의 투쟁이므로 침략과 피침략의 문제가 존재하지 않았으니, 이는 길가는 사람들도 모두 아는 상식이다. 이 상식에 의하면, 968년 이전에 중국 봉건 왕조의 교지 지구 각 변군에 대한 용병은 침략이 아니며, 이들 변군의 중국 봉건 왕조에 대한 반항도 반침략이 아니다. 베트남 사학계의 이러한 홍브엉 건국, 중국 침략, '이징'의 반침략 등의 논조는 모두 황탄무경(荒誕無經)하여 공격하지 않아도 스스로 부서질 만한 것이다. 베트남 사학계는 이러한 황당무계한 논조를 확산한 목적은 레주언 집단이 베트남 인민에 대해 진행한 '북방의 침략에 항격했다는 전통적 교육'을 위한 것이다. 베트남 사학계는 억지로 조작된 '역사'를 이용하여 반화적(反華的) 여산(廬山)의 진면목을 보였다"[240]고 비판했다.

237 黃錚, 「略論中越兩國歷史上的戰爭問題」, 『中越關係史輯稿』(廣西人民出版社, 1992), 27頁.
238 陳玉龍, 「略論中越歷史關係的幾個問題」, 33頁.
239 宋北侖, 「關于中越關係的分期問題」, 13頁.
240 楊立冰, 「評越南史學界歪曲中越關係史的幾個謬論」,22頁.

중국 학계에서 평화를 중월관계사의 주류로 보고 전쟁은 지엽적·일시적인 것으로 보는 까닭은 양국의 전쟁이 대부분 중월관계의 평화적 체제, 즉 종번관계, 책봉-조공관계의 모순에서 나타난 부분적 현상으로 이해하기 때문이다. 한 예로, 대가래는 "베트남 역사의 돌출된 특징은 농촌공사 제도의 장기 보존이었다.…농촌은 개조환대(改朝換代)와 통치자의 경질에 대해 냉담해서 개조환대가 상층 통치자에서 여러 번 진행하게 했다.…따라서 베트남 역사의 왕조 교체는 거의 모두 통치자의 궁정정변과 찬위로서 실현되었다"고 하면서, "베트남 왕조의 부단한 경질은 필연적으로 중국과의 종번관계에 변화를 발생시켰다. 찬위된 옛 왕조도 원래는 번신이었기 때문에 중국에 보호를 요청하여 이로 인해 중·월 간의 왕조 전쟁을 불러일으켰다. 이러한 전쟁에서 중국은 대부분 종주권을 유호(維護)하고 반역을 토벌하며 흥멸계절(興滅繼絶)해서 번신을 보호하는 것을 이유로 삼았다"[241] 고 하여, 중월전쟁의 원인을 종번관계의 본질 또는 베트남 사회의 특성에서 찾고 있다.

2) 일방적 침략론과 상호 침공론

베트남인에 의하면, 역사상 중월전쟁은 언제나 중국 국가의 베트남 침공으로 이루어졌다. 중국을 지배한 송·원·명·청 등 여러 국가는 차례로 베트남을 침공하여 베트남인의 완강한 저항을 받았다. 이러한 중국 국가의 연쇄 침공과 베트남인의 항격에 대해 중·월 양국 역사학계의 이해는 일치되지 않는다.

예컨대 황쟁(黃錚) 같은 중국 학자들은 상호 침공설을 강조했다. "중·월 양국의 봉건 왕조 시기에 중국이 베트남을 침략한 전쟁이 있었고 베트남이 중국을 침략한 전쟁도 있었다.…중국과 마찬가지로…베트남이 자주적 봉건 국가를 건립한 뒤에는 각 왕조의 봉건 통치자는 중국을 침략했다.…봉건 통치 이익의 필요에 의해 중국의 봉건 통치자들은 베트남에 대한 침략 전쟁을 발동했고 베트남의 봉건

241 戴可來,「略論古代中國和越南之間的宗藩關係」, 119-120頁.

통치자들도 중국에 대한 침략을 발동했다."[242] 그는 마르크스 유물사관으로 원조 시기 중월전쟁의 기점과 상관 사실 등 문제를 분석하여, 중·월 쌍방의 봉건 왕조 시기에 중국이 베트남을 침략한 전쟁이 있었을 뿐만 아니라 베트남이 중국을 침략한 전쟁도 있어 "중·월 노동 인민이 모두 전쟁의 피해자였음"을 밝히고, 베트남의 역사학자들이 "전쟁을 이용하여 민족사문주의(民族沙文主義)를 선동하며 역사를 왜곡했음"[243]을 강조하려 했다.

장가련은 "중국 봉건 왕조는 물론 군사상 또는 물질상으로 명백하게 베트남보다 강했고, 이러한 국력의 대비는 중·월 양국으로 하여금 장기간 불평등한 상태에 놓이게 했다. 베트남 봉건 지주계급이 정권을 장악한 뒤에 양국은 일찍이 여러 차례 변흔과 전쟁을 일으켜 규모가 비교적 큰 것만 7차례 있었으니, 송조에 2차례, 원조에 3차례, 명조에 1차례, 청조에 1차례 있었다. 이 가운데는 중국이 베트남을 침략한 전쟁이 있었고 베트남이 중국을 침략한 전쟁도 있었다"고 하면서, "누가 침략자이고 누가 피침략자인가는 당시 쌍방의 군사적 역량의 대비로 결정되었다. 절대 부분의 시간에 중국이 베트남보다 강했기 때문에 중국의 봉건 왕조가 침략자의 입장이 된 경우가 비교적 많았다.…그러나 사서는 베트남의 봉건 왕조가 그 인국과 중국을 침략한 역사 사실을 기록하기도 했다"고 하면서, "1014년 월군이 흠주(欽州)를 침입하고…1075년에는 이조의 군대 10만이 송의 지경을 깊이 침입했음"[244]을 강조했다.

대가래도 "조공과 책봉을 핵심 내용으로 하는 종번관계는 실시 과정이 순풍에 돛단 듯이 순조롭기만 한 것은 아니어서 쌍방 국력의 소장에 따라 변흔과 전쟁이 수없이 나타났으니, 이로 인해 잠시 종번관계가 중단되기도 했다"고 하면서, "중월 간의 전쟁은 오로지 중국이 베트남을 침략한 것은 아니라 그중에는 베트남이 중국을 침구한 것도 있었다"고 했다. 그는 베트남이 중국을 침략한 대표

---

242 黃錚,「略論中越兩國歷史上的戰爭問題」, 25-27頁.

243 黃錚,「關于中越兩國歷史上的戰爭問題」,『學術論壇』 1983-4; 曾貝·劉雄,「元朝時期中國與越南關係研究述評」,『洛陽師範學院學報』 2010-4, 96頁.

244 張家連,「對古代中越關係的理論思考」, 16頁.

적 사례로서 "여조가 개시부터 빈번하게 송조를 침구했고···이조는 보국태위(輔國太尉) 이상걸을 보내 10만을 거느리고 송 땅 양광(兩廣) 변강을 침입하여 흠(欽), 염(廉), 옹주(邕州) 등을 공격해서 함락시키고 거주민 수십만 명을 도살했으며 3주의 백성을 대량 약탈해서 나라로 돌아갔다"고 하면서, "송조는 어쩔 수 없이 곽규(郭逵) 등을 보내 공격하게 하니, 월군은 적대하지 못하고 부득이 송과 화의해서 한 번 중단된 종번관계를 다시 회복했는데, 이번 전쟁은 송조로서는 완전히 정의로운 것이었다"[245]고 했다.

양립빙은 "베트남 사학계의 어떤 사람들은 역사 사실을 무시하고, 한편으로는 중국이 베트남을 침략한 사실을 크게 선전하면서, 한편으로는 중국을 침략한 베트남 봉건 통치자의 죄책을 극력 부인했다. 그들은 수치를 모른 채 '전 봉건 시기에 지금까지···베트남이 중국을 침략한 전쟁은 발생한 적이 없다'[246]라고 주장한다"고 하면서, 그러나 "역사가 증명하듯, 10세기 말 베트남이 독립 건국한 지 오래되지 않아 대외적으로 침략·확장하는 길을 달려, 각 대봉건통치자 가운데 '개척강우(開拓疆宇)', 즉 영토확장의 국책을 추진하지 않은 자가 없이, 베트남을 중남(中南) 반도의 가장 부유한 침략성 국가로 만들었다. 그들은 잔인무도하게 점성(占城)을 집어삼키고 진랍(眞臘, 지금의 캄보디아)을 찢어 나누었으며, 노과(老撾, 라오스)를 잠식함과 동시에 중국을 여러 차례 침략했다"고 하고, "기록에 의하면, 995년부터 1214년까지 2백 년 이상 베트남의 전여조(前黎朝)와 이조, 진조 등 3대가 중국 송조를 침략한 것이 12차 이상 달했고, 그중 1075년 이조가 송조의 흠, 염, 옹 등 3주를 침략한 규모가 가장 컸다. 이 전쟁에서 베트남군은 10만 이상의 중국 군민을 살해하고 7~8만 부녀와 아동을 약탈했다"[247]고 그 대표적 사례를 들었다. 그는 "'봉건 시기 전 기간에 지금까지 베트남이 중국을 침략한 전쟁은 발생하지 않았다'는 논조는 순전히 거짓말에 속한다. 잘못된 논조의 창제자는 중월관계의 역사를 미친 듯이 왜곡하여 베트남 봉건 통치계급의 변호사 노

245 戴可來,「略論古代中國和越南之間的宗藩關係」, 119頁.
246 雲南省歷史研究所 第二研究室,『東南亞資料』第43期.
247『大越史記全書』卷3.

릇을 할 뿐만 아니라 온 힘을 다해 레주언 집단의 침략·확장 노력을 위해 취고수(吹鼓手)의 노릇까지 담당했다. '지금까지 한번도 중국을 침략한 적이 없다는 주장(從未侵略中國論)'은 레주언 집단이 1974년 이래 중월 변경에서의 무장 도발을 '자위'라 하고 월군이 중국 영토에 침입한 것을 '중국의 침략에 대한 반항'으로 만들어, 레주언 집단의 반화(反華)와 침화(侵華)를 위해 요란하게 지구패권주의(地區霸權主義)정책의 길을 열고 깃발 흔들며 소리 질렀다"[248]라고 비난했다.

특히 송조 중국과 이조 베트남의 전쟁은 많은 논쟁을 낳았다. 이 전쟁이 논쟁의 초점이 된 까닭은 중국 측이 베트남도 중국을 침공한 적이 있었다는 사례를 여기서 찾으려 한 데 반해, 베트남측은 베트남의 선공이 자위적 성격을 갖고 있었던 것으로 이해했기 때문이다. 중국 학계에서는 중월전쟁은 일방적인 것이 아니었다고 하면서 그 대표적 사례로 1075년에 있었던 베트남 이조의 송조 침공을 들었다. 그러나 베트남인은 이 전쟁조차 '자위를 위한 선제 공격'이었다고 주장하여 치열한 논쟁을 불러일으킨 것이다.

1075년의 중월전쟁에 대해 베트남의 교과서에서는 다음과 같이 설명했다. "11세기 중엽 송조(中國)는 무겁게 쌓인 어려움을 안고 있었다. 국내에서 국고가 바닥에 이르러 재정이 핍박되어 내부에 모순이 발생했다. 인민은 기아의 고통으로 각지에서 투쟁이 일어났다. 송조의 북부 국경 지역은 요와 서하 등 두 나라에 의해 항상 위협을 받았다. 송조는 전쟁을 일으켜서 이러한 위기를 타개하기 위해 대월을 침공했다.…대월을 공략하여 점령하기 위해 송조는 참파의 왕을 유인하여 남방에서 대월을 공격하게 했다. 한편 대월의 북부 국경에서는 송조가 양국의 교역과 인민의 왕래를 방해하기 위해 소수민족의 추장들을 교사했다.…적의 모략을 이른 단계에서 살펴 안 이조의 황제는 이에 대처하는 준비를 적극적으로 갖추었다. 태위(太尉)인 이상걸이 항전을 지휘·조직할 인물로 선발되었다.…송조가 우리나라를 침략할 준비에 분주한 상황을 앞두고 이상걸은 '자위를 위한 선제 공격'이라는 독자적·창조적 방침을 실행했다. 그는 언제나 '앉아서 적을 기다

248 楊立冰, 「評越南史學界歪曲中越關係史的幾個謬論」, 21頁.

리는 것보다 적의 세력을 멈추게 하기 위해 먼저 군을 이끌고 토벌하는 것이 좋다'고 말했다. 이를 위해 그는 대월 국경 가까이에 있는 송조의 병력과 군량이 집중된 지역에 군대를 진공시키는 준비를 신속하게 했다. '옹주와 흠주, 염주는 우리나라의 북부 변경 가까이에 위치했다. 이곳은 송군의 3개 출병 근거지로서 중요한 결집지점이었다. 이 장소에 충분한 양의 식량과 무기가 저장되어 있었다. 이 세 근거지에서 송의 침공군은 대월 공격을 개시했다.' 1075년 10월 이상걸은 10만 이상의 수군과 육군을 지휘하여 송국 영내로 진공했다.…이상걸은 수군을 지휘하여 흠주와 염주(廣東)에 상륙했다. 적군이 결집하는 근거지를 전복시키고 적의 저장고를 파괴했으며, 이상걸이 거느린 군대는 송군의 근거지인 옹주성으로 진격하여 포위했다. 42일간의 전투 뒤에 이조의 군대는 옹주성을 함락시키고…목적을 이룬 뒤 이상걸은 스스로 군대를 철수하여 적을 저지할 국내의 방위선을 준비했다."[249]

1077년 1월 송의 대군이 남관(南關)을 넘어 베트남을 침공했지만, 송군은 대패하여 "죽은 자가 반수 이상이 되었다." 이때 이상걸은 '남국산하남제거(南國山河南帝居)'란 저 유명한 시를 지었다.[250] 베트남 교과서는 이 "여월강(如月江)에서의 전투가 송군 침략의 운명을 결정지은 전투였다.…민족이 외부의 침략에 저항한 역사에서 깨끗하게 거둔 승리의 하나였다.…전쟁의 지도자로서 이상걸은 실로 뛰어난 장군이었다. 그의 명성은 영원히 우리 민족의 자랑이 되었다. 이 항전은 빛나는 승리로 끝났다. 송군은 대월 침략의 꿈을 버리지 않을 수 없게 되었고 대월의 독립과 자주는 지켜지게 되었다"[251]고 적극적으로 평가했다.

이러한 베트남 교과서의 평가는 베트남 역사학계의 일반적 경향과 괴리되지 않는다. 중국 학자 형리해(邢利海)가 정리하여 소개한 바에 의하면, 베트남 사학가의 일반적 관점은 다음과 같다. "자위를 위한 선발제인(先發制人): 1072년에 (이[李]) 성종(聖宗)이 서거하고 만 7세의 인종(仁宗)이 왕위를 이었다. 송조는 이것이

249 『ベトナムの歴史』, 165-72頁.
250 『ベトナムの歴史』, 174頁.
251 『ベトナムの歴史』, 174-175頁.

좋은 기회라고 생각하고 우리나라 침략을 적극 준비했다. 이때 송군의 침략 음모는 이미 모조리 폭로되었다. 변계는 옹주(지금의 南寧)를 중심으로 적인의 허다한 침략 기지를 이루고 있었다.…이상걸은 보국태위를 맡고 조정의 병권을 장악하여 송군 대항을 조직하고 영도할 사명을 직접 부담하고 있었다. 이상걸은 송군의 침략을 피동적으로 기다릴 수 없고, 먼저 발동하여 주동적으로 진공해서 적인으로 하여금 처음부터 피동적 지위에 놓이게 하여 전 민족의 항전을 위해 가장 유리한 조건을 창조해야 한다고 생각했다. 선발제인으로 자위에 편하게 한다는 사상을 관철하기 위해 이상걸은 송조 국토상에 한 차례 직접 타도를 가해 적인의 침략 기지를 파괴하는 습격 행동을 조직하고, 그런 뒤에 신속하게 철병·회국하여 부서를 나누어 방수할 것을 주장했다. 진공의 주요 목표는 송군의 변계상 각 영채(營寨)와 흠주(지금 廣西 靈山)와 염주(지금 廣東 合浦) 항구였고, 더욱 중요한 것은 옹주성을 공격해서 함락하는 것이었다. 1075년 10월 27일 우리 군대가 진공하기 시작했다. 아군은 불의의 맹렬한 진공을 가했다. 아군이 송조의 강역에 진입했을 때 이상걸은 또 중국 인민의 지지를 대거 쟁취했다. 그는 사람을 각지에 파견하여 고시하여 중국 인민으로 하여금 아군이 진공하는 목적이 자위를 위한 것이고, 송조가 오랫동안 쌓아온 침략의 음모를 분쇄하기 위한 것이었음을 알게 했다. 42일 만에 옹주성을 점령했다. 이상걸은 성루를 무너뜨리고 군량창고를 불태우며 돌로 강과 길을 막아서 적인의 운송을 저지하게 했다. 이렇게 습격의 목적이 성취되자…아군은 신속하게 물러나 회국했다. 옹주성을 진공한 목적은 적극적인 자위였다. 이번 습격은 항송 전쟁과 긴밀하게 관련되어 있어 분할할 수 없는 한 부분이었고 동시에 항송 전쟁의 제일 단계였다.…이상걸은 하나의 주동적이고 창조성이 풍부한 항전계획을 제정했다.…이 항송 전쟁은 우리 민족의 완전한 승리 취득으로 끝을 맺었다. 조국의 독립과 주권, 영토는 공고해질 수 있었다. 송조의 우리나라 침략의 환상은 이로 인해 완전히 물거품으로 변했다."[252]

252 邢利海,「解析十世紀中越戰爭」,『(哲學史學硏究) 文敎資料』, 2008年 1月號 下旬刊, 102頁.

실제로 베트남 사학자 명봉(明峰)은 "당시 송군은 옹주와 흠주에 병력을 결집하여 우리나라 침략을 준비했다"고 전제한 뒤, "이러한 소식을 접한 이상걸이 선발제인하여 적인의 계획을 분쇄할 것을 준비했다"[253]고 하여, '선발제인' '자위'론을 주장했다. 진국왕과 하문진 역시 "송조가 침략 진행을 준비한다는 소식을 들었을 때 이상걸은 송조의 침략 음모를 분쇄하기로 결정하고…송조의 변경과 옹, 흠, 렴 일대의 진공 거점을 뿌리뽑아 없애려 했다.…출병의 목적이 달성된 뒤 송조가 군대를 일으켜 우리를 공격하려 한다는 소식을 듣고 이상걸은 즉시 철병하여 국토를 방수하기로 결정했다.…그는 승리에 도취하지 않고 신속하게 철수하여 방어했다"고 하면서, "이는 이상걸이 '먼저 출병한 것'이 다만 '흉흉한 적인의 침입을 막으려는' 목적이었지, 출병이 중국의 토지를 침략하려는 것이 아니었음을 분명하게 보여준다.…만약 이것이 침략 전쟁이었다면(또한 封建式의 침략이었다면), 응당 상시에 땅을 뺏고 관병을 두어서 통치하며 인민의 재산을 약탈했을 것이나…여기서 우리는 이러한 점을 볼 수가 없다.…이상걸의 이러한 적극적 자위 전쟁은 '선발제인'에 근거하여 적인의 토지 위에서 적인의 계획을 파괴하는 전략에 있었다"[254]고 주장했다.

그러나 중국 측은 베트남인의 자위전쟁론에 대해 맹렬한 비판을 가했다. 예컨대, 양립빙은 "사람을 놀라게 하는 것은 이조 군대가 3주를 침략한 것을 두고 베트남 사학계 어떤 사람은 '선발제인'의 '적극 자위'라고 하고, 이상걸이 옹주성에서 불태워 죽이고 약탈한 폭행을 가리켜 '이는 송군의 침략에 반항한 항전의 일부분'이라고 하는 한편, 베트남 사학계의 어떤 사람은 이상걸을 가리켜 '민족영웅'이니 '걸출한 군사가'라 칭송했다"고 하면서, 이로 인해 "침략자와 피침략자, 살인자와 민족영웅이 완전히 전도되었다"[255]고 비판했다. 진선(陳選)도 산본달랑이 지은『중월관계사』의 결론을 절역(節譯)하면서 그 역자주에서 "1075년 겨울부터 1076년 봄까지 베트남의 이조 장령 이상걸이 10만 병력을 거느리고 수륙 양로

253 明峰,『越南史略』, 三聯書店, 1958, 75頁;『選編』, 725頁.
254 陳國旺·何文晉,『越南封建制度史』第一卷, 311-315頁;『選編』, 726-727頁.
255 楊立冰,「評越南史學界歪曲中越關係史的幾個謬論」, 21頁.

로 중국 남부에 대거 침입하여 앞뒤로 흠, 염, 옹 3주를 함락했다. 이는 중국 영토에 대한 적나라한 침범이었다. 이군은 남녕(南寧) 한 곳에서 도성(屠城)하여 5만 8천 명을 학살했다"고 하면서, "베트남 사학계의 어떤 사람(예컨대 『越南歷史』의 작자들)은 흑백을 전도하여 이 침략을 '자위를 위한 선발제인이었다'고 했다. 본서의 작자도 이를 마땅히 있어야 할 '일종의 반응'이라고 인식했다. 여러 사실로 보아 이러한 논단은 공정함을 결여함이 있음을 면할 수 없다"[256]고 비판했다.

형리해는 "1075~1077년 중국 송조와 베트남 이조 사이에 전쟁이 발생했다. 이 전쟁에 대해 베트남 방면과 중국 방면은 모두 각각 일사(一詞)를 고집한다. 본문은 베트남 사학가와 중국 사학가의 이 전쟁에 대한 주요한 관점을 밝혀 기술했다. 쌍방의 기재로 보면, 모두 충분한 이유가 있다. 필자는 쌍방의 기재에 근거하여 솔직하게 자기의 관점을 밝힌다"고 하면서, 이 전쟁에 대한 자신의 견해를 다음과 같이 밝혔다. "동일한 역사 사건이라도 각각 다른 입장에서는 각각 다른 기재가 있다.…위의 역사 사건에 대해 나는 앞서 관련된 베트남 방면의 기재를 보았다. 그 기재에서, 일체가 모두 중국 방면은 잘못되었고 베트남의 일체 행위는 정리(情理)에 합당한 것이었다고 한다. 그러나 내 자신의 마음속에서는 큰 의문이 들었다. 왜 그런가? 당시의 중국 송조는 북송 신종(神宗) 시기로, 북으로는 강력한 요(遼)가 있고 서쪽에는 사나운 하(夏)가 있어 양대 적국이 시시로 송조를 좌절시켰다. 송조의 통치자는 북방과 서면에 대응하느라 정신이 없었는데, 어떻게 교지를 공격할 생각을 할 수 있었겠는가?"[257]

자위전쟁론에 대한 가장 적극적 비판은 위화현·반향화(潘香華)·속관창(粟冠昌) 등에 의해 이루어졌다. 이들에 의하면, "송 희령 연간의 중월전쟁은 중국 송 왕조의 역량이 쇠약하여 베트남 봉건 통치자의 침략·확장에 대해 거듭 인내하고 양보한 정책의 결과였고, 베트남 이조 봉건 통치계급이 중국의 남부 변강 영토를 부단히 잠식하고 밖으로 확장하려는 야심에 악성으로 팽창한 결과이기도 했다." 위화현 등은 현재 베트남 당국자들이 이 전쟁에 관한 사실을 고의로 왜곡하

256 山本達郎 著, 陳選 節譯, 「『中越關係史』結束語」, 36頁.
257 邢利海, 「解析十世紀中越戰爭」, 103-104頁.

고 조작했다고 비난했다. 그들은 "베트남 이조 봉건 통치자가 일으킨 적나라한 침략 전쟁에 대해 레주언 집단의 어용 사가들은 힘을 다해 그 진상을 엄폐하고 침략자를 위해 죄책을 벗어나게 해주었다"고 하면서, "베트남 레주언 집단의 어용 사가들은 송 희령 연간에 베트남이 중국을 침략한 전쟁을 '자위' 전쟁이라고 하는데, 이는 조금도 근거가 없는 것이다. 그들은 소위 송조가 이 전쟁이 발생하기 전에 이미 베트남을 침략하기에 좋은 '준비'를 했다는 여러 가지 신화를 제조했지만, 이는 발을 붙여 설 수 없을 정도로 확고하지 않은 것으로 공격하지 않아도 스스로 파괴될 것이다. 이들 어용 사가들이 정성을 다해 제조한 '선발제인'론은 무슨 신선한 상품이 아니라 전쟁 장사가 관용하는 진짜 침략과 확장주의적 이론이다"[258]라고 극렬하게 비난했다.

한 가지 흥미로운 사실은 이 전쟁에 대한 베트남 측의 역사적 이해가 현재의 상황을 조작하기 위한 행위로 비판되고 있다는 것이다. 즉, 그들은 "베트남의 어용 사가들은 중국을 반대한 전쟁은 모두 정의로운 것이고 반침략적이며 민족적 전쟁이라고 주장한다. 그들은 이조 통치자의 침략 행위에 대해 엎드려 절하며 추숭(推崇)하지만, 그러나 이는 어제의 비루한 행위로써 오늘의 비루한 행위를 변호하려는 것이다. 그러나 역사는 가장 공정한 증인이니, 역사적 사실은 침략·확장정책을 추행한 이조 봉건 통치자를 무정하게 편달할 뿐만 아니라 '역사'를 이용하여 침략·확장정책을 추진하기 위해 '역사' 근거를 찾으려는 베트남 어용 학자들을 무정하게 편달할 것이다"[259]라고 베트남 학계를 비난했다.

3) 민족모순론과 계급모순론

"우리 민족은 훙브엉 건국부터 지금까지 약 4천 년의 역사가 있었다. 이렇게 긴 역사 과정에서 외침에 반항한 민족의 역사가 전체 역사의 3분의 1을 점했다.…외침에 반항한 이 모든 투쟁은 모두 풍부한 민족적 영웅의 역사였고, 모두

258 魏火賢·潘香華·粟冠昌,「略論宋熙寧年間的中越戰爭」, 53-57頁.
259 魏火賢·潘香華·粟冠昌,「略論宋熙寧年間的中越戰爭」, 57-58頁.

애국주의와 정의의 전쟁으로 일개 약소민족이 강국의 침략에 반대한 무장투쟁이었다"[260]는 반휘려의 주장처럼, 베트남인은 중국과의 역대 전쟁을 '외침', 즉 타민족의 침략으로 받아들였으며 이에 대한 저항은 '민족적 무장투쟁'으로 이해했다.

그러나 중국인의 이해는 이와 달랐다. 장가련에 의하면, 1955년 6월 호치민이 처음으로 중국을 방문했을 때 제1차 회담 중에 마오쩌둥은 중국이 고대에 베트남을 침략한 사실을 거론했다. 당시에 호치민이 "중·월 양국 인민은 고대에는 압박을 받은 붕우이고, 현재에는 혁명을 함께하는 전우이다"라고 화답하여, 두 무산계급 혁명가들은 '자견(自譴)'하고 '관대(寬待)'하는 태도를 표현했다. 그러나 베트남이 소련에 기울어진 뒤, 1965년부터 베트남 신문들은 고대 중월관계를 내용으로 하는 문장을 발표하여 '주요한 위협은 북방에서 왔다'와 '북방침략'을 선전하면서, 고대 베트남이 중국 봉건 왕조에 반항한 전쟁을 거론하고 심지어는 성질이 다른 두 종류의 '전쟁'을 구별하지 않고 이들 전쟁과 당시의 항미 전쟁을 대등하게 간주했다. 이에 장가련은 "중월관계의 부단한 악화는 끝내 1979년 봄 우리 정부가 중월 변계 자위전을 일으키지 않을 수 없는 단계로 발전했다"[261]고 주장했다. 요컨대 중월관계가 양호했을 때는 중국이 베트남을 침략한 사실에 대해 서로 '자책'하고 '양해'했지만, 양국 관계가 악화되면서 베트남 측은 과거의 중월전쟁을 민족모순으로 이해하고 중국 측은 계급모순으로 이해하게 되었다는 것이다.

중월전쟁을 계급모순으로 이해하는 중국 학계의 일반적 분위기는 황쟁의 논문들에서 가장 잘 대변되고 있다. 그는 황문환(黃文歡)이 일찍이 「월중 우호를 회복하고 발전시키는 것이 목전의 월남 인민의 임무」라는 문장을 통해 "중국공산당 성립 전의 월중관계는 두 개 봉건 국가 사이의 관계다. 어떤 중국 봉건 제왕이 베트남을 침략하고 어떤 베트남 봉건 제왕은 저항을 진행했다"고 주장했음을 전하면서, "중국과 마찬가지로…베트남이 자주적 봉건 국가를 건립한 뒤에

260 潘輝黎·潘大允, 『藍山起義』, 485-486頁; 『選編』, 772頁.
261 張家連, 「對古代中越關係的理論思考」, 15頁.

는 각 왕조의 봉건 통치자는 중국을 침략했다.…봉건 통치 이익의 필요에 의해 중국의 봉건 통치자들은 베트남에 대한 침략 전쟁을 발동했고, 베트남의 봉건 통치자들도 중국에 대한 침략을 발동했다"고 주장했다. 그는 "봉건 사회에서 통치계급은 대내적으로 본국의 노동 인민을 잔혹하게 압박·착취하고, 대외적으로는 침략·확장하여 다른 나라의 재부를 약탈했다. 이 점에서 중국이나 베트남이나 모두 예외가 아니었다"고 하면서, "노동 인민은 전쟁의 피해를 입은 자였으니 그들은 당연히 전쟁의 책임을 질 수가 없다"고 강변했다. "마르크스주의의 기본 요구에 따라 역사상 중·월 사이의 전쟁을 고찰할 때는 반드시 계급 분석을 견지해야 한다"는 입장의 황쟁은, "역사상 중국의 베트남에 대한 전쟁은 중국 노동 인민은 전쟁이 가져온 고난을 받은 것 외에는 어떠한 이익을 얻은 바 없다. 그들은 전쟁에 대해 책임이 없다. 그런데 오늘날 중국 인민이 역사상 봉건 통치자가 져야 할 책임을 대신 지게 된다면, 이는 도리가 아니다"[262]라고 하여, 과거 베트남을 침략한 책임을 모두 봉건 왕조로 돌렸다.

이러한 입장은 다른 학자들에게도 계승되어 증패(曾貝)와 유웅(劉雄)은 "황쟁이 마르크스 유물사관으로 원조 시기 중월전쟁의 기점과 상관 사실 등 문제를 객관적으로 구체적 분석을 진행하여 중·월 쌍방의 봉건 왕조 시기에 중국이 베트남을 침략한 전쟁이 있었을 뿐만 아니라 베트남이 중국을 침략한 전쟁도 있어 중·월 노동 인민이 모두 전쟁의 피해자였는데, 베트남의 역사학자들이 전쟁을 이용하여 민족사문주의를 선동하며 역사를 왜곡했음을 지적했다"[263]고 하면서, 역시 계급모순론을 통해 전쟁의 책임을 회피했다.

물론 이처럼 전쟁의 성격을 민족모순으로 이해할 것인가, 계급모순으로 이해할 것인가 하는 문제는 베트남 사학계 내부에도 존재하고 있었다. 예컨대, 반휘려는 애국적 위국(衛國) 전쟁론을 전개하여 "항진(抗秦) 전쟁부터 오늘날 항미 전쟁까지 우리 민족은 14차례 전국 규모의 위국 전쟁을 진행했다. 그 가운데서 11

262 黃錚, 「略論中越兩國歷史上的戰爭問題」, 25-30頁.

263 黃錚, 「關于中越兩國歷史上的戰爭問題」, 『學術論壇』 1983-4; 曾貝·劉雄, 「元朝時期中國與越南關係硏究述評」, 96頁.

차례의 항전은 혁혁한 승리를 거두었다. 다만 3차례 항전만 일시적 실패를 만나 3차례 망국의 재난을 입었으니, 10여 세기의 북속 시기와 20년간의 명속(明屬) 시기, 80년간의 법속(法屬) 시기다. 그러나 우리나라 인민은 100여 차례 기의하여, 그 가운데 십 수 차례 대규모 민족해방전쟁이 있었다. 외침에 항격한 시간은 모두 12개 세기에 이르러 전체 역사의 2분의 1을 점한다"[264]고 하여, 강한 민족적 자부심을 내보였다.

이에 반해 명봉은 계급모순론을 전개하여 중국 군대의 침입을 봉건계급의 착취로 이해하고 이것에 대한 저항을 '인민전쟁'으로 규정했다. 즉, "인근의 각개 봉건 국가 사이의 전쟁은 피할 수가 없다.…봉건계급은 착취계급이다. 그들의 탐욕 때문에 언제나 약탈성의 전쟁이 일어나지만, 그들은 인민의 생명과 재산에는 조금도 관심이 없다. 중국 봉건계급이 우리나라를 침입한 것은 바로 이러한 탐욕 때문이다"라고 하면서, "당시 애뢰(哀牢)와 점성(占城)의 통치계급이 우리나라에 도발하여 무력으로 진공한 목적도 약탈을 크게 저지르는 것을 벗어나지 않았다. 우리나라의 봉건계급도 일부 방위에 속하는 것을 제외하고는 허다한 시기에 점성을 침점하고 애뢰에 진군하여 두 지방의 신복을 강요했는데, 그 목적도 재물을 빼앗는 것이었다. 베트남이든 중국이든 애뢰이든 점성이든 막론하고 통치계급의 침략은 모두 인민의 뜻에 위반한 것이었다"[265]고 인정했다. 또한 그는 "이전 각 세기에, 이징 시대에, 오권 시대에, 진흥도(陳興道) 시대에, 여리 시대에, 베트남 민족이 여러 차례 침략자를 타격한 휘황한 역사의 자취 가운데서 중국과 베트남 농민은 공동으로 한조 봉건 적인과 원조 침략 집단, 명조 봉건 집단에 반대하여 투쟁한 역량을 드러내 보였다. 18세기 말엽에 우리는 다시 한 번 더 중국 농민과 베트남 농민이 함께 일어나 양국을 침략한 적인 청조 침략 집단에 반항한 것을 보았다"[266]고도 했다.

264 潘輝黎,「統一, 我們民族生存和發展的道路」;『選編』, 765頁.
265 明峰,『越南史略』, 106頁;『選編』, 749頁.
266 明峰,『越南史略』, 242-243頁;『選編』, 779頁.

4) 북속 시대 무력 충돌의 성격

이외에도 과거의 중월전쟁과 관련하여 논쟁이 이뤄진 몇 가지 쟁점이 더 있었다. 그중 하나는 북속 시대의 무력 충돌의 성격을 어떻게 규정하는 것인가 하는 것이다. 물론 베트남 측에서는 "홍브엉 시기 우리나라는 건국하기 시작하여 외족 봉건 국가(中國을 가리킴)의⋯우리나라에 대한 침략과 병탄을 저지했다"[267]는 것과 같이, 반랑국 시대부터 중국과의 무력 충돌을 '전쟁'으로 규정했다. 반휘려도 "반랑국은 탄생하자마자 허다한 외래 '강도'에 반항하는 전투를 진행했다. '강도'는 민간 전설 중에서 말하는 만구(蠻寇), 은구(殷寇), 홍비구(紅鼻寇) 등이다. 홍브엉 시대 말기에 있었던 진군(秦軍)의 침략은 우리나라 인민으로 하여금 당시 동방의 일개 강성 제국에 대항하게 했다"[268]고 했고, 문신도 "반랑 시대는 건국 시대이고 영웅적 위국 투쟁의 시대이기도 했으니, 베트남 인민은 일심단결해서 인민 전쟁, 즉 유격 전쟁을 조직할 줄 알아서 50만 진군을 격퇴했다"[269]고 하여, 중월관계사 초기의 무력 충돌도 '전쟁'으로 이해했다.

그러나 중국 측에서는 이와 상반된 견해를 제출했다. 한 예로, 황쟁은 "10세기 중엽 이전, 오늘날 베트남의 북부와 중부는 중국 봉건 왕조의 통치하에 있었고, 일국의 판도 안에 같이 있었다. 따라서 당시 중국의 봉건 정권이 이 지구에서 행한 용병(用兵)은 국내 문제에 속한다. 다만 10세기 중엽 이후 중국과 베트남이 봉건 국가로 분별되었을 때 비로소 중·월 양국 간에 전쟁 문제가 있게 되었다"고 주장했다. 그는 월·중 양국 전쟁의 시간적 상한을 "오권이 남한을 항격하여 일어난 10세기 중엽 이후의 전쟁으로 보는 것이 월중관계사의 객관적 실제와 부합하고 마르크스주의 역사유물주의 관점을 체현하는 것"[270]이라 하여, 중·월 양국의 '전쟁'은 오권 시대 이후부터 시작되었다고 주장했다.

---

267 『越南歷史』, 22頁.
268 潘輝黎, 「統一, 我們民族的光輝歷程和事業」; 『選編』, 694頁.
269 文新, 「關于越南歷史的講話; 『選編』, 753頁.
270 黃錚, 「略論中越兩國歷史上的戰爭問題」, 25頁.

양립빙도 "베트남 사학계의 유심적 설법에 의하면, 중국은 은조(殷朝)에 일찍이 군대를 파견하여 월남(반랑국)을 침략했고, 진조(秦朝)에 이르러 월남을 병탄(甌雒國을 멸망)했다. 그들은 진·한 이래 교지 지구가 중국의 봉건 왕조에 반대한 투쟁을 모두 '반침략'의 '위국' 전쟁이라 말했다"고 하면서, "그러나 10세기 중엽 이전에 교지 지구는 중국 봉건 왕조의 군현에 속했다. 중국 봉건 왕조와 교지 지구의 관계는 국가 사이의 관계가 아니라 중국 경내의 중앙과 지방의 관계였다. 동일한 국가 안의 투쟁이므로 침략과 피침략의 문제가 존재하지 않았으니, 이는 길가는 사람들도 모두 아는 상식이다. 이 상식에 의하면, 968년 이전에 중국 봉건 왕조의 교지 지구 각 변군에 대한 용병은 침략이 아니며, 이들 변군의 중국 봉건 왕조에 대한 반항도 반침략이 아니다"[271]라고 단언했다.

5) 중월전쟁에 대한 제3자의 이해

중월전쟁에 대한 제3자의 이해는 대체로 베트남 측의 주장과 일치하고 있다. 그 한 예로 일본의 대표적인 베트남사 연구자인 산본달랑은 "중·월 사이에 발생한 여러 차례 전쟁을 종합적으로 보면, 중국 군대가 여러 차례 월남으로 진입하여 월남 경내에서 전투가 발생하여 월남은 언제나 피동적 지위에 있었다"고 단언했다. 그는 1075년의 중월전쟁에 대해 "이조 인종(仁宗) 때는 송조의 신종(神宗) 시대에 해당하는데, 이때는 왕안석의 적극 정책 시대로 월군이 광동 연해와 광서 서부 지구에 출입한 까닭은 송조가 변경에서 군비를 강화하여 월남을 자극하여 나온 일종의 반응이었다"고 이해하고, "월군이 중국으로 진출하기도 했지만, 토지를 점령할 기도는 없이 단기간 안에 철병했다. 중국은 누차 월남을 침범했고, 월남은 자위적 입장에서 전투를 전개했을 뿐 어떠한 정황 하에서도 월남은 언제나 침략군을 성공적으로 구축하여 최후의 승리를 취득했다. 이는 홀시할 수 없는 것이다"라고 평가했다. 그는 송대 이후의 침략에 대해서도 "중국은 월남에

271 楊立冰, 「評越南史學界歪曲中越關係史的幾個謬論」, 22頁.

출병할 때 각종각양의 핑계가 있었다. 그러나 어떤 핑계에서 나왔든 중국 각 왕조의 월남 출병은 거의 모두 월남에 대한 직접 통치의 기도를 포함하고 있었다"고 하면서, "송 태종과 신종, 원의 세조, 명 성조의 출병은 그 동기가 모두 월남을 점령하려는 기도였다. 명 성조는 단기간 안에 이 목적에 도달했다. 원 세조의 출병은 비록 점파(占婆) 토벌로 인해 촉발된 것임을 인정할 수 있지만, 월남 본토에 행중서성(行中書省)을 설치하고 다루가치(達魯花赤)를 둔 일은 원 세조가 중국 국내를 통치하는 방법을 써서 월남을 제어하려 기도했음을 폭로한다. 명 가정제(嘉靖帝) 때 대군이 변경을 압박하는 위협을 맞아 막씨(莫氏)가 굴복을 강요받았다. 그러나 그 곡절의 출병 과정으로 보면, 월남을 점령하여 통치할 기도가 없었는가? 정확한 답을 내기는 어렵다. 청 건륭제는 이러한 기도가 없었는지도 결론 내리기 어렵다. 명조 초년 이전에는 중국의 출병이 모두 월남을 병탄하려는 기도였다. 명말청초에 명의상의 번속·조공관계가 완성되는 방향으로 전이되었다고 말할 수 있다. 월남은 점차 강대해져서 중국이 무력으로 월남을 제어하려는 기도도 점차 통할 수 없게 되었다"[272]고 주장했다.

한편 한국 학계에서도 중월전쟁에 관한 한 중국 학계의 입장보다는 베트남 학계의 견해에 가깝게 해석하고 있다. 유인선은 "베트남역사학회 회장인 판 우이 레(Phan Huy Le)에 의하면, 베트남은 1975년 이전 15차례 외침을 받았다고 한다. 그중 19세기 중반 이래 프랑스(2차), 일본 및 미국에 의한 것을 제외하면 11번이 중국의 침략이었다고 한다"[273]고 하고, 최병욱은 "10세기에 중국으로부터 베트남이 독립한 이래 역대 중국 왕조는 단 한 차례의 예외도 없이 베트남을 선제 공격하여 전쟁을 벌였다"[274]고 했으며, 송정남은 "베트남인들은 일찍부터 정치·경제를 목적으로 했던 중국의 침략으로부터 국가의 독립과 자유를 보존하기 위해 투쟁해야 했다"[275]고 하면서, 1075년의 전쟁에 대해 "당시에 베트남 이(李)

272 山本達郎 著, 陳選 節譯, 「『中越關係史』結束語」, 32頁.
273 劉仁善, 『베트남과 그 이웃 중국-양국관계의 어제와 오늘』, 262쪽.
274 최병욱, 「19세기 전반 베트남 帝國의 국제 질서」, 268쪽.
275 宋正男, 「베트남史의 兩面性」, 412쪽.

조(1009~1225)의 장수 리 트엉 끼에트는 송의 침략 의도를 사전에 간파하고 북진하여 중국의 흠주와 염주, 옹주를 유린하고 10만 이상을 살해했으며 많은 재물과 사람을 전리품으로 노획했다. 이는 베트남사에서 나타난 최초의 북진 사건이다. 송의 침략전에서 불리한 전세를 만회하고자 지었던 리 트엉 끼에트의 시(詩)[276]는 베트남 최초의 독립선언서라고 일컬어지고 있다"[277]고 하여, 베트남 학계의 '선발제인'론을 그대로 인용했다.

7. 맺음말

중월 사이의 역사 논쟁에는 다음의 몇 가지 특징적인 면이 보인다.

첫째, 중월 역사 논쟁은 중월전쟁과 동시에 진행되었으니, 중월전쟁의 개시와 더불어 본격적 논쟁이 시작되었고 중월전쟁이 끝나고 양국 관계가 회복됨에 따라 역사 논쟁도 사실상 종식되었다. 이는 중월 역사 논쟁이 얼마나 정치적인 성격을 강하게 띠고 있었는가를 여실히 보여준다. 중월 역사 논쟁은 중월 외교관계를 표현하는 언어적 수단이었다.

둘째, 중월 역사 논쟁의 주제는 매우 광범하고 다양했지만, 모두 중월전쟁의 역사적 당위성을 설명해주는 데 필요한 주제였다. 예컨대, 중국 측에서는 반랑국의 영역이 중국의 범위까지 미치지 않았음을 강조하고, 중국의 군현적 지배가 베트남 사회의 발전에 기여했으며, 베트남이 중국 문화를 수용하여 한화됨으로써 양국 간에 문화적 동질성이 형성되었다거나, 중월관계사의 주조는 전쟁이 아니라 책봉과 조공의 교환이라는 종번관계의 유지와 발전이었다고 주장하는 것 등은 모두 1979년에 중국군이 베트남의 경내로 침범한 일에 합리적 근거를 제공해줄 것으로 기대했기 때문이다. 이에 반해, 베트남 측이 반랑국의 영역이 멀리 운남 너머까지 확장되었다고 주장하고, 중국의 군현적 지배로 인해 베트남

276 『大越史記全書』, 238頁.

277 宋正男, 「베트남史의 兩面性」, 414쪽.

사회의 발전이 저해되었고, 중월관계의 주류는 중국의 침략과 베트남의 항격으로 인한 전쟁이었으며, 베트남은 중국 문화를 수용하되 고유한 문화적 정체성을 끝까지 잘 지켰다고 주장한 것도 모두 중국군의 침입을 비난하고 베트남군이 반격한 과정을 역사적으로 설명하기 위한 것이었다.

셋째, 중월 역사 논쟁에는 역사의 귀속에 대한 논의가 포함되지 않았다. 한중 역사 논쟁에서는 고구려 역사의 귀속 문제가 가장 큰 쟁점이 되었지만, 중월 역사 논쟁에서는 이러한 문제가 전혀 다루어지지 않았다. 그것은 아마도 고조선이나 고구려처럼 현재 한·중 양국의 영토에 과거(跨據)한, 즉 걸쳐 있었던 국가가 베트남사에는 존재하지 않았기 때문이다. 남월의 경우 현재 중국 영토와 베트남 영토의 일부를 모두 점유하고 있었기 때문에 고구려사 논쟁과 같은 역사 귀속 논쟁을 야기할 만한 주제이지만, 한국 학계와 달리 베트남 학계에서는 남월 역사를 굳이 베트남의 역사로 포함시키려 하지 않았다. 전통 시대의 베트남인은 남월의 역사를 자국사의 첫 장에 설정하고 '월남(越南)'이라는 국명을 자칭할 정도로 남월사에 대해 상당한 자부심까지 갖고 있었지만, 현대의 대부분 베트남 사가들은 기꺼이 남월사를 포기했는데, 그 까닭은 남월을 건국한 조타가 중국인이라는 이유 때문이었다. 현대의 한국 사가들이 연(燕)에서 유망한 위만을 굳이 조선인이라고 고집하면서 위만조선사를 포기하지 않는 것과는 크게 대조되는 현상이다.

넷째, 중월 역사 논쟁에서는 책봉과 소공이 교환된 관계, 즉 종번관계에 관한 논쟁이 거의 이루어지지 않았다. 중월 역사 논쟁에서 가장 많이 다루어진 주제가 중월관계사의 주조가 평화였는가 전쟁이었는가 하는 것인데, 중국 측에서 강조하는 '평화' 관계의 주요 내용은 종번관계와 문화 교류였다. 당연히 중국 측에서는 종번관계에 관해 많은 문장이 만들어졌다. 그러나 베트남 측에서는 종번관계에 대해 거의 논급하지 않았기 때문에 논쟁 자체가 성립되지 않았다. 그 중요한 까닭은 '종번관계'의 사실 자체를 베트남 측에서 부정하지 않았기 때문이지만, 보다 중요한 까닭은 중·월 종번관계를 다룬 중국 학계의 태도가 비교적 객관적이고 사실적이었기 때문이다. 이 역시 종번관계의 의미와 기능에 대해 지나치게 과장한 한중 역사 논쟁과는 상당한 차이를 보이고 있다. 한중 역사 논쟁에 참여한 쌍방은 중월 역사 논쟁에서 제기된 중국 측의 '종번'관계에 대한 객관적 해석을 참조할 필요가 있다.

다섯째, 중월 역사 논쟁에서는 전통 시대의 전쟁과 평화에 대한 논의가 빈번하게 이루어졌다. 특히 중국이 베트남을 침공하여 일어난 전쟁의 대부분이 종번관계의 모순에서 비롯된 것이었음은 이 논쟁의 주요한 소득이다. 몽원의 침공을 제외하고, 송과 명·청 등이 베트남을 침공한 것은 모두 종주국이 번속국을 징벌한다는 명분으로 이루어졌고, 심지어는 1979년 중화인민공화국이 베트남을 침공한 것도 '징벌'의 차원에서 이루어졌다는 사실은 전통 시대의 평화와 전쟁에 대한 이해에 시사하는 점이 적지 않다.

여섯째, 중월 역사 논쟁에서는 민족모순과 계급모순에 관한 논의가 자주 이뤄졌다. 베트남 측에서는 중국이 베트남을 침공하여 야기된 전쟁은 모두 민족모순에 의한 것으로 이해했지만, 중국 측에서는 봉건 왕조에서는 불가피한 계급모순에 의한 전쟁이었다고 변명했다. 중국 측의 주장에 의하면, 전쟁의 모든 책임은 이미 죽은 봉건 왕조의 지배자들에게 귀속되고 현재의 중국과 그 인민은 과거 전쟁의 책임에서 벗어난다. 중국 인민은 베트남 인민과 마찬가지로 전쟁의 피해자일 뿐이다. 이러한 논리가 타당한지 또는 베트남 측의 주장대로 전통 시대에 '민족' 개념을 적용할 수 있는지, 좀 더 정밀하게 분석할 필요가 있다.

일곱째, 중월 역사 논쟁에서는 북속 시대의 지배체제에 대한 깊이 있는 토론이 이루어지지 못했다. 남월이 멸망한 뒤에 베트남에 설치된 교주의 군현은 모두 초군(初郡)으로, 형식적으로는 이때 월인이 한의 군현 체제에 '내속'한 것이지만 실제로는 고속(故俗)에 의한 자치가 허용되는 집단적·간접적 지배가 이루어지는 변군체제에 있었다. 그것은 마치 고구려가 한의 현도군에 '내속'했지만 실제로는 고유한 습속과 질서에 의해 자치를 향유했던 것과 다르지 않다.

여덟째, 중월 역사 논쟁에서 역사공동체 문제가 제기된 것은 주목할 만하다. 중국 측에서 종번관계를 강조했을 때 베트남 측에서는 중국도 몽골과 만주에 정복되었는데 중국이 베트남을 향해 종주국을 자처하며 종속국이라 부를 수 있느

냐고 반문한다. 이는 베트남 학계에서는 중국과 몽골, 중국과 만주를 엄연히 구별하고 국가 개념과 역사공동체 개념을 구별하고 있음을 뜻하는 것으로, 몽골과 만주를 중국의 일부로 간주하는 중국 학계의 입장과 뚜렷이 구별된다. '중국'이나 '한국' 같은 역사공동체 개념과 '고구려' 같은 국가 개념을 구별하지 못하여 논리적 당착에 빠져 있는 한중 역사 논쟁에 시사하는 바가 있다.

4
타이완과 중국의 통독(統獨) 논쟁

1. 머리말

타이완은 현재 정치적으로 중국 대륙과 분리되어 있다. 중국 대륙이 중화인민공화국에 의해 통치되고 있는 반면, 타이완은 중화민국이라는 국가에 의해 지배되고 있다. 중화민국은 만청의 멸망과 함께 1912년에 건국되어 37년간 중국을 지배하다가 1949년 중국공산당 세력에 패퇴하여 타이완으로 건너가서 지금까지 그곳을 지배하고 있다. 중화인민공화국과 중화민국은 실질적으로는 중국 대륙과 타이완 섬을 각각 지배하고 있지만, 명분상으로는 양자가 모두 자국의 영토임을 선언했기 때문에 적어도 공식적으로는 두 국가 모두 타이완이 중국의 일부임을 당연시해왔다. 그러나 국민당과 민진당(民進黨)의 정권 교체 시점에 즈음하여 '대독론(臺獨論)', 즉 '타이완독립건국론'이 제기되어 '통독(統獨)' 논쟁, 즉 타이완의 '독립'과 중국과의 '통일'에 관한 논쟁이 발발했고, 통독 논쟁의 일환으로 타이완과 중국의 역사적 관계에 관한 논쟁이 활발하게 전개되었다.

타이완 독립론자들과 통일론자들 사이에 전개된 이른바 '통독' 논쟁은 '타이완민족'이 독립적으로 존재했는가, 타이완의 문화와 언어는 중국의 그것과 다른 것이었는가, 타이완의 역사는 중국의 역사와 독립적으로 전개되었는가 등 다양한 방면에서 이루어져왔지만, 이 논쟁을 한마디로 요약하면 타이완이 중국과 다른 별개의 역사공동체로 존재해왔는가 하는 문제에 대한 논쟁이었다고 할 수 있다. 역사상의 '중국'이 중원(中原)이라는 특정한 공간에서 특정한 문화와 언어를 공유하고 특수한 역사적 경험과 역사의식을 함께한 공동체였다면, 과연 타이완도 타이완 섬이라는 특정한 공간에서 중국 문화와는 구별되는 독특한 문화, 중국어와는 다른 언어를 공유하면서 중국 역사와는 다른 독자적인 역사적 경험과 역사의식을 공유한 독립적인 역사공동체였다고 말할 수 있는가. 특히 타이완에서 살아온 사람들이 중국인과 역사적 경험을 함께했는가 하는 문제는 타이완 역사공동체의 성립 여부를 결정짓는 가장 기초적인 사실을 구성할 것이기 때문에 타이완과 중국의 역사적 관계에 대한 정확한 이해가 무엇보다 필요하다.

타이완의 역사 논쟁은 주로 통독 논쟁을 중심으로 전개되었다. 그것은 통독의 역사적 근거를 확보하기 위한 논쟁이었다. 따라서 타이완의 역사 논쟁은 타이완의 통일과 독립이라는 정치적 사안에 깊은 관심을 갖고 있는 역사학자들이 모두 참여하였기 때문에 논쟁의 전선이 다양하게 형성되었다. 당연히 타이완 내부의 독립파와 통일파 사이에 논쟁이 전개되었을 뿐만 아니라 대독파(臺獨派) 내부에서도 전선이 형성되었고, 중국 학계도 이 논쟁에 참여하여 중국의 타이완 사학자들과 타이완의 타이완독립파 학자들 사이에서도 논쟁이 이루어졌다. 공교롭게도 타이완의 역사 교과서 편찬을 둘러싸고 역사 논쟁이 전개되어 역사 교육에 관심이 있는 교육계와 정치계도 논쟁에 참여했고 언론 매체를 통해 일반 대중도 광범하게 논쟁에 동참했다.

따라서 이 장에서는 먼저 타이완의 통독 논쟁을 둘러싸고 전개된 타이완 역사 논쟁의 과정과 내용을 전반적으로 정리한 다음, 타이완의 역사 논쟁 가운데서 가장 치열하고 학술적으로 전개된 좌파 내부의 논쟁, 즉 사명(史明)과 그 반대자의 논쟁을 정리하고, 『인식타이완(認識臺灣)』 역사 교과서의 편찬을 둘러싸고 전개된 역사 논쟁을 정리함으로써 타이완 역사 논쟁의 역사적 성격과 의미를 파악할 것이다.

2. 통독 논쟁의 경위

이른바 '대독(臺獨)'이란 타이완(타이완, 팽호[澎湖], 금마[金馬] 등 포함)을 범위로

하여 하나의 독립적 주권 국가를 건립하자는 주장이다. 2·28 사건은 20세기 대독 운동의 가장 중요한 기원이지만, 1949년 이후의 계엄시대에는 대독 주장이 두 갈래로 나뉘어졌으니, 하나는 일본과 미국에 망명한 지식분자들, 예컨대 요문의(廖文毅), 사명(史明), 왕육덕(王育德), 황소당(黃昭堂), 노주의(盧主義), 장찬혹(張燦鍙), 채동영(蔡同榮) 등을 중심으로 조직적이고 이론적으로 무장되어 있었고, 다른 한 방면으로는 1964년 팽명민(彭明敏)의 「타이완자구운동선언(臺灣自救運動宣言)」 등 도내에서 발생한 매우 제한적이고 산발적인 대독 운동에서 제기된 주장을 말한다. 1987년 계엄이 해제되고 당금(黨禁)이 개방되며 리덩후이(李登輝) 시기가 도래하여 많은 사람들이 타이완이 실제로 하나의 주권 독립적 국가로 변화했음을 인정했다.[1] 1988년에는 허세해(許世楷)가 작성한 「타이완공화국헌법초안(臺灣共和國憲法草案)」이 발표되었는데, 그 「전언(前言)」에서 "우리의 말레이폴리네시아어계 조상은 과거 타이완의 원야(原野)에서 자유롭고 평화롭게 생활했다. 우리의 한어계 조상은 중국의 악정과 전란, 기아에서 도피하기 위해 자유롭고 평화로우며 비교적 좋은 생활을 추구하여 타이완에 이주해왔다. 그러나 우리 타이완인의 자유와 평화, 생활은 언제나 외래 정권에 유린되었다. 따라서 우리는 자기의 역량으로 자기의 자유, 평화, 생활을 유호(維護)하기를 결의한다. 이에 우리는 힘을 모아 독립적 타이완공화국(臺灣共和國)을 창설한다"[2]고 선언되기도 했다. 1990년대에 국민당과 민진당이 변신하면서 각종 유형의 '이경독립설(已經獨立說)', '상미독립설(尙未獨立說)' 등이 백화제방으로 터져 나왔다.

2005년에 진가굉(陳佳宏)이 타이완사범대학 역사학계 박사논문으로 쓴 「전후 타이완 독립운동의 발전과 연변, 1945-2000(戰後臺灣獨立運動之發展與演變, 1945-2000)」[3]에는 전후 대독 운동의 '대독진정(臺獨進程) 5단계론(五段階論)'이 제시되었다. 진가굉은 대독을 "민주화와 본토화, 진실화, 명정언순(名正言順), 명실상부한 타이완을 추구하는 것이 대독이다"라고 정의하면서, 그 발전 과정을 객관적 대

1 陳儀深, 「臺獨主張的起源與流變」, 『臺灣史研究』 17-2, 2010, 131頁.

2 許世楷 草擬, 「臺灣共和國憲法草案」 前言, 『時代』 254, 1988, 71頁.

3 『臺灣獨立運動史』(臺北: 玉山社, 2006).

독, 실질적 대독, 주관적 대독, 제도적 대독, 법리적 대독 등 5단계로 설명했다. 그는 1949년부터 1992년까지 '중화민국'이 독립 국가의 조성 요건을 이미 구비했다고 하여 객관적 대독이라 칭하고, 1992년부터 1999년까지 리덩후이가 '양국론(兩國論)'을 발표하여 '중화민국재타이완(中華民國在臺灣)'이 되었다고 하여 실질적 대독이라 칭했으며, 1999년부터 현재까지의 타이완은 압도적 다수의 타이완 주민이 타이완이 이미 주권 독립했음을 인정했다고 하여 주관적 대독 단계라고 칭했고, 정명제헌(正名制憲)과 국기 국가의 개정을 제도적 대독이라 하고, 이전 4 단계를 기초로 하여 국제적으로 대부분 국가의 승인을 받고 유엔에 가입할 수 있는 단계를 법리적 대독이라 했다.[4]

2007년 8월 타이완안보협회(臺灣安保協會), 대독연맹(臺獨聯盟) 등의 단체가 공동으로 주최한 '국가정위(國家定位)' 정책연토회가 열렸는데, 이 회의에서 진의심(陳儀深)은 현 단계 '본토진영(本土陣營)', 즉 대독 세력이 타이완 지위에 관해 개진한 쟁의(爭議)를 '이경독립설(已經獨立說)'과 '상미독립설(尚未獨立說)'의 양대 종류로 분류했다. '이경독립설'에는 심건덕(沈建德)의 당연독립설(當然獨立說)[5]과 팽명민 등이 말한 바 있는 상태독립설(狀態獨立說),[6] 진륭지(陳隆志)의 연진독립설(演進獨立說)[7] 등을 포함한다. '상미독립설'에는 임지승(林志昇)과 하서원(何瑞元)의 주권재미설(主權在美說)[8]과 황거정(黃居正)과 허경웅(許慶雄)의 주권속중설(主權屬中說),[9]

---

4 陳儀深, 「臺獨主張的起源與流變」, 134-135頁.

5 당연독립설. 카이로선언의 무효를 강조하고 일본이 팽대(澎臺)를 '방기'한 1952년 샌프란시스코화약과 국제연합헌장 제76조와 77조에 근거해 타이완은 자동으로 독립 국가가 되었다는 설.

6 상태독립설. 1949년 '분열분치'부터 지금까지 모두 사실상 독립이었다는 설.

7 연진독립설. 계엄 해제 후 1991년부터 1996년까지의 민주화는 일종의 '유효자결(有效自決)' 과정이므로 타이완은 이미 일개 독립 국가가 되었다는 설.

8 주권재미설. 제2차 대전 후 미국은 타이완의 주요 점령권국으로, 타이완 지위는 지금까지 계속 '미국의 군사 관할하의 해외 미합병 영토'이므로, 타이완은 미국의 협조하에 즉시 정명(正名)과 제헌(制憲)을 전개할 수 있다는 설.

9 주권속중설. 타이완은 아직 독립을 선포하지 않아 국가가 아니며, 1949년부터 1970년까지 대해(臺海) 양안 정부가 모두 명백하게 통일의 원의를 드러내 보였으니, 차이는 단지 누가 합법적으로 중국을 대표하는가를 확인하는 일 뿐이며, 그 뒤에 영·미 양국이 모두 이미 '타이완지위미정론(臺灣地位未定論)'을 버리고 중국과 수교했고, 가장 엄중한 것은 북경 정부가 타이완

수많은 대독파 사회단체와 정론가들이 주장하는 주권속타이완인민설(主權屬臺灣人民說)[10] 등을 포함한다.[11]

'대독론', 즉 타이완독립건국론은 20세기 중엽 제2차 대전이 끝난 뒤에 타이완의 주권 귀속에 관한 논의로부터 출발했다. 타이완은 1895년의 중일전쟁에서 패배한 만청이 시모노세키(馬關)조약을 통해 일본에 할양했는데, 1943년 12월에 중·미·영 3국 지도자가 서명한 카이로선언과 1945년 7월에 중·미·소·영 4국 영수가 서명한 포츠담선언 등에서 중국 반환이 재촉되었다. 카이로선언에서 "3국의 종지(宗旨)는 일본이 1914년 제1차 세계대전의 개시 이후 태평양에서 빼앗거나 점령한 일체의 도서, 일본에 의해 절취된 중국의 영토, 예컨대 만주와 타이완, 팽호열도 등을 중국에 귀환하는 데 있다"고 확인했고, 포츠담선언에서도 "카이로선언의 조건이 반드시 실시되어야 하고, 일본의 주권은 반드시 본주와 홋카이도(北海道), 규슈(九州), 시코쿠(四國) 및 연합국이 결정하는 기타 작은 섬 안으로 물러나야 한다"고 했다. 타이완의 주권이 중화인민공화국이나 중화민국 등 중국의 국가에 있다는 주장은 주로 이러한 제2차 대전 이후의 각종 국제회의에서 이루어진 선언들에 근거했다. 그러나 타이완독립론자들은 일찍부터 이러한 선언의 법률적 효력에 대해 의문을 표시해왔다.

2·28 사변 등 타이완의 외성인(外省人)과 본성인(本省人)의 '성적(省籍)모순'이 격화됨에 따라 1950년대부터 타이완의 법률적 지위가 아직 정해지지 않았다는 것을 논리적 전제로 삼아 연합국의 신탁통치를 경유하여 민족자결 또는 주민자결을 통해 독립 국가를 건립해야 한다는 주장이 제기되기 시작했다. 이를 위해 대독론자들은 독립적 '타이완민족'의 존재를 논증하려 했다. 그들은 '타이완민족'이 혈통상 한족과 다른 하나의 '단독 민족'임을 입증하려 했고, 타이완 문화가 중국 문화와는 다른 독자적 문화임을 입증하려 했으며, 타이완의 언어가 중국어

은 중국 영토임을 선언했을 때 타이완 정부는 정식으로 반대하지 않고 오히려 애매모호한 언론만 재차 발표했다는 설.

10 주권속타이완인민설. 현재 체제가 정상이 아니고 국제 지위는 미정이며 여전히 정명과 제헌을 해야 하고 국제적 승인을 쟁취해야 한다는 설

11 陳儀深, 「臺獨主張的起源與流變」, 158-159頁.

와는 다른 언어임을 입증하려 했고, 타이완의 역사가 중국사와는 분리된 별개의 역사였음을 입증하려 했다. 대독론자들의 이 모든 노력은 결국 타이완이 중국과는 구별되는 별개의 역사공동체임을 확인하려는 기도였다고 할 수 있지만, 통일론자들의 즉각적인 반발을 불러일으켜 치열한 통독 논쟁을 야기했다.

먼저, '타이완은 단독 유일한 민족'이라는 대독론자들의 기본 명제는 세 방면에서 이루어졌는데, 그 하나는 혈통상으로 타이완인은 단독 민족이지 한족이 아니며 중화민족에도 포함되지 않는다는 혼화설(混和說)이니, 이를 가장 먼저 주장한 것은 미국인 조지 커(George Kerr)였다. 미국의 타이완 주재 영사였던 커는 그의 『버려진 타이완(Formosa Betrayed)』이란 책에서 '혼화종(混和種)'설을 제출하여 타이완인은 중국인이 아니라 중국인과 락족(駱族), 와라족(瓦羅族), 인니인(印尼人), 마래인(馬來人), 스페인인, 네덜란드인, 영국인, 프랑스인, 일본인 등의 혼합종이라 했다. 그 뒤 민진당의 「대독당강(臺獨黨綱)」을 처음 만든 임탁수(林濁水)는 '타이완 의식(意識)' 논전 중에 베트남인과 동문동종(同文同種)의 '백월(百越)민족' 하위설을 제출하여, 타이완 인구의 70% 이상을 점하는 복로인(福佬人)은 혈통상 백월민족에 속하지 중원에서 남천한 '순한족'이 아니며 인구의 13% 내외를 차지하는 객가인(客家人)은 혈통이 여족(畲族)에서 온 것으로 중원의 한족에서 온 것보다 적지 않기 때문에, "상·하위 개념으로 본다면 복로인과 객가인, 특히 복로인은 베트남인과 같이 월족의 하위 개념이지 한족이 아니다"[12]라고 주장했다. 그리고 사명이 『타이완인 사백년사(臺灣人四百年史)』에서 정치, 경제, 문화, 역사, 지리 등 각 방면에서 타이완이 중국과의 혈연·문화관계를 초월한 '신흥 민족'이라는 '초월설(超越說)'을 논증했다. 그는 "3백여 년의 식민지성 사회 발전과 반식민지 투쟁의 결과, 일거(日據) 시대에 이르러 타이완 사회와 타이완인은 대체로 이미 중국과 같은 혈연·문화관계를 초월(또는 극복, 揚棄)하고 중국과는 같지 않은 범주의 사회 기초 위에서 하나의 단독 유일한 타이완민족으로 발전했다"[13]고

---

12 林濁水, 「『夏潮論壇』反'臺灣人意識論'的崩解」, 『臺灣意識論戰選集』(臺北: 前衛出版社, 1988), 158-159頁.

13 史明, 『臺灣人四百年史』(臺北: 蓬島文化公司, 中文增訂版, 1980), 94頁.

주장했다.

특히 유물주의적 '대독' 이론가인 사명은 주관적 의식상 타이완인은 하나의 '명운적(命運的) 공동체'라 하고 소위 '타이완 의식'이 민족 형성의 기초라 하여, 타이완인명운공동체설(臺灣人命運共同體說)을 제시하기도 했다. 그는 『타이완인 사백년사』에서 민족 형성의 인소(因素)로서 혈연, 지연, 언어, 문화, 경제생활, 정치 운명 등 객관적 인소와 다른 집단과 구별되는 공동이익과 공동의식 등 주관적 인소가 있다고 하고, 객관적 인소를 다시 전·후기로 나누어 전기는 혈연·지연을 위주로 하고 후기는 언어와 문화, 경제생활과 정치 운명을 위주로 한다고 하면서, "이들 인소 가운데서 민족의 형성에 대해 가장 결정적인 것은 주관적 인소, 즉 공동의식"[14]이라 했다. 사명의 이 민족 이론은 각양각색의 타이완민족론의 기초가 되었다. 타이완인명운공동체설은 타이완민족론이 점차 쇠락한 뒤에 타이완민족론을 수정·보완하여 민족학 개념이 도달하지 못한 정치적 목적을 사회학적 개념을 사용하여 실현하려 한 것이다. 『자유의 자미(自由的滋味)』란 회고록으로 유명한 팽명민은 타이완의 "건국 기초는 종족·문화·종교·언어에 있는 것이 아니라 공동명운의 의식과 공동이익의 신념에 있다"[15]고 했다.

이러한 학설들은 모두 타이완이 하나의 '단일한 독립적 민족'임을 강조하여 '대독'운동을 '민족해방운동'의 성격을 띠게 했고, 타이완과 중국에서 활동하는 통일론자들의 광범한 비판을 불러일으켰다. 대독론자들의 '타이완민족론'에 대하여 그 반대론자들, 특히 중국의 통일론자들은 주로 스탈린의 저 유명한 '민족'론을 근거로 '타이완민족론'을 공격했다. 대륙학자 임경(林勁)은 특히 사명의 '타이완민족론'에서 주관적 인소를 민족 형성의 결정적 인소로 인정하는 것은 그 역사유심론적 본질을 폭로하는 것이라고 비판했다. 또한 객관적 인소를 전기와 후기로 나누고 전기의 자연적 인소가 결정적 작용을 한다는 것은 민족의 개념과 씨족, 부락 등의 개념을 혼동하는 것이고, 후기의 사회적 인소를 강조하는 것은 민족과 국가와 사회의 개념을 혼동하는 것이라 했다. 임경은 '정치적 운명'과 '경

14 史明, 『臺灣人四百年史』, 580-501頁.
15 彭明敏, 『自由的滋味』(臺灣出版社, 1986), 87-88頁.

제적 이익'은 계급적 차이에서 오는 것이기 때문에 일부의 '공동의식'으로 '민족의식'을 대체할 수는 없다고 하면서, '공동의식'을 민족 형성의 기초로 설정하면 "먼저 민족주의가 있고 그 뒤에야 민족이 산생된다"는 논리적 혼란이 야기된다고 비판했다.[16]

중국학자 유등한(劉登翰)도 유심주의 사관의 '민족이론'에 기초한 '타이완민족론'의 오류를 분석하면서, '혼합설'은 종족의 개념으로 민족의 개념을 대체한 것이니 혈연이 결정적인 것은 종족일 뿐 민족이 아니라고 비판했다. 그의 비판에 의하면, "민족은 하나의 사회학적 개념이고 종족은 생물학적 개념이니, 양자가 속한 사회과학과 자연과학의 범주는 같지 않고 서로 대체될 수도 없다. 하나의 민족은 혈연이 같지 않은 몇 개의 민족을 포함할 수 있고 하나의 혈연이 같은 종족이 몇 개의 다른 민족에 분속될 수도 있다. 따라서 혈연주의적 타이완민족론은 이론의 전제에서 잘못되었다. 또한 그것은 타이완의 객관적 사실과도 부합하지 않는다. 명·청 이래로 여러 차례에 걸쳐 이뤄진 대륙 한족 이민이 오늘날 타이완 사회의 인구 주체를 구성했고, 그들이 가지고 타이완으로 들어온 한민족 문화가 지금 타이완 사회의 존재 형태와 발전의 기초가 되었다. 대독론자들이 '본성인'이라 하는 초기 민월(閩粵) 이민과 '외성인'이라고 부르는 1949년 전후하여 국민당 정권과 같이 타이완에 들어간 대륙 각 성적(省籍) 인사들은 혈연과 민족 귀속상 아무런 구별이 없이 모두 한족이었다." 그는 타이완인을 백월민족의 하위로 보는 것도 중화민족의 발전사에 대한 무지의 결과라고 비난하면서, 중국의 인류학자 임혜상(林惠祥)이 지은 『중국민족사(상)』[17]를 다음과 같이 인용했다. "한족이란 이름은 한대부터 시작되어, 처음부터 일어난 이름이 아니다. 지금의 한족은 이미 복합된 민족이다. 고유한 인민을 제외하고서는 뒤에 가입한 사예(四裔) 민족의 성분이 혼유(混有)한 것이다." 임혜상이 말하는 사예 민족이란 "한족 4대 족원인 화하계(華夏系), 동이계(東夷系), 형오계(荊吳系), 백월계(百越系)"를 말한다.

16 林勁, 「從『臺灣人四百年史』析史明的'臺灣民族論'」, 『史明臺灣史論的虛構』(臺北: 人間出版社, 1994), 239-244쪽.

17 林惠祥, 『中國民族史』上(北京: 商務印書館, 1939), 45頁.

따라서 유등한은, "주요 인구가 민월 이민에서 온 타이완 본성인에 월족의 혈통이 포함된 것은 정상적인 일이다. 고월족(古越族)은 본래 한족에 융입되었기 때문에 복건인·광동인은 물론 타이완에 이민 온 뒤에 복로인·객가인이라 칭한 사람들은 월족의 혈통을 포함하든 하지 않든 관계없이 모두 한족의 일부"[18]라고 주장했다.

중국인 유등한은 타이완의 초월설에 대해서도 다음과 같이 비판했다. "'초월설은 대독 분자들이 타이완민족의 형성에 관해 항상 인용하는 '경전표술(經典表述)'이 되었으나, 그 잘못은 분명하다. 첫째, 종족과 민족 개념을 혼동하여 혈연, 즉 종족 관계를 초월하여 민족 관계를 초월했다고 하고, 사회 발전과 주관적 의식의 민족 형성에 대한 작용을 과장했다. 둘째, 정성공(鄭成功)과 청조, 국민당의 통치와 네덜란드·일본의 통치를 구별하지 못했으니, 그러면 만약 정성공에서 청대까지 200년의 대륙 이민과 타이완 경영이 없었다면 오늘의 '타이완인'과 '타이완 사회'는 어디에서 왔단 말인가? 셋째, 타이완 사회 발전의 특수성을 지나치게 강조하고 타이완과 대륙의 차이와 대립·항쟁을 과장하여 타이완, 타이완인과 현실의 중국, 중국인을 '사회상·의식상 서로 다른 범주의 두 개 민족집단'으로 만들었다. 타이완과 대륙의 차이성·특수성·주체성은 비록 존재한다 하더라도 사회의 주류가 되지는 못한다. 일본의 식민 점령으로 대륙 사회와 같은 걸음으로 발전하는 것이 중단되었지만 사회 구성의 문화 기초에는 근본적 변화가 없었다. 국민당 정권 시절 양안(兩岸)에는 실질적 소격(疏隔)과 대치가 있었지만 양안이 같이 중국인이라는 한 민족 속성을 바꿀 수는 없었다."[19]

유등한은 '공동운명체론'도 비판하면서 "첫째, 타이완은 사유제를 기초로 한 다원화 사회로서 공동의 경제 이익을 전제로 한 경제공동체는 존재하지 않는다. 둘째, '타이완 의식'이란 '중국 의식'이란 내용과 배경을 갖고 있다. 오늘날 타이완에 '통(統)'과 '독(獨)'의 분야와 투쟁이 첨예하게 존재한다는 것 자체가 '타이완인의 공동의식'이란 것이 사실은 일부 분열주의 분자의 '공동의식'일 뿐 전체 타

---

18 劉登翰, 『中華文化與閩臺社會ー閩臺文化關係論綱』(福建人民出版社, 2002), 288-189頁.
19 劉登翰, 『中華文化與閩臺社會ー閩臺文化關係論綱』, 290-291頁.

이완인의 '공동의식'이 아님을 의미한다. 타이완의 '인동감(認同感)'과 '귀속감'은 본래 일종의 정상적인 향토감정일 뿐이다. 셋째, 타이완 인민은 복로인이든 객가인이든, 다른 성적의 인사이든 관계없이 한족이 아니면 기타 형제 민족으로서 모두 중화민족의 한 분자이고 모두 중국인이다."[20]

타이완 문화는 중국 문화가 아니라는 주장과 그에 대한 반론도 세 방향에서 전개되었다. 먼저, 타이완 문화의 초월설이 있다. 사명은 『타이완인 사백년사』에서 "타이완 사회와 타이완인은 중국과 같은 혈연·문화관계를 초월했다"고 했다. 또한 혼합문화설이 있는데, 이 이론은 "타이완 문화의 요소는 다원적이라"는 전제하에 "네덜란드 문화와 일본 문화, 원주민 문화, 한 문화, 서양 문화를 혼합했고, 중국 문화는 타이완 문화의 일부라"고 했다. 그 밖에 해양문화설이 있는데, 이는 대독론자들이 가장 많이 견지하고 가장 창의적이라고 자부하는 이론이다. 그들은 중국은 하나의 내륙형 지구이지만 타이완은 사면이 바다로 둘러싸인 해양형 지구이기 때문에 중국 문화는 그 속성이 음유(陰柔)하고 완만(緩慢)하며 복잡하고 유암(幽暗)하며 내렴적(內斂的)이지만, 타이완은 독특한 성격의 해양 문화 전통을 발전시켜 그 속성이 진취적이고 단순하며 상랑(爽朗)·양강(陽剛)하고 활발·명쾌하며 개방적이라 한다. 이러한 문화적 발전을 통해 타이완인은 '신흥의 민족'이 되고, "2001년이 도래하기 전에 타이완은 하나의 인구가 조밀하고 상업경제가 발달하며 민주 진용이 강대하고 자유 개방적인 해양 국가가 될 것이다"[21]라고 했다.

이러한 타이완 문화론도 통일론자들에 의해 여러 측면에서 비판을 받았다. 타이완 문화론을 가장 열성적으로 비판한 유등한은 타이완 문화 초월설에 대하여 "타이완 문화가 중국 문화를 '초월'하려면 먼저 타이완 문화가 중국에서 기원했고 중국 문화의 일부분이었음을 인정해야 한다. 혈연은 '초월'할 수 없고 문화도 안정적 연속성을 갖는다"고 하면서, "타이완 문화는 복건 문화와 마찬가지로 중

---

20 劉登翰, 『中華文化與閩臺社會—閩臺文化關係論綱』, 293-295頁.

21 張俊宏이 許信良의 『風雨之聲』(1977)을 위해 지은 서문; 黃嘉樹, 『臺灣能獨立嗎—透視臺獨』(南海出版公司, 1994), 207-208頁에서 인용.

화 문화의 한 구역성을 체현한 것으로 타이완 이민 사회 형성의 역사를 통해 결정되었다. 17세기 중엽부터 19세기 말엽까지 200년 이상 민월에서 온 대륙 한족 이민이 타이완 사회의 인구 주체를 구성했고, 그들이 전승한 민남(閩南) 지구와 객가 지구의 특징적 한민족 문화가 타이완 사회의 기본 형태와 발전 기초를 이루었고, 타이완 고유의 선주민 문화(중화 문화 중의 소수민족 문화)와 함께 중화민족 문화의 한 조성 부분이 되었음은 부인할 수 없는 객관적 사실이다. 당연히 타이완 문화는 일종의 이민 사회 문화로서 새로운 토지의 자연과 인문 환경 중에서 발전하면서 자기 모체 문화와 완전히 같지는 않은 새로운 특징을 갖게 되었지만, 이러한 차별적 특징이 자기 모체 문화의 본질적 속성을 개변하지 않고 오히려 중화 문화의 박대하고 풍부하며 다양한 색채를 구성했다"[22]고 하여, 대독론자들이 타이완 문화의 중국 속성을 근본적으로 부인하는 태도를 비판했다.

타이완 문화의 혼합문화설에 대해서도, 유등한은 "문화 형성 요소의 다원성과 문화 발전의 다원화는 다른 개념이다. 한민족 문화는 타이완 문화 형성의 주체적 인소로서, 선주민 문화와 함께 타이완 사회 발전의 중화민족 문화 기초를 구성했다. 동·서방 식민자들이 가지고 들어온 이질 문화가 타이완 문화에 미친 영향은 국부적이고 한시적인 것으로, 타이완 문화의 중화민족 문화 속성을 바꾸지 못했다. 타이완 사회의 인구 주체와 문화 주체는 한족과 한민족 문화다"라고 하고, 해양문화설에 대해서도 그는 "중국은 내륙 국가일 뿐만 아니라 해양 국가이기도 하기 때문에 해양 문화도 중국 문화의 한 조성 부분이다. 타이완 문화는 풍부하고 복잡하게 구성되어 있는데, 그 주체적 부분은 조국 대륙에서 전승되어 온 한민족 문화이다"[23]라고 주장했다.

중국의 또 다른 타이완 문제 전문가 진공립(陳孔立)도 타이완 문화의 혼합문화설은 "다른 문화들을 동등하게 열기하여 마치 객관·공정한 것처럼 보이게 하지만, 그 목적은 주차(主次)를 구분하지 않음으로써 주체 문화의 지위를 삭약하려 하는 것"[24]이라고 비판했다. 타이완의 진소남(陳昭南)도 해양문화설에 대해 "중

22 劉登翰, 『中華文化與閩臺社會－閩臺文化關係論綱』, 296頁.
23 劉登翰, 『中華文化與閩臺社會－閩臺文化關係論綱』, 301-302頁.

국은 하나의 대륙 국가일 뿐만 아니라 해양 국가이기도 하다. 오늘날 타이완은 중국이 해양으로 발전하면서 만들어낸 역사적 사실이다"[25]라고 지적했다.

타이완어는 중국어가 아니라는 대독론자들의 주장도 격렬한 비판에 부딪혔다. 대독론자들은 타이완어를 중국어와 대립시켜 중국어나 일본어와 마찬가지로 독립된 언어라 했는데, 이러한 논조는 세 방면에서 이뤄졌다. 첫째, 타이완어는 중국어보다는 월어(越語)와 더 가깝다는 주장이 있는데, 이는 대독연맹의 허세해가 제출한 것이다. 그는 "타이완화(臺灣話) 중의 복로화(福佬話)는 베트남화와 더 가깝고 북경화와는 비슷하지 않다"[26]고 한 이유를 들어 타이완어를 중국어에서 분리시켰다. 임탁수는 한 걸음 더 나아가 "복로화에는 백화음(白話音)과 문언음(文言音)의 구별이 있는데, 수많은 백화음이 한자로 쓰일 수 없고 현재의 베트남어와 음이 같다"[27]고 했다. 둘째, 타이완어는 절대 복건화(福建話)와 같지 않다는 주장이 있다. 타이완혁명당(臺灣革命黨)을 조직하여 건당위원회(建黨委員會) 소집인이 된 홍철승(洪哲勝)은 타이완어가 "복건어를 주간(主幹)으로 하여 발전해 온 것"임을 부인하지는 못하지만, 타이완은 "3, 4백 년의 독특한 역사에서 자기의 풍부한 내용을 흡수·발전했고" "대어(臺語)도 지금의 복건어가 갖지 못한 성분을 포함했기 때문에" 타이완의 4분의 3 인구가 사용하는 언어를 '타이완복건화(臺灣福建話)'라고 부를 수는 없다고 반대하고, 직접 '대어'라 칭하기를 주장했다.[28] 셋째, 중국어를 국어(國語)라 하여 사용을 강제하는 언어 정책을 비판했다. 호불귀(胡不歸)는 "국어의 개념은 본래 쇼비니즘적인 것"으로 "과거 일거 시기 타이완총독부가 시행한 국어 정책이 이와 같고 현재 국민정부가 추진해온 국어 정책도 이와 같다"고 하면서 한어 표준어의 추진과 시행을 "외래 통치 민족의 강압적 언어 정책이 가져온 결과"[29]라고 비판했다.

---

24 陳孔立, 「臺灣'去中國化'的文化動向」, 厦門大學臺灣研究所, 『臺灣研究集刊』, 2001-3.
25 陳昭南, 『中國海洋發展史論文集』(中央研究院 三民主義研究所, 1984) 引言.
26 許世楷, 「臺灣民族之我見」, 『臺灣公論報』, 1982年 10月 8日.
27 林濁水, 「『夏潮論壇』反'臺灣人意識'所作的崩解」, 159頁.
28 洪哲勝, 「臺灣發展史巡禮」, 『臺灣與世界』, 1·2, 1983年 6月·7月.
29 胡不歸, 「讀『臺灣語言問題論集』有感」, 『臺灣與世界』, 3, 1984.

대독론자들의 이 같은 타이완어론을 비판한 통일론자들의 논의 가운데 가장 대표적인 것으로는 동이(童伊)의 논문이 있다. 그의 연구 성과에 의하면, 타이완화란 타이완 지역에서 통행되는 한어의 방언이다. 현재 타이완에서 통행되는 방언은 선주민의 언어를 제외하면 대부분 타이완 인구 70% 이상의 복로인이 사용하는 복로화와 13% 내외의 객가인이 사용하는 객가화, 그리고 소수의 전국 각성의 방언이다. 그러나 복로인의 인구가 강세이기 때문에 복로화는 이미 객가인 집단 거주 지역에도 진입하여 대다수 객가인과 기타 외성적인(外省籍人)이 통용하고 있다. 따라서 대독론자들이 말하는 타이완화 또는 대어란 바로 복로화를 말하는데, 복로화란 사실 17세기 중엽 이래로 복건 천주(泉州)·장주(漳州) 2부(府)에서 도래한 이민이 타이완으로 진입하면서 가져온 민남화를 말한다. 그런데 복건 인구의 대부분은 역사상 중원 하락(河洛) 일대에서 남천하여 민 지역으로 들어간 사람이고, 복로인은 하락인이라고도 불리고 복로화도 하락화라고 불린다. 복로란 말도 당대 이래 출현하여 민을 가리키는 방언이다. 타이완화, 즉 복로화는 곧 민남화다. 민남화는 독립된 민족 언어가 아니라 한어의 일개 차방언(次方言)이다. 타이완 민남화와 복건 민남화 사이에 큰 차이가 있다고 하지만, 실제 타이완 민남화의 단어 가운데 90% 이상이 복건 민남화에서도 사용되며 다른 단어는 10%에도 미치지 못한다.[30]

타이완 역사는 중국 역사가 아니라는 대독론자들의 주장도 치열한 논쟁을 불러일으켰다. 대독론자들은 타이완 역사를 중국 역사에서 떼어내어서 타이완 사회의 발전 중에서 중국이 점하는 지위를 타이완의 역사 서술 밖으로 배제하여, 타이완 역사의 '주체성'과 '자주성'으로써 '대독'의 민족 이론과 국가 이론을 구축하려 했다. 일찍이 왕육덕의 『고민의 타이완(苦悶的臺灣)』과 사명의 『타이완인 사백년사』에서 최근에는 『인식타이완』 교과서의 역사 편에 이르기까지, 수많은 주장들이 대체로 세 방면에서 제출되었다. 첫째, 사관상에서 제출된 타이완인중심론(臺灣人中心論)이 있다. 이는 과거 타이완 역사 연구 중에서 중국 중심의 소위

30 童伊, 「文化臺獨把'語言'當'稻草', 荒謬!」, 臺灣人間出版社, 『思想與創作叢刊』, 2001年 秋季號.

'중원 사관' 또는 '국민당 사관'에 대응하여 타이완의 역사가 응당 타이완인의 관점에서 출발하여 해석되어야 한다는 인식 아래, 타이완 역사의 내재적 구조와 타이완 인민의 주체성, 타이완 주민과 타이완 사회를 주체로 하여 타이완을 하나의 독립된 발전 단위로 보고 세계사적 시야에서 타이완에 하나의 독립적 역사 무대를 부여하려 한 것이다. 즉, 소위 타이완 사관의 제출은 타이완사를 중국사의 일부로 만드는 것 또는 타이완사를 모국사의 한 지류로 만드는 것에 근본적으로 반대하여, 중국의 주체성을 배척하여 타이완 독립에 역사적 근거를 제공하려는 것이었다. 타이완의 역사를 타이완이 주체로 한 역사로 이해해야 한다는 주체론적 입장을 대표하는 논의는 왕육덕에 의해 이루어졌다. 그는 "타이완은 타이완인에 속한다. 오직 타이완인만이 타이완의 진정한 주인공이다"라고 주장하면서 "지금 진행되고 있는 것은 타이완인과 중국인의 민족 전쟁이다. 이는 일종의 식민지 해방운동이다. 이는 4백 년 타이완사의 궁극적 목표다"라고 하고, "소위 타이완인의 역사는 타이완인이 타이완에서 자기의 자유와 행복의 신천지를 찾는 투쟁의 과정이지만, 타이완의 현실은 그들의 이상과 매우 멀었다"[31]고 주장했다. 둘째, 사회 성질상, 타이완의 수백 년 역사를 식민지성 사회 발전사와 타이완인 반식민지 투쟁의 역사로 보아, 네덜란드와 스페인·일본의 타이완 통치를 식민지성으로 볼 뿐만 아니라 정씨 자손 3대의 타이완 경영과 청 정부의 타이완 통치 200년, 국민당 정권의 타이완 통치 반세기도 모두 외래 정권의 식민 통치로 간주하여, 대독운동을 반식민주의적 민족운동으로 성격을 규정하고 독립적 타이완 민족과 타이완 국가에 논리적 전제를 제공하려 했다.[32] 셋째, 대륙에서 건너온 이민에 대한 새로운 해석을 통해 타이완 역사의 특수성과 독립성을 강조했다. 예컨대, 대독론자들은 대륙에서 타이완에 온 이민이 "중국에서 방기되어 중국의 통치를 접수하려 하지 않았다"거나 "중국과 관계를 단절하는 심정으로 타이완으로 이민했다"[33]고 하고, 또는 "중국 사회의 권외로 방축되어 중

31 王育德,『臺灣-苦悶的歷史』(東京: 1964) 序文.
32 史明,『臺灣人四百年史』.
33 彭明敏,『自由的滋味』, 250頁.

국 대륙과 관계를 완전히 단절했다"[34]고 하여, 이민을 매체로 하여 중국과 타이완의 관계를 강조하려는 통일론자들의 논거를 비판했다. 인류학자 진기남(陳其南)은 독특한 토착화론을 전개하기도 했는데, 그는 1683년부터 1895년까지 2백여 년간 타이완의 한인 이민 사회는 점차 하나의 변강적 환경에서 벗어나 인구가 많고 안전·부유한 사회를 이루었다. 즉, 청대 일대는 타이완에 온 한인이 이민 사회에서 토착화를 통해 토착 사회로 변화한 과정이었다고 주장했다. 이들 이민은 타이완을 자기의 근거지로 긍정하고 새로운 사당과 제사 조직을 세워 점차 대륙 조적(祖籍) 사회를 벗어나 새롭고 독립적인 지연 사회를 이루었다고 했다.[35]

이에 대해, 중국 학자들은 타이완사를 중국 지방사로 이해해야 한다는 내지화론으로 맞대응했다. 이들은 타이완은 중국의 불가분의 일부분으로 산동이나 하남, 복건, 광동과 같은 것임은 결코 의심할 바 없는 사실이라고 주장했다. 중국의 저명한 타이완 사학가 진공립은 "타이완 역사는 중국 역사의 한 조성 부분으로 전국적 역사와 공통성을 갖는다. 단, 타이완은 중국의 일개 비교적 특수한 지구이기 때문에 그 역사도 필연적으로 그 특수성을 갖는다"[36]고 하면서, 그 특수성에 대해 두 가지 방면에서 지적했다. 첫째, 타이완은 복건과 광동에서 건너간 이민 사회였기 때문에 인구구조나 사회구조·정치구조상 정거(定居) 사회와는 같지 않은 특징을 갖는다. 둘째, 타이완은 네덜란드와 일본의 침입을 받았기 때문에 중국의 기타 지구와 다른 특수한 경력과 환경에 있었다. 그러나 타이완의 이민사는 대륙의 타이완 개발사였고 타이완의 중화 문화를 기초로 한 한족 사회 형태의 형성과 발전의 역사였다. 진공립은 장편 논문 「타이완 역사의 '망각'(臺灣歷史的'失憶')」[37]에서, 대독론자들이 11개 방면에서 타이완의 역사를 왜곡하고 훼조했다고 비판하면서 타이완 역사의 특수성, 특히 타이완의 해양성 문화가 갖는

---

34 史明, 『臺灣不是中國的一部分』(前衛出版社, 1992), 36頁.
35 陳其南, 「清代臺灣漢人社會的建立和結構」(Yale University 碩士論文, 1975).
36 陳孔立, 『臺灣歷史與兩岸關係』 5-6(臺海出版社, 1999), 42頁.
37 陳孔立, 『臺灣歷史與兩岸關係』 5-6.

특수성을 낮게 평가했다. 그는 타이완 역사의 개단(開端)에 대해서도 중국의 타이완의 조기 발견과 이민·개발 등을 강조했고, 정씨 정권의 성질에 대해서는 독립 정권도 아니고 외래 정권도 아니라고 주장했다. 대륙 이민과 조적지(祖籍地)의 관계에 관해서는, 그들은 중국을 방기하지도 않았고 중국 사회의 권외로 쫓겨나지도 않았다고 했고, 타이완이 개항한 이후에도 중국에서 이탈하지 않았고 세계의 국제화를 향해 나아간 정도도 높지 않았다고 했다. 일거 전의 타이완 개발 정황에 대해서도, 당시 타이완은 황무지도 아니었고 이미 근대화 건설이 개시된 전국 선진 성 가운데 하나였다고 강변했다. 시모노세키조약의 책임 문제에 대해서는, 죄의 가장 큰 책임은 일본의 침략에 있었지 타이완을 팔아넘긴 책임을 조국 인민의 머리 위에 씌울 수는 없다고 했다. 이 외에도 그는 일거 시기에 있었던 타이완인의 '자유로운 국적 선택'의 역사적 진상과 일본 식민 통치하의 타이완 '지방자치선거'의 기만성, 일거 시기 타이완 '생활수준의 신속한 제고'의 원인, 일본의 타이완 경제 발전의 식민주의 약탈의 본질과 한계 등에 관해 대독론자들과는 정반대되는 의견을 제출했다.

유등한도 타이완 역사의 발생과 발전에 관해 대독론자들과는 전혀 다르게 이해했다. 그의 타이완사론에 의하면, "타이완이 원고(遠古) 시대에 중국 대륙과 밀접한 관계가 발생한 사실이 1700년 이전의 문헌에 기록되어 있는데, 이는 중국인이 가장 일찍 타이완을 발견했음을 의미한다. 그 뒤에도 중국인과 중국 정부는 가장 일찍 타이완을 경영하고 대팽(臺澎) 지구에 행정기구를 설립했으며, 타이완에 이민과 개발을 진행했다." 그는 "타이완의 주권은 고대부터 중국에 속했으니, 이것이 타이완 역사의 가장 기본적인 사실"이라고 하면서, "중국 행정구획 중의 일개 성으로서, 타이완 역사를 서술할 때 중국이 타이완 역사 발전 중에 주체적 지위에 있었음을 무시할 수 없고 타이완 역사가 중국 역사의 일부라는 중국성을 벗어날 수도 없다"고 강조했다. 또한 타이완 이민을 경제형 개발성 이민과 정치성 전쟁 이민으로 유형화하면서, 이들은 중국을 방기하지도 않았고 중국에서 방축되지도 않았다고 주장했다. 또한 그는 "타이완이 네덜란드나 일본의 침략을 받은 것은 사실이지만, 그 가장 큰 죄과는 일본의 침략행위에 있고 그 다음 책임은 청조 정부의 부패와 무능에 있을 뿐이다. 대독론자들은 청조까지도 '외래 정권'이라 하지만, 외성에서 타이완에 관원이 파견된 것은 회피(回避) 제도 때문이었다"[38]고 지적했다.

이처럼 정치적 쟁의와 더불어 역사 논쟁도 통독 논쟁의 중요한 성분이 되었다. 정치적 입장을 합리화할 수 있는 역사적 근거가 필요했기 때문이다. 한 예로 1960년에 일본 동경에서 『타이완청년(臺灣青年)』을 창간한 왕육덕은 요문의가 주도한 타이완공화국 임시정부에 가입했다가 퇴출한 바 있었는데, 그 뒤 그는 『타이완: 고민의 역사(臺灣:苦悶的歷史)』에서 임시정부 사람들의 역사 이론은 '소가죽을 불어 사람을 겁주려는 것(吹牛皮嚇唬人)'이라 비판했다. 그 까닭은 그들이 정씨 왕조를 타이완인의 첫 번째 왕국이라 하고, 1895년의 타이완민주국(臺灣民主國)을 타이완인의 두 번째 왕국, 1950년대의 독립운동을 세 번째 왕국의 복국(復國)운동이라 했기 때문이다. 왕육덕이 보기에는 정씨는 대륙을 반공(反攻)하려했고 타이완민주국의 선언에는 "정삭(正朔)을 삼가 받들고" "멀리서 병번(屏藩)이 된다"는 등의 말이 있었기 때문에, 양자 모두 자긍의 대상이기보다는 치욕의 역사였을 뿐이라는 것이다.[39]

이와 같은 종류의 역사 논쟁은 통독 논쟁을 둘러싸고 도처에서 전개되었다. 타이완 내의 대독파와 통일파 사이에 역사 논쟁이 전개되었을 뿐만 아니라 중국 학계와 타이완 학계 사이에도 전선이 형성되었고 대독파 내에서도 논쟁이 이뤄지기도 했다. 특히 중국의 타이완 사학계와 타이완의 대독파 사학자들 사이에 전개된 역사 논쟁의 쟁점은 매우 포괄적이어서 타이완사 및 타이완-중국관계사에 대한 상반된 이해가 얼마나 전면적으로 충돌할 수 있었는지를 잘 보여준다. 1996년에 진공립이 『타이완역사강요(臺灣歷史綱要)』(九州圖書出版社)를 주편하여 타이완사에 대한 중국 학계의 기본 입장을 천명하자, 타이완의 어떤 학자는 이를 두고 '양안의 역사 전쟁'이라고 하면서, "일방은 타이완이 중국의 일부라는 기억을 강화하고 일방은 망각을 통해 중국과의 인동(認同)에서 이탈하려 하니,

38 劉登翰, 『中華文化與閩臺社會－閩臺文化關係論綱』, 313-318頁.
39 王育德, 『臺灣: 苦悶的歷史』 日文版(1964); 『苦悶的臺灣』 中文版(東京: 臺灣青年社, 1979).

이는 형제가 울타리 안에서 싸우기 위해 길을 내는 것과 같다"[40]고 했다. 이에 대해 중국 학계를 대표하는 진공립은 "'전쟁'도 '규정(糾正)'도 없다. 우리는 다만 진정한 학술 연구를 추구할 뿐이다"고 응답했다. 그는 "타이완의 역사를 회고하면 누구도 타이완이 중국의 일부임을 승인하지 않을 수 없으니, 이 기억은 특별히 강화할 필요가 없다. 타이완은 중국 인민이 개발한 것으로 특히 복건·광동의 이민이 타이완을 개발한 주력이었다. 타이완의 역사는 무엇보다 중국 인민이 이 토지 위에서 생식·개발·교왕·항쟁한 역사였으니, 과거가 이와 같고 현재도 이와 같다. 타이완이 오늘을 갖게 된 것은 긴 세월 동안 타이완에 온 인민이 공동으로 분투한 결과이다"라고 하면서, "타이완 역사는 중국 역사의 일개 조성 부분으로 전국의 역사와 공통성을 갖는다. 다만 타이완은 중국의 하나의 비교적 특수한 지구로 역사에서도 필연적으로 그 특수성을 갖는다"[41]고 응대했다. 다른 문장에서도 "역사의 공통성만 강조하고 역사의 특수성을 말하지 않는 관점은 당연히 옳지 않다. 다만 만약 반대로 특수성만 말하고 공통성은 말하지 않으면 역시 역사의 진실에 부합하지 않는다"[42]고 거듭 강조한 진공립은「타이완 역사의 '망각'」이라는 글에서 중국과 타이완의 역사적 관계에 관한 타이완 학계의 입장을 조목조목 거론하며 비판함으로써 양국 학계의 입장 차이를 체계적으로 잘 보여주고 있다.

①타이완 역사의 특색에 관해:『인식타이완(역사편)』제4항에서 "다원 문화는 타이완 역사의 일대 특색이다", "국제성은 타이완 역사의 또 다른 특색이다"('사린[四隣]과의 관계가 밀접함'을 가리킨다), "대외무역의 흥성은 타이완 역사의 또 다른 특색이다", "모험분투와 곤란극복 정신도 타이완인의 독특한 성격이 되었다"고 했다. 또 어떤 사람은 타이완이 '해양형 문화'를 가졌다고 강조한다. 예컨대 정흠인(鄭欽仁)은 "대륙은 대륙형 문화로 농업으로 입국하며 안토중천(安土重遷)하고 민족관(즉, 中原文化本位主義)은 내향적이다"[43]라고 했다. 타이완은 '해양

40『聯合報』, 1996年 6月 21日.
41 陳孔立,「臺灣歷史與兩岸關係」,『臺灣歷史與兩岸關係』(北京: 台海出版社, 1999), 3-6頁.
42 陳孔立,「關于"台灣島史"和"台灣史觀"」,『臺灣歷史與兩岸關係』, 15頁.

성 인소'를 가져 개방·자유·진취적이되, 다만 자겸자비(自謙自卑)한다. 이로 인해 타이완의 해양 문화는 변화를 구하고 새로운 것을 구하지만 대륙의 중국 문화는 폐쇄적이고 보수적이어서 양자는 확연히 구분되어 대립체가 되었다고 했다.

이에 대해 진공립은 『中國海洋發展史論文集(中國海洋發展史論文集)』[44]에서, 진소남이 "중국은 하나의 대륙 국가에 그치지 않고 하나의 해양 국가이기도 하다"고 했고, 여영시(余英時)는 『발현타이완(發現臺灣)』의 서문 「해양중국의 첨단—타이완(海洋中國的尖端—臺灣)」에서 "중국은 이미 하나의 내륙 농업적 문명 질서에 그치지 않고 따로 하나의 해양 중국도 출현하기 시작했다"고 했음을 인용하면서, "실제로 문화 각도에서 보면 '해양 중국'은 중화 문화의 하나의 조성 부분이다.…타이완은 '해양 중국' 발전의 산물이다.…타이완 문화는 중국 대륙에서 기원하여 상당이 긴 시간 동안 중국 문화(특히 閩粵 문화와 客家 문화)와 큰 차이가 없었으니, 이는 중국 문화 중의 일종의 구역 문화로, 중화문화와 다른 특수한 '해양 문화'를 형성하지는 않았다.…현재 양안은 여전히 중화 문화에 속하고, 양안 문화의 차이는 외래 문화의 흡수와 전통 문화를 계승하는 차이에 있을 뿐이다"라고 비판했다. 또한 진공립은 "다원적 문화가 타이완 역사의 특색인가"라고 반문하면서, "실제로 중국 상고 문화는 다원적으로 발생했다.…중화민족의 성분은 복잡하고 중화 문화는 다원적이다. 다원 문화는 타이완만 가지고 있는 것이 아니니, 타이완 역사의 특색으로 꼽을 수 없다"고 하고, "대외관계가 밀접하고 대외무역이 흥성한 것이 타이완의 특색인가"라고 반문하면서, "타이완은 '해양 중국' 발전의 산물이다.…타이완의 대외관계와 대외무역은 국내 기타 지구와 비교해서 특별한 것이 없고 특색이라 할 수도 없다. 모험분투·곤란극복의 정신은 타이완만 가지고 있는 것이 아니다"라고 주장했다. 그러면 무엇이 타이완 역사의 특색인가? 이 문제에 대해 그는 "첫째, 타이완은 네덜란드의 침점을 38년간 받았고 일본 식민 통치를 50년간 받았는데, 이는 전국 기타 지구에는 없는 것으로 타이완 역사의 특색이라 하지 않을 수 없다. 둘째, 타이완은 기타 지구와 비교해서 비교

43 鄭欽仁, 『生死存亡年代的臺灣』(稻鄉出版社, 1989).
44 陳孔立, 『中國海洋發展史論文集』(臺灣, 中央硏究院 三民所, 1984).

적 늦게 개발된 지구이고 특히 복건·광동의 이민이 개발했으니, 이는 기타 지구에는 없는 것이다. 이로 인해 다른 특징, 예컨대 타이완 역사상에서 경제적·문화적·사회관계적으로뿐만 아니라 정치적으로도 복건·광동과 특별히 밀접한 관계에 있었으니, 이러한 '역사 특색'은 누구도 말살할 수가 없다"[45]고 대답했다.

② 타이완 역사의 개단(開端)에 대하여: '대독'을 주장하는 인사들은 "타이완의 믿을 수 있는 역사는 네덜란드부터 시작되었다", "1624년 네덜란드인이 타이완에 들어온 것이 타이완사의 조단(肇端)이다"[46]라고 한다.

이에 대해 진공립은 "고고학적 발견으로 타이완에 적어도 수만 년의 역사가 있었음을 알 수 있다. 좌진인(左鎭人), 장빈(長濱) 문화, 대분갱(大坌坑) 문화, 원산(圓山) 문화, 13행(十三行) 문화 등은 모두 타이완에 조기 인류가 활동한 유적이다. 문자가 기록된 역사에서도 1천 수백 년 전인 기원후 230년의 '이주(夷洲)', 607년의 '유구(流求)', 1291년의 '유구(瑠求)', 명조 후기의 '동번(東番)' 등 모두가 네덜란드인이 타이완을 침략하기 훨씬 전에 있었다"고 하면서, 『타이완인 사백년사』의 주장은 "역사에 대한 무지가 아니라 의도적으로 역사를 위조하고 의도적으로 '역사적 망각'을 제조한 것이다"라고 비난했다. 또한 진공립은 "일찍이 네덜란드인이 타이완에 들어가기 전에 수많은 한인들이 타이완에 거주했다"고 하고, "정성공과 네덜란드인은 모두 타이완이 중국에 속함을 인정했다"고 주장하기도 했다. 진공립에 의하면, 네덜란드인이 침입했던 초기에 납세 문제로 일본인과 다툼이 있었는데, 일본인은 그들이 네덜란드인에 비해 먼저 타이완에 도착했음을 강조했지만 네덜란드인은 "타이완 토지는 일본인에 속하지 않고 중국 황제에게 속한다.…만약 어떤 사람이 세금을 징수할 권리가 있는가라고 말한다면 의심할 여지없이 중국인이다"[47]라고 했다. 진공립은 "타이완은 주로 대륙 이민이 개발한 곳이다"라고 하면서, "네덜란드인이 침입하기 훨씬 이전에 중국 이민이 이미 타이완으로 진입하여 생산과 개발에 종사했고, 네덜란드 점령 시기에

45 陳孔立, 「臺灣歷史的"失憶"」, 『臺灣歷史與兩岸關係』, 39-43頁.
46 鈴木明, 『臺灣起革命的日子』(前衛出版社, 1992), 19頁.
47 『鄭成功收復臺灣史料選編』(福建出版社, 1982), 95-96頁.

타이완을 개발한 주력은 여전히 중국 대륙의 이민이었다"고 주장했다. 따라서 진공립에게는 "타이완 역사는 네덜란드인이 타이완에 들어가면서 시작되었다" 거나 "타이완은 네덜란드인이 개발한 곳이다", 나아가서는 "타이완은 다만 4백 년의 역사만 있다"라고 주장하는 것은 모두 역사적 진실에 부합하지 않는다. 이 같은 논점을 선양하는 것은 "타이완 역사를 왜곡하고 타이완 인민을 속이는 것이며 식민자를 칭송하고 타이완의 조상을 배반하는 것이다."[48]

③ 명정(明鄭) 정권의 성질에 대하여: 강전영홍(岡田英弘, 오카다 히데히로)은 "정씨는 중국해 밖에 건립된 망명 한인의 정권이었기 때문에 타이완은 중국의 일부라고 말할 수 없다"[49]고 하고, 이소봉(李篠峯)은 "정씨는 일개 외래 정권이다"[50]라고도 한다. 송택채(宋澤菜)는 명정은 '외래 정권'으로 타이완을 식민지로 만들어 타이완에 대한 착취가 네덜란드인의 인자(仁慈)에 비교할 수 없었으니, "정씨의 내림(來臨)은 타이완에 불리한 것이었다"[51]고도 했다.

이에 대해 진공립은 "명정은 일개 독립적 정권이 아니다"라고 규정했는데, 그 이유로서 "정씨 정권은 시종 스스로 하나의 독립적 정권으로 간주하지 않았고, 일찍이 하나의 반독립적 정권이 되려고 극력 쟁취하려 했지만 이룰 수 없었음"을 들면서, "정씨 3대는 계속 '번'을 자칭하고 다만 스스로 일개 '왕'임을 승인했으니 곧 연평왕(延平王)이다. 이 왕호는 남명 왕조의 영력제(永曆帝)가 책봉해준 것으로 남명 왕조의 관할로 귀속되었다.…정씨는 칭제한 적이 없고 남명 왕조 밖에서 독립된 정권을 이룬 적이 없으며 하나의 독립적 국가가 된 적도 없으니, 다만 명조 정권의 일개 지방 행정 단위였을 뿐이다"고 주장했다. 또한 진공립은 "명정은 하나의 외래 정권이 아니다"라고 하면서 "이른바 '외래 정권'이란 명확한 정의가 필요하니, 외국에서 왔다는 것인가 아니면 외지에서 왔다는 뜻인가"라고 반문했다. 그는 "타이완 역사상 두 번 외국인의 통치를 받은 바 있었으

---

48 陳孔立, 「臺灣歷史的"失憶"」, 43-48頁.

49 岡田英弘, 「臺灣的歷史認同和清朝的本質」, 『馬關條約一百年硏討會論文集』, 1994.

50 李篠峯, 『臺灣歷史閱覽』(自立晚報 文化出版部, 1994), 68頁.

51 宋澤菜, 『臺灣人的自我追尋』(前衛出版社, 1988), 69頁.

니 네덜란드의 식민 통치와 일본의 식민 통치로, 모두 외국인이 와서 중국인을 통치한 것이어서 모두 '외래 정권'이었다. 그러나 어떤 사람은 정씨 정권과 청조 정권도, 심지어는 장개석을 대표로 하는 국민당 정권도 '외래 정권'이라 칭해서 전자의 의미와 혼동되니, 실제로 양자는 본질적으로 구별된다"고 하면서, "정씨 정권하에서 통치자와 피통치자는 주로 모두 중국 대륙에서 왔다.…중국인의 정권이요, 중국인이 개발한 토지를 통치했는데 어떻게 '외래 정권'이라고 할 수 있는가? 만약 통치자가 타이완 밖에서 와서 '외래 정권'이라고 한다면…복건·절강 및 전국 각지도 모두 '외래 정권'인가"라고 힐난했다. 그는 또한 "'조선의 선례에 비추어서(照朝鮮例)'는 단지 담판의 주마(籌碼, 산가지)였을 뿐이다"라고 하면서, "정씨는 확실히 청조에 신복하기를 원하지 않아 여러 차례 청과 담판하면서 '(청조) 판도 강역 밖에 따로 건곤(乾坤)을 세웠다'고 자칭하고 심지어는 '타이완은 멀리 해외에 있어 (중국) 판도 안에 속하지 않는다'[52]는 입장을 견지하면서, '조선의 선례에 비추어 체발(剃髮)하지 않고 대대로 타이완을 지키며 칭신·납공하겠다'고 요구했으니, 이는 타이완이 청조의 통치를 받지 않고 담판의 주마로 써서 '반독립'의 지위를 쟁취하려 한 것이었지만 청조의 윤허를 얻지 못했다. 청조는 '조선은 예전부터 외국이었지만, 정경(鄭經)은 중국인'이라고 하여 조선의 선례를 원용할 수 없었다. 다른 통치자들이 타이완의 귀속에 대해 어떻게 보았든 관계없이 당시 타이완은 필경 중국인의 정권을 통해 관할권이 실행되었지 외국인이 이곳에서 통치하지는 않았으니, 타이완의 주권이 중국에 귀속되었음은 명확하다"고 주장했다. 진공립에게는 명정이 "'외래 정권'이 아니었고 '독립 정권'도 아니었지만, 스스로 명조에 귀속했음을 자칭한 중국인이 조성한 정권이었고 그의 통치하에 있었던 사람도 중국인이었다." 또한 그는 정씨 시대 타이완의 개발이 식민지 착취였다는 설에 관해서는, "식민지란 자본주의 시대의 산물인데…정씨는 외국 통치도 아니고 자본주의 단계까지 발전하지도 않았으니 식민 통치와 본질적 차이가 있다.…정씨 시대에 개발된 지구는 네덜란드 침점 시기에 비해

52 『康熙統一臺灣檔案史料選集』(福建出版社, 1983), 70頁.

크게 많아졌고…정씨는 대량의 대륙 주민을 타이완으로 이주시켜 중국의 정치·경제·문교 제도를 타이완에 이식시켰다.…이로 보아 정씨 시대의 개발을 부정하고 정씨가 타이완에 이롭지 않았다고 하는 것은 모두 역사적 사실에 부합하지 않는다"[53]고 비판했다.

④ 이민과 조적지(祖籍地)의 관계에 대하여: 팽명민은 "이민은 타이완에 오면서 중국을 버리고 중국의 통치를 접수하기를 원하지 않았다.…이들은 중국과 관계를 단절할 심정을 가지고 타이완에 왔다"[54]고 하고, 사명은 "이민이 당정자에 의해 중국 사회의 권외로 쫓겨나서 중국 대륙과 완전히 관계를 단절했다"[55]고 했다. 또 어떤 사람은 "우리의 조상은 16세기에 대청의 금령을 위배하고 조상의 분묘를 돌보지 않는 것을 꺼리지 않고 기꺼이 모험하여 바다 건너 타이완으로 왔는데, 그 목적은 중국의 영토와 주권을 확대하는 데 있지 않고 비참하게 빈곤한 생활을 이탈하기 위해 타이완에 와서 신세기를 열었다. 따라서 오늘날 마음대로 타이완을 중국에 넘기려는 설법은 모두 사물의 근원을 잊고 소홀히 하는 것이다"[56]라고도 했다.

이에 대해 진공립은 "'중국의 포기'는 없었다"고 하면서, "이민은 생존과 발전을 위해 부득불 고향을 떠나 타이완으로 가지 않을 수 없었다. 이민의 성분으로 본다면 소수의 범죄자를 제외하고는 중국과 결렬하고 '중국을 방기하며' '관계를 단절'하지 않으면 안 되는 원한의 심리를 갖고 있었던 사람은 없었다.…이민과 조적지는 '완전히 관계를 단절'하지도 않았을 뿐만 아니라 시종 밀접한 연계를 유지했다.…'중국을 방기했다'고 하는 것은 완전히 의도적 훼조다"고 비판했다. 또한 그는 "타이완이 '중국 사회의 권외에 있었던' 적은 없었다"고 하면서 "청조 전기에 타이완은 기본적으로 외국과 무역을 진행하지 않아 대륙은 타이완의 대외무역의 유일한 대상이었다. 정치적으로도 타이완은 복건과 관계가 특

53 陳孔立,「臺灣歷史的"失憶"」, 49-52頁.
54 彭明敏,『自由的滋味』, 250頁.
55 史明,『臺灣不是中國的一部分』, 36頁.
56『自立晚報』, 1995年 4月 17日.

별히 밀접했다. 타이완은 200여 년이나 오랫동안 복건의 일개 부(府)였다. 타이완은 복건에 속했고 타이완 인민의 생활은 대륙에서 이탈하지 않았다. 경제적으로 같은 경제권에서 이탈하지 않았고 정치적으로도 중국 정부의 통치에서 이탈하지 않았다. 이민은 방축된 것이 아니었으니, 대륙의 조적지 인민은 타이완에 이민 간 골육 동포를 '방축'하지 않았으며, 타이완 인민의 선조도 스스로 중국 사회의 '권외'로 '방축'되었다고 생각하지 않았다. 이 같은 역사는 '망각'될 수 없는 것이다"라고 주장했다. 그는 "이민이 정치적 목적은 없었다고 해서 그것으로 지방 영토와 주권의 귀속 문제를 설명할 수는 없다. 타이완은 중국의 영토이고 타이완 영토와 주권은 중국에 속함은 온 세계가 공인하는 것이니, 초기의 이민이 정치의식이 결핍되었다고 해서 이 같은 사실이 개변될 수는 없다. 이러한 관점을 제출한 사람들은 그 목적이 조국을 분열시키는 것으로, 이는 그들의 험악한 용심에서 나온 것이다. 그들은 관념을 몰래 바꾸는 수법으로 초기 이민이 '영토주권을 확대'하기 위해 온 것이 아님을 타이완의 귀속과 섞어서 일담(一談)으로 삼아, 타이완 영토와 주권이 중국에 귀속된다는 사실을 부정하려 망령되게 기도했다"[57]고 비난했다.

⑤ 타이완 개항 후의 대륙과의 관계에 대하여: 1842년에 체결된 '남경조약'으로 타이완의 안평(安平)과 담수(淡水) 두 항구가 개방되었는데, 개항 이후 타이완과 대륙의 관계에 대해 타이완 학계 특히 대독파 학자들은 외국과의 무역이 당연히 발전했지만 대륙과의 관계는 필연적으로 약화되거나 심지어 서로 이탈했다고 주장했다. 장염헌(張炎憲)은 "1860년, 타이완이 개항 통상 이후 생산품이 세계 각지로 수출되어 세계와의 관계가 날로 더욱 긴밀해지고 점점 세계로 향해 달려가서 중국에서 이탈했다"[58]고 하고, 송택채는 "1860년 이후 타이완은 국제무역 체계의 일환이 되었다.…타이완 경제는 영원히 자기의 경제권을 갖게 되어 결코 중국의 경제권에 속하지 않게 되었다"[59]고 주장했다.

---

57 陳孔立, 「臺灣歷史的"失憶"」, 52-56頁.
58 張炎憲, 「威權統治和臺灣人民歷史意識的形成」, 『馬關條約一百年硏討會論文集』.
59 宋澤萊, 『臺灣人的自我追尋』, 70頁.

이에 대해 진공립은 "타이완과 하문(厦門)은 매우 밀접한 관계였을 뿐만 아니라 하문이 주도적 지위에 있었다.…타이완이 '세계로 향해 달려가는' 과정에서 하문을 이탈하지 않았고 타이완은 하문과 계속 '국제무역의 일환'을 이루었으니, 이른바 '타이완 개항 이후 대륙과 이탈했다'는 논조는 사실에 의거한 것이 아니다"라고 비판했다. 또한 진공립은 타이완과 대륙의 기타 지구의 관계로 보아서도 "이 시기 타이완은 '중국을 이탈'하지 않았고, 타이완은 '결코 중국의 경제권에 속하지 않았던' 적이 없었다"[60]고 주장했다.

⑥ 황무지였는가 아니면 선진적 성이었는가에 대해: 팽명민은 "일거 당초에 타이완은 황무지로 세계에서 가장 낙오되고 야만적인 지방이었다고 말할 수 있다"[61]고 했다.

이에 대해 진공립은 "갑오전쟁 이전에 타이완은 이미 전국에서 가장 선진적인 성 가운데 하나였다"고 하면서, "타이완의 역사는 중국 역사의 한 조성 부분으로 고립적으로 타이완만을 이야기할 수 없으며, 타이완의 정황은 전국의 총 형세와 나누어지지 않기 때문에 타이완과 전국 각지를 연계하여 고찰해야만 비로소 그 역사적 지위를 볼 수 있고 타이완과 전국 각지의 연계와 구별을 볼 수 있다. 중국 인민의 개발과 건설을 통해, 특히 청대 후기의 근대화 건설을 거쳐 타이완은 이미 전국에서 선진적 지구의 하나가 되었지만, 현재 어떤 사람은 이러한 사실을 부정하려 하니, 이는 역사에 대한 무지일 뿐만 아니라 타이완인 선배에 대한 최고의 불경이다"[62]라고 비판했다.

⑦ 누가 응당 시모노세키조약에 대해 책임을 져야 하나: 1895년 4월 17일 청조 정부는 일본과 시모노세키조약을 체결하여 타이완을 "영원히 일본에 양도했다." 이로부터 타이완은 일본의 식민 통치를 50년간이나 받게 되었다. 그러면 누가 시모노세키조약에 대해 책임을 져야 하나? 일본인가 아니면 청조 당국인가, 또는 전체 중국인가? 타이완에서 기획된 '고별중국여행(告别中國旅行)'에서

60 陳孔立, 「臺灣歷史的"失憶"」, 56-61頁.
61 『自由時報』, 1995年 4月 18日.
62 陳孔立, 「臺灣歷史的"失憶"」, 61-65頁.

혹자는 "중국은 타이완을 팔아버린 국가이니, 중국은 어떤 위급한 때에 언제든 다시 타이완을 팔아버릴 수 있다"[63]고도 했다. 1995년 시모노세키조약 100주년을 기념할 때 혹자는 "대인(臺人)은 조국에 의해 팔려졌다", "조국에 팔려진 타이완인은 무슨 자격으로 중국인이라 자칭하는가"라고 했다고 한다.

이에 대해 진공립은 "일본의 타이완 침점은 이미 오래전부터 모의해온 것이니, 일본이 타이완 침점 죄의 괴수로서 마땅히 마관조약의 주요한 책임을 져야 한다. 청정(淸廷)은 부패 무능하여 일본 침략자의 면전에서 무력하게 저항하고 전쟁에 패하여 굴복하여 억지로 땅을 베어주고 화친을 구했으니 그 역시 응당 마관조약의 책임을 져야 한다. 만약 청정의 죄와 책임만 강조하고 일본의 침략을 견책하지 않는다면 이는 본말이 전도된 것이다"고 대답하고, "'타이완인이 조국에 의해 팔려졌다'라고 말하는 것은 개념을 멋대로 바꾼 것이니, 이는 부패한 '청정'을 청조 통치하의 조국과 동등시하는 것이다. 타이완을 할양한 데 대해 청정은 죄와 책임에서 도망할 수 없지만, 조국과 인민은 타이완 할양에 반대했고 타이완을 일본의 식민지로 떨어뜨리는 것을 원하지 않았다. 타이완은 청정에 의해 할양되었지 조국과 인민에 의해 할양되지는 않았다. 만약 비판적 각도에서 말한다면, 부패한 청정이 영토와 주권을 '출매(出賣)'한 것은 타이완뿐만 아니라 그들이 '용흥지지(龍興之地)'라고 칭하는 요동까지도 '출매'했다. 따라서 타이완과 타이완 인민을 '출매'한 것은 절대로 조국과 인민이 아니었다. '중국은 타이완을 출매한 국가'라고 하는 것은 더욱 악의가 있는 말이다. 그는 청정을 당시의 중국과 동등시했을 뿐만 아니라 타이완 '출매'의 죄와 책임을 지금의 중국과 중국 인민의 머리 위에 덧씌우려고 기도했다. 사실상 청정과 각국이 체결한 불평등조약의 죄책에 대해 이미 청정을 뒤엎은 중화민국의 몸에 죄를 더할 수 없으며, 더구나 하물며 현재의 중화인민공화국에 책임을 물을 수는 없다.…'중국은 어떠한 위급한 때에 언제든지 타이완을 다시 출매할 수 있다'는 말은…이미 '역사의 망각'을 제조하는 범주를 넘어 중화인민공화국 정부와 인민을 비방하고 모

63 『自由時報』, 1995年 4月 17日.

욕하는 엄중한 도발이다"[64]라는 논리로 대응했다.

⑧ '국적의 자유 선택'에 대하여: 마관조약 제5조에 의하면, 비준 후 2년 내에 타이완과 팽호(澎湖) 거주민이 옮겨 나가려면 자유롭게 그 재산을 처치하거나 팔고 떠나갈 수 있는데, 다만 기한이 지날 때까지 떠나지 않는 자는 일본 신민으로 간주한다고 되어 있었다. 이에 팽명민은 "마관조약 중에는 상당히 민주적인 규정이 있어 타이완에서 생활하던 주민이 2년 안에 중국으로 돌아가거나 남는 것을 자유롭게 선택할 수 있었지만, 결과는 다만 4천 명(당시 인구 비례 1천분의 1 이하를 점한다)만 중국으로 돌아가는 것을 선택했으니, 이는 인민이 인동(認同)한 것은 타이완의 토지였음을 증명한다"[65]고 했고, 장덕수(張德水)는 "거의 모든 타이완 인민은 비록 자기의 의지에 반해 일본의 통치하에 놓이게 되었지만, 자기의 자유로운 의지로 청국의 국적을 포기했다"[66]고 했다.

이에 대해 진공립은 "자유 선택은 빈말이었다"면서, "1897년에 중국 대륙으로 돌아간 사람은 총인구의 극소수를 점하지만, 이미 타이완 인민이 '자기 의지에 반하여' 일본 통치하에 있었는데 그들이 어떻게 '자기의 자유의지로' 국적을 선택할 수 있었는가"라고 반문하면서, "실제로 당시 조건하에서 타이완 인민이 '자유롭게 대륙으로 돌아갈 수 있다'는 것은 한 구절의 빈말에 지나지 않았고, 타이완 인민이 '자기의 자유의지로 국적을 선택'할 수 있었고 자동으로 '청국 국적을 포기'했다는 설법은 역사 왜곡일 뿐만 아니라 역사의 훼조다"라고 비판했다. 또한 진공립은 "타이완 인민은 타이완을 인동했으며, 아울러 중국 인동을 배척하지도 않았다"면서, "마관조약을 체결하는 과정에서 타이완 인민은 '항왜수토(抗倭守土)'와 '전 타이완 적자는 결코 왜인과 함께 살지 않겠다'는 굳은 의지를 표명했고, 그 뒤에 성립된 '타이완민주국'도 '타이완 신민(紳民)은 의롭게 왜에 굴하지 않고 도국(島國)을 위하고 영원히 성청(聖淸)을 떠받들기를 원한다'는 입장을 표시했다. 일거 초기에 타이완 인민의 항일무장투쟁이 자기의 의지를 실제 행

64 陳孔立, 「臺灣歷史的"失憶"」, 65-69頁.
65 『自立早報』, 1995年 4月 17日.
66 張德水, 『激動, 臺灣的歷史』(臺北: 前衛出版社), 1992.

동으로 표명한 것이다"라고 주장하고, "타이완 인민이 '자기의 자유의지로 청국 국적을 포기했다'는 설법은 영원히 사실적 근거를 찾을 수 없다"[67]고 단언했다.

⑨ '지방자치 선거'에 대하여: 일거 시기에 본지 인민은 민족 압박에 반항하는 투쟁으로 의회설치청원운동과 지방자치운동 등을 전개하자 일제는 1920년에 시가장제(市街莊制)의 실행을 공포하고 1935년에는 제1차 반관선·반민선의 지방 자치 선거를 거행했다. 이에 대해 현재 어떤 사람은 이러한 선거를 적극적으로 평가하여 "타이완인이 처음으로 자치의 맛을 보았다"고 하고, 이로부터 "타이완은 법치 질서를 중시하는 공민사회가 되었다", "일본의 높은 효율의 식민통치는 타이완으로 하여금 처음으로 현대 법률상의 인격 관념을 갖게 했다"[68]고 평가했다.

이에 대해 진공립은 『타이완민보(臺灣民報)』의 기사를 인용하여 "일본 내지는 입헌 법치의 나라이지만 타이완은 경찰 만능의 땅으로 지방자치제 실행을 가장한 지 6년 동안 민선으로 바꾸는 성의를 표시하지 않았으니, 타이완인은 오직 납세의 의무만 있을 뿐 참정의 권리는 전혀 없었다"[69]고 했다.

⑩ 이른바 '생활수준의 급속한 향상'에 대하여: 팽명민은 "일본인의 새로운 정비와 인도하에 타이완 경제는 볼 만한 발전이 있었고 생활수준은 급속히 향상되었다"[70]고 했다.

이에 대해 진공립은 일거 시기에 "타이완 대다수 인민의 생활은 크게 개변되지 않았는데, 특히 일반 노동자와 농민은 시종 생활이 곤궁한 환경에 있었으니, 이른바 '생활수준이 급속히 향상되었다'는 것은 완전히 역사의 실제와 부합하지 않는다"[71]고 비판했다.

⑪ 일거(日據) 시기의 건설을 어떻게 취급할 것인가: 팽명민은 "일본의 타이완 건설은 타이완을 동남아 제1·제2의 지구로 만들었으니, 이는 눈으로 볼 수 있는

67 陳孔立, 「臺灣歷史的"失憶"」, 69-72頁.
68 『民衆日報』, 1995年 3月 31日.
69 陳孔立, 「臺灣歷史的"失憶"」, 73-74頁.
70 彭明敏, 『自由的滋味』.
71 陳孔立, 「臺灣歷史的"失憶"」, 75-81頁.

사실이다", "만약 객관적으로 공과를 논술한다면, 일본이 타이완을 통치한 시기는 극히 중요한 역사의 한 단락으로, 말살할 수 없다", "현재 타이완 경제 발전의 기초는 당시에 놓아졌다"[72]고 적극적으로 평가했다.

이에 대해 진공립은 "이는 식민주의에 대한 인식 문제와 관계있다. 식민주의에 대한 유물사관은 간단한 도덕적 판단으로 시비를 평가할 수는 없으니, 그 침략적·약탈적 죄악의 본질을 폭로함과 동시에 그 객관적 진보 작용을 긍정하기도 한다. 식민주의는 이중성을 모두 갖고 있다. 한편으로는 상품 수출과 자본 수출을 통해 식민지 사회구조를 파괴하고, 다른 한편으로는 새로운 생산력과 새로운 사회 요소를 가지고 온다. 한편으로는 파괴와 약탈을 진행하고, 다른 한편으로는 개발과 건설을 진행한다. 그 동기는 비루하여 일체 모두 식민 모국의 이익을 위해 출발하지만, 역사적 불자각(不自覺)의 도구로 충당되어 부득불 식민지를 위해 약간의 '유산'을 남긴다"고 하면서, "일본 통치하의 건설에 대해 도덕적으로만 판단하여 그 객관적 생산 촉진과 경제 발전을 위해 조건을 제공한 한 면을 부정할 수는 없지만, 도덕적 판단을 하지 않고 그 약탈 본질을 엄폐하고 심지어 식민주의를 미화할 수는 없다. 일본 제국주의를 위해 공덕을 찬송하는 것은 이론적으로 착오일 뿐만 아니라 오늘날 미일(媚日)·반화(反華)의 분리주의적 정치 목적에서 나왔음이 분명하기 때문에 사람들은 경악하지 않을 수 없다"[73]고 비판했다.

이처럼 타이완 독립론자들과 통일론자들 사이에 전개된 통독 논쟁은 이른바 '타이완민족'이 독립적으로 존재했는가, 타이완의 문화와 언어는 중국의 그것과 다른 것이었는가, 타이완의 역사는 중국의 역사와 독립적으로 전개되었는가 등 다양한 방면에서 이루어졌다. 이러한 타이완 통독 논쟁은 한마디로 말한다면 타이완이 중국과 다른 별개의 역사공동체로 존재해왔는가 하는 문제에 대한 논쟁이었다. 역사상의 '중국'이 중원이라는 특정한 공간에서 특정한 문화와 언어를 공유하고 특수한 역사적 경험과 역사의식을 함께한 공동체였다면, 과연 타이완

72 彭明敏,『自由的滋味』.
73 陳孔立,「臺灣歷史的"失憶"」, 81-85頁.

도 타이완 섬이라는 특정한 공간에서 중국 문화와는 구별되는 독특한 문화, 중국어와는 다른 언어를 공유하면서 중국 역사와는 다른 독자적인 역사적 경험과 역사의식을 공유한 독립적인 역사공동체였다고 말할 수 있는가. 특히 타이완에서 살아온 사람들이 중국인과 역사적 경험을 함께했는가 하는 문제는 타이완 역사공동체의 성립 여부를 결정짓는 가장 기초적인 사실을 구성할 것이기 때문에 타이완과 중국의 역사적 관계를 통해 보다 정밀하고 체계적인 검토가 이뤄져야 할 것으로 생각된다.

3. 사명 논쟁

타이완 역사 논쟁의 한 전선은 대독파 내부에서 형성되었다. 특히 사명(史明)의 『타이완인 사백년사』를 중심으로 좌파 역사학자들 사이에 전개된 역사 논쟁은 매우 학술적이고 포괄적이어서 타이완 역사 논쟁의 중요한 한 흐름을 엿볼 수 있게 한다. 사명의 『타이완인 사백년사』는 '타이완 의식'에 기초를 둔 타이완 주체 사관을 집대성한 것이기 때문에 논쟁의 일방은 이 책에 포함된 논리로 무장되었고 논쟁의 다른 일방은 이 책의 논리를 공격함으로써 타이완 주체 사관을 제압할 수 있다고 믿었다. 따라서 사명의 『타이완인 사백년사』를 둘러싸고 전개된 역사 논쟁을 위해 따로 한 장을 설정하여 타이완 역사 논쟁의 한 특징적 측면에 접근할 수 있을 것으로 기대한다.

사명은 본명이 시조휘(施朝暉)이며, 1918년 대북(臺北) 사림(士林)에서 태어나 1937년 일본에 유학하여 조도전(早稻田)대학 정치과를 졸업하고 1942년 연안에 가서 중국공산당 영도의 항일 활동에 참여했다. 전후에 서북해방구(西北解放區) 군사간부학교에서 훈련받고 군정대학(軍政大學)에서 임직했다. 1949년 타이완으로 돌아갔다가 1952년 국민당에 지명수배(通緝)되어 일본으로 망명하여 1960년부터 일본에서 대독 활동을 개시했다. 1967년 독립타이완회(獨立臺灣會)를 창립하여 『독립타이완(獨立臺灣)』(뒤에 『臺灣大衆』으로 개명)을 출판하고 '독립혁명군'

을 조직했다. 1993년 타이완으로 몰래 귀국했다가 체포된 뒤 곧 일본으로 출국되었다. 『타이완인 사백년사』는 1962년에 일본어로 출판되었고 1980년에는 중국어로 증정본(增訂本)을 냈다. 이 책은 국민당이 장기간 발행을 금지했기 때문에 오히려 사람들의 관심을 불러일으켰다. 타이완의 일부 청년은 이 책이 마르크스주의자를 자처하는 사명이 "타이완인의 노고(勞苦) 대중의 입장에 서서" 쓴 책이라 하여 호기심을 많이 가졌고 국민당을 비판한 부분을 읽고 '통쾌함'을 느꼈으니, 이로 인해 이 책은 상당한 수준으로 정치적 영향을 발휘했다.[74] 이 책은 타이완 사회에서 "타이완인 입장에서 처음으로 쓴 타이완사"라는 평가를 받기도 하고, 많은 타이완사 연구자들이 그의 이론을 인용하여 새로운 타이완 사상을 형성하는 데 동참하기도 했다. 사명의 『타이완인 사백년사』가 타이완에서 상당한 영향을 일으킬 수 있었던 것은, 타이완의 장기적 반공·보수 학풍 하에서 진보적 정치경제학이 황폐했던 학계의 환경이 일정한 작용을 한 것으로 보인다. 이로 인해 중국 인식의 통일파 가운데서 좌파적 경향이 있는 학자들이 앞장서서 "위탁(僞託)된 역사유물론으로 세상을 속이고 이름을 도용하여 반민족·반중국·반통일적 역류를 위해 복무하고 반공과 당대 신제국주의의 '탁산중국(拆散中國)', 즉 중국을 해체하려는 음모에 복무한" 사명의 이론을 적극 공격하기에 이르렀다. 사명에 대한 비판을 진행하는 과정에서 이들은 "과학적 방법, 진정한 역사유물론적 시각에서 타이완의 각 단계 역사적 사회 성질 및 사회구조와 계급관계를 분석하여 과학적 타이완 사회사론(社會史論)과 타이완 자본주의 발전사론 및 타이완 사회구조체론을 세우는 것이 당면한 매우 중요한 학술 이론의 과제임을 자각했다"[75]고 한다. 사명 자신이 좌파적 이론가임을 자주 자인했던 만큼, 그의 『타이완인 사백년사』를 둘러싸고 타이완의 좌파 학계 내부에서 전개된 역사 논쟁은 타이완 역사 논쟁의 매우 흥미로운 흐름의 한 줄기를 드러내고 있다.

---

74 林勁, 「從『臺灣人四百年史』析史明的'臺灣民族論'」, 235-236頁.
75 許南村 編, 『史明台灣史論的虛構』(臺北: 人間出版社, 1994), 「編者的話」, 1-3頁.

1) 네덜란드 시대의 이민 개시와 경제권 분리

사명은 '타이완인의 사백 년 역사'를 입증하기 위해, 먼저 "한인이 타이완으로 이민한 것은 네덜란드인의 추진 아래에서 비로소 개시되었다"는 가설을 제시했다. 그는 "네덜란드가 타이완을 점거하기 전, 대략 12세기에 화남(華南)·복건 연해 일대에 원래 거주하던 한인들이 바다를 건너 펑호와 타이완 서남부 근해에 이르러 어로에 종사하거나 해적과 상인이 되었고, 마침내 타이완 섬으로 이주할 수 있는 기회를 점차 엿보았는데…그 사이에 정지룡(鄭芝龍)이 복건 순무(巡撫)에게 기민 수만을 타이완에 보내어 개간에 종사하게 하자고 건의한 기록(魏源, 『聖武記』 卷八 참고)이 있지만, 그 진위 여부는 지금까지 확인할 수가 없다. 명말 또는 청초의 형세로 보아 중국 집정자가 이민을 금지한 정책에 가로막히고 동시에 타이완 원주민의 저항에 가로막혀 화남의 한인은 오랜 숙원을 달성하지 못했다"고 하여, 네덜란드인의 타이완 입거 이전에 중국인이 타이완으로 이주한 사실을 부정했다. 그는 "17세기 초엽을 기다려 네덜란드가 타이완을 점거한 뒤에 한인의 농업 이민이 비로소 일대 전기를 맞게 되었다. 즉, 네덜란드 당국이 계획과 목적을 가지고 유인하여 한인 농민의 타이완 이주가 비로소 궤도 위에 오르게 되었고, 한번 시작하니 마치 봇물 터진 듯이 큰물이 흘러 넘쳤다"[76]고 하면서, "한인이 타이완 섬에 이주한 것은 명조 말엽을 기다려서야 네덜란드인이 무력으로 원주민을 압제하고 식민지를 창설하는 전야에야 비로소 개시되었다"[77]고 단언했다. 또한 사명은 대륙의 인민이 타이완으로 건너간 뒤에 "정치·경제·사회적으로 각 방면에서…중국 대륙과 관계를 완전히 단절했다"고 하고, 네덜란드의 점령 뒤에 "타이완은 거의 중국과 다른 하나의 '경제권'을 이루었다"고 했으며, "타이완 개척자 사회는 처음부터 근본적으로 중국 사회의 연장이 아니었고, 더구나 그 부분적 존재가 아니었다"[78]고도 했다.

---

76 史明, 『臺灣人四百年史』, 69頁.
77 史明, 『臺灣人四百年史』, 42頁.
78 史明, 『臺灣人四百年史』, 91-97頁.

이에 대해 남방원(藍芳遠)은 「한인의 타이완 이민은 네덜란드인의 추진으로 시작되었나」[79]란 글에서 "중국 대륙 동남 연해의 고월족인(古越族人)은 원고 시대부터 시작하여 직접 타이완 해협을 거쳐 타이완으로 진입하고 또는 중남 반도와 남양 군도를 거쳐 간접적으로 타이완에 이르러 타이완 원주민의 조상이 되었으니, 이는 수많은 고고학 연구자와 인류학자들의 연구를 거쳐 증명된 것이다. 그리고 중국 대륙의 한인은 일찍이 네덜란드 식민자가 타이완을 침점하기 이전에, 심지어 송·원 시대부터 개시하여 계속 타이완으로 이민했으니, 이 역시 다툴 수 없는 역사적 사실이다"라고 반박했다. 남방원은 "제1차 조직적인 타이완으로의 대규모 이민은 한인 정지룡의 추진 하에 진행되었지만, 이는 대독 사관의 결론과 합치되지 않아 사명 선생이 당연히 접수하기를 원하지 않았기 때문에 정지룡이 복건의 기민을 보내 타이완으로 들이려는 이 사건을 부정하려 했다"고 하고, 또한 "사명은 정지룡이 복건 기민을 타이완으로 보낸 것이 명 숭정 초년의 일임을 몰랐다. 숭정 원년(1628)을 계산하면, 네덜란드가 타이완을 점거한 1624년보다도 4년이나 늦었다. 만약 네덜란드 식민자가 타이완을 점거한 뒤에야 겨우 한인이 타이완으로 이민했음을 설명하기 위해서는 굳이 정지룡이 복건 이민을 이송해서 타이완으로 보낸 사건을 부정할 필요가 없었을 것이다. 그러나 사명은 이 사실이 발생한 시간의 순서에 대해 근본적으로 알지 못했다. 이는 사명의 역사지식이 빈곤했다는 증거의 둘이다"라고 비판했다. 그는 시랑(施琅)이 「타이완을 버리거나 보류하는 문제에 관해 삼가 진술한 상소문(恭陳臺灣棄留疏)」에서 "타이완이란 땅은 원래 화외(化外)에 속하여 토번(土番)이 섞여 살고 있어 아직 판도에 들지 않았다. 그러나 그때 중국의 백성이 몰래 이르러 그 사이에서 생취하는 자가 이미 만 명이나 되었고, 정지룡이 해구(海寇)가 되었을 때는 소굴로 삼았다. 숭정 원년에 정지룡이 가서 어루만지며 이 땅에서 세금을 거두고 홍모(紅毛)와 호시(互市)하는 곳으로 삼았는데, 홍모는 토번과 연락하고 내지 인민을 불러들여 하나의 해외지국(海外之國)을 이루어 점차 변방의 걱정거리가 되었다"(施琅, 『靖

79 藍芳遠, 「漢人向臺灣移民是始於荷蘭人的推進嗎?」, 許南村 編, 『史明台灣史論的虛構』(臺北: 人間出版社, 1994). 이하 『史明台灣史論的虛構』는 『史明的虛構』라 약칭한다.

海紀事』 下卷)는 기록에 근거하여 "이미 '네덜란드의 침점 이전'에 '중국지민(中國之民)' 가운데 타이완에 몰래 와서 '생취'한 자가 '이미 만 명에 이르렀다'"[80]고 주장했다.

사명이 "한인이 타이완으로 온 이민은 네덜란드인의 추진하에 개시되었다"고 한 까닭은 전 『타이완인 사백년사』를 꿰뚫는 핵심적 논리를 입증하기 위한 것이다. 이 책의 기본 논리는 유사 이래 "4백 년간 타이완은 처음부터 지금까지 모두 몇 개의 각각 다른 '외래 정복자'의 식민 통치하에 있었다"[81]는 것으로, 타이완 역사상 네덜란드인과 일본인이 '외래'의 식민 통치자였을 뿐만 아니라 정씨 정권과 청 왕조, 국민당 정권까지도 '외래'의 식민 통치자였다는 것이다. 타이완은 처음부터 끝까지 '외래 정복자'의 식민지였다. 따라서 한인의 타이완 이민이 대표적 식민자인 네덜란드의 추진 하에 비로소 개시되었다면 한인의 타이완 이민은 처음부터 식민주의적 색채를 갖게 되고, 이러한 '개시'가 "그 뒤의 타이완 사회 발전의 '역사적 필연'을 불러오게 된다."[82] 이에 대해 남방원은 "사명의 이 '고론(高論)'에는 하나의 최대 결함이 있으니, 이는 이들 '외래 정복자' 중의 정씨 정권과 청 왕조, 국민당 정권과 타이완 인구의 가장 주요한 성분인 한인과 사명이 말하는 '한인계 타이완인'은 모두 중국 대륙에서 왔다는 것이다. 만약 중국인의 정권이 '외래'의 식민 정권이라면, 천백 년 동안 타이완에 이거한 한인도, 사명의 조상까지 포함하여, '외래'의 식민자다. 이처럼 적나라한 설법은 자연 광대한 타이완 인민에 접수될 수 없고 동시에 선인을 욕보이는 것이다"라고 하면서, "사명의 이 같은 이론적 '설계'는 교묘한 것처럼 보이지만, 그가 구축한 이론 빌딩은 완전히 모래 위에 건립된 것이다"[83]라고 비판했다.

한편 "네덜란드의 점령 시기부터 타이완은 중국과 다른 별개의 경제권을 형성하고 있었다"는 사명의 논리에 대해서는, 저안녕(褚晏寧)이 「네덜란드 점령 이

---

80 藍芳遠, 「漢人向臺灣移民是始於荷蘭人的推進嗎?」, 15-22頁.

81 史明, 『臺灣人四百年史』, 3頁.

82 史明, 『臺灣人四百年史』, 71頁.

83 藍芳遠, 「漢人向臺灣移民是始於荷蘭人的推進嗎?」, 27-28頁.

래 타이완과 대륙은 다른 '경제권'에 속하였나」[84]라는 글을 통해 "타이완 사회의 경제생활은 처음부터 중국 사회·경제 활동의 연장이었다"고 반박했다. 저안녕은 이미 "송·원부터 명·청까지 타이완은 대륙과 시종 매우 밀접한 경제적 연계를 유지했다"고 하면서, 타이완 이민이 "중국 사회의 권외로 방축"되지 않고 타이완 사회가 대륙에서 이탈한 하나의 '경제권'을 이루지 않았음을 증명하려 시도했다. 저안녕에 의하면 "송·원 시기에 대륙의 어민과 상인, 이민의 활동은 타이완 경제로 하여금 원시 경제 형태에서 봉건 상품 경제 단계로 도약적으로 진입하게 했으니, 이는 '타이완 개척자 사회'는 처음부터 중국 사회의 연장이었음을 의미한다. 네덜란드 식민 통치 시기에는 네덜란드인이 타이완을 점령한 목적과 상관없이 대륙 화물의 품종과 수량이 타이완의 대외무역에서 점하는 중요한 지위와 타이완 이민의 일상 생산과 생활용품의 취득 정황으로 보아 타이완의 사회·경제가 중국 대륙과 관계를 단절하지 않았음을 알 수 있다. 정씨 시기에는 청 정부가 해금(海禁) 정책을 집행했음에도 불구하고 이민이 대량으로 타이완으로 건너갔을 뿐만 아니라 대륙의 각종 상품이 여러 통로를 통해 타이완 섬으로 운송되어 인위적 장애가 해협 양안의 경제 등 연계를 끊지 못했다. 청 정부의 타이완 통치 시기에는 양안이 통일되어 타이완이 2세기 이상 정치·경제·군사적으로 대륙과 완전히 융합되어 일체가 된 국면을 가져와서 이민 고조(高潮)의 형성, 양안 인민의 빈번한 교왕, 유무(有無)를 상호 소통하는 경제 무역의 대규모 진행 등이 타이완의 개발과 건설이 정성(鼎盛) 시기에 진입하게 했다."[85]

2) 정씨 왕조 시기 식민지론

사명은 『타이완인 사백년사』에서 타이완은 3백 년 이상 계속 식민지였다고 했으니, 네덜란드 통치 시기는 식민지였고 정(鄭)·청 시기도 식민지였으며, 곧바로 현재까지 예외가 없었다는 것이다. 정씨가 타이완을 다스린 시기에 관해 사

84 褚晏寧, 「荷據以來臺灣和大陸屬於不同的'經濟圈'嗎?」, 『史明的虛構』.
85 褚晏寧, 「荷據以來臺灣和大陸屬於不同的'經濟圈'嗎?」, 11-12頁.

명은 "정씨 왕조는 네덜란드인과 거의 마찬가지로 하나의 외래 통치 집단이었다."[86] "본질적으로 하나의 외래 식민 통치자였을 뿐이다."[87] "만약 그 통치의 본질과 그 타이완 사회 발전에 끼친 영향(타이완민족 형성)의 관점에서 본다면 정씨 3대 23년의 통치는 필경 '식민지 통치'의 범주 안으로 헤아려질 것이다"[88]라고 했다. 사명은 "정군(鄭軍)은 타이완을 이역으로 보는 관념이 극히 강렬했다"고 하고, "정씨가 타이완에서 일관되게 정치적 망명의 심정을 갖고 타이완 정착에 대해 크게 고려하지 않았다. 정경(鄭經)은 대부분의 시간을 타이완에서 머무르지 않았다"고 말했는데, 그 목적은 당연히 정씨 정권이 타이완에 대해 '외래적'이었음을 설명하고자 한 것이다.[89] 사명이 정·청 시기 타이완은 식민지 사회였다고 말하는 하나의 주요한 '이유'는 정·청이 네덜란드인의 식민주의 제도를 '계승'했다는 것이다. 구체적으로는 '식민주의 토지 관유제(官有制)'를 계승하고, 부세(賦稅)제도(인두세)를 계승했으며 '결수제(結首制)'를 계승했다는 것이다.

그러나 당서(唐曙)는 「정·청 시기 타이완은 중국의 '식민지'였나—'대독'의 일종 역사관을 반박한다」[90]라는 글에서 "정·청 시기의 전부(田賦)제도는 네덜란드인과 근본적으로 같지 않았고 아무런 '계승'성이 없었다.…네덜란드인이 징수한 인두세는 정·청 시기의 정부(丁賦)와 아무런 관계가 없었다.…사명이 정·청 시기에 네덜란드인의 '결수제'를 계승했다고 말하는 것도 오해다.…정·청 시기는 근본적으로 네덜란드인의 식민제도를 '계승'하지 않았다.…오히려 정·청 시기에 실행한 토지제도와 부세제도는 모두 중국 대륙 본부 봉건사회의 전통을 계승했고, 이로 인해 당시 타이완은 식민지가 아니라 봉건사회였다"고 하면서, 네덜란드 점령 시기의 타이완은 분명 식민지여서, "네덜란드인의 타이완 침입은 중국 영토에 대한 침점이었고…네덜란드인은 타이완에서 일련의 식민 통치 정책을 추진했으며…이로 인해 당시 타이완 사회의 주요 모순은 중국 인민과 네덜란드

---

86 史明, 『臺灣人四百年史』, 107頁.
87 史明, 『臺灣人四百年史』, 113頁.
88 史明, 『臺灣人四百年史』, 106頁.
89 藍芳遠, 「臺灣史知識的驚人貧困—『臺灣人四百年史』對歷史知多少」, 『史明的虛構』, 107-108頁.
90 唐曙, 「鄭淸時期台灣是中國的'植民地'嗎?—駁一種'台獨'的歷史觀-」, 『史明的虛構』.

식민자 사이의 모순으로, 곧 피침략자와 침략자 사이의 민족 모순이었지만…정성공이 타이완을 수복하여 네덜란드 식민자를 쫓아내고 조국 영토의 완정성을 유호(維護)하여 정성공은 중화민족의 역사상에서 숭고한 지위를 향유했다. 타이완 인민은 그를 기념하여 대남(臺南)에 '명연평군왕사(明延平郡王祠)'를 건립했다"[91]고 반박했다.

하문대학 타이완연구소의 임경(林勁)도 「『타이완인 사백년사』에서 사명의 '타이완민족론'을 분석함」이란 글에서 "사명은 봉건 지주계급의 통치를 이민족의 식민 통치의 범주로 포함시켰으니, 매우 경솔함이 너무나 노골화되었다고 할 수 있다. 사명은 정성공에 대한 평가와 역사상 타이완 동포의 기본 평가를 분명하게 구분했으니, 이는 『타이완인 사백년사』 서문에서 표방한 '타이완인 입장에 서서'라는 말에 회의를 표하지 않을 수 없게 한다"[92]고 비판했다.

3) 만청 시기 식민지론

사명은 『타이완인 사백년사』에서 4백 년 이래 타이완은 계속 외래 통치자의 식민지였음을 반복적으로 강조하면서 청대의 타이완 역시 외래 세력의 식민지였다고 규정했으니 "청조가 타이완을 통치한 2백여 년간 일관되게 타이완에 대해 경시하고 차별하는 사상과 의식을 품고, 시종 적극 금지 또는 소극 방임의 식민 정책을 채택했다"[93]고 하고, 또는 "청국 통치하에서 이민과 개척을 위해 타이완에 정거한 개척농민(오늘날 타이완인의 조상)과 타이완 통치를 위해 온 청국 통치 세력 사이에 식민지성 피통치와 통치의 예속관계가 존재하여 식민지성 모순과 대립을 발생시켰다."[94] "통치와 피통치의 식민지 관계가 민족과 계급의 이중 모순 대립 위에 새겨지게 되었다."[95] 사명은 "유명전(劉銘傳)이 시행한 신정

91 唐曙, 「鄭淸時期台灣是中國的'植民地'嗎?—駁一種'台獨'的歷史觀」, 34-39頁.

92 林勁, 「從『臺灣人四百年史』析史明的'臺灣民族論'」, 254頁.

93 史明, 『臺灣人四百年史』, 142頁.

94 史明, 『臺灣人四百年史』, 1059頁.

95 史明, 『臺灣人四百年史』, 198頁.

(新政)의 유일한 성취"조차 "북경 정부의 타이완에 대한 식민 통치를 강화하고 세원을 공고히 하여 정부의 재정 수입을 증가시킴과 아울러 중국 대륙의 타이완에 대한 진일보된 착취를 시행하게 할 뿐이었다"[96]고 평가했다.

이처럼 청대 타이완을 외래 세력의 식민지로 규정한 근거의 하나는 이 시기의 통치자가 타이완 인민에 대해 '무거운 부세를 가렴한 식민지 착취'의 진행이었다. 사명은 "청조가 타이완을 점령한 뒤에 그 통치의 2백여 년 동안 네덜란드인과 정씨 왕조의 지부(地賦. 錢糧)와 정부(丁賦. 丁銀 또는 地丁銀, 番餉 등), 잡부(雜賦. 雜餉) 등을 개척농민의 몸 위에 부과한 것 외에도, 뒤에 다시 둔세(屯稅)와 애세(隘稅) 등 번다한 세목을 첨가했고 그 과징의 정률도 정씨 시대보다 무거웠으며, 동시에 중국 본토보다도 더 가혹했고 그 징수 방법도 네덜란드 시대의 것을 이어 사용했기 때문에 중국 본토와 아주 달랐다.…개척농민이 부담한 지부는 중국 본토보다 가중했다.…청조가 타이완을 통치한 2백 년간에 타이완의 지부는 일관되게 중국 본토보다 무거웠다.…청조는 네덜란드와 정씨에게서 전해져 내려온 '정은(丁銀)'을 매년 은 4전 7분 6리씩 징수했다"[97]고 하여, 청대 타이완의 부세제도가 네덜란드인과 정씨 시대의 것을 계승한 것으로 중국 본토와 완전히 달랐으며 타이완 인민의 부세 부담은 중국 본토보다 가중했음을 거듭 강조했다. 사명이 만청 시기 타이완은 식민지 사회였다고 말하는 데는 또 다른 하나의 '이유'가 있었으니, 타이완 관원은 대륙에서 왔고 타이완 민중은 차별을 받았으며, 조부(租賦)의 착취도 특별히 혹심하여 대미(大米)와 사탕(砂糖)이 대륙으로 운송되어 갔다는 등, 만청 정부가 타이완에서 '특수 정책'을 실행했다는 것이다.[98]

그러나 진조기(陳肇基)는 「청조가 타이완에 대해 시행한 '중부가렴(重賦苛斂)의 식민지 착취)」란 글에서 "청조 초기 타이완 지방의 부역(賦役)제도는 역사와 지리적 요소의 영향으로 대륙 내지와 비교해서 확실히 일정한 정도의 차이가 있었다. 그러나 시간의 추이에 따라 타이완 지방의 부역제도는 여러 차례의 수정과

96 史明, 『臺灣人四百年史』, 224頁.
97 史明, 『臺灣人四百年史』, 187-190頁.
98 唐曙, 「鄭清時期台灣是中國的'植民地'嗎?—駁一種'台獨'的歷史觀」, 39頁.

개혁을 거쳐 점차 대륙 내지와 일치되어갔으니, 세율의 경중도 대륙 내지와 기본적으로 같아지게 되었다.…실제로는 타이완 지방의 어떠한 특수한 원인으로 인해 청대 타이완 인민의 실제 부역 부담은 대륙보다 무겁지 않았을 뿐만 아니라, 오히려 어떤 정황 하에서는 대륙보다 더 가벼웠다"고 하면서, "『타이완인 사백년사』에서 말하는 주장은 완전히 역사적 사실과 부합하지 않으며 순전히 거짓말이다"[99]라고 비판했다. 당서 역시 "사명이 타이완의 대소 조제(租制)가 네덜란드 점령 시기의 '결수제'에서 유래되었다고 하는 것은 황당무계한 이야기다. '결수제'는 네덜란드 점령 시기에 시작되지 않았으며…대소 조제는 일찍이 명 말 이전에 이미 복건 용암(龍岩)·용계(龍溪) 등지에서 출현하여 뒤에 동남 연해 각 성에서 유행했다가 청대에 비로소 이민을 통해 대륙에서 타이완으로 전입되었는데, 어떻게 타이완 '특유의 것'이라 말하는가? 이것이 네덜란드 식민지 제도와 무슨 관련이 있는가"라고 반문하고, "타이완 관원이 대륙에서 왔다는 문제는 청조의 관리 회피(廻避)제도의 내용으로, 타이완이 이와 같았을 뿐만 아니라 대륙의 각 성도 모두 이와 같았으니 무슨 '특수성'은 아니었다.…청조가 타이완을 통일한 뒤 타이완에서 실행한 일련의 정책은 타이완 섬의 안정을 유지해서 다시는 항청 기지가 되지 않게 하는 것이었다. 이로 인해 청 정부는 대륙 인민이 타이완에 가는 것에 대해 엄격하게 제한하여 이민은 마음대로 권속을 동반하지 못하고 한인이 타이완에 갈 때는 반드시 집조(執照)를 신청해야 하며 관원이 임직하러 타이완에 갈 때도 40세 이하는 가족과 같이 갈 수 없게 했다.…이러한 한도(限渡) 정책을 실행한 것은 다만 청조가 타이완을 다스리는 한 방편이었을 뿐이다"[100]라고 주장했다.

특히 당서는 "사명이 정·청 시기의 타이완을 식민지라고 말한 것은 위에서 말한 몇몇 착오 외에도 더 심층적 요인이 있었으니, 그것은 그 이론상의 혼란이었다"고 하면서, "사명은 모든 계급모순을 모두 민족모순으로 보고 일체의 계급투쟁을 모두 민족투쟁으로 보았으니, 이렇게 두 가지 완전히 다른 개념을 서로 혼

99 陳肇基, 「清朝對台施行'重賦苛斂的殖民地剝削」, 『史明的虛構』, 70頁.
100 唐曙, 「鄭清時期台灣是中國的'植民地'嗎?—駁一種'台獨'的歷史觀」, 39-43頁.

동했다.…계급모순과 계급투쟁은 식민지의 민족모순과 민족투쟁과 성질상 근본적으로 같지 않다. 비록 식민주의제도도 일종의 착취제도라 하더라도 전자는 국내의 계급모순에 속하고 후자는 침략과 피침략의 민족모순에 속한다. 전자의 목표는 봉건 통치를 뒤엎는 것이지만 후자의 목적은 침략자를 쫓아내어 국가 주권과 영토의 완정을 유호하는 것이다. 이로 인해 이 두 개의 개념은 혼동될 수 없다.…그럼에도 사명은 이 문제에서 혼란을 제조했다. 예컨대 분명히 대륙에서 온 이민이지만, 사명은 그중의 착취계급(대지주와 대상인)을 '외래적'이라 하고 피착취계급(농민, 소상인)을 '타이완인'이라 했으며, 타이완에 온 '한인 문무 관원'은 분명히 타이완 민중과 '동족동종'이지만 사명은 그들을 '식민 통치자'라 하고, 정·청 시기에 타이완에서 실행한 사회제도가 분명히 대륙과 같은 것이지만 사명은 같다고 하지 않고, 조그마한 차별도 과장하여 '식민지제도'라고 한다"고 비판했다. 그는 "사명이 의도적으로 혼란을 제조한 목적은 '대독'을 고취하려는 것이라"고 하면서, "착취와 압박의 현상이 있으면 그는 모두 식민지의 착취와 압박이라 말한다. 어떠한 성질인지 상관하지 않고 그는 모든 반항 사건을 '반당산(反唐山)'의 기의라고 말한다. 타이완인의 조상은 대륙에서 왔고 타이완인의 혈맥에는 중화민족의 선혈이 흐른다. 청대에 타이완에 건너온 다수 이민의 조적(祖籍)은 대륙에 있고, 친붕 고우(故友)도 대륙에 있으며, 적지 않은 사람들이 처자노소를 모두 대륙에 두고 타이완에 와서 '춘시왕경(春時往耕)·서성회적(西成回籍)'했는데, 어떻게 '당산(唐山)'에 반기하는가"라고 반문했다. 당서에게는 "정·청 시기 타이완은 식민지 사회가 아니었다. 당시 타이완의 정치·경제·문화의 기본 특징은 모두 대륙과 같았다. 토지제도가 같았을 뿐만 아니라 부세제도도 같았고 조부(租賦)의 착취방법과 이로 인해 산생된 계급모순도 모두 대륙과 같았다.…청대 타이완은 이민사회여서 이민이 조적을 분별하며 살았고 분류계투(分類械鬪)가 특별히 엄중했다. 관료의 이치가 암흑·부패하여 언제나 농민이 관부에 반항하는 사건이 폭발했다.…이로 인해 정·청 시기의 타이완은 식민지 사회가 아니고 봉건 사회였다."[101]

101 唐曙,「鄭淸時期台灣是中國的'植民地'嗎?—駁一種'台獨'的歷史觀」, 44-46頁.

임경도 「『타이완인 사백년사』에서 사명의 '타이완민족론'을 분석함」이란 글에서 "이른바 '청조의 타이완에서의 식민 통치와 그 민족모순'은 확실히 지나치게 추상화되고 상징적 의미만 겨우 있을 뿐이었는데, 사명의 붓 아래에서 대륙에서 온 봉건 통치 집단은 지주계급이 되고 압박민족이 되었으며 타이완에 옮겨 온 대륙 농민은 농민계급, 피압박민족이 되었으니, 이론상 타이완에 있는 동일 민족 안의 두 개 계급이 두 개 민족으로 찢어지고 민족과 계급 개념이 혼란에 빠지게 되었다"[102]고 비판했다.

4) 대륙 한인과 타이완 한인 구분론

사실 사명은 『타이완인 사백년사』에서 청대 타이완의 "삼년일소반(三年一小反) 오년일대란(五年一大亂)"은 "'당산'(중국)과 '본지'(타이완)의 지역적·사회적 대립·항쟁"[103] 즉 이른바 '반당산' 투쟁이었다고 말했다. 이는 그의 중요한 '이론적 프레임'으로, 이러한 틀 아래서 사명은 타이완 역사를 '타이완 한인'이 '대륙 한인'을 반대한 역사로 귀결지었다. 사명은 '반당산' 투쟁을 귀납하여 네 가지 특징을 이끌어냈다. 첫째, 매번 모두 외래의 통치 집단(官, 兵, 大租戶, 大商人)을 투쟁 대상으로 삼았고, 둘째, 기의의 호소인과 영도자는 모두 개척농민 대중 가운데서 나왔으며, 셋째, 무장 투쟁의 주력군도 조금도 예외 없이 개척 대중에서 구성되었고, 넷째, 소조호(小租戶) 또는 자제(子弟)의 독서인은 매번 대중과 조금도 상관하지 않고 시종 타이완 농민 대중의 반항 투쟁의 권외에 있었다는 것이다. 이외에도 사명은 "청조가 타이완을 중국 본토와 동등한 영역으로 보지 않고 이역으로 간주해서 차별적으로 식민지 정치 통치와 경제 착취를 가했다"고 보고, 외래의 관원과 군대의 '윤류조환(輪流調換)'이 "개척농민에게는 일종의 '외위인(外位人)'의 존재로 보였다"[104]고도 했다. 요컨대, 사명은 청대의 타이완을 두 개 진영

102 林勁, 「從『臺灣人四百年史』析史明的'臺灣民族論'」, 254-255頁.
103 史明, 『臺灣人四百年史』, 197-198頁.
104 史明, 『臺灣人四百年史』, 199-202頁.

으로 나누었으니, 하나는 만청 정부의 통치계급을 대표하는 대륙 한인이요, 다른 하나는 한인의 파산 농민을 대표하는 타이완 한인이다. 따라서 그는 청대 타이완 사회의 주요 모순은 '대륙 한인'과 '타이완 한인'의 모순이라고 했다.

이에 대해 유철부(劉哲夫)는 「사명의 '반당산'론을 평함」이란 글을 통해 "그러나 이러한 특징들은 당시 대륙 전국 사회 각지에서 보편적으로 존재한 것이다. …이러한 특징으로 '반당산'적 성격이라 설명할 수는 없다"고 비판했다. 또한 유철부는 외래의 관원과 군대의 '윤류조환'에 대해 "사명이 청조의 반병제(班兵制)에 대해 이해하지 못하여 조성된 착오"라고 하면서, "청조는 초기에 제도상으로 타이완에 주재하는 문무 관원의 임기를 내지와 동등하게 3년 1임으로 규정하고 청조 임관의 회피제도에 근거하여 '독무(督撫) 이하 잡직 이상 모두 각각 본성(本省)을 회피'하게 했다. 이는 본성인도 모두 본성에 문무 관원으로 담임할 수 없었으니…외성인으로 임관케 하는 것은 청대 전국의 보편적 현상이었다. 또한 청조의 반병제에 의거하여 타이완의 주방(駐防) 병정은 3년 안에 계속 경질했다. 이는 대륙에서 실행한 '팔기주방(八旗駐防)'의 원칙과도 일치한다"고 설명했다. 유철부에게는 "이치(吏治)가 불량하고 반병이 부패한 것은 청조 통치가 부패하고 군무가 해이해져서 조성된 것이다. 이러한 정황은 비단 타이완 한 곳에서만 있었던 것이 아니라 내지의 여러 성의 정황도 대체로 같았다. 다만 타이완 땅이 해외에 처하고 교통이 불편하여 처음 개간한 사회는 민성(閩省)에 비해 낙후되었기 때문에 그 군정의 여러 업무가 유달리 폐이(廢弛)해졌고 농민의 봉기가 이치 불량을 구실로 일어났으니, 사명이 말하는 '외위인'의 통치에 대한 반항은 아니었으며 조금도 '항외'의 색채도 없었다."[105]

사명이 청대 타이완 사회의 주요 모순은 '대륙 한인'과 '타이완 한인'의 모순이라고 한 것에 대해서는, 유철부는 "타이완 이민 사회의 사회구조는 정착 사회로 진입하기 이전에는 비교적 간단해서 기본 계급은 농민계급과 지주였다고 생각한다. 업호(業戶)와 소조호, 대상인, 관리, 장변(將弁) 등이 사회 상층을 구성했으

---

105 劉哲夫, 「評史明的'反唐山'論」, 『史明的虛構』, 80-81頁.

니 곧 통치계급이다. 그리고 현재 경작하는 전인(佃人. 농민)과 하층 평민, 소수 공업자, 어민, 고공(雇工), 공장(工匠), 소판(小販), 견도(肩挑) 등은 사회 하층에 처하여 피통치계급을 구성했다. 이외에도 상당수의 유민(游民)이 사회 바닥 층에 처해 있었다. 이는 봉건 사회의 사회구조에 속하는 것으로 사명 선생이 말하는 '양개진영(兩個陣營)'식의 '식민지 사회의 기본 구조'[106]가 아니라고 생각한다"고 밝히고, "사명이 말하는 '타이완 한인'과 '대륙 한인'의 모순 대립의 사회는 근원적으로 존재하지 않았다"고 단언하고, "청대 타이완의 농민 봉기는 모두 사회의 기본 모순에서, 즉 지주와 농민의 모순 대립의 기초 위에서 폭발한 것으로…이른바 '당산인'과 '본지인'의 모순 대립의 결과가 아니었고, 조금도 '반당산'적 성격과 색채가 없었다"[107]고 주장했다.

유철부는 사명의 착오가 주로 아래의 몇 가지 원인에서 비롯되었다고 지적했다. "첫째, 그는 타이완 섬에만 국한하여 보아서 같은 시기 대륙 사회 기타 지구와 공유한 허다한 특성을 타이완의 특성으로 보았다. 그다음, 그는 타이완이 일관되게 대륙의 식민지였다는 착오 관점에 기초하여 봉건 시대의 일반 농민 봉기와 근대 식민지 인민 해방투쟁을 혼동하는 결과를 초래했다. 그다음, 작자는 자기의 정치 관점으로 역사를 해석하여 계급 성분을 당산인과 타이완인으로 분획하고, 통치계급은 모두 대륙적이고 외래적이며 피통치계급은 모두 타이완적·본토적이라고 무단으로 인정하고, 계급모순과 민족모순을 구분하지 못하여 자기모순의 군색한 상황에 빠져버렸다. 마지막으로, 작자가 '반당산'론을 꺼낼 수 있었던 까닭은 타이완 이민 사회의 계급구조와 사회 모순에 대한 전면적이고 깊이 있는 분석과 이해가 결핍되어 봉기 시의 의민(義民)과 의민수(義民首), 회당(會黨) 및 봉기의 성질에 대한 세밀한 연구와 종합적 고찰을 진행하지 못함으로써 주관적으로 억단하여 '타이완민족'과 '대륙 민족'을 제조하고, 나아가서는 역사 사실에 부합하지 않는 '반당산'론을 꺼내게 된 것이다."[108]

---

106 史明, 『臺灣獨立的理論與實際』(南冠出版社, 1988), 50頁.
107 劉哲夫, 「評史明的'反唐山'論」, 81-87頁.
108 劉哲夫, 「評史明的'反唐山'論」, 87-88頁.

청대 타이완 사회를 타이완 한인과 대륙 한인의 모순으로 파악하는 것은 사명 이론의 기본 줄기와 같은 것이어서, 많은 좌파 학자들이 이 문제를 토론의 주제로 삼았다. 그중에서도 임서건(林瑞乾)의 「소위 '타이완 한인'과 '대륙 한인'을 평함」이 가장 주목할 만하다. 임서건은 사명의 주요 착오는 청대 타이완을 일개 '식민지 사회'로 보고 '청조 시대의 타이완 본지인 사회'를 창조하여 이른바 '대륙 한인'을 그 사회 밖으로 배척한 것이라고 하면서, "타이완과 청조 당국의 관계는 절대 식민지와 종주국의 관계가 아니다.…사명이 이른 통치자, 착취자, 지주, 대상인이 없는 '타이완 본지인 사회'는 존재하지 않았다. '타이완 한인'은 반드시 그들이 말하는 이른바 '대륙 한인'과 결합해야 비로소 하나의 사회를 이룰 수 있었다. 즉, '타이완 한인'과 '대륙 한인'은 모두 타이완 사회 구조 내부의 조성 부분으로, 다만 계급적 차이만 있었을 뿐이다"라고 주장했다. 그는 "이른바 '타이완 한인'과 '대륙 한인'의 구분은 역사와 현실을 막론하고 실제 사회의 현상을 해석할 방법이 없다"고 하면서 "'타이완 한인'일지라도 몇 대를 경과한 뒤에 그 자손이 치부하여 지주나 상인이 된다면 사명의 설법으로는 '대륙 한인'이 된 것이니…대륙 이민을 구분하여 '타이완 한인'과 '대륙 한인'으로 나누고, 나아가서는 사회모순을 민족모순으로 귀결하는 것은 이론상으로뿐만 아니라 실제상으로도 모두 통하지 않는다"고 비판했다.[109]

5) 일거 시기 근대화론

사명은 "일본 국내가 바로 근대화 개혁을 진행하고 자본주의를 발전시킬 때 타이완 사회와 타이완인은 정치·경제·사회·문화 등 각 방면에서 모두 '일본 통치권'으로 들어가서 일본 국내의 자본주의화 진도에 맞춰 점차 '근대화(자본주의화)'의 발전 과정으로 달리게 되었다." 다만 이 "근대화(자본주의화)는 ① 식민 통치의 제약을 받았고, ② 일본 본국의 후진성의 제약을 받았으며, ③ 일본 본국의

109 林瑞乾, 「評所謂'臺灣漢人'與'大陸漢人'」, 『史明的虛構』, 51-58頁.

경제 수요의 제약을 받았고, ④ 타이완 자체의 역사·사회상의 특질에 의해 제약을 받았다"고 하여, '근대화' 위에 '파행적'이라는 제한사를 덧붙였다.[110]

그러나 정문등(程文騰)은 「사명의 일거(日據) 하 타이완 '근대화'(자본주의화)에 관한 논의 비판」이란 글에서 각종 경제 관계 자료들을 분석하여, "일거 시기(1937년 이전) 타이완 지구의 국민경제는 두 부분으로 구성되었으니, 하나는 제당업이 절대 부분을 점하는 공업 기업과 다른 하나는 농업이 절대 부분을 점하는 전통 산업 부분이다. 전자는 일본이 농단하는 자본이 장악하고 통제했고, 후자는 타이완인이 장악했다. 일본 제국주의는 근본적으로 본지의 전통 경제를 자본주의화할 의도가 없었지만, 전통 경제의 발전 수준이 이미 명치유신 후의 일본 자본주의가 발걸음을 떼던 때의 수준보다는 높았다"고 하면서, 이로 인해 "일거 시기에 타이완이 일본 통치권 안으로 들어가서 일본 국내 자본주의화의 진도에 맞춰 점차 '근대화(자본주의화)'의 발전 과정으로 달리게 되었다는 사명의 설법은 사실상 일본이 자본을 농단한 제당기업의 발전을 가지고 타이완 사회의 경제 발전을 대신 설명하려 한 일종의 잘못된 설법이다. 국민경제 부문의 구성과 자금 구성으로 판단한다면, 일거 시기 타이완의 사회·경제는 하나의 전형적 식민지 경제였지, 무슨 '근대화'의 자본주의 경제는 아니었다"[111]고 비판했다.

6) 일거 시기 타이완민족 형성론

사명은 『타이완인 사백년사』에서 일거 시대에 타이완인과 타이완 사회는 이미 중국인, 중국 사회와 다른 한 군체(群體)로 발전하여 단독의 유일한 '타이완민족'을 형성했기 때문에 "타이완민족 해방운동에서 말하는 '민족'이란 반드시 현재 존재하는 현실적 타이완 사회와 타이완인이어야 하니, 다시 말한다면 타이완민족운동이 해방해야 할 대상은 현실적 타이완 사회와 타이완에서 벗어나지 않는다"[112]라고 강조했다. 사명이 말하는 '타이완민족론'의 핵심은 일거 시대에

110 史明, 『臺灣人四百年史』, 330-333頁.

111 程文騰, 「史明關於日據下臺灣'近代化'(資本主義化)論之批判」, 『史明的虛構』, 125-127頁.

타이완 사회와 타이완인이 이미 중국과 같은 혈연·문화관계를 초월하여 사회상·의식상으로 다른 민족집단을 형성했다는 것이다.

그러나 정문등은 「타이완인과 타이완민족운동을 논함」이란 글에서 "일거 이전의 타이완 사회는 대륙 이민 수백 년의 개간을 거쳐 청대 후기에 이르러 이미 변강(邊疆) 사회의 특징을 이탈하고 점차 내지화하여 사회구조상 대륙 연해 성들과 아무런 다름이 없었으니, 이것이 사학계 일반의 관점이다"[113]고 하면서, "중화 문화가 명 말 이래 이민들을 따라서 타이완 각지에 전개되어 타이완 사회는 언어와 풍속, 신앙을 막론하고 기거(起居)와 노작 등 각 방면이 모두 중화 문화의 연장이었다. 타이완 인의 조적이 복건과 광동에 기원을 두고 있었기 때문에 민월(閩粵) 지방 문화의 색채를 농후하게 띠었다. 요컨대, 일본 식민자가 타이완에 왔을 때 타이완 문화는 타이완 지방 특색의 중화 문화를 띠고 있었으니, 타이완인은 중화민족의 일부분이었다"고 주장했다. 정문등은 일제의 동화정책과 대륙과의 격리정책으로 인해 원래 중화민족의 일부분이었던 타이완 인민은 "중화 전통 문화를 완강하게 견지하여 계속 정정당당한 중국인이 될 수도 있었고, 또는 일본 제국의 '순민(順民)'으로 동화될 수도 있었으며, 또는 사명이 이화(異化)되었다고 칭한 이른바 '타이완민족'이 될 수도 있었다. 사실을 말한다면, 불굴의 타이완 인민이 선택한 것은 전자였다"고 단정했다. 정문등에 의하면 "전 일거 시대를 통해 타이완 문화는 개변되지 않아 타이완 인민은 의식주에서 사상·관념, 신앙·습속까지 모두 자신의 고유한 전통을 보전했으며, 타이완 문화의 주체는 의연히 중화 전통 문화였다." 따라서 "타이완인과 타이완 사회는 중국인과 중국 사회였고, 소위 '타이완민족'론은 허구적이며 존재하지 않은 것임은 의심할 바 없다." '타이완민족론'이 허구이고 존재하지 않는 것이라면 "타이완민족운동이 해방해야 하는 것은 다만 타이완 지구의 중화민족일 뿐이니, 타이완 사회 중의

112 史明, 『臺灣人四百年史』, 150頁.

113 陳孔立, 『清代臺灣社會發展的模式問題—評'土着化'和'內地和'的爭論」, 『臺灣研究十年』, 厦門大學出版社, 1990; 若林正夫, 「臺灣抗日民族運動中的'中國座標'與'臺灣座標'」, 『近代臺灣的社會發展與民族意識』, 香港大學校外課程部, 1987.

타이완인은 본래 '현실에 존재하는' 중국인이며 중화민족의 구성원이기 때문이다. 따라서 사명이 이른바 타이완민족운동이 '타이완민족'을 해방한다는 설법은 착오적이다."[114]

7) 일거 시기 타이완인 의식론

사명은 『타이완인 사백년사』에서 타이완 인민의 항일투쟁이 강렬한 '타이완인 의식'에 기초한 것이라 하고, 타이완 인민의 항일투쟁의 목표는 독립된 '타이완국'을 건립하는 것이었다고 말했다. 사명은 타이완인 의식이 타이완 인민의 항일투쟁 중에서 결정적 작용을 했음을 강조하고 타이완인 의식의 강약이 투쟁 성패에 영향을 미친 관건적 요소였다고 했다. 한 예로, 1914년에 일어난 육갑기의(六甲起義)를 평가하면서 사명은 기의를 지도한 나취두(羅臭頭)는 "일찍부터 '타이완인 의식'을 풍부하게 갖고 있었고 일본인 경찰의 기만과 압박을 받아 마음에 한을 품고 있었기 때문에 마침내 일본인을 쫓아내고 '타이완 독립'을 실현하려 했다"[115]고 했다.

이에 대해 정문등은 「타이완인의 항일과 '타이완인 의식'에 관하여—사명 '타이완인 의식'론의 비판」이라는 글을 통해 일거 시기에 "타이완에서 출현한 신황제는 조국을 분열하는 황제가 아니고 한족 웅풍(雄風)을 다시 진작하려는 황제였으니, 그는 타이완 독립이나 소위 타이완국과는 추호도 같은 점이 없었다.…기의에 참가한 자는 조국에 대해 강열한 감정을 가졌다.…기의의 주요 영도자가 이어받은 기의의 목적은 중국으로의 회귀였다"고 하면서, "초기 항일투쟁 중에서 타이완 인민의 공동 분투 목표는 무력으로 일본 식민자를 구축하여 타이완을 다시 조국의 품안으로 돌아오게 하는 것이었으니, 그들은 타이완 인민의 조국에 대한 향심력과 중화민족의 강대한 응취력을 충분하게 드러내 보였다. 타이완 인민의 마음과 머리에서 심하게 흔들려 움직인 것은 강열한 중화민족 의식이었지

---

114 程文騰,「論臺灣人與臺灣民族運動」,『史明的虛構』, 144-150頁.
115 史明,『臺灣人四百年史』, 165-166頁.

결코 협소한 타이완 지방 의식이나 이른바 '타이완인 의식'은 아니었다. 모든 사실이 표명하듯이, 이른바 타이완 인민의 항일무장투쟁은 조국에서 이탈하여 독립하려 꾀하기 위한 것이었다는 논조는 역사적 사실에 대한 왜곡과 무지에서 비롯되었다"고 비판했다. 정문등에게는 모든 "민족운동은 식민지와 반식민지의 피압박민족이 식민주의와 제국주의에 반항하는 투쟁이다. 조선에서 고려민족이 일본 식민주의에 반항한 투쟁과 인도에서 인도민족이 영국 식민주의에 반항한 투쟁의 최종 목표는 독립된 민족국가를 건립하는 것이었다. 그러나 타이완에서는 비록 투쟁의 성질은 다른 각 식민지와 일치되었지만, 타이완의 역사·문화 배경이 그 자신의 특수성을 만들었다. 일본 식민지로 전락하기 전에 타이완은 중국의 일개 성이었고 타이완 인민은 중국 대륙에서 이거한 한족 이민 및 그 자손과 소수 원주민 고산족(高山族)으로 조성되었고, 그들은 모두 중화민족의 한 분자였으니, 이것이 결정한 타이완민족운동의 실질은 타이완에서의 중화민족의 일부분(주로 한족)과 일본 식민주의 사이의 모순과 투쟁이었다."[116]

8) 일거 시기 타이완공산당의 '타이완민족'론

사명은 "타이완공산당은 '타이완민족'을 타이완 혁명의 출발점으로 삼았기 때문에, 타이완의 식민지·민족해방운동은 중국 혁명의 일부가 될 수 없고, 일본 혁명의 일부가 될 수도 없고, 단독으로 한 계통, 한 단위의 '타이완 혁명'이었다"[117]고 했다. 이처럼 사명이 일거 시기에 이미 타이완 인민이 단독으로 하나의 민족으로 나뉘어져 나왔다고 말할 수 있었던 것은 타이완공산당 성립 시에 만들어진 「정치대강(政治大綱)」에 근거한 것이다. 이 「대강」은 '타이완민족'의 생산과 발전 과정을 다음과 같이 서술했다. 타이완의 최초의 주민은 야만인으로 곧 이른바 '생번(生蕃)'이었다. 정성공이 타이완을 점령한 뒤에 생번은 점차 압박을 받

116 程文騰,「關於臺灣人的抗日與'臺灣人意識'—史明'臺灣人意識'論的批判」,『史明的虛構』, 167-170頁.

117 史明,『臺灣人四百年史』, 582頁.

아 토지를 빼앗기고 마침내 전부 한인에 의해 산속으로 쫓겨 들어가서 타이완의 토지는 정씨 일족과 그 부속의 대농호 등에 의해 분할·점유되었다. 그 뒤에 중국 남부에서 타이완에 이거해온 한인이 함께 날로 증가했으니, 이른바 타이완민족은 남방 이민이 타이완에 와서 거주하여 그 남상(濫觴)이 되었다. 근대 이후 타이완 내부에서 자본주의의 초보 성장이 이뤄짐에 따라 타이완 사회에는 정치·경제적 동요가 일어나고 청조에 반항하는 민족운동이 긴장을 배가시켰다. 중일전쟁 뒤에 타이완이 일본에 할양되고 혁명의 공기가 가득 찬 중에 타이완공화국이 탄생했다. 가장 주요한 토지 문제에서 실제로 큰 변화가 일어났지만 타이완공화국은 실패하고 타이완은 최종적으로 일본 식민지가 되었으니, "타이완민족은 이 같은 역사 단계를 거쳐 특수한 경제 발전 과정 중에서 배양되어 성장했다."[118] 사명은 이 일거 시기 「타이완공산당강령」에 의거하여 타이완공산당은 "단일 독자적 타이완민족의 탄생과 존재"를 긍정하고 공산국제의 지시와 중국공산당의 승인을 얻었다 하고, 공산국제와 공산주의자들이 "'타이완 사회와 타이완인'을 중국 민족의 일부로 보지 않고 단일 정체(整體)의 '타이완민족'으로 간주했다"[119] 고 추론했다.

이에 대해 정문등은 「타이완인의 항일과 '타이완인 의식'에 관하여—사명 '타이완인 의식'론의 비판」에서 "명 말 이래 타이완에 이거한 민월 한인이 황무지를 개간함과 동시에 그들이 원래 가졌던 언어와 복식, 풍속, 습관 등을 가지고 타이완에 와서 대대로 전했다. 그들이 말하는 것은 대륙 조지(祖地)와 같은 민남화(閩南話)·객가화(客家話)였고, 제사를 지내는 것은 대륙 조묘에서 분향(分香)하여온 관음, 마조(媽祖), 보생대제(保生大帝) 또는 삼산국왕(三山國王) 등이었으며, 세시연절(歲時年節)도 춘기추보(春祈秋報)의 습속과 중추(中秋)·춘절(春節) 등 즐거운 날들이 있었으니, 타이완 문화는 실제로 중화 문화, 특히 민남·월동(粤東) 문화의 연장이었다. 대륙 이민은 타이완으로 갈 때 한족이었을 뿐만 아니라 역사 발전의 각 시기 내지 일본 통치시대에도 마찬가지로 한족이었으니, 처음부터 이화하여 소

118 『臺灣社會運動史』(臺北: 創造出版社, 1989), 2-3頁.
119 史明, 『臺灣人四百年史』, 582頁.

위 '타이완민족'이 된 적은 한 번도 없었다"[120]고 반박했다.

그럼에도 불구하고 '타이완민족론'이 타이완공산당의 「정치대강」에서 출현하게 된 경위에 대해서 정문등은 다음과 같이 설명했다. "1922년 공산국제가 「일본공산당강령초안」을 통과시켰는데, 대외관계 방면에서 '조선과 중국, 타이완, 고항도(庫項島)에서 군대를 완전히 철수시킨다'는 요구를 제출했다. 1926년의 「강령」에서는 '일본 통치하의 식민지 독립을 촉진함을 당의 임무로 삼는다'는 규정을 명확히 했다.…1927년에는 일본공산당이 기초한 「정치대강」이 타이완공산당 창립자의 손으로 들어갔다. 1928년 4월 15일 타이완공산당이 정식으로 성립하여, 회의상에서 토론하여 통과된 「정치대강」이 제출되었다.…따라서 이른바 '타이완민족론'의 첫 작성자는 타이완공산당이 아니라 일본공산당이었다." 일본공산당이 '타이완민족론'을 「정치대강」에 담은 까닭에 대해서는, "일본공산당이 타이완 역사와 일본 식민 통치하의 타이완의 사회·정치·경제 상황에 대해 깊은 이해가 결핍되었다.…또한 공산국제의 일본공산당 문제에 관한 문건에서 식민지 독립을 여러 차례 명확하게 지시 독촉하고 또는 식민지의 완전 독립의 구호가 제출되었기 때문에 일본공산당은 자연히 '타이완민중 독립 만세', '타이완공화국 건설' 등의 주장을 제기한 타이완공산당 「정치대강」을 써냈다"고 해명하면서, "이른바 '타이완 독립'과 '타이완공화국' 건설은 식민 종주국의 일본공산당이 피압박민족(소위 타이완민족)을 철저하게 지지하여 독립과 해방을 쟁취하고 실현하게 하기 위한 표현이었지, 오늘날 대독 분자들이 중국에 대해 외치는 소위 '타이완 독립'과는 전혀 상관이 없는 것이었다"[121]고 해명했다.

정문등에 의하면 타이완공산당 「정치대강」에서 출현한 '타이완민족'론은 공산국제의 압력을 받은 일본공산당의 작품이었다는 것인데, 그렇다면 중국공산당과 타이완공산당까지 '타이완민족'론과 '타이완 독립', '타이완공화국' 건설 주장을 접수한 까닭은 무엇인가? 이 문제에 대해서 정문등은 그 책임을 "국제공산주의운동에서의 마르크스주의 교조화와 공산국제 결의와 소련 경험의 신성

120 程文騰,「關於臺灣人的抗日與'臺灣人意識'－史明'臺灣人意識'論的批判」, 177頁.

121 程文騰,「關於臺灣人的抗日與'臺灣人意識'－史明'臺灣人意識'論的批判」, 181-182頁.

화 경향으로 인한 중국공산당 안의 좌우경 기회주의 착오”로 돌리면서, “타이완공산당 「정치대강」은 일본공산당이 공산국제의 지시 정신에 의거하여 기초한 것이고, 공산국제의 일개 지부가 된 중국공산당이 이에 대해 당연히 적극적인 지지 태도를 가졌으며, 마찬가지로 타이완공산당은 일본공산당의 민족 지부가 되어 상급 당 조직의 결의를 충실하게 집행했을 뿐이라”고 변명했다. 정문등에 의하면 “일본 식민자의 타이완에 대한 점령은 불평등한 마관조약의 호부가 있었고, 적빈(積貧)·적약(積弱)하여 군벌의 할거와 혼전의 소용돌이에 빠진 중국은 타이완을 수복할 힘이 없었고 타이완의 영토 주권에 대한 요구를 공개적으로 제출할 능력도 없었다. 이로 인해 중국 대륙과 타이완의 혁명가들은 다만 타이완이 일찍 일본 제국주의의 식민 통치에서 벗어나 독립과 자유를 실현하는 것을 희망할 수 있었을 뿐이다.…이 시기 중국공산당과 타이완공산당의 타이완민족해방운동 중의 주요 목표는 타이완을 식민지 지위에서 벗어나게 하는 데 집중하는 것이고 다른 일체의 책략과 주장은 모두 이러한 목표를 실현하는 수단에 지나지 않았으니, 그들이 타이완 독립과 타이완공화국 건설 등 구호를 지지한 출발점 역시 겨우 이뿐이었다.”[122]

제청해(齊青海) 역시 「대독 이론의 대흑동(大黑洞)」에서 “사명이 여기서 인용한 자료(타이완공산당 「정치대강」)가 얼마나 믿을 만한 것인지는 차치하고, 이러한 자료들도 사명의 ‘타이완민족’론의 정확을 증명할 수는 없다. 왜냐하면 사명은 타이완의 당시 구체적 역사 조건과 특수한 배경을 잊고 있기 때문이다”고 하면서, “ 당시에 한편으로는 일본 침략자가 타이완을 점거하고, 다른 한편으로는 중국의 통치계급이 만청 정부에서 국민당 정권까지 모두 부패하고 연약·무능했다. 이러한 구체적 역사 조건과 특수한 배경하에서 타이완공산당이 ‘타이완 독립’의 구호를 제출한 것이다. 그러나 일본 제국주의가 무조건 투항하고 타이완이 조국으로 회귀한 정황하에서 사명이 여전히 당시의 구호를 다시 함부로 사용하는 것은 완전히 다른 성질이다. 또한 전후의 역사 조건하에서 ‘타이완 독립’의 구호는

---

122 程文騰, 「關於臺灣人的抗日與‘臺灣人意識’ – 史明‘臺灣人意識’論的批判」, 182頁.

민족분열주의의 성질을 갖고 있다"[123]라고 변명했다.

9) 전후 식민지 경제론과 매판자본론

『타이완인 사백년사』(하) 제11장에서 사명은 많은 지면을 할애해서 타이완이 4백 년 동안 계속 '식민지 경제' 상태에 처해 있었음을, 특히 전후 장가(蔣家) 정권이 타이완을 접수·관할한 뒤에 더욱 '쌍중(雙重) 식민지성 경제'에 처했음을 논증하려 했다. 사명에 의하면 "타이완은 봉건적인 중국의 장가 국민당 정권의 식민 통치를 받은 것 외에도 미·일 제국주의·신식민주의의 지배를 받았다"[124]고 하는데, 이러한 '쌍중 식민지 경제'는 "타이완이 외국 제국주의 자본과 중국인 관료자본 및 타이완인 매판자본의 압박과 착취하에서 농촌 경제가 말라 시들고 농민은 곤궁하며 공인의 급여는 저렴하여 공인계급이 빈곤화했다"[125]고 한다. 또한 전후에 "타이완이 과거에 가졌던 식민지 경제구조가 더욱 확대되고 더욱 심각해졌다"[126]고 하여 타이완이 지금까지 식민지 사회였음을 입증하려 노력했다. 이 '전후 타이완 식민지 경제론'을 지탱하는 중요한 논거의 하나는 '타이완 매판성 민간자본'론이다. 사명은 전후 타이완이 "장가 관료자본의 지배를 받은 국유 관영 기업이 압도적 규모와 강력한 역량을 점했고, 민간 기업의 역량은 조금도 비교할 수 없게 되었다"고 하고, 이들 민간 기업도 소수 본지 소기업 외에는 "절대 부분이 매판성 사인 기업이었다"[127]고 했다. 이러한 사명의 '전후 타이완 식민지 경제론'은 그 자체로서 하나의 이론 체계를 갖추어 '대독'운동의 한 중요한 이론적 근거가 되었다.

사명의 '전후 식민지 경제론'에 대해 제청해는 「사명 '쌍중 식민지성 경제'론의 파산」라는 글을 통해 사명이 전후 타이완인 대중생활이 일거 시기에 비해

123 齊青海, 「臺獨理論的大黑洞」, 『史明的虛構』, 318-319頁.
124 史明, 『臺灣人四百年史』, 995頁.
125 史明, 『臺灣人四百年史』, 1096頁.
126 史明, 『臺灣人四百年史』, 930頁.
127 史明, 『臺灣人四百年史』, 928, 946頁.

"더욱 빈궁해졌다"고 한 주장은 근거가 결핍되었다고 공박했다. 그는 "당연히 자본주의 누적 규율의 작용으로 인해 전후 타이완 사회의 재부 분배에서 불가피하게 양극화가 출현했고, 노동자가 국민소득에서 점하는 분배액이 상대적으로 내려갔으며, 사회 재부가 갈수록 소수 자본가계급의 수중에 집중되어 무산자가 상대적으로 빈궁화했다. 다만 '의부성(依附性) 경제 발전'으로 인해 대외 의존과 외래 역량의 지배를 받는 정황이 높아졌지만 경제 발전의 수준이 비교적 높아졌음은 다툴 수 없는 사실이다"라고 하면서, "더구나 타이완 자본주의 발전 역사가 아직 짧고, 국민당의 일부 경제정책이 대자산계급의 발전을 제한하여 거대한 중산계급을 형성했기 때문에…타이완인 대중의 생활수준도 매우 큰 정도로 개선될 수 있었다"[128]고 주장했다.

한편 사명의 전후 매판성 자본론에 대해서는, 등태생(鄧台生)이 「사명 '타이완 매판성 민간자본'론의 비판」이라는 글을 통해 "착오가 명백하고 모순이 백출하여, 근본적으로 일종의 학술 관점이라 할 수 없고, 겨우 모종의 정치 목적을 위해 조작한 잘못된 주장일 뿐이라"고 비판했다. 등태생은 "중국과 타이완이 두 개의 국가임을 전제로 하여 전후에 타이완으로 간 모든 대륙인을 식민주의 통치자와 그 추종자로 규정하고 그들과 관계가 있는 민간자본은 곧 매판자본이라 하는 것이 '타이완 매판성 민간자본'론의 핵심적 내용이지만, 그 목적은 전후 타이완 경제가 계속 식민지 경제였고 타이완 사회는 계속 식민지 사회였음을 논증하는 데 있고, 나아가서는 타이완과 타이완인은 반드시 중국과 중국인 가운데서 분리되어 나와 이른바 '타이완민족 독립'을 실현해야 함을 추론하는 것이다"[129]라고 주장했다.

10) 전후 민족모순론

국민당의 타이완 통치에 관해 사명은 "타이완인의 입장에서 말한다면, 일본

128 齊青海,「史明'雙重殖民地性經濟'論的破產」,『史明的虛構』, 204頁.
129 鄧台生,「史明'臺灣買辦性民間資本'論的批判」,『史明的虛構』, 221頁.

제국주의의 식민통치에서 벗어난 것은 실로 경축해야 할 다행한 일임은 의심할 바 없다. 그러나 이를 대신하여 타이완을 점령한 장가 국부는 중국과 중국인이 다시 타이완과 타이완인을 잔폭하게 식민 통치하는 상황을 초래했으니, 이는 실로 구제하기 어려운 대비극이었다."[130] "장가 국부와 그 일파의 중국인은 정복자의 우월감을 마음에 품고 그들이 식민지 노예로 보는 타이완인의 머리 위에 군림하여 타이완민족의 원한을 불러일으켰다"[131] 고 하고, "한번 개시하니 일본 제국주의와 동일한 식민 통치를 시행하여 정치와 경제·사회 등 타이완의 각 부문에서 식민지 특유의 통치체제를 구성했다"[132]고 하면서 "이러한 식민지성 쌍중 구조는 필연적으로 '반봉건성 식민지 계급의 대립관계'를 조성했으니, '외래적=압박적=착취적'과 '토착적=피압박적=피착취적' 사이의 민족모순과 계급모순의 쌍중적 사회모순관계는, 즉 소수의 '장가당(蔣家黨) 관료계급, 중국인 자본가계급, 타이완인 매판자본가계급=정치통치계급=경제착취계급'과 광대한 '타이완인 농민계급, 타이완인 노동자계급, 타이완인 민족자본가계급=정치적 피통치계급=경제적 피착취계급'의 모순·대립관계였다"[133]고 규정했다. 사명은 "장파 중국인 외래 통치자의 식민지 압박·착취는 타이완 내부 모순·대립의 총근원이기 때문에 장파 중국인과 그 흉포한 타이완인 매판계급과 타이완민족 사이의 식민 통치적 모순·대립은 곧 각종 모순대립 중에서도 가장 주요한 모순·대립이었다"[134]고 주장했다. 사명은 타이완이 "중국 본토와 서로 격절된 지리·사회 환경하에서 4백 년의 독자적 이민, 개척 및 근대 자본주의의 역사 발전을 통해 사회·심리적으로 중국인과 상이한 '타이완 사회와 타이완인'을 형성했다"고 했다. 이 같은 전제에 근거하여 사명은 타이완 사회를 분석할 때 타이완 본성인(즉, 원주민계 타이완인과 한족계 타이완인)을 '타이완민족'으로 보고, 1945년에 타이완이 광복된 뒤에 타이완에 온 대륙 인민은 별개의 민족이 된 것으로 보았다.

---

130 史明, 『臺灣人四百年史』, 742頁.
131 史明, 『臺灣人四百年史』, 750頁.
132 史明, 『臺灣人四百年史』, 1060頁.
133 史明, 『臺灣人四百年史』, 930頁.
134 史明, 『臺灣人四百年史』, 1097頁.

이에 성적(省籍)관계와 성적모순도 민족관계·민족모순이 되었다. 이로 인해 그는 국민당 정권의 통치하의 타이완 사회 모순은 계급모순과 민족모순을 포함하지만 정치 모순의 핵심은 민족모순이라고 했으니, 그가 강조한 두 갈래 공식은 '중국민족=통치계급=압박계급'과 '타이완민족=피통치계급=피압박계급'이었다. 따라서 사명에게는 현재의 타이완 정치는 식민 통치로서, 마치 일본인의 타이완에 대한 식민 통치와 같았다.

이에 대해 임경은 「『타이완인 사백년사』에서 사명의 '타이완민족론'을 분석함」에서 "사명은 타이완 동포를 내포하는 전 중국 인민과 장개석 집단을 머리로 한 국민당 반동 독재 통치의 계급모순을 타이완인과 중국인의 민족모순으로 만들었으니, 현실적 의의에서 고찰할 때 이 같은 왜곡된 모순 성질의 작법은 황류(荒謬)할 뿐만 아니라 위험하고 죄악적이다"[135]라고 규탄했다.

진국홍(陳國興)은 「전후 타이완 사회모순의 분석 — 겸하여 사명의 '민족모순론'을 반박함」이란 글에서 사명의 전후 '민족모순론'은 "타이완의 객관적 역사와 생활 현실과 부합하지 않는, 주관적으로 배열하여 성립시킨 이론"으로 "극히 황류하고 완전히 착오적이다"라고 규정했다. 진국홍에 의하면 '민족모순론'은 민족학적 이론 근거가 결핍되었다. 즉, "사명은 성적(省籍)모순의 지방성(지방주의) 층차의 마찰을 가지고 민족·종족모순이라고 하고, '중국인'과 '타이완인'의 차이를 강조하며, '타이완민족'이 '중화민족'과 다름을 강조하고, '중국인'이 '타이완인'을 압박했음을 강조했다. 그러나 사명은 이론상 '타이완민족'의 특징 및 중화민족과의 구별을 설명할 방법이 없다. 그가 강조한 '타이완인 의식'도 단지 중국 기타 성과 같은 지방 의식의 형태일 뿐이고, 다만 타이완의 특수한 역사 환경으로 인해 보다 뚜렷한 특색을 띠었을 뿐이다." 또한 '타이완민족론'은 타이완 역사를 왜곡했다. 즉, "사명은 자기의 이론에 증거를 찾아주기 위해 타이완의 역사를 '일관되게 외래의 식민통치를 받은' 역사라고 하고 정씨 시대와 청대 및 현재까지 모두 '외래 통치자'가 타이완을 통치했다고 하여, 타이완 역사에 역사유심주

135 林勁, 「從『臺灣人四百年史』析史明的'臺灣民族論'」, 255-256頁.

의적 해석을 만들었다." 그리고 '민족모순론'은 타이완의 현실과 부합하지 않는다. "사명은 현재 타이완 사회는 "외성인이 본성인을 압박하는, 즉 중국인이 타이완인에 대해 식민 통치를 진행하는 것으로, 이 민족 압박은 마치 일본인이 타이완에 대한 통치와 같았다고 인식했다. 결국 그러하지 않다는 것은 오늘날 타이완에서 생활하는 각 계층 인민이 모두 자기의 회답을 만들어낼 수 있을 것이다." 요컨대, 사명의 '민족모순론'은 "의도적으로 타이완 사회에서 '민족모순'과 '민족차별'을 제조해내어 인심을 현혹하고 성적모순을 선동하여 '대독'의 정치 목적을 위해 복무할 뿐이다."[136]

11) 타이완민족론

'타이완민족론'에 관한 대독 각 조직과 학자들이 제출한 논증 가운데서 가장 대표적인 것은 『타이완인 사백년사』에서 집중적으로 체현된 사명의 '타이완민족론'에 관한 논술이었다. 사명의 『타이완인 사백년사』를 관통하는 가장 중요한 이론이 '타이완민족론'이기 때문에 『타이완인 사백년사』는 '타이완민족론'의 전저(專著), '타이완 독립과 타이완인 의식, 타이완민족론을 전개한 운동서'로 불려졌다. 그 지면의 크기와 분량의 무거움에 있어서도 '타이완민족론'에 관한 기타 논증들은 비교될 수 없을 정도다. 『타이완인 사백년사』의 '타이완민족론'은 사명 자신이 유물사관의 민족·계급·국가이론에 기초했음을 자칭하고 마르크스주의 경전을 관련 논술에 인용했기 때문에 특히 계엄체제와 반공 선전 하에 처한 타이완 도내의 사람들에게 적지 않은 영향을 미쳤다.

사명은 "민족의 형성에 가장 결정적인 것은 주관적 요소의 공동의식(민족의식)이다. 하나의 사회집단 내부에 이 같은 공동의식이 발생하면 개개의 성원은 모두 자기의 집단이 다른 집단과 구별됨을 느끼고 그 공동의 이익과 공동의 전도에 관심을 가지게 된다"[137]고 스스로 '민족'을 정의한 다음, "타이완인은 중국인

---

136 陳國興, 「戰後臺灣社會矛盾的分析ー兼駁史明的'民族矛盾論'」, 『史明的虛構』, 229-230頁.
137 史明, 『臺灣人四百年史』, 580-581頁.

과 같은 혈연관계와 문화 특질을 가졌기 때문에 같은 종족에 함께 속한 한족임은 부인할 수 없다. 다만 타이완과 중국 대륙이 서로 격절된 지리 조건하에서 3백여 년의 식민지성 사회 발전과 반식민지 투쟁을 경험한 결과 일거 시대에 이르러 타이완 사회와 타이완인은 대체로 이미 중국과 서로 같은 혈연·문화관계를 초월(克服, 揚棄)하고, 아울러 중국과 다른 범주의 사회 기초 위에서 별도로 단독·유일의 타이완민족으로 발전했으니, 이는 모두 눈으로 함께 보는 것이다. 즉, 현실에서 존재하는 타이완·타이완인은 현실의 중국·중국인과 비록 동일한 종족에 속하지만, 양자는 사회적·의식적으로 이미 서로 다른 범주의 두 민족집단을 이루었다. 이로 인해 타이완민족해방운동에서 직면한 소위 '민족'은 필연적으로 현재 존재하는 현실적 타이완 사회와 타이완인이다"[138]라고 강조했다. 그는 "타이완이 중국 본토와 서로 격절된 지리·사회 환경 하에서 4백 년의 독자적 이민과 개척 및 근대화 자본주의의 역사 발전을 거쳐 사회상·심리상으로 모두 중국·중국인과 상이한 '타이완 사회와 타이완인'을 형성했다"[139]고 확신했다.

이에 대해 하문대학 타이완연구소 연구원인 임경은 「『타이완인 사백년사』에서 사명의 '타이완민족론'을 분석함」이란 글을 통해 사명의 '민족' 정의는 스탈린이 1913년에 「마르크스주의와 민족문제」에서 제출한 민족의 정의에 수정과 왜곡을 가하여 "민족 형성의 요인(특징)을 주관과 객관, 역사 과정의 3개 방면으로 나누고, 결정적인 것은 주관적 요소라고 하여 일정 정도 그 역사유심론적 관점을 폭로했다"고 비판하면서, "사명은 오로지 타이완 역사와 사회, 의식 발전의 특수성과 중국 대륙과의 차이만을 강조하여 편집적·만행적으로 타이완인과 대륙의 대립과 항쟁, 구한(仇恨)을 강조하면서, 이러한 특수성과 차이·대립을 절대화하여, 타이완인은 대륙인과 다른 단독·유일한 민족이 되었다고 했다"고 비판하고, "'타이완민족론'의 논증 과정에서 사명은 '민족'과 '계급'을 동등하게 취급하여 타이완의 특수한 역사 현상으로 만들고, 통치와 피통치의 관계를 일률적으로 식민과 피식민의 관계로 귀결시키고, 통치계급을 조금도 예외 없이 모두 외

138 史明, 『臺灣人四百年史』, 688頁.
139 史明, 『臺灣人四百年史』, 1059頁.

래 식민 통치로 보았으며, 따라서 본래는 한계가 분명한 민족문제와 계급문제를 서로 혼동했다. 나아가 민족과 계급이 서로 동등한 기초 위에서 민족론을 국가의 기초로 삼고, 민족과 국가의 구별을 혼동하여 마르크스주의 국가학설을 왜곡시키고, 이로부터 '타이완민족 독립'의 정치 결론을 도출하여 소위 사회주의혁명 이론에 결합시켜 타이완에서 '단일 민족, 단일 계급의 국가'를 건립하는 정치 목표를 수립했다"고 지적했다. 임경에 의하면 "① 사명은 한족을 하나의 종족으로 인식하고 민족과 종족의 개념을 혼동하지만, 민족은 사회과학 범주에 속하기 때문에 지연관계를 기초로 하는 인간 공동체다. 종족은 자연과학 범주에 속하는 것으로 생물학적 각도에서 피부색과 두발, 체형 등을 표지로 분획하는 부동의 인종이다. 민족의 네 가지 기본 특징으로 민족과 종족을 구분하면 하나의 민족은 여러 종족을 포괄할 수 있고, 하나의 종족도 여러 민족에 분속될 수 있다. 혈연관계는 민족의 기본 특징이지만 문화 특질은 종족의 기본 특징이 아니므로, 이러한 의의로 보아 사명은 실제로 타이완인이 한민족에 속함을 승인했다. ②민족은 사회·의식적 차이로 분획되는 기본 표준이 아니다. ③ 사명은 '타이완민족' 형성의 시공간적 조건으로 '타이완과 중국인 대륙이 서로 격절된 지리 조건'과 '3백여 년 식민지성 사회 발전과 반식민지 투쟁'을 인식했다. 사명은 지리학적 '격절' 개념의 사용을 이해하지 못했다.…타이완과 중국 대륙은 격절된 것이 아니라 타이완인의 절대 부분은 이 3백 년 동안에 계속 옮겨가서 살았다. 그 경제생활과 언어, 문화 특점의 공동성은 대륙과 혼연 일체되어 격절·중단 내지 변경될 수가 없었다."140

12) 2·28 사건 민족모순론

사명은 2·28 사변의 원인과 성질을 분석하면서 "스스로 기만하는 사람이 '공상한족주의(空想漢族主義)'를 어떻게 고창하든 '여러분은 모두 중국인이다(大家都

140 林勁, 「從『臺灣人四百年史』析史明的'臺灣民族論'」, 241-247頁.

是中國人)'를 어떻게 이야기하든 상관없이 타이완의 현실은 '타이완 사회와 타이완인'과 '중국 사회와 중국인'의 이중 층차로 분명하게 나눠질 뿐만 아니라, 양자는 '피통치'와 '통치'의 식민지성 모순·대립으로 인해 극단적인 적대관계를 이루었다. 이 같은 통치와 피통치의 적대관계의 객관적 존재로 인해 '2·28 대혁명'이 발생했다. 이로 인해 2·28 대혁명은 타이완인이 일어나 외래 중국인 통치자에 반대한 식민지 해방투쟁이었을 뿐만 아니라 곤궁 무고한 타이완 대중의 기의 발난(發難)을 통해 자연히 발생한 항외 투쟁이었다. 그것은 청조 통치 시대의 '반당산'의 본지인 기의와 일거 시대의 '반일' 무장투쟁과 같이 일철(一轍)에서 나왔다"[141]고 했다. 또한 사명은 2·28 사변의 교훈을 분석하면서 "'공상적 한족주의'의 독소를 숙청하여, 즉 중국과 중국인에 대해 품은 환상과 모호한 관념을 제거하고 타이완과 타이완인이 생존을 위해 지향하려 한 발전 방향, 즉 타이완인 자신의 국가 건설을 심각하게 인식하는 것이 2·28 대혁명이 타이완민족 발전사상에서 피를 흘려 바꾸어온 일대 지표다"[142]라고 강조했다.

이에 대해 임경은 「『타이완인 사백년사』에서 사명의 '타이완민족론'을 분석함」에서 "사명은 '2·28' 사건의 근본 원인을 분석하면서 당시의 역사적 상황을 완전히 내던져버리고 오로지 '민족모순'으로 해석하여 타이완과 국민당 반동 독재 통치의 모순을 타이완인과 중국인의 '민족모순'으로 귀결시켰다. 자칭 '마르크스주의자'인 사명은 여기서 민족문제와 계급문제 관계에 관한 마르크스주의 민족론의 관점을 포기하고, 단순화하여 '2·28' 사건과 일거 시기의 항일무장투쟁을 동질시했다. 마르크스주의는 민족문제와 계급문제를 두 개의 다른 성질의 문제로, 각자 발생하여 발전·소멸하는 규율이 있어 혼동할 수 없는 것으로, 양자는 연계는 있지만 구별이 있는 것으로 인식한다"고 하면서, "계급과 계급의 투쟁은 각개 민족 내부의 문제에 속하지만 민족문제는 다른 민족 사이의 문제인데, '2·28' 사건은 순수하게 전자에 속한다"[143]고 비판했다.

---

141 史明, 『臺灣人四百年史』, 795頁.

142 史明, 『臺灣人四百年史』, 797頁.

143 林勁, 「從『臺灣人四百年史』析史明的'臺灣民族論'」, 256-257頁.

13) 타이완국가론

국가 문제에 관한 대독 이론 중에는 타이완법률지위미정론(臺灣法律地位未定論)과 타이완국민주의설(臺灣國民主義說), 타이완정치실체론(臺灣政治實體論), 타이완민족론(臺灣民族論) 등이 있는데, '타이완민족론'은 실제로 국가의 기초를 '식민지 혁명'과 '민족해방운동'의 이론 위에 건립한 것이다. 위의 네 가지 대독 국가론은 모두 사명의『타이완인 사백년사』에서 제기한 '국가론'과 일정한 관련을 갖고 있다. 사명은 '타이완법률지위미정론'을 제기하여 "「대일화약(臺日和約)」에서 타이완이 중국에 응당 속하거나 다른 특정 국가에 속한다는 어떠한 조문도 명확하게 규정하지 않았기 때문에 타이완은 '법적 지위'가 확정되지 않은 상태에서 장가정권에 의해 계속 '점령'되었다"[144]고 했다. 사명은 '민족' 형성의 조건과 '타이완민족'의 발전 과정을 논술할 때 경제생활과 정치명운 등 '공동명운'을 강조했는데, 이러한 관점은 '타이완국민주의'와 비슷하다. 사명은 '현실 존재'를 부단히 제기하며 '사회의식'이 '객관 현상'의 의미를 정확하게 반영·승인·존중할 것을 요구했는데, 이는 '타이완정치실체론'의 기초와 일치하는 것이다.『타이완인 사백년사』에서 타이완은 현실적으로 뿐만 아니라 역사적으로도 존재하는 '독립적 정치실체'다. 따라서 사명의 국가론은 대독의 다양한 여러 국가학설을 한데 포함한 혼합체임을 알 수 있다. 또한 사명은 타이완공산당의「정치대강」을 통해 "타이완 식민지 해방운동의 전략 노선도 곧바로 '타이완민족독립'과 '타이완공화국 건설'을 당면한 긴요한 임무요 분투목표로 삼게 되었다"[145]고 하여, 타이완민족해방운동을 궁극적으로는 타이완에서 하나의 단일 민족, 단일 계급의 국가를 창건하는 것으로 귀결시키려 했다.

이처럼 계급론과 민족론이 혼합된 기초 위에 건립된 사명의 대독 국가론에 대해, 임병상(林秉祥)은「사명의 '국가론'을 평함」을 통해 "타이완 역사의 사실 각도에서 고찰하든 마르크스주의 이론 각도에서 분석하든 사명의 계급론과 민족론

144 史明,『臺灣人四百年史』, 698頁.
145 史明,『臺灣人四百年史』, 582頁.

은 모두 극단적인 착오로 그 위의 대독 국가론은 성립될 수 없는 것이니, 채취(採取) 또는 변환(變換)의 어떤 수법을 쓰든 결국은 사람을 기만하는 것이고 오래가기 어려운 것이다"[146]라고 비판했다. 임경도 "사명은 '타이완민족론'을 논증하는 과정에서 계급을 민족과 동등시하는 기초 위에서 민족론으로 국가의 기초를 삼아 마르크스주의의 국가 본질에 관한 이론을 왜곡하고 민족과 국가의 구별을 혼동했다"고 비판했다. 임경에게는 민족과 국가는 "비록 양자 모두 '군체'이자 '공동체'이고, 국가가 내포하는 민족 요소를 홀시할 수는 없지만, 절대로 혼동하여 동등시할 수는 없다. 국가는 계급모순이 조화할 수 없는 산물이요 표현으로 계급통치의 기회와 계급 압박의 도구다. 그러나 민족은 사람들이 역사상에서 장기간 발전·형성한 안정적 공동체로서 광의로든 협의로든 민족의 특징은 국가의 특징과 같지 않다. 민족은 반드시 공동의 언어를 요구하지만, 동일한 언어를 쓰는 사람이 반드시 하나의 민족은 아니다. 국가는 반드시 공동의 언어를 요구하지는 않지만, 수많은 국가는 단지 한 종류의 언어를 통용한다. 하나의 민족이 하나의 국가일 수는 있지만, 수많은 국가에 분속될 수도 있다. 하나의 국가는 단일민족으로 조성될 수 있지만 다민족으로 조성될 수도 있다."[147]

14) '타이완 의식'론

사명 사관의 틀 안에서 '타이완 의식'이 핵심적 위치를 점하고 있으니, 타이완 '본지인'이 '타이완인'으로 변성하려면 반드시 '타이완 의식'이 있어야 하고 '타이완 의식'은 또한 '타이완민족'을 형성하는 근본 조건이기도 하기 때문이다. 사명이 말하는 '타이완 의식'의 주요 내용은 타이완 본지인의 배외 의식, 타이완 본지인의 반식민통치 의식, 타이완 본지인의 반당산(반중국) 의식이다. 이러한 '타이완 의식'은 반네덜란드 식민 통치에서 싹이 텄고, 정씨 3대의 식민 통치와 2백여 년 청조 식민 통치를 거치고, 최근 1백년 내의 반일본 식민 통치와 반국민당

146 林秉祥, 「評史明的'國家論'」, 『史明的虛構』, 281-282頁.
147 林勁, 「從『臺灣人四百年史』析史明的'臺灣民族論'」, 260頁.

식민 통치를 거쳐 '타이완 의식'은 이미 '타이완민족'의 '민족의식'으로 성숙되었다. 사명의 '타이완 의식론'의 철학적 기초는 사회의식은 사회존재의 반영이라는 틀이다. 이로 인해 '타이완 의식'은 중국 의식의 지방성을 표현하는 것이 아님을 '증명'하기 위해 사명은 타이완 사회는 중국 사회의 일부임을 적극 부정하고, 타이완은 대륙 사회의 연장이 아니고 하나의 새로운 개척자 사회임을 주장하고, 이러한 사회에서는 대륙의 문화·사상·풍속·습관이 유지 또는 보류될 수 없다고 주장했다. 그러나 정홍(鄭興)은 "풍속·습관과 언어, 문자, 민간종교 신앙, 민족 관념 등에 이르기까지 3백여 년이 지난 지금 해협 양안이 기본적으로 여전히 동일성을 지키고 있는데 어떻게 타이완인이 '개척자 사회'에 가입하여 조적 중국을 일체 포기했다고 말할 수 있는가"라고 반문하면서 "역사적 사실을 돌아보지 않는 사명의 입론은 일체 성립될 수 없다"[148]고 비판했다.

정홍은 「사명의 허구적 '타이완 의식'를 평함」이란 글에서 『타이완인 사백년사』 전 책에 산견되는 '타이완 의식'에 관한 내용을 수집·정리·분석하여 다음과 같이 정리했다. "① '타이완 의식'은 타이완 본지인의 특수한 의식으로, 타이완 본지인이 타이완을 개척하는 과정에서 형성된 공동의식이다. ② '타이완 의식'은 타이완 본지인이 외래 식민 통치에 반대한 의식이다. ③ '타이완 의식'은 타이완 본지인이 '당산인', 대륙 중국인에 반대한 의식이다. ④ '타이완 의식'은 '중국의식'·'대중화사상'과 서로 대립하는 의식이다. ⑤ '타이완 의식'은 '타이완민족'의 민족의식이다. ⑥ '타이완 의식'은 네 가지 결함이 있는데, ㉠ '반당산' 투쟁 시에 어떤 타이완인은 의식상 애매모호하여 적과 나의 경계가 분명하지 않았다. ㉡ 식민 통치가 '나약성'과 '의뢰심리'를 조성했다. ㉢ '약소'함을 자인하는 '자비심리(自卑心理)'다. ㉣ 일반 대중은 충분한 정치 각오와 견고한 계급 입장이 결핍되었다." 그리고 정홍은 사명이 '타이완 의식'이 산생된 기본 조건을 서술할 때 타이완의 지리 환경의 특수성과 네덜란드 식민 시기부터 청 말까지 타이완 본지인은 개척 사회에 공동으로 처하여 식민 통치를 받았음을 강조했는데, "사명의

148 鄭興, 「評史明所虛構的'臺灣意識'」, 『史明的虛構』, 288-289頁.

이러한 설법은 근본적으로 역사적 사실과 부합하지 않는다. 역사적 사실이 증명하듯, 17세기 20년대부터 19세기 말까지 민월 이민이 타이완에 가서 개발하여 인구가 10만에서 1898년의 289만 명으로 증가하고, 타이완의 사회의식 형태의 주요 부분은 실제로 대륙 의식 형태의 전이였다. 이 시기에 타이완은 원시 사회에서 봉건 사회로 과입(跨入)했고, 이 270년간에 타이완 사회는 직접 외래 문화와 의식 형태의 영향을 받은 것은 단지 일부 고산족 동포가 네덜란드 식민자와 기독교사상으로부터 받은 영향만 있었고, 타이완으로 간 민월 개척자는 고향의 중화 문화와 의식 형태를 가지고 타이완으로 가서 타이완 문화와 의식 형태의 기초를 구성하여 대대로 전했으니, 지리 환경으로 인해 근본적 변화가 발생하지는 않았다. 사명은 사회의식 전반에 대한 타이완 '풍토' 특수성의 작용을 과장했으니, 이는 성립될 수 없다.…하물며 민월 지구와 타이완 지구는 기후와 지리 환경이 극히 비슷하다.…오늘날 타이완 사회의 문화 면모와 의식 형태의 각 영역은 여전히 중화민족의 특징을 보전하고 있으니, 이는 사명의 '타이완 의식론'에 대한 가장 좋은 반박 논거가 된다"고 비판했다. 정홍은 사명이 '타이완 의식'은 타이완 본지인이 '당산인'(중국인)을 반대하는 의식이라고 도처에서 강조했지만, "어느 지방도 모두 지방의식 또는 향토 관념이 존재함을 알아야 한다. 타이완 의식은 중국 의식이나 중화민족 의식과 절대적으로 상용할 수 없는 것은 아니다. 왜냐하면 지방을 사랑하고 타이완을 사랑하면 국가를 사랑할 수도 있기 때문이다. 조국 사랑은 고향 사랑을 배제하지 않는다"[149]고 하여, 타이완인의 의식을 중국의 일개 지방의식으로 차치했다.

4.『인식타이완』 교과서 쟁의풍파

역사 교육은 민족 인동(認同)과 국가 인동의 중요 수단이다. 국민당이 타이완

---

149 鄭興,「評史明所虛構的'臺灣意識'」, 302-306頁.

으로 물러나 점거한 뒤에 중국의 역사와 사상·문화를 강화하고 일본 식민지 영향을 제거하는 교육정책을 채택하고, 역사 교육을 특히 중시하여 중화민족 정신의 중요 환절(環節)로 삼으려 했다. 바로 이러한 역사 교육 사상과 이념이 수많은 타이완인으로 하여금 모두 중국 문화를 인동하게 하여 자기가 중국인임을 인정하게 했다. 그러나 1987년 타이완에서 계엄이 해제된 뒤 일부 학자들은 다문화의 기치를 내걸고 타이완 본토 역사를 중시하는 연구의 중요성을 창도했다. 타이완의 정치생태적 변화를 따라 본토 연구에 점차 타이완 주체성 문제가 침투했는데, 이러한 '주체성'은 '타이완 의식'으로 인도하여 역사 인동의 개변을 시도하는 경향이 나타나게 되었다. 리덩후이가 집권한 뒤에 집권 기반세력이 '타이완 의식'과 점차 결합하고, 명백히 거중국화(去中國化) 경향을 띠는 본토역사 연구의 성과가 신속히 교육 체계에 도입됨으로써, 중소학(中小學) 역사 교과서에서 전무한 대변화가 일어났다.[150] 그리고 이러한 대변화는 타이완 역사상 전무후무한 역사 논쟁을 동반했다.

1997년 6·7월 사이에 타이완에서는 온 사회의 주의를 모은 일대 쟁의 사건이 발생했다. 신당 소속 국회의원 이경화(李慶華)가 6월 3일에 주관한 '국중『인식타이완』 교과서 내용이 타당한가(國中『認識臺灣』教科書內容是否妥當)' 공청회가 그해 9월에 채택될 새 국중 교과서『인식타이완』'역사편'과 '사회편'의 일부 내용을 강력하게 비판한 것을 기화로 하여, 언론 매체의 보도와 교재 편찬의 책임이 있는 편심위원회(編審委員會)와 집필자가 회답하고 건국당과 민진당의 민선 공직자들과 지지 군중이 새로운 국중 교과서에 대한 지지를 표시함으로써 흔히 '『인식타이완』 교과서 쟁의풍파'라고 부르는 대쟁의가 전개되었다. 3개월 동안의 쟁의 과정에서 8차례의 공청회가 열리고 4차례의 군중 항쟁이 일어났으며, 타이완의 4대 주요 일간지에 이 쟁의풍파에 관한 보도와 평론, 독자투서가 모두 341

150 李理,「'去中國化'的臺灣中學歷史教科書編纂」, 張方遠 編,『高中歷史課綱烽火錄-從98課綱到101課綱的變革與爭論』(海峽學術出版社, 2013), 22頁. 원문은『海峽評論』213期, 2008에 실렸다. 작자는 中國社會科學院 近代史研究所 臺灣史研究室 副研究員으로 中國意識을 가진 統派 학자로 분류될 수 있다.

회 출현했다.[151]

1993년에 타이완 교육부는 장차 『인식타이완』의 새 과목(역사편, 지리편, 사회편으로 나뉨)이 원래의 국중 1학년 역사·지리·공민 과목을 대신하게 된다고 공포했고, 1994년에는 교과서 과정 표준이 공포되었으며, 1995년부터 교과서 연구개발과 편찬 심의가 시작되었는데, 편찬 기간에도 내부 논쟁이 발생했다. 다만 이경화의 『인식타이완』 교과서에 대한 질의·비판이 가장 큰 풍파를 불러일으킨 쟁의의 개단(開端)이 되었다. 이경화는 국립편역관(國立編譯館) 직원과 국중 교사들이 새 교과서 내용에 '큰 문제가 있음'을 주의했다는 이유로 학자들을 초청하여 공청회를 소집해서 교과서의 발행과 사용을 저지하려 했고, 이는 각 방면의 연쇄 반응을 불러일으켰다. 이경화 등 반대자들은 공청회를 통해 『인식타이완』 교과서 '사회편'과 '역사편'에 '친일' '반화'하며 '당권자를 치켜세우고' '중국과 타이완의 관계를 끊으려 기도'하는 내용이 있음을 지적하고, 교육부와 국립편역관의 편심위원회에 압력을 가해 수정하도록 하고, 그렇지 않으면 이 교과서를 잠정 사용 중지하고 재편찬하도록 요구했다. 이러한 지적과 요구는 건국당과 민진당도 이 교과서의 타이완 주체의 편찬 방식에 대한 지지를 표시하게 했다. 반대자는 공청회 외에도 대중을 이끌고 국립편역관에 가서 계란을 던지고 관내 시설을 파괴하며 불 지르겠다고 위협하는 등의 방식으로 항의했다. 이 같은 압력 아래 '역사편'과 '사회편' 편심위원회는 편심회의를 열어 수정할 부분의 용어와 설법에 관해 토론하고 기자회견을 열어 수정 결과를 공포했다.[152]

이경화는 국회판공실(國會辦公室)에서 6월 23일에 발표한 「타이완을 인식하는가? 아니면 타이완을 오해하는가?一국중 『인식타이완』 교과서 내용에 대한 질의(認識臺灣? 或誤解臺灣?一對國中『認識臺灣』教科書內容的質疑)」에서 공청회를 주관한 이유를 다음과 같이 설명했다. "얼마 전에 국중 교사들이 전화해서 나에게 『인식타이완』 교과서의 '내용에 큰 문제가 있다'고 알려주었다. 그 뒤에 또 국립편역관

151 王甫昌, 「民族想像族群意識與歷史一『認識臺灣』教科書爭議風波的內容與脈絡」, 中央研究院臺灣史研究所 『臺灣史研究』 8-2, 2001, 146頁.

152 王甫昌, 「民族想像族群意識與歷史」, 148-150頁.

직원이 전화해서 '이 위원은 교과서에 주의하라'고 했다. 나는 입법원 교육위원회 위원이요, 정대(政大) 역사과 교수로서 국중 교과서 내용에 편차가 있으면 당연히 방관할 수 없다. 내가 즉시 이 교과서를 상세히 연독하여 발견한 내용은 '사람을 경악케 했다!' 이에 곧 6월 3일에 '국중『인식타이완』교과서 내용은 타당한가'란 공청회를 열고 윤장의(尹章義), 왕효파(王曉波), 진소영(陳昭瑛), 황려생(黃麗生), 반조양(潘朝陽), 장영경(蔣永敬) 등 여섯 분의 학자들을 초청하고 관련 있는 관원들을 참가시키고, 나는 6월 5일에 직접 교육부장 오경(吳京)을 방문하여 이 일을 담론했다." 이경화는 "나는『인식타이완』과정을 찬성하지만, 그 '내용'이 오류로 가득 차 있는 것을 발견했다. 수많은 곳이 사실과 괴리되고 '정치 교육'과 '정치 선전'의 의미가 농후할 뿐만 아니라 일본인과 리덩후이에 대해 '가공송덕(歌功頌德)'하여,『인식타이완』을 '대독을 위한 포장 도로'로 바꾸었다"고 새『인식타이완』의 문제점을 지적하고, 헌법 제158조에서는 "교육·문화는 마땅히 국민의 민족정신을 발전시켜야 한다"고 규정했는데, 이 교과서는 한편으로는 일본의 식민 통치를 미화하고 한편으로는 대독 인사의 "나는 타이완인이지 중국인은 아니다"라는 설법에 호응했기 때문에 "근본적으로 '위헌'이다"라고 규정했다. 이와 더불어 "다만 매우 기괴한 것은 이 교과서를 찬양하고 이를 위해 변호하는 이들이 모두 대독을 주장하는 학자와 정치인물이요, 일본의『산케이신문(産經新聞)』도 이 교과서가 '일치(日治)를 긍정'한 것을 찬양했다는 것이다"라고 하여,『인식타이완』의 편찬 배후로 '대독' 세력과 일본을 지목하기도 했다.

이경화가 '역사편'의 기술에 대해 질의한 구체적 내용을 몇 가지만 보면 "왜 중국의 역사 문헌 중의 타이완과 관련된 기재를 거론하지 않는가", "왜 원래 국중 교과서 안의 '대륙'을 모두 바꾸어 '중국대륙'이라 칭했는가. 설마 '타이완'과 '중국'이 두 개의 다른 국가인가", "왜 교과서의 처음부터 끝까지 '중국인'과 '중화민족'이란 글자가 나타나지 않는가", "왜 '일거 시기'도 모두 '일치(日治)시대'로 바뀌졌는가", "왜 교과서 안의 많은 곳에서 의도적으로 '광복(光復)' 2자를 회피하고 '전후(戰後)'를 써서 대신했는가", "마지막 1장 '미래전망'에서 왜 '신타이완'의 건설만을 거론하고 미래의 '통일'에 대해서는 한 자도 거론하지 않았는가"

등이 있었다. '사회편'에 대해서는 "'근 4백 년 이래의 타이완은 대부분 시기에 언제나 인민이 당가작주(當家作主)하지 못하고, 인민은 자기의 운명을 결정하지 못했다'(63頁)고 했는데, 양장(兩蔣) 시기의 국민당을 포함하는가", "'4백 년 이래의 타이완사는 한편의 비정한 역사다'(60頁)라고 했는데, 이 말은 대독의 선구자 사명의 용어가 아닌가", "'타이완혼(臺灣魂)'(50頁)이라 했다. 다만 국혼이나 민족혼만 있는데, '타이완혼'이 가리키는 것은 무엇인가. 누가 창작한 것인가", "왜 책 안에서 '대륙'을 모두 '중국대륙'이라 칭했는가. 설마 '타이완'과 '중국'이 두 개의 다른 국가인가", "'타이완은 공민이 모두 신분증을 갖는다'(15頁)고 했는데, 그러면 '타이완'은 하나의 국가인가", "'신타이완: 문명국도(文明國度)로 탈바꿈하기'(88頁)라고 했는데, 타이완이 '국도(國度)'를 칭할 수 있는가", "왜 교과서의 처음부터 끝까지 '중국인'과 '중화민족'이란 글자가 출현하지 않는가", "마지막 1장 「영조신타이완(營造新臺灣)」에서 왜 미래의 '통일'은 한 자도 거론되지 않는가" 등을 질의했다.

이 같은 역사적 사실의 선택과 해석에 대한 항의 외에도 이경화는 이러한 찬술 방식의 배후에는 분명한 정치 목적이 있다고 주장했다. 예컨대 그는 이러한 '역사 찬개(竄改)'나 '역사 유망(遺忘)'의 목적은 '타이완 독립'을 위해 길을 포장하는 것이라고 말할 수 있다고 했다. 그는 이 책에서 대독을 고취하는 증거를 열거했는데, 교과서 안에서 타이완(臺澎金馬)이 이미 하나의 주권과 치권을 가진 '국도'를 구성했다고 한 것이 그 하나로 지적되었다.[153] 비록 『인식타이완』 교과서 안에 타이완 독립을 주장하거나 선양한 명백한 문자는 출현하지 않았지만, 이경화는 편찬자가 책에서 쓰는 문자의 선택에서, 타이완 역사와 타이완과 중국의 관계에 대해 채취하는 사관 입장에서, 과거에 대독을 고취한 자(예컨대 『臺灣人四百

153 6월 5일자 『中國時報』에서는 李慶華의 『認識臺灣』 교과서에 대한 질의의 요점을 '雍李篇'과 '臺獨篇'으로 정리했는데, 그중 '대독편'에서 열거한 주요 증거를 보면, ①臺澎金馬를 '臺灣社會'라 칭하고, ②전체 책에서 '中國人', '中華民族'을 제시하지 않았으며, ③'臺獨先驅' 史明의 설법을 직접 채용하여 타이완의 역사는 4백 년뿐이라고 인정했고, ④"新臺灣…國度"라 칭하고, ⑤'第二次大戰後'로 '光復後', '中華民國'을 대체했으며, ⑥"中華民國의 臺澎金馬에서의 주권과 治權을 유지하기 위해"라는 설법을 제출했다는 것이다.

年史』 저자 史明)와 서로 가까울 뿐만 아니라 문자 속의 행간에서 타이완을 하나의 '국가'로 보기 때문에 '대독의식이 충만한' '대중화(大中華)를 전복(顚覆)하는 관점'으로 보았다. 즉, 반대자가 묘사하려는 그림은 리덩후이가 대독 사관을 접수했을 뿐만 아니라 막후에서 이 교과서의 찬술을 조종했거나 편찬자가 의도적으로 리덩후이의 대독 의도에 영합했다는 것이다.

그러나 이경화가 제출한 32항의 질의는 뒤에 매체를 통해 각자의 의견을 제시한 반대자들의 쟁의 내용과 상당한 차이가 있었다. 다른 반대자들은 일반적으로 '타이완을 일개 국가로 보는가'라는 이경화의 질의에 크게 호응하지 않았다. 『인식타이완』 교과서의 지지자들이 쟁의풍파 중에서 강조한 내용도 이와 같지 않았다. 그들이 관심을 가진 것은 대체로 타이완 역사상의 '통치자'들의 역사적 위상을 어떻게 설정해야 하는가 하는 것이었다. 왕보창(王甫昌)의 조사에 의하면, 지지자들이 쟁의 과정에서 가장 많이 토론한 것은 '타이완과 중국의 역사 관계'(62.2%) 였고, 그다음은 '타이완과 일본의 역사 관계'(31.4%), '현상에 대한 묘사: 타이완은 일개 국가인가'(25.9%), '역사 사건에 대한 선택과 유망(遺忘)'(21.6%), '양장(兩蔣) 정권/국민당 통치의 평가'(20.5%) 였다. 지지자가 발동한 쟁의 중에서 3분의 2 가깝게 '타이완과 중국의 관계'를 논급하여 그 출현빈도가 다른 주제의 배나 초과했다. 이 주제를 둘러싸고 그들의 토론은 대부분 '타이완은 자고로 중국에 예속되지 않았다', '중국은 단지 타이완 역사상의 여러 외래 정권의 하나였을 뿐이다', '근대 타이완과 중국의 발전은 각자 평행하여 종속되지 않았다'는 역사적 논점에 집중되었다. 이는 과거 교과서의 중국 의식에 대한 반격이었다고 할 수 있다. 그 외에도 지지자의 일본 통치시기에 대한 토론은 일본의 타이완에 대한 각종 문화 및 사회 건설을 강조하고 타이완을 위해 가지고 온 현대화·국가·법치 관념 등 긍정적 영향을 강조하는 것이었다. 지지자들은 또한 '타이완은 현재 일개 국가가 아니다'는 문제에 상당히 관심을 갖고, 많은 사람들이 타이완의 명칭을 중국 대신 정식으로 사용해야 한다고 강조하여 타이완이 하나의 정치실체라는 사실을 분명하게 드러냈다. 양장의 타이완 통치시기에 대해서는, 그들은 과거 교과서가 오로지 긍정적으로 서술한 방법에 반대하여 비교적 부정적 방식

을 채택하여 묘사하기 시작했다.[154]

『인식타이완』 교과서 쟁의풍파 과정에서 매체를 통한 쟁의의 주제와 내용을 '타이완과 중국의 역사적 관계'와 '타이완과 일본의 역사적 관계', '양장 시기 국민당 통치의 평가', '도내(島內) 각 족군의 역사기억에 대한 상호 존중', '현상에 대한 묘사: 타이완은 하나의 국가인가', '타이완 지리 범위의 계정(界定)', '타이완 내부의 족군 분류', '현실 정치인물에 대한 평가' 등으로 나누어 보다 구체적으로 살펴본다면, 다음과 같다. '타이완과 중국의 역사 관계'(타이완사 범위 계정 포함)에 관해서는, 중국 고적 중의 타이완 관계 기록의 고의적 홀략(忽略), 즉 타이완인이 '중국인'·'중화민족'이라는 사실을 고의로 거론하지 않았다거나, '대륙'이지 '중국대륙'이 아님, 즉 중국을 폄훼하고 중국인이려 하지 않는다거나, 대독을 위해 도로를 포장했다, 또는 유명전의 치대(治臺)를 홀략했다, '청조'를 '청령(淸領)'으로 고쳤다는 것 등이 주로 논쟁의 대상이 되었다. 또한 타이완사의 기점이 4백 년 전인가 아니면 5천 년 전인가, 그리고 네덜란드와 중국·일본·국민당 등이 외래 정권으로 타이완을 통치했는가 하는 문제가 다투어졌다. '타이완과 일본의 역사 관계'에 관해서는, 일본의 타이완에 대한 통치 '성취'와 '상흔' 또는 '유산'을 어떻게 보는가 하는 문제를 둘러싸고 일본에 대한 과분한 가공송덕, 타이완의 항일 행동의 차수와 희생자 수의 합계, 구초파년(口焦吧年) 사건과 기타 항일 행동 등의 고의 홀략과 담화(淡化), 일본 통치 중의 잔폭한 부분, 예컨대 위안부와 차별, 착취, 진압 등의 고의 홀략과 담화, '일치(日治)'인가 '일거(日據)'인가, 일본의 중국 침략과 8년 항전, 일적(日籍) 신부의 내대(來臺) 전교(傳敎) 등이 논의되었다. '양장 시기 국민당 통치의 평가'에 관해서는, 양장의 정치적 치적의 고의 홀략, 양장의 추화(醜化), 국민당 통치에 대한 지나친 중시 등이 중요한 쟁점이 되었다. '역사 사건에 대한 선택과 유망'에 관해서는, 823포전(炮戰)과 백색공포, 뇌진안(雷震案), 보조운동(保釣運動), 엄가금(嚴家淦), 신당 성립 등과 왜 '504', '518', '524'를 거론하지 않는가, 2·28 사건, 미려도(美麗島) 사건, 민진당 성립 등이 빈번하게

154 王甫昌, 「民族想像族群意識與歷史」, 153-154頁.

거론된 쟁점이었다. '도내 각종 족군의 역사기억에 대한 상호 존중'에 관해서는, 원주민이 존중받지 못함, 의민묘(義民廟), 객가 족군의 역사기억이 중시되지 못함, 비정해야 하나 아니면 비정에서 뛰쳐나가야 하나, 다른 족군 기억의 존중 등이 토론되었다. '현상에 대한 묘사: 타이완은 하나의 국가인가'에 관해서는, 타이완은 하나의 국도(國度)인가, 타이완은 정치실체인가, 왜 '대륙'을 '중국'이라 칭하는가, 타이완과 대륙은 다른 국가인가, '중화민국'이나 '중화민국재타이완(中華民國在臺灣)', '타이완', '광복', '전후' 등의 표현, 연호 문제, '타이완혼'이나 '타이완정신', 왜 통일을 거론하지 않는가, 신국가의 공동 건립, '타이완사지(臺灣史地)'를 정명(正名)하여 '본국사지(本國史地)'로 함, 타이완의 주권 독립, 국호를 정명하여 타이완으로 함, 타이완의 국민이 신분증을 가짐 등이 쟁의의 주요 논점이었다. '타이완 지리 범위의 계정'에 관해서는, 타이완에 금문(金門)과 마조(馬祖)를 포함하는가 하는 문제가 주로 논의되었다. '타이완 내부의 족군 분류'에 관해서는, 타이완에는 '4대 족군'은 없고 다만 원(原)·한(漢) 양대 족군만 있다, 민남사문주의(閩南沙文主義), 객가인과 원주민 차별, 분화와 대립, 구한(仇恨)의 제조: 투쟁의 청산, 타이완에 '4대 족군'이 있다, 타이완인은 평포족(平埔族)의 후예 등이 주로 다루어졌다. '현실 정치인물에 대한 평가'에 관해서는 총통 대선 후에 타이완 인민은 당가작주했는가, 리덩후이에 대한 가공송덕, 해엄을 선포한 자는 장징궈(蔣經國)이지 리덩후이가 아니다 등이 주로 논의된 쟁점이었다.[155]

요컨대, 반대하는 역사학자들은 새 교과서의 일본 식민 통치에 대한 과도한 긍정과 일인 통치가 타이완에 가져다준 부정적 영향(예컨대, 타이완 인민이 도살당한 숫자를 줄이고, 식민정부의 타이완 민중에 대한 차별 조처를 淡化하며, 전쟁 기간의 위안부를 제기하지 않았다는 등)을 극력 무시하여, 일본 식민 통치자에 대해 '가공송덕'했다고 말할 수 있다고 했다. 일본 통치 시기에 대한 평가는 반대자들이 가장 뜻을 두는 의제임이 분명하다. 그 외에도 교과서가 타이완역사상 중국과 관련 있는 중대한 사건(예컨대, 중국이 삼국, 수조, 송조, 원조, 명조에 모두 타이완에 파

155 王甫昌,「民族想像族群意識與歷史」, 199-200頁.

병하여 온 사실)을 고의로 제시하지 않고, 외성인이 비교적 중요하다고 생각하는 역사 사건이나 인물을 의도적으로 제시하지 않았으며, 양장 정권을 폄하하고 전 총통 리덩후이의 타이완 민주화에 대한 공헌을 과장했다. 이러한 쟁의의 토론 내용으로 보아, 『인식타이완』 교과서의 주요한 쟁점은 그것이 대표하는 관방 역사 관점의 거대한 전변에 있음을 알 수 있다. 쟁의풍파가 개시되고 신문 매체가 처음으로 이 사건을 보도했을 때 「『인식타이완』 교과서의 대중국의식(大中國意識) 전복」이란 표제로 쟁의의 위상을 평가했던 것처럼, 새 교과서는 타이완의 과거를 보는 새로운 관점을 대표했다. 그 구체적 쟁의 내용은 주로 다음의 네 가지를 포괄했는데, 첫째, '타이완과 중국의 역사 관계', 둘째, '타이완과 일본의 역사 관계', 셋째, '대독', 넷째, '리덩후이의 공과' 등이었다. 앞의 두 가지는 역사학자가 관심을 갖는 사실(史實)과 사관이고, 뒤의 두 가지는 정치인물이 관심을 갖는 현실 정치의 방향이었다.[156]

이경화의 질의와 6월 3일 공청회가 『인식타이완』 논쟁 가운데서 가장 핵심적이고 가장 큰 풍파를 일으켰음은 분명하지만, 이미 그 이전에도 이와 유사한 쟁의가 없었던 것은 아니다. 『인식타이완』 '사회편'의 편찬 책임자였던 두정승(杜正勝)의 증언에 의하면 "이 해 타이완 역사교과서의 풍파는 두 단계가 있었으니, 제1단계는 3월 하순에, 제2단계는 6월 초에 있었다. 전자는 고중(高中) 역사 교재에 관한 것이고, 후자는 국중(國中) 1학년에서 실시하려 한 새 과정 『인식타이완』이었다." 그는 "이 두 차례는 모두 나와 하나하나 상관이 있었고, 심지어는 나를 핵심으로 한 것이었다. 원래 1996년 10월에 나는 교과서 편찬을 주관하는 국립편역관의 초청을 받아 고중 3년 전 과정의 역사 교과서 편찬을 기획했다. 내가 제시한 '동심원' 구조는, 먼저 타이완과 그 주변의 역사를 학습케 하고, 그다음에는 중국사, 그 다음에는 아주사, 최후에는 세계사를 학습케 하는 것이었다. 이러한 구상은 과거 50년 동안 중국사를 주축으로 하고 타이완사는 없으며 아주사도 없는 교재 설계와는 아주 다른 것이었다. 신문의 게재를 거쳐 편집해서 부여

156 王甫昌,「民族想像族群意識與歷史」, 152-154頁.

한 표제의 암시 하에, 나의 구상은 리덩후이 '대독' 사상의 대변인이라는 혐의를 받게 되어, 내가 타이완과 중국의 탯줄을 끊으려 하고 타이완을 독립의 길로 이끌려 한다고 말했다. 이에 통파(統派) 정객과 보수적 역사교수의 경악을 불러일으켜 문자 공격과 텔레비전의 수모를 받았다.…제2차 풍파는『인식타이완』이 6월 인쇄되기 전야에 통파의 정객과 입위가 돌연히 공청회를 소집하여『인식타이완』 과문의 내용이 중국을 반대하고 일본을 미화하며 대독을 선양한다고 비평했다. 비록 나는 '사회편'을 책임지고 있었지만, 통파 정객과 학자들의 나에 대한 관심은 시종 기타 주편보다 높았다"[157]고 증언했다.

이처럼『인식타이완』에 대한 공격은 대부분 두정승의 동심원사관을 둘러싸고 이루어졌다.『인식타이완』의 공격에 참여한 신당 정치인들은 신당의 단결과 대독 세력의 방어를 위해 참여했고, 반제국주의의 기치가 선명한『하조(夏潮)』 성원들은 주로 '긍정일치(肯定日治)' 사관이 관방 교과서에 들어가는 것을 반대하기 위해 참여했지만, 중국 사학자들은 주로 두정승의 동심원사관을 비판하기 위해 반대 전선에 동참했다. 6월 24일과 7월 3일,『인식타이완』'역사편'과 '사회편' 편심소조가 정고(定稿) 전의 최후 1차 편심위원회를 따로 열었다. '역사편'은 이 회의에서 66개 항목을 수정하고, '사회편'은 94개 항을 수정했다. 이 160개 수정 항목 가운데 3분의 1(53개 항, 33.2%)은 이경화와 공청회 참여 학자들이 제출한 질의에 대응한 것이었지만, 반수 이상은 반대자들의 질의와는 무관한 세부 문자의 수정이었다. 이경화가 제출한 32점의 수정 의견 가운데서 완전히 채용된 것은 3점에 불과하고, 부분 채용은 4점, 나머지 25점은 전혀 접수되지 않았다. 접수된 수정 항목 가운데 절대다수는 '사관'과 관련 있는 칭호('日治'를 '일본식민통치'로, '戰後'는 '中華民國在臺灣'으로 바꾸고, 元朝와 明朝의 중국의 澎湖에 대한 경영을 첨가)였다. 이것들은 편심위가 반대자의 질의 53개 항목에 대해 수정한 14개 항목(26%)을 점하고, 그 외의 39개 항목 수정은 사실 주로 기타 학자들이 이경화의 공청회에서 한 것과 그 뒤에 보도 매체들의 투서 가운데서 '사실(史實)'에 관해 수정 건의

157 杜正勝,「歷史教育與國家認同－臺灣歷史教科書風波的分析」,『臺灣心, 臺灣魂』(高雄, 河畔出版社, 1998), 157-158頁.

한 것에 대응한 것이다. '사실'과 관련한 구체적 건의는 거의 대부분 접수되었다. 즉, 비록 이경화의 질의는 작은 부분만 고려되었지만, 기타 역사학자가 제기한 의견의 절대다수는 모두 편심위원회에 의해 채납되었다. 이에 비해 '사회편' 편심위원회가 수정한 것은 비교적 반대자의 질의의 영향을 받지 않았다. 두정승이 반대자가 주로 그 개인을 겨냥한 것으로 인정했기 때문에 이들의 변론과 '사회편' 질의 내용은 대부분 무시되었다. 편심위원회의 반응은 질의를 제출한 다수의 역사학자들을 비록 완전히 만족시키지는 못했지만, 잠시 입을 봉하게 하는 데는 성공했다.[158]

1980년 이전만 해도 타이완의 역사 교육은 국가의식을 빚어내는 중요한 수단이었기 때문에 '중국 역사'를 자기의 역사로 삼아 형성된 국가의식은 당연히 '중국 의식'이었다. 1945년부터 타이완을 통치하기 시작한 중화민국은 각급 학교 역사 교과서 중에서 '대중국관점(大中國觀點)'사관을 타이완 역사 서술에 노정했다. 여기서 말하는 '대중국관점'이란 타이완을 중국 '고유 영토'의 일부로 간주하고 '중국 중심' 각도에서 타이완 역사를 보는 것이다. 즉, 1980년대 이전의 타이완 역사 교과서에서 기술된 역사상의 타이완은 "자고로 (적어도 東晋부터) 정치 귀속상 중국의 일부로 속했다."[159]

그러나 비록 청조가 타이완을 211년간 통치했고, 타이완 거주민의 상당한 비례가 중국 남방 각 성에서 온 이민의 후예이지만, 1895년 시모노세끼 조약으로 타이완이 일본에 할양된 뒤부터 1943년 카이로선언 이전까지 국민정부(심지어 중국공산당도)는 타이완이 중국의 '정치 판도' 일부임을 인정하지 않았다. 1895년 이후 중국이 타이완에 대해 가장 일찍 주권을 선언한 것이 1942년이었다. 1936년 중화민국 정부가 「오오헌초(五五憲草)」를 제정할 때 일본에 점령된 윤함구(淪陷區, 예컨대 東北)가 중화민국 판도 안으로 열입되었지만, 타이완은 열입되지 않았다. 이는 타이완을 중국 영토의 일부로 보는 시각이 이보다 앞서서는 공유되지 않았음을 설명한다. 그러나 제2차 대전 후기에 동맹군이 타이완을 중국

158 王甫昌, 「民族想像族群意識與歷史」, 181-185頁.
159 王甫昌, 「民族想像族群意識與歷史」, 155頁.

에 주기로 결정한 뒤 국민정부가 "타이완은 자고로 중국에 예속되었음"을 강조하기 시작했다. 이로부터 타이완은 비록 중간에 외족에 의해 점령되어 일시 중단된 적이 있었지만 중국과 상당히 장구하고 연속적인 관계를 가졌었다는 사관이 성립되었다. 이렇게 새로 성립된 사관에 의하면, 당연히 중국(明鄭, 淸朝, 國民政府 포함)은 타이완의 개발자요 건설자로 인식되지만 스페인과 네덜란드·일본 등은 침략자요 약탈자로 인식되게 되었다. 이러한 중국 중심의 사관을 정립하면서 1949년에 타이완으로 진입한 중화민국 정부와 이민에게는 일본 통치 시기에 남겨놓은 문화적 흔적과 건설이 용인될 수 없는 존재였다. 더구나 중국과 일본이 1895년 청일전쟁 이후 특히 제2차 대전 기간에 계속 적대적 상태에 놓여 있었던 데 반해 타이완은 일본 식민 통치하에서 일본 문화의 영향을 받아 현대화의 역정을 개시했기 때문에 두 지역 인민의 일본 경험은 본래 매우 큰 차이가 있었다. 1947년의 '2·28 사건' 뒤에 이러한 차이는 다시 타이완 인민과 대륙 이민 사이에 피차를 구분하는 중요한 표지가 되었다.[160]

일본에 대한 타이완인과 대륙인의 경험과 인식의 차이는 양자가 접촉 초기에 겪었던 사회·정치적 조건으로 인해 더욱 심화되었다. 국민정부의 대표가 타이완을 통치하기 시작한 뒤 전후 경제의 쇠퇴, 정치·문화와 정치 기대상의 쌍방의 차이 및 행정장관 공서(公署)가 타이완 인민의 일화(日化)를 적대시하여 극력 '거일본화(去日本化)'를 강행하는 등 여러 요소가 모여서 쌍방에 대한 정서를 매우 빠른 속도로 악화시키는 데 기여했다. 타이완 '본성인'은 신문 매체상에서 행정장관 공서의 탐욕 부패와 본성인 배제 등을 공개적으로 비판하기 시작했다. 그리고 일부 '외성 관원'은 타이완 민중의 '일화'('奴化'라 칭해졌다)를 구시(仇視)하면서, 반드시 강력한 수단으로 '거일본화'해야 타이완 인민이 성심으로 조국을 접수할 수 있다고 생각했다. 당시에 채택한 '거일본화'의 문화 정책은 대다수 '일본 풍미'를 갖춘 지명을 중국 색채의 지명으로 바꾸고, '광복' 1주년에는 일문과 일어 사용을 전면 금지시켰다. 일본식 게다도 금지하고 일본 신사를 '민중교육소'

160 王甫昌, 「民族想像族群意識與歷史」, 156頁.

로 바꾸었다. 그 뒤 '2·28 사건'이 발생하고 수많은 타이완 민중이 일문 사용을 회복하자 국민정부로 하여금 '거일본화' 정책의 관철을 강화하게 했다. 국민정부는 내전에서 패해 타이완으로 옮겨간 뒤에 문화 정책상에서 이 정신을 계속 이어갔다.[161]

1949년부터 1987년에 계엄이 해제될 때까지 타이완의 역사 교육은 기본적으로 두 개의 주요 범주로 구성되었으니, 곧 중국사와 외국사다. 따라서 중소학 각 단계의 역사 교육은 일률적으로 중국사와 세계사를 내용으로 하고, 타이완사는 일반적으로 중국사의 명말청초, 1894년 청일전쟁 전후, 1945년 후의 타이완의 중화민국 등의 부분에 끼어들어가 있었다. 이 시기에 타이완의 중소학 역사 교육 중에 타이완사는 중국사의 일부분으로 출현했지 독립적 타이완사는 없었다.[162] 대중국의식(大中國意識)사관의 영향하에서 장기적으로 타이완 교과서 중의 타이완과 타이완 역사에 관한 내용은 극히 적은 지면을 점했을 뿐만 아니라 내용의 선택도 상당히 정치성을 갖고 있었다. 과거 국소(國小) 교과서의 타이완에 관한 부분이 점한 편폭은 3%에도 미치지 못했다. 국중과 고중 교재에서 타이완사가 점한 분량도 중국사의 100분의 5에 이르지 못했다. 내용의 선택에서도 교과서의 타이완사 내용은 타이완과 중국의 일체성과 동원설(同源說)을 강조하고 정성공의 항청(抗淸)과 구하(驅荷), 개대(開臺)의 민족사적 의의를 강조하였으며, 청령 시기의 심보정(沈葆禎)과 유명전의 건설 사업, 일거 시기 타이완인의 항일 활동, 타이완 '광복' 후 장개석의 치적 등만을 강조했다.[163] 반대로, 중국 역사와 지리는 교과서에서 매우 큰 지면을 점했다. 이러한 지면과 내용 안배의 목적은 타이완 민중의 '조국'에 대한 인동을 강화하여 타이완을 '반공의 부흥기지'로 접수하고 일본 식민 통치의 불량한 영향을 약화시키려는 것이었다.

이러한 '대중국사관'이 타이완의 역사 교과서에 반영한 방식은 중국 대륙에서 이주해온 제1세대 외성인의 집체기억에 기초를 두고 있었다. 이는 외성적(外省籍)

161 王甫昌,「民族想像族群意識與歷史」, 157頁.
162 李理,「'去中國化'的臺灣中學歷史教科書編纂」, 23頁.
163 劍南,「官方說法的迷思－從部定歷史教科書談臺灣史意識」,『南方』5, 1987, 9-10頁.

역사학자 곽정이(郭廷以)가 1954년에 출판한 『타이완사사개설(臺灣史事概說)』[164]의 내용에 잘 나타나 있다. 대중국사관은 전후 초기 중국 의식 주도하의 민족상상(民族想像)의 일환이었다. 당시 중국 의식의 민족상상은 타이완 인민이 혈연과 문화상에서 중화민족의 후예이고 타이완은 자고로 중국 영토의 일부라고 본다. 그러나 타이완이 근대에 외족 식민 통치의 불량한 문화 영향을 받았기 때문에 이로 인해 '거일본화'와 '재중국화'의 과정을 한 번 거쳐야 조국을 인동할 수 있다고 본다. 만약 타이완 의식자의 입장에서 돌아본다면, 이 당시 교과서의 일본 통치에 대한 선택적 서술이나 홀략은 제1세대 본성인의 집체경험(특히 일본 기억)을 부정하고 억압하는 것이라 말할 수 있다. 다만 대중국사관은 1970년대 이전에는 타이완 사회에서 조직적이고 공개적인 도전을 거의 받지 않았고, 반대하는 소리는 1980년대 이후에야 들리기 시작했다.[165]

국민당 정부가 타이완으로 옮겨온 지 20년 되는 1970년대는 중국 의식의 지위가 전환되는 중요한 전변의 시점이었다. 1971년에 타이완은 유엔에서 중화인민공화국에게 자리를 내주었고, 1972년에는 '중·일 수교'가 이뤄지고, 1973년에는 미국의 닉슨 대통령이 중국 대륙을 방문했으며, 1979년에는 '중·미 수교'가 이뤄졌다. 이러한 국제 정세의 급격한 변화는 국민정부의 '정통 중국' 선칭(宣稱)에 중대한 타격을 가했다. 외부 충격이 가해진 도전의 기회에 타이완 내부에서도 정치 개혁과 민주화 요구가 제기되었다. 이러한 정치적 환경과 이념적 추동하에서 '타이완 주체의식'이 점차 민간 문화활동과 학술활동의 발전 방향을 이루었다. 1980년대 초에 타이완 문화계와 지식계의 소위 '타이완결(臺灣結)'과 '중국결'에 대한 토론이 문학 영역에서 역사와 사회과학의 영역으로 확장되어 타이완 의식의 굴기와 중국 의식과의 길항 추세를 설명했다. 전후 출생의 제2세대 문화지식분자와 일반 민중은 성장 환경에 대한 보다 많은 이해를 위해 과거에 오랫동안 소홀히 해온 타이완 역사와 타이완 문화를 이해하려 시도했다. 이러한 전변은 이 시기에 타이완 역사 연구와 서적의 대량 증가에서 반영되었고, 학원 내외의 타이

164 郭廷以, 『臺灣史事概說』(臺北: 正中書局重版, 1996).

165 王甫昌, 「民族想像族群意識與歷史」, 158頁.

완과 타이완 역사에 대한 연구의 누적은 그 뒤의 『인식타이완』 교과서 편찬에 불가결의 선결 조건으로 제공되었다.[166]

타이완 의식의 굴기와 발전은 당연히 중국 의식의 저항에 직면했다. 1990년대는 타이완 의식과 중국 의식이 격렬하게 대항한 시기였다. 1980년대 중기의 정치적 전변을 이어 1990년대 초기에 타이완 사회에 중대한 사건들이 연속으로 발생했다. 총통 직선 등 정치제도가 변혁되고 중국 법통론을 지지하던 제도적 기초가 와해되었다. 민진당이 1991년에 조건부 타이완 독립 주장을 당강에 열입하여 '타이완 독립' 요구가 표면 위로 부상했다. 1992년에는 형법 100조가 폐지되어 법률적으로 대독 주장을 제재할 방법이 없어져서 억압되었던 타이완 독립 요구가 분분하게 출현했다. 이 시기에 출현한 타이완 독립 주장 단체는 저명한 타이완교수협회(臺灣教授協會), 건국당(建國黨), 대독회(臺獨會) 외에도 수많은 주변 단체가 있었다. 리덩후이가 총통과 국민당 주석을 맡은 뒤 국민당 권력의 핵심이 점차 본토화하고, 본성적의 중앙상임위원 수가 과반을 넘고 외성인은 점차 정치권력의 주도권을 잃게 되었다. 1997년에는 성이 허급화(虛級化)되어 큰 쟁의를 불러일으켰다. 이러한 변화들의 중요한 의의는 정치 본토화 또는 타이완화의 점진적 실현에 있었으니, 그것들은 타이완과 중국 정치에 관련된 '중국 의식'의 선칭이 현실 정황과 갈수록 분리되게 했다. 국가체제뿐만 아니라 민간의 타이완 본토의식에 대한 접수와 실천도 갈수록 보편화되었다. 민중은 조직의 건립과 활동을 통해 자기의 타이완에 대한 인동을 실천했다. 그 가운데서도 하나의 중요한 지표는 전국적 규모의 민간단체, 특히 학술단체가 이 시기에 분분하게 단체의 정식 명칭을 원래의 '중국'에서 '타이완'으로 바꾸거나 새로운 조직을 성립시켰으니, 타이완법률학회, 타이완정치학회, 타이완사회학회 및 타이완역사학회가 그것이다.[167] 그러나 '타이완 주체성의 역사관'을 갖춘 '타이완역사학회'는 타이완사 연구의 중국 프레임을 주의하고 대륙의 타이완사 연구자의 성과를 중시하는 '타이완사연구회'와 정치 인동에서 대립적 상태에 처했다. 이러한 대항 중

166 王甫昌,「民族想像族群意識與歷史」, 163-170頁.
167 王甫昌,「民族想像族群意識與歷史」, 173-174頁.

에 '타이완 주체성 역사관'은 점차 타이완사 연구의 주도적 지위를 점거했다.[168]

타이완 의식의 굴기에 따라 1980년대 중기 이후 중소학 교과서의 대중국의식도 공개적이고 체계적인 질의를 받기 시작했다. 이 같은 사회 배경하에서 교육부가 1989년에 타이완 사회의 해엄 후 변천에 대응하기 위해 국중 교과서를 수정하기로 결정했을 때 타이완에 관한 과정(課程)을 증가하라는 압력을 받지 않을 수 없었다. 이로 인해 국민중학과정표준수정위원회(國民中學課程標準修訂委員會)가 1993년에 『인식타이완』 3개 새 과목의 증가를 통과시켜 이러한 요구에 회답했다.[169] 1994년에는 타이완 교육부가 '국민중학과정표준'을 수정하여 『인식타이완』을 필수 과정으로 정하고 '사회편', '역사편', '지리편'으로 나누었다. 이러한 과정표준에 의거하여 편집된 교과서가 1995년에 편찬되기 시작하여 1997년 봄에 초고가 완성되었다. 1994년판의 역사 과정 교학 목표는 1983년 과정 강요(綱要)와 비교하면 천지가 뒤집히는 변화가 발생했다. 수정 후의 과정 강요 중점은 타이완사를 중국사와 분리하는 것으로, 특히 '거중국화'의 특징이 분명하게 드러났다. 이 판의 교과서 장·절은 과거 연횡(連橫)의 『타이완통사(臺灣通史)』와 곽정이의 『타이완사사개설』의 서술 방법과는 반대로, 타이완사의 개단과 중화문명을 서로 격리시키고 양자의 연계를 정성공이 타이완에 온 이후부터 설정하여 그 이전의 타이완사 단계를 '사전(史前)시기'와 '국제경쟁(國際競爭)시기'로 명명했다. 특히 '국제경쟁시기'에서 한인과 일본인을 나란히 서술해서, 역사의 각도에서 타이완이 다문화 사회였음을 분명하게 밝히고 타이완과 중화 농업문명을 확연히 구별했다.[170]

1995년 초, 타이완 문화와 학술계 인사로 조성된 교과서타이완화연맹(教科書臺灣化聯盟)이 고중 역사 교과서 타이완화를 적극 추진했다. 타이완 교육부 고문실 고문을 겸임하던 두정승은 타이완 국가·민족 인동의 기초 위에서 새로 해석된 역사를 건립하여 국민당 정부가 이전에 제창한 중국 역사·문화를 핵심 가치로

168 李理, 「'去中國化'的臺灣中學歷史教科書編纂」, 24頁.

169 王甫昌, 「民族想像族群意識與歷史」, 173頁.

170 李理, 「'去中國化'的臺灣中學歷史教科書編纂」, 24-25頁.

한 민족주의를 대체하기를 희망했다. 1995년 1월, 두정승은 『연합보(聯合報)』에 「역사교육은 어떻게 풀어주나(歷史教育如何鬆綁)」라는 글을 발표하여 독창적 '동심원 이론'을 제출했다. 그는 타이완의 역사 교육에 3대 병폐가 있었다고 생각하고 "소학부터 대전(大專)까지 전 과정의 역사 과정을 학습자 생활지구의 역사부터 전 성과 전국, 전 세계의 역사까지 확대하고, 현대·근대의 역사에서 고대·원고의 역사까지 확대하여 그 시공의 범주가 나이가 어릴수록 자신의 몸과 가깝게 설정하고 연령과 인격의 성장에 따라 점차 확대되도록 설계되어야 한다"고 했다. 두정승은 동심원 역사 과정의 구조를 묘사하면서 "제1권은 향토사, 제2권은 타이완사, 제3권은 중국사, 제4권은 아주사, 제5권은 세계사"라고 했다. 이러한 동심원 역사 과정은 교육 단계 분배상 "소학(小學) 중 저학년의 역사 교육의 중심은 제1권에 놓고, 고소(高小)는 1·2권, 국중(國中)은 2·3권, 고중(高中)은 3·4권, 대학은 4·5권"으로 한다고 했다. 두정승이 말하는 '동심원 이론'의 역사의식 논리는 전통적 역사학상 시간의 '유원급근(由遠及近)'이 아니고 지리·공간상의 '유근급원(由近及遠)'이니, 곧 타이완 향토사, 타이완사를 원심으로 하여 밖으로 확장하는 역사였다. 그는 전통적 역사학이 시간의 원근으로 역사 교학의 범식을 삼는 것을 타파했으니, 그 최대의 창안은 타이완사와 중국사가 완전히 분리되어 다시는 한 역사 체계 안에 속하지 않고 각자 단독적으로 존재하는 것이다. '동심원 이론'은 일반적 역사 인식 방법론과 완전히 다른 것으로, 선명한 '거중국화'의 의식 경향을 갖추었다. 두정승 자신도 직언을 피하지 않고 '동심원'의 실질은 "다만 한 점만 있을 뿐이니, 그것은 타이완을 인동하는 것이다"라고 했다. 1996년 10월 두정승은 국립편역관의 초청을 받아 고중역사과교과서편심위원회를 조직하고 직접 주임을 맡았다. 그는 '동심원 이론'을 지도하고 '고중역사과정대강'을 기초했으니, 이 과정대강은 타이완사를 중국사에서 완전히 분리하여 단독으로 책을 이루고 장·절의 설정은 타이완사전문화(臺灣史前文化), 동남아문화권, 정권정치(政權政治. 荷蘭東印度公司)와 명정(明鄭)시대, 사회와 경제, 족군관계, 문화사(교육, 문화, 미술), 부녀사와 자연과 생태 등으로 설정했다. 이러한 장·절의 설계는 두정승의 '동심원 이론'을 체현한 것이다. 두정승의 '동심원 이론'과 수정된 '고중 역사과정대강' 등은 사학계와 교육계를 진동시켰고 같은 해 『인식타이완』 교과서가 시장으로 진입하기 시작하여, 타이완사의 전례 없는 대논쟁이 발생한 것이다.[171]

한편 타이완 교육부는 1998년에 「국민중소학구년일관과정총강강요(國民中小學九年一貫課程總綱綱要)」를 발포하여, 전 과정을 7대 학습 영역으로 규획하고 역사 과정은 사회 학습 영역으로 편입하여 독립적 역사 과목을 중소학의 과정에서 소멸시켰다. 이 강령에 의하면 '사회 학습 영역'에서 비교적 역사학에 접근된 것으로 '인여시간(人與時間)'을 학습하게 되는데, 소학 3·4학년에서 성진(城鎭)의 역사(즉, 향토사)를 배우고, 소학 5·6학년은 타이완사, 초중학(初中學)은 중국사와 세계사 및 관련된 역사 의의와 역사 해석을 학습한다. 과정 내용이 두정승의 '동심원 이론'에 의거하여 안배된 것처럼 보인다. '구년일관' 과정 강요 중에서 역사에 관한 지식은 주로 타이완 향토사와 타이완사를 위주로 하니, 13개 항목의 학습 내용 가운데 7개 항목은 타이완 향토사와 타이완사의 내용이고 중국사는 다만 2개 항뿐이다. 이 과정의 실시로 인해 얼마 전에 수정된 『인식타이완』 과정이 취소되었지만, 대중국의식을 가진 사람들은 『인식타이완』 과정에서 나온 '거중국화'의 '타이완 주체의식'은 '구년일관'의 중소학 교육 중에서 더욱 심화되게 되었고 역사 과정 단일 학과가 소멸됨으로써 "그 나라를 멸하려면 먼저 그 역사를 없애야 한다"는 용의(用意)가 분명하게 드러났다고 하여 또 한 번 비판과 반대 의견을 격렬하게 제기했다.

2000년에 천수이볜(陳水扁)이 집권한 뒤 '구년일관' 과정의 실시가 가속 추진되었다. 2002년 9월 교육부가 「국민중소학구년일관과정잠행강요(國民中小學九年一貫課程暫行綱要)」를 공포, 이전의 공민·역사·지리 3과를 '사회과'로 병합했다. 동시에 '구년일관'과 상접한다는 이유로 고중 역사 과정의 개조를 가속하기 시작했다. 이미 2001년 3월에 '고급중학과정발전전안소조(高級中學課程發展專案小組)'를 성립시켜 고중 교육 개혁에 착수한 바 있는 타이완 교육부는 2003년 9월에 「고

171 李理, 「'去中國化'的臺灣中學歷史教科書編纂」, 26-27頁.

중역사신과정강요초안(高中歷史新課程綱要草案)」을 발표했다. 이 초안은 기본적으로 두정승의 '동심원 이론'을 틀로 하여 중국사의 명대 중기 이후, 청사, 민국사 전부를 '세계사'로 편입했다. 2003년 9월 19일 타이완대학 역사과 교수 오전량(吳展良)이 『중국시보(中國時報)』에 투고하여, 새 '고중역사과정강요'가 타이완사를 중국사의 맥락에서 빼내려 함을 지적하고, 명조 중엽 이후의 중국을 세계사에 넣으려는 작법은 '일변일국(一邊一國)'의 사관임을 지적했다. 고명사(高明士)도 『연합보』에서 중국사를 잘라내려는 뜻이 중국사 발전을 서방 역사의 부용(附庸)으로 보고 제국주의의 동래(東來)를 위해 합리적 핑계를 찾으려는 것이라고 주장했다. 교육부는 이러한 각계의 압력을 받고, 초안을 재수정하고 공포를 1년 연장하겠다고 응답했다. 2004년에 천수이볜이 총통으로 재선되고 교육부 수장을 '동심원 이론'의 두정승으로 바꾸었다. 그해 11월에 교육부는 새로 수정된 「과강초안(課綱草案)」을 발포했는데, 새로 수정된 「과정강요」는 '타이완사'와 '중국사'를 완전히 분리하여 고중 역사 교과서의 '타이완사' 부분으로 독립된 책을 만드는 계획을 실현했다. 그뿐만 아니라 청조 통치의 242년(1683~1895)을 빼고, '조기(早期)의 역사'(史前부터 19세기까지)와 '일본 통치 시기'(20세기 전반)를 접속시켰다. 또한 「과강」은 중화민국사를 둘로 나누어 1945년 이전 부분을 중국사로 하고, 1949년 이후 부분은 타이완사로 하여 중간 부분(1945~1949)을 제거했는데, 두정승의 해석에 의하면 신해혁명과 중화민국 성립 시에 타이완이 아직 일본의 통치하에 있었기 때문이라고 한다. 이로 인해 이 「과강」은 "타이완사의 편찬 안배상 일본 식민주의자를 미화하고 '거중국화'의 의도를 더욱 분명하게 갖추었다. 사명의 『타이완인 사백년사』조차도 타이완사 절반을 차지하는 청조 통치를 피하지 못했는데, 역사학자인 두정승이 교육부장을 맡은 뒤에 끝내 200년 이상의 청조를 고중 역사에서 없애버렸으니, 그 '거중국화'의 의도가 얼마나 분명하게 드러났는가"라는 비난을 받았다. 새 강요는 또 "카이로선언의 역사적 지위를 '신문 공보'로 설정하고, 샌프란시스코화약(舊金山和約)과 중일화약(中日和約)을 그 가운데에 끼어 넣어 돌연히 '타이완지위미정론'을 체현했다"는 비판을 받기도 했다. 그 외에도 「과강」은 '2·28 사건'과 계엄 시기의 인권 침해 등의 소개를 요구했다.[172]

대중국의식을 가진 사람들의 거센 저항이 있었음에도 불구하고 신판 고중 역사 과정 강요 초안은 약간의 수정을 거쳐 12월 31일에 발포되었다. 2006년에 이 강요의 각종 판본 고중 역사 교과서는 타이완 시장에 진입하기 시작했다. 이 교재에서는 과거에 관용적으로 사용한 '아국(我國)', '본국(本國)', '대륙' 등의 용어가 모두 '중국'으로 바뀌었고, 이전의 '일치(日治)'와 '일거(日據)' 두 용어는 모두 '일치'로 바뀌어졌다. 과거에 금기시되었던 '통독'과 양안 분합의 의제가 새 판본 교과서 안에서 기술되었다. 중국사 부분에서는 '약고상금(略古詳今)'의 원칙이 채택되어 구석기시대의 북경인이 중국사에서 완전히 소실되고, 하·상·주 3대와 위·진·남북조가 다만 1과시(課時)의 내용을 갖고, 한조의 흉노 '정벌' 또는 '정토'는 흉노 '공격'으로 바뀌어졌다. 청 말에 혁명의 정당성 함의를 가진 '기의', 예컨대 '무창기의' 등은 일률적으로 중립적인 용어인 '기사(起事)'로 고쳐지고, "진시황이 육국을 병멸(併滅)하여 천하를 통일했다" 중의 '통일 천하'와 손중산의 '국부'라는 이전 용어, '황화강칠십이열사(黃花崗七十二烈士)' 등은 새 판본 교과서에서 지워졌다.[173]

『인식타이완』 교과서 쟁의 사건은 1970년대 이후 타이완 사회 내부의 민족상상 쟁의의 구체적 전개였다고 할 수 있다. 이러한 쟁론에서 '역사'는 쟁의 쌍방이 타이완 '미래'에 대한 자기의 주장을 합리화할 중요한 근거로 이용되었다. 그들도 역사 사실은 1종만 있을 뿐이라고 인정하기 때문에 역사 해석권의 쟁탈은 국가 인동 쟁의의 중요한 전장이 되었다. 『인식타이완』 쟁의는 타이완의 미래에 관심을 가진 다양한 세력들이 자신의 입장을 합리화하기 위해 다양한 역사 해석을 개진한 전장이었다.

---

172 李理, 「'去中國化'的臺灣中學歷史教科書編纂」, 28-31頁.

173 李理, 「'去中國化'的臺灣中學歷史教科書編纂」, 32頁.

5. 맺음말

지금까지 진행되어온 이른바 '통독' 논쟁은 주로 독립적 '타이완민족'의 존재 여부와 타이완 문화의 특수성과 일반성, 타이완 역사와 중국 역사의 상관관계 등을 중심으로 전개되었는데, 이러한 논쟁의 주제는 몇 가지 중요한 문제를 내포하고 있다. 첫째, 민족이란 근대의 산물이기 때문에 전통 시대의 타이완에서 '민족'을 찾는 일은 무의미하고 부적절한 일이라 하지 않을 수 없다. 둘째, 이 논쟁에서 논의된 '타이완 문화'란 대륙에서 도래한 장주(漳州)와 천주(泉州) 사람들의 문화를 말하는 것으로, 타이완 섬에서 오래전부터 살아온 타이완의 원래 주인, 즉 번인(番人)의 문화는 철저하게 소외되었다. 셋째, 타이완의 역사가 중국사의 일부인가 아닌가 하는 문제는 타이완이 중국과 다른 독립된 역사공동체였는가 하는 문제와는 다른 별개의 문제다. 왜냐하면 전자는 주관적이고 현재적 기준에 의해 판단할 수 있는 문제이지만, 후자는 객관적이고 당시적 기준에 의해 판단되어야 할 문제이기 때문이다.

따라서 타이완의 통독 논쟁에 역사적 근거를 제공하기 위해 전개된 타이완과 중국의 역사적 관계에 관한 논쟁 역시 티베트 논쟁이나 고구려 논쟁과 마찬가지로 기본 전제와 출발점, 방향성에 착오가 있었던 것으로 이해된다. 이 논쟁으로부터 얻을 수 있는 정보는 전통 시대에 존재하지도 않은 '민족'을 찾기보다는 역사에 실재한 역사공동체를 찾는 일이 필요하다는 것, 장주인과 천주인의 문화를 논의하기에 앞서 타이완 원주민, 즉 번인의 독특하고 고유한 문화를 확인하는 일이 더 긴요하다는 것, 타이완과 중국의 역사적 관계를 통해 타이완 역사와 중국 역사의 관계를 확인하려 하기보다는 타이완 역사공동체와 중국 역사공동체의 관계를 확인하는 일이 더 중요하다는 것 등이다.

특정한 활동 공간과 고유한 문화, 언어, 습속을 공유하고 역사적 경험과 역사의식을 공유하는 공동체를 역사공동체라 표현할 수 있다면, 타이완 역사공동체의 정체성은 역사적 경험을 통해 축적된 역사의식을 확인함으로써 접근할 수 있을 것이다. 국가와 역사공동체는 별개의 다른 개념이지만, 양자는 역사의 현실에서 서로 깊은 관련성을 갖는다. 국가가 멸망한다고 해서 역사공동체도 함께 소멸되는 것은 아니지만, 국가의 통합이 장기화되면 역사공동체의 정체성도 점차 희석된다. 따라서 국가와 국가의 관계가 곧 역사공동체와 역사공동체의 관계로 환치될 수는 없지만, 국가 간의 관계에 대한 이해가 역사공동체의 정체성을 이해하는 데 빠뜨릴 수 없는 과정이 된다. 특히 타이완과 중국의 역사적 관계에 대한 이해는 타이완 역사공동체의 정체성을 확인하는 일차적 과정이 되어야 할 것이다. 특히 타이완과 중국의 역사적 관계를 통해, 즉 타이완인의 역사적 경험을 검토하는 과정에서 지금까지 논쟁 과정에서는 거의 지적되지 않은 몇 가지 사실이 확인되어야 한다. 그 하나는 정씨 왕국의 전개를 통한 독자적 역사의식의 형성이요, 그 둘은 만청의 타이완 지배가 노정한 한계성이고, 그 셋은 이민에 대한 번인의 치열한 투쟁 과정이다.

먼저 정씨 왕국은 독립된 국가 체제를 갖추었을 뿐만 아니라 당시 중국을 지배하던 만청과 대등하게 길항했으며 일본과 네덜란드, 삼번(三藩), 필리핀 등과 자주적인 외교 관계를 갖고 있었다. 정씨 왕국이 만청에 의해 패망한 뒤에도 타이완인의 역사의식은 정씨 왕국과 완강하게 연결되어 있었으니, 이는 타이완인이 만청 시대에도 지속적으로 정성공과 그 신하들의 제사를 받든 것으로 보아도 알 수 있다.

또한 만청의 타이완 지배는 공간적 영역에 있어서나 통치력의 관철 정도에 있어서 매우 제한적이었다. 동치(同治) 13년에 흠차대신(欽差大臣) 심보정이 "대지(臺地)는 그 폭이 천 백여 리에 달하지만, 관리가 다스리는 곳은 해변까지 평원의 3분의 1에 불과하고 나머지는 모두 번사(番社)일 뿐이다. 국가가 번려(番黎)를 양육함에 오로지 토공(土貢)을 가볍게 내게 하고 침릉(侵陵)을 영구히 금지하는 등, 그 뜻이 매우 두터웠다"고 했듯이, 청 말에 이를 때까지 산남(山南) 해안의 매우 제한된 지역에만 만청의 지배력이 미쳤고, 나머지 지역은 모두 생번(生番)에 의해 장악되어 있었으며, 숙번(熟蕃)조차 사실상 만청의 통치권 밖에 놓여 있었다. 만청이 개산(開山)하여 번인을 적극적으로 장악하려 한 것은 목단사(牧丹社) 사건 이후였고, 그나마 곧 타이완을 일본에 할양했기 때문에 만청과 타이완의 직접적 관련성은 매우 제한적이었다.

흔히 말하는 '타이완 4백 년 역사'는 곧 타이완·중국관계의 4백 년 역사이지만, 타이완이 중국과 관계를 맺기 훨씬 전부터 타이완에는 독자적인 원주민 사회가 존재하고 있었다. 흔히 '번인'이라 불린 타이완 원주민은 오랜 기간 중국과 단절된 상태에서 독자적인 사회와 문화를 형성·발전시키고 있었기 때문에 전통시대 타이완 원주민 공동체의 사회와 문화에 대한 이해도 타이완의 역사공동체적 정체성을 확인하는 데 빠뜨릴 수 없는 과정이 될 것이다. 그뿐만 아니라 타이완의 근세 4백 년 역사는 이민의 역사였으며 또한 그것은 이주민과 원주민의 투쟁의 역사이기도 했기 때문에 번인과 이민의 역사적 관계는 타이완 역사공동체의 정체성을 더욱 명료하게 드러낼 것이다.

청대 이전의 문헌에서 산견되는 타이완 원주민에 대한 기사들은 이들의 의식주 생활과 습속, 문화, 언어 등이 모두 중국인의 그것과 매우 다른, 독특하고 고유한 것이었음을 알려준다. 만청이 타이완 섬 서부 해안에 진출한 뒤에 관찰된 번인의 생활 습속과 문화는 여전히 이들이 중국과는 구별되는 별개의 역사공동체를 형성·유지하고 있었음을 보여준다. 만청은 일본 등 외세가 타이완을 침략하기 시작한 뒤에야 번인을 교육하여 동화시키려 노력하기 시작했지만, 곧 일본에 타이완을 할양했기 때문에 번인의 문화와 습속은 여전히 보전되었다.

지금까지 전개되어온 통독 논쟁상의 타이완·중국관계에 대한 논쟁은 주로 대륙에서 타이완으로 건너온 장수인과 천수인을 타이완 역사의 인적 주체로 설정했다. 왜냐하면 흔히 본성인이라 불리는 그들 이민의 후손들이 현재 타이완 인구의 대부분을 점하고 있기 때문이다. 그러나 역사는 현재적 관점에서 이해할 수도 있고 서술할 수도 있지만, 역사적 사실은 그 사실이 발생한 당시의 상황을 기준으로 하여 이해되지 않을 수 없다. 따라서 청 말에 이를 때까지 타이완 섬의 대부분을 점유하면서 독자적 역사공동체 생활을 영위해온 번인의 존재를 무시한 채 타이완 섬 서남 해안의 국한된 지역에서 생활한 대륙의 이민을 타이완 역사의 주체로 설정한다는 것은 역사적 이해는 어떻게 해야 하는가 하는 근본적 문제를 다시 생각하게 한다.

설사 대륙에서 이주해온 사람들을 타이완 역사의 주체로 인정한다 하더라도, 그들을 중국인으로 일괄 규정하는 것은 어디에 근거하는 것인가. 장주인과 천주인 또는 월인이 내도하기 전에는 '중국인'이었다는 사실은 통일론자이든 대독론자이든 구별 없이 모두 논쟁의 전제로 인정하고 있지만, 민월 지방은 원래 만월(蠻越) 역사공동체가 존립해온 터전이었다. 만월은 이웃의 중국이나 강저(羌氐) 등 다른 역사공동체와 병립하면서 오랜 기간 독자적 역사공동체를 유지해오고 있었으니, 민월에서 타이완으로 이민이 대규모로 진행되었던 명말청초에도 이 지역에는 여전히 만월 역사공동체가 존속되고 있었다. 만월은 오령(五嶺)이 중첩된 지리적 환경의 특수성으로 인해 통일된 국가를 출현시킨 적은 거의 없었지만, 각 부락 단위로 고유한 문화와 습속을 지키고 있었으며, 명·청 시대에도 토사(土司)체제에 편입되어 '고속(故俗)'에 의한 '자치'를 향유하고 있었다. 물론 명말청초의 민월 지방에 이들 만월인만 거주하고 있었던 것은 아니다. 중원에서 이주해온 한인의 후예들도 이들 만월인과 잡거하고 있었다. 따라서 명말청초에 타이완으로 내도한 민월인 가운데는 중국인도 있었고 만월인도 포함되어 있었던 만큼, 타이완으로 이주해온 장주인이나 천주인 또는 월인을 일괄적으로 중국인이라 규정할 수는 없는 것이다. 따라서 이 문제는 구체적 자료의 정리·분석을 통한 구체적인 논증이 이뤄질 때까지 논단이 보류되어야 한다.

5
위구르와 중국의 동투르키스탄 역사 논쟁

1. 머리말

9·11 한 달 뒤인 2001년 10월 11일에 중국 정부는 처음으로 중국 신강(新疆)과 경외의 '동돌(東突) 공포 세력'이 국가와 인민의 생명과 재산의 안전을 위해했다고 폭로했다. 그 뒤 중국 국무원 신문판공실(新聞辦公室)에서 백피서(白皮書) 『'동돌' 공포세력은 죄책을 피할 수 없다("東突"恐怖勢力難逃罪責)』를 발표하여 '동돌 테러 분자의 수많은 죄행'을 폭로했는데, 1990년부터 2001년까지 동투르키스탄의 이슬람 분리·독립운동 세력이 신강에서 저지른 200여 차례의 폭력 사건은 162명을 죽이고 440명을 상해하게 했다고 한다. 이에 반지평(潘志平)과 왕명야(王鳴野), 석암(石巖) 등 중국의 학자들은 『동돌의 역사와 현상("東突"的歷史與現狀)』이란 책을 출간하여 "동돌 세력은 중국을 분열시키는 사악한 세력"이라고 규정하고 "'동투르키스탄(東突厥斯坦) 독립'과 '위구르스탄(維吾爾斯坦) 해방'은 동돌 세력이 민족을 분열시키는 흑독(黑纛)"이며 "동돌 세력은 그 자체가 제국주의 침략의 산물이고 외국 세력이 중국을 침략하는 음모의 별동대이니, 조국의 반도(叛徒)이고 민족의 패류(敗類)이며 민족의 죄인이다"[1]라고 극렬하게 비난했다.

반지평 등에 의하면 "신강 민족 분열분자들은 '우리의 조국 동투르키스탄'은 수천 년 심지어는 수만 년의 역사가 있다고 했다. 그러나 20세기 초에 이르기까지, 즉 '쌍범(雙泛)'이 신강에 들어오기 전에는 한문은 물론 다른 민족의 문자 사

1 潘志平·王鳴野·石巖, 『"東突"的歷史與現狀』(北京: 民族出版社, 2008), 220頁.

료에서도 '동투르키스탄'이라는 말이 출현한 적이 없다. 다만 서구 '투르크학(突厥學)'의 '계몽'하에서 범투르크 분자가 '투르크 역사'를 다시 '발견'하는 과정에서 '대투르크국(大突厥國)'의 미몽에 빠져 취했다. 이와 동시에 범투르크주의와 범이슬람주의의 영향을 받아 '동돌' 분자들이 '위구르스탄 역사'를 다시 '발견'하는 과정에서 민족 분열의 활동을 개시했다. 범투르크 분자들이 '대투르키스탄' 기호(旗號)를 내건 것처럼 '동돌' 분자들이 '동투르키스탄'과 '위구르스탄'의 기호를 내건 것은 민족 분리와 분열을 일으켜 민족 충돌을 제조한 오류(汚流)요 탁수(濁水)였다. '동돌' 분자들은 국제상의 범투르크 분자들과 마찬가지로 신화와 사시(史詩), 민간 고사, 전설, 일문일사(逸聞逸事) 등으로 '민족 역사'를 허구적으로 억조하여 '동투르키스탄 독립', '위구르스탄 해방'의 검은 깃발 아래에서 광란의 민족 분열 활동을 개시했다."[2]

그러면 중국인이 이처럼 격렬하게 내뱉는 '동돌' 또는 '동투르키스탄'이란 무엇인가? 그리고 '쌍범'이란 무엇인가?

2. '동돌' 문제

'동돌(東突)'이란 '동돌궐(東突厥)' 또는 '동돌궐사탄(東突厥斯坦)'의 준말이고 '동돌궐사탄'이란 '돌궐인의 동쪽 땅'이란 뜻이며, '돌궐사탄(突厥斯坦)'이란 '투르키스탄'를 한자로 표기한 것이다. '돌궐'이란 본래 금산(金山. 현 新疆 알타이산)의 남쪽에서 출현한 한 유목민 집단의 명칭으로, 이 명칭이 가장 일찍이 출현한 것은 5세기 중엽이었다. 돌궐인은 남시베리아의 유연(柔然)에 신속해 있다가 552년 유연을 쳐서 돌궐칸국(突厥汗國)을 건립하고 그 주력이 막북(漠北) 초원으로 옮겨갔다. 그 뒤 744년 동돌궐 제2 칸국이 회흘(回紇)에 멸망될 때까지 돌궐칸국은 약 200여 년간 존속했고, 그 이후에는 돌궐어를 사용하는 사람이나 그 거주지역을

2 潘志平·王鳴野·石嵐, 『"東突"的歷史與現狀』, 84-89頁.

총칭하여 '돌궐'이라 부르게 되었다. 8세기의 일부 아랍 무슬림 역사 문헌에서 사용된 '돌궐인'이란 말은 중앙아시아 북부와 주위 초원 지역의 유목 또는 반농·반목 민족을 가리키는데, 이들 민족의 최대 공통점은 돌궐어를 통용한다는 것이다. 11세기 이후 일부 국외 역사 서적에는 여전히 '돌궐'이란 말이 사용되었는데, 이때의 '돌궐' 또는 '돌궐인'은 완전히 돌궐어를 사용하는 민족의 범칭이었다.[3]

'투르키스탄(투르크인의 땅)'이라는 명칭은 19세기에 들어와 영국과 러시아가 중앙아시아를 놓고 각축을 벌이는 과정(이른바 그레이트 게임)에서 널리 사용되었고 중앙유라시아가 투르크화한 결과 투르키스탄이 성립되었다는 중요한 역사적 사실을 밝혀낸 역사가들에 의해 정착되었다. 1880년에 러시아령 투르키스탄을 방문한 일본 외교관 니시 토쿠지로(西德二郎)의 증언에 의하면 "넓은 의미의 중아시아(유럽인이 말하는 Central Asia)는 동·서투르키스탄(土爾給斯坦)과 호라산(楚拉散) 지역을 말한다(중국인이 말하는 이른바 西域). 동투르키스탄은 청나라 신강의 일부인 천산남로로 보통 카슈가르(喀什噶爾)라고도 한다(옛날의 于闐, 莎車, 疏勒 등). 서투르키스탄은 천산(天山) 또는 총령(葱嶺. 파미르) 서쪽, 현재의 러시아 영토와 히바, 부하라 등 여러 나라에 분속되어 있는 일부 지역을 말한다(옛날의 大宛, 康居, 月氏). 호라산은 그 서남쪽 페르시아와 아프가니스탄에 분속되어 있는 일부 지역을 말한다(옛날의 安息, 條支). 또 줄여서 칭할 때는 오직 투르크계 사람들이 나뉘어 사는 지역만 가리킨다. 서투르키스탄은, 동쪽은 천산을 경계로 하고, 남쪽은 힌두쿠시, 서쪽은 카스피 해, 북쪽은 우라, 토볼, 이르티슈 등 여러 강을 경계로 하는, 그 중간의 대략 82,000방리(方里. 1방리는 대략 16km^2)의 광대한 지역을 가리킨다. 예로부터 대부하라라고도 했는데(동투르키스탄을 소부하라라고 부른다) 여러 나라 사람들이 칭하는 바가 각각 달랐다."[4]

신강(新疆)은 원래 '서역(西域)'이라 칭해지던 곳이다. 청조도 전통적 '서역' 개념을 장기간 사용하면서 오늘날의 신강위구르자치구(新疆維吾爾自治區)와 그 주

3 厲聲, 『中國新疆: "東突厥斯坦"分裂主義的由來與發展』(新疆人民出版社, 2009), 1-2頁.

4 西德二郎, 『中亞細亞紀事』 第一編 一卷, 1-2頁; 고마츠 히사오 외, 이평래 역, 『중앙 유라시아의 역사』(소나무, 2005), 20쪽에서 재인용.

변의 광대 지방을 가리켰지만, 가리키는 범위는 획일되지 않아 중앙아시아와 서아시아, 남아시아 및 남부 러시아 일부 지방까지 포괄하는 넓은 지역을 가리키기도 하고, 또는 천산 남북, 청해(青海), 서번(西番) 등지를 국한하여 가리키기도 했다. 18세기 중엽 청군이 준가르(准噶爾)부와 대소 화탁(和卓) 반란을 평정할 때 청조 관방 문서에 처음으로 '신강(新疆)'이라는 개념이 출현하기 시작했다. 건륭 24년(1759)에 어제(御製)한 「개감론(開感論)」에서 "이리(伊犁)를 평정하고 명왕(名王)을 사로잡아 오랜 뜻을 이루고 신강을 열었다"고 했다. 광서 10년(1884) 정식으로 '신강성'을 세워 '신강'이란 이름을 통용하고, 다시는 '서역'이나 '서수(西陲)' '서강(西疆)' 등의 명칭을 사용하지 않았다.[5] 1955년 10월 1일에 성립된 신강위구르자치구는 "삼산협량분(三山夾兩盆)"이니, '삼산'이란 북부의 알타이산(阿爾泰山), 중부의 천산, 남부의 곤륜산(崑崙山)이고, '양분'이란 북부의 준가르분지(准噶爾盆地), 남부의 타림분지(塔里木盆地)로, 천산산맥을 중축으로 하여 신강은 북강(北疆)과 남강(南疆)으로 나뉘며 투루판(吐魯番)과 하미(哈密) 일대는 동강(東疆)이라 부른다. 신강위구르자치구의 인구는 2095만, 47개 민족으로 그중 한족 이외의 민족이 1271만이고 그중 위구르(維吾爾)인이 965만으로, 총인구의 46%를 점한다. 한족은 824만으로 39%, 하사크족(哈薩克族)은 148만으로 7%를 점한다.[6]

동투르키스탄, 즉 중국의 신강에 거주하는 원주민을 가리켜 '위구르'라고 하는 까닭은 고대 위구르, 즉 회흘(回紇. 또는 回鶻)에 기원을 두고 있다. 『중앙 유라시아의 역사』의 저자 고마츠 히사오(小松久男)에 의하면, 원래 타림분지 오아시스 정주민은 고유의 민족 명칭을 갖고 있지 않았다. 이 지역 거주민의 민족 명칭은 소련으로 이주한 동투르키스탄 출신자들이 1921년 알마아타에서 개최된 회의에서 러시아의 투르크학 연구자 세르게이 말로프(Sergei Malov)의 제언에 따라 고대 위구르라는 명칭을 민족명으로 사용하기로 결정하면서 사용하게 되었다. 이 명칭은 그 후 신강에까지 알려지게 되고, 1935년에는 '민족 평등'을 표방한 성세재(盛世才) 정권에 의해 공식적으로 수용되었다. 그때 처음으로 '維吾爾'이라는

5 潘志平·王鳴野·石巖, 『"東突"的歷史與現狀』, 78-84頁.

6 厲聲, 『中國新疆: "東突厥斯坦"分裂主義的由來與發展』, 3頁.

한자식 표기도 정해졌다. 이 위구르라는 민족 명칭은 타림분지 오아시스 거주민의 민족의식 형성에 핵심 역할을 했다.[7]

요컨대 '돌궐'(투르크)이란 알타이산 부근에서 발원한 한 역사공동체와 그 역사공동체에 의해 건립된 칸국을 지칭하는 말이었으나, 돌궐칸국이 패망한 뒤에는 오로지 특정한 역사공동체를 지칭하는 말로만 사용되었다. 국가가 패망한 뒤에도 장기간 역사공동체가 존속한 까닭의 하나는 그 언어가 오래도록 살아남았기 때문이다. 즉, 돌궐어를 사용하는 사람들이 지금까지 중앙아시아에 광범하게 분포되어 있어 '돌궐인'이라는 자의식을 계속 유지할 수 있었다는 것이다. '돌궐사탄'(투르키스탄)이란 말은 돌궐인이 거주하는 땅이라는 뜻이다. 그런데 이들 돌궐어를 함께 사용하는 돌궐인이 거주하는 땅은 근대에 이르러 중국과 러시아의 두 국가에 의해 분점되어 있다. 따라서 러시아에 의해 지배되는 서부의 러시아령 투르키스탄은 '서돌궐사탄'(서투르키스탄)이라 부르고, 중국에 의해 지배되는 중국령 투르키스탄은 '동돌궐사탄'(동투르키스탄)이라 부르게 되었는데, 중국인은 후자의 약칭으로 '동돌'이라 부르고 있다. 이처럼 '돌궐'은 돌궐어를 사용하는 역사공동체를 가리키는 말이 되었지만, 그렇다고 해서 이 역사공동체가 오로지 '돌궐어'라는 공통분모만 공유하는 공동체인 것은 아니다. 이들이 하나의 역사공동체로서 지금까지 오래도록 유지될 수 있었던 데는 이른바 '쌍범'이라 불리는 '범이슬람주의'와 '범돌궐주의'가 작동했다.

중국 학자들에 의하면, "'범이슬람주의(泛伊斯蘭主義)'와 '범투르크수의(泛突厥主義)'는 19세기 후반에 형성된 일종의 사회사조로, 20세기 초에 신강에 전해진 뒤 특정한 역사 조건하에서 초기의 '동투르키스탄' 분열주의의 사상적 기초를 이루었다"[8]고 한다. 그러면 '동돌'의 이론 기초요 사상 남상(濫觴)으로 지목된 '쌍범', 즉 범이슬람주의와 범투르크주의란 무엇인가.

범이슬람주의(Pan-Islamism)은 대이슬람주의라고도 하는 종교·정치사조이고 부단한 사회·정치운동으로 범아랍주의와 범투르크주의, 이슬람현대주의, 이슬

7 고마츠 히사오 외, 『중앙 유라시아의 역사』, 408쪽.

8 厲聲, 「編者의 話」, 『中國新疆: "東突厥斯坦"分裂主義的由來與發展』.

람 원리주의 등과 연계되어 있다. 범이슬람주의는 19세기 후반에 흥기하여 100여 년간 면면히 끊어지지 않고 하나의 종교·정치사조와 정치운동이 된 데에는 심각한 역사·문화와 현실 정치의 배경이 있었으니, 그 하나는 이슬람 정신이다. 이슬람 세계는 하나의 진주(眞主)를 중심으로 한 세계로서 이 세계 안에서 수많은 무슬림은 국경과 민족·종족·계급을 초월하는 하나의 공동체임을 자인했다. 무슬림 형제의 정의(情誼)로는 천하의 무슬림은 일가(一家)이라고 생각했다. 그 둘은 서방의 충격이다. 범이슬람주의는 서방의 정치·군사·문화적 침입에 대한 반응이었다. 그 셋은 이슬람교의 부흥이다. 이슬람 부흥운동은 이슬람 내부의 자발적 '종교 회귀'를 통해 새롭게 종교를 정화하고 외래 영향을 청소하여 이슬람교의 활력과 정신을 보전했다.[9]

범투르크주의(Pan-Turkism)는 '오스만주의'라고도 하는데, 역시 19세기 후반에 개시·형성된 사회사조이다. 그 출현 배경은, 러시아 정부가 '범슬라브주의'의 확장 정책을 추진하여 기타 민족의 인민을 압박하자 러시아 경내의 타타르(韃靼)민족과 지식층이 문화 인동 의식을 이용하여 민족주의적 응집력을 격발해서, 교육과 언어 개혁을 통해 점차 투르크(突厥)어를 사용하는 각 민족이 단결해서 하나의 통일적 '투르크민족'을 결성하여 러시아 정부의 이러한 정책을 저지하려 했다. 1917년 10월 혁명 뒤 '범투르크주의'는 러시아에서 시장을 잃고 많은 지도자들이 터키로 유망했다. 이에 '범투르크주의'는 오스만제국의 지식분자들에 의해 접수되어 오스만제국의 지난날 강대·휘황한 민족 부흥운동의 정신적 지주로 개변되어 세계를 향해 전파되었다.[10] 이후 범투르크주의는 아드리아 해안에서 중국에 이르는 '대투르크국'을 건립하여 이른바 공동 언어와 역사·종교로 연계된 '투르크 동포'로써 하나의 '투르크민족'의 민족국가 안에 통일하려고 민족통일주의로 발전했다.[11]

20세기 초에 오스만제국 중심의 '쌍범' 사조가 신강에 삼투되기 시작했다. 청

---

9 潘志平·王鳴野·石巖,『"東突"的歷史與現狀』, 28-30頁.

10 厲聲,『中國新疆: "東突厥斯坦"分裂主義的由來與發展』, 4頁.

11 潘志平·王鳴野·石巖,『"東突"的歷史與現狀』, 40-44頁.

말·민국초에 범이슬람주의와 범투르크주의가 신강으로 전입된 것은 주로 러시아의 타타르스탄(韃靼斯坦)을 거쳐 중앙아시아를 통해 전입되거나 터키를 통해 전입되었다. 쌍범 사상의 삼투와 전파는 중화민국 신강성 정부의 중시와 경각을 불러일으켜 성장(省長) 양증신(楊增新)을 비롯한 중국인 관리들은 '대일회교주의(大一回教主義)'(즉, 범이슬람주의)가 대동맹국(大同盟國) 건설을 고취함은 "따로 의도한 바가 있는 것"이라 경계하여 외국인이 입경하여 쌍범 사상을 선전하는 것을 금지하고 내국인이 경외로 나가서 조근(朝覲)하는 것을 제한했다. 그러나 신강에 대한 쌍범의 삼투와 전파를 제한하는 각종 조처를 취했음에도 불구하고, 쌍범 사상은 여전히 신강의 여러 지구에 만연했다. 쌍범을 기치로 삼은 민족 세력은 유럽 식민주의를 반대함과 동시에 중국인의 동투르키스탄 지배를 식민 통치라 하여 반대하고 민족 독립을 쟁취하자고 주장했다.[12]

1928년에 신강성장 겸 독군(督軍) 양증신이 암살되고 그의 심복인 김수인(金樹仁)이 성 주석 겸 군사령관이 되어 권력을 장악했다. 김수인은 전임자와 달리 무슬림 주민의 종교와 관습에 대해 신중하게 배려하지 않아 1931년에 하미에서 회토귀류(回土歸流. 군왕제를 폐지하고 그 봉토를 박탈한다는 뜻) 문제가 발생했다. 1933년 4월 12일에는 성성(省城)인 우루무치(迪化)에서 이른바 '4·12 정변'이 일어나서 김수인의 통치가 종막을 내리고 군사 실력자인 성세재가 '신강왕'의 보좌에 올랐지만, 이미 같은 해 2월 타림분지 남변 호탄(和田)에서 무함마드 아민 부그라가 봉기를 일으키고 한인 관리를 축출하여 신정부를 수립했다. 신정부는 이슬람 색채가 짙은 정권으로 이슬람법에 따른 통치를 지향하여 1933년 11월 12일에 카슈가르에서 동투르키스탄이슬람공화국의 성립을 선언했다. 이 공화국은 비록 그다음 해에 감숙의 무슬림 군벌인 마중영(馬仲英) 휘하의 회군(回軍)에 의해 붕괴되었지만, 신강에 세워진 최초의 이슬람 독립 국가였다는 점에서 매우 중요한 역사적 의미를 갖는다.

1931년부터 1934년에 걸쳐 고양된 반란과 독립운동은 통일적인 지도부를 성

---

12 厲聲, 『中國新疆: "東突厥斯坦"分裂主義的由來與發展』, 9-12頁.

립시키지 못한 채 중도에서 좌절되었다. 반란 참가자의 정치적 주장은 자치권 획득에서 분리·독립에 이르기까지 각양각색이었고, 어떤 통일적인 강령 같은 것도 존재하지 않았다. 그러나 중국인의 지배를 제한하거나 일소하여 이슬람법이 통용되는 이슬람 사회를 건설하려 했다는 점에서는 사상적 기반을 공유했다. 다만 같은 종교를 갖고 있지만 중국어를 구사하는 회족은 대체로 중국인과 함께 배제의 대상으로 여겨졌다. 그들이 추구하는 이슬람 사회의 구성원은 투르크계 언어를 사용하는 동투르키스탄 원주민에 한정되었다.[13] 카슈가르 회성(回城)의 광장에 남색 성월(星月) '국기'가 내걸리고 '국가'가 연주되었는데, 그 가사는 "우리의 기치는 남색 성월기, 우리의 주소는 금색의 궁전. 투르키스탄은 투르크인의 고향, 투르크인의 용감함은 비교할 데가 없다"였다. 「헌법」은 명확하게 이슬람 교법으로 중화민국 법률제도를 대신하고 남색 바탕의 흰색 성월기를 '국기'로 삼을 것을 밝히고, 동투르키스탄의 무슬림은 연합하여 일어나 이슬람교국에 예속될 것을 요구했고, 카슈가르와 호탄에서 발간된 『동투르키스탄 주보(週報)』에서는 "회족은 중국인에 비해 더욱 우리의 구적(仇敵)이다. 우리는 지금 비록 중국인의 압박에서 벗어났지만 아직도 회족에게서 이탈하지는 못했다.…중국인과 동투르키스탄은 본래 조금도 관계가 없고 회족 역시 큰 관계가 없다. 동투르키스탄은 동투르키스탄인의 동투르키스탄이니…우리는 차후로 외인의 언어와 명칭, 풍속, 습관, 성정, 문자 등을 모두 사용하지 않고 타도하고 외인을 영원히 쫓아내어 출경하게 해야 한다"[14]고 선언했다.

그러나 무함마드 아민 등은 '건국' 후에 '반소·친영' 정책을 추구했기 때문에, 1934년 소련의 지지하에 성세재가 남강(南疆) 통일의 군사 행동을 전개하여 사면초가에 빠진 '동투르키스탄공화국'은 3개월도 되지 않아 와해되었다. 아민은 인도로 망명한 뒤 『동투르키스탄 역사』를 지어 범투르크주의와 동투르키스탄의 독립을 고취했다. 그는 이 책에서 ① 투르키스탄 민족의 역사적 지위를 드높여서 "투르키스탄의 투르키스탄 민족은 전 세계에서 가장 오래되고 고상한 문

13 고마츠 히사오 외, 『중앙 유라시아의 역사』, 403-408쪽.

14 潘志平·王鳴野·石巖, 『"東突"的歷史與現狀』, 99-109頁.

화를 가진, 전 세계에서 가장 높은 지위를 가진, 인류 사회에서 가장 공헌이 큰 한 민족이다"라고 주장했다. ② '투르키스탄 조국'의 강역을 확대하여 "투르키스탄 조국은 아시아에서 서로는 북해와 홍해, 흑해와 유럽에 이르고 북으로는 북빙양, 동으로는 태평양, 남으로는 인도양을 경계로 한다"고 했다. ③ 투르키스탄 민족의 역사를 늘려서 "투르키스탄 문명은 일찍이 이집트 문명보다 5천 년 이르고, 투르키스탄인은 일찍이 9천 년 전에 자기의 문자를 창조했다"고 주장하기도 했다. 무함마드 아민은 「자서(自序)」에서 "이 책을 지은 의도는 동투르키스탄이 전 세계에서 가장 오래되고 가장 유명하며 문화가 가장 발달된 국가임을 설명하기 위해서다. 불행하게도 투르키스탄의 사람들은 자기 조상의 수많은 영광스런 역사와 영용한 위무와 세계를 놀라게 한 업적, 과거 자기 국가의 위대함을 알지 못하고 어떤 사람들의 저작을 가볍게 믿어 투르키스탄이 역사상 하나의 독립된 국가가 아니었다고 생각한다"라고 했다. 그는 "동투르키스탄은 19개 독립국가를 가진 역사"를 가진 나라라고 하여 사람들이 동투르키스탄의 독립을 위해 분투하도록 고무했다. 또한 그는 중국이 신강을 지배한 역사를 서술하여 신강이 중국에서 분열되어 나오기를 고무했다. 아민은 "중국인은 동화정책을 실행하여 전체 투르키스탄 민족을 세계에서 멸절하도록 힘쓰고, 동투르키스탄을 병탄하여 중국의 일개 성으로 만들려는 음모를 기도함과 동시에 중국 정부와 중국 민족이 동투르키스탄 인민을 원수처럼 보는 심리를 간취할 수 있다"고 했다. 이에 대해 반지평 등 중국 학자들은 "무함마드 아민의 『동투르키스탄 역사』는 하나의 역사 저작에 그치지 않고 분열을 선동하는 정치 선언이며, 신강 민족 분열주의를 체계화하고 이론화한 정치 교재이다. 이 책의 출간은 '동돌' 세력이 이때부터 자기의 정치 경전을 갖게 되었음을 의미한다"[15]고 비판했다.

신강의 이 '기의'에 대해 중국 학계에서는 "피압박 민중이 참여하여 암흑의 군벌 통치에 저항한 무장투쟁이었다"고 인정하면서도 "투쟁 중에 정도의 차이가 있는 제한성과 착오가 존재했다"고 비판했다. 이들이 지적하는 제한성과 착오

15 潘志平·王鳴野·石巖, 『"東突"的歷史與現狀』, 110-115頁.

란 "① 협소한 민족 입장에서 출발하여 봉건 통치를 실행한 한족 관료와 한민족 군중을 혼동하고, 관부의 착취 압박과 상인의 고리대 착취 및 세수 등의 불공평을 모두 한족인의 '죄행'으로 보아 한족인에 대한 '구시(仇視)' 정서를 형성했다. ② 이전 역사상의 농민 기의가 종교 선전과 군중 조직을 빌린 것과는 달리, 남강 농민 기의는 강렬한 이슬람교 이교도에 대해 '성전'을 진행하는 기세를 띠고 있어 전장에서 '죽으면 순교자가 되고 살면 영웅이 된다'는 구호를 높이 외쳤다. ③ 분열분자의 선동하에 낡은 제도를 폐지하고 착취와 압박에서 벗어나는 것을 국가를 분열시키는 것과 혼동하여 같이 이야기하여, 독립적 이슬람 정권을 세워야만 비로소 낡은 제도를 없애고 이교도의 통치와 압박에서 벗어날 수 있다고 인식해서, 자기 해방의 운명과 분열된 '이슬람교국'의 건립을 동일시했다"[16]는 것이다. 실제로 신강의 기의를 지도한 호탄의 민족혁명위원회와 카슈가르의 청년카슈가르당(青年喀什噶爾黨)의 종지는 반공·반동간(반회족)·반한으로 신강에서 이슬람 교권 국가를 건립하는 것이었다. 이를 위해 그들은 범이슬람주의와 범투르키스탄주의의 기치하에 이슬람교의 성전을 고취하고 중국으로부터의 독립을 희망했다.

1940년대 초에 경외에서 출판된 『신생(新生)』, 『동방진리(東方眞理)』, 『하사크의 고향(哈薩克之鄉)』 등 위구르어와 하사크어 잡지들이 신강으로 들어와서 널리 읽혔는데, 그중 한 편인 「우리는 왜 투쟁을 진행하는가」라는 글은 군벌의 착취와 압박에 대한 신강 인민의 저항이 점차 한족에 반대하는 민족해방운동과 독립운동으로 발전했음을 시사한다. "우리는 우리의 동투르키스탄에서 한족의 통치를 소멸시키기 위해, 우리 영토 위에서의 한족 폭정의 일체 뿌리를 소멸시키기 위해 투쟁한다. 동투르키스탄은 이 영토의 진정한 주인인 위구르인 등 투르크족의 통치를 받은 사람, 즉 몽골인과 기타 비한족인에 속한다. 동투르키스탄에는 한족 식민 정부는 물론 한족 식민자도 모두 용신(容身)할 땅이 없다."[17] 이로 인해

16 厲聲, 『中國新疆: "東突厥斯坦"分裂主義的由來與發展』, 13-14頁.

17 本森, 『伊犁起義』 英文版(London, 1990), pp.200-205; 厲聲, 『中國新疆: "東突厥斯坦"分裂主義的由來與發展』, 35頁에서 인용.

1944년 8월에 이리에서 성세재와 국민당 통치에 저항하는 폭동이 일어나고, 11월 7일에는 마침내 '이닝(伊寧) 기의(起義)'가 폭발했다. 이로 인해 엘리한 토르(艾力汗-吐烈)를 우두머리로 한 지도적 종교 세력이 기의의 영도권을 장악하고, 북강 이닝에서 동투르키스탄공화국이 다시 출현했다. 이 독립 정권은 명칭상으로 1933년 남강 독립 정권 동투르키스탄이슬람공화국의 이름을 계승했을 뿐만 아니라 정권 건립의 시간도 남강 정권이 출현한 날인 11월 12일로 선정했다. 1944년 11월 12일 이리 해방조직이 동투르키스탄공화국 임시정부의 성립을 선포하고 "동투르키스탄의 영토 위에서 중국의 전제 통치를 철저하게 제거한다. 동투르키스탄 경내의 각족 인민은 일률 평등하다는 기초 위에 하나의 진정 자유롭고 독립된 국가를 건립한다"고 선언했다. 혁명 지도자들은 여러 차례 군중집회 등에서 반한·배(排漢)을 주장하며 "신강이 중국 영토의 불가분할적 일부분이라"는 중국의 주장을 '잘못된 주장'으로 배척하고 "동투르키스탄은 우리의 조국이라"는 독립 언론을 산포했으며, 심지어는 중국인의 강제 이주와 토지 몰수까지 실행했다. 임시정부는 이슬람교의 교규와 '정교합일' 정책을 실행하여, 각급 종교 법정을 세워 민사 안건을 처리하고 종교 부문을 통해 인구의 출생과 사망, 결혼, 이혼 등을 관리했으며 종교 세수를 회복하고 각급 공교육 학교는 반드시 이슬람교를 강의하도록 하고 공직자는 코란경을 능숙하게 암기하는 사람들 가운데서 선발했다.[18]

동투르키스탄공화국은 동투르키스탄 현대사에서 출현한 하나의 독립 정권으로 사실상 1933년 동투르키스탄이슬람공화국의 연속이었다. 양자는 중국 군벌의 착취와 압박에 대한 인민 반항이 기폭제가 되어 태어났고 20세기 초 이래 쌍범의 삼투와 전파의 직접적 결과라는 점에서 공통성을 갖는다. 그러나 1933년의 동투르키스탄이슬람공화국과 비교해서 1944년의 동투르키스탄 공화국은 몇 가지 특징을 갖고 있다. 먼저 존속 시간이 길었으니, 1944년 11월 12일에 건립되어 1946년 6월 27일까지 모두 1년 8개월간 존속했지만, 동투르키스탄이슬람공

18 厲聲,『中國新疆: "東突厥斯坦"分裂主義的由來與發展』, 36-38, 51頁.

화국은 3개월도 되지 않아 요절했다. 그리고 동투르키스탄공화국이 통제한 면적이 훨씬 더 컸으니, 동투르키스탄이슬람공화국이 장악한 곳은 겨우 남강 카슈가르와 회성 한 구석에 지나지 않았지만, 동투르키스탄공화국은 신강 면적의 약 5분의 1에 해당하는 일리와 타르바가타이(塔城), 알타이(阿山=阿勒泰) 등 3개 지구를 포괄하여 '3구(區) 혁명'이라 불리기도 했다. 셋째, 군사적 역량이 강대했으니, 자기의 정규군을 건립하고 있어서 동투르키스탄이슬람공화국의 오합지중과는 비교할 수 없었다. 요컨대, 동투르키스탄공화국이 가진 독립적 역량과 신강의 정치·사회에 미친 영향은 훨씬 더 엄중했다.[19]

그러나 제2차 동투르키스탄공화국은 국제 정세의 변화에 휩쓸려 곧 소멸되었다. 1945년의 얄타 회담을 통해 소련과 중국은 신강과 몽골을 서로 교환했다. 외몽골의 독립 유지를 기대한 소련은 1945년 8월에 '중소우호동맹조약'을 체결하여 "신강의 최근 사변에 관해, 소련 정부는 중국의 내정에 간섭할 뜻이 없음을 거듭 밝힌다"고 했다. 그 결과 중국과 동투르키스탄 임시정부의 회담을 통해 동투르키스탄공화국이 역사 무대에서 퇴출되고 그것이 점거한 모든 지구는 중국 신강성 치하의 지방 정권이 되었다. 1946년 7월 1일에 신강성 연합정부가 우루무치에서 성립되고 "동투르키스탄은 하나의 지리적 명사에 지나지 않아 정치활동의 이론을 만들 수 없다. 만약 이것을 가지고 정치활동의 이론을 만들려는 사람이 있으면 이는 성 정부의 적이고 모든 성 인민의 적이다. 신강은 중국의 한 조성 부분이고, 3구는 신강의 조성 부분이다.…중국은 우리의 조국이고 우리의 고향이다. 우리가 요구하는 것은 해방과 자유·평등이다"라고 선언했다. 중국 공산당의 영도하에 3구의 인민혁명당과 신강 공산주의자동맹이 합병하여 통일적 민주혁명당을 성립시키고 "변증유물주의와 역사유물주의로 자기를 무장시키고" "군중과 특히 청년과 중년 지식분자가 범이슬람주의와 범투르크주의, 대민족주의 또는 협소한 민족주의자가 되지 않게 하기 위해 당의 교육을 진행하여 당의 이론 정책으로 그들을 무장시켜야 한다"[20]고 결의했다. 1949년 12월에 중

19 厲聲, 『中國新疆: "東突厥斯坦"分裂主義的由來與發展』, 38-39頁.
20 潘志平·王鳴野·石巖, 『"東突"的歷史與現狀』, 124-131頁.

화인민공화국의 인민해방군이 일리에 진주하고 1955년 10월에 신강위구르자치구가 성립되었다.

중화인민공화국이 건립된 뒤에도 동투르키스탄이슬람공화국을 재건하려는 노력이 계속되었다. 그러나 1950년에 중·소 양국이 정식으로 '중소우호동맹조약'을 체결하고 중소관계가 가장 우호적인 시기가 시작되어 신강과 중앙아시아는 두 사회주의 국가의 후대문(後大門)이 되어 '동돌'에 대한 탄압은 크게 강화되었다. 1956년 무장폭동이 진압된 뒤 그 주모자가 무장폭동을 주도한 이유를 다음과 같이 진술했다고 한다. "첫째, 우리의 조국은 원래 독립적이어서 '동투르키스탄'이라고 불렀는데, 중국인이 와서 신강이라 고쳤고, 중국인이 실행한 것은 식민 통치였다. 둘째, 우리는 하나의 민족으로 투르크라 부르는데, 중국인이 우리를 위구르 등 11개 민족으로 나누어 통치에 편하게 했다. 셋째, 우리는 모두 이슬람교를 믿는데, 중국인은 우리 종교의 5대 활동(이슬람교의 五功, 즉 念, 禮, 齋, 課, 朝 등)과 종교 교규를 제한한다. 이로 인해 우리는 조국 동투르키스탄을 부흥하여 투르크민족의 독립을 쟁취하고 종교 법규를 회복하기 위해 투쟁해야 한다." 또한 1954년에 만들어진 『이슬람교 역사기초와 민족독립의 호성(呼聲)』(『七個生活』이라고도 함)이라는 소책자는 범투르크주의와 범이슬람주의를 열광적으로 선양하고 투르크민족이 이교도 흑대야(黑大爺. 중국인)의 '식민 경제'를 반대하여 '이슬람교를 보호'하고 '투르크민족의 해방'을 위해 투쟁할 것을 호소했다.[21]

1960~1980년대에 중소관계가 첨예하게 대립된 상태에 놓이게 되어 소련이 쌍범을 신강에 대한 정치적 압력으로 이용하자 '동돌' 세력이 다시 활동을 재개했다. 중국 학자들은 1982년 중소관계가 완화될 때까지 "신강의 주요한 위험은 소련의 현대 수정주의에서 왔다"고 하면서, 소련은 "1963년부터 1982년까지 문장과 강화, 담화 등 각종 문장 2만여 편과 3천만 자를 널리 퍼뜨려 노골적으로 '위구르의 조국은 동투르키스탄'임을 고취하고, 위구르인에게 민족자결권을 주어야 하며, 신강에는 '소련과 같은 민족공화국을 건립해야 한다'고 공개적으로

21 潘志平·王鳴野·石巖, 『"東突"的歷史與現狀』, 132-135頁.

선동했으며, 신강이 중국에서 분열되어 나오도록 하기 위해 어용학자들을 동원해서 청조의 '침략'을 논술하고 '비한 인민의 기의'를 찬양하여, 『위구르의 민족해방운동(維吾爾的民族解放運動)』 등 반화 서적을 출판했다"[22]고 격렬하게 비난했다. 이런 상황에서 1962년 5월 말부터 6월 말까지 일리와 타르바가타이(塔城)의 주민 5, 6만여 명이 소련으로 도피하여 동투르키스탄 부흥운동의 자원이 되었다. 한편 1966년 중국에서 문화대혁명이 일어나 네 가지 옛 것(四舊. 즉 옛 사상, 문화, 풍속, 관습)을 타파하자는 기치 아래 모스크 등 종교시설을 파괴하고 코란을 소각하는가 하면 종교 지도자를 구속하여 끌고 다니는 폭란이 신강에서도 엄중하게 진행되자, 1968년 2월 동투르키스탄 인민혁명당이 결성되어 "소련에 의지하여 신강의 독립을 실현하고 동투르키스탄공화국을 건립하자"는 운동을 주도했다. 특히 1991년 소련이 분열·와해되어 투르크 계통 5개국을 포함한 8개의 중앙아시아의 새로운 독립 국가가 출현하자 동투르키스탄 부흥운동 세력이 크게 고무되었다.[23]

동투르키스탄의 분리·독립운동을 야기한 쌍범 가운데서 특히 범투르크주의는 역사 논쟁을 불러일으켰다. 왜냐하면 범투르크주의가 역사적 사실에 근거한 것인지 아니면 이념적 가설에 근거한 것인지 논의의 여지가 있기 때문이다. 이에 대해 반지평 등은 다음과 같이 비판했다. "돌궐은 당 말에 쇠퇴하여 역사의 무대에서 물러나 현대 민족을 형성하지 못했다. 다만 7~8세기에 아랍인·페르샤인들이 보기에 북방 초원의 유목민은 돌궐 부족과 거의 같은 언어를 사용한다고 하여, 이에 자기의 저작 중에서 이러한 사람들을 모두 '돌궐인'이라 범칭했다. 이른바 돌궐어화의 정확한 함의는 역사상 일부 사람들이 주위 환경의 영향을 받아 자기 원선(原先)의 언어를 잃고 돌궐어를 사용하는 '돌궐인'이 되었다는 것이다. 학자들은 예를 들어 키르기스(黠戛斯, 吉爾吉斯)인의 원선은 '돌궐인'이 아니었지만 뒤에 돌궐어화된 것이라 했다.[24] 한때 위세를 떨쳤던 티무르(帖木兒) 대제도

22 潘志平·王鳴野·石巖, 『"東突"的歷史與現狀』, 139-140頁.
23 潘志平·王鳴野·石巖, 『"東突"的歷史與現狀』, 142-159頁.
24 (蘇聯) 巴托爾德, 『中阿突厥十二講』(北京: 中國社會科學出版社, 1985), 33頁.

돌궐어화된 몽골 파노자사부(巴魯剌思部)의 출신이었다.…'돌궐어족'과 '몽골어족', '퉁구스-만어족(通古斯-滿語族)' 등은 보다 큰 어군으로 귀속되어 '알타이(阿爾泰)어계'라 칭해진다. 그리고 각 '돌궐어족' 안에서 다시 보다 낮은 '어조(語組)'와 '어지(語支)'로 나뉜다.…현대 내륙 아시아의 수십 개 민족은 돌궐어를 사용하는 여러 민족이 되었으나 이들 수십 개 민족은 민족학 의의상의 동일 민족이 아니니, 이들 수십 개 민족을 통일적 '돌궐민족'이라 말하는 것은 범돌궐주의자들이 편조한 신화일 뿐이다."[25]

한 가지 흥미로운 사실은 반지평 등 중국 학자들이 범투르크주의를 비판하는 논리적 근거 역시 '통일적 다민족국가론'이라는 것이다. 그들은 범투르크주의의 '투르크민족' 개념이 서구의 근대 자본주의 '민족(nation)' 개념이라고 비판하면서, 그 대안으로 다민족을 융합한 '중화민족' 개념을 강조했다. 그들은 "중화민족의 발전과정 중에 한화는 주류의 방향이었지만, 한화는 주로 중원과 그 주변 광대 지구에서 이루어졌고 중원에서 비교적 먼 신강에서 보다 많이 가능했던 것은 호화(胡化)였다. 한화와 호화는 하나의 자연 발전의 과정이지만, 이 과정의 직접적 결과는 '네 안에 내가 있고 내 안에 네가 있다'는 것으로, 이와 동시에 다민족 사이에 응집된 의식이 부단히 강화되어 역사문화 인동이 부단히 확대·심화되었다"고 하면서, 신강의 한화 과정을 다음과 같이 강조했다. "내륙 아시아 동부의 신강 지구는 옛날에는 '서역'이라 칭했는데, 중화 문화의 한 극히 특색 있는 문화구였다. 진시황이 문사를 통일하고 한 무제가 유술(儒術)을 녹존하여 한자와 유학이 중화 문화의 주류가 되었고, 불교와 마니교(摩尼教)·경교(景教)가 중원에 들어와서 서로 다른 영향을 미쳤지만 궁극적으로는 많게 또는 적게 유화(儒化)되었다. 표면상으로 보면 서역의 거주민 체형은 내지 중원인과 비교적 큰 차이가 있고 일방적으로 '호어(胡語)'를 사용하며, 특히 이슬람교가 전입되어 뿌리를 내린 뒤 서역과 중원의 문화는 거리가 있는 것처럼 보이지만 실제상 중화 문화의 일부를 이룬 서역 문화와 내지 중원 문화의 교융(交融)은 지금까지 정지된 적이

25 潘志平·王鳴野·石巖, 『"東突"的歷史與現狀』, 11-12頁.

없다. 종합적으로 말해서, 내륙 아시아의 이슬람화와 돌궐화는 1천 년 전부터 시작되었지만…파미르 이동 신강 지구의 서역 문화는 시종일관 중국의 판도 안에 있었고, 중원 화하 문화와의 관계가 갈수록 긴밀해져서 보다 많이 중화 문화에 융입되었다. 이 점에서 파미르 이서 지구의 문화 발전과 근본적인 차이가 있다."[26]

3. 위구르인의 위구르 역사 서술

신강(East Turkistan, 東突)의 역사에 대한 연구는 주로 위구르인과 중국인 그리고 러시아인에 의해 이루어졌고, 그 연구 성과도 세 가지 방향으로 다르게 이루어졌다. 이 지역이 위구르인과 중국인·러시아인의 경쟁이 이루어지는 전장이 되어왔듯이, 위구르 역사 서술 역시 위구르와 중국·러시아의 경쟁적 민족주의와 그 이념 투쟁의 장이 되어왔다. 1949년에 시작된 중국 공산주의자의 신강 통치는 동투르키스탄 역사 연구상의 이념 투쟁에서 새로운 국면을 선도했다. 중국 국가는 신강 지배를 합리화하고 통일된 중국 개념을 지원하는 연구의 진전을 기대하면서, 그 자신의 역사적 해석을 선전하고 이 방면에서의 학자들의 작업을 지원했다. 이 기간의 중국 학자들의 관점은 국가의 정치적 목표를 지원하는 데 유용할 수 있었고, 국가는 현재의 정치적 요구에 가장 부응하는 역사 해석을 강조하기 위해 이와 다른 역사 해석은 통제하는 것을 주저하지 않았다. 이러한 중국인 역사 연구의 지나친 정치화는 동투르키스탄 역사를 중국사와 분명하게 구별된 민족사로 보는 위구르 민족주의 역사가들의 견해를 강화시켰다. 중국과 위구르 역사가들의 대립적 견해는 위구르의 민족적 기원, 신강의 원주민으로서의 위구르, 신강이 고대 이래로 중국의 일부였는가 하는 문제, 신강에서의 위구르 역할, 위구르 국가의 독립성, 중국인과 위구르인 사이의 역사적 관계 등 여러 핵심적

---

26 潘志平·王鳴野·石巖, 『"東突"的歷史與現狀』, 23-40頁.

쟁점을 둘러싸고 구체화되었다.

중국과 소련 중앙아시아에서 일어난 위구르 민족주의의 성장은 한편으로는 중앙아시아에서의 민족의식의 형성과 국가 건설의 일반적 과정의 한 부분이었고, 다른 한편으로는 성장하는 중국 민족주의에 대한 반응이었다. 중국 민족주의와 위구르 민족주의의 충돌에서 중요한 부분은 역사 서술 과정에 의해 수행되었다. 중국인은 신강이 고대 이래로 중국의 분리할 수 없고 양도할 수 없는 부분이고 위구르는 중화민족의 일부를 형성하며 그들은 그들 자신의 독립 국가를 세워본 적이 없다고 주장한다. 이와 달리 위구르 역사학자들은 위구르가 중국의 국가에 속한 적이 없고 그들의 조상은 과거에 찬란한 문화를 창조하고 수많은 독립 국가들을 건립했다고 믿는다. 이 논쟁의 핵심은 위구르인이 투르크'민족'에 속하는 사람들인지 아니면 중국인이 믿는 것처럼 통일된 중국 민족을 구성하는 소수민족의 하나인지 하는 문제이다.[27]

고전적 위구르 역사 서술은 역사를 기록하고 이해하는 중앙아시아 투르크-이슬람 전통과 밀접하게 관련되어 있다. 이 역사 해석의 고전적 위구르 방식은 현대까지 이어져 오면서 오늘날 위구르 역사 서술의 기초로 작용하고 있다. 위구르 민족주의적 역사 담론은 1940년대에 신강에서 나타나기 시작했다. 위구르 역사를 위구르의 관점에서 서술한 첫 시도는 『동투르키스탄 역사(Sharqi Turkistan tarikhi; History of East Turkestan)』란 책에서 무하마드 아민 부그라(Muhammad Amin Bughra)에 의해 이루어졌는데, 그가 아프가니스탄에 망명하고 있던 1940년에 완성되었다. 무하마드 아민 부그라(1901~1965), 포라트 카딘(Polat Qadiri, ?~1974), 아브둘레지즈 칭기즈칸(Abdul'eziz Chinggizkhan, 1912~1952) 등을 포함한 1940년대의 대표적 역사가들은 위구르를 다른 투르크인들로부터 분리하여 그들을 독자적 역사와 문화를 가진 독립된 민족집단으로 보는 소련식 접근에 반대했다. 러시아 학자들과 달리 그들은 중앙아시아에서 사는 모든 사람을 투르크(Turks)라고 불렀

27 Ablet Kamalov, "The Uyghurs as a Part of Central Asian Commonality: Soviet Historiography on the Uyghurs," *Situating the Uyghurs Between China and Central Asia, Ashgate*, 2007, p.33.

다. 동투르키스탄의 역사에 대한 첫 번째 개설서라고 할 수 있는 『동투르키스탄 역사』는 투르크-이슬람 전통으로 쓰는 초기 학자들의 관점을 채택했을 뿐만 아니라, 신강의 특수한 조건에 적합하게 조절했다. 무함마드 아민은 고고학에 정통한 첫 위구르 역사가로서 그의 책은 석기시대부터 1937년까지 위구르의 고고학적 전통과 정치적·사회적·문화적 발전을 포괄했다. 그는 중국의 지배를 뒤엎는 것을 목적으로 한 민족적 독립운동으로 1930년대에 전개된 혁명을 기술했다. 이로 인해 그의 관점은 1949년 중국 공산주의 지배가 확립되기 전부터 중국 정부와 중국인 학자들의 집중적인 비판을 받았다.[28]

중국인과 위구르인 역사가들은 위구르 연구에 서로 다르게 접근했다. 비록 두 공동체 사이의 상호작용을 위한 토론회가 증가했지만, 위구르인은 중국 학계와 중국 국가의 밀접한 관계로 인해 중국인의 학문 성과를 신뢰하지 않았다. 위구르 역사에 대한 국가에 의해 지원받는 견해와 대조적으로 많은 위구르 학자들은 위구르의 독자적 역사 발전과 중국의 지배 세력으로 부터의 독립성을 강조하는 위구르 역사에의 접근을 진작했다. 1989년 위구르 역사에 관한 개설서를 출판한 투르군 알마스(Turgun Almas)는 이러한 접근을 체계화한 첫 번째 위구르 학자였다. 1948년 이후 위구르 역사가들에게는 그 지역에서 자신의 위구르 역사 해석을 발표할 기회를 갖지 못했는데, 1980년대에 이르러 소수민족에게 상대적 자유가 중국에서 주어져서 투르군 알마스의 『위구르민족(Uyghurlar: The Uyghurs)』이 출판되었다. 그러나 중국 정부는 이 책을 현대 민족주의적 위구르 역사 서술의 랜드마크로 인식하여, 그 이념적 토대로부터 위구르 민족주의를 탈구시키기 위한 노력의 일환으로 알마스의 『고대 위구르 문학(The Ancient Uyghur Literature)』과 『훈족 간사(簡史)(A Concise History of the Huns)』 등과 함께 금서 종목에 포함시켰다.[29]

위구르의 민족적 기원 문제는 위구르와 중국 학자들 사이의 가장 큰 쟁점 중

28 Nabijan Tursun, "The Formation of Modern Uyghur Historiography and Competing Perspectives toward Uyghur History," *China and Eurasia Forum Quarterly*, vol.6, no.3, 2008, pp.88-89.

29 Nabijan Tursun, "The Formation of Modern Uyghur Historiography⋯," p.92.

하나였다. 위구르 정치가이자 역사가인 무함마드 아민은 『동투르키스탄 역사』에서 투르크가 9000년의 역사를 가졌다고 썼다. 1980년대와 1990년대에 활동한 역사가 알마스는 타림분지에서 발굴한 미라 등에 의거하여 위구르가 6400년의 역사를 가졌다고 결론지었다. 고대 중국 역사에 기록된 정보를 사용하여 위구르 학자들도 훈(Huns) 또는 흉노(匈奴)가 위구르의 조상임을 지적하고 훈제국을 고대 위구르 역사의 가장 중요한 부분으로 기술했다. 그러나 훈을 고대 중국 그룹으로 간주하는 중국의 역사가들은 이 관점에 반대했다. 위구르 학자들은 또한 유럽으로 이주한 훈을 그들 민족의 혈통으로 보는 견해를 지지했다.[30]

신강의 원주민에 대한 위구르 역사학자들의 견해는 중국 학자들과 날카롭게 대립했다. 무함마드 아민과 알마스 등을 포함한 위구르 역사학자들에 따르면, 신강은 언제나 위구르의 고향이었고 위구르-투르크족은 이 지역의 원주민이었다. 국가가 허용하는 역사를 거부하는 것은 위구르 학자와 중국 학자 사이의 다툼을 격화시켰을 뿐만 아니라 위구르인 사이에서 강렬한 분노를 불러일으켰다.[31]

위구르 역사학자 알마스는 위구르는 국가 건립의 긴 전통을 가졌고 그들에 의해 건립된 국가들은 완벽하게 독립적이었다고 주장했다. 나아가 그는 위구르인에 의해 창건된 국가들이 중국이나 다른 나라들과 그들 자신의 능력으로 독립적 국가로서 외교관계와 교역관계를 수립했다고 주장했다. 그는 또한 이들 국가들을 건립하고 독자적 문화를 창조함으로써 위구르인과 그들의 민족적 형제들은 인류와 세계 문화의 발전에 거대한 기여를 했다고 말하기도 했다. 그러나 알마스의 학설은 위구르 국가들의 독립성에 대한 논쟁을 격화시켰다.[32]

위구르 역사학자들은 위구르 국가들이 중국의 지배 권력을 다룰 때 독립적 지위에 있었음을 강조했다. 예컨대 알마스는 646년부터 845년까지 존립한 위구르 국가가 당조로 하여금 위구르인의 최고 이익을 보호하기 위한 조약에 서명하도록 강요했다고 주장했다. 그는 위구르 왕국이 주권 국가였지 정치적으로나 경제

30 Nabijan Tursun, "The Formation of Modern Uyghur Historiography…," p.93.
31 Nabijan Tursun, "The Formation of Modern Uyghur Historiography…," p.95.
32 Nabijan Tursun, "The Formation of Modern Uyghur Historiography…," p.97.

적으로 당조에 속하지 않았음을 강조했다. 이와 대조적으로 당조는 조공을 바쳤고 그들의 정치적 요구를 보호한 대가로 황제의 딸을 위구르 칸에게 출가시켰다. 알마스는 또한 카라칸(Karakhan) 왕조(850~1212)와 투루판의 이디쿡(Turpan Idiquk) 왕국(850~1335), 감숙의 위구르 왕국 등이 중국 국가들과 가진 관계를 주권 국가들 사이의 정상적인 동등한 정치·경제적 관계로 서술했다. 그러나 중국인의 역사 서술은 이러한 관점을 거부했다. 알마스에 의해 주장된 이러한 견해는 무함마드 아민과 같은 초기의 위구르 역사학자들이나 소련의 위구르 학자들의 저작에서도 나타난다. 알마스의 저작은 중국 정부의 공격을 받았다. 중국 정부가 그의 작품에 대한 광범한 규모의 반대운동에 몰두하고 다른 위구르 역사학자들을 동원하여 그를 비난하도록 강요했지만, 그의 저작은 여전히 위구르인 사이에서는 인기가 있고 널리 읽혀지고 있다.[33]

4. 중국인의 신강 역사 서술

위구르 역사 서술에 대한 중국 학자들의 영향은 1949년 이후에 시작되었다. 1949년부터 1960년까지 중국의 공산주의 정부가 신강의 통제를 확립하고 강화한 기간에는 위구르 지식인의 연구 특히 1949년 이전에 출판된 역사 저작에 대한 연구를 금했는데, 그 까닭은 그것들이 이 지역 통제를 위한 국가의 이념적 기반과 양립할 수 없는 것으로 보였기 때문이다. 중국 공산주의자들은 처음에는 중화인민공화국의 목표와 양립할 수 있는 것으로 보이는 위구르의 민족적 정체성 형태를 진작하고 위구르에 대한 학문적 성과를 발전시키기 위해 민족 정체성의 소련식 모델을 구상했다. 중국 정부는 1959년까지 위구르인들을 연구를 위해 소련으로 파견했는데, 이때 중국과 러시아의 관계가 악화되고 중국 정부가 독립 국가에 대한 위구르인의 열망이 소련의 영향으로 강화된 것으로 결론지었

33 Nabijan Tursun, "The Formation of Modern Uyghur Historiography…," pp.98-99.

다. 1950년대에 중국 학자들은 위구르 역사에 대한 책을 출판하면서 신강이 역사적으로 중국과 연계되었음을 강조했는데, 이 책들 가운데 일부는 위구르어로 번역되었다. 이 시기 중국인의 역사 연구 목적은 투르크 민족주의 정서에 대항하기 위해 위구르의 친중국적인 역사적 정체성을 창출·강화하는 것이었다.

1990년에 중앙아시아에서 독립적 공화국이 출현함에 따라 중국 정부는 위구르 연구 분야를 접수하려는 노력을 강화하고 국가의 목표에 부응하는 역사 해석을 위해 학자들을 고용했다.[34] "우리는 다음과 같은 두 가지 편향된 경향에 대해 전적으로 반대한다. 그 하나는, 일부 역사가들이 우리나라 한 역사 시기에 일부 민족들이 할거하고 독자적으로 국가를 세운 사실을 들어 그러한 민족들은 다민족 중국의 구성원이 아니라고 크게 선전하여, 우리나라 각 민족들이 여러 차례에 걸쳐 다민족국가를 이룩한 역사를 근본적으로 부정하려는 태도이다. 두 번째는, 일부 역사가들이 순수한 개인적인 원망에서 출발하여 일부 사기에 한 민족이 할거하고 독립적으로 국가를 세운 사실을 무시하여, 우리나라가 '통일적 다민족국가'를 형성한 파란만장한 역사 과정을 왜곡하려는 태도이다. 위에서 말한 두 가지 태도는 실사구시의 과학 태도가 아니다. 우리나라는 하나의 다민족국가로서 예로부터 계속해서 대일통의 국면만 유지하지도 않았고 또한 계속 분열과 할거 상태였던 것도 아니며, 점차 결합하여 통일을 이루어왔던 것이다."[35]

중국 학계가 생산한 대표적인 위구르 역사 개설서로는 『신강간사(新疆簡史)』와 『위구르족 역사(維吾爾族歷史)』, 『위구르족 간사(維吾爾族簡史)』 등이 있는데, 중국 역사학계에 만능키로 통용되는 이른바 '통일적 다민족국가론'은 이 책들의 서술에도 그대로 적용되었다. 이들 역사서는 중화민족의 역사와 문화에 대한 위구르인의 긍정적인 역할만을 강조하고, 신강과 위구르족은 그 시작부터 중국의 역사이며 '중화 대가정'의 구성원이었음을 되풀이함과 동시에 중국공산당의 활동과 통치를 제외하고 신강에서 일어난 모든 역사적 사건과 투쟁은 분열주의자의 반란 또는 획책임을 서술함으로써, 신강위구르자치구는 중국공산당이 이끄는 중화

---

34 Nabijan Tursun, "The Formation of Modern Uyghur Historiography…," pp.91-92.

35 戴逸, 『中國民族邊疆史總論』(北京: 民族出版社, 2006), 3-4頁.

인민공화국의 통치를 받아야 하며 그렇게 해야만 '신강위구르'의 존재가치가 있음을 강조했다.[36] 그리하여 『위구르족 간사』는 "위구르족은 중화민족 대가정의 구성원의 하나이다"(1頁)라고 규정했고, 『신강간사』는 "신강은 고대로부터 시작해서 우리 위대한 조국의 한 부분이다. 신강의 역사는 조국 역사의 일부분이다"(5-6頁)라고 못 박았다.

중국 학계에서는 동투르키스탄의 역사는 곧 '서역'과 '신강'의 역사이고 시종일관 '중국'의 역사다. 『위구르족 간사』에 의하면, "역사 문헌 기록에 따르면 고대의 신강은 지금과 마찬가지로 다민족이 거주하던 지방이었다. 우리나라의 수많은 고대 민족은 모두 이곳에서 생활했다.…2000여 년 전부터 신강의 고대 민족은 이미 조국의 다른 지역과 밀접한 정치·경제·문화적 관계를 맺기 시작했다. 우리나라의 중앙 정부는 신강에 대하여 행정 권력을 행사했다.…우리가 말하고자 하는 것은 아주 오랫동안 신강은 우리 위대한 조국의 조성 부분의 하나라는 것이다"(1-5頁). 중국 학계에서는 '신강'의 범위를 넘어 몽골의 범주에 들어가는 흉노나 동돌궐, 위구르(回鶻)의 역사나 중앙아시아 각국의 영토에 포함되는 서돌궐의 역사까지 '신강사'의 범주에 포함시켜, 몽골사나 중앙아시아사와의 충돌까지 회피하지 않는다. 『신강간사』에서는 "돌궐칸국의 중심은 몽골 초원에 있었다"(92頁)고 함으로써 몽골 고원은 언젠가는 회복해야 할 '잃어버린 영토'일 뿐, 엄연한 중국사의 범위라는 입장을 고수했다. 이에 반해 동투르키스탄이슬람공화국에 대해서 『신강간사』는 "동투르키스탄이슬람공화국의 시대착오적이고 해결할 수 없는 통치계급 내부의 모순으로 말미암아 이 거짓 정권은 단명할 수밖에 없었다"(3卷 203頁)고 적극적으로 비판·배제했다.[37]

위구르민족의 기원과 관련해 민국 시대 이래로 일해온 중국 학자들은 일련의 관점을 밝혀온 반면, 1949년 이래로 활동해온 여러 학자들은 투르크부(部)의 정령(丁零)을 위구르의 첫 번째 시조로 인증하기 위해 중국 사료에 의존했다. 다른

36 김장구, 「중국 소수민족통사의 신강위구르사 서술 분석」, 『중국 학자들의 소수민족 역사 서술』(동북아역사재단, 2008), 140-142쪽.
37 김장구, 「중국 소수민족통사의 신강위구르사 서술 분석」, 121-128쪽.

학자들은 위구르 역사의 출발점을 기원전 17세기로 되돌려서 위구르에 3800~3900년의 역사를 주기도 했다. 누가 신강의 원주민인가 하는 문제도 위구르와 중국 학자들 사이에 치열한 논쟁을 발생시켰다. 중국 역사가들에 의한 정치적 동기의 해석은 위구르의 민족적 기원을 현대 신강과 분리시키고 그들을 몽골과 연결시켜 위구르족이 9세기부터 비로소 출발한 신강의 주요 사회·정치 세력이 되었다고 주장했다. 이 그룹의 학자들은 한(漢) 중국인이 신강의 원주민이었고, 위구르는 9세기 중엽 이후에야 몽골에서 이 지역으로 이주해왔다고 주장한다. 최근에 국가에 의해 통제된 신강의 출판사들이 이러한 견해를 진전시키기 위한 선전 운동을 수행했다. 신강에 대한 중국 중앙 정부의 공식적 '백서(白書)' 역시 이러한 주장을 진작하여 "840년에 많은 수의 위구르인이 신강으로 들어갔다. 위구르는 원래 회골(回鶻)이라 불렸는데, 고대 부족인 철륵(鐵勒)에서 분파되어 나왔다"고 결론지었다. '백서'는 또 다음과 같이 주장했다. "흉노는 주로 기원전 176년경에 신강으로 들어갔다. 한(漢)은 신강에 가장 일찍 정착한 사람들의 하나였다. 기원전 101년에 한제국은 윤대(輪臺) 등에서 경작하기 위해 황무지를 개척하는 둔전군을 주둔시키기 시작했다. 그 뒤에 한은 같은 목적으로 신강의 다른 모든 곳에 군대를 보냈다. 둔전병이 개간한 모든 곳은 한인이 신강에 들어간 뒤에 한인의 초기 정착지가 되었다. 서역도호(西域都護)가 기원전 60년에 설치되고, 관리와 군인·상인 등을 포함한 한인의 신강 유입이 멈추어지지 않았다."[38]

정부의 지원을 받은 이러한 견해는 과학적·대중적 무대에서 광범하게 선전되었는데, 일부 중국 역사가들은 1980년대에 이를 반대하기도 했다. 혹자는 정령 같은 위구르의 조상들은 상식적 시기보다 그 이전에 신강에서 살았다고 지적하고 대부분의 위구르 인구는 위구르족이 몽골에서 오기 전에 이미 신강에서 살았다고 쓰기도 했다. 그러나 대체로 보아서, 대부분의 중국 학자들은 정부에서 허용하는 이론을 따랐고, 몇몇 중국 역사학자들은 처음에는 정부의 해석을 지지했다가 나중에는 그것을 거부하기도 했다.[39]

---

38 中國 發表「新疆的歷史與發展」(白皮书), 2003.

39 Nabijan Tursun, "The Formation of Modern Uyghur Historiography…," pp.93-94.

1990년대에 중앙아시아에서 정치적 변화가 일어나고 위구르의 분산된 거주지에서 위구르의 자결운동이 성장한 뒤부터 중국 정부 및 국가와 제휴한 학자들은 그들의 선전 전략을 한족이 신강의 원주민임을 강조하는 것으로부터 신강이 고대 이래로 중국의 분리할 수 없는 부분이라는 점에 초점을 맞추는 것으로 바꾸었다. 이러한 선전 운동의 출현은 정치인들에게 위구르 역사를 자유롭게 해설하는 면허증을 주었다. 1998년 신강을 방문한 중화인민공화국 주석 장쩌민(江澤民)은 신강과 중국 지배권력 사이의 역사적 관계를 특별히 언급하는 연설을 했는데, 신강 지방 정부에 중국의 통합을 보호하고 분리주의 운동에 대항해서 싸우도록 요구했다. 신강의 과거를 말하면서, 그는 다음과 같이 말했다. "신강은 고대부터 우리 조국의 한 부분이었다. 고대에는 신강과 그 주변 지역이 모두 서역이라고 알려졌다. 기원전 101년에 서한은 서역에 지방 기관을 설치하고, 군사·농경 식민지를 경영했다. 기원전 60년에는 서한이 서역도호를 세우고 서역의 군사·정치적 사무의 통일적 행정을 제공했다. 이는 신강이 이미 그 시기부터 우리나라의 공식적 일부였음을 가리킨다. 한대 이래로 그리고 당과 송·원·명, 특히 청 왕조 시기에 (모든 왕조는) 서역을 매우 중시하고 경영했다. 아편전쟁 이후 제국주의 권력이 우리 땅을 광범하게 점령하고 우리 영토를 약탈하는 데 몰두했고, 영국과 러시아 권력은 신강 지역을 침입할 기회를 가졌다. 외세에 저항하여 신강을 되찾은 뒤에 청 왕조 정부는 1884년에 신강성을 건립했다."[40]

장쩌민의 연설은 신강과 위구르 역사 연구의 정치적 방향을 중국과 위구르의 역사학자들이 지지하도록 유도했다. 현대의 중국 중심적 관점에서 벗어나거나 중국 정부에 의해 고정된 정치화된 역사 기준에 반대하는 학자들은 학술적 기준보다는 오히려 정치적 또는 법률적 기준에 의해 다루어졌다. 이 정치적 기준을 따라 중국 학자들은 '분리주의자들'이 신강에 대한 그들의 견해를 주장하기 위해 역사를 왜곡하고 이 지역을 중국에서 쪼개어내려 한다고 주장하면서 "어떤 사람들은 독립된 '동투르키스탄'을 건립하기를 원한다고 말하면서…범돌궐주의에

40 齊淸順·田衛疆, 『中國歷代中央王朝治理新疆政策硏究』(新疆人民出版社, 2004), 1頁.

대해 같은 말을 되풀이한다. 독립된 나라를 세우는 데 딱 맞는 영토가 필요하지 않은가? 이 영토가 어디에 있는가? 그것은 신강에 있는가? 그러나 신강은 중국의 것이 아닌가? 신강은 2천 년 이상이나 중국에 속하지 않았는가"[41]라고 반문한다. 『중국 역대 중앙왕조의 신강 통치정책 연구(中國歷代中央王朝治理新疆政策硏究)』 같은 책은 이러한 정부에 의해 생성된 입장의 표징이었다. 저자들은 중국의 지배 권력이 이 지역의 2천 년 역사를 통해 신강을 경영했다고 주장했다. 위구르 학자들에 따르면, 위구르인은 신강의 정치·경제·문화생활에서 지배적인 역할을 한 사람들이었고, 정치에 대한 중국의 영향과 통제는 오직 1759년과 1884년 이후에야 나타났다. 이에 반해 중국 학자들은 중국인은 18세기 이전부터 신강의 역사에서 중요한 역할을 맡았으며 청 왕조가 통제한 뒤부터는 중국인은 이 지역에 대한 정치적 통제뿐만 아니라 문화적 통제까지도 발휘했다고 주장했다.[42]

위구르 학자들과 중국 학자들 사이의 가장 큰 이념적 다툼은 중화인민공화국의 통제 이전에 있었던 위구르 국가들의 독립이라는 쟁점에 집중되었다. 중국 역사학자들은 위구르인은 독립 국가를 건립한 적이 없다 또는 위구르인은 역사상 긴 수명의 왕조를 건립한 적이 없다고 주장했다. 중국 역사학자들은 위구르인이 경영한 정치적 실체는 단지 중앙 왕조의 통제 하에 있었던 지방 통치 실체였을 뿐이었으며 그것들은 완전한 독립을 향유하지 못했다고 주장했다. 그렇게 함으로써 그들은 위구르 역사를 중국 역사를 구성하는 단순한 한 성분으로 묘사했다. 이러한 결론은 현대 중국의 역사 서술 안에서는 보편적인 관점으로 거의 모든 중국 학자들에 의해 동의된 것이었다. 그것은 이 지역에 대한 직접적 통제의 부서지지 않은 고리를 주장함으로써 신강에 대한 중화인민공화국의 주장을 강화하는 데 기여했다. 중국 정부는 또한 이러한 접근은 위구르인 사이에서 떠오르는 것으로 인식되는 민족주의적 정서를 방해하는 방패막으로 사용하기도 했

41 Wang Zhilai, "Atalmish Sherqiy Turkistan Toghrisida(소위 東突에 대하여)," *Tarix Be'tini Waraqlighanda*(Shinjang Xelq neshriyati, 2001), pp.424-427; Nabijan Tursun, "The Formation of Modern Uyghur Historiography…," p.96에서 재인용.

42 Nabijan Tursun, "The Formation of Modern Uyghur Historiography…," p.96.

다. 특히 알마스의 학설은 위구르 국가들의 독립성에 대한 논쟁을 격화시켰다. 중국 정부는 1980년대에 위구르에서 일깨워진 민족주의적 자각에 대해 점점 불편해져 알마스에 대응하는 운동을 시작함으로써 위구르 역사 연구의 지평에 정치적 그림자를 무겁게 드리웠다. 동시에 상당한 수의 위구르 역사학자들이 1980년대와 1990년대에 새로운 저서를 출판하여 위구르 국가들의 독립성에 대한 유사한 견해들을 계속 내놓으면서 터키어, 한문, 러시아어, 중앙아시아 투르크어 등으로 된 사료에 의거해서 그들의 연구 성과를 지원했다.

중국인과 위구르인 사이의 역사적 관계라는 쟁점은 중국과 위구르 역사학자들에게는 가장 결정적이고 미묘한 쟁점의 하나다. 학자들은 고대와 중세의 위구르와 '중앙왕조' 사이의 외교·정치·군사·경제적 관계의 본질을 둘러싼 이 논쟁에 집중되었다. 중국 학자들은 그들의 저서에서 고대 이래로 위구르를 포함한 비한족 그룹의 지배자들은 '중원'의 '중앙왕조'와 밀접한 관계를 가졌고 중국 황제에게 조공을 바침과 동시에 사신을 보내 자신의 복속을 표현했음을 강조했다. 그들은 중국 내부의 지배자들이 비한족 그룹의 땅에 여러 가지 지방 행정 단위를 건립했음을 강조했다. 그들은 또한 이들 그룹이 한족 중국인과 밀접한 경제적 관계를 갖고 한 문화의 영향을 받았다고 주장하기도 했다. 이에 더하여 그들은 카라칸과 고창(高昌)의 위구르 왕조들은 그들이 송조의 관할하에 있는 지방 정부였고 중국의 일부였음을 잘 알고 있었다고 주장했다. 이러한 관점은 중국 정부가 신강 지배를 합리화하고 국가 이익을 증대하기 위한 또 다른 전략에 기여했다.[43]

20세기에 위구르 역사 분야는 위구르 인민과 중국 국가의 염원이 서로 다투는 플랫폼이었다. 위구르인은 독립 국가를 실현하기를 갈망했고 중국 정부는 통일된 중국을 유지하려 노력했기 때문에, 각 그룹은 현재의 목표를 정당화하기 위해 위구르의 과거에 대한 대립적인 해석에 의존했다. 분명한 것은, 20세기의 위구르 역사학자와 중국 역사학자들은 양자 모두 위구르 역사 연구에 중요한 기여를 했고 주제에 대한 총체적 지식을 심화시켰다는 것이다. 이와 동시에 이 기간의

43 Nabijan Tursun, "The Formation of Modern Uyghur Historiography…," pp.97-98.

위구르 역사 연구는 각 그룹의 저마다의 염원의 토대가 되는 정치적 이념에 뿌리를 두고 있었다. 중국과 위구르 역사학자들에 의해 생산된 연구 성과의 영역 외에도 서방 국가들과 터키, 일본, 러시아 등의 학자들이 위구르 역사에 대한 자신의 연구로 기여했다. 그들의 저작들은 위구르 역사 연구가 중국과 위구르 학자들 사이의 정치화된 논쟁에서 벗어나게 하는 새로운 시각을 가져왔다. 그럼에도 불구하고 중국과 위구르 학자들은 위구르 연구 성과의 생산에서 선도적 역할을 계속 수행했고 그로 인해 위구르 역사 서술을 이해함에 이들의 논쟁이 갖는 중요성을 강조하게 된다.

위구르 역사를 규정하기 위한 중국 학자와 위구르 학자들 사이의 논쟁에서 중국인의 관점은 우세를 점했는데, 그 까닭은 중국 국가가 일반적으로 용인되는 규범에서 벗어나서 위구르의 과거를 해석하는 위구르 역사학자들을 억압하기 위해 정치적 수단을 사용했기 때문이다. 무겁게 정치화한 20세기 초 신강의 환경에서 중국인의 시각은 여전히 지배적이었고 정치적으로 잘못된 역사 해석에 대한 반격의 위협은 여전히 강하게 남아 있었다.[44]

5. 러시아인의 동투르키스탄 역사 서술

내륙 아시아의 중세 투르크와 위구르의 역사와 문화 연구는 주로 러시아 학자들에 의해 주도되었다. 러시아 학자들은 중세 위구르 역사뿐만 아니라 신강의 최근 역사도 연구했다. 처음으로 '서투르키스탄'과 '동투르키스탄'이란 말을 소개한 것도 러시아인의 연구 성과였다. 소련 카자흐스탄과 이웃한 일리, 타바가타이, 알타이 등 세 지역에서 1944년부터 1949년까지 있었던 친소련 성향의 동투르키스탄공화국의 건립과 관련하여 위구르와 이 지역의 역사는 1940년대의 소련의 학문 성과에서 특별히 중요한 의미를 갖고 있었다.

44 Tursun, Nabijan Tursun, "The Formation of Modern Uyghur Historiography…," pp.99-100.

지방 분리주의의 성장과 중국으로 부터의 분리 가능성으로 인해 국민당 지도자들은 이 땅에 대한 중국 주권을 정당화하기 위해 역사에 호소하려 했다. 그들은 신강에 토착했다는 위구르인의 주장에 의문을 표하면서 역사적 설명을 선택했다. 중국인의 역사에의 호소는 소련 정부로 하여금 동투르키스탄공화국 지도자들이 중국인과 역사 논쟁을 하는 것을 도와주도록 자극했다.[45] 위구르의 민족적 정체성과 역사 서술에 대한 러시아 영향은 제2의 동투르키스탄공화국(1944~1949)의 기간 동안에 특별히 두드러졌다. 이 기간에 동투르키스탄공화국을 지원한 소련은 신강성에서 자유화운동을 돕기 위해 중앙아시아에서 특별한 정치·군사적 선전기관을 설립했다. 중앙아시아에서 위구르와 러시아 학자들은 위구르의 영광스러운 역사를 공표하고, 그들 자신의 위대한 문화를 발전시킨 동투르키스탄의 원주민으로서 위구르는 마땅히 중국의 통제로부터 자유로워야 한다고 주장했다.[46]

그러나 1940년대 위구르와 그 문화에 대한 연구 성과 가운데 가장 중요한 성과는 유명한 소련 투르크학자인 말로프와 베른시탐(A. N. Bernshtam)에 의해 이루어졌다. 소련의 위구르학을 창시한 아버지의 한 명으로 불리는 말로프는 1951년에 지은 저서에서 중앙아시아에서의 위구르인의 역할을 주목하여, 위구르인을 세계 역사에 특별히 기여한 가장 오래된 투르크인으로 서술했다. 그러나 위구르 역사에 관한 가장 중요한 작품은 소련 투르크학자요 고고학자인 베른시탐에 의해 1947년에 서술되었다. 「동투르키스탄 역사의 문제」라는 제목의 논문에서 그는 이 지역과 중앙아시아의 중요한 관계와 위구르인과 다른 중앙아시아 사람들과의 밀접한 관계를 강조하고, 위구르인이 오늘날 신강의 토착 원주민임을 주장했다. 이러한 결론은 중국 정부에 의해 만들어진 정치적 주장에 대한 직접적 반응이었다. 특히 그는 『고중세 위구르 역사에 관한 연구(Uyghur halqining qadumiy wu attura asir tarikhi)』(1951)에서, 고대부터 아시아에는 동투르키스탄의 정착 위구르 인구와 내륙 아시아의 유목 위구르인이라는 두 개의 위구르 지파가 있었는

45 Ablet Kamalov, "The Uyghurs as a Part of Central Asian Commonality," pp.33-34.
46 Nabijan Tursun, "The Formation of Modern Uyghur Historiography…," p.90.

데, 후자도 동투르키스탄의 고대 위구르 인구에 기원을 두고 있었다는, 위구르 역사의 또 다른 민족주의적 버전을 창출하기도 했다.[47]

이들 러시아 학자의 목표는 보편적 투르크 역사와 정체성에 반대하는 위구르의 독자적 민족정체성과 역사를 조장하는 것이었다. 러시아의 영향을 받은 위구르 민족주의는 깊은 뿌리를 갖고 있어 정치적·문화적 생활의 모든 영역에 스며들어가 있었으니, '민족 독립'이나 '민족 자유'와 '민족 자결'과 같은 말이 공공 담론에서 빠뜨릴 수 없는 부분이 되었다. 위구르 학자들은 그들 자신에게 적합한 위구르 민족주의적 아젠다를 조장한 위구르 역사 논문과 저작을 따랐다. 동시에 무함마드 아민과 같은 반소련 위구르 정치지도자들은 소련 학자들이 범투르키스탄주의, 범이슬람주의라고 비판하는 보편적 투르크 정체성을 주장하는 책을 출판함으로써 이러한 시각에 대항했다.[48] 이와 동시에, 1949년 이후 소련에서 출판된 위구르에 관한 소련 역사 저술의 대부분은 위구르의 중앙아시아 기원과 비중국 기원을 주장했다. 1950년대와 1960년대에 출판된 이 책들의 일부는 동투르키스탄공화국 시대에 쓰였거나 시작되었지만 그외의 것은 1960년대 초 중소관계가 악화된 뒤에 출판되었는데, 이때 소련의 위구르 역사 기술은 중국인에 의해 신강이라 불리는 지역이 사실은 위구르의 고향이었다는 관념을 밀고 나가기 시작했다.[49]

고대 또는 옛 시대의 위구르에 관한 소련의 저술은 소련령 중앙아시아에서 발달한 투르크학(Turcology) 분야의 일부였다. 그러나 신강의 중국인 지도자들은 투르크학이 '순수한 학문이 아니며' 그 안에 정치적 문제를 포함하고 있는 것으로 믿었다. 그들에 의하면, 투르크학은 모든 투르크인이 '거대한 투르크민족의 나무'에 속한다는 것에 관한 것이다. 요컨대, 중국인의 관점으로는 위구르에 관한 소련의 투르크학은 모두 이단이다. 이러한 소련의 학술 연구의 관점은 위구르 역사의 위구르 민족주의적 해석과 의견을 같이하여 위구르 민족주의 양성에 기여

47 Ablet Kamalov, "The Uyghurs as a Part of Central Asian Commonality," pp.34-35.
48 Nabijan Tursun, "The Formation of Modern Uyghur Historiography…," p.90.
49 Ablet Kamalov, "The Uyghurs as a Part of Central Asian Commonality," pp.36-37.

할 뿐만 아니라 투르크인 역사에 대한 어떤 관점은 위구르 민족주의자와 중국인 민족주의자 사이의 논쟁과 직접 관련되어 있었다. 예컨대, 여기에는 국가의 지위에 관한 논쟁도 포함되었다. 소련의 투르크학은 초기 투르크 국가들에 관한 특별한 개념화를 제시했는데, 여기에 따르면 투르크와 마찬가지로 유목 위구르인도 내륙 아시아(몽골리아, 744~840)에서 그들 자신의 국가를 건립했고 그다음에는 동투르키스탄(850~1250)에서 자신의 국가를 건립했다. 초기 위구르 국가의 연구에 대한 가장 뛰어난 공헌은 티호노프(D. I. Tikhonov)의 『10~14세기의 위구르 국가의 경제·사회적 구조』(1966)인데, 이 저작은 독일 투르크학의 전통을 이은 것으로 역시 위구르 왕국의 존재를 인정했다. 흥미로운 것은 이들 책의 제목에서 '국가'나 '왕국'이란 용어를 사용한 점이다. 이들의 학술 저작은 850~1250년에 위구르 국가의 존재를 함축적으로 인정함으로써 중국 민족주의자들의 견해를 거부하고 위구르 민족주의를 간접적으로 떠받쳐주었다.[50]

위구르에 관한 소련 투르크학 저작의 관점은 중소관계가 악화된 시기에 강조되었으니, 그 정점은 1970년대와 1980년대 초에 왔다. 위구르학은 중국에 대항하는 보다 일반적 이념 전쟁의 일부로서 중국의 민족주의적 정책에 반대하고 비판하기 위해 소련 당국에 의해 동원되었다. 비판의 일반적 얼개는 모스크바에서 온 학자들에 의해 만들어졌다. 이 시기에 나타난 저작의 일부는 위구르인과 다른 소수민족의 민족주의에 대한 중국 당국의 탄압 정책을 공개적으로 비판했다. 이런 형태의 저작 가운데 가장 대표적인 것은 라키모프(Tursun Rakhimov)에 의한 것인데, 그는 소련 공산당의 중앙위원회를 위해 일한 위구르 역사학자였다. 1968년 그는 『민족주의와 쇼비니즘—마오쩌둥 집단의 정책 기반』이라는 소책자를 출판했는데, 여기서 그는 위구르인의 중앙아시아 기원을 강조하면서 "위구르인은 중앙아시아의 가장 오래된 투르크인이다. 많은 세기 동안에 위구르인의 역사는 중앙아시아와 카자흐스탄의 그것과 밀접하게 관련되어 있었다. 언어와 문화, 예술에서 위구르인은 우즈베크와 가장 가까운 사람들이었다"고 말했다. 그는 더

50 Ablet Kamalov, "The Uyghurs as a Part of Central Asian Commonality," pp.37-38쪽.

나아가 위구르인의 중앙아시아 문화에 대한 공헌을 기술했다. 이 모든 논의는 라키모프의 『중화인민공화국의 비한인의 운명』(1981)과 구레비치(B. Gurevich)의 『일리 문제와 그 중국의 왜곡』(1982)에서 더 발전되었다. 후자는 소수민족의 정체성에 대한 중국 당국의 탄압을 비난하고 중국인의 역사 왜곡을 비판했다. 라키모프는 위구르의 조국은 동투르키스탄이고, 동투르키스탄은 18세기 중엽에 중국에 의해 정복되고 준가리아와 함께 '신강'으로 이름이 바뀌었으며, 위구르인은 위구르제국(745~840)과 500년 동안(850~1250)이나 존속한 투루판왕국 및 카라칸 왕조(870~1212) 등을 포함하여 과거에 그들 자신의 국가를 건립했다고 주장했다. 그러나 라키모프가 가장 강하게 강조한 것은 중국의 지배에 대한 위구르의 저항이었다. 그에 따르면, 위구르의 민족해방운동은 일련의 단명한 독립 국가들의 건립, 즉 1864~1877년 남부 신강에 세워진 야타 샤하르(Yatta Shahar, 哲德沙爾國=七城國) 같은 위구르 국가, 1932~1933년 동투르키스탄에 세워진 투르크이슬람공화국, 1944~1949년 서북 신강에 세워진 동투르키스탄공화국 등을 통해 성공적인 결과를 맺었다. 라키모프는 마오쩌둥주의자들이 비한인의 역사를 왜곡하면서 중국은 고대 이래로 다민족 국가였고 따라서 모든 소수민족 지역은 언제나 중국의 분리할 수 없는 일부이며 중국에 거주하는 모든 사람은 한족의 지도 아래 하나의 민족, 즉 중화민족을 구성한다는 이른바 '통일적 다민족국가'론을 펼친 것을 각별히 주의했다.[51]

결론적으로 말한다면, 러시아 그리고 소련의 연구 성과는 위구르의 민족적 자의식과 위구르 역사에 대한 위구르인의 민족주의적 견해 구축에 결정적 역할을 했다. 소련의 역사 서술은 지속적으로 위구르인을 오늘날 신강 영토에 토착한 중앙아시아 기원의 사람들로 규정했다. 그러나 이와 동시에 중앙아시아에서의 정치적 이해가 소련이 위구르를 소련의 중앙아시아 원주민으로 인정하는 것을 허용하지 않았다. 이러한 정치적 고려가 연구를 위한 학문적 우선순위를 폭넓게 결정했다. 위구르인과 그들의 고향에 대하여 질 높은 학술 연구를 생산한 반면, 소

51 Ablet Kamalov, "The Uyghurs as a Part of Central Asian Commonality," pp.38-39.

련 정부는 이와 동시에 중소 경쟁관계의 시기(1960년대와 1980년대 초 사이)에 중국 공산주의자들과의 이념 논쟁에서 위구르 역사를 부당하게 이용하기도 했다. 소련은 위구르 문화기관에게 독특한 지원을 제공했고, 소련 내 위구르인의 문화적 발전과 위구르인의 기원에 대한 학술 연구 활동을 고무했다. 이 모든 것이 중소 변경의 양쪽에서 위구르 역사에 대한 위구르 민족주의자들의 해석을 강화하는 데 기여했음이 분명하다. 소련의 연구 성과들은 위구르(와 그 선조들)인이 오늘날 중앙아시아의 형제 투르크인들, 무엇보다도 우즈베크, 카자흐, 키르기스 등과 공통의 역사적 과거를 나누었음을 보여주었다. 위구르의 중앙아시아와의 연계는 소련 위구르 연구에서는 중요한 주제로 고려되었다. 그러나 수 세기를 지나면서 위구르의 고향은 점차 중국의 정치체 안으로 통합되어갔다. 이것은 위구르의 사회·문화적 성격의 발전과 변화에 의심할 바 없는 영향을 미쳤으니, 위구르인의 생활 모든 면에서 중국의 영향이 현재 명백하다. 그러나 이러한 점증한 중국의 영향이 위구르인의 중앙아시아적 사회·문화적 특징을 완전하게 제거하지는 못했다.[52]

6. 맺음말

위구르 역사가들은 동투르키스탄이 위구르인의 고향이고 동투르키스탄 역사는 위구르인의 역사라고 서술하지만, 중국 역사가들은 동투르키스탄, 즉 신강은 중국의 일부이고 그 주민 특히 위구르인은 중화민족의 일원이라고 주장한다. 위구르인 역사가와 중국 역사학자의 논쟁은 전형적인 역사 귀속 논쟁이라 할 수 있으니, 한국과 중국 사이의 고구려사 논쟁을 연상시킨다. 특히 고구려사 논쟁에서 위력을 발휘한 '통일적 다민족국가'론이 이 논쟁에서도 활용되었음은 간과할 수 없는 일이다. 역사 논쟁 가운데서도 특히 역사 귀속 논쟁이 전개되는 곳에는 언

52 Ablet Kamalov, "The Uyghurs as a Part of Central Asian Commonality," p.42.

제나 '통일적 다민족국가'론이 출현한다는 사실을 여기서도 확인할 수 있다.

그러나 논쟁의 장외에서 논쟁을 바라보는 제3자에게는 중국인의 '통일적 다민족국가'론이 그다지 위력적으로 보이지 않을 수도 있다. 중국 학계와는 달리 서방과 일본의 학자들 가운데는 동투르키스탄은 중국의 식민지로 이해하는 이가 적지 않다. 그 한 예로 저명한 미국인 변경학자 래티모어(Owen Lattimore)가 비교적 일찍 제출한 이론에 의하면, "청조가 멸망한 뒤 중국은 마땅히 만이(蠻夷) 민족, 즉 만주인의 통치에서 해방되어 독립 상태를 회복했고 동시에 만주 이외의 장성 밖 각 만이도 마땅히 만주에 의뢰하지 않고 또 중국에도 의지하지 않고 완전히 자유로운 독립의 지위로 복귀했다. 그 뒤 이들 만이의 상호관계 및 중국과의 관계는 계기적(繼起的) 변강 전쟁의 결과로써 결정되었지만, 적어도 이런 결과가 출현하기 이전에는 중국과 만이 상호간의 연대관계는 당연히 단절되었고 각자 독립 상태를 스스로 보전하게 되었다."[53] 일본의 시야인일(矢野仁一, 야노 진이치) 역시 "내가 보기에는 중국에는 국경이 없을 뿐만 아니라 심지어는 국가도 존재하지 않았다고 말할 수 있다.…종전에 중국은 하나의 세계 제국을 이루고 있어…중국의 성명(盛名)과 영예(令譽)는 환영으로 존재했을 뿐이다. 이러한 허환(虛幻)의 성명과 영예는 중국인의 두뇌를 지배했을 뿐만 아니라, 중국인으로 하여금 티베트와 몽골·만주 등과 같은 지역이 중국의 본래 영토인 것처럼 생각하게 만들었고 동시에 일본 등 일부 외국인까지 포괄한다는 사상에 미혹되게 했으며, 그들로 하여금 이들 지구가 중국의 자연적 영토인 것으로 믿게 하고, 만약 이들 토지를 침범하면 중국을 침범하는 것으로 믿게 했다"[54]고 말했다. 소송구남(小松久男, 고마츠 히사오)도 "중앙아시아의 역사를 올바로 이해하기 위해서는 우선 현재의 국경선을 무시하고 좀 더 거시적인 시야에서 바라볼 필요가 있다. 사실 중앙아시아의 역사는 한정된 지역에서 완결되는 역사의 단순한 집합이 아니다. 이는 중앙아시아의 동서남북을 잇는 광대한 공간에서 펼쳐진 정치권력의 흥망,

53 中國科學院近代史研究所資料編譯組, 『外國資産階級是怎樣看待中國歷史的』(北京: 商務印書館, 1961), 138頁.

54 中國科學院近代史研究所資料編譯組, 『外國資産階級是怎樣看待中國歷史的』, 161-164頁.

여러 민족의 이동과 형성, 다양한 종교와 문화의 전파와 융합, 그리고 장거리 교역에 의한 다양한 물자의 유통이 보여주듯이, 특정한 경계를 초월하여 어떤 움직임이 되풀이되고 뒤섞이는 과정에서 만들어진 복합적인 역사이다"[55]라는 의견을 내보였다.

이른바 '통일적 다민족국가'론이란 중국의 현실 정치 문제를 해결하기 위해 조성된, 중국을 위해 중국인이 만든 중국만의 이론 체계다. 이 이론이 원래 만들어질 때는 56개 '민족'으로 구성된 중화인민공화국의 특수한 상황에 대응하기 위한 국내용 장치로 설계되었지만, 이후 점차 대외적 국제관계를 해결하는 무기로 활용범위가 확장되었다. 고구려사 논쟁에 이 이론이 등장했을 뿐만 아니라 동투르키스탄 역사 논쟁에서도 적극 활용되었고, 몽골인과의 몽골 역사 논쟁에서도 '통일적 다민족국가'론은 예외 없이 등장하게 된다.

55 고마츠 히사오 외, 『중앙 유라시아의 역사』, 26쪽.

6
몽골과 중국의 몽골사 논쟁

1. 머리말

일전에『세계의 창(世界之窓)』(2010. 3)이란 잡지에 실린「몽골의 역사관(蒙古的歷史觀)」이란 짧은 글을 읽은 적이 있는데, 몽골과 중국의 현재 관계뿐만 아니라 역사적 관계에 대한 양국의 인식 차이를 간명하고 솔직하게 잘 드러내고 있어 매우 흥미로웠다. 이 글을 읽어보면, 글을 쓴 왕영춘(王穎春)이란 이가 현재 일반 중국인이 갖고 있는 역사의식을 그대로 갖고 있는 전형적 중국 지식인임을 알 수 있다. 왕영춘은 '중국인은 몽골인의 마음속에서 어떤 위치에 있을까' 궁금해서 몽골에서 여러 해 생활한 친구들에게 물어보았더니, 몽골에 이른 중국인은 모두 많든 적든 불쾌한 경험을 갖고 있다고 한다. 어느 게스트 하우스의 주인은 "나는 중국인을 접대하지 않는데, 그 까닭은 너희는 누가 장사하는 사람인지 누가 여행하는 사람인지 분명하지 않기 때문이다"라고 하면서, 중국 상인에 대한 혐오감을 노골적으로 표시했다고 한다. 그의 전언에 의하면, 몽골에 사는 중·몽 혼혈아들은 일반적으로 다른 사람에게 자신의 중국 혈통을 먼저 이야기하지 않으며 중국 혈통의 몽골 관원도 정치적 전도가 끊길 위험 때문에 이를 말하지 않는다고 한다.

왕영춘은 중국인에 대한 몽골인의 좋지 않은 인식의 원인을 다음의 몇 가지 사실에서 찾으려 했다. 그 하나는 중소관계가 악화된 뒤 소련 통제하의 몽골에서 반화(反華) 교육이 주입되었기 때문이라는 것이다. 다만 몽골에서 여러 해 생활한 노 화교의 추억에 의하면, 이때의 몽골 민간은 중국에 대해 반감이 없었고 양국 정부만 피차 거리를 두고 있었을 뿐이었다. 그러나 오늘날의 정황은 호전되어, 중국은 이미 9년 계속 몽골의 최대의 무역 상대국이 되었고 중·몽 무역액이 몽골 무역 총액의 50%를 점하고 있다. 이러한 배경에서 몽골 주재 대사관 정무참찬(政務參贊) 시문예(柴文睿)가 "과거 몽골은 반화했지만 반화인(反華人)하지는 않았는데 현재의 몽골인은 비교적 중국인에 대해 반감을 가지고 있다"고 했으니, 이러한 정황이 출현하게 된 또 다른 까닭은 무엇인가?

왕영춘에 의하면, 중국은 문호를 연 이후 일단의 중국 상인이 저급한 상품을 가지고 몽골에 와서 돈을 벌었다. 몽골인이 보기에 이들의 형상은 몽골국가박물관 안에서 표시된 중국 상인과 다르지 않다. 이들은 중국을 먹칠하는 선봉대다. 오늘날 몽골에서 중국인은 거의 모든 상업 영역을 휩쓸고 있다. 그 가운데서도 가장 중요한 것은 광산과 기초 시설 건설 방면에 집중되어, 매우 많은 몽골인이 원한을 품고 말하기를 중국인은 바로 그들의 자원을 약탈하고 그들의 밥그릇을 탈취하고 있다고 한다. 몽골에서 부유해진 매우 많은 중국인은 자기의 형상에 대해 주의하지 않고 자기의 저급한 품행을 가지고 몽골로 들어간다. 일부 중국 사장들은 당지에서 일확천금해서 방자하게 멋대로 행동하여 매우 좋지 않은 영향을 조성했다.

왕영춘은 울란바토르에 있는 중국인이 우호적이지 않은 대우를 받는 보다 심층적 원인의 하나가 이 도시의 무절제하고 균형 잃은 도시화와 관계가 있다고 생각했다. 원래 울란바토르는 80만 인구에 지나지 않았고 양호한 교육을 받은 계층이 많았지만, 목구(牧區) 경제의 불경기에 따라 대량의 목민(牧民)이 적합한 일거리를 찾아 울란바토르 주위로 모여들어 도시 주변의 붕호구(棚戶區)를 형성했다. 도시 주변에 사는 이들 목민은 안정된 자리를 찾지 못하여 사회적 불만을 갖고 있었다. 몽골에 이들과 같은 대량의 노동자들이 있는데다가 종종 역사와 현실의 원인이 더해져서 중국인은 당연하게 몽골의 사회모순을 유발한 속죄양이 되었다는 것이다. 왕영춘은 몽골족이 날쌔고 용감하며 싸우기 좋아하는 민족이어서 모두 외국인에 도전하기를 희망한다고 하면서, 중국인이 몽골인에 우호적인 대우를 받지 못하는 이유의 하나를 몽골인의 이러한 초원성(草原性)으로 돌리기도 했다.

그럼에도 불구하고 왕영춘은 몽골인의 중국에 대한 이러한 태도가 변화할 수 있을 것으로 기대했다. 그는 몽골 국기에는 중국 도가의 음양 도안이 있어 몽골인도 음양 전환의 도리를 믿음을 표현한다고 하면서, 자신이 접촉한 몽골인 가운데는 중국 특히 북경과 상해 같은 대도시에 가서 중국에 대한 태도가 분명하게 변했다고 한다. 그리고 2009년 문천(汶川) 대지진이 발생한 뒤에 몽골의 수많은 기업과 개인이 중국 대사관에 가서 조문하고 성금을 낸 것을 두고 이러한 변화의 한 조짐이라고 평가하기도 했다.[1]

그러나 왕영춘이 진단한 것처럼 몽골인의 중국인에 대한 비우호적 태도의 원인을 중소관계의 악화나 중국 상인의 행동, 몽골 사회의 불안정성과 몽골인의 초원성 등으로만 돌릴 수는 없다. 보다 근본적 원인은 몽골인과 중국인의 역사적 인식의 차이에서 찾을 수 있다. 2006년은 대몽골국 건립 800주년으로 중몽관계에서 매우 중요한 한 해였다. 중국의 전 몽골 주재 대사인 가오수마오(高樹茂)가 "역사 담화(淡化)와 쟁의 각치(擱置), 공동 발전" 등을 위해 "칭기즈칸은 당신들의 것이고 또한 우리의 것으로 우리 모두가 칭기즈칸의 자손이니, 함께 발전해야 한다"고 말했다가, 몽골의 매체에 의해 대국사문주의적(大國沙文主義的) 표현으로 규탄되고 가장 환영을 받지 못한 외국인의 한 명으로 비판받았다고 한다.

왕영춘은 자기의 몽골 친구가 역사에 대해 이야기하면서 반복적으로 '정복 왕조'라는 개념을 사용했다고 증언했다. "몽골은 원대에 중국을 정복했는데, 왜 현재 중국이 몽골의 일부분이라고 말하지 않는가." 몽골인의 이 같은 역사관의 서사(敍事) 모델은 모두 그 국가박물관 안에 있다. 박물관이 반영하는 역사관은 중국 민족의 대일통사관(大一統史觀)과 달리 몽골인은 자기가 중화민족의 일부분임을 부인한다. 몽골국가박물관의 전시관에서는 자기 국가의 역사를 흉노제국, 선비제국, 유연제국, 돌궐인이 건립한 돌궐제국·남돌궐(藍突厥)제국·위구르(維吾爾)제국 및 최후의 몽골제국, 만족 통치하의 몽골, 혁명 전야의 몽골, 공산주의 시기

1 王穎春,「蒙古的歷史觀」,『世界之窓』2010-3, 43頁.

의 몽골, 민주화 후의 몽골 등의 순서로 설명하고 있는데, 몽골국가박물관 전시관의 이러한 역사 배열 순서는 참관자에게 몽골국은 예로부터 중앙아시아 각 제국의 합법적 계승자이고 역사상 각 제국의 통치자는 몽골인의 직접적 조상이거나 몽골인과 천사만루(千絲萬縷)의 관계를 갖고 있음을 말하려 함이 분명하다. 2천 년 이래로 중앙아시아의 거주자와 건국자 및 통치자의 후대는 곧 현재의 몽골인이라는 것이다.

몽골국가박물관은 사람들에게 몽골인의 국가적 정통성뿐만 아니라 외래 통치자에 대한 태도도 보여준다. 만주인이나 중국인은 여기에서 하나의 침략자로 평가되어 비판되었다. 왕영춘은 "만청이 내·외몽골을 지배한 기간이 300년이나 되어 소련이 간접적으로 '통치'한 70년에 비해 훨씬 더 길었지만, 몽골국가박물관의 제5전시관에서는 '만족 통치하의 몽골'이 '공산주의 시기의 몽골' 전시관의 3분의 1에 지나지 않고, 몽골에 대한 청조의 잔폭 통치에 대해서는 크게 진술하면서 소련의 잔폭한 몽골 통치에 대해서는 가볍게 묘사했다"고 불만을 드러내면서, "역사상 매우 긴 시간 동안 몽골은 일찍부터 중국의 일부분이었다"는 자신과 중국인 일반의 몽골사관을 토로했다. 이 짧은 문장은 중국인과 몽골인의 역사인식이 어떻게 다르고 이러한 역사인식의 차이가 어떠한 현실을 초래했는가를 여실히 잘 보여주고 있다.

2. 몽골사 논쟁의 경위

몽골인과 중국인 사이의 역사 논쟁은 1911년 몽골인의 독립 선언으로 거슬러 올라간다. 청은 만주인이 막남(漠南)과 막북(漠北) 및 서부의 몽골을 차례로 복속시키고 중국까지 아울러 지배함으로써 성립된 '통합 국가'였는데, 1911년 중국인의 민족 혁명에 의해 붕괴되자 몽골인은 독자적인 별개의 국가를 건립하겠다고 선언했다. 그러나 신해혁명을 주도한 쑨원(孫文) 등은 한족, 만주족, 회족, 장족, 몽골족 등 5개 민족이 공화(共和)하자는 오족공화론(五族共和論)을 제기하며 중화민국이란 새 국가에 몽골인이 함께 참여하기를 기대했다. 결국 양자 간의 상이한 기대는 양자가 함께 국가를 구성하고 있었던 '만청'의 국가적 성격에 대한 서로 다른 이해의 차이점을 불가피하게 부각시켰다. 중국인은 몽골의 독립 선언이 소련의 사주와 선동에 의해 이루어진 사건으로 규정했고, 몽골인은 만몽 연합 정권이 붕괴된 이상 중화민국에 참여해야 할 의미가 없다면서 독립 선언이 자신의 주체적 역량과 의지에 의해 이루어졌음을 강조했다. 따라서 1911년 만청이 붕괴되고 몽골이 독립을 선언함으로써 몽골인이 중국인·만주인과 함께 참여한 '만청'이란 국가가 어떠한 성격의 국가였는지, 몽골의 역사가 중국의 역사와 어떠한 관계를 갖고 있었는가 하는 문제에 대한 쟁의는 필연적인 것이 되었다.

중국인은 1911년 몽골이 독립을 선언하자 티베트에서 동투르키스탄을 거쳐 내·외몽골로 이어지는 영토의 벨트가 중화민국의 지도에서 사라지게 되는 상황에 직면하게 되었다. 이로 인해 중국인은 몽골이 독립하는 논리적 근거, 즉 만주와 몽골의 통합 국가라는 만청의 성격에 대한 논리적 투쟁을 준비하지 않을 수 없게 되었고, 이러한 과정에서 출현한 것이 이른바 '통일적 다민족국가론'이다. 중국인은 "몽골제국과 대원제국은 중국 최초의 '통일적 다민족국가'였고, 북원과 명은 별개의 민족국가가 아닌 대원의 영토에서 일어난 남북 정권이며, 몽골제국 및 대원제국의 영토는 '통일적 다민족국가'의 역사적 영토이다"[2]라는 명제를 발명했다.

통일적 다민족국가론은 중국의 역사학계에서 두 차례의 대토론회를 거쳐 확립되었다. 제1차 대토론(1950~1960년대)에서는 "지금의 중국 영토 크기가 역사상 중국 영토의 크기"라는 입장의 백수이(白壽彝)와 하자전(何玆全)의 주장과 '현재의 시각'과 '과거 역사 단계에서의 시각'을 구별하여 "소수민족과 정권이 한족과 융합되거나 한족 왕조에 통일된 이후에야 중국 민족 역사의 일부가 된다"는 손조민(孫祚民)의 주장이 서로 대립했는데, 중국공산당이 1911년부터 기대해온 몽골 민족의 처리에 대한 이론적 정립을 대변한 전자의 의견이 이후 1980년대부

2 박원길, 「중국의 몽골역사 해석과 인식」, 『10-18세기 북방민족과 정복왕조 연구』(동북아역사재단, 2009), 131쪽.

터 적극적으로 논의된 통일적 다민족국가론의 이론적 토대로 제의되었다.

제2차 대토론(1970년대 말~1980년대 말)에서 몽골을 중심으로 한 통일적 다민족국가론의 이론이 논리적으로 완성되었다. 이 토론에서 주도적 역할을 한 양건신(楊建新)은 1980년 『남개대학학보(南開大學學報)』에 발표한 「통일적 다민족국가 형성의 문제(統一的多民族國家形成的問題)」라는 글에서 한족만을 중화민족으로 보던 기존의 역사인식을 버리고 몽골이나 여진 등도 수용하여 '통일적 다민족국가론'이라는 영토나 민족의 이론적 틀을 만들어야 한다는 필요성을 제시했다. 그가 제창한 이론을 수용한 담기양(譚其驤)은 1981년에 개최된 '중국민족관계사학술좌담회(中國民族關係史學術座談會)'에서 다음과 같은 여섯 가지 원칙을 제시했다. ① 중원 왕조의 영토만을 역사상 중국의 범위로 삼아서는 안 되며, ② 청조가 통일을 이룩한 이후 1840년대 아편전쟁 이전 시기의 중국 영토를 기준으로 삼아야 하며, ③ 수백 년이 되었든 수천 년이 되었든 이 범위 내에서 활동한 민족·정권은 모두 중국 역사상의 민족·정권이며, ④ 수천 년 동안의 역사 발전을 통해 자연적으로 형성된 전체 중국이 '역사상의 중국'이며, ⑤ 현재의 중국 영토는 최근 100여 년간 자본주의 열강, 제국주의 침략으로 일부가 잘려나간 결과이기 때문에 '역사상의 중국 영토'를 대표할 수 없으며, ⑥ 역사적으로 중국은 '역사상 중국' 범위 밖의 지역에 관여한 때도 이들 지역이 '역사상 중국' 범위 내에 있지 않지만 몇 개 '중국 왕조의 영토' 내에 있었던 것은 분명하다는 점도 인정해야 한다. 담기양의 제의는 중국공산당이 1911년 이래 요구해온 주변 소수민족 통치원리 및 영토 관련 문제를 처리할 수 있는 해답으로, 몽골 문제의 해결을 위해 처음으로 적용되었다.[3]

중국인은 통일적 다민족국가 이론이 서서히 틀을 잡아갈 무렵인 1979년에 중국몽골사학회(中國蒙古史學會)를 창립하고 그 상징으로 세계를 제패한 칭기즈칸을 중국인의 영웅으로 화려하게 부활시켰다. 1979년 직전까지 극악한 봉건 파쇼로 지목된 칭기즈칸이 정식으로 복권된 데는 통일적 다민족국가론이 직접 작용

---

3 박원길, 「중국의 몽골역사 해석과 인식」, 140-144쪽.

했다. 통일적 다민족국가론에 입각한 몽골 역사 서술도 지속적으로 생산되었다. 몽골족간사편사조(蒙古族簡史編寫組)의 고문덕(高文德) 등이 저술한 『몽골족간사(蒙古族簡史)』(呼和浩特: 內蒙古人民出版社, 1985), 내몽골사회과학원 역사연구소의 유금소(留金鎖) 등이 편찬한 『몽골족통사(蒙古族通史)』 상·중·하 3권(北京: 民族出版社, 1991), 동방민족망(東方民族網. www.e56.com.cn)의 『전자판 몽골족통사』(北京: 民族出版社, 2001), 오르도스(鄂爾多斯)시 몽골민족통사위원회 맹광요(孟廣耀) 등의 『몽골민족통사』(2002), 태역적올척-만창(泰亦赤兀惕-滿昌) 주편의 『10권본 몽골족통사』(瀋陽, 遼寧民族出版社, 2004), 유금소 주편의 『(회화본)몽골족통사』(2004) 등이 그것이다.

이 가운데서도 특히 『몽골족통사』(1991)는 통일적 다민족국가론 형성의 기념탑과도 같은 것으로, 이후 몽골족 역사를 기술할 때는 반드시 표준 교재로 삼아야 하는 일종의 지침서가 되었다. 1989년 소련이 붕괴하자 그 산하에 있던 각국은 민족 자주의 물결 아래 독립을 쟁취했는데, 이러한 분리·독립 및 민족 자주화의 물결은 내몽골에 영향을 미쳤다. 이러한 정치적 분위기 속에서 1991년 내몽골사회과학원 역사연구소에서 출간한 『몽골족통사』는 「전언(前言)」에서 "쿠빌라이칸은 중원 평정을 거쳐 대리(大理)와 토번을 정복하여 중국 역사상 전례가 없는 통일적 다민족국가를 건립했다.…몽골 민족의 역사에서 원나라의 건립 및 통일 대업의 실현은 몽골족만이 아니라 전국 기타 민족의 발전에 아주 중요한 작용을 했다. 통일적 다민족국가의 건립으로 각 민족 간의 경제·문화 교류에 큰 힘을 수었다.…1368년 원조의 멸망 후 몽골 통치자는 명조와 남북 대치의 상태를 이루었다. 이 양자의 관계를 중국과 외국의 관계로 보지 말고 중앙과 지방의 관계로도 보지 말고 원나라 멸망 후 중국의 영토상에서 병존하는 두 개의 독립된 정권으로 보아야 한다"고 했다. 통일적 다민족국가론에 철저하게 입각하여 저술된 이 책은 북원과 명의 관계를 남북조 관계로 보는 시각을 제시하기도 했다. '몽골의 영토는 중국의 영토'라는 논리의 이러한 주장에 대해 당연히 몽골국은 강하게 반발했지만, 중화인민공화국은 "학술 활동일 뿐 중국 정부의 공식 입장은 아니다"라는 말로 직접적 논쟁을 회피했다. 그 대신 2001년 전 세계에서 누구나 열람할 수 있는 『(전자판)몽골족통사』를 출간하여 몽골사에 대한 중화인민공화국의 공식적 견해를 명확하게 표명했다.

2002년 내몽골의 오르도스시의 몽골민족통사위원회가 출간한 5권 6책의 『몽골민족통사(蒙古民族通史)』는 『인민일보』 해외판에 의해 "위로는 몽골민족의 형성으로부터 아래로는 내몽골자치구의 건립에 이르기까지 몽골민족이 중화민족의 일원이며 중국 역사의 발전 과정에 끼친 작용과 지위를 객관적이고 진실하게 밝혀냈다"는 적극적 평가를 받았다. 2004년에 한문 4권, 몽골문 6권으로 발간된 10권본의 『몽골족통사』의 「서문」에서 "중화민족은 다민족으로 구성된 통일적 대가정으로…몽골민족은 수천 년의 역사 발전 과정에서 중화민족의 역사 발전이나 문화의 번영에 큰 공헌을 했다"고 하여, 이 책이 '통일적 다민족국가론'의 결정판임을 선언했다. 이러한 책들은 이후 몽골 역사를 기술하는 모든 논술에 표준적 교재 역할을 수행했다.[4]

1939년부터 1954년까지 있었던 칭기즈칸 의관총의 이동은 '역사가 정치에 복무'할 수 있음을 중국인에게 가르쳐준 사건이었다. 원래 내몽골 오르도스 지역에 있던 칭기즈칸의 의관총인 '나이만 차강 겔(여덟 채의 흰색 겔)'은 모든 몽골인의 역사적 상징이었는데, 1932년부터 만주와 동몽골로 진출한 일본 제국주의 세력과 중국 국민당 정권이 몽골에 대한 지배권을 얻기 위해 서로 다투는 과정에서 쟁탈의 대상이 되었다. 나이만 차강 겔은 1939년 강지르오보오(甘德爾敖布)를 떠나 남쪽으로 이동하여 감숙성 흥륭산(興隆山)에 안치되었다가, 1949년 국민당군에 의해 청해성 황중현(湟中縣) 탑이사(塔爾寺)로 옮겨졌고, 중화인민공화국 때인 1954년에 비로소 원래의 소재지인 강지르오보오로 되돌아갔다. "나이만 차강 겔은 중국공산당과 국민당 모두에게 역사의 중요성과 실질 점유의 필요성을 일깨워준 사례였다. 즉, 몽골을 소유하기 위해서는 소유를 위한 논리적 근거를 마련하고 지켜야 한다는 것을 알려준 실례였다."[5]

중국이 몽골의 귀속을 놓고 다툰 두 번째의 상대는 소련이었다. 몽골인민공

4 박원길, 「중국과 북방공정-코빌라이칸의 꿈을 빼앗긴 몽골」, 『한국·중국·일본과 몽골: 한중일의 초원을 향한 꿈』(소나무, 2013), 226-265쪽.

5 박원길, 「중국의 몽골역사 해석과 인식」, 136-138; 박원길, 「중국과 북방공정」, 214-220쪽.

화국과 내몽골자치구의 역사 주권 문제를 둘러싸고 중화인민공화국은 1947년부터 소련과 날카롭게 대립했다. 소련의 지원을 받고 출범한 몽골인민공화국은 1949년 중소우호동맹조약의 체결로 독립적인 지위를 부여받았지만, 중화인민공화국은 여전히 중화민국 이래의 '타이완과 외몽골을 포함한 것이 중화민국의 영토'라는 영토관을 포기하지 못하고 각종 담화나 역사 기술을 통해 노골적으로 표현했다. 특히 1969년 우수리 강의 '다만스키섬(珍寶島) 중·소 영토 분쟁 사건'이 발생한 이후 국경 문제가 해결되는 1991년까지 이러한 양국의 대립적 분위기는 지속되었는데, 이 무렵 몽골인민공화국의 대표적 역사학자들이 중화인민공화국의 몽골 역사 '왜곡'을 반박하는 글을 실명 또는 가명으로 종종 발표했다. 그러나 1990년대 이후에는 중화인민공화국 학자들의 활동에 대한 몽골국 학자들의 대응이 예전에 비해 아주 미약해졌다. 1992년 사회주의 체제에서 자본주의 체제로 전환하면서 연구 환경이 많이 열악해지고 한문과 내몽골 몽문 자료를 활용할 수 있는 연구 인력이 대거 퇴진한 상황에서 그 원인을 찾을 수도 있겠지만, 무엇보다도 몽골과 중국의 우호적 외교관계가 복원되고 중국 경제에 대한 몽골의 의존도가 크게 증대된 것이 가장 큰 요인으로 꼽힐 수 있을 것이다.[6]

그러나 중국의 몽골사 공정에 대한 몽골인의 비판적 대응이 약화되는 상황에서 타이완에서 독립을 추진하는 움직임이 전개되어 몽골인을 자극했다. 2004년 타이완의 총통 천수이볜(陳水扁)이 타이완 독립을 위해 신헌법을 제정할 것을 주장했는데, 그 논거로서 중화민국의 구헌법에서 '대륙과 타이완, 외몽골을 포함한 것이 중화민국의 영토'라고 규정한 조항이 외몽골의 독립으로 인해 사실상 사문화되었음을 지적한 것이다. 이에 중화인민공화국은 2005년 반국가분열법을 제정해 타이완 독립을 원천봉쇄하고 나섰지만, 2007년 천수이볜은 1국가 3체제를 인정한 중화민국의 영토 조항에서 이미 외몽골이 몽골국으로 독립했기 때문에 일국양제를 주장하는 중화인민공화국의 논리는 중화민국의 헌법에 의거하고 있는 타이완에는 적용될 수 없다고 반박했다. 이러한 타이완과 중화인민공화

6 박원길, 「중국과 북방공정」, 270-271쪽.

국의 영토 논쟁에 자극을 받은 몽골국은 2006년 7월 11일에 행해진 나담 행사에서 '칭기즈칸제국 성립 800주년 행사'를 거창하게 개최한 뒤 칭기즈칸이 중국인이 아닌 몽골인이라는 것을 세계에 공포했다. 그리고 수흐바아타르 광장이 내려다보이는 몽골 정부청사 앞에 칭기즈칸과 오고타이칸·쿠빌라이칸의 동상을 세워 중화인민공화국의 북방공정에 냉소적 태도로 대응했다. 아울러 정부의 입장을 대변하는 몽골국 과학아카데미 역사연구소를 통해 칭기즈칸제국 성립 800주년 기념 성과물로 『몽골의 원나라』와 『몽골의 알타오르도』, 『몽골의 차카타이국』, 『몽골의 일칸국』 등의 책들을 출간하여 대몽골제국은 칭기즈칸이 제국의 탄생을 선포한 1206년부터 4대 칸인 몽케칸이 사망하는 1259년 8월까지라는 것을 분명하게 밝히고 몽케칸이 죽은 뒤 각지에서 성립된 4개의 제국을 후계 제국으로 규정했는데, 이 책들의 제목 자체가 그 같은 논지를 충분하게 반영했다.

몽골인은 1260년 쿠빌라이에 의해 수립된 대원제국의 성격을 대몽골제국의 후계 제국으로 규정한 뒤 원나라의 역사는 몽골의 지배사라는 입장을 분명히 하고, 대몽골제국과 4개 후계 제국이라는 분류는 몽골 역사학자들의 일치된 입장이라는 것을 강조했다. 몽골 정부나 학자들의 이 같은 대응은 원나라가 '통일적 다민족국가'의 시작이라는 중국인의 주장을 일축하는 것으로, 중국의 이른바 '북방공정'이 몽골국을 흡수해 중화인민공화국의 한 지방으로 만들기 위해 그 논리의 타당성을 대외내적으로 선포하는 사전 작업으로 의심하는 우려의 표현이었다. 중국에 대한 경제적 의존으로 인해 현실적으로 매우 제한적이기는 하지만, 중국의 몽골사 '왜곡'에 대한 몽골인의 저항은 지속적으로 진행되고 있다.[7]

통일적 다민족국가론에 입각한 중국인의 몽골사 서술과 이해에 대해 몽골인은 매우 불쾌하게 생각하며 그 정치적 의도를 의심했다. 그 대표적인 예로서, 수흐바트르와 함께 「마오주의자들의 몽골 역사 왜곡 훼손 사실」을 비판한 페를레는 "중국, 특히 주변국의 역사를 제멋대로 왜곡하는 많은 논문이 최근에 중화인민공화국에서 주로 출판되고 있다. 중국 역사를 의도적으로 왜곡하여 훼손하는

7 박원길, 「중국과 북방공정」, 272-275쪽.

소행은 '마오긴한'의 역사 출판물의 한 특징이며, 그것은 우연이 아님을 우리 역사가들은 반복해서 확인했다"고 하면서, "마르크스주의 역사 연구의 중요한 목적 중 한 가지는 역사적 사실을 왜곡하는 모든 노력에 대항해 싸우는 것이다. 이는 진정한 역사가의 소중한 사명이다"라고 결의를 다졌다. 페를레가 말하는 '마오긴한'이란 '마오(毛)의 족속'이란 뜻으로 '마오쩌둥주의자'를 일컫는 몽골어다. 페렐로는 "마오주의 역사가들이 역사적인 사실을 설명할 때 말로는 마르크스주의적 입장에서 접근한다고 하지만 사실상 본 입장과는 달리 역사적 근거자료를 무례하게 왜곡하고 있음을 보여주고 있다"고 비난하면서, "이들이 쓴 논문들은 마치 한 사람이 쓴 것처럼 서로의 핵심 주장을 반복하고 어떤 부분은 글자 하나도 다르지 않고 동일하다"고 지적하고, 이는 '통일적 다민족국가'라는 북경 정부의 임의적 지시와 관련되어 있다고 주장했다. 그는 북경 정부의 공식 신문인 『인민일보』의 1969년 10월 8일자에 게재된 중화인민공화국 외교부 문서에서 "중국은 2000년 전에서부터 통일적 다민족국가였다"라는 임의적 주장을 마오쩌둥주의 역사가들이 '증명'하려는 의도로 발표했음을 강조했다. 그는 "마오쩌둥주의 역사학자 및 기자들은 중화인민공화국, 몽골인민공화국 및 기타 국가들의 일반적으로 알려진 역사를 마음대로 왜곡하여 설명하고 있다. 이러한 것의 진정한 이유는 중국 마오쩌둥주의자들의 정책 및 그것을 시행하려는 목적과 직접 연관성이 있는 것이 틀림없다.…우리가 살펴본 마오쩌둥주의 역사가들의 논문 내용과 목적은 북경 정부의 몽골인민공화국 국토에 대한 욕심, 그들이 우리나라의 독립을 방해하려고 준비한 위협과 불화를 변명할 의도로 썼을 뿐만 아니라 몽골·소련의 역사를 왜곡하고 있는 것으로서, 역사학자들뿐만이 아니라 국가의 자유·독립을 소중하게 여기는 일반 국민까지 소름끼치게 만들고 있다. 몽골의 역사에 대한 이러한 논문들은 '2000여 년 오랜 기간의 통일적 다민족국가 중국'이란 임의적 주장을 억지로 '증명'하기 위한 것으로, 러시아 및 몽골, 또는 중국의 다른 이웃나라들에 대한 억지스러운 접근이다"라고 주장했다. 마지막으로 위에서 언급한 중국 학자들의 논문이 준거한 주요 방법이 역사주의 원리에 어긋난 현재화이며 핵심 개념은 중국 패권주의 사상이기도 하다는 사실을 적시했다. 그는 "현재 중국에서 역사를 주제로 게재되고 있는 논문들의 주요 특징은 역사적 사실을 중국 패권주의 사상에 기반을 두고 현재적 관점에서 설명하는 것"이라고 하면서, "이들 논문들은 마르크스주의 역사학에 어긋나는 것이며, 역사 기록의 긍정적인 면을 무시하고 부정적인 면을 이용해 끈질기게 임의적으로 변명하기 위해 쓴 것이라"[8]고 비판했다.

한편 『마오이즘, 마오주의자』란 책을 저술한 유 체덴발도 중국의 마오쩌둥주의자들의 정책에 대해, "마오의 패권주의 사상은 중국과 인접한 국가들에게 위험하다…장제스(蔣介石) 등 중국의 군국주의자들로부터 이어온 제국주의적 식민지화 의도는 몽골인민공화국에 대한 중국 정부 정책과 음모 행위의 기초가 되고 있다"[9]고 주장했다. 그는 "북경 정부는 몽골인민공화국의 중심을 겨냥해서 군사력을 강화시키고 있다. 또한 우리 국경을 따라 중요한 부분에 군사전략적 방침을 세우고 도로 및 육교를 건설하며 국경까지 텔레폰과 텔레그래프 선을 연결하고, 우리 국경의 코앞까지 와서 장기간 군사훈련을 하고 있다"[10]고 말하기도 했다.

3. 몽골 고대사의 범위

몽골인과 중국인의 몽골사에 대한 인식의 차이는 몽골제국 성립 이전의 역사에 대한 서술에서부터 분명하게 드러난다. 페를레는 1960년대부터 마오주의자들이 몽골 역사를 왜곡한 사례를 몇 가지 적시했는데, 그 한 예로 북경 정부 훈령이자 정부 중앙부서 기관지인 『홍기(紅旗)』 1974년 제5호에 양효(梁效)가 발표한 「『염철론』을 읽고－서한 중기 유법 양가의 일장 대논전(讀『鹽鐵論』-西漢中期儒

8 페를레(Damdin Perlee), G. 수흐바트르, 「마오주의자들의 몽골 역사 왜곡 훼손 사실」, 『몽골 과학 아카데미 소식』, 1976-3, 126-137쪽.

9 유 체덴발, 『마아오즘, 마오긴한』 II(울란바토로, 1975), 10, 13쪽.

10 유 체덴발, 『마아오즘, 마오긴한』 II, 17쪽; 페를레·수흐바트르, 「마오주의자들의 몽골 역사 왜곡 훼손 사실」, 136쪽.

法兩家的一場大論戰)」[11]이라는 논문에서는 중국의 황제 무제가 흉노국을 침략한 공격적인 전쟁을 정당화하여 공정한 전쟁이었다고 주장하고 흉노족을 중국의 소수민족의 하나였던 것처럼 왜곡하여 기술했다고 한다. 페를레는 이 논문이 북경 주둔군 제6사령부의 이론 활동지인 『인민일보』 1974년 5월 18일에 필자의 이름만 표시하지 않은 채 그대로 다시 게재된 것으로 보아 "양효의 논문은 지시성 문서였던 것으로 보인다"[12]고 했다. 몽골의 역사를 중국 역사의 일부분처럼 왜곡하여 설명하는 것은 단지 마오주의 역사가의 개인적인 관점의 문제가 아니라 북경 정부의 정책에 그 기반이 있음을 보여주는 것이라고 의심되었다.

이러한 몽골 학계의 의심은 『인민일보』의 1969년 10월 8일자에 게재된 중국 외무성 문서에서 "중국은 2000년 전부터 통일적 다민족국가였다. 따라서 그 후 아무리 지배 정부에 변화가 있었고 어떤 민족이 지배를 했다고 해도 중국은 세계 속에서 다민족국가로서 그대로 존재해왔다"라고 하여, 중국이 2000여 년 동안 다민족 통합 국가가 아니었던 적이 없다고 한 주장에 직면하여 더욱 확고해졌다. 페를레는 "북경 정부가 '통일적 다민족 중국'이라는 가설을 공식화하기 위해 공권력의 이름으로 공식적으로 선언함으로써, 확인 가능한 어떠한 역사적 사실도 없이 아무런 연관성이 없는 것들이 어쩔 수 없이 권력에 의해 '증거'처럼 제시되고, 모두 하나같이 필자의 이름을 표시하지 않은 채 복제한 글들을 게재하게 된 것"[13]으로 보았다.

그러나 "우리는 다민족 통합 민족이다. 흉노는 역사를 통해 볼 때 우리나라와 하나의 민족이다"라는 중국인 역사학자들과 달리, 몽골인은 "흉노는 중국의 한나라와 대등하게 맞섰던 아시아의 거대한 제국 중 하나였다. 중국의 한나라는 기원전 198년 흉노국을 스스로 대적하는 나라로 인식하고 두 나라의 국경을 중국의 만리장성으로 정하였다"고 생각한다. 그 대표적 학자로서 수흐바트르는 「흉노족 사회구조에 대한 문제로부터」란 논문에서 "흉노족은 중국과는 전혀 다

11 『紅旗』 19974年 1月 6日, 394頁.
12 페를레·수흐바트르, 「마오주의자들의 몽골 역사 왜곡 훼손 사실」, 126쪽.
13 페를레·수흐바트르, 「마오주의자들의 몽골 역사 왜곡 훼손 사실」, 126쪽.

른 나라이자 정권을 가진 유목민족이었다"고 주장하고, 흉노와 중국 간의 독립적 역사 관계를 상세하게 논했다. 페를레에 의하면, 마오주의자들은 '통일적 다민족 중국'론을 증명하기 위해 2000여 년 동안 중국 제국이 전쟁을 치르면서 간섭해온 모든 지역 민족을 오늘날 중국의 국민이라고 보고 있다. 예를 들면, 중국의 한·당·몽원·만청의 침략에 노출되어 있던 사람들을 모두 중국이라고 봐야 한다는 것이다. 한 예로, 중국인 학자들은 준가르 몽골과 그 지도자인 갈단칸 등을 중국의 일부로 이해한다. 그러나 몽골 역사학자들은 "중앙아시아 유목민은 중국이 아닌 다른 지역 유목민의 생활방식을 가지고 있었고, 매우 이른 시기부터 정치제도를 가지고 있는 사람들이었다. 이러한 유목민 중 한 부류인 몽골인은 모두 흉노 시대부터의 국가 윤리 전통을 지침으로 정하고, 지금까지의 역사 발전에 있어 스스로 독립하여 발전을 거듭해온 것이다"[14]라고 생각한다.

그러면 중국인은 몽골제국 이전의 북방 민족사를 어떻게 취급하고 있는가. 중국 학자들은 실제로 흉노와 선비, 유연, 돌궐, 회골, 거란(일부 여진 포함)의 역사를 통째로 중국사의 범주에 포함시켜 서술하고 있다. 예컨대 『몽골족간사』는 제1장 제1절에서 「몽골족 흥기 이전 중국의 북방 민족(蒙古族興期以前中國的北方民族)」이라는 제목 아래 이 시기를 다루고 있는데, 제목에서도 알 수 있듯이 흉노에서 여진에 이르는 모든 유목민을 '중국의 북방 민족'으로 기술하고 있다. 여기서 말하는 중국의 북방은 물론 오늘날 만주 일대와 몽골고원을 가리킨다. 몽골 흥기 이전 몽골 초원의 역사를 중국사로 단정하고 있는 점은 『몽골족간사』의 흉노사 서술에 잘 나타나 있다. "흉노 수령 묵특(冒頓)은 중국 역사상 첫 번째 유목 국가를 건립했다. 흉노 국가의 출현은 우리나라 북방 민족사 발전에 심대한 영향을 미쳤다."[15] 『몽골민족통사』에서는 흉노에서 거란에 이르는 북방민의 역사를 '제족(諸族) 정권'이라고 기술하고 있는데, 이 말 속에는 중원에 세워진 왕조를 정통

14 『몽골인민공화국 역사』 상(울란바토로, 1966); 『몽골인민공화국 역사』 하(울란바토로, 1968); G. 수흐바트르, 「흉노족 사회구조에 관한 문제로부터」, T. H. 페스치, 『역사연구』(울란바토로, 1975) 13-21, 143-176쪽.

15 蒙古族簡史編寫組, 『蒙古族簡史』(呼和浩特: 內蒙古人民出版社, 1985), 2-3頁.

으로 보고 주변 이민족이 세운 국가에 대해서는 독립적인 실체로 인정하지 않고 중앙 정부의 하위 또는 종속 정권으로 보고 있다는 생각이 담겨 있다. 이러한 관점은 현재 중국에서 사용되고 있는 중·고등학교 역사교과서에도 그대로 반영되어 있다. "흉노 부락연맹은 묵특이라는 걸출한 인물의 영도 아래 몽골고원에서 처음으로 비교적 성숙한 정권인 흉노 선우국(單于國)을 건립하여 우리나라 북방 유목민족 문명의 대문을 열었다.…그후 몽골칸국 성립 전까지 우리나라 북방 민족인 선비, 유연, 돌궐, 설연타(薛延陀), 회골, 거란 등이…강대한 정권을 건립했다."[16]

이 논리에 따르면 북방민이 한족에 융합되었기 때문에 흉노를 비롯한 그 후 북방민의 역사는 중국사가 되어야 한다. "기원전 221년에 진왕(秦王) 영정(嬴政)이 6국을 겸병하고 우리나라 역사상 중원 지구를 중심으로 첫 번째 통일 대업을 완성했다. 이와 거의 동시에 흉노족 묵특이 몽골고원을 중심으로 통일 대업을 실현했다. 양자는 장성을 경계로 남북에 거주하고 부단히 정권 내부를 정비했다. 이렇게 하여 중국 대지에 정치제도가 다른 2개의 통일 정권이 출현했다"[17]라고 아예 흉노를 한과 똑같이 중국 땅에 출현한 정권이라고 기술하고 있다. 그리고 기원전 53년 호한야(呼韓邪) 선우의 한에의 투항을 2개의 통일 정권의 귀일을 상징하고, 이렇게 하여 중원의 농업지구와 몽골고원의 첫 번째 만남, 즉 통합이 이루어졌다고 서술하고 있다.[18]

이러한 서술 내용은 당연히 몽골국이나 제3국에서 출간된 개설서의 서술과 정면으로 배치된다. 몽골의 자국사 서술에서도 몽골제국 이전의 유목민족사를 몽골사의 일부로 편입시켜놓기 때문이다. 몽골은 원래 흥안령(興安領) 북방에서 활동하다가 9세기 후반에서 10세기 전반에 현재의 몽골 초원으로 이주했다. 따라서 9세기 이전 몽골고원의 역사는 엄밀하게 말하면 몽골족의 역사는 아니다.

---

16 『蒙古民族通史』(蒙古大学出版社, 2003), 10-11頁.

17 『蒙古民族通史』, 26-27頁.

18 이평래, 「중국 학계의 몽골사 서술 분석」, 『중국 학자들의 소수민족 역사 서술』(동북아역사재단, 2008), 63-71쪽.

그런데도 대다수 개설서는 몽골사 또는 북방 유목민의 역사를 서술하면서 고대 유목 국가라는 제목으로 몽골족 흥기 이전의 역사를 다루고 있다. 예컨대 몽골국에서 출판된 『몽골사』 제1권[19]은 2부로 구성되어 있는데, 그중 제2부는 '몽골에서 흥기한 초기·중기 국가들'이라는 제목 아래 흉노에서 거란에 이르는 고대 유목국가의 역사를 다루고 있다.[20] 이처럼 몽골국의 역사 서술도 선사 시대 이래 몽골고원에서 이뤄진 다양한 유목민족의 활동을 그들의 역사 속에 포함시키고 있다는 점에서 중국의 역사 서술과 유사한 입장을 취하고 있다. 이러한 역사 인식은 몽골의 저명한 고대 사학자인 궁진 수흐바타르의 저서에서도 나타나는데, 그의 몽골 고대사 첫 권에서 흉노족의 경제, 사회조직, 문화, 민족과 언어를 다루고 있다.[21] 따라서 이후에 활동한 유연과 돌궐 및 회골 등이 건설한 국가들의 역사가 몽골사의 범주에 포함되는 것 역시 당연한 논리적 귀결이다. 몽골과학원역사연구소가 2003년에 출판한 5권짜리 『몽골국사』(울란바토로, 2003)의 첫 권도 흉노와 선비, 모용, 탁발, 오환, 유연, 돌궐, 거란 등 몽골 초원에서 활동한 모든 민족의 역사를 몽골국사 속에서 서술하고 있다. 곧 몽골국의 역사 서술도 오늘날의 국토인 몽골고원을 역사적 영토로 보고 몽골사의 독자적인 체계를 구성하고 있다는 점에서 중국의 국사 인식과 유사하다고 볼 수 있다. 다만 12세기에 등장하는 '소수민족 몽골민족'의 역사로서 서술하는 대신 흉노족의 활동부터 기술한다는 점에서 중국의 역사인식과 큰 차이를 보인다.[22]

몽골국에서 출간된 개설서와 중국에서 출간된 개설서 사이에는 또 다른 뚜렷한 차이가 확인된다. 전자가 몽골족의 역사와 그 이전 다른 유목민의 역사를 유목민족사라는 관점에서 계기적으로 서술하고 있는 데 반하여, 후자는 몽골사가 홍안령 북부에서 활동한 실위(室韋)의 역사에서 시작되었다는 사실을 강조함으로써 몽골과 그 이전 다른 유목민의 연계관계를 차단했다. 실위의 활동 영역은

---

19 D. Tsevendorj ed., *Mongol Ulsyn Tuukh, Terguun Bot'*, Ulaanbaatar: ADMON, 2003.

20 이평래, 「중국 학계의 몽골사 서술 분석」, 63-67쪽.

21 「흉노족의 경제, 사회조직, 문화, 族源」, 『몽골고대사연구』(Ulaanbaatar, 2000), 제1권.

22 이개석, 「13-14세기 東아시아 歷史像과 민족주의」, 『한-몽 역사학자들의 동북아역사인식』(동북아역사재단, 2008), 94-95쪽.

홍안령 북방으로 현재의 중화인민공화국 강역 안에 있기 때문에, 오늘날 몽골족으로 통칭되는 집단이 어디에 살고 있든 현재의 중국 땅에서 거주했고 중국에서 기원했기 때문에 몽골사가 궁극적으로 중국 땅에서 이루어진 중국사의 일부라는 설명이 가능하게 된다.[23] '통일적 다민족국가'의 논리를 여기서 다시 발견할 수 있다.

4. 칭기즈칸의 민족적 정체성

중국인과 몽골인 사이에 개재된 가장 큰 역사적 인식의 차이는 바로 칭기즈칸을 어떻게 인식하는가 하는 문제다. 몽골인은 말할 필요도 없이 칭기즈칸이 몽골인의 위대한 선조라고 생각하지만, 중국인은 '몽골민족'이 중화민족의 일부였듯이 칭기즈칸은 중국인이었다는 역사인식을 표현해왔다. 이에 대해 『위대한 칭기즈칸』이란 책을 저술한 몽골국립대학 외교학과의 G. 바타르는 「몽골제국, 칭기즈칸, 원나라, 쿠빌라이칸에 대한 중국 중학교 역사교과서의 기술에 대하여」란 글에서 "몽골 역사는 사실 중국 역사의 일부가 아니며 칭기즈칸은 중국인이 아니고 몽골인이었다는 것은 오늘날 일반적 상식을 가진 사람들이라면 누구나 분명히 알고 있는 사실이다. 그러나 일부 잔인하고 편협한 사고를 가진 사람들의 잘못된 정책으로 인해 이러한 생각이 지금까지 남아 있는 것은 유감스럽기 그지없는 일이다"[24]라고 비판했다. 「몽골제국사 연구와 중국학자들의 역사서술」을 소개한 울란바토르 대학교의 촐몬 역시 "칭기즈칸의 역사를 연구하는 중국 학자들은 두 가지 기본 원칙을 따르고 있는데, 하나는 대부분의 중국 연구자들은 칭기즈칸이 중국인이며 몽골족은 중국의 소수민족이라는 생각이며, 다른 하나는 칭기즈칸은 몽골의 칸이었으며 먼 옛날부터 만리장성 바깥이었던 몽골 영토에

23 이평래, 「중국 학계의 몽골사 서술 분석」, 63-67쪽.

24 G. 바타르, 「몽골제국, 칭기즈칸, 원나라, 쿠빌라이칸에 대한 중국 중학교 역사교과서의 기술에 대하여」, 『위대한 칭기즈칸』(울란바토르, Soyombo Printing 2009), 194쪽.

서 생활했다는 몽골 연구자들의 생각이다"[25]라고 했다.

중국의 유명한 역사가 주요정(朱耀廷)은 1991년 『칭기즈칸 전전(成吉思汗全傳)』이라는 저술을 발간했는데, 이 책은 2002년 몽골어로 번역되었다. 이 책에서는 칭기즈칸을 중국인 또는 중화민족이라고 직접 언급하지 않았지만, 책의 결론 부분에 중국의 소수민족으로 이해하는 표현이 있다. 예를 들면, "몽골인이 중국을 통일하기 이전에는 한 번도 소수민족이 중국 전체를 지배해본 적이 없다"(386頁)라든가, "몽골족의 강압은 조국의 통일을 염원하는 대다수의 중화민족 인민의 요구와 기대에 부응한 것이기 때문에 성공할 수 있는 가능성이 생긴 것이다"(389頁)라는 표현에서 인지할 수 있다. 2004년 8월 16일부터 20일까지 후허하오터(呼和浩特)의 내몽골대학에서 열린 '제4차 몽골 연구 국제학술간담회' 토론 석상에서도 주요정은 「칭기즈칸에 관한 몇 가지 문제에 대한 사견」을 발표했다. 이 글에서 칭기즈칸과 그가 건립한 국가의 귀속 문제를 언급했다. 그는 칭기즈칸은 중국인인가, 1206년에 그가 건립한 나라는 중국에 종속된 나라인가 아니면 독립국가인가라는 문제를 거론하고 "내가 보기에 칭기즈칸은 중국인이고, 중국 국경 내에 있는 몽골족은 중국 소속이다. 따라서 칭기즈칸은 (중국)국경 내외에 있는 모든 몽골민족의 공동 조상이다"[26]라고 말했다.

이외에도 이 논문집에는 칭기즈칸을 중국인으로, 대몽골국을 중국에 예속시키려는 관점에서 서술한 논문들이 많이 실려 있다. 구수삼(邱樹森)은 「칭기즈칸의 평가에 관한 몇 가지 문제」[27]라는 글에서, "칭기즈칸은 중국의 고대 몽골 통치자이며 몽골족은 중국의 소수민족이다. 몽골민족은 조상 대대로 중국의 영토에서 생활했으며 성장하고 발전했다. 칭기즈칸은 몽골의 칸이 아니라 중국 고대의 일개 소수민족(蒙古族)의 통치자였다. 역사적으로 몽골을 외국으로 볼 수 없다. 오늘날 몽골족의 대부분은 역시 중국 국경 내에 살고 있음을 기억할 필요가 있

25 촐몬, 「몽골제국사 연구와 중국 학자들의 역사서술」, 『한-몽 역사학자들의 동북아역사인식』, 61쪽.

26 『內蒙古大學第四次蒙古硏究國際學術懇談會資料輯』(呼和浩特, 2004年), 266頁.

27 『光明日報』, 1979年 9月 11日.

다.…쿠빌라이칸은 칭기즈칸의 업적을 이어받아 원조를 건립한 것은…한·수·당 왕조를 계승한 것이라고 보고 '선대의 황제를 계승하여 중원을 번영시킨다'고 했으며, 칭기즈칸을 원조의 '태조성무황제(太祖聖武黃帝)'로, 『원사(元史)』에는 '태조본기(太祖本紀)'에 기록했다. 칭기즈칸은 결코 원조를 건립하지 않았지만, 원조의 정치는 칭기즈칸과 깊게 관련되어 있는 것은 중요한 의미가 있는 것이 아닌가?…칭기즈칸이 유럽을 정복했던 때가 (우리 중국의) 가장 위대한 시기였다"[28]고 했으며, 칭기즈칸의 사당에서 출토된 책에는 칭기즈칸을 "중국의 강력한 영웅, 세계를 뒤흔든 역사의 위인 칭기즈칸의 사당"[29]이라고 적고 있다. 이 외에도 중국에서 출판된 몽골 역사 개설서나 중국의 역사 교과서, 위인전, 동화책 등 여러 종류의 서적에서 "칭기즈칸은 몽골족의 영웅이자 중국 역사를 빛낸 걸출한 인물이었다" 또는 "테무진 칭기즈칸은 중국의 고대 몽골에서 독점적인 지도자이며 정치가였다", "칭기즈칸은 중국 사람이었다"[30]고 기록함으로써 몽골인의 분노를 유발했다.

이처럼 칭기즈칸을 중화민족의 영웅으로 언급한 중국인의 문장에 대해 몽골인 학자 촐몬은 "역사적 진실을 얼마나 왜곡하고 있는지를 살펴보면, 역사를 지나치게 오늘날의 관점에서 고의적으로 해석하여 '몽골국'을 옛날부터 중국의 일부분이었다는 식으로 이해하려는 의도를 내포하고 있음이 명백하다. 역사적인 상황으로 인해 몽골민족은 러시아연방, 중화인민공화국, 미국 등 세계 각국에 살고 있는데, 그렇다고 해서 그 나라들은 칭기즈칸을 오늘날 자국에 살고 있는 몽골인의 조상이기 때문에 러시아인의, 미국인의 영웅이라고 말하지는 않는다"고 비판했다. 그는 "고대 시기인 기원전 3세기, 즉 흉노제국 시기부터 몽골과 중국 양국의 국경선은 만리장성에 의해 결정되었으며, 만리장성은 이따금 유목민의 공격으로부터 수천 년 동안 중국을 지켜주었음을 각 시대마다 양국의 역사가들이 기록했던 것은 역사적 진실이다. 만리장성 이남은 한 왕조의 황제가, 만리장

28 『成吉思汗關聯研究論文集』上·中·下(鄂爾多斯市 成吉思汗研究所, 2005), 13-14頁.
29 Wang Chuge 編, 『成吉思汗祠堂』(呼和浩特, 2003), 1, 14頁.
30 촐몬, 「몽골제국사 연구와 중국 학자들의 역사서술」, 61-62쪽.

성 이북은 인궁지국(引弓之國)인 흉노의 선우가 각각 통치한다는 것이 사료에 분명히 기록되어 있다. 이를 원칙으로 삼아 살다가 13세기에 몽골인이 강력해져서 칭기즈칸은 대몽골국을 건립하고, 더 나아가 역사에서 처음으로 중국을 정복하고 그의 자손들이 몽골제국을 건립하여 200여 년 동안 유지되다가 무너지게 되었다. 칭기즈칸의 손자인 쿠빌라이가 세운 원조는 중국을 정복한 몽골제국의 한 부분이었으며 1368년에 멸망했다. 이것을 (중국의) 소수민족이 국가를 통일한 사건이라고 볼 수는 없다. 세계 각국의 몽골 연구자들, 특히 그중에서 몽골의 역사학자들이 몽골국은 오랜 역사를 지닌 독립국이었음을 역사 연구를 통해 증명했음을 언급할 필요가 있다"고 주장했다. 그는 "역사 연구뿐만 아니라 역사 교육에서 진행되고 있는, 칭기즈칸을 중국인이라 보는 것을 수정한다는 것은 정치적으로 어려운 문제이고, 오로지 연구자들이 공동으로 연구를 진행하여 각각의 성과를 서로 이해하고 인정한다면 역사적 진실에 한 걸음 다가설 수 있다고 본다"[31] 고 전망하기도 했다.

5. 몽골제국사와 원조사(元朝史)

몽골인의 입장에서 볼 때 몽골제국의 출발 시점 역시 '한족 역사가'들이 '명백히 잘못된 접근'을 시도하는 주제의 하나다. 몽골 세계제국이 처음 세워지고 발전하여 대제국에 도달하는 과정을 몽골 학계에서는 일반적으로 크게 세 단계로 나누어 보고 있는데, 그 하나는 '몽골에 신흥 국가 또는 초기 국가가 세워진 시기'(206~1227), 그 둘은 '몽골제국 또는 발전한 국가가 성숙해진 시기'(오고타이칸, 몽케칸 시대: 1229~1259), 그 셋은 '몽골제국 발전 시기', 즉 몽골 세계 제국이 더욱 강화되고 원조와 일칸국, 알탄국 등이 상대적으로 독립적인 국가가 되어 정착해 간 시기다. 이러한 대제국들은 그곳에 존재하던 국가와 문화, 종교 등을 받아들

31 촐몬, 「몽골제국사 연구와 중국 학자들의 역사서술」, 63-67쪽; 한국-몽골 학술심포지엄 『동아시아 역사왜곡에 대한 국내외 비정부기관의 연계를 통한 해결 방안』(울란바토로, 2008), 68쪽.

여 그 속에 용해되었으며 북방 몽골의 원조가 무너진 뒤에는 본래의 땅으로 돌아갔으니, 이러한 시대를 원조가 존재했던 1260~1368년경으로 간주한다.[32]

몽골인은 몽골제국이 탄생한 해를 1206년으로 보고, 2006년에 몽골 전역에서 몽골제국 탄생 800주년을 기념했다. 이는 『몽골비사(蒙古秘史)』의 다음과 같은 기사에 근거한 것이다. "그때 신흥 국가를 정식으로 세우고 호랑이해에 오논 그곳에 모여, 아홉 다리 하얀 깃발을 세우고 칭기즈칸이라는 이름을 거기서 바쳤다."[33] 여기 쓰인 '호랑이해'란 곧 1206년을 말하는 것으로 해석되었다. 이 해에 칸이 유목민 몽골부족을 하나로 통일하여 스스로 진정한 나라의 칸이 됨으로써 통일 몽골국이 세워졌다. 이러한 사실은 몽골 일칸국의 재상이었던 라시드 앗 딘이 페르시아어로 쓴 『집사(集史)』의 다음과 같은 기술에서도 확인된다. "라브 자바긴 602년부터 시작되는 호랑이해는 평안과 행운으로 시작되어, 봄철이 되었을 때 칭기즈칸은 아홉 다리 하얀 깃발을 휘날리도록 명령하고 선조들의 큰 사업을 일으켰다. 이때 쿠릴타이에서 그에게 칭기즈칸이라는 칭호를 주었고, 그는 큰 의자에 앉았다."[34]

그러나 1985년 북경과 상해에서 출간된 한유림(韓儒林) 주편의 『중국대백과전서(中國大百科全書): 중국역사(中國歷史), 원사(元史)』(中國大百科全書出版社)는 중국 역사학계의 역량이 총 결집된 결과물로서 중국 역사가들이 공동으로 집필했는데, 이 책에는 다음과 같은 기술이 있다. "원은 중국 역사상 몽골족 지배자들이 세워 통일한 칸국이다. 1206년 칭기즈칸은 고비 지역의 북쪽에 나라를 세우고 몽골국이라고 이름 지었다. 1235년 오고타이가 카라코룸을 세우고 국가의 수도로 정했다. 끊임없는 전쟁을 치른 대몽골국은 아시아와 유럽에 걸친 지역을 다

---

32 바타르, 「몽골제국, 칭기즈칸, 원나라, 쿠빌라이칸에 대한 중국 중학교 역사교과서의 기술에 대하여」, 195쪽.

33 *The Secret History of the Mongols: A Mongolian Epic Chronicle of the thirteenth Century*, translated with a Historical and Philological Commentary by Igor de Rachewiltz. Volume One(Brill Leiden, Boston, 2004), p.133.

34 Rashuddin Fazlullah, *Jāmi` al-tawārīkh*[*Compendium of Chronicles. A History of the Mongols*], translated and annoted by W. M. Thackston, Part one(Harvard University Press, 1998), p.204.

스리게 된다. 알타이산맥 서쪽 방향으로 조치·차가타이의 토지와 훌러구이의 전쟁 후에 점령한 페르시아를 대칸의 관할 하에 두고 실질적으로 독립된 칸국이 되었다. 1260년 쿠빌라이칸이 즉위하고 한법(漢法)에 따라 전통 제도를 개선하여 개봉부(開封府)를 수도로 정하고 중앙 정부를 남쪽으로 옮겼다. 1271년 이진(占星學 이름)의 의미를 받아 국가 이름을 '대원(大元)'으로 개명했다. 다음 해는 '중도(中都)'를 대도(大都)로 정했다. 1276년에는 남쪽의 송을 멸망시켰다. 아홉 명의 칸이 재위했고, 1368년에 명의 군대가 대도를 공격하면서 원의 순제(順帝, 토곤 투무르칸)는 중앙 평원에서 퇴각하게 되었다. 이들의 후손이 한족의 북방에 아직 살고 있으며 같은 원의 왕위를 사용하고 있어 그를 '북원(北元)'이라고 불렀다. 명은 일찍이 원의 역사를 엮어 칭기즈칸이 나라를 세운 때부터 원의 순제가 북부 평원으로 후퇴한 시기(1206~1368)까지를 통틀어 '원'이라고 불렀다"(1頁).

이에 바타르는 "역사가가 아닌 일반인들은 표면만 보고 진실을 모른 채 간과하지만, 이 부분의 문장에는 상당히 상세한 사상적 성질의 문제들이, 오늘날 전 세계에 걸쳐 증명되고 있는 몽골 역사에 대한 관점이 추구하는 바와는 '다른' 요지의 역사관이 감춰져 있다. 1206년 이후로 칭기즈칸이 세운 대몽골제국까지 원나라의 역사에 포함시키고 있는 것이다"[35]라고 지적했다. 그는 이 책이 몽골의 4명의 대칸, 곧 칭기즈칸과 오고타이칸, 귀위크칸, 몽케칸 등도 마치 원나라의 군주인 것처럼 결론짓고 있음을 지적하면서, 한국 학자의 다음과 같은 문장을 인용하며 비판했다. "몽골의 네 명의 대칸은 중국식 연호로 즉위 연도를 표시하지 않으며 사용하려는 생각도 없었다. 또한 중국 역사를 기술하면서 원나라 군주에게 왕위를 부여한 것은 그들 자신이 몽골국의 대칸(大汗)이라는 관점이 담겨 있다. 그저 중국식 왕위 부여인 것처럼 한족 사람들에게 설명하기 위해 꾸며낸 행위에 지나지 않는 것이다."[36]

35 바타르, 「몽골제국, 칭기즈칸, 원나라, 쿠빌라이칸에 대한 중국 중학교 역사교과서의 기술에 대하여」, 196쪽.

36 김장구, 「중국사 연구자들의 元代史 연구와 '蒙古' 認識」, 『고구려연구재단연구총서』 17, 2006, 39쪽.

중국의 역사 교과서에서는 쿠빌라이칸도 칭송되지만, 쿠빌라이칸을 몽골인이라고 쓰지는 않는다. 이미 칭기즈칸을 중국인이라고 했기 때문에 굳이 쿠빌라이칸을 중국인이라고 강조할 필요가 없기 때문이다. 중국인이 쿠빌라이칸을 칭찬하는 가장 큰 덕목은 그가 중국을 통합했다는 것이다. 분열된 중국을 통일한 시대가 곧 원대라는 것이다. 중국의 중학교 교과서에서는 원대의 긍정적 의의를 다음과 같이 설명했다. "당대부터 이어진 분열과 붕괴에 끝을 내고 정치적 권력이 안정화되었다. 원·명·청 등 600여 년의 통합 형태를 구성했다. 중국 내 다민족의 경제적·문화적 관계를 공고히 하고 국경을 열어 발전을 앞당겼다. 과학·기술 발전의 길을 열었다. 몽골민족의 중국화 과정을 가속화했다."

바타르는 이러한 중국 교과서의 기술이 "원나라를 몽골제국이 세워진 1206년부터 시작된 것으로 보고 몽골의 조상 왕조들을 원나라의 왕처럼 연결시키려는 아주 깊고 사악한 의도를 가지고 있는 것으로 보인다. 또한 몽골족이 중국화 되는 과정을 가속화했다는 것은 너무나 무례한 결론이다. 중화인민공화국 역사가들이 1960년에 쓴 역사책들은 원을 중국을 정복한 외국의 한 민족으로 보는 것은 잘못된 주장이라는 내용을 담고 있다"고 비난하면서, 몽골과 만주 등의 민족들을 중국 전체 역사의 한 부분으로 보고, 원대의 충돌은 민족 간의 충돌이 아니라 사회계층 간의 충돌이었다고 주장하는 중국 학자들의 견해를 적극적으로 비판했다.[37]

1969년 중·소 분쟁 발생 이후 1980년대까지 몽골인민공화국의 학자들은 중화인민공화국의 몽골 역사 왜곡에 반박하는 글을 종종 발표했다. 그 대표적인 예가 몽골 역사의 대가들인 수흐바아타르, 이쉬참츠, 나착도르지, 잠스란, 달라이 등이다. 2006년 몽골국 과학아카데미 역사연구소는 칭기즈칸 제국 성립 800주년 기념 성과물로 『몽골의 원나라』(간볼드, 멍흐체체크, 나라, 폰삭), 『몽골의 알타오르도』(촐몬), 『몽골의 차가타이국』(엥흐치멕크), 『몽골의 일칸국』(앙흐바야르) 같은 책들을 출간했다. 이러한 책들의 논지는 대몽골제국은 칭기즈칸이 제국의 탄생을 선

37 바타르, 바타르, 「몽골제국, 칭기즈칸, 원나라, 쿠빌라이칸에 대한 중국 중학교 역사교과서의 기술에 대하여」, 200-201쪽.

포한 1206년부터 4대 칸인 몽케칸이 사망하는 1259년 8월까지라는 것을 분명히 하고 있다. 그리고 몽케칸이 죽은 뒤 각지에서 성립된 4개 제국을 후계 제국으로 규정하고 있다. 즉, 이 책들의 제목은 바로 그 같은 논지를 반영한 것들이다. 따라서 몽골국은 1260년에 성립된 쿠빌라이의 대원제국의 성격을 대몽골제국의 후계 제국으로 간주한 뒤 원나라의 역사는 몽골의 지배사라는 입장을 분명히 했다. 즉, 원나라가 '통일적 다민족국가'의 시작이라는 중화인민공화국의 주장을 일축한 것이다. 또한 대몽골제국과 4개의 후계 제국이라는 분류는 몽골 역사학자들의 일치된 입장이라는 것을 강조했다.[38]

1999년 중국 국무원 신문판공실에서 배포한 「중국소수민족정책과 그 실천」이라는 백서에는 다음과 같은 문구가 있다. "각개 조대(朝代)의 중앙 정권에는 한족이 건립한 것도 있고 소수민족이 건립한 것도 있었다. 13세기에 몽골족이 통일적 다민족의 대원제국(1206~1368)을 건립했다. 원조는 전국에서 행성(行省)제도를 실행했다."[39] 여기서도 원조의 시작을 1206년으로 보았다. 1206년은 칭기즈칸이 몽골고원 지대를 통일한 연도로 그해를 중국의 학자들은 원조의 시작으로 간주하여 칭기즈칸을 중국 역사에 등장하는 중국의 왕조 건립자로 편입시키는 결과를 만든다. 칭기즈칸의 손자인 쿠빌라이가 건립한 원의 시작은 1271년인데, 칭기즈칸 시대 몽골제국까지 중국사의 왕조로 편입시켜버린 것이다.[40]

중국인이 처음부터 몽골사를 중국사의 일부로 간주한 것은 아니다. 중화인민공화국 성립 이전에 출간된 대표적인 중국통사인 전목(錢穆)의 『국사대강(國史大綱)』(下)(商務印書館, 1994)에 의하면, "몽골민족이 중국에 들어와 주인 노릇을 하면서 중국사는 처음으로 비전통적인 이민족 정권의 통치를 받게 되었다.…몽골이 주인이 되면서 중국은 마치 폭풍우가 몰아치는 상황이 되었다.…몽골은 중국을 얻고 나서 수뇌부가 중국으로 옮겨와서 중국사상 일종의 새로운 통치계층을 조성하여 일백여 년 동안 지속되었다.…원의 황제들은 한문을 익히지 않았으며

38 박원길, 「중국의 몽골역사 해석과 인식」, 154쪽.
39 「中國的少數民族政策及其實踐」, 『人民日報』 1999年 9月 27日(온라인판).
40 金鮮浩, 『내몽골, 외몽골―20세기 분단의 몽골역사』(한국학술정보, 2014), 167-170쪽.

심지어 관리들조차 하나의 행성에 글에 능통한 자가 하나도 없을 정도였다. 이러한 연유로 그 정치 형태는 중국 역대의 전통 정치와는 판이하게 달랐다. 그중에서 가장 두드러진 것이 정치상에 계급을 나누어 모두 지위가 불평등했던 것이다.…그리하여 몽골인의 후진적 통치는 성공할 수 없었고 마침내 사회변란이 일어날 수밖에 없었다. 유라시아 대륙을 진감케 한 몽골인의 무력은 결국 한인의 봉기와 저항을 맞아 쫓겨나게 되었다"(631-662頁). 이 책은 1940년에 초판이 나왔기 때문에 원조의 역사를 부정적 시각으로 보는 입장을 취하고 있다.

그러나 중화인민공화국이 건립된 뒤, 특히 문화혁명을 경험한 뒤 유목민이 세운 정복 왕조에 대한 부정적 시각을 강조하던 시각에서 벗어나 긍정적 역할을 강조하는 쪽으로 연구 방향이 바뀌었다. 예를 들면, 야만적이고 미개한 몽골족이 세운 원조의 건립을 이제는 중국의 소수민족 중 하나인 몽골족이 4세기에 걸친 중국의 분열 상황을 매듭지은 사건으로 파악하게 된 것이다. 또한 이전에는 원조 치하에 있었던 중국인이 얼마나 큰 경제적 고통과 정치적 핍박에 시달렸고, 이로 말미암아 원 말 농민반란이 일어날 수밖에 없었다고 서술하던 관행에서 탈피하여 원조 시기에 동서 문화 교류가 활발해지고 그 결과 다양한 문화의 발전과 경제의 발전이 이루어졌다고 서술하기 시작했다. 그리고 '몽골족'은 조국(중국)의 대가정의 중요한 구성원의 하나이므로 그들이 세운 왕조도 응당 중국 역사의 일부분이라고 주장하기에 이르렀다. 그 대표적 예로, 한유림 주편의 『중국대백과전서: 중국역사, 원사』에서 정리된 중화인민공화국의 공식 입장은 "원조는 중국 역사상 몽골족 통치자들이 건립한 통일 왕조였고, 특히 쿠빌라이의 한법 채용 후에 한지(漢地)의 경제가 회복되고 과학 기술이 발달했다"[41]는 것이다.

중국에서 원사에 관한 단행본으로 가장 높은 권위를 갖는 것은 한유림 주편의 『원조사(元朝史)』 상·하(人民出版社, 1986)인데, 이 책에서도 "중국은 다민족국가로 오랫동안 역사 발전을 하는 과정 중에 원조는 하나의 아주 중요한 단계였고 아울러 적지 않은 방면에서 그 나름대로 독특한 공헌을 이루었다.…원조의 통일

41 김장구, 「중국사 연구자들의 元代史 연구와 '蒙古' 認識」, 32-40쪽.

은 오백여 년에 걸친 민족 분쟁과 혈전을 끝맺었고, 전국의 각 민족이 비교적 안정된 환경에서 생산에 종사할 수 있었으며 물질문명·정신문명이 발전했으므로 당연히 역사의 진보를 이룬 것이다. 당시의 중국은 각 민족 간에 상호 상처를 입히는 전쟁터에서 민족의 대융광로로 변한 것이다"라고 하며 원조의 중국사상의 위상을 적극적으로 평가했다. 『원조사』의 계보를 잇는, 대학역사총서(大學歷史叢書)로 출간된 주일량(周一良)이 주편하고 구수림(邱樹林)이 저술한 『원조간사(元朝簡史)』(福建人民出版社, 1999) 역시 "원조는 중국 역사상 몽골족 통치자가 건립한 봉건 왕조이다"라고 규정했다. 가장 최근의 저작으로는 요대력(姚大力)의 『'천마' 남목('天馬'南牧)』(長春出版社, 2000/2005)이 있는데, "원 왕조의 역사는 중국 역사의 하나의 유기적 조성 부분을 구성한다"고 하면서, "원 정권을 사람들은 '외족(外族)' 정권 또는 '이족(異族)' 정권이라고 불렀다. 실제로는 중국의 역사와 문화는 단지 한족의 역사와 문화에만 국한된 것이 아니라, 한족과 기타 수많은 소수민족의 공동 유산이다. 역사상 한족의 중앙왕조는 보통 주변의 각 소수민족 지구를 그 통치 범위로 삼았는데 무엇 때문에 중원에 건립한 왕조의 소수민족을 '외족'이나 심지어 '이족'으로 보아야 하는가? 원인(元人)은 스스로 그 나라의 몽골인을 '국인(國人)'으로 불렀고, 족속의 구별해야 할 때에는 '국족(國族)' 또는 '북족(北族)'이라 불렀다. '북족 왕조'라 칭한 요·금·원·청 등의 왕조는 역사상 비한족 정권으로, 이들은 '외족'·'이족'과 더불어 서로 비교해보면 확연히 역사적인 포용성을 지니고 있었다"[42]고 했다.

내몽골자치구의 학자들이 서술한 원대사 역시 중국인 학자들의 그것과 큰 차이가 없었다. 몽골족간사편사조의 『몽골간사』는 흉노 이래 모든 유목민족의 역사는 중국사의 중요한 구성 요소라는 전제하에 집필되었는데, 「중국소수민족간사총서 출판 설명」에서 "현재(1982년) 우리나라의 몽골족 인구는 341만 1657명이다. 이들 중 248만 9780명이 내몽골자치구에 거주하며 대략 우리나라 몽골족 인구의 73%를 점한다"고 하여, 내·외몽골의 몽골족 모두를 '우리나라의 몽골족'

42 김장구, 「중국사 연구자들의 元代史 연구와 '蒙古' 認識」, 44-50쪽.

으로 규정했다. 내몽골사회과학원역사연구소 '몽골족통사'편사조가 편찬한 『몽골족통사(수정판)』 상·중·하의 「전언(前言)」에서도 "쿠빌라이가 중원을 평정한 뒤에는 대리와 토번을 정복하고 중국 역사상 공전의 '통일적 다민족국가'를 건립했다"고 서술하면서, 명조와 북원의 관계를 "중국과 외국의 관계로도 중앙과 지방의 관계로도 파악하지 않고, 원조 멸망 후 중국의 영토에 두 개의 독립 정권이 공존했다고 이해한다"[43]는 입장을 천명했다.

이러한 논쟁은 근본적으로 "몽골은 중국 고대의 한 민족이다"라는 중국인의 가설에서 출발한 것이다. 중국의 중학교 학생이 배우는 교과서에는 다음과 같은 언급이 있다. "몽골족은 우리나라 고대의 한 민족이며, 오랜 시기에 걸쳐 우리나라 북방의 몽골고원에서 가축 유목을 하고 사냥을 하며 생활해왔다.…원의 통합은 민족 통합을 촉진했다. 이는 원이 우리나라의 역사에 기여한 부분이다. 그 시대에 많은 수의 한족이 국경을 넘어 여행하고 그로부터 일부 한족은 결국 그 지역의 소수민족과 혼합되었다. 내부 공간의 소수민족은 한족의 경제 통치와 문화의 영향 하에 점차적으로 한족과 동화되었다. 이와 같이 중원으로 온 수많은 몽골족이 원 말기에 한족과 결합했으나 '그들 자신 어디에서 왔는지 잊고 혼합되어 구별하기가 어렵게 되었다'(명대의 『지시』라는 책에서)."[44] 또한 중국의 어느 중학교 교과서에는 다음과 같은 내용이 기재되어 있기도 하다. "몽골족은 우리나라 북쪽에 살던 고대의 한 민족이다. 처음 고대에 에르고네 강을 따라 살다가 9세기에 고비의 북부 들판 초원 오논 강의 유역으로 이동해 갔다. 12세기 말, 13세기 초에 몽골의 고원이 다시 회복되었다."[45]

그러나 몽골인은 중국 교과서에 나오는 이러한 설명에 비해 "몽골의 역사가 보다 길고 보다 복잡하며 보다 풍부한 역사이며, 흉노 시대부터 선비, 거란 등 적어도 수천여 년의 역사를 가지고 있다"고 믿는다. 바타르는 "여기서 언급하고 있는 에르고네 강은 나중에 몽골족이 투렉의 침략을 피해 잠시 지냈던 곳이며,

---

43 김장구, 「중국사 연구자들의 元代史 연구와 '蒙古' 認識」, 50-55쪽.
44 9학년제의 제3학년 교사용 교재, 『중국의 역사』 제2권(국립교육출판소), 124쪽.
45 고등학교 3학년용, 『中國古代史教案』, 202쪽.

몽골족이 에르고네 강가에 숨어 지내면서 다시 강화된 내용의 역사적 부분을 마치 몽골족 역사의 시작인 것처럼 썼다"[46]고 비판했다.

중국인의 '통일적 다민족국가론'에 대한 몽골인의 답변은 간단명료하다. 몽골국은 흉노 이래 역사상 명멸했던 유목민족의 전통을 이어받은 국가이며 몽골이 복속을 받았던 청조는 한족이 아닌 만주족 정권이었다는 것이다.[47] 2004년에 고구려연구회가 주최한 제10회 고구려국제학술대회에 참가한 몽골국립역사박물관장은 회의에 제출한 논문에서 "원제국은 몽골인의 정권이며 원제국의 역사는 몽골인 역사의 한 부분에 불과하다"[48]고 단언하고 있다.

6. 명·청과 몽골 제국(諸國)

중·몽 역사 논쟁에서 제기된 또 하나의 쟁점은 명과 북원, 청과 몽골 제국(諸國)의 관계에 관한 것이다. 중국인은 이른바 통일적 다민족국가론에 입각하여 명과 북원의 관계를 남조와 북조의 관계로 설정했다. 예를 들면, 『몽골족통사』 제1권에서는 "원조가 멸망하고 북쪽 몽골 초원으로 돌아가 북원(北元) 정권을 건립하고 270년 가까이 몽골 지역을 통치하면서 명조와 남북으로 대치했다. 이에 대해 우리는 실사구시의 태도에 따라 이 역사상의 장기간 존속한 객관적인 문제를 정확히 처리했다. 즉, 양자의 관계를 중국과 외국의 관계로 파악하지 않고 또한 중앙과 지방의 관계로도 보지 않으며, 원조 멸망 후 중국 땅에 병존한 2개의 독립

46 바타르, 바타르, 「몽골제국, 칭기즈칸, 원나라, 쿠빌라이칸에 대한 중국 중학교 역사교과서의 기술에 대하여」, 199쪽.

47 오 바트사이한, 「중국 역사학자들의 몽골사 왜곡에 대하여」, 고구려연구재단 제1회 국제학술회의 자료집 『한국사 속의 고구려의 위상』(고구려연구재단, 2004), 399쪽; 김장구, 「중국사 연구자들의 元代史 연구와 '蒙古' 認識」, 55쪽.

48 A. Ochir, 「몽골과 한국의 관계에 대하여」, 『고구려연구회 창립10주년기념 제10회 고구려국제학술대회 (2004.6.28-30) 논문집』, 85쪽; 이개석, 「13-14세기 東아시아 歷史像과 민족주의」, 94-95쪽.

정권으로 파악했다"(3-4頁)고 밝혔다. 이는 곧 중국 고대사의 동주와 서주 또는 남송과 북송처럼 중심지를 옮긴 왕조와 마찬가지로 북방의 몽골 정권이 중심지를 옮긴 중국 왕조의 연속이라는 논리에 근거하고 있다. 이러한 논리에 따라『몽골민족통사』제3권에서는 이 시기를 곧바로 남북조시대라고 규정했다. "국내에 서로 다른 민족이 건립한 남북 두 정권이 병존한 구조는 우리나라 역사상 여러 차례 나타났다.…남북조시대와 송·요·금이 대치했던 시대처럼…명조와 북원/몽골의 병렬은 비록 시대와 조건이 다르고 면모가 조금씩 차이가 있지만 똑같은 역사의 반복이다"(48-49頁). 중국 학자들이 남북조설을 주장하는 근거는 명대의 일부 문헌에 등장하는 남조·북조 또는 남인·북인이라는 용어 때문이다.『몽골민족통사』에서는 '남인'이라는 용어를 사례로 들어 당시 지식인들이 한 나라 안에서 남쪽 왕조 사람을 남인 또는 북쪽 왕조 사람을 북인으로 인식했다는 근거로 삼고 있다(第3卷 48頁). 그러나 몽골국에서 출판된 개설서에서는 물론 이러한 용어가 사용되지 않는다. 또한 북천(北遷) 이후의 몽골을 북원이라고 하지도 않는다. 남북조설은 중국인의 전유물이라고 할 수 있다.[49]

한편 만청과 몽골 제국의 관계에 관해서는 "만주족, 내몽골, 그리고 한족이 당시의 지배 권력이 되어 청나라를 세웠다"고 하는 것이 몽골인의 생각이다.[50] 서몽골은 만주인이 침략했을 때 몽골국 최후의 후예인 준가르의 칸이 나라를 세우고 만주의 침략에 결연히 맞서 싸웠지만, 준가르칸국 내부의 반란과 만주의 침략 등 고난을 겪은 결과 멸망하고야 말았다. 준가르가 만주의 침략에 대항하여 몽골민족의 독립을 위해 싸웠다는 역사의식은 몽골 학계의 일반적 경향이다.[51] 즉, 갈단 칸이 이끈 준가르의 '반란'이라는 것은 서몽골의 자유운동이면서, 서부와 동부 몽골에 걸쳐 있던 몽골인이 만주 침략에 대해 맞서 싸운 거대한 형태의 독립전쟁이었다는 것이다.[52]

---

49 이평래,「중국 학계의 몽골사 서술 분석」, 80-83쪽.
50 페를레·수흐바트르,「마오주의자들의 몽골 역사 왜곡 훼손 사실」, 128쪽.
51 S. 나착도르지,『만주 고대시대 하르힌 약사』(1691-1911), (울란바토르, 1963), 58-80쪽.
52 페를레·수흐바트르,「마오주의자들의 몽골 역사 왜곡 훼손 사실」, 128쪽.

몽골 학자들은 만주의 침략에 대항해 몽골의 일부 세력이 북방민과 연합하여 몽골의 독립을 위해 싸운 전쟁에서 잔학하게 탄압받은 역사를 잘 기억하고 있다. 예를 들어 "만주군이 1757년 준가르를 정복하고 준가르의 20만여 세대의 60여만 명 중 3할 또는 20만여 명을 학살하고 부녀자와 아이들은 데려다가 만주 정복에 대해 공헌한 사람들에게 포상했을 뿐만 아니라 준가르 인구의 2할 또는 12만여 명은 러시아로 이주했다. 이렇게 해서 주변에 오이라드 일족 사람은 하나도 보이지 않게 되었다고 한다."[53] 일부 기록에 따르면, 청나라 군대에 의해 준가르 인구의 절반인 30만 명이 죽었고, 이렇게 해서 정말로 준가르 사람은 한 명도 남지 않게 되었다고 한다.[54]

몽골 역사가들은 이러한 만주의 잔혹한 몽골 탄압을 통해 "두 나라가 각각 독립된 나라였음"을 확인한다. 페를레는 "만주족의 이러한 무자비한 학살에도 불구하고 몽골민족은 모두 말살되지 않았고, 자유 독립을 위해 150여 년에 걸쳐 싸우다가 만주의 폭정을 1911년에 타도한 것은 누구나 알고 있는 사실"[55]이라고 주장한다. 또한 페를레는 중국 학자들이 "'통일적 다민족 중국'이라는 절실한 공식을 위해 오이라드 몽골이 중국의 북방 안에 있던 것처럼 제멋대로 왜곡하면서 만주 군주의 잔인한 전쟁을 모두 정당화하고 있다"고 비난하면서, "몽골족이 1368년 중국의 무력에 의해 축출당한 끝에 중국의 명나라가 존재하게 되었다"는 것이 엄연한 역사적 사실임을 강조했다. 그는 "오이라드 몽골은 명나라의 도움을 받은 적이 없었다. 그뿐만 아니라 오이라드 몽골인은 1449년 중국을 공격할 때 명나라의 군주를 포로로 잡고 이어서 북경을 점령하려고 했었다"는 사실을 상기시키면서, "오이라드족이 명나라 내의 한 민족이었음을 입증할 증거는 없다"고 단언했다. 또한 그는 "몇 명의 오이라드 영주들에게 명나라에서 작위를 준 것은 주종관계를 표현하는 것이 아님을 역사적 증거 자료들이 보여주고 있다"고 하면서, "이러한 역사적 근거자료로 볼 때 명 왕조의 전통적인 정책은 값

53 페를레·수흐바트르, 「마오주의자들의 몽골 역사 왜곡 훼손 사실」, 129쪽.
54 『清朝全史』 一卷(上海: 1928), 80頁.
55 페를레·수흐바트르, 「마오주의자들의 몽골 역사 왜곡 훼손 사실」, 129쪽.

비싼 선물과 함께 실권이 없는 작위를 내려주면서 친절을 표방하여 분열시키려는 의도에서 나온 것이지 종속적인 관계와는 상관이 없다는 것을 보여주고 있다. 역사적으로 중국 왕조들의 외교정책은 이웃나라의 사신 왕래가 이어지고 어느 정도 관계가 형성되면 직위를 내리고 도장도 주곤 했다. 이런 전통적인 관례대로 외국에서 사신·상인이 중국에 와서 나라 간의 외교적인 관례와 유사하게 선물을 주거나 상거래하는 경우에 때로는 '공물'이라고 부르기도 하며 해당 국가를 중국의 '조공국'으로 보는 경향도 있었다"[56]고 주장했다.

명·청과 몽골 제국의 책봉-조공관계를 지배-피지배관계로 보는 중국인의 해석에 대해 일본에 거류하는 몽골인 양해영(楊海英)은 적극적으로 부정했다. 그는 명·청 시대에 "오키나와(沖繩)나 조선, 베트남, 몽골, 중앙아시아, 베트남 등은 중국과의 무역관계를 통해 실리를 얻기 위해 공물을 헌상했다"고 하면서, "'조공제도'는 자국을 세계의 중심으로 하는 중국인의 자기 만족을 위한 환상·망상에 지나지 않는다. 조공제도는 환상에 가깝지만, 중국인의 주변 사회에의 침략과 식민지 개척은 확실히 실체를 동반했다. 특히 근대에 들어와서부터 만주나 내몽골 등 장성 북쪽에 있어 중화 세계와는 독립된 지역에도 수백만 단위의 중국인이 침입하여 원주민과의 역학적 관계를 역전시켰다. 중화인민공화국이 성립된 뒤에는 위구르인의 고향인 신강과 티베트를 점령하여 '고래로 우리나라의 고유한 영토였다'고 선언했다. 이것도 '평화적 해방'이라고 주장했지만, 저항한 소수민족 측에 수십 만인의 희생자를 낸 것은 주지의 사실이다. 중국은 언제나 자기에게 맞는 '역사적 기록'을 무기로 '해방'이라는 정의의 깃발을 흔들며 주변 세계로 확대했다"[57]고 비판했다.

양해영은 "'조공체제'란 말은 일본의 동양사 연구자들이 중국을 상대적·객관적으로 이해하려 만든 학술적 개념에 지나지 않는다"고 하면서, "의식적(儀式的)인 '조공체제'는 역사상의 국제관계의 실질을 나타내지 못하기 때문에 '오키나와는 중국의 속국이었다'는 주장의 근거가 될 수는 없다. 센카쿠(尖閣) 문제와 스

56 페를레·수흐바트르, 「마오주의자들의 몽골 역사 왜곡 훼손 사실」, 131-133쪽.

57 楊海英, 『殖民地としてのモンゴル』(勉誠出版, 2013), 3-4頁.

프라트리(南沙) 문제는 티베트 문제나 신강 문제, 내몽골 문제와 본질적으로 같은 것이다. 티베트도 몽골 시대에 원조의 통치를 받았기 때문에 '역사적으로 중국의 것이라'고 중국 측은 지금까지 강경하게 주장하지만, 원조는 몽골 제국의 일부로서 결코 중국사라는 맥락에서 해석될 수 없다"[58]고 주장했다.

7. 몽골의 독립

중·몽 역사 논쟁에서 그 어떤 문제보다도 뜨거운 논쟁을 불러일으킨 쟁점은 바로 몽골의 독립에 대한 역사적 평가였다. 중·몽 역사 논쟁이 몽골인의 독립 선언을 계기로 불붙었기 때문이다. 1368년 북경이 함락되어 자신의 본거지인 북방 초원으로 퇴각한 몽골인은 군소 세력으로 나뉘어 분열과 대립을 거듭하다가 17세기에 이르러 막남몽골(내몽골)을 시작으로 막북몽골(외몽골)과 막서몽골이 차례로 만청에 복속되었다. 따라서 1911년의 신해혁명으로 중국인이 만청의 지배로부터 벗어남과 동시에 몽골인 역시 만청의 지배로부터 벗어나게 된 사건은 그 역사적 의미가 대단히 크다고 할 수 있다. 그러나 몽골 연구자들이 1911년 독립 선언을 기본적으로 청의 지배를 받기 시작하면서부터 진행된 몽골인의 반청 투쟁의 결과로 이해하고 있는 반면, 중국 연구자들은 이를 시종일관 제정러시아의 연출에 의한 타율적인 사건으로 평가하고 있다.

중국 연구자들은 1911년 몽골 독립 선언 당시부터 이를 몽골인의 주체적인 노력의 결과가 아니라 러시아의 사주를 받은 일부 몽골 왕공들의 분열 책동에 의한 것으로 평가했으니, 진숭조(陳崇祖)의 『외몽골독립사(外蒙古獨立史)』[59]가 대표적인 저작이다. 이러한 인식은 연구자뿐만 아니라 중국인 일반에도 널리 퍼져 있었다. 당시에 북경 주재 제정러시아 공사를 지낸 코로스토비치는 그 무렵 중국인의 이 사건에 대한 생각을 다음과 같이 전했다. "중국인은 이를 러시아의 음모로

58 楊海英,『殖民地としてのモンゴル』, 5頁.
59 陳崇祖,『外蒙近世史』(上海: 1922);『外蒙古獨立史』(東京: 生活社, 1939), 17-18頁.

돌렸다. 중국 정부는 아마도 편협한 애국주의운동이 곧 퇴조할 것이고 몽골인도 결국엔 이를 폭발시키지 않을 것이라는 희망을 갖고 초기 단계에서는 여기(독립 선언)에 큰 의의를 두지 않았다."[60] 1911년 몽골 독립 선언에 대한 이와 같은 인식이 내몽골에 거주하던 진숭조에 의해 체계적으로 정리된 것이다.[61]

중국에서 간행된 최초의 체계적인 몽골사 개설서인 『몽골족간사』는 진숭조의 견해를 매우 충실하게 반영하고 있는 저작이다. 저자들은 '제정러시아 획책 하의 외몽골 독립'이라는 절에서 1911년 몽골 독립이 처음부터 끝까지 제정러시아에 의해 기획되고 추진되었음을 다음과 같이 간단명료하게 설명하고 있다. "신해혁명 시기 몽골의 독립과 자치운동은 외몽골에서 시작되었다. 그리고 외몽골의 독립운동은 제정러시아 제국주의의 장기간에 걸친 계획과 직접적인 연출로 발생했다. 신해혁명의 물결이 중국 대지를 뒤덮자 제정러시아의 군부 및 정계 지도자들과 여론은 연이어 중국의 정권 교체기를 틈타 중국을 분할하고 몽골을 병탄할 것을 주창했다. 제정러시아 황제 니콜라이 2세는 외몽골 '독립'에 '찬동'하고 제정러시아 정부 역시 '전 몽골의 자치'를 원조하기로 결정했다. 이와 같이 외몽골 '독립'운동은 곧 제정러시아 제국주의의 직접적인 지휘하에서 발생했다." 이 책의 저자들에 의하면 "외몽골은 독립을 선언하면서 제정러시아의 식민지가 되기 시작했다. 1912년 초부터 제정러시아 정부는 중국 정부에 대하여 외교 수단과 무력 위협을 병행하여, 그리고 일·영 등 제국주의와 중국 분할의 막후교섭을 벌여 외몽골에 대한 '보호'권을 확립했다. 동시에 외몽골 괴뢰 정부와 협약(1912년 몽러협약)을 체결하여 외몽골을 전면적으로 식민지화했다."[62] 외몽골의 독립 선언에 대한 러시아 사주론적 시각은 그 이후에 출간된 『몽골족통사』와 『몽골민족통사』에서도 반복적으로 확인된다.

타이완 연구자들의 시각도 큰 틀에서 보면 중국 연구자들과 크게 다를 바 없다. 이를테면 이육주(李毓澍)는 『몽사논총(蒙事論叢)』에서 "외몽골 독립은 본래 러

60 Korostovets, 『蒙古近世史』(東京: 森北書店, 1943), 197頁.
61 이평래, 「중국 학계의 몽골사 서술 분석」, 145-146쪽.
62 蒙古族簡史編寫組, 『蒙古族簡史』, 324-326頁.

시아인의 음모와 선동이 가장 중요한 원인이다"[63]고 하고, 유학요(劉學銚)도 『외몽골문제(外蒙古問題)』에서 러시아가 외몽골을 꼬드겨 중국으로부터 이탈케 하는 데 부심하던 차에 청조의 신정(新政) 시행으로 인한 혼란을 틈타 젭춘담바를 선동하여 독립을 모색케 했다고 기술하고 있다.[64] 타이완의 대표적 몽골 독립 연구자인 장계웅(張啓雄)은 "중·몽의 통독 분쟁은 외몽골의 인동(認同)이 바뀌었기 때문일 뿐만 아니라 러시아가 그것을 후원해주었기 때문에 비로소 중국에서 이탈하여 독립 건국함을 과감히 선포할 수 있었다. 인동에다가 외세가 더해져서 중·몽 통독 분쟁의 국제화가 조성되어 중국과 러시아가 외몽골의 주권 귀속을 교섭하는 문제가 제기되었다"[65]고 진단했다.

이처럼 일견 몽골 독립의 원인을 중국의 신정에서 찾으려 한 장계웅은, 그러나 "중국 전체를 놓고 말한다면 본래 몽골족과 장족, 회족, 한족 등 각 종족은 모두 만주족과 마찬가지로 모두 대청제국에 예속되어 모두 각각 중국의 일부분에 지나지 않았다. 개조환대(改朝換代)한 뒤에 민국 정부는 만청을 대신하여 중국을 통치했으니, 개조환대는 국가 내부의 일개 개체에 대해 말한다면 응당 통치자 또는 정체(政體) 변경의 문제가 있을 뿐 귀속 변경의 문제는 아니다. 따라서 신해혁명 시기는 다만 중국 내부의 각 조성체(개체)가 구 정체나 통치자를 향해 독립을 선포한 뒤 다시 새 정체나 통치자에 통합하는 정치과정이었을 뿐 인동과 귀속상의 문제는 없었다. 그러나 이 분합이 이루어질 때 중국은 외몽골과 새로 통합하여 하나의 새로운 정체(整體)를 이루기를 기대했을 때 외몽골은 독립을 선포하며 다시는 중국으로 회귀하지 않고, 중국과 몽골의 주속(主屬)관계는 갑자기 '화유위무(化有爲無)'하여 이로 인해 외몽골이 중국에서 이탈하여 독립하는 통독 분쟁이 발생한 것이다"[66]라고 하여, 최종적 책임을 몽골에 전가했다.

장계웅은 외몽골의 독립 논리가 "몽골은 비록 만청 왕조에 신속했지만 중국

63 李毓澍, 『蒙事論叢』(臺北: 里仁書局, 1990), 257-261頁.

64 劉學銚, 『外蒙古問題』(臺北: 南天書局, 2001), 17頁쪽 이평래, 「중국 학계의 몽골사 서술 분석」, 155-156쪽에서 재인용.

65 張啓雄, 『外蒙主權歸屬交涉 1911-1916』(中央研究院近代史研究所, 1995), 1頁.

66 張啓雄, 『外蒙主權歸屬交涉 1911-1916』, 5-6頁.

왕조(中華民國)에 신속하지는 않았다는 것이다. 만청 왕조는 만족의 천하이고, 중화민국은 한족의 천하로 양자는 같지 않았기 때문에 구분하지 않으면 안 된다. 중국과 몽골의 관계는 실로 한족과 몽골족의 관계로, 비록 양자 모두 동시에 만청 왕조에 분별·예속되었지만 한·몽 양족의 사이는 주속관계가 없다. 따라서 만청 왕조가 뒤집어져 한·몽 양족이 함께 해방되어 각자 독립하여 서로 주권 국가가 되었다"라고 하면서, 이러한 외몽골의 독립 논조가 국제법상으로 성립할 수 있는가 의문을 제기했다. 그는 "'국가 계속 원칙(Principle of the State Continuity)'의 규정에 근거하여 통치자가 비록 변경되었다 하더라도 그 국가 주권은 이로 인해 변동되지 않는다"고 하면서, 이런 관점에서 신해혁명을 고찰한다면 "신해혁명은 군주정체에서 공화정체로 변경된 일종의 정체 혁명이었다. 국제법적 법리상으로 정체 혁명은 비록 통치자를 변경했다 하더라도 그 국가 주권은 통치자의 변경으로 인해 개변되는 바가 없다. 따라서 중화민국 정부의 몽골에 대해 영토 주권을 옹유하고 있다고 주장하는 것은 국제법상 아무런 문제가 없다"고 주장했다. 더구나 '중화 세계 질서 원리'의 '쟁천하론(爭天下論. 화이변태[華夷變態]식의 개조환대)'의 관점에서 본다면 "청조는 중국의 조대 가운데 하나이니, 중화민국은 당연히 중국 조대의 하나로, 양자는 본래 동일한 한 국가 주권에 속했다.…'조대유별(朝代有別) 중국즉일(中國則一)'의 관념은 학계에서 사용하는 '청조 중국' 또는 '청대 중국'이란 말이 중국의 정권 경질과 국가 계속의 용의가 있는 바를 동시에 표현하니, 그것과 '중화 세계 질서 원리'의 '쟁천하론' 개념은 완전히 일치한다." 이로 보아 '외몽골 독립'이 제출한 '한·몽 2족은 청조로부터 동시에 해방되었다'는 독립 논조는 국제법상으로나 중화 세계 질서 원리상으로도 성립할 수 없다는 것이다.[67]

그러나 1911년의 몽골 독립에 대한 몽골인의 평가는 중국인의 그것과 전혀 다르다. 몽골 연구자들의 이 문제에 대한 시각은 정치·경제체제가 바뀐 1990년 이전과 이후의 연구가 약간의 편차를 보이지만, 19세기 말~20세기 초기에 전개

67 張啓雄, 『外蒙主權歸屬交涉 1911-1916』, 307-309頁.

되었던 몽골인의 반청 민족해방운동을 1911년 몽골 독립 선언의 기본 전제로 보고 몽골인의 주체적 역할을 강조한다. 2004년 바트사이한은 「중국 역사학자들의 몽골사 왜곡에 대하여」에서 "중국 연구자들이 몽중 관계사 및 몽골사를 임의대로 기술하는 등 몽골사를 왜곡해왔으며, 이는 궁극적으로 몽골사를 중국사의 일부로, 몽골족을 중화민족의 한 부분으로 편입시키려는 의도에서 비롯되었다"고 의심하면서, 1911년 독립 문제에 관한 중국 학자들의 연구는 "(현실적으로 존재하는) 몽골의 독립을 무너뜨려 중화인민공화국에 편입시키려는 중국의 국가 전략을 실현시키기 위한 것"[68]이라고 주장하기도 한다. 몽골인의 이러한 주장은 몽골인민공화국 지도자들이 남긴 비망록에 상세히 기록되어 있으니, 비망록 기록에 의하면 마오쩌둥 등 중국 지도자들은 소련 지도자들을 만날 때마다 수시로 외몽골의 통합 문제를 상의하고 동의를 구했다고 한다.[69]

바트사이한에 의하면, 1911년 몽골 민족혁명의 결과 "아무런 실낱같은 희망도 없는 상태에서 시작하여 모두가 보그드칸을 추대하여 군주로 삼고 국호를 '몽골'이라고 정하고 세상 북쪽의 땅을 원래의 주인이 되찾아 완전하게 했다. 이로부터 국경을 정하고 남쪽 지방(중국)이 안정된 때에 조약서를 협의하여 그간의 관계를 청산하려 했다"고 한다. 당시 몽골 정부는 "하늘의 법칙을 따르지 않으면 만물의 질서가 무너진다는 것을 알아야 한다"라고 하면서, 몽골이 청조의 지배로부터 벗어났음을 천명하고 우호조약을 체결하자는 제안을 북경의 내무부와 의정원, 이번원(理藩院)에 통지했다. 이에 대해 중화민국 내무부 총장은 "대청조는 중화민국으로 바뀌었고, 우리는 이제부터 남과 북을 일가(一家)로 삼아 모든 백성을 똑같이 생각하기 때문에 남쪽 사람이나 북쪽 사람이라는 표현을 사용하면 안 되고 만주, 몽골, 회족, 티베트 등으로 구별하는 것은 적합하지 않다"고 아주 위압적인 자세로 경고했지만, 몽골국 내무부장관은 "몽골과 중국은 생각도, 종교도, 말과 문자도 모두 서로 다르기 때문에 상통하지 않으며 하나는 하늘에, 하나는 땅에 있기 때문에 서로 어울리지 않는다. 이제 유일한 방법은 우호국이

---

68 오 바트사이한, 「중국 역사학자들의 몽골사 왜곡에 대하여」, 399, 412-413쪽.
69 이평래, 「중국 학계의 몽골사 서술 분석」, 142-144, 171쪽.

되어 각각 자국을 지키며 우호관계를 유지하는 것이다"[70]라고 회답했다고 한다.

그러나 러시아와 중국은 옛날 칭기즈칸 시대에 용감하게 활약한 몽골인이 통합하여 국가를 다시 세울 것을 두려워하여 몽골의 영토를 단지 할하와 두르베드만으로 제한하기로 삼국 협정을 체결하고 자치권을 부여했다. 이로 인해 1911년 몽골은 실제로는 독립을 쟁취하지 못했다는 입장을 많은 연구자들이 지적하고 있다. 그들은 "1915년 삼국 협정으로 결정한 것은 제국주의 시대에 약소국들이 진정한 의미의 자유와 정치적 독립을 획득하지 못한 예"라고 지적하기도 하고, 혹자는 "1911년 몽골이 독립을 선언한 것은 허명에 불과한 것이다. 실제로 몽골은 제정러시아의 식민지, 원자재 공급처였을 뿐이다"라고 주장하기도 했으며, 혹자는 "몽골이 만주 청조에서 벗어나기는 했지만, 중국으로부터는 벗어나지 못했다"는 의견을 제출하기도 했다. 특히 중국 학자들은 1915년 캬흐타 삼국 협정으로 중국과 러시아 양국이 몽골에 강요하여 받아들인 '자치권'은 몽골 독립 문제를 제한했지만, 그것은 형식에 불과한 것이어서 진정하고 명백한 독립은 획득하지 못하였다고 주장하고 있다. 그러나 바트사이한은 몽골-타이완 공동학술 소회의에서 발표한 논문에서 "1915년의 이 조약은 몽골국의 입장에서 남쪽 이웃(중국)에서 벗어나려는 1911년에 시작된 일련의 시도로, 한편으로 보면 (몽골의 독립을) 강화하려는 단계가 되었으며, 더 나아가 국제적으로는 승인을 받을 수 있는 단초가 되었다고 볼 수 있다. 이 조약에서 비록 몽골을 중국의 일부라고 형식적으로나마 명시했지만, 정치·경제적 이익의 분할은 러시아 측에 유리하게 결정되었음을 여러 가지 측면에서 알 수 있다"[71]는 의견을 제시했다.

이 협정으로 몽골국은 내·외몽골로 나뉘어 영토 면에서는 내몽골을 몽골국의 영토에서 분리해버린 법적인 근거가 되었다. 비록 중국인은 이때부터 몽골을 북몽골·외몽골이라고 쓰고 말하고 있지만, 몽골인은 몽골국의 국가 근간인 오늘날의 영토를 이 협정을 통해 지켜낼 수 있었다. '외몽골'라는 명칭에 대해 "만주

---

70 N. Magsarjav, *Mongol Ulsyn Shine Tüüh[A New History of Mongolia]*(Ulaanbaatar, Academy Science, 1994), pp.15-20; 바트사이한, 「중국 역사학자들의 몽골사 왜곡에 대하여」, 146-147쪽.

71 바트사이한, 「중국 역사학자들의 몽골사 왜곡에 대하여」, 149-151쪽.

인이 중국을 자국의 영토로 보고 몽골을 외부 세계(外藩), 외지라고 본 데서 시작되어 '외몽골'라는 정치 용어는 처음부터 만리장성 이북의 모든 몽골인을 가리켰으며 내·외몽골로 구별하지 않고 전부를 포괄했던 것이다. '외몽골'이라는 말은 전몽골이라는 의미로 사용했던 것이다"[72]라고 산닥 교수는 지적했다.

일본으로 망명하여 비교적 중국의 압력에서 자유로운 입장에 있던 몽골인 양해영의 다음과 같은 술회는 몽골 독립에 대한 몽골 지식인의 일반적 이해를 잘 대변해준다. "1911년 무창에서 반란이 일어나자 몽골고원의 제부(諸部)도 청조에 대해 독립을 선언했다. 독립을 주도한 하르하 몽골부의 귀족·왕공들과 내몽골에서 달려가서 참여한 칭기즈칸의 직계 자손도 있었다. 서민도 민족의 독립운동에 흥분하여 몽골인은 국민국가 수립을 꿈꾸었다. 몽골인은 예외 없이 몽골고원의 독립에 고무되어 찬동하여 새로운 국가에 귀순했다.…몽골인은 손문의 '달노(韃虜)를 구축하여 중화를 회복하자'는 슬로건에 강렬한 반감을 갖고 있었다. '달노'란 만주인과 몽골인을 가리킨다.…내몽골 서부에는 진군(晉軍)이 침입하고 동부에는 중국인 군벌이 발호하여 '혁명군'이라 자칭했으니, '혁명'은 '약탈'과 '살인', '강간'과 동의로 이해되었다. 요컨대, 몽골인에게 '혁명'은 목전의 '달노구축'이라는 중국인의 민족혁명의 성질로 보였고, '살달자(殺韃子)'라는 원조 시대부터 이어져 온 '역사적 원한'을 상기시키는 것이었다.[73]

8. 몽골의 분단

1945년과 1949년은 몽골 현대사에서 획을 긋는 중요 시점이다. 1945년 제2차 대전이 끝난 직후 소련은 얄타 회담을 통해 동아시아에서 자국의 위치를 강화하

72 S. Sandag, *Mongolyn uls törijn gadaad harilcaa(1850-1919)*[*The political foreign contacts of Mongolia(1850-1919)*](Ulaanbaatar 1971), pp.32-33; 바트사이한, 「중국 역사학자들의 몽골사 왜곡에 대하여」, 160쪽에서 재인용.

73 楊海英, 『殖民地としてのモンゴル』, 32-33頁.

기 위해 먼저 중국과 중소우호조약을 체결하여, 외몽골의 독립 문제를 외몽골인의 찬반 투표를 통해 결정하도록 유도했다. 그해 실시된 외몽골의 독립 찬반 투표에서 외몽골인이 100% 참여하여 100%의 독립 찬성의 결과가 나와, 1946년에 중국의 국민당 정부는 외몽골의 독립을 인정하지 않을 수 없었다. 1949년에 중화인민공화국이 건국한 후 소련의 적극적인 중재로 몽골인민공화국과 중화인민공화국은 상호 국가 인정의 과정을 통해 외교관계를 수립하고 1950년 7월에는 대사를 교환했다. 외몽골은 1945년에 중국국민당, 1949년에는 중국공산당에 의해 현대 국가로서의 독립과 중국으로부터의 완전 독립을 인정받았다. 반면에 내몽골은 중화인민공화국이 건국되기 2년 전인 1947년에 이미 친중국공산당의 내몽골자치정부이 수립되어 중화인민공화국의 일개 자치구로 편입되었다.

문화대혁명으로 인해 중국과 외몽골의 관계가 악화됨에 따라 역사 왜곡은 몽골인이 중국을 비난하는 주된 내용이 되었다. 1967년 8월에 라디오 울란바토르는 "중국의 마오쩌둥 일당은 그동안 실질적으로 몽골인민공화국의 존재조차 부정하고 장제스 일당과 만찬가지로 한족우월주의에 젖어 몽골 영토를 중국으로 귀속시키려는 꿈을 꾸어왔고, 특히 한문화나 마오쩌둥사상을 몽골인에게 주입시키려 했다"[74]고 비난했다. 양해영의 증언에 의하면, 2006년에 중국 내몽골자치구는 강한 긴장감에 휩싸였다고 한다. 몽골제국 성립 800주년과 문화대혁명 발동 40주년을 맞았기 때문이다. 문화대혁명이 발동되었을 때 내몽골자치구의 전 인구는 1300만, 몽골족 인구는 약 140만이었는데, 문화대혁명 중에 2만 7900명이 살해되었으니, 50명에 1명이 살해되었다는 것이다. 양해영은 문화대혁명 중의 몽골인 대량 학살 사건이 1960년대 중국공산당의 소수민족정책이 발로된 결과이지만 원조 시기 몽골이 한토(漢土)를 지배한 역사와도 무관하지 않다고 보았다.[75]

양해영의 다음과 같은 증언은 몽골인과 중국인의 몽골 역사에 대한 인식 차이가 현재 몽골이 처해 있는 정치적 상황을 어떻게 반영하고 있는지 잘 보여주고

74 金鮮浩, 『내몽골, 외몽골—20세기 분단의 몽골역사』, 80쪽.
75 楊海英, 『殖民地としてのモンゴル』, 174-176頁.

있다. "몽골인은 중국인의 '혁명'의 희생이 되어 오늘날 그 역사도 약탈·개찬(改竄)되었다. 중국에서 나온 몽골 관계 책들은 예외 없이 '중국의 몽골족' '중국의 내몽골'이라 하여 '중국의'란 소속을 강조한다. 국경 밖에 있는 몽골인과의 관계를 의도적으로 차단하여 '중국 영내의 역사'의 기술을 강제한다. 근·현대에 몽골인이 동포들과의 통일을 목적으로 한 민족자결의 역사도 '중국 혁명의 일부'로 환치되었다. '중국공산당의 지도가 유일하게 올바르고', '중국 혁명의 일부로서의 몽골인의 역사만이 올바르다'고 서술한다. 몽골인의 역사는 타자의 역사 가운데 일부가 되고, 중국인의 '지도'를 받은 행동만이 '올바른 실천'이 되었다. '그 나라를 멸하려면 그 역사를 없애야 한다'는 중국의 옛 정략이 현재 진행 중이다.… 중국 출판물에서 몽골고원의 근·현대사에 관한 기술은 전부 독립이나 자결이라는 말에는 반드시 「 」 또는 ' '를 붙이는 것이 원칙이다. 이는 몽골인의 민족자결과 민족해방운동을 '제정러시아와 일본제국주의에 의한 음모'라고 보는 역사관 때문이다. 국제법상 유엔에 가입한 몽골국을 승인하고 외교관계를 맺고 있지만, 국가로서 성립한 역사적 경위를 부정한다. 이로써 중국인은 몽골인이 창조한 근·현대 역사를 완전히 말살한다. 내몽골자치구의 몽골인은 몽골국의 몽골인과 선조가 같고 같은 말을 사용하고 조금도 다르지 않은 민족 공통의 가치관을 공유하고 있다. 몽골국 성립의 역사를 정치적으로 부정하는 이상 중국에서 살고 있는 몽골인에 대해 탄압과 학살을 가능하게 하는 대의명분이 남아 있다. 중국 내의 몽골인이 조금만 민족 자결을 주장하면 국경 밖의 몽골인과의 관련을 의심하여 폭력적으로 대처한다. 1982년 내몽골자치구의 대학생들이 중국인 이민의 증가에 반대하여 항의행동을 일으켰을 때의 진압 형식과 2011년 5월 내몽골에서 약탈적인 개발에 저항한 유목민과 고교생들에 대한 탄압 방법은 중국 정부와 중국인의 폭력적 본질을 잘 드러냈다. '민족 분열의 활동'이라는 말 하나로 소수민족의 권한을 억압하는 것이다.…중국인은 서구 열강 이상으로 내몽골과 티베트, 동투르키스탄(新疆)에 침입하여 식민지를 건설하여 대량 학살한 역사에 대해 불문에 붙이고 있다. 식민지인 내몽골과 티베트, 동투르키스탄의 역사는 '중국사의 일부'이고 폭력적 점령 과정도 '중국 혁명의 일부'이다. 청조가 붕괴된 뒤 번부인 주변 여러 민족은 예외 없이 민족자결을 목적으로 국민국가 건립을 목표로 했다. 그러나 민족자결이 실현된 곳은 몽골고원뿐이다. 내몽골과 티베트, 동투르키스탄은 미완으로 오늘에 이르렀다. 티베트인은 인도에 망명정권을 갖고 장래에의 희망을 품고 있다. 동투르키스탄 주민도 중앙유라시아에 수억의 동일 계통의 언어를 사용하는 동포가 있다. 내몽골의 몽골인은 동화와 학살을 경험했지만 몽골고원의 일부가 독립 국가로 존속하는 이상, 그 땅을 모국이라 생각하고 모국에의 강렬한 동경을 지속하고 있다."[76]

9. 맺음말

몽·중 역사 논쟁에서 가장 뜨거운 쟁점은 1911년 몽골 독립 선언의 성격에 관한 것이다. 중국인은 이 사건이 시종일관 러시아의 사주와 선동에 의해 이루어졌다고 주장하고, 몽골인은 몽골인의 주체적 역할을 강조했다. 그러면 일본과 한국, 영어권을 비롯한 제3국 연구자들은 이 문제를 어떻게 바라보는가. 초기에는 '사주론'이 강력한 영향력을 행사했지만, 차후에 실증적 연구가 각국에서 진행된 뒤에는 몽골인의 주체적 노력과 역할을 가능한 적극적으로 평가하게 되었다. 제3국의 연구자들은 1911년의 독립과 이후 몽골사의 전개 과정에서 제정러시아의 지원과 개입을 역사적 사실로 받아들인다. 그러나 이를 러시아의 몽골에 대한 일방적 지시나 시혜로 보지 않고 쌍방의 필요에 의한 상호 관계로 이해하고 있다.[77]

몽골이 독립하게 된 논리적 근거 역시 중요한 쟁점의 하나였다. 몽골이 독립을 선언하게 된 논리적 근거는 청조의 멸망으로 청 황제와 몽골 왕공, 넓게 보면 청 황제와 몽골인 사이의 주종관계가 소멸되어 몽골인이 정치적으로 독립성을 회복하게 되었다는 점이다. 즉, 몽골인의 인식 속에는 청 정권 내부에서 비록 한

76 楊海英, 『殖民地としてのモンゴル』, 50-52頁.
77 이평래, 「중국 학계의 몽골사 서술 분석」, 180쪽.

화가 진행되었어도 청조는 만주인 황제를 정점으로 하는 체제일 뿐, 이를 중화 왕조로 간주하는 관점이나 '중국'이라는 관념은 존재하지 않았다. 이는 역으로 청조를 대신하여 중국 본토에 새로 성립된 중화민국은 단지 한인 정권에 불과하며 몽골과 무관하다는 인식으로 귀결되고, 따라서 몽골인 입장에서는 중화민국이 청나라의 몽골에 대한 통치권을 계승한다는 주장을 받아들이기 어려웠다.[78]

청조는 고유 문자인 만주어 및 한자와 함께 몽골어, 위구르어, 티베트어를 공용어로 사용했는데, 이는 단순히 문자만의 문제가 아니고 다민족국가로서 청조의 본질에서 기인한 것이다. 이는 근래 일부 서구 학자들 사이에서 제기되고 있는 청조의 성격, 즉 한화된 중국 왕조가 아니고 만주족 중심의 다민족국가라는 관점에서 설명해보려는 노력과도 일맥상통하는 것이다. 청조의 성격을 이렇게 규정하면 신해혁명으로 몽골과 청조의 관계는 청산되었다고 보아야 한다. 따라서 중국 학자들이 청조에서 중화민국을 거쳐 중화인민공화국으로 이어지는 계승성을 근거로 몽골의 영유권을 주장하고 몽골의 역사를 중국사에 넣으려고 하는 것은 논리적 어려움에 부딪힐 수도 있다.[79]

중국인은 원래 이민족 또는 외국의 역사로 인식했던 몽골족과 몽골의 역사를 정치적 목적에 따라 고안된 통일적 다민족국가론을 활용하여 중화민족의 일원, 그리고 중국사 안으로 포함시키려 노력했다. 그러나 통일적 다민족국가론은 중국인의 역사의식을 왜곡시켰을 뿐만 아니라 상대인 몽골인의 역사의식까지 왜곡시키는 효과를 가져왔다. 그 대표적 사례가 흉노와 돌궐 등 유목 제국의 역사, 여진의 역사까지 몽골사 체제 안에 포함시킨 것이다. 흉노와 돌궐 등은 중앙아시아에 뿌리를 둔 유목민 국가로 동호계(東胡系)에 속하는 몽골인과는 직접적 계승관계가 존재하지 않는다. 굳이 그 관계를 찾는다면 흉노와 돌궐의 영역을 몽골인이 지배하게 되었다는 것인데, 몽골인이 중국을 지배했다고 해서 몽골 역사에 중국사를 포함시킬 수는 없다. 몽골은 흉노나 돌궐이 소속된 역사공동체와

78 고마츠 히사오 외, 『중앙 유라시아의 역사』, 이평래 옮김, 『중앙유라시아의 역사』, 서울, 소나무, 2005.374-375쪽.

79 이평래, 「중국 학계의 몽골사 서술 분석」, 86-90쪽.

구별될 뿐만 아니라 여진이 소속된 숙신계(肅愼系)나 중국 역사공동체와도 구별되기 때문에 동일한 역사 체계 안에 같이 포함시키는 것은 어색하기 그지없다. 중국인이 통일적 다민족국가론을 내세우며 흉노 등을 모두 '중국'의 범주 안에 포함시키는 데 대한 대응으로 이해할 수도 있지만, 상대가 잘못했다고 해서 스스로 잘못을 범할 수는 없는 일이다.

7

일본과 중국의 역사 논쟁

-조어도(釣魚島) 쟁의-

조어도(釣魚島)의 영유권에 관한 쟁의는 현재 동아시아에서 전개되고 있는 가장 현실적인 쟁의의 하나이지만, 이 역시 치열한 역사 논쟁을 동반하고 있기 때문에 동아시아의 역사 논쟁을 정리하고 이해하는 과정에서 빠뜨릴 수 없는 주제의 하나가 될 수밖에 없다. 중국 복건성과 타이완, 류큐열도의 사이에 있는, 조어도와 다섯 개의 무인도와 세 개의 암초로 구성된 제도 또는 열도는 일본에서는 센카쿠(尖閣)제도, 타이완에서는 댜오위타이(釣魚臺) 열서(列嶼), 중국에서는 댜오위다오(釣魚島)열도로 부른다.[1]

조어도를 둘러싼 중일간의 쟁의는 단순한 역사논쟁에 그치지 않고 법률적 논쟁을 동반하고 있고, 논쟁의 주역으로 일본과 중국뿐만 아니라 조어도와 가장 근접한 위치에 있는 타이완(臺灣)과 류큐(琉球)도 이 논쟁의 중요한 주체로 참여했기 때문에 쟁의의 양상이 상당히 복잡하다. 무엇보다도 타이완이 중국과의 통독 논쟁에 휩싸여 있고 류큐는 현재 일본 국가에 통합되어 있어 조어도 쟁의는 타이완과 중국, 류큐와 일본의 역사적 관계에 대한 논쟁까지 뒤섞여 있다. 따라서 조어도 쟁의는 일견 보아 영토 분쟁의 한 양상으로 비쳐질 수도 있지만, 그 내용을 자세히 들여다보면 이 역시 전통 시대 동아시아 세계질서의 한 유산으로 이해될 수도 있다. 특히 독도(獨島) 문제로 일본과의 외교적 갈등을 경험하고 있는 한국인으로서는 조어도 쟁의를 하나의 타산지석으로 주목하지 않을 수 없다.

---

1 이 글에서는 주로 '조어도'라는 비교적 중립적이고 역사적인 명칭을 사용한다. 단, 일본 측의 공식적 자료에서는 '센카쿠제도'로 쓴다.

1. 조어도 쟁의의 경위

조어도의 귀속 논쟁은 1895년 일본이 조어도를 점유한 지 73년이 지난 1968년부터 전개되었다. 1968년 유엔 아시아극동경제위원회(ECAFE)가 "타이완과 일본 사이의 대륙붕은 세계에서 유기(油氣)가 가장 풍부한 지구의 하나일 가능성이 매우 크다"는 조사 결과를 발표하자마자 타이완과 일본·중국 등 조어도 인근 국가들이 다투어 성명을 발표하여 조어도가 자국의 영토임을 주장하고 나섰다. 이 지역에 대한 영유권을 가장 먼저 주장한 국가는 타이완이었다. 타이완 정부는 1969년 외교부장 명의로 "조어대 등 5도는 국민정부에 속한다"고 표명했고, 1970년 동중국해 대륙붕의 광구권을 일본에 있는 미국의 걸프 석유회사에 주고 타이완의 수산시험소 소속 배가 조어도에 청천백일기를 꽂기도 했다. 민간에서는 조어도를 지키자는 보조운동(保釣運動)이 일어났으니, 왕효파(王曉波)가 「보위조어대(保衛釣魚臺)」란 글을 발표한 것을 계기로 하여 재미 중국 유학생을 중심으로 보조 시위가 벌어졌고, 마잉주(馬英九)는 『신해양법으로 조어대열서와 동해획계 문제를 논함(從新海洋法論釣魚臺列嶼與東海劃界問題)』을 출판하여 보조운동을 이론적으로 뒷받침했다. 타이완에서 폭발된 보조운동은 홍콩에서 최고조에 달했다.[2]

중국에서도 1969년 신화사와 『인민일보』가 비공식적으로 조어도의 영유권을 주장하기 시작했다. 12월 3일 신화사가 "일본과 미국이 중국의 광대한 대륙붕에서 대규모 해저 자원 조사 연구를 진행하고 공중에서 조사 연구를 진행한 것은 중국 해저 자원에 대한 약탈 행위이며 중국에 대한 침략 행위이다"라고 규탄하면서 '타이완성에 부속된 조어도와 황미서(黃尾嶼), 적미서(赤尾嶼), 남소도(南小島), 북소도(北小島) 등'은 중국의 영토임을 주장했다. 12월 4일 『인민일보』도 "타이완성과 그 부속 도서의 주변 해역과 인근 중국 대륙붕의 해저 자원은 완전히 중국

---

2 浦野起央, 『尖閣諸島, 琉球, 中國ー日中國際關係史』(三和書籍, 2005), 34-41頁; 豊下楢彦, 『「尖閣問題」とは何か』(東京: 岩波書店, 2012), 35頁; 吳天穎, 『甲午戰爭釣魚列嶼歸屬考』(北京: 中國民主法制出版社, 2013), 5-7頁.

소유에 속하니, 이 석유 자원의 강탈은 중국의 주권을 침범하는 것이라"고 주장했다. 1971년 12월 30일에는 중화인민공화국 외교부가 "조어도와 황미서, 적미서, 남소도, 북소도 등의 도서는 타이완의 부속 도서이다. 이 섬들은 타이완과 마찬가지로 예로부터 중국 영토의 분할할 수 없는 일부분이었다"[3]라는 성명을 발표했다.

타이완과 중국의 이러한 움직임에 대응하여 일본에서는 1970년 8월1일에 일본 외상이 참의원에서 오키나와북방문제(沖繩北方問題)특별위원회 명의로 "센카쿠열도는 우리나라 서남제도의 일부로서, 타이완과 걸프사 사이의 계약은 무효"라고 주장했고, 9월 10일에는 중의원 외무위원회에서 일본 외상이 "센카쿠열도 영유권 문제를 둘러싸고 어떠한 정부와도 교섭할 수 없으며 영토권은 명확히 일본에 속하고 이러한 입장에 변화가 없다"는 입장을 다시 밝혔다. 같은 해 9월 10일에 류큐(琉球) 정부는 "센카쿠열도가 류큐에 속하고 1972년의 일본 반환 시에 반환 구역 안에 포함됨은 의심할 여지가 없이 명백한 사실이라"고 '영유(領有) 선언'을 했다. 류큐 정부는 1970년 9월 17일에 「센카쿠열도의 영유권에 관하여」라는 성명에서 "명치 28년(1895) 1월 14일 각의가 정식으로 비준하여, 야에야마군도(八重群島) 서남에 위치한 우오쓰리시마(魚釣島=釣魚島)와 구바시마(久場島=黃尾嶼)를 오키나와현에서 관할하게 했다. 그리고 21일에 지령을 발하여 각의의 결정을 전달하고 이 현의 지사에게 관할 표지를 건립하도록 밀령(密令)했다"고 했다.

그러나 1885년에 결정되었다는 표지 설치는 실제로는 74년 뒤에야 이루어졌다. 1969년 5월 9일에 이시가키(石垣)시 시장 이하 관계자들이 '어조도와 구장도, 대정도, 북소도, 남소도'의 5도에 올라가서 행정 관할을 표시하는 표지를 설치했다. 1970년 7월에는 류큐 정부가 5도의 7개소에 영역 표시판을 설치했다. 조어도 동단 비탈에 세워진 한 행정 관할 표지 표패의 전면에는 "팔중산첨각군도어조도(八重山尖閣群島魚釣島)"라고, 뒷면에는 "충승석원시우등야성이삼구이번지(沖

3 李理·趙國輝 編著,『日本各界人士對日本尖閣列島主張的反駁』(臺北: 海峽學術, 2013), 107頁; 遲全華,『釣魚島之爭』(北京: 世界知識出版社, 2014), 75頁.

繩石垣市字登野城二三九二番地)"라고 하였으며, 그 옆에 세워진 또 다른 석비에는 "팔중산첨각군도(八重山尖閣群島)", "어조도(魚釣島)", "석원시건지(石垣市建之)" 등의 글자가 쓰였다. 이외에도 일본 정부는 조어도에 기상관측대와 영구성 등탑 등을 세우고,[4] 조어도를 '방공식별권' 안으로 포함시키며 해역에서 '순라(巡邏)'를 진행하는 등 '유효한 규제'를 '기정사실화'하는 일련의 조처를 시도했다. 이와 동시에 일본은 각종 연구기구를 조직했으니, 외무성은 '센카쿠열도영유분쟁검토연구기관(尖閣列島領有紛爭檢討研究機關)'을 설치하고, 남방동포원호회(南方同胞援護會)는 '센카쿠열도연구회(尖閣列島研究會)'를 설립했다.[5]

1968년 조어도 해역에 풍부한 석유 자원이 매장되어 있다는 발표를 기화로 하여 일어난 조어도 쟁의는 1972년에 이른바 '오키나와반환협정(沖繩返還協定)'을 통해 미국이 조어도의 시정권, 즉 행정관할권을 류큐열도의 행정관할권과 연동하여 일본에 넘겨줌으로써 결정적 고비의 하나를 맞게 되었다. 1952년에 미·일 양국 사이에 체결된 샌프란시스코조약을 통해 류큐열도와 더불어 조어도의 시정권까지 확보한 미국은 1972년에 류큐열도의 시정권을 일본에 '반환'하면서 조어도의 시정권까지 일본에 '반환'함으로써 일본은 조어도에 대한 시정권을 행사할 수 있게 된 것이다. 오키나와반환협정의 조인을 앞두고 타이완이 1970년에 이 해역에서 석유탐사에 착수하면서 조어도는 타이완 대륙붕의 일부이고 예로부터 타이완의 일부였으니 포츠담선언에 따라 타이완에 반환되었어야 했다고 주장했지만, 이러한 타이완의 주장은 반환 당사자인 미국에 의해 인정되지 않고 조어도를 포함한 류큐열도 전역이 일본에 반환된 것이다. 이에 대해 타이완의 항의 행동이 전개되었으니, 1972년 2월 10일 타이완은 조어도 등 도서를 타이완성 의란현(宜蘭縣)의 관할로 편입시켰다.[6]

타이완의 조어도 편입 조치에 대해 일본의 정치결사 '애국청년연맹(愛國青年聯

---

4 日本現代中國語會話教室 編譯,「釣魚臺事件の眞相」, 香港『明報月刊』1972年 10月 82期, 84頁.

5 浦野起央,『尖閣諸島, 琉球, 中國ー日中國際關係史』, 153頁; 吳天穎,『甲午戰爭釣魚列嶼歸屬考』, 10-12頁.

6 浦野起央,『尖閣諸島, 琉球, 中國ー日中國際關係史』, 154-165頁.

盟)' 대표가 1972년에 조어도에 상륙하여 일본 국기를 꽂았고, 1973년에는 일본인 민족파 청년의 '센카쿠제도영유결사대' 몇 명이 조어도에 상륙하여 타이완의 영유권 주장에 항의했다. 1978년에는 일본의 우익 정치결사 '일본청년사(日本青年社)'가 조어도에 상륙하여 등대를 건설했고, 등대가 태풍에 파괴되자 1988년에 제2차로 등대를 다시 건설했다. 1990년에 타이완 선박 2척이 등대 건설 사건에 항의하여 조어도 해역으로 진입했다. 일본 측의 발표에 의하면, 1992년 조어도 해역에서 국적 불명의 선박에 의한 일본선에 대한 발포 사건이 34건 발생했고 1993년에는 25건에 달했다. 등대 사건을 계기로 제2차 보조운동이 홍콩과 타이완에서 일어나 일본 우익의 등대 건설과 일본의 연해 200해리 배타적 경제수역 설정에 항의했다. 1996년에는 홍콩과 타이완의 '전구화인보조대연맹(全球華人保釣大連盟)' 돌격대가 조어도에 돌입하여 오성홍기와 청천백일기를 게양했고, 석원시 정치결사 '센카쿠열도방위협회'는 조어도에 길이 2미터, 폭 3미터의 목제 일환기(日丸旗)를 건립하여 일본의 영유임을 과시했다.[7]

1972년 조어도에 대한 시정권 '반환'과 함께 조어도 귀속 다툼에서 또 하나의 변수가 된 것은 1972년 중·일 수교와 1978년 중일평화우호조약의 체결이었다. 1972년 중·일이 수교했을 때 중화인민공화국의 저우언라이 총리는 조어도 등 도서의 귀속 문제는 장래 조건이 성숙해질 때를 기다려 해결하자고 제의했다. 1978년 중·일이 평화우호조약을 체결할 때도 중국 정부는 '주권속아(主權屬我), 각치쟁의(擱置爭議), 공동개발'의 방침을 정하고, 덩샤오핑 부총리가 조어도 쟁의를 '각치'(보류해 둔다는 뜻)하여 자손 후대를 기다려 해결할 것을 제의했고, 일본 측도 이에 암묵적으로 동의했다. 암묵적인 상호 이해가 거의 40년 동안 논쟁을 봉쇄해왔지만, 2010년에 상황이 바뀌었다. 일본 민주당 정부는 조어도 해역에서 고기를 잡는 중국 배의 선장을 체포하면서 이 섬들이 일본 영토의 뗄 수 없는 일부라는 점에 "의심의 여지가 없다"고 주장하고, 영토 분쟁이나 외교 문제는 없으며 단순히 중국 배가 일본 법률을 위반했을 뿐이라고 주장했다.[8] 일본 정

7 浦野起央,『尖閣諸島, 琉球, 中國－日中國際關係史』, 166-188頁.
8 개번 맥코맥, 노리마쯔 사또꼬 지음, 정영선 옮김,『저항하는 섬, 오끼나와』(창비, 2014),

부가 중·일이 이룬 '각치쟁의'의 묵계, 양해와 공동 인식을 거부하며 승인하지 않음으로써 1996년의 보조운동으로 고조되어온 조어도 귀속 다툼이 더욱 가열된 것이다.

2012년 4월, 동경 도지사 이시하라 신타로(石原愼太郎)는 워싱턴의 보수적인 청중에게 중국이나 타이완의 주권에 대한 도전을 물리치기 위해서 동경이 "센카쿠열도의 우오쓰리시마, 기타코시마(北小島), 미나미코시마(南小島) 등 세 섬의 사유지를 구입하기 위해 협상하고 있다"고 연설했다. 중국이 "선전포고 직전까지" 오고 있으며 "센카쿠 문제를 자신의 야망을 위한 첫걸음으로 삼아 태평양에서 패권을 추구하는" '강도'에 불과하다는 취지의 이시하라 신타로의 언급은 이들 섬에 대한 일본의 소유권은 "의심의 여지도 없고" 논쟁의 여지도 없다는 것, 그리고 그에 대한 도전은 미국과의 안보동맹의 중요성을 재확인시켜준다는 것에 대한 국민적 합의를 형성하는 데 도움을 주었다. 일본의 모든 언론은 조어도가 "역사적으로 보나 국제법적으로 보나 일본의 뗄 수 없는 일부"[9]임을 주장했다. 2012년 9월에는 일본 정부가 209억 엔에 조어도를 구입하여 '국유화'하고 유엔총회에서 이 섬들이 "고유한 일본 영토"였으며 그에 대한 분쟁도 협상도 없을 것이라고 선언했다. 그리고 2012년 8월 24일 일본 중의원은 "센카쿠열도는 본래 해결해야 할 주권 문제가 존재하지 않는다"는 결의를 통과시키고, 일본 정부도 "센카쿠열도는 쟁의가 존재하지 않는 일본 고유의 영토"[10]라고 확인했다.

류큐 정부가 일본 정부의 주장을 뒤따랐음은 물론이거니와 일본공산당도 정부 편에 서서, 심지어는 그것을 넘어 힘을 다해 '센카쿠열도'가 일본 영토라고 주장했고, 일본사회당은 비록 중·일 국교와 중·일 우호의 회복을 위해 힘쓰기는 했지만 조어도가 일본 영토라고 주장하는 점에서는 정부와 일본공산당과 완전히 일치했다. 신좌익 각 파는 조어군도 문제에 대해 조금도 관심을 보이지 않았다.

367-368쪽.

9 "Senkaku purchase must be settled calmly in Japan," *Mainichi Shimbun*, 2012. 7. 11; "Stop infighting over the Senkakus Islands," *Japan Times*, 2012. 7. 18.

10 개번 맥코맥, 노리마쯔 사또꼬, 『저항하는 섬, 오끼나와』, 369-372쪽.

심지어 중·일 우호의 각 단체도 기관 간행물에서 일부 '연구회' 문장을 실어 일본 측의 주장이 근거가 없다고 가볍게 언급하고, 또는 몇 편의 개인 서명의 문장을 실어 조어도가 중국의 영토라고 말했을 뿐이다.[11]

이에 대해 중국 측도 2012년 4월에 처음으로 조어도가 중국의 '핵심 이익'이라고 선언했고, 5월에는 『인민일보』가 류큐의 지위 자체가 협상되어야 한다고 주장했다. 2012년 9월에는 중국 국무원 신문판공실이 「조어도는 중국의 고유한 영토다(釣魚島是中國的固有領土)」라는 백피서(白皮書)를 발표하여 "조어도와 그 부속도서가 중국 타이완도의 동북부에 위치한 타이완의 부속 도서임"을 강조했다. 그리고 조어도가 과거 일본의 독자적·실질적 규제에서 사실상의 '중·일 공동 규제'로 전향되도록 조어도에 대한 모종 정도의 행정 관할을 실행하기 시작했다. 중국 정부는 조어도와 그 부속 도서의 영해 기선(基線)을 선포하고, 조어도와 그 부속 도서에 대한 중국의 영토 주권을 거듭 밝혔다. 중국의 해상감시선이 조어도 12해리 영해로 진입하고, 어정선(漁政船)이 관련 어구로 진입하여 고기잡이를 보호하며, 중국 해상 감시 비행기가 조어도 영공으로 진입하여 순라하고 호위하는 사태에 이르게 되었다.[12]

조어도 문제에서 해협 양안의 주장은 비슷한 곳도 있고 다른 부분도 있었다. 1972년 5월 9일 타이완 당국은 미·일이 서로 사사로이 주고받은 행위에 대해 성명을 발표하고 "조어대열서는 '중화민국' 영토에 속하는 한 부분이다. 이러한 영토 주권 주장은 지리적 위치, 지질 구조, 역사 연원, 장기 계속 사용 및 법리 등 각 방면의 이유로써 말하는 것으로 모두 의심할 바가 없다. 현재 미국은 열서의 행정권과 류큐를 함께 일본에 '교환(交還)'하였으나, 중화민국 정부는 굳게 반대한다. 중화민국 정부는 본래 영토의 완정성을 유지·보호할 신성한 직책이 있어 어떠한 정황에서도 절대로 조어대열서에 대한 영토 주권을 포기하지 않는다"고 했다. 당시 타이완 당국의 조어도 문제에 대한 입장은 강경했다. 2010년 타이완 외

---

11 井上淸 著, 賈俊琪·于偉 譯, 『釣魚島的歷史與主權』(中文)(新星出版社, 2013), 9-11頁.

12 개번 맥코맥, 노리마쯔 사또꼬, 『저항하는 섬, 오끼나와』, 369-372쪽; 遲全華, 『釣魚島之爭』, 5-6, 75頁; 褚靜濤, 『中日釣魚島爭端硏究(上·下)』(臺北: 海峽學術, 2013), 54-55頁.

교부는 "조어대열서는 우리나라 고유의 영토로 행정 관할은 우리나라 의란현 두성진(頭城鎭) 대계리(大溪里)에 있어 우리 주권의 관할 범위에 속한다"고 발표했다. 이로 보아 타이완 사회 주류의 입장은 조어도 주권이 중국에 속한다는 입장을 견지하는 것이지만, 그 사이에는 불협화음이 출현하기도 했다.

타이완의 독립을 주장하는 리덩후이와 대련당(臺聯黨) 등 '대독' 세력은 "조어도는 일본의 영토"라고 공공연히 주장했다. 예컨대 2002년에 리덩후이는『오키나와시보(沖繩時報)』와의 인터뷰에서 "조어대는 일본의 영토이고 타이완은 다만 어업권을 가질 뿐이라"고 공개적으로 말했다. 2008년부터 타이완 총통직을 맡고 있는 마잉주는 본인이 1970년대에 보조운동에 적극 참가하여 '보조 열혈 청년'으로 불렸으며, 하버드에서 완성한 박사논문「노해유쟁: 동해해상 획계와 외인투자의 법률문제(怒海油爭:東海海床劃界與外人投資之法律問題)」는 타이완인이 쓴 조어도 주권 문제에 관한 첫 번째 학술 저작이었다. 1986년에 그는 유엔 해양법공약(1982)과 결합하여『신해양법으로 조어대열서와 동해획계 문제를 논함』을 출판했고, 1996년에는 조어도에 관한 세 번째 저작인『조어대열서 주권쟁의 회고와 전망(釣魚臺列嶼主權爭議回顧與展望)』을 발표하기도 했다. 일련의 저작에 보이는 마잉주의 주요 입장은 "주권은 우리에게 있고 쟁의를 각치하여 평화적으로 호혜하여 공동으로 개발하자"는 것이다. 그는 2012년 8월에 '동해화평창의(東海和平倡議)'를 제출하여 상호 대립적 행동을 자제하고 쟁의를 보류하여 대화 소통을 포기하지 않을 것을 제의했다.

타이완의 이러한 입장에 대해 중국 학계에서는 조어도는 지리상·역사상·행정 관할상으로 타이완의 부속 도서라는 입장을 취했다. 중국의 국제법학자 지전화(遲全華)는 "조어도는 타이완의 부속 도서"라는 사실이 중국이 조어도 주권 옹유를 논증할 때 하나의 관건점(關鍵點)이라고 하면서 "조어도는 타이완의 것이고 타이완은 중국의 것이다. 조어도는 타이완 관할의 것이고 조어도는 타이완 문제의 일부분이며, 조어도 문제와 타이완 문제의 최종 해결은 중국의 통일과 민족부흥 대업과 함께 연계되어 있다"고 주장했다. 그를 비롯한 중국인에게는 '중국통일운동'이 '보조운동'의 연속과 발전이었다.[13]

2. 조어도 영유권에 관한 성명전

조어도 쟁의는 타이완과 류큐, 일본, 중국 등 주변 국가들의 성명전으로 시작되었고, 이후에 전개된 역사 논쟁은 각국의 공식적 성명에 기초하거나 성명을 비판 또는 반박하는 형식으로 진행되었다. 따라서 조어도 쟁의의 전개 과정을 이해하기 위해서는 먼저 각국에서 발표된 주요 성명의 내용을 정리하여 기억해둘 필요가 있다.

먼저 류큐 정부가 1970년 9월 1일 나하(那覇)에서「센카쿠열도의 영토권에 대하여」라는 성명을 발표하여 "타이완 국민정부가 걸프사에게 광업권을 주고 센카쿠열도가 국민 정부의 영유라고 주장한 것은 명백히 영토권의 침해를 의도하는 것으로 간과하기 어려운 문제"라고 규탄하면서, 류큐 정부가 이 열도에 대해 주권을 옹유한다고 주장하는 근거를 체계적으로 밝혔다.

첫째, 이 성명은 미국의「류큐열도의 관리에 관한 행정명령」전문(前文)에 의거하여 류큐열도 미국 민정부와 류큐 정부의 관할 구역에 센카쿠제도가 포함되는 것으로 규정되었음을 밝혔다.

둘째, 이 성명은 "센카쿠열도는 종종의 역사상 문헌에 기재되어 많은 사람들에 의해 다양하게 호칭되었지만, 명치 28년에 이르러 어느 국가에도 속하지 않는 영토로서 국제법상 무주지(無主地)였다. 14세기 이래 센카쿠열도에 대하여 언급된 류큐 및 중국 측 문헌에 센카쿠열도가 자국의 영토임을 표명한 것은 없다. 이들 문헌은 항로상의 목표로서 항해일지나 항로도에 기재되고 또는 여정을 푸는 한시(漢詩) 가운데에 편의상 센카쿠열도의 도서 명칭을 자의로 사용한 것에 지나지 않는다"고 하여, 역사상 조어도가 '무주지'였음을 증명하려 했다.

셋째, 이 성명은 일본의 문헌인 임자평(林子平)의『삼국통람도설(三國通覽圖說)』에서 조어대와 황미서·적미서가 중국령으로 취급된 까닭에 대해 "『중산전신록(中山傳信錄)』중의「류큐 36도의 도(圖)」와 항해도를 합작하여『삼국통람도설』을

13 遲全華,『釣魚島之爭』, 83-95頁.

작성하였다"고 설명하면서, "이 36도의 지도에 류큐령으로 기재되지 않은 조어대와 황미서 등이 기계적으로 중국령으로 색칠되었다. 그러나 『전신록』의 항해도에서 이러한 섬들이 중국령임을 보이는 어떠한 증거도 보이지 않는다.…항해도란 항로의 편의를 위해 작성된 것이지 영토를 의식하여 쓰는 것은 아니다"라고 하여, 그것이 조어도가 중국에 영속되었음을 입증할 수는 없다고 주장했다.

넷째, 이 성명은 조어도의 편입 과정을 설명하면서 "1895년(명치 28) 1월 14일 각의는 정식으로 팔중산군도의 서북에 있는 어조도와 구장도를 동 현의 소속으로 인정하고 오키나와현 지사에 내신을 통하여 동도에 관할 표항(標杭)을 건설하게 하도록 결정하고, 이 뜻을 동월 21일 현 지사에게 지령했다. 이 각의 결정에 근거하여 명치 29년 4월 1일 칙령 13호를 오키나와현에 시행하는 기회에, 동 열도에 대해 국내법상의 편입 조치가 시행되었다. 오키나와현 지사는 칙령 13호의 '팔중산제도'에 동 열도가 포함되는 것으로 해석하여, 동 열도를 지방 행정 구분상 팔중산군에 편입시키는 조치를 취했다"라고 설명하고, "오키나와현 지사에 의해 동 열도의 팔중산군에의 편입 조치는 행정 구분상의 편입에 지나지 않는 것이 아니라 동시에 국내법상의 영토 편입조치가 되었다"[14]라고 주장했다.

1972년 미국으로부터 류큐열도와 조어제도에 대한 '시정권'을 '반환'받은 일본은 '현재' '센카쿠제도'에 대하여 '실효적 지배'를 유지하고 있음을 천명하면서 '센카쿠제도'는 일본의 '고유 영토'이고 이러한 사실은 역사적으로도 국제법상으로도 명백하다고 주장했다. 일본 정부의 주장과 그 논거는 1972년 3월 8일에 중의원 오키나와북방문제특별위원회에서 발표된 「센카쿠제도의 영유권 문제에 대하여 일본 외무성 기본 견해」에서 가장 잘 표현되어 있다.

첫째, 이 「견해」는 "센카쿠제도는 명치 18년(1885) 이후 정부가 오키나와현 당국을 통하는 등의 방법에 의해 재삼 현지 조사를 시행하여 이곳이 무인도일 뿐만 아니라 청국의 지배가 미친 흔적이 없음을 신중하게 확인했고, 이러한 기초 위에서 명치 28년(1895) 1월 14일 각의에서 현지에 표장(標椿; 말뚝)을 건립하기로

14 浦野起央, 『尖閣諸島, 琉球, 中國－日中國際關係史』, 227-228頁.

결정하여 정식으로 우리나라의 영토로 편입했다"고 하여, 조어도가 '무주지'였음을 확인한 다음에 신중하게 영토로 편입하였음을 강조하고 "이때부터 센카쿠제도는 역사적으로 일관되게 우리나라의 영토인 서남제도의 일부를 구성하게 되었음"을 확인했다.

둘째, 이 「견해」는 "명치 28년(1895) 5월에 발효된 시모노세키조약 제2조에 근거하여 우리나라가 청국에서 할양받은 타이완과 팽호제도에는 포함되지 않는다. 따라서 센카쿠제도는 샌프란시스코 평화조약 제2조에 근거하여 우리나라가 방기한 영토 안에 포함되지 않으며, 제3조에 근거하여 서남제도의 일부로서 아메리카합중국의 시정하에 놓이게 되었다가 작년(1971) 6월 17일에 체결한 '류큐제도 및 대동제도에 관한 일본국과 아메리카합중국 사이의 협정'(沖繩返還協定)에 의해 우리나라에 시정권이 반환된 지역에 포함된다"고 하여, 일본 "영토로서의 센카쿠제도의 지위"를 강조했다.

셋째, 이 「견해」는, "샌프란시스코 평화조약 제3조에 근거하여 미국의 시정하에 놓이게 된 지역에 센카쿠제도가 포함된 사실에 대해 중국이 지금까지 어떠한 이의(異議)도 제기하지 않았던 것으로 보아, 중국이 센카쿠제도를 타이완의 일부로 보지 않았음이 분명하다. 중화민국 정부나 중화인민공화국 정부를 막론하고 모두 1970년 후반기에 이르러 동지나해 대륙붕의 석유 개발 움직임이 표면화한 뒤에서야 비로소 센카쿠제도의 영유권을 문제 삼기 시작했다"고 하여, 중국과 타이완이 조어도의 법적 지위에 대해 아무런 이의를 제기하지 않다가 석유 매장이 확인된 이후에야 영유권을 주장하고 있다고 비난했다.[15]

1972년 3월 28일에 발표된 「센카쿠제도 문제에 대한 자유민주당의 공식 견해」(1972.4.22.『自由新報』 게재) 역시 1972년 3월 8일에 발표된 「센카쿠제도의 영유권 문제에 대한 일본 외무성의 기본 견해」를 거의 그대로 인용하여 내용이 대동소이하다. 다만 1972년 3월 30일에 발표된 「센카쿠제도 문제에 관한 일본공산당의 견해」(1972.3.31.『赤旗』 게재)에서는 "우리 당은 이 문제에 대해 역사적 경

15 浦野起央, 『尖閣諸島, 琉球, 中國－日中國際關係史』, 241-242頁.

과나 국제법상의 제 관계를 조사·연구하였다"고 하면서 새로운 관점을 약간 포함시켰다.

첫째, 이 「견해」는 "센카쿠열도에 대한 기록은 오키나와와 일본의 문헌에도, 중국의 문헌에도 몇 개 있다. 그러나 일본 측도 중국 측도 어느 나라의 주민도 정주한 적이 없는 무인도인 센카쿠열도를 자기네에게 속함을 확정한 적은 없다"고 하여, 조어도에 관한 류큐와 일본·중국 문헌을 막론하고 어떠한 사료에서도 '영유권'을 명기한 자료는 존재하지 않는다고 주장했다.

둘째, 이 「견해」는 "일본인 고가 다쓰시로(古賀辰四郎) 씨가 센카쿠열도 중 우오쓰리시마를 1884년(명치 17)에 탐검하고 그 다음 해인 1885년에 일본 정부에 이들 섬의 대여원(貸與願)을 신청했다. 영유라는 점에서는, 1895년(명치 28) 1월 일본 정부가 우오쓰리시마와 구바시마를 오키나와현 소관으로 하고, 1896년 4월 센카쿠열도를 야에야마군(八重山郡)으로 편입시켜 국유지로 지정했다"고 하면서, "역사적으로는 이 조치가 센카쿠열도에 대한 최초의 영유 행위이고 이후 일본의 실효적 지배가 이루어졌다"고 하고, "이것이 국제법상 '선점'에 의해 취득 및 실효적 지배를 한 것으로, 1970년까지 75년간 외국으로부터 어떠한 이의가 공식적으로 제기된 바 없었다"고 주장했다.

셋째, 이 「견해」는 "이 사이에 고가 씨가 1855년에 이어 1895년에도 대여원을 다시 신청하자 1896년 9월 4도(魚釣, 久場, 南小島, 北小島)의 30년간 무상대여를 허락했다. 그 이래로 개척 노동자가 매년 수십 명 파견되어 '고가촌(古賀村)'이 가바시마에 세워졌다. 이것이 사람의 최초 거주였다"고 하여, 조어도가 일본인에 의해 거주된 '유인도'였음을 지적했다.

넷째, 이 「견해」는 "센카쿠열도 영유의 명확화는 일·청 양국의 지배층이 조선 지배를 위해 다툰 일청전쟁과 같은 시기에 이루어졌다. 그 전쟁에서 일본이 승리하여 타이완과 그 부속 제도, 팽호열도 등이 일본에 할양되었다. 이것이 정당화될 수 있는 것은 아니지만 그것 때문에 센카쿠열도가 빼앗긴 것은 아니다. 교섭 과정에서도 센카쿠열도의 귀속 문제는 취급되지 않았다. 1945년 일본의 패전에 의해 카이로선언 및 포츠담선언으로 '타이완과 팽호도' 등 약취 지역의 중국

반환이 이뤄졌지만, 여기에 센카쿠열도는 포함되지 않았다"고 하여 조어도가 청일전쟁에 의해 약취된 것이 아님을 강조하고 "중국 측도 일본의 포츠담선언 수락 후에 센카쿠열도를 요구하지 않았음"을 지적했다.

다섯째, 이 「견해」는 "1945년 이래 센카쿠열도는 오키나와의 일부로 아메리카 제국주의의 정치적·군사적 지배하에 있었고, 열도 중 다이쇼시마(大正島=赤尾嶼=久米赤島) 및 구바시마(=黃尾嶼) 등 양도가 미군 사격장이 되어 일정한 지대를(고가 씨의 아들에게) 내고 침략적 군사 목적에 사용되었다. 일본 정부는 1951년의 샌프란시스코조약 제3조에서 오키나와 현민의 의사와 이익을 무시하고, 센카쿠열도와 오키나와를 아메리카 제국주의의 군사 점령하에 두는 중대한 과오를 저질렀다. 따라서 금번의 오키나와협정에서도 자민당 정권은 오키나와 현민의 의사를 무시하고 센카쿠열도의 구바·다이쇼 양도를 오키나와현의 미 군사기지로 계속 유지할 것에 동의했다"고 하여, 조어도와 류큐열도를 미군의 군사적 목적으로 사용되도록 허용한 것을 비난했다.

여섯째, 이 「견해」는 "1970년 이래 타이완의 장제스 일파가 센카쿠열도의 영유권을 주장하고 중화인민공화국도 1971년 12월 30일의 외교부 성명으로 영유권을 주장했는데, 그 근거는 성립하기 어렵다"고 하면서, 그 이유를 다음과 같이 적시했다. "① 중국 측의 문헌에도 중국의 주민이 역사적으로 센카쿠열도에 거주했다는 기록이 없다. 명국과 청국이 센카쿠열도의 영유를 국제적으로 밝힌 적이 없다. 센카쿠열도는 '명조의 해상방위구역에 포함되었다'고 말하지만, 이는 영유와는 별개의 문제다. ② 중국 측이 센카쿠열도의 일본 영유에 역사적으로 이의를 제기한 선례가 없다. ③ 종래의 중화인민공화국 발행의 '전 중국 지도'(1966년 北京地圖出版社 간행)에도 센카쿠열도의 기재는 없다. 타이완성도에도 센카쿠열도는 없다. 센카쿠열도가 지리적으로 위치한 경도(동경 123.14도에서 125도 사이)는 중국의 지도에서는 '영해' 밖에 있다. ④ 센카쿠열도가 '중국 대륙붕'의 선단에 위치했음을 '중국령'의 논거 가운데 하나로 거론하지만, 수심 200미터를 기준으로 하는 '대륙붕'은 해저 자원에 적용하는 설이지 해상 섬의 영유와는 별개의 문제다."

이상의 여러 가지 논거를 통해 이 「견해」는 "센카쿠열도의 일본 귀속은 명확하다”는 결론을 이끌어내면서 “구바와 다이쇼 양도의 미군 사격장을 철거하여 센카쿠열도가 평화로운 섬이 되도록”[16] 요구했다.

타이완 당국은 1971년 6월 11일에 「조어대열서의 주권에 관한 중화민국 외교부 성명」을 발표하여, “류큐군도의 지위 문제에 대한 깊은 관심과 이에 대한 의견 및 아시아 태평양 지역의 안보확보의 문제에 대한 우려”를 표명하여, 관계 각국 정부의 주의를 촉구했다. 특히 “미국 정부와 일본 정부가 류큐군도 이관의 정식 문서에 서명하면서 중화민국이 영토 주권을 가지고 있는 조어대열서를 포함시키고 있음”을 알고, 중화민국 정부는 이에 대한 입장을 다시 전 세계에 다음과 같이 밝혔다.

첫째, 이 「성명」은 중국과 미국, 영국 등 주요 동맹국이 1943년과 1945년에 공동으로 카이로선언과 포츠담선언을 발표하여 “일본의 주권은 본주와 홋카이도(北海道), 규슈(九州), 시코쿠(四國) 및 주요 동맹국이 결정하는 기타 소도(小島)에 한한다”고 정했기 때문에 류큐군도의 미래의 지위는 관계 동맹국이 카이로선언과 포츠담선언에 의거하여 협의 결정해야 함에도 불구하고 “미국이 이 문제에 관해 협의하지 않고 성급히 류큐를 일본에 반환하는 결정을 내린 것”에 대해 ‘불만’을 표시했다.

둘째, 이 「성명」은 “조어대열서는 타이완성에 부속된 중화민국 영토의 일부분을 구성하는 것으로 지리적 위치, 지질 구조, 역사적 연계 및 타이완성 주민의 장기적·계속적 사용 등의 이유에 근거하여 중화민국과 밀접한 관계에 있어, 중화민국 정부는 영토 보전의 신성한 의무에 근거하여 절대로 미소한 영토의 주권도 방기할 수 없다”는 이유를 들어, “미국이 이 열서에 대한 관리를 종결하는 시점에는 중화민국에 반환해야 함”을 밝히면서 “미국이 이 열서의 행정권을 류큐군도와 함께 일괄 일본에 인도함은 중화민국 정부로서는 절대로 받아들일 수 없다”고 하고, “미·일 간의 이관은 이 열서에 대한 중화민국의 주권 주장에 결코 영향을 줄 수 없음”[17]을 강경하게 주장했다.

16 浦野起央, 『尖閣諸島, 琉球, 中國－日中國際關係史』, 243-245頁.
17 浦野起央, 『尖閣諸島, 琉球, 中國－日中國際關係史』, 273-279頁.

1971년 12월 30일에 발표된 「조어도 등의 주권에 관한 중화인민공화국 외교부 성명」에서 중국 정부는 조어도 등 도서에 대한 영토 주권을 주장했는데, 이 견해는 유엔 해양법위원회에 공식적으로 제출되었다.

첫째, 이 「성명」은 "일본의 사토 에이사쿠(佐藤榮作) 정부가 근년 이래로 역사적 사실과 중국 인민의 격렬한 반대를 무시하고 중국 영토인 조어도 등 도서에 대해 '주권을 갖고 있다'고 다시 주장하고, 아메리카 제국주의와 결탁하여 이들 도서를 침략하여 병탄했다. 미·일 양국 국회는 오키나와 '반환' 협정을 채택했다. 이 협정을 통해 미·일 양국은 공공연하게 조어도 등 도서를 그 '반환 구역'으로 편입했다"고 하면서, "이는 중국의 영토와 주권을 침범하는 것이다. 이는 중국 인민에게는 절대로 용인될 수 없는 것이다"고 선언했다.

둘째, 이「성명」은 미·일 정부의 일본에의 오키나와 '반환'은 "미·일 군사 결탁을 강화하고 일본의 군국주의 부활에 박차를 가하기 위한 새로운 중대한 단계"라고 규정하고, "중국 정부와 중국 인민은 일관되게 오키나와 '반환'의 패턴을 분쇄하고 오키나와의 무조건적·전면적 복귀를 요구하는 일본 인민의 용감한 투쟁을 지지한다"고 표명했다.

셋째, 이 「성명」은 "조어도 등 도서는 옛날부터 중국 영토였다. 일찍이 명대에 그 도서는 중국의 해상방위구역에 포함되었으니 이는 류큐, 즉 현재의 오키나와에 속하는 것이 아니라 중국의 타이완에 부속하는 도서이다. 중국과 류큐의 경계선은 적미서와 구미도 사이이다. 중국 타이완의 어민은 옛날부터 조어도 등 도서에서 어로에 종사했다"고 하여 조어도의 역사적 귀속을 주장하고, "일본 정부는 중·일 갑오전쟁을 통해 이들 도서를 탈취하고 당시 청조 정부에 압력을 가하여 1895년 4월 '타이완과 그 부속 도서' 및 팽호열도의 할양이라는 불평등 조약 마관조약에 중국이 조인케 했다"고 하여 일본의 조어도 편입이 청일전쟁과 시모노세키 불평등 조약에 의거한 약탈이었음을 지적하면서, "오늘날 사토 정부는 중국 영토를 약탈한 일본 침략자의 침략행위를 가지고 조어도 등 도서에 대한 '주권을 갖고 있다'는 근거로 삼는데, 이는 도적의 논리이다"라고 비난했다.

셋째, 이 「성명」은 제2차 대전 이후에 일본 정부가 '타이완의 부속 도서'인 조어도 등 도서를 미국에 넘겨주고 미국 정부가 이들 도서에 대해 '시정권'을 갖고 있다고 일방적으로 선언한 것은 모두 '비합법적인 것'이라고 규정하고, "중화인민공화국의 성립 이후 1950년 6월 28일 저우언라이 외교부장이 중국 정부를 대표하여 아메리카 제국주의가 제7함대를 파견하여 타이완과 타이완해협을 침략한 것을 격렬하게 규탄하고 '타이완과 중국에 속하는 영토의 회복'을 촉구하는 중국 인민의 결의를 엄중하게 성명했음"을 상기시켰으며, 그럼에도 불구하고 미·일 정부가 '불법'으로 다시 '우리나라'의 조어도 등 도서를 인계하여 중국 영토와 주권을 '침범'한 행위가 중국 인민의 격분을 불러일으켰음을 강조했다.

넷째, 이 「성명」은 "조어도와 황미서, 적미서, 남소도, 북소도 등 도서는 타이완의 부속 도서이다. 이들 도서는 타이완과 같이 옛날부터 중국 영토의 불가분의 일부였다. 미·일 양국 정부가 오키나와 '반환' 협정을 통해 우리나라 조어도 등 도서를 '반환 구역'에 넣은 것은 불법적인 것이니, 이것이 조어도 등 도서에 대한 중화인민공화국의 영토의 주권을 변경할 수 없다"는 사실을 강조하고, "중국민은 타이완을 해방시킨다. 중국 인민은 조어도 등 타이완 부속도서를 회복한다"는 결의를 '엄중하게 성명'했다.[18]

노다 요시히코(野田佳彦) 정권이 조어도의 국유화를 결정하고 약 2주간이 지난 2012년 9월25일 중국 국무원은 「조어도는 중국 고유의 영토」라는 제목의 백서를 공표했는데, 주로 세 가지 관점에서 주장되었다.

첫째, 이 백서는 "중국의 선인들이 조어제도를 발견하고 명명·이용했다. 17세기 류큐왕국 정사에는 적미서 등이 류큐의 영토가 아니라고 기재되었다. 중국은 조어제도를 장기간 관리했다. 16세기 고문서에는 조어제도가 '명조의 해방(海防) 범위'에 편입되었고, 17세기 청조에서도 마찬가지였다"고 하여, 그 역사적 영유권을 주장했다.

둘째, 이 백서는 "일본이 조어도를 절취(竊取)했다"고 하면서, 그 근거로 "조어제도를 일본에 편입하기 전에 이노우에 가오루(井上馨) 외무경이 '청국의 시의심

---

18 浦野起央, 『尖閣諸島, 琉球, 中國－日中國際關係史』, 239-240頁.

을 부른다'고 하여 행동을 신중하게 해야 한다고 진언한 것은 조어제도가 중국에 속한다는 것을 잘 알고 있었기 때문이다"고 제시하고, "일본은 청일전쟁에 의해 조어제도를 '절취'했기 때문에 국제법상 효력이 없다"고 선언했다.

셋째, 이 백서는 카이로선언과 포츠담선언을 강조했다. 1943년의 카이로선언은 만주와 타이완 및 "일본이 청국인에게서 도취(盜取)한 지역을 중화민국에 반환한다"고 했고, 1945년의 포츠담선언에서도 "카이로선언의 여러 조항을 이행한다"고 규정했는데, "조어제도는 일본이 중국에서 '도취'한 섬에 포함된다"는 것이다.[19]

보조운동이 가장 조직적·지속적으로 일어난 홍콩에서도 홍콩 문교계 공동 성명 「조어대열서는 우리나라의 영토다」가 1971년 4월 9일에 발표되었고, 1971년 4월 20일 『홍콩시보(香港時報)』에 게재되었다. 그 내용은 다음과 같다.

첫째, 이 성명은 중국과 미·일 양국 사이에 있는 조어도 주권 쟁의에 대해 중국 국민의 입장에 서서 공동 의견을 표명했다. 이 성명은 전후의 일본 영토의 처리 문제에 관한 중국과 미국·영국의 카이로선언과 포츠담 문서에 의거하여 "일본은 전후 류큐열도의 주권을 가질 수 없다"고 주장했다. 이 성명은 "민족자결의 원칙에 의하면 전후에 류큐열도에 대한 처치는 자치·자주를 원칙으로 하는 것이다. 샌프란시스코 평화조약에서 미군이 류큐를 통치하기로 한 것은 원칙에 합치하지 않는다. 그러나 미국은 국제연합 헌장의 관리제도의 원칙을 존중하여 류큐 인민을 도와 '자치 또는 독립을 향한 발전을 촉진'(헌장 제76조 제2항)하지 않고 일방적으로 류큐열도에 대해 '잔존 주권'을 갖고 있음을 성명하고, 따라서 미일 협정에서 '1972년 류큐열도를 일본에 인도한다'고 결정했지만, 비밀리에 주고받는 것은 류큐 인민의 자유의지를 경시하는 것일 뿐만 아니라 일본 전후 영토를 처리하는 각종 국제 협정에도 위반하는 것이다. 류큐 주민은 여기에 대해 깊은 불안감을 갖고 당지 인민이 결정할 수 있기를 요구했다"고 주장했다. 또한 이 성명은 "이번에 미국 정부가 조어대열서를 류큐열도와 함께 일본에 '반환한

---

19 豊下楢彦, 『「尖閣問題」とは何か』, 42-43頁.

다'고 성명한 것은 절대로 중국 인민과 정부가 동의할 수 없는 것이다"라고 하면서 "조어대열서의 경우는 류큐열도와 다르다. 조어대열서는 중국 대륙의 초층(礁層)에 있고, 타이완도 북부 가까이 있는 팽가서(彭佳嶼)·면화서(棉花嶼)와 동일 계열이어서 류큐열도와의 사이가 1000미터의 류큐해구로 격절되어 있다. 조어대열서는 옛날부터 일관되게 타이완에 예속되어 타이완성의 어민이 고기잡이하다가 풍랑을 피하는 곳으로 중요한 지역이니 그 주권이 우리나라에 속함을 부정할 수 없다. 일본 정부의 주권 보지 성명과 미국 정부가 열도를 일본에 인도하는 행위는 법리상으로도 사실 면에서도 증거가 없어 중국 인민과 정부는 굳게 반대한다"[20]고 주장했다.

3. 조어도 영유권에 관한 학술 논쟁

1970년 8월 조어도 해역에서 유전이 발견되고 조어도의 귀속 문제를 둘러싸고 주변 국가들 사이에 다툼이 발생하자 각국의 학계에서도 즉각적인 반응을 나타냈다. 가장 먼저 이 논쟁에 참여한 국가는 타이완이었다. 국민당계의 역사학자 양중발(楊仲撥)과 장계웅(張啓雄), 국제법학자 정가서(程家瑞), 민진당계의 학자 임전부(林田富) 등의 입장은 타이완 정부의 입장과 마찬가지로 류큐 및 조어도와 타이완의 연계를 중시했다. 특히 국제법학자 구굉달(丘宏達)은 일본의 조어도 귀속 경위에 주목하여 일본의 선점에 의한 영토 취득은 문제가 있음을 지적했다.

1970년 중국문화학원 류큐연구소 소장 양중발의 「역사지리적 배경으로 본 조어대열서(從史地背景看釣魚臺列嶼)」란 논문이 월간 『문예부흥(文藝復興)』 10월호에 게재되어 조어대열서의 명칭과 현상, 중국과 류큐 사적(史籍)의 기재, 『사유구록(使琉球錄)』 등에 대한 연구 결과가 발표되었다. 1971년에는 타이완정치대학 법률계 교수 구굉달이 「국제법적 관점으로 조어대열서 문제를 논함(從國際法觀點論釣魚臺

20 浦野起央, 『尖閣諸島, 琉球, 中國－日中國際關係史』, 236-237頁.

列嶼問題)」(『大學雜誌』 60-1)을 발표하고, 「일본의 조어대열서 주권문제에 대한 논거 분석(日本對於釣魚臺列嶼主權問題的論據分析)」(『明報月刊』 75; 『政大法學評論』 5)을 완성했다. 타이완사범대학 지리계 교수 사학준(沙學浚)은 1972년 「조어대가 중국에 속하지 류큐에 속하지 않는 역사지리적 근거(釣魚臺屬中國不屬琉球之史地根據)」(『學粹』 14-2)를 발표하여 "조어대는 600년 전에 중국인에 의해 발견·명명되었지 류큐인에 의해 발견되지 않았다. 따라서 조어대는 중국에 속하지 류큐에 속하지 않는다"고 주장했다. 이 해에 양중발은 조어대에 관한 연구를 모아 『중국, 류큐, 조어대(中國, 琉球, 釣魚臺)』라는 저서를 홍콩의 우련출판사(友聯出版社)에서 출간했고, 1990년에는 『류큐의 고금 이야기—조어대문제를 겸하여 논함(琉球古今談-兼論釣魚臺問題)』을 대북의 상무인서관(商務印書館)에서 출간했다. 청년 시대에 보조운동에 참가한 바 있는 마잉주는 『신해양법으로 조어대열서와 동해획계 문제를 논』한 저서를 대북의 정중서국(正中書局)에서 1986년에 출판했고, 타이완 중앙연구원 근대사연구소의 장계웅은 1993년에 「조어대열서의 주권귀속 문제—일본 영유 주장의 국제법적 검증(釣魚臺列嶼的主權歸屬問題-日本領有主張的國際法驗證)」(『中央研究院近代史研究所集刊』 22)을 발표했다. 타이완 동오(東吳)대학교 교수 정가서는 동오대학교 주최 조어대 문제 국제학술 연토회 논문집 『조어대열서의 법률지위(釣魚臺列嶼之法律地位)』를 1998년에 편집·출간했는데, 이 연토회에서 타이완의 학자들은 역사와 지질 방면에서 보아 조어도가 중국의 것이고 일본이 청일전쟁 중에 조어도를 절취했으며 조어도는 지질상 동해 대륙붕 위에 위치해 있음은 의심할 여지가 없다고 주장했다. 동오대학교는 2003년에도 제2차 조어대 문제 학술연토회를 열어 논문집 『조어대열서의 역사와 법률 지위(釣魚臺列嶼之歷史與法律地位)』를 펴냈다. 임전부는 1999년과 2002년에 『조어대열서 주권귀속의 연구(釣魚臺列嶼主權歸屬之硏究)』와 『조어대열서 주권쟁의의 재론(再論釣魚臺列瑞主權爭議)』을 대북의 오남도서출판유한공사(五南圖書出版有限公司)에서 잇달아 출간하여 "조어대열서는 1895년 이전에는 원래 류큐왕국 또는 일본 오키나와현의 일부분이 아니었다. 1895년 조어대열서는 비록 무인도였으나 주인이 없는 땅은 아니었으니, 선점의 표적이 될수는 없다. 1895년 이후 일본이 비록 조어대열서를 오키나와현의 관할로 귀속시키려 했지만, 조어대열서가 이전에 타이완의 부속 도서였다는 사실을 바꿀 수는 없다"[21]고 주장했다.

이들 타이완 학자들 견해의 요점은 포야기앙(浦野起央; 우라노 타츠오)에 의해 다음과 같이 정리된 바 있다. ① 중국 이민(移民)이 류큐의 발전에 기여했다. ② 역사적 사실로서 중국이 조어대를 발견하고 명명했다. ③ 많은 문헌에서 밝혀졌듯이 이 땅은 중국의 영토이다. ④ 류큐의 중국인 후예인 정면(鄭縣) 등은 1609년에 시마즈(島津) 사쓰마번(薩摩藩)의 침공에 항일 투쟁으로 공헌하고 류큐를 지켰다. ⑤ 현존의 류큐 문화는 중화 문화이다. ⑥ 1893년 서태후가 그 땅을 성선회(盛宣懷)에게 하사했다. ⑦ 조어대는 일본에 지배되었다. ⑧ 일본의 병합 경과와 일본의 국표(國標) 건설 경위에서 보면 조어대는 중국 영토임이 명백하다. ⑨ 따라서 일본의 선점에 의한 조어대열서의 지배는 성립되지 않는다. ⑩ 1879년 청·일 교섭에서 조어대는 포함되지 않았다. 일본의 조어대 지배는 일청전쟁 직후에 있었던 일본의 음모다. ⑪ 조어대열서는 류큐열도와 3000척(1000미터)의 해구로 격절되어, 타이완 대륙붕의 일부를 구성하여 타이완의 연해에 속한다. ⑫ 조어대열서에 대해서는 일본이 병합한 시점 이후에도 타이완 주민이 계속 사용했다. 요컨대 조어대는 중국-류큐 교류사로 보아 중국 영토이고 타이완의 일부라는 것이다.[22]

1970년 타이완과 해외에서 보조운동이 일어났을 때 중국 대륙은 문혁 시기여서 학술 연구기구의 조어도 문제에 대한 전문적 연구가 불가능했다. 오히려 일본의 역사학자 정상청(井上淸; 이노우에 키요시)의 『센카쿠열도-조어제도의 역사적 해명(尖閣列島-釣魚諸島の歷史的解明)』(現代評論社, 1972)이 『조어도 등 도서의 역사와 귀속 문제(關於釣魚島等島嶼的歷史和歸屬問題)』라는 제목으로 1972년 삼련서점(三聯書店)에서 번역·출판되어, 중국 학자들이 중·일 조어도 문제를 이해하는 데 결정적인 도움을 제공했다. 1979년 이후에는 중국 학자들도 조어도 문제에 관심을 갖고 많은 논문을 발표했다. 주조예(周兆銳)의 「조어도 등 도서문제의 내력–

21 褚靜濤, 『中日釣魚島爭端硏究(上·下)』, 5-14頁.

22 浦野起央, 『尖閣諸島, 琉球, 中國－日中國際關係史』, 31-32頁.

조어도 등 도서는 중국의 영토다(釣魚島等島嶼問題的來龍去脈-釣魚島等島嶼是中國的領土)」(『武漢師範學院學報』 1978-2·3)와 우복순(于福順)·유요조(劉耀祖)의 「조어열도 역사자료(釣魚列島歷史資料)」(『中國邊疆史地研究報告』 1, 1987), 두계동(杜繼東)의 「조어도 등 도서의 역사와 현상(釣魚島等島的歷史和現狀)」(『中國邊疆史地研究報告』 5, 1990) 등이 그것이다. 그러나 오천영(吳天穎)이 오원민웅(奧原敏雄; 오쿠하라 도시오) 등 일본 학자의 조어도 귀속에 대한 주장을 비판하기 위해 저술한 『갑오전쟁 전 조어열서 귀속에 대한 고찰-겸하여 일본 오원민웅 등 여러 교수에게 질의함(甲午戰爭前釣魚列嶼歸屬考-兼質日本奧原敏雄諸教授)』(北京: 社會科學文獻出版社, 1994)은 중국 학자가 쓴 조어도 문제에 관한 첫 저서이지만, 이 역시 정상청 등 일본 학자와 양중발 등 타이완 학자들 연구의 기초 위에 이뤄진 것이다. 중국 고대 경제사학자인 오천영은 이 책이 '10년동란(十年動亂)과 오원민웅의 굉편망설(宏篇妄說)'과 관련이 있음을 스스로 밝혔다.[23]

1995년 중·일 조어도 쟁단의 열기가 다시 일어나서 조어도에 대한 대륙의 학술적 관심에 다시 불이 붙었다. 1995년에 나온 『현대일본경제(現代日本經濟)』 특집호(1995-2·3)에 진본선(陳本善)의 「조어도 귀속 문제에 관한 초보적 의견(關於釣魚島歸屬問題的初步意見)」과 소숭민(蘇崇民)의 「조어도 문제의 사고(關於釣魚島問題的思考)」, 추효상(鄒曉翔)의 「조어도 주권과 획계분리론(釣魚島主權與劃界分離論)」 등 세 편의 관련 논문이 동시에 게재되었다. 진본선은 "조어도는 중국 타이완의 부속 도서로 중국이 가장 먼저 발견하고 명명하며 이용했는데, 일본 정부가 갑오전쟁 시에 중국 영토 조어도를 절취했다"고 하면서, 1945년 일본이 포츠담공고를 접수했으니 응당 조어도를 중국에 귀환해야 한다고 주장했다. 소숭민은 중·일이 서로 쟁의를 각치하고 해저 석유를 공동 개발하기를 주장했고, 추효상은 조어도의 주권 귀속과 대륙붕 획계 문제를 분리하면 문제 해결에 도움이 된다고 주장했다.

1996년 일본 우익을 중심으로 조어도에서 각종 도발 행위가 전개되자 중국

23 褚靜濤, 『中日釣魚島爭端研究(上·下)』, 15-24頁.

학계에서는 중국의 조어도 영유를 주장하는 연구 성과가 봇물처럼 쏟아져 나왔다. 특히 종엄(鐘嚴)은 「조어도 주권의 귀속에 대하여 논함(論釣魚島主權歸屬)」이란 글을 1966년 10월 18일 『인민일보』에 발표하며 대표적 관변학자의 입장에서 중국 정부의 주장을 체계적으로 대변했다.

북경대학 교수 장식영(張植榮)은 『조어도사건 진상(釣魚島事件眞相)』을 1996년에 미공개로 출판하고 『중일관계와 조어대 문제 연구논집(中日關係與釣魚臺問題研究論集)』을 1999년 주편하여 일본 학자들의 이론을 반박했으며, 중·일의 다른 학자들과 함께 『조어대군도(첨각제도) 문제 연구자료회편(釣魚臺群島(尖閣諸島)問題研究資料匯編)』(香港: 勵志出版社, 2001)을 출간했고, 왕준봉(王俊峰)과 함께 『동해유쟁-조어도 쟁단의 역사·법리와 미래(東海油爭一釣魚島爭端的歷史·法理與未來)』(黑龍江人民出版社, 2011)를 출간하기도 했다.

유강영(劉江永)은 「조어도 주권의 귀속 문제를 논함(論釣魚島的主權歸屬問題)」(『日本學刊』 1996-6)을 발표하여, 일본인이 조어도에 대해 실제로 50년간 규제하여 국제상 '시효 취득'설에 의거해서 이 섬에 대한 주권 옹유를 승인받을 수 있다고 주장하는 데 대해, 그렇다면 "북방 4도와 독도를 러시아와 한국에 돌려주어야 한다"고 반박하기도 했다. 유강영은 이후에 『중일관계이십강-조어도문제는 어느 길로 갈 것인가(中日關係二十講一釣魚島問題將何去何從)』(北京: 中國人民大學出版社, 2012)를 출간하여 "일본 측은 먼저 중·일 간에 영토 문제가 존재함을 인정해야 한다"고 주장하기도 했다.

미경여(米慶余)는 「진간의 『사유구록』을 읽고-고대 중류강계 기실(讀陳侃『使琉球錄』一古代中琉疆界記實)」과 「임자평의 『삼국통람도설』 진본과 그 지도의 착색(林子平『三國通覽圖說』珍本及其地圖著色)」(『琉球歷史研究』, 天津人民出版社, 1998) 등 일련의 역사 논문을 통해 조어도가 역사적으로 중국 영토였음을 입증하려 노력했다.

해외 유학 중에 보조운동에 투신한 바 있었던 정해린(鄭海麟)은 『조어도열서의 역사와 법리 연구(釣魚島列嶼之歷史與法理研究)』(明報出版社, 1998)를 홍콩에서 출간하고 그 증보판을 북경(中華書局出版社, 2007)에서 출간하여 "조어도열서는 타이완 어민이 평소에 출몰·작업한 관계로 관습상 이 열서를 타이완의 부속 도서로 보았으니, 이는 일종의 역사적 자연 형성"이라고 하면서, "마관조약 제2조 제2항에서 할양을 규정한 '타이완 전도와 모든 부속 각 도서'는 응당 조어도열서를 포괄한다. 따라서 조어도열서의 일본 점거의 법률 근거는 응당 마관조약의 '타이완 부속 각 도서'를 할양한다는 규정에 의거한다"고 주장했다. 그는 「조어도 주권 귀속의 역사와 국제법 분석(釣魚島主權歸屬的歷史與國際法分析)」(『中國邊疆史地硏究』 2011-4)에서도 "조어도가 일본의 류큐 병탄과 타이완 침탈과 관계가 있음"을 규명하려 노력했다.

국덕원(鞠德源)은 『일본국절토원류/조어열서주권변(日本國竊土源流/釣魚列嶼主權辨)』(首都師範大學出版社, 2001)과 『조어도정명―조어도열서의 역사 주권과 국제법 연원(釣魚島正名―釣魚島列嶼的歷史主權及國際法淵源)』(崑崙出版社, 2006)을 차례로 출판하여 일본 학계의 일반적 논리를 비판했는데, 여기서 그는 조어도를 춘추전국시대 문헌에 출현하는 '열고야(列姑射)'로 비정하기도 했다. 척기장(戚其章)은 「조어도 주권 귀속의 쟁점과 상관 문제―일본 명치 정부의 남확 전략과 전후 처치(釣魚島主權歸屬之爭及相關問題-日本明治政府的南擴戰略與前後處置)」(『學術月刊』 2010-1)에서 청일전쟁 중의 타이완 등 영토의 상실은 류큐안(琉球案)에서 비롯되었으니 일본의 조어도 침탈을 탐토하기 위해서는 반드시 일본의 류큐 병탄과 연결하여 살펴보아야 한다고 강조했다. 김영명(金永明)은 「일본의 조어도열서 영유권에 관한 기본 견해의 착오성을 비판·논박함(批駁日本關於釣魚島列嶼領有權基本見解的錯誤性)」(『雲南大學學報(法學)』 2011-2)에서 "조어도열서는 행정상 비록 타이완 부속 도서의 범위에 획입되지 않았지만, 정약증(鄭若曾)의 『주해도편(籌海圖編)』과 모원의(茅元儀)가 편집한 『무비지(武備志)』, 시영구(施永久)가 편찬한 『무비비서(武備秘書)』 등 관방 문헌에서 이미 타이완과 팽호열도, 팽가산(彭佳山), 조어서, 황모산, 적미서 등을 복건 연해 도서로서 해방(海防)구역에 편입하여 동해 연해 군사지휘부의 행정 관제 안에 두었다"[24]고 주장했다.

24 이외에도 王乃昻, 「略論中日釣魚諸島之爭」(『中國邊疆史地硏究』 1996-4); 呂一燃, 「歷史資料證明;釣魚島列島的主權屬於中國」(『抗日戰爭硏究』 1996-4); 朱素梅, 「釣魚島問題與臺灣的'保釣運動'」(『臺灣硏究』 1997-1); 林琳, 「從國際法論中國對釣魚島群島無可爭辯的

포야기앙이 중국 학계의 견해를 종합·정리한 바에 의하면, 중국 학자의 견해는 조어도가 예로부터 중국 영토였다는 중국 정부의 입장과 완전히 일치한다. 그 논점을 요약하면 다음과 같다. ① 일본의 류큐 병합 이전에 중국은 류큐왕국과 우호·왕래의 역사가 있었고, 중국이 최초로 조어도의 이름을 지었다. 1403년의 『순풍상송(順風相送)』에 그 기록이 있다. ②조어열서가 예로부터 중국 영토였음은 류큐 책봉사(册封使)의 기록에 명기되어 있다. ③『중산전신록』에는 여나국도(與那國島=八重山群島)가 류큐의 서남 경계라는 기록이 있다. ④ 조어열서는 타이완에 소속되어 류큐와는 엄격히 구별된 존재였다. 이는 『일본일감(日本一鑑)』에 명기되어 있다. ⑤ 중국이 16세기에 조어열서를 정식으로 해방구역으로 편입시켰고 정약증의 『주해도편』에 명기되어 있다. ⑥1893년 서태후가 이 땅을 성선회에게 하사했다. ⑦ 일본에 의해 무주지가 점유되었다는 설은 성립되지 않고, '약취'된 것에 지나지 않는다. 일본은 그 무주지가 중국의 것임을 알고 있었다. ⑧ 1894~1895년의 청·일 교섭에서 일본은 타이완의 부속 도서를 병합했지만, 일본의 조어도 병합은 그 방책의 일부로 수행되었다. 따라서 일본의 1895년 1월 14일 내각 결의에 의한 병합은 일본의 타이완 점령의 일부이다. ⑨ 1946년 1월 29일의 유엔 최고사령부 지령 제667호에 정해진 일본의 판도인 '류큐제도를 포함한 약 1000개의 소도'에는 조어열서가 포함되지 않았다. ⑩ 미군에 의한 조어열서 지배는 불법 침범·점거이고, 이것에 의해 조어도가 일본의 오키나와현에 할양되었다. ⑪ 일본은 카이로선언에 기초하여 (류큐열도와 함께) 조어열서를 중국에 반환하지 않으면 안 된다. ⑫ 일본의 학자들이 주장하는 시효 취득의 법리는 성립되지 않는다. 여기에는 일본 학자 정상청의 중국 귀속설이 인용되고, 마찬가지로 고교장오랑(高橋莊五郞)의 조어도 지명 고증이 인용되어 검증되었다.[25]

主權」(『中國邊疆史地硏究』 1999-4); 吳輝, 「從國際法論中日釣魚島爭端及其解決前景」(『國際論壇』 2000-4); 米慶余, 「釣魚島及其部屬島嶼歸屬考-從明代陳侃『使琉球錄』談起」(『歷史硏究』 2002-3); 張植榮·蔣蘇晉, 「美國與中日釣魚臺列嶼爭端」(『中國邊疆史地硏究』 2002-3); 郭永虎, 「關於中日釣魚島爭端中'美國因素'的歷史考察」(『中國邊疆史地硏究』 2005-4); 張植榮·張啓雄, 「明治時期日本官書對'尖閣列島'地位的認識」(『中國邊疆史地硏究』 2008-1) 등이 있다. 褚靜濤, 『中日釣魚島爭端硏究(上·下)』, 15-36頁.

일본의 경우 외교부 견해가 발표된 뒤에 자유민주당을 비롯해서 일본사회당, 일본공산당, 공명당 등 여러 정당과 언론이 일치하여 일본 정부의 입장을 지지하고 확인했으나, 학계에서는 통일된 견해가 형성되지 못했다. 오원민웅, 임사선(林司宣), 입강계사랑(入江啓四郞) 등 센카쿠열도연구회 회원과 태수당정(太壽堂鼎), 승소지일(勝沼智一), 녹간영(綠間榮), 미기중의(尾崎衆義), 중리양(仲里讓), 송정방랑(松井芳郞) 등 국제법 학자들의 견해는 일본 정부의 입장을 따르고 지원했다. 그러나 정상청과 고교장오랑, 촌전충희(村田忠禧) 등과 같이 정부 견해와 다른 또는 정반대되는 의견을 제출한 학자들도 적지 않게 존재했다.

일본의 조어도 영유의 당위성을 입증하는 데 앞장선 센카쿠열도연구회는 1971년「센카쿠열도와 일본의 영유권(尖閣列島與日本的領有權)」(『季刊沖繩』 56)이라는 글을 통해 조어도가 일본 영토로 편입되는 과정과 일본의 조어도에 대한 영유권의 확정과 그 역사 등으로 일본의 조어도 영유권을 논증했다. 이들 가운데서도 가장 적극적이고 용맹한 선봉장은 오원민웅이었다. 그는 1970년 9월 17일에 발표된 류큐 정부의「센카쿠열도의 영토권에 대하여(尖閣列島の領土權について)」라는 성명 작성에 적극 간여했을 뿐만 아니라, 일찍이 1970년부터「센카쿠열도와 그 법적 지위(尖閣列島とその法的地位)」1-8(『沖縄タイムス』 1970.9.2-9)와「센카쿠열도-역사와 정치(尖閣列島ー歷史と政治のあいだ)」(『日本及日本人』 1970年 新春號),「센카쿠열도의 지위(尖閣列島の地位)」(『季刊沖繩』 52, 1970) 등의 논문을 발표하고, 그다음 해에도「센카쿠열도의 일본 영유권과『명보』논문(尖閣列島の日本領有權と『明報』論文)」(『中國』 1971年 6月號),「센카쿠열도의 영유권 문제-타이완의 주장과 그에 대한 비판(尖閣列島の領有權問題-臺灣の主張とその批判)」(『季刊沖繩』 56)을, 1972년에는「센카쿠열도와 귀속 문제(尖閣列島と歸屬問題)」(『アジアレビュ-』 10)와「명대로부터 청대까지의 센카쿠열도의 법적 지위(明代および清代における尖閣列島の法的地位)」(『季刊沖繩』 1972年63號), 1975년에는「센카쿠열도 영토 편입의 경과(編入尖閣列島領土的經過)」(『政經學會誌』 4) 등을 연속으로 발표하여, 센카쿠열도 쟁단은 국제법에 근거하여 해

25 浦野起央, 『尖閣諸島, 琉球, 中國ー日中國際關係史』, 26-27頁.

결해야 할 법률 분규 문제라고 주장했다.

중·일 양국의 조어도 귀속에 대한 다툼이 백열화할 무렵 국사관대학(國士館大學) 국제법 교수 오원민웅이 연속으로 발표한 논의의 요점은, 센카쿠열도는 중국과 류큐 사이에 어느 나라도 관리하지 않은 '무주도(無主島)'인데 1884년 일본인 고가 다쓰시로가 '발견'하여, 일본이 1895년에 '1·14 내각 결의'로 국제법상 이 '무주도'를 '선점'하여 '일본의 고유 영토'로 만들었고, 그 다음 해에 '13호 칙령'에 근거하여 '평화적'으로 '제국의 판도'에 편입시켰다는 것이다. 그는 이 열도가 '무주지'임을 '증명'하기 위해 그것이 타이완의 부속 도서임을 인정하지 않았고, 그것이 타이완과 무관함을 '증명'하기 위해 일본의 '선점'과 청일전쟁, 시모노세키조약이 아무런 관계가 없음을 입증하려 노력했다.[26]

1972년에 미기중의는 「센카쿠제도의 귀속에 관하여(關於尖閣諸島的歸屬)」(『參考』 260-263)에서, 1969년 이후 조어도의 귀속을 둘러싼 쟁론이 대륙붕 문제에서 영유권으로 바뀌게 된 경과를 분석하고 일본이 규제한 역사적 사실을 열거하여 조어도가 역사상 중국의 영토가 아님을 단정했다. 그는 일본이 영토 편입 조처를 취하기 전의 조어도는 무주지였다고 하면서 "일본은 영유 의도의 선언을 발표하고 표장(標樁)을 건립함으로써 실제로 이 섬을 점유했다"고 결론을 내렸다.[27] 1973년에 승소지일은 「센카쿠열도 영토 문제의 역사와 법리(尖閣列島領土問題的歷史法理)」(『法學志林』 71-2)에서 일청조약 안에서 조어도에 대한 중국의 영토의식이 결핍되어 이 열도는 이 조약에서 말하는 '타이완 부속 도서' 안에 포괄되지 않았으니, 당시 일본은 이미 조어도에 대해 실질적 지배권을 행사하고 있었기 때문에 '선점'을 통해 영토 취득의 합법성이 성립되었다고 하고, 자희태후(慈禧太后)가 조어대에 관해 내린 조서는 신빙성이 결핍되어 사료상 그 귀속이 법리에 맞음을 증명할 수 없다고 주장했다.[28]

녹간영은 일본의 영유권을 주장한 또 한 명의 용장이다. 그는 1984년에 출간

26 褚靜濤, 『中日釣魚島爭端研究(上·下)』, 37-38頁.

27 浦野起央 等 編, 『釣魚臺群島(尖閣諸島)問題研究資料匯編』(香港: 勵志出版社, 2001), 354頁.

28 褚靜濤, 『中日釣魚島爭端研究(上·下)』, 38-39頁.

된『센카쿠열도(尖閣列島)』(那覇: 紅樹社)에서 정상청의 논문을 비판하면서 "국제법상의 영토 귀속은 국가 간의 쟁단이지 고문 서적의 해설이 아니다. 따라서 센카쿠열도의 영유 문제는 국제법상 법률로 논증해야 하니, 마땅히 선점 법리에 의거해야 한다. 혹자는 지도에 의거해서 중국 영토라고 주장하지만, 항표와 섬 이름은 법률의 근거가 될 수 없다. 서태후가 하사한 조어대 조서는 신빙성이 결핍되었다. 센카쿠열도는 타이완의 부속 도서로 볼 수 없다. 그렇지 않으면 청일 담판 때 이 요구를 제출했어야 하는데 제출하지 않았다. 센카쿠열도는 대륙붕의 일부분이 아니고 국제법에서 말하는 도서이다. 일본은 선점 법리에 의거해서 실효적 지배를 진행하여 국제법상 영토 획득의 조건에 부합한다"[29]고 주장했다. 그의 저서는 1993년까지 8차례 인쇄되어 베스트셀러가 되었다.

1990년대에 조어도 쟁의가 격화되자 일본 학계에서는 일본의 영유권을 주장하는 연구 성과가 연이어 발표되었다. 송정방랑은「영토국제법과 센카쿠열도 쟁단(領土國際法和尖閣列島爭端)」(『日本國際法年刊』 40, 1997)에서, 1885년 이래의 일본의 지배는 선점 원칙과 부합하기 때문에 일본의 지배가 정당하다고 주장했다. 대전독사랑(大畑篤四郎)은「조어대열도 문제의 성사(釣魚臺列島問題的省思)」[30]에서, 조어도 문제의 근본을 화이 질서에 바탕을 둔 중국의 대외의식과 근대 국제법, 국제관계의 존재방식 사이의 충돌과 모순으로 분석했다. 우좌미자(宇佐美滋)는「센카쿠열도 문제(尖閣列島問題)」[31]에서, 조어도가 제2차 대전 이후 계속 일본의 영토로 있었지만 중국 측에서 이의를 제기하지 않은 것은 중국 측이 이 열도가 그 본국의 영토임을 인정하지 않았음을 표시한다고 주장했다.[32]

이처럼 일본 정부의 '무주지 선점'에 의한 '일본 옹유(擁有) 주권'설을 이론적으로 지지한 오원민웅 등은 국제법에 의거해서 조어도가 '무주지'이고 일본은 '무주지 선점' 원칙에 의거해서 조어도를 획득했음을 논증함으로써 일본의 대외적

29 浦野起央 等 編,『釣魚臺群島(尖閣諸島)問題研究資料匯編』, 355頁.

30 程家瑞 編,『釣魚臺列嶼之法律地位論文集』(臺北: 東吳大學校法學院, 1998).

31 程家瑞 編,『釣魚臺列嶼之法律地位論文集』.

32 褚靜濤,『中日釣魚島爭端研究(上·下)』, 40-41頁.

정책을 이론적으로 뒷받침해 주었다. 그들은 중국 고적 중에 조어도에 관한 기록이 모두 항로를 표명할 뿐 중국 영토임을 명확하게 표명하지 않으니, 『사유구록(使琉球錄)』 같은 기록에 의지해서 조어도가 중국인에 의해 처음으로 발견되었다고 판정하는 것은 매우 위험한 관점이라고 주장한다. 고대 중국인이 일본을 지나간 것에 대해서는 매우 많은 역사적 기록이 있지만, 이러한 역사 자료에 의지해서 일본은 중국의 것이라고 말할 수 없다는 것이다.[33]

그러나 일본 학술계에는 이와 다른 소리와 관점도 존재했으니, 정상청과 고교장오랑, 촌전충희 등은 조어도와 그 부속 도서가 역사와 현실에서 모두 중국에 속한다고 주장했다. 일중우호협회정통본부(日中友好協會正統本部)와 일본국제무역촉진협회, '일제의 센카쿠열도약탈저지회(日帝の尖閣列島略奪阻止の會)' 등이 이러한 노력에 동참하여 "센카쿠열도는 일청전쟁에서 일본이 강탈한 것으로 역사적으로는 중국 고유의 영토이다"라고 주장했는데, 특히 교토 대학 일본사 교수 정상청이 그 대표적 학자였다. 그가 말하는 것처럼, 조어도를 연구한 목적은 두 가지가 있었으니 "제1은 조어군도가 무주의 땅이 아니라 중국 영토라는 사실을 실증하는 것이고, 제2는 일본이 조어군도를 점유한 경과와 사실을 폭로하는 것이다." 따라서 이들의 조어도에 관한 관점에 대한 연구는 일본 정부가 주장하는 이른바 '무주지 선점'의 관점이 역사적 사실을 무시하는 주관적 억측임을 증명하고 아울러 조어도와 그 부속 도서가 예로부터 중국의 고유 영토였음을 입증하려 했다.[34] 한편 대전독사랑이나 우좌미자 같은 일부 일본 학자들은 일본의 조어도 점유를 위해 변호함과 동시에, 한편으로는 조어도 쟁단의 복잡성을 인식하여 일본과 타이완·중국이 적당한 방식으로 타협하여 해결해야 한다고 하여 일본의 조어도 점유의 증거에 하자가 존재함을 간접 승인하기도 했다.[35]

일본 정부와 학계 주류에서 제시하는 각종 논거들은 중국 학계에 의해 다음과 같이 정리되었다. ① 무주지 점령론으로, 그 요지는 다음과 같다. 1895년 전에는

33 褚靜濤, 『中日釣魚島爭端硏究(上·下)』, 43頁.
34 李理, 「'去中國化'的臺灣中學歷史教科書編纂」, 4-5頁.
35 褚靜濤, 『中日釣魚島爭端硏究(上·下)』, 44頁.

조어도가 무주지였는데 1885년부터 일본 정부가 오키나와현을 통해 감사(勘査)를 진행했고, 감사 결과 섬 위에서 어떠한 중국의 통치 흔적도 보이지 않았음을 확인했다. 여기에 근거하여 1895년 일본 내각에서 결의가 통과되어 섬 위에 계표(界標)를 정립(訂立)하는 데 동의하고 정식으로 일본 판도로 납입함으로써 센카쿠열도가 일본 영토의 서남제도의 일부가 되었다. ② 조어도는 1895년 시모노세키조약 제2조로써 청조가 일본에 할양한 타이완과 팽호제도 안에 포함되지 않기 때문에, 조어도는 샌프란시스코조약 제2조의 일본이 방기한 영토의 범위 안에 포함되지 않고, 그 제3조의 미국 시정하에 놓이게 된 서남제도의 일부에 포함된다. ③ 1971년에 체결한 '일본국과 미국의 류큐제도와 대동제도에 관한 협정(沖繩歸還協定)'에 의거하여 미국은 시정권을 일본에 환급했고, 일본은 이에 의거하여 조어도가 일본의 영토임을 증명한다고 주장한다. 센카쿠제도는 샌프란시스코조약 제3조에 의거하여 미국에 의해 시정된 지구에 포함되었으나, 중국은 이 사실에 대해 아무런 이의를 제출하지 않았다. 이는 중국이 조어도를 타이완의 일부분으로 보지 않았음을 표명한 것이다. 일본은 중화인민공화국 정부이든 타이완 당국이든 모두 지난 세기 70년대 후반기에 이르러 동해 대륙붕 석유 개발의 문제가 출현한 뒤에서야 비로소 처음으로 센카쿠제도의 영유권 문제를 제출했다. ④ 일본은 1895년 내각 결의 이후 지금까지 조어도를 계속 실제 공제했기 때문에 국제 판례법에서 확립된 실제 관할과 공제의 원칙에 비추어 조어도 주권 쟁의에서 보나 유리한 위치를 점거하며, 이외에도 영토 취득의 시효도 일본에 유리한 논거가 된다. 전통적인 영토 취득의 5종 방식 중 시효 취득의 개념에 근거하여 일본은 1895년부터 이미 1세기 동안이나 조어도를 규제했기 때문에 시효에 근거하여 주권을 취득한다. ⑤ 일본의 언론계와 학계는 민국 시기에 정부 관원이 타이완에 발급한 감사장을 발굴하여 그 유리한 증거로 여긴다. 1920년 중국의 장기(長崎) 주재 영사가 일본 측에 중국 어민을 구해준 데 대한 '감사장'을 발급하면서 "팔중산군(八重山郡) 첨각열도내(尖閣列島內) 화양도(和洋島)"라고 언급했다. 그 외에도 일본은 중국에서 발행한 지도와 출판물에서 증거를 찾았다. 일본은 1958년 북경에서 출판한 세계지도와 1965년 타이완에서 출판한 중학 교과서 지도와 한 폭의 세계지도를 인용했는데, 이 지도들이 조어도를 오키나와의 범위로 획했다. 1953년 1월 8일 『인민일보』에 등재된 한 편의 자료성 문장에서 류큐군도가 '첨각제도'를 포괄한다고 칭했다고 한다.[36]

요컨대, 조어도에 대한 일본 측의 영유권 주장은 세 가지 기본적인 근거에 기반하고 있다. 중국이 청일전쟁에서 패배한 직후 1895년에 이 섬들은 일본에 병합되었고 3개월 뒤에는 타이완과 그 외의 섬들이 시모노세키조약으로 일본에 양도되었지만, 이 섬들은 '전리품'(또는 1943년 카이로선언의 용어로는 '빼앗긴 영토')이 아니라 다른 어떤 나라에 의해서도 소유되거나 권리가 주장된 바 없는 '무주지'였다는 것, 1895년의 병합과 1968년 ECAFE 보고서의 출판 사이에 일본의 점유에 대해 아무도 도전하지 않았다는 것, 그리고 거의 형이상학적인 의미에서 이 섬들은 일본의 고유하며 양도할 수 없는 '고유 영토'라는 것이다.[37]

조어도가 일본 영토라는 일본 학계 주류의 견해를 비판하는 비주류 학자들의 견해에 대해, 포야기앙은 일본 학계의 비주류를 대표하는 정상청의 학설을 다음과 같이 정리한 바 있다. ① 조어제도의 한 섬도 한 번도 류큐령이었던 적이 없다. '센카쿠제도'의 명명은 1900년(명치 33) 오키나와현 사범학교 교사 흑암항(黑岩恒)에 의해 이루어졌다. ② 일본이 최초로 그 영유를 주장한 것은 1970년 8월 31일 류큐 정부 입법원의 조어열도의 영토 방위에 관한 요청 결의이다. ③ 류큐 책봉사의 기록에서 구미도가 류큐의 경역이고 적서(=大正島) 이서는 류큐령이 아니라는 점은 중국인에게도 류큐인에게도 명백한 일이었다. 류큐 정사 『중산세감(中山世鑑)』은 친중국파와 대립한 친일본파 필두 향상현(向象賢)의 작품으로, 객관적인 역사서라 할 수는 없지만 이 책에서도 이상의 책봉사 특히 진간(陳侃)의 기술을 받아들였다. ④ 1561년에 나온 호종헌(湖宗憲)의 『주해도편(籌海圖編)』에는 계룡산(鷄龍山), 조어서(釣魚嶼), 화병산(化甁山), 황미산(黃尾山), 감각산(橄覺山), 적서(赤嶼) 등 복건성 나원현(羅源縣)과 영덕현(寧德縣) 연해의 섬들이 보이는데, 여기에서 이들 섬들이 중국령임을 의미했다. ⑤ 청대의 책봉사 기록, 왕즙(汪楫)의

36 遲全華, 『釣魚島之爭』, 170-172頁.

37 개번 맥코맥, 노리마쯔 사또꼬, 『저항하는 섬, 오끼나와』, 373-37쪽.

그것도 적서와 구미도 사이가 교(郊), 즉 '중외(中外)의 계(界)'라고 했다. 『중산전신록』에서도 적미서를 지나는 곳에서 '구(溝)'를 넘어간다고 하고, 구미도가 '류큐 서남방 계상의 진산(琉球西南方界上鎭山)'이었던 것으로 인식했다. ⑥ 임자평의 『삼국통람도설』은 궁고(宮古), 팔중산군도까지를 류큐왕국령이라 했다. 이는 『중산전신록』이나 신정백석(新井白石)의 『유구국사략(琉球國事略)』을 따른 것이다. ⑦ 현대 제국주의의 무주지에 대한 '선점' 법리를 가지고 일본은 새 토지의 실효적 지배를 주장하고 있지만, 『주해도편』에서 중국은 조어도를 해상방위구역으로 했다. ⑧ 흑암항에 의한 1900년 8~9월 『지학잡지(地學雜誌)』의 기사 「첨각열도탐험기사(尖閣列島探險記事)」를 보아도, 동은납박돈(東恩納博惇)의 『남도풍토기(南島風土記)』를 보아도, 류큐인과 조어제도의 관계는 깊지 않았다. ⑨ 지명의 검증을 통해서도 센카쿠제도의 도명이나 구역은 일정하지 않았다. ⑩ 류큐 '번'의 '처분'을 통한 오키나와현 성립을 "정치적으로 단일한 일본 민족 국가로 통일된 것으로 해석하는 설이 지배적이지만, 나는 이 설에 반대한다." 류큐 처분은 "천황제의 식민지"로 된 것이다. ⑪ 1872~1879년의 류큐 처분 시기는 천황제 정부에 의한 변경의 귀속 문제 해결의 국면에서 "일본은 일청전쟁의 승리에 의해 청국의 류큐에 대한 역사적 권리와 권익을 최종적으로 소멸시키고 일본의 류큐 독점을 확립한 것"이다. ⑫ 센카쿠제도를 청국에 대한 군사·지리적 의의에서 중시한 천황제 정부는 야마가타 아리토모(山縣有朋) 내무경이 그 영유를 의도하여 조사를 '내명(內命)'해서, 센카쿠제도에서의 고가 다쓰시로에 의한 개척을 이용하여 그 섬을 빼앗았다. ⑬ 일본은 "일청전쟁에서 조어제도를 절도하고 공공연히 타이완을 탈취했다." ⑭ 센카쿠제도의 영유는 시기적으로 일청전쟁과 중복되지만, 일본은 이곳을 일본령으로 편입시키면서 공시하지 않았다. 청국 측이 강화회의에서 조어제도를 문제삼는 것은 불가능했다. ⑮ 일본 제국주의는 조어제도를 '센카쿠열도'란 이름으로 다시 중국에서 탈취했다. 센카쿠열도 일본 영유론자들은 제국주의적 강도의 논리를 내세웠다. 일본의 1895년 이후의 조치는 일본국이 청국인으로부터 절취한 지역이 중국에 반환되도록 규정한 카이로선언과 포츠담선언의 효력에 어떠한 영향도 미칠 수 없다. 요컨대 정상청의 요점은 다음 두 가지로 요약된다. 첫째, 조어제도는 명대부터 중국령으로 알려져 왔고 청대의 기록도 중국령으로 확인했다. 일본의 선각자인 임자평도 중국령으로 명기했기 때문에 무주지에 대한 선점의 법리는 성립되지 않는다. 둘째, 일본은 일청전쟁에서 류큐의 독점을 확정하고 조어제도를 훔치고 공공연히 타이완을 빼앗았다. 따라서 일본의 센카쿠열도 영유와 그 선점의 법리는 제국주의의 발로이고 국제법적으로 무효이다.[38]

이러한 비주류의 비판적 견해에 대해 일본 학계의 주류는 재비판을 시도했다. 한 예로, 포야기앙은 『센카쿠제도, 류큐, 중국－일·중 국제관계사(尖閣諸島, 琉球, 中國－日中國際關係史)』에서 정상청의 견해가 다음과 같은 이유로 '일반적으로' 받아들여지지 않고 있다고 주장했다. "① 명치 정부에 의한 류큐 병합은 '침략적 통일'이라는 견해에 대해: 이를 일본의 침략으로 보지 않는 입장이 일반적이고 정상청의 원칙적 입장은 일본 현대사나 류큐 현대사 연구자 사이에서도 이해를 얻지 못한다. ② 일본이 일청전쟁의 승리에 편승하여 센카쿠제도를 영유했다는 견해에 대해: 이에 대한 일반적 입장은 그 제국주의적 도취(盜取)에 대해 부정적이고, 사람의 왕래와 개척을 확인하여 정부가 행정적 편입조치를 취한 것으로 이해한다. ③ 정상청의 견해는 역사인식의 문맥－그는 반제국주의 투쟁으로서 조어제도 투쟁을 진행하지 않을 수 없다는 전제에 입각하고 있다－상 상위(相違)에서 파생했다. 따라서 최후의 문제는 명대 이후의 역사적 검증을 가지고 현재의 일본의 센카쿠제도에 대한 실효적 지배를 부정하는 것은 옳지 않다는 것이다. 역사의 현재성을 구 역사 기록이나 특정 이데올로기적 입장에 의해 부정하는 것은 옳지 않다는 반론이 있다."[39]

그러면 조어도 쟁의의 쟁점은 무엇인가. 중·일 조어도 쟁단은 역사 문제와 법률 문제에 속하고, 단순한 학술 문제가 아니라 현실 정치 문제로서 국가의 영토보전과 관련된다. 중국 대륙과 타이완, 해외, 일본, 미국 학자들의 연구 성과를 종합하면, 조어도의 주권 귀속에 관해 주로 양종의 관점이 있는데, 하나는 중국에

38 浦野起央, 『尖閣諸島, 琉球, 中國－日中國際關係史』, 18-21頁.
39 浦野起央, 『尖閣諸島, 琉球, 中國－日中國際關係史』, 21-2頁.

속한다는 것이고, 둘은 일본에 속한다는 것이다. 중국 대륙과 타이완의 학자들은 일반적으로 조어도의 주권이 중국에 속한다고 생각한다. 일본 학자는 일반적으로 조어도의 주권이 일본에 속한다고 생각한다.

저정도(褚靜濤)는 중·일 조어도 논쟁의 쟁점을 다음과 같이 정리했다. 중국 대륙과 타이완의 학자는 역사와 지리의 각도에서 조어도가 중국의 고유 영토임을 논증하는 데 치중한다. 주요 이유는 ① 지리·지질 상 조어도는 중국 대륙 동해 대륙붕 위에 위치하는 타이완도의 부속 도서이다. ② 역사상으로 중국인이 가장 일찍 발견하고 조어도라 명명했다. ③ 사용상 민대(閩臺) 어민이 장기간 조어도 해역에서 고기를 잡고 바람을 피해 섬에 올라가서 이 도서에 표지를 만들어 이 해역에서 항행했다. ④ 국제법상으로 일본은 시모노세키조약을 통해 조어도를 침점했고, 카이로선언과 포츠담공고에 근거하여 일본은 조어도를 중국에 돌려주어야 한다. 샌프란시스코화약과 미·일 '오키나와반환협정'은 중국의 조어도에 대한 고유 주권을 제한할 수 없다. 이에 반해 일본 학자들은 국제법의 각도에서 조어도가 일본 영토임을 논증하는 데 치중했으니, 그 주요 이유는 ① 일본은 국제법의 '무주지 선점 원칙'에 의거하여 조어도를 점거했다. ②조어도는 시모노세키조약에서 중국이 할양한 영토의 대열에 포괄되지 않는다. ③ 미국이 류큐군도 등 도서를 신탁관리하고 샌프란시스코화약과 미·일 '오키나와반환협정'에 의거해 일본이 다시 조어도의 권리를 얻었다. 일부 일본 학자들은 중국 대륙과 타이완 학자들의 조어도 주권에 관한 논술이 지리·역사·국제법상으로 보아 모두 법률적으로 효력이 없는 것이고, 일본의 조어도에 대한 '무주지 선점'이 설득력을 갖는다고 한다.[40]

각 쟁점별로 양측의 입장과 견해가 어떻게 다른지 정리하면 다음과 같다.

① 조어도가 중국 영토에 속하는가, '무주지'인가: 해협 양안의 학자는 모두 조어도가 중국 인민에 의해 가장 일찍 발견되었고 가장 일찍이 명명되었으며 가장 일찍 사용되고 가장 일찍 관할되었으니, 중국 고유의 영토라고 생각한다. 그러나

40 褚靜濤, 『中日釣魚島爭端硏究(上·下)』, 45-46頁.

일본의 학자들은 조어도가 복건성에서 류큐로 가는 항로에 위치하여 중국인이 그것을 항표로 삼았지만 중국의 판도로 획입하지 않고 실질적·지속적으로 부단한 행정 관할을 진행하지 않았다고 생각한다.

② 시모노세키조약으로 중국이 타이완도와 그 모든 부속 도서를 일본이 넘겨줄 때 조어도를 포괄했는가: 해협 양안의 학자는 조어도가 타이완의 부속 도서이기 때문에 시모노세키조약에 근거하여 일본이 침점한 타이완도와 그 부속 도서에는 자연히 조어도가 포괄된다고 생각하고, 혹자는 일본이 실제로 조어도를 절취했다고 생각하기도 한다. 그러나 일본 학자는 조어도가 타이완도의 부속 도서가 아니고, 일본이 '무주지 선점' 원칙에 근거하여 조어도를 점령했지 시모노세키조약에 근거한 것이 아니라고 한다.

③ 카이로선언과 포츠담공고, '일본 항복서' 등이 조어도에 적용될 수 있는가: 해협 양안의 학자는 이러한 국제법 문건에 근거하여 일본은 응당 침점한 중국 영토인 동북과 타이완도, 팽호열도 등을 중국에 귀환하여야 하고 자연히 조어도가 포괄된다고 한다. 일본 학자는 이러한 국제법 문건이 동북과 타이완도, 팽호열도 등 중국의 실지에 적용되지만, 조어도는 '무주지'여서 중국의 실지가 아니고 카이로선언 등 국제 문건이 조어도를 분명하게 열거하지 않았기 때문에 이러한 국제 문건이 조어도에 적용되지 않는다고 한다.

④ 1945년 10월부터 1969년까지 조어도의 법적 지위에 관하여: 해협 양안의 학자는 타이완의 광복으로 자연히 조어도도 중국에 환급되어야 하는데, 미군이 점령했기 때문에 장제스 정권이 미국에 돌려달라고 요구하지 못했지만, 조어도가 중국 영토의 일부분으로 속한다는 법적 지위에는 변화가 발생하지 않았다고 한다. 일본 학자는 중국 대륙과 타이완에서 출판된 어떤 지도와 서적이 모두 센카쿠열도를 류큐군도로 분명하게 획입했고, 미군의 센카쿠열도 점령에 대해 어떠한 이의도 제기하지 않았음은 센카쿠열도가 타이완도의 부속 도서가 아님을 설명한다고 생각한다.

⑤ 미국이 류큐군도와 조어도 등 도서를 신탁관리한 법률 근거에 관하여: 해협 양안의 학자는 해협 양안의 중국인은 샌프란시스코화약에 참가하지 않고 서

명하지도 않았기 때문에 이 화약이 전체 중국인에 대해 법률적 구속력을 갖지 못한다고 한다. 일본의 학자는 일본이 남서제도 등 도서를 미국에 넘겨 신탁통치하게 했을 때 센카쿠열도를 포괄했고 미국 민정부가 명확한 지리 경계선을 획출했는데 장제스 정권이 이의를 제출하지 않고 미국 민정부의 안배를 접수했다고 한다.

⑥ 1970년 중·일 조어도 쟁단이 일어난 원인에 관하여: 해협 양안의 학자는 일본이 석유를 위해 미국의 지지하에 1972년 조어도를 다시 점거했다고 한다. 일본 학자는 장제스 정권이 석유를 위해 비로소 조어도 문제에 관심을 갖게 되어 미국·일본과 다투었고 얼마 지나지 않아 중국 대륙도 가담했다고 한다.

⑦ 중·일 양국이 '각치쟁의(擱置爭議)'의 공동 인식을 달성했는가: 중국 대륙의 일부 학자는 중일관계의 대국을 위해 중·일 양국 지도자들이 '쟁의를 각치(보류)하자'는 공동 인식을 달성했다고 한다. 일본의 어떤 학자는 이는 중국 측의 주장일 뿐, 일본 정부는 실제로 중국 정부와 이 같은 공동 인식을 달성하지 않았으며, 따라서 조어도 주권 문제에 쟁의가 존재함을 승인하지도 않았다고 한다.[41]

4. 조어도의 역사적 위상

지금까지 살펴본 바에 의하면, 조어도 쟁의는 크게 나누어 두 가지 쟁점을 둘러싸고 전개되었는데, 그 하나는 조어도의 역사적 위상에 관한 것이고 또 다른 하나는 법적 지위에 관한 것이다. 따라서 조어도의 역사적 위상과 법적 지위에 관한 논쟁의 근거를 보다 구체적으로 정리·분석하여 이 논쟁의 성격과 의미를 확인할 필요가 있다.

조어도의 귀속 논쟁은 매우 특이한 양상으로 전개되었다. 왜냐하면 일본 학계 내부에서 일본 정부의 논리에 대한 반론이 가장 먼저 나왔기 때문이다. 정상청

41 褚靜濤, 『中日釣魚島爭端硏究(上·下)』, 46-48頁.

의 문제제기가 그것이다. 따라서 이 논쟁은 류큐 정부와 일본 정부의 「센카쿠열도 귀속에 관한 성명」에 대한 정상청의 문제제기와 이에 대한 일본 학계 주류의 재반론과 중국 학계 일반의 '정상청설' 인용이라는 특수한 양상으로 전개되었다. 조어도의 역사적 위상에 대한 논쟁도 이러한 양상을 띠었기 때문에 먼저 정상청의 문제제기를 소개한 다음, 그의 견해에 대한 일본 학계의 재반론과 중국 학계의 인용을 뒤이어 정리한다.

센카쿠열도의 중국 귀속을 주장한 최초의 정상청 논문은 「조어군도(센카쿠열도 등)의 역사와 귀속 문제」[42]였고, 같은 해 가을에 『센카쿠열도-조어제도의 역사적 해명』[43]이란 저서가 출판되었다.

류큐 정부는 1970년에 발표한 「센카쿠열도의 영토권에 대하여」라는 성명에서 "센카쿠열도는 종종의 역사상의 문헌에 기재되어 많은 사람들에 의해 다양하게 호칭되었지만, 명치 28년에 이르러 어느 국가에도 속하지 않는 영토로서 국제법상 무주지였다. 14세기 이래 센카쿠열도에 관해 언급한 류큐 및 중국 측 문헌에 센카쿠열도가 자국의 영토임을 명확하게 표명한 것은 하나도 없다. 이들 문헌은 항로상의 목표로서 항해일지나 항로도에 기재되고 또는 여정을 푸는 한시 가운데에 편의상 센카쿠열도의 도서 명칭을 자의로 사용한 것에 지나지 않는다"고 주장했다. 그러나 정상청은 이러한 주장에 대해 조목조목 문제가 있음을 지적했다.

정상청의 문제제기는 조어도에 관한 최초의 문헌이 언제 어디에서 나왔는가 하는 문제부터 거론되었다. 정상청에 의하면, 적어도 16세기 중엽에는 조어도, 황모서, 적서 등 조어군도에 관한 중국 이름이 있었다. 16세기에 지어졌으나 저자와 연대가 분명하지 않은 항해지침서 『순풍상송』이 복주(福州)에서 나하로 가는 항선을 기록하면서 조어도에 관한 최초의 기록을 남겼고, 연대가 분명한 문헌으로는 중국 복주에서 류큐로 간 명조의 책봉사 진간이 1534년에 편찬한 『사유구록』이 있다. 진간은 1532년 5월 8일에 민강(閩江)의 강구를 출발해서 5월 "10

42 井上清, 「釣魚群島(尖閣列島等)の歷史と歸屬問題」, 『歷史學硏究』 1972年 2月號.
43 井上清, 『尖閣列島-釣魚諸島の歷史的解明』(東京: 現代評論社, 1972).

일…평가산(平嘉山)을 지나고, 조어서를 지나 황모서를 지나고 적서를 지났다.… 11일 저녁에 고미산(古米山)을 보았는데, 류큐에 속한 것이다. 이인(夷人)이 배 위에서 작무(雀舞)하며 가향(家鄉)에 도착했음을 기뻐했다." 중국의 제1차 류큐 책봉사는 1372년에 있었고, 진간은 제11번째 책봉사였다. 1562년 책봉사로 류큐에 다녀온 곽여림(郭汝霖)은 『중편사유구록(重編使琉球錄)』에서, 5월 29일에 복주에서 출항하여 "윤5월 초하루에 조어서를 지났고, 3일에 적서에 이르렀다. 적서는 류큐 지방과 경계를 이루는 산이다. 다시 하루 바람이 있으면 고미산(姑米山)을 바라볼 수 있다"고 기록했다. 이상에서 인용한 진간과 곽여림의 두 편 사행록이 조어도 정황에 관한 가장 이른 문헌이다.[44]

정상청은 진간이 고미산(古米山 또는 姑米山. 久米島)을 가리켜 "내속유구자(乃屬琉球者)"라고 하고 곽여림이 적서를 가리켜 "계유구지방산야(界琉球地方山也)"라고 한 것을 매우 중시했는데, 그 까닭은 이 두 기사가 조어도의 영속(領屬)을 가리키는 사료로 해석되었기 때문이다. 정상청에 의하면, 이 두 섬 사이에는 수심이 약 1천 미터에 이르는 해구가 있고 어떠한 작은 섬도 존재하지 않는다. 따라서 진간이 복주에서 나하로 갈 때 가장 먼저 도달한 류큐 영토는 구미도였기 때문에 여기서부터 류큐 영토라고 썼고, 곽여림은 중국 동단의 작은 섬 적미서를 류큐 지방이 경계로 삼는 소산(小山)이라고 함으로써 각각 다른 각도에서 같은 건의 사정을 기술했다는 것이다. 정상청은 특히 곽여림이 "적서는 류큐 지방의 계산(界山)"이라고 한 기사를 주목했다. 그의 논증에 의하면, "곽은 중국의 복주에서 출항하여 화병서(花瓶嶼)와 팽가산 등 중국 도서를 지나 중국인이 일찍부터 알고 있었던 중국 명칭이 붙은 허다한 도서들을 지나 이 열도의 최후의 한 도서, 즉 적서에 도달했다. 곽은 여기서 만약 순풍을 타고 다시 하루를 더 가면 류큐 영토 구미도에 도달할 수 있다고 생각하여 머리를 돌려 온 길을 보면서 감개에 젖어 이 적서가 '계유구지방(界琉球地方)'의 도서라고 했다. 이 '계(界)'는 그와 이별하여 현재 멀리 떨어진 작은 섬의 국가, 즉 중국의 분계를 긍정한 것이다. 만약 견강부회

44 井上淸, 『釣魚島的歷史與主權』(中文), 30-31頁.

하게 이것이 류큐와 무주지의 분계라고 말한다면, 이는 분명 중국 언어의 표현 방식에 대해 무지한 것이다. 이렇게 본다면 진간은 구미도에 도달한 뒤에야 비로소 이곳이 류큐 영토라고 말한 것이다.…그는 복주에서 적서까지가 중국의 영토라고 생각했다. 그를 포함한 중국인의 입장에서 말한다면, 이는 말하지 않아도 알 수 있는 자명한 사실이었다. 따라서 그는 특별히 이곳이 중국 영토라고 쓰려고 하지 않았고 구미도에 도달한 뒤에야 이곳은 이미 중국 영토가 아니라 류큐의 영토라고 생각했기 때문에 비로소 일필을 들어 기록할 뜻을 갖게 된 것이다."[45]

이와 더불어 정상청은 류큐인 향상현이 『유구국중산세감(琉球國中山世鑒)』을 편찬하면서 진간의 사행록을 그대로 적록(摘錄)했는데, 이는 곧 중국인뿐만 아니라 류큐인도 모두 구미도가 류큐 영토의 변계이고 적서 이서는 류큐의 영토가 아니었음을 알고 있었음을 의미하는 것으로 해석했다. 류큐 정부는 성명에서 "류큐 방면이든 중국 방면이든 어느 한 방면의 문헌도 센카쿠열도가 본국 영토임을 표명하지 않았다"고 했지만, 중국은 말할 필요도 없고 류큐의 집정관이요 최대의 학자였던 향상현조차 조어군도가 류큐 영토가 아니었음을 분명하게 승인했다는 것이다. 정상청은 적어도 16세기에 조어도가 중국의 영토였다는 것을 증명할 수 있는 문헌으로 진간과 곽여림 등과 거의 같은 시기에 활동한 호종헌이 편찬한 『주해도편』을 거론하기도 했는데, 이 책은 1561년에 쓴 「서문」을 갖고 있다. 호종헌은 중국 연해 도처에서 출몰한 왜구에게 수백 차례나 타격을 가하여 중국에서 축출한 저명한 장군이었다. 『주해도편』의 제1권 「연해산사도(沿海山沙圖)」의 '복7(福七)'부터 '복8(福八)'까지 복건성 연해의 각 도서를 기재했는데, 그 가운데 '조어서'와 '황미산', '적서' 등이 서에서 동으로 배열되어 있다. 정상청은 이 지도에는 왜구의 습격을 받은 중국 연해 전체가 그려져 있었지만 중국 영토 이외의 지구는 전혀 포함시키지 않았다는 이유를 들어, 조어군도가 복건 연해의 중국 도서 가운데 하나로 위치해 있었음을 알 수 있다고 주장했다.[46]

정상청은 조어군도가 중국 영토임을 실증하는 기록이 청대 사행록에서도 발

45 井上淸, 『釣魚島的歷史與主權』(中文), 31-34頁.
46 井上淸, 『釣魚島的歷史與主權』(中文), 32-36頁.

견딘다고 강조했다. 청조의 두 번째 책봉사 왕즙은 1683년에 출사했는데, 그의 사행록인 『사유구잡록(使琉球雜錄)』 권5에서 적서와 구미도 사이의 해상에서 해난(海難)을 피하기 위한 제사를 거행했다는 기사가 기재되어 있다. 여기서 이곳을 '중외지계(中外之界)'라 했고, 정상청은 곧 '중국과 외국의 강계(疆界)'라는 뜻으로 해석했다. 왕즙은 "25일 산을 보았는데, 응당 먼저 황미를 보고 뒤에 적미를 봐야 하지만, 오래되지 않아 적서에 이르러도 황미서는 보지 못했다. 어둑해질 무렵 교(郊. 또는 溝라고도 한다)를 지났는데, 풍도가 크게 일어났다. 생 돼지와 양 각 한 마리를 던지고 5두 미의 죽을 기울였으며 종이배를 태우고 종을 울리고 북을 쳤다. 여러 군사가 갑옷을 입고 무기를 드러내어 뱃머리에 엎드려 적을 막는 자세를 취했다." 이때 왕즙이 선장에게 "교(郊)의 뜻이 무엇인가"라고 물었더니 "중외지계(中外之界)"라고 했다. 왕즙이 다시 "계(界)는 어떻게 분변하는가"라고 묻자 "추측일 뿐이다. 그러나 요즘은 그 장소를 정확히 아는데, 억측이 아니다"라고 했다고 한다. 정상청에 의하면, 조어군도는 중국 동해 대륙붕 남부 변두리 지구에서 동서로 배열되어 있는데, 군도의 북측은 물 깊이가 2백 미터도 되지 않고 해수는 울람색(蔚藍色)이다. 군도 남측 이남의 해구는 물 깊이가 1천 미터에서 2천 미터 이상에 달한다. 흑조(黑潮)가 이곳을 서에서 동으로 흐른다. 특히 적미서는 그 남측에 깊은 해구가 있어, 이 바다 위에는 바람이 세고 풍랑이 높다. 얕은 바다의 울람과 깊은 바다의 흑조가 해수 색깔을 선명하게 대비한다. 이에 대해 1606년 책봉사 하자양(夏子楊)의 『사유구록』에서, "『전사록보유(前使錄補遺)』에서 '창수(滄水)에서 흑수(黑水)로 들어간다'고 했는데, 정말 그렇다"고 했다. 청조 초기에는 이 일대를 '구(溝)' 또는 '교(郊)'라고 부르고, 또는 '흑구(黑溝)', '흑수구(黑水溝)'라고도 했다. 책봉사의 배가 이곳을 지날 때는 언제나 돼지와 양 등을 바치는 제례를 피해난(避海難) 제사로 드려야 하니, 이는 하나의 관례가 된 듯하다. '과구제(過溝祭)'의 정황에 대해, 왕즙 사행록 외에도 1756년에 출사한 주황(周煌)의 『유구국지략(琉球國志略)』, 1800년에 출사한 이정원(李鼎元)의 『사유구록(使琉球錄)』, 1808년에 출사한 제곤(齊鯤)의 『속유구국지략(續琉球國志略)』에도 기재되어 있다. 정상청은 '구' 또는 '교'라고 쓴 이곳이 해난의 다발처일 뿐만 아니라 '중외지계'였음을 매우 중시하면서 "그런데도 여전히 적서 이서가 무주지였다고 말할 수 있는가? 중국 방면의 어떠한 문헌 자료에서도 조어군도가 중국 영토라고 명확하게 기재하지 않았다고 말할 수 있는가"[47]라고 반문했다.

또한 정상청은 왕즙의 뒤, 주황의 앞에서 출사한 서보광(徐葆光)도 『중산전신록』의 기사를 통해 이 '계'의 의미를 한 번 더 실증했다고 주장한다. 서보광은 '고미산(姑米山)'의 주(注)에서 "류큐 서남방 계상(界上)의 진산(鎭山)"이라 했는데, 정상청은 여기서 말하는 '진(鎭)'이란 국경과 촌계의 '진호(鎭護)'의 '진', '진수(鎭守)'의 '진'이라고 해석했다. 정상청에 의하면, 중국의 복주에서 조어군도를 거쳐 류큐로 진입하려면 반드시 구미산을 거쳐야 하는데, 이 섬은 류큐 국경을 진호하는 도서이기 때문에 '계상진산(界上鎭山)'이라 한 것이다. 정상청은 "이 주해는 구미도가 중국과 류큐를 왕래할 때의 국경이었음을 설명한다"고 하면서, 이 '계'의 다른 일방은 중국이라고 하여, 곽여림의 "적서는 류큐 지방을 '계'하는 산이다(赤嶼乃界琉球地方山也)"의 '계'와 같은 뜻임을 강조했다.[48]

정상청은 일본 방면의 문헌 자료를 통해서도 조어도가 류큐의 영토가 아니고 무주지도 아니며 중국의 영토였다는 결론이 정확함을 인증하려 했다. 그가 일본 측 문헌 자료라고 하는 것은 1785년에 출판된 임자평의 『삼국통람도설』 중의 부도(附圖)인 「유구삼성급삼십륙도지도(琉球三省及三十陸島之圖)」로 이 지도에서는 동북각의 일본 녹아도만(鹿兒島灣) 부근에서 그 남방의 토갈라(吐葛喇)열도는 회록색(灰綠色)으로 칠해져 있고, 원(原)류큐왕국의 영지는 천회색(淺悔色)으로 칠해졌으며, 서면의 산동성에서 광동성까지의 중국 본토는 담홍색(淡紅色)으로 칠해졌다. 복건성의 복주에서 오키나와 본도의 나하까지의 남북 양 갈래 항선이 그려져 있는데, 남쪽 항선은 서에서 동으로 화병서와 팽가산, 조어대, 황미산, 적미산 등이 배열되어 있다. 이들 섬들은 중국 본토와 같이 담홍색으로 칠해졌고, 타이완과 '팽호 36도'는 황색(黃色)으로 칠해졌다. 북쪽 항선의 섬들도 중국 본토와 같은 색이다. 정상청은 "이 지도에서 임자평이 조어군도를 중국의 영토로 간주했

47 井上淸, 『釣魚島的歷史與主權』(中文), 41-47頁.
48 井上淸, 『釣魚島的歷史與主權』(中文), 47-50頁.

음을 볼 수 있는데, 이는 일목요연하고 조금도 의문이 없다"고 했다. 이 책의 부도 가운데 하나인 「삼국통람여지노정전도(三國通覽輿地路程全圖)」는 일본을 중심으로 북으로는 캄차카, 남으로는 소립원(小笠原)에 이르고, 서로는 중국에 이르는 범위가 아주 넓은 지도로, 가히 동아시아 전도라고 칭할 수 있는데, 이 지도 위에 조어군도라는 아주 작은 도서들이 분명하게 그려져 있고, 중국 본토와 같은 색으로 칠해져 있다. 정상청은 "임자평의 『도설』로서는 각국의 범위와 변계를 명확하게 하는 것이 매우 중요했기 때문에 조어군도가 생략될 수 없었다"[49]고 해석했다.

임자평의 류큐 지도는 『중산전신록』의 지도에 근거하여 그려진 것이다. 이에 대해 류큐 정부의 성명에서는 "『중산전신록』에 기재된 36도 이외는 류큐의 영토가 아니다. 따라서 임자평은 이외의 조어군도를 기계적으로 채색하여 구별함으로써 중국 영토로 만들었다. 이러한 자료는 가치가 없다"고 주장했다. 이에 대해 정상청은 "임자평이 절대 '기계적으로' 구분한 것이 아님은 이 지도상에서 알 수 있다. 그는 매우 명확한 중국 영토인 타이완과 팽호를 중국 본토와 다른 색으로 칠했고 조어군도는 중국 본토와 같은 색으로 칠했다. 이로 보아 그는 36도 이외의 모든 도서를 모두 중국 본토와 같은 색으로 칠하지는 않았다. 임자평은 『중산전신록』을 진지하게 연구해서, 구미도가 '류큐의 서남방 경계상의 진산'이라는 설법을 근거로 이곳이 중국과 류큐의 분계점이라고 생각해서 조어군도가 중국 영토임을 믿어 의심치 않고, 특별히 다른 색으로 구별을 명확하게 했다. 실제로 『중산전신록』의 고미도에 대한 주해는 곽여림과 진간 사행록의 기술과 같이, 구미도 이동은 류큐의 영토이고 서쪽의 각 도서는 중국의 영토라는 것이다. 한어 방식의 표현으로는 매우 자연스럽다"고 비판했다. 이뿐만 아니라 교토대학 도서관에는 에도(江戶) 시대의 두 종류 채색 초본(抄本) 「유구삼성급삼십륙도지도(琉球三省及三十陸島之圖)」가 있는데, 그중 한 지도는 류큐를 다홍색(茶紅色)으로 칠하고, 중국 본토와 조어군도 등은 담다색(淡茶色), 일본은 심녹색(深綠色), 타이완과

49 井上清, 『釣魚島的歷史與主權』(中文), 53-56頁.

팽호는 황색으로 칠했으며, 다른 한 종의 지도는 류큐를 황색으로, 중국 본토와 조어열도는 담홍색, 타이완은 회색, 일본은 녹색으로 채색했다고 한다. 정상청은 임자평의 『삼국통람도설』과 『해국병담(海國兵談)』이 막부에 의해 판본이 몰수당하고 판매와 발행이 금지되었지만, 사람들은 다투어 전해 보면서 유전(流傳)이 매우 넓게 이뤄졌고, 『삼국통람도설』은 1832년 독일의 동양학자 클라프로트(Julius Heinrich Klaproth)에 의해 프랑스어로 번역되어 서구에서 발행되고 그 부록 지도도 원판과 같이 채색 인쇄되었음을 거론하면서, 이 책이 국제적으로 매우 중시되어 서구인조차도 조어군도가 중국 영토임을 알게 되었다고 주장하기도 했다.[50]

정상청은 정순공(鄭舜功)의 『일본일감(日本一鑒)』에 기재된 '조어서(釣魚嶼)'에 관한 기록을 통해 조어도가 타이완의 부속 도서였음을 입증하려 하기도 했다. 왜구에 대비하기 위해 명조의 정순공이 1555년에 절강순무(浙江巡撫)의 명을 받들어 일본 구주에 가서 3년간 머무르다가 귀국한 뒤에 『일본일감』을 지었는데, 제3부 「일본일감부해도경(日本一鑒桴海圖經)」에 포함된 '만리장가(萬里長歌)'에서 중국 광동에서 일본 구주로 가는 항로를 설명하면서 "혹자매화산록(或自梅花山麓), 계롱상개조어(鷄籠上開釣魚)"라 하고, "매화에서 팽호의 소동(小東)으로 가는 도항(渡航)", "조어서는 소동의 소서(小嶼)다"라고 주해했다. 정상청은 당시 명조의 통치가 실제로는 소동(臺灣)에 미치지 못하여 기륭(基隆) 부근은 해적의 소굴이 되었으나 "소유권으로 말한다면, 타이완은 예로부터 중국의 영토였다. 명조의 행정 관할 구역 가운데 팽호도는 복건성 관할하에 있었고, 팽호도 순검사(巡檢司)가 타이완을 관할했다. 정순공은 조어서가 타이완의 부속 소도임을 명확하게 기재했다. 이로 보아 조어도가 중국의 영토였음을 분명하게 알 수 있다"[51]고 주장했다.

류큐 정부와 일본 정부의 기본 견해에 대한 정상청의 이 같은 비판은 류큐 정부 성명의 기초에 참여한 오원민웅에 의해 즉각 반박되었다. 오원민웅은 「센카쿠열도의 영유권과 '정상청' 논문」[52]을 통해, 먼저 센카쿠열도와 그 항로에 대한

50 井上清, 『釣魚島的歷史與主權』(中文), 56-61頁.
51 井上清, 『釣魚島的歷史與主權』(中文), 198-199頁.
52 奧原敏雄, 「尖閣列島の領有權と'井上清'論文」, 『日本及日本人』 1973年 新春號.

류큐인과 중국인의 숙지 정도에 대해 자신의 견해를 피력하면서 조어도가 중국인에 의해 발견되고 명명되었다는 정상청의 주장을 반박했다. 진간의 『사유구록』(1534)에 의하면, 진간은 떠나기 전에 항해에 매우 불안해했고, 류큐로 가기 한 해 전 11월에 류큐의 진공선(進貢船)이 입항했다는 소식과 항해에 관한 상세한 이야기를 듣고 매우 좋아했다고 한다. 또한 류큐의 차기 국왕은 책봉선(册封船)을 조종하는 기술을 위해 류큐인 30인을 태운 영접선(迎接船)을 복주로 파견하여 책봉선을 선도하고 배를 조정하게 했고, 이에 진간이 매우 좋아했다고 한다. 오원민웅에 의하면, 이러한 진간의 기술은 정상청의 주장과 완전히 반대되는 사실을 보여준다. 정상청은 조어도가 류큐인과는 아무런 관계가 없고, 따라서 중국인을 통하지 않고서는 류큐인 스스로 열도에 관한 기록을 남길 수 없었다고 했다. 그러나 현존하는 사료에 의하면, 진공선과 사은선(謝恩船)·영접선 등 류큐의 배가 복주를 왕래한 것이 모두 281회나 있었는데, 중국의 배는 류큐의 배에 비해 32분의 1밖에 되지 않았다. 그리고 진간과 그 이전 사신 황민(黃旻) 사이에는 55년의 공백이 있었고, 진간과 곽여림 사이에는 28년의 공백이 있었다. 따라서 중국인은 센카쿠열도의 항로에 익숙해지지 않아 배를 조정하는 기술이 불안하고 경험이 부족한 것은 당연한 일이었다. 이로 인해 가는 길, 오는 길에 언제나 류큐의 배가 선도하고 류큐인이 책봉선에 옮겨 타서 인도할 필요가 있었다. 오원민웅은 "정상청의 잘못은 센카쿠열도를 기재한 류큐와 중국 문헌의 수를 단순 비교하여 결론을 내린 것이다. 센카쿠열도를 기재한 가장 오래된 문헌으로 진간의 사행록이 유명하지만, 이 사행록에는 열도의 도서를 진간이 명명한 사실이 기재된 흔적이 없다. 진간은 배 위에서 류큐인 등이 이를 부르는 이름을 듣고 사행록에 남겼다고 보는 것이 자연스럽다"[53]고 주장했다.

무엇보다도 정상청이 명·청 시대에 조어도가 중국의 영토였음을 보여주는 사료로 해석한 사행록의 기사들을 오원민웅은 전혀 다르게 해석하고 있다. 즉, 명조 책봉사 곽여림이 "적서내계유구지방산(赤嶼乃界琉球地方山)"이라고 한 것을 정

53 奧原敏雄, 「尖閣列島の領有權と'井上清'論文」, 90頁.

상청은 "적서는 류큐 지방을 경계 짓는 산이다", 즉 "류큐와 중국의 경계"로 해석했지만, 곽여림이 직접 이렇게 표현한 적이 없으니 그의 주장은 아전인수의 해석에 지나지 않는다는 것이다. 왕즙의『사유구잡록』(1683)에서 "중외지계"라 한 것도 마찬가지다. 오원민웅은 "이때는 타이완이 아직 중국의 판도로 들어가지 않았고 '과교(過郊)'는 '과구(過溝)', 즉 해구를 지난다는 뜻일 뿐이다. 실제 주황은 사행록의「지여(志餘)」에서 왕즙 사행록의 '교(郊)'를 고쳐서 '구(溝)'라고 썼다. '구'는 단순히 류큐해(琉球海)와 민해(閩海)의 해상 특색을 보여주는 의미를 가질 뿐이다"[54]라고 주장했다.

그는 타이완의 양중발을 비판하는 다른 논문에서도 이와 유사한 논리를 폈다. 곽여림의 사행록에 나오는 "적서는 류큐 지방을 '계'하는 산"이라고 한 문장은 적서보다 앞서 있는 섬이 류큐령임을 나타낼 뿐이니, 적서가 중국(명)과 류큐를 '계(界)'하는 중국 성경(省境)의 섬이라고 해석해서는 곤란하다는 것이다. 양중발은 이를 "적서는 우리와 류큐가 접하는 산"이라고 해석하지만, 그의 논리 중에는 중국령인가 류큐령인가를 결정하기 전에, 양국의 어느 쪽에도 속하지 않는 경우가 있음을 처음부터 무시하는 문제가 있다고 했다.[55] 그는 이 문장을 "적서는 류큐 지방 산과 '계'하는 것"이라고 해석되어야 한다고 하면서, 이 문언(文言)의 의미는 적서 이동의 섬은 류큐령이지만 적서는 류큐령이 아니라는 뜻으로 해석되어야 한다고 주장했다.[56]

정상청이 호종헌의『주해도편』「연해산사도」에서 '조어서'와 '황미산', '적서' 등을 배열한 것을 들어, 조어도가 복건 연해의 중국 도서 가운데에 위치했음을 입증하려 한 것에 대해서도 오원민웅은「센카쿠열도 영유권의 근거」[57]에서 반론을 제기하면서, "『주해도편』의「연해산사도」는 진간과 곽여림 등보다 더 믿을 수 없다. 이 그림은 하나의 대체적인 연해도일 뿐, 자국의 영토를 말하는 것이 아니

---

54 奥原敏雄,「尖閣列島の領有權と'井上清'論文」, 90-91頁.
55 奥原敏雄,「尖閣列島の領有權問題ー臺灣の主張とその批判」(『季刊沖縄』56, 1971), 59頁.
56 奥原敏雄,「尖閣列島の領有權と'井上清'論文」, 43頁.
57 奥原敏雄,「尖閣列島領有權的根據」,『中央公論』1978年 7月號.

라 그 부근의 도서와 지역도 모두 그 안에 포괄했으니, 예컨대 일본의 연해도에서도 조선반도의 남단 일부를 포함하고 타이완성의 연해도 중에서도 여나국도(與那國島)와 석원도(石垣島)를 포괄했다"고 했다. 그는 "이 그림에서 조어도가 명확하게 복건성 경계 안에 그려져 있지 않기 때문에 조어도가 중국의 영토였음을 확정할 수 없다"[58]고 단정했다.

오원민웅은 일본이나 류큐, 중국 측의 고문서는 열도의 중국 귀속을 입증하지 못한다고 주장했다. 그는 이들 고문서를 검토한 결과 류큐 왕조 시대에 조어도가 류큐령이 아니었음은 사실이지만, 이 열도가 중국령이었음을 직접적으로 입증할 수 없음은 물론 간접적인 추측도 할 수 없다는 결론에 이르게 된다는 것이다.[59] 그에게 있어서는 책봉 사행록에 나오는 조어도는 '중국의 영토'가 아니라 '항로상의 목표'였을 뿐이다. 요컨대 오원민웅이 말하고자 하는 것은 사행록 등 고문서에 나오는 기사들은 적서 이서의 조어열도가 류큐의 것이 아님을 나타내지만 중국의 것임을 나타내지도 못한다는 것이니, 명·청 시대의 조어열도는 어느 곳에도 소속되지 않은 '무주지'였다는 것이고, 따라서 '무주지'를 '선점'한 일본의 행위는 정당하다는 것이다.

정상청은 중국의 고문서뿐만 아니라 일본의 고서에서도 자신의 논거를 발견했지만, 오원민웅은 이 부분에 대해서도 반박했다. 그는 일본의 저명한 학자 임자평이 편찬한 『삼국통람도설』(1785)의 류큐국 부분 지도에서 궁고·팔중산이 류큐에 속함을 분명하게 주석한 것은 조어도가 류큐에 속하지 않음을 간접적으로 설명하는 것이라고 인정하면서, 그러나 임자평은 조어대가 류큐령이 아님을 나타내었을 뿐, 열도가 중국령이었음을 인정하는 것으로 추측할 수는 없다고 했다.[60] 그는 임자평의 원본은 1719년의 『중산전신록』이고, 『중산전신록』은 정순칙(程順則)의 『지남광의(指南廣義)』를 인용한 것이기 때문에 임자평이 『중산전신록』을 보

58 李理·趙國輝 編著, 『日本各界人士對日本尖閣列島主張的反駁』(臺北: 海峽學術, 2013), 145-146頁.

59 奧原敏雄, 「尖閣列島の領有權問題ー臺灣の主張とその批判」, 59頁.

60 奧原敏雄, 「尖閣列島の領有權問題ー臺灣の主張とその批判」, 59頁.

고 조어도를 중국령으로 색칠한 것은 『중산전신록』 중의 「유구삼십육도지도(琉球三十六島之圖)」와 「침로도(針路圖)」를 합작하여 부분도(部分圖)를 작성한 것으로 보았다. 즉, "임자평은 서보광에 의한 류큐의 영토 범위를 기록으로 남기기 위해 36도 지도와 침로도를 동동한 가치가 있는 것으로 생각해서 침로도에 기재된 도서에서 류큐 36도 지도에 포함된 도서를 삭제하고 나머지 도서를 가지고 중국 영토인 것처럼 색을 칠한 것이다."[61]

정상청이 정순공의 『일본일감』을 들어 조어열도가 타이완의 부속 도서였다고 한 것에 대해서도, 오원민웅은 전통 시대의 조어열도는 타이완의 일부로 인정되지 않았다고 반박했다. 그는 '타이완성의 강계'에 관한 논의에서 청조의 공문서는 대계롱서(大鷄籠嶼. 현재의 社寮島)가 그 북쪽 끝이라고 명기했음을 강조했다. 예컨대, 1717년의 『제라현지(諸羅縣志)』(周鐘瑄)는 타이완현의 '북계(北界)'를 대계롱산(大鷄籠山)이라고 기록했고, 1871년의 『담수청지(淡水廳志)』(陳培桂)도 대계롱산(大桂籠山)을 '연해 극북(極北)의 도서'로 기록했으며, 기타 『대만부도찬요(臺灣府圖纂要)』(清刊)도 '담청극북지구(淡廳極北之區)', 1840년의 『대만도요형품주대만십칠국설방장(臺灣道姚瑩稟奏臺灣十七國設防狀)』도 '담수극북(淡水極北)'이라 명시했다는 것이다. 따라서 1683년부터 1904년까지는 대계롱서 이북의 면화(棉花), 화병(花瓶), 팽가 등 여러 도서와 조어도 등은 그 귀속이 분명하지 않았다는 것이 오원민웅의 주장이다.[62]

물론 일본 학계 주류의 '정상청설' 비판은 오원민웅 한 사람에 그치지 않았다. 『센카쿠제도, 류큐, 중국』의 저자 포야기앙 역시 '정상청설'의 주요한 비판자다. 그는 정상청의 주장을 다음과 같이 조목조목 비판했다. 조어열서의 명칭에 대해 포야기앙은 "조어제도의 지명은 중국명이지만, 이것을 가지고 중국 영토라고 판단할 수는 없다"고 하면서, 1866년 최후의 책봉사인 조신(趙新)의 『속유구국지략(續琉球國志略)』에는 황미서를 구장도(久場島)라 하고 적미서를 구미적도(久米赤島)라 표시했기 때문에 "이로 보아 조어도는 당시 중국에도 류큐에도 명확하게 속

---

61 奥原敏雄, 「尖閣列島の領有權問題ー臺灣の主張とその批判」, 43頁.

62 奥原敏雄, 「尖閣列島の日本領有權と『明報』論文」(『中國』 1971年 6月號), 90頁.

하지 않았던 것으로 보인다"고 했다. 포야기앙은 사행록 기록들에 의하면 류큐가 책봉사를 영접하는 행동 범위부터 구미도까지가 류큐의 영해이고 조어도는 그 밖에 있었고 구미도가 류큐의 경계에 있었음을 알 수 있지만, "이것을 가지고 류큐령 밖의 조어제도가 중국 영토에 있었다고 판단할 수는 없다"고 했다. 왜냐하면 흑수구는 해저의 지형이 깊은 바다의 흑수로 들어온다는 의미로, 정상청이 말하는 경계로는 해석되지 않기 때문이다. 그는 주황의 『유구국지략』에서 "섬을 둘러싸고 있는 것은 모두 바다인데, 바다의 서쪽은 흑수구로써 저해(猪海)의 계(界)와 거(距)하고 있다. 복건에서 바다를 열고 류큐에 이르기 위해서는 반드시 창수(滄水)를 거치고 흑수(黑水)를 지나야 하기 때문에 옛날에는 창명(滄溟)이라 칭했다"고 한 것을 인용해서, '흑수구'는 단순히 수역의 내외를 가리키는 것이라고 주장했다. 포야기앙은 곽여림의 『중각사유구록(重刻使琉球錄)』에서 "적서를 류큐 지방을 계하는 산"이라 하고, 왕즙의 『사유구잡록』에서 적미서와 고미산의 사이에 '흑수구', 즉 류큐해구가 있다고 했다거나, 서보광의 『중산전신록』에서 "고미산은 류큐 서남방 계상의 진산"이라고 했지만, "이러한 변경 인식을 가지고 이를 지배의 경계로 볼 수는 없다. 항해를 통한 인식과 이해가 판도의 인식으로 이해될 수는 없다. '구'의 의미는 '중외지계'의 '변계를 접하는' 것으로 이해하지만, 이는 항해 루트의 눈으로 보이는 자연 경계이지, 판도 즉 지배의 한계 설정을 확인하는 것은 아니다"[63]라고 주장하며, 정상청의 '중외지계설'을 비판했다.

조어도가 중국의 해방 구역 안으로 편입되어 있었다는 정상청의 견해에 대해서도 포야기앙은 비판적 입장을 견지했다. 호종헌 휘하의 정약증이 작성한 『주해도편』은 정약증의 『정개양잡저(鄭開陽雜著)』의 「만리해방도(萬里海防圖)」에 따른 것으로, 조어서가 변해(邊海) 방위와 깊은 관계가 있었음을 시사한다. 정순공은 1555년에 출발하여 다음 해에 일본에 도착해서 쓴 일본기행 『일본일감』의 '만리장가'에는 타이완과 류큐 사이의 "조어서는 소동(小東)의 소서(小嶼)"라 하여 조어서와 타이완의 관계를 지적했다. 호북순무(湖北巡撫) 호림익(胡林翼)이 1863

63 浦野起央, 『尖閣諸島, 琉球, 中國－日中國際關係史』, 56-73頁.

년(동치 2)에 작성한 『황조중외일통여도(皇朝中外一統輿圖)』의 「대청일통여도(大淸一統輿圖)」에는 조어서, 황미서, 적미서가 중국명으로 들어가 있다. 이러한 자료들에 의거하여 이들 섬이 중국 국가의 판도 안으로 들어갔다고 주장하는 견해에 대해, 포야기앙은 "조어도가 왜구의 방위 대상 범위 안으로 들어갔다고 해서, 그것이 중국의 판도가 되고 중국의 지배가 확립되었다고 단정할 수는 없다. 여기에는 실효적 지배는 없었다고 보는 것이 맞다"고 응수했다. 포야기앙은 책봉사의 기록 등에서는 예로부터 이 도서가 류큐령이 아니었음이 확인된다고 인정하고, 중국이 해양을 제패하여 그 변해의 방위에 관심이 있었음이 사실이라고 인정했다. 그 지역은 오랫동안 중국-류큐 간 해상 항로의 목표였고 계절풍과 흑조(黑潮)의 길목에서도 중요한 지점이었음이 역사적인 공해지침(公海指針) 문헌 『순풍상송』 이래 여러 곳에서 확인된다는 것이다. 포야기앙은 "그러나 이들 기록에서는 그 지역이 방위의 변계, 즉 판도를 확인하는 것으로 단정할 수는 없다. 중국에 의한 변계의 방위 문제는 항해와 해상 비적에 대한 방위 행동의 일부에 지나지 않았다"[64]고 그 의미를 제한했다.

포야기앙은 "결국 중국의 학자가 주장하는 역사적 사실에 대한 검증에는 그 실효적 지배에 대한 확인이 필요 불가결하다"고 주장했다. 그 역시 오원민웅과 마찬가지로, 조어도에 대한 영유권은 역사적으로 확인할 수도 있지만, 문제는 여기서의 권력지배의 의사와 행사가 있었는가 하는 것이 논의의 주제가 되어야 한다는 것이다. '고래의 주권'을 주장하는 것은 권력의 행사를 확인하는 것이 아니고 민족감정 발로의 문맥에서 전개되었다는 지적이다. 그는 "센카쿠제도를 중심으로 한 사건에 대한 대응은 역사인식의 문제가 아니다. 그 대응은 현재 존재하는 '실효적 지배'의 실태를 확인하는 것 위에서 현실적으로 처리하는 것이다"라고 하여, 일종의 '역사무용론'을 개진하기도 했다.[65]

이외에도 일본 학계의 주류를 형성한 센카쿠연구회 그룹과 선점의 법리에 기초하여 '센카쿠제도 일본 영유론'을 전개한 태수당정, 승소지일, 녹간영, 미기중

64 浦野起央, 『尖閣諸島, 琉球, 中國－日中國際關係史』, 81-82, 197頁.
65 浦野起央, 『尖閣諸島, 琉球, 中國－日中國際關係史』, 198-201頁.

의, 중리양, 송정방랑 등 국제법 학자 그룹이 이와 유사한 논리를 전개한 바 있다. 특히 류큐대학 국제법 교수 녹간영은 "5백 년 동안에 류큐의 진공선은 모두 241차(명대 173차, 청대 68차) 중국에 도해했으나, 중국 방면의 책봉선은 단지 23차 회항했고, 류큐가 답사하기 위해 파견한 사은사도 23차였다"[66]고 하면서 항로에 대한 중국인의 숙지도 문제를 제기했다. 그는 진간의 『사유구록』에 나오는 "내속유구자(乃屬琉球者)"란 문장에 대해서도 '새로운 해석'을 내놓았으니, "구미산부터 류큐의 영속(領屬)이라는 기술은 법학적 개념인가 아니면 단순한 항해 일기에서 나온 표현인가 분명하게 판단할 수 없다. 법학 개념의 '속(屬)'은 영토 귀속의 뜻이다. 당시 류큐와 명 사이에 구미도 이동은 류큐의 영속이고, 구미도 근처 적서부터는 명국의 영토이었지만, 위정자와 항해자의 의식 중에 명확한 규정과 관례가 있었을까? 여기서 분명한 것은 구미도가 류큐에 속한다는 사실뿐이다. 이른바 '속'이란 종속·근수(跟隨)·관련(關聯)의 뜻으로, 항해 일지에서 쓴 '속'의 의미는 구미도부터 지리상 류큐 지역과 서로 '관련'된다는 뜻인지 명확하지 않다. 책봉사 역시 센카쿠열도를 중국의 영토로 의식하여 구미도서부터 류큐 영유에 속하는 것으로 기술한 것이 아니라 이 섬을 항해의 표지(標志)로 삼아 기술했다고 이해하는 것이 자연스럽다"[67]고 주장했다. 또한 녹간영은 곽여림의 『사유구록』에서 "적서는 류큐 지방을 '계'하는 산이다"라고 한 "'계(界)'의 뜻은 격개(隔開)·교계(交界)·획분(劃分)의 의미로 해석될 수 있다"고 하면서, "따라서 '계'를 국경으로 이해하는 것은 경솔하다. 책봉사록에서 적미서를 '교계'라 한 것은 항해 일지 중에서 류큐에 임근(臨近)한 일을 기술한 것이지 적미서부터 모두 중국의 영토임을 명확하게 표시한 것은 아니다"[68]라고 주장했다. 그는 "책봉사록은 모두 항해자 개인의 여행 기록이지 중국의 관방 기록과 성명이 아니라"[69]고 하여 사행록 자체의 역사 증거로서의 가치를 폄하하기도 했다. 녹간영은 "센카쿠열도의

---

66 綠間榮, 『尖閣列島』(那覇: 沖繩ひるぎ社, 1984), 51頁.
67 綠間榮, 『尖閣列島』, 53頁.
68 綠間榮, 『尖閣列島』, 90頁.
69 綠間榮, 『尖閣列島』, 52頁.

영토 쟁의는 역사학상의 논증이나 고대 기록 자료의 해석과 추론이 아니다"라고 하고, "영토 쟁의에서 나온 고문서는 특별히 귀할 수 없으니, 문제가 영토 쟁의 해결에 있을 때 쟁집(爭執)의 당사국이 제출한 고문서는 국제법상 의의가 없다"[70]고도 했다.

원전우웅(原田禹雄)은『센카쿠제도一류큐 책봉사록을 읽고(尖閣諸島一册封琉球使錄を讀む)』란 책에서 조어열서는 자고로 중국의 영토였다는 정상청의 학설을 정면으로 비판했다. 정상청은 진간과 곽여림의 사행록에 의거해 적미서가 중국령의 동쪽 끝 섬이고 그 다음의 구미도에 이르러서야 류큐령이 시작된다고 주장했다. 그러나 원전우웅은 "곽여림이 통과한 표지도(標識島)로 동용산(東湧山), 소류큐(小琉球), 황모(黃茅), 조서(釣嶼), 적서 등이 있었는데, 동용산이 중국 고유의 영토였음은 나도 인정한다. 그러나 소류큐(=타이완)는 명대에 중국 고유의 영토였다고 인정할 수 없다"고 했다. 그 까닭은『명사(明史)』323 외국전에 나오는 '계롱(鷄籠)'은 지금의 타이완이기 때문에, 곽여림이 통과한 소류큐는 정상청이 말하는 "중국령임이 자명한 섬"은 결코 아니며, 이런 이유로 인해 "명대의 센카쿠제도에 대한 정상청의 주장 근거는 완전히 허구다"라고 비판했다. 또한 정상청은『주해도편』에 묘사된 섬에 중국령 이외의 지역은 들어가지 않았는데, 조어도가 여기에 묘사되지 않았기 때문에 조어도는 중국령이라고 주장한다. 그러나『주해도편』에 부록된 지도에는 계롱산이 그려져 있고, 계롱산은 타이완이다. 따라서 "중국령 이외의 지역은 들어가지 않았다"고 하는 그의 주장은 근거를 잃었다고 원전우웅은 주장한다. 이처럼 그는 타이완의 소류큐가 명대 중국에 의해 외국으로 간주되었다는 점을 통해 정상청의 중국 고유의 영토설이 붕괴된다고 주장했다. 그는 청대에는 타이완이 중국령이 되었지만, 청대 중국의 영토를 확정한『청회전(淸會典)』도설여지(圖說輿地)에는 조어도가 그려져 있지 않기 때문에 청대에도 조어도는 청국령이 아니었음은 명백하다고 주장하기도 했다.[71]

이러한 일본 학계 주류의 비판은 정상청을 비롯한 비주류의 재비판을 받았다.

---

70 綠間榮,『尖閣列島』, 46頁.

71 原田禹雄,『尖閣諸島-冊封琉球使錄を讀む』(榕樹書林, 2006), 19-27頁.

오원민웅은 「센카쿠열도의 일본 영유권과 『명보』의 논문」에서 "책봉사록은 중국인이 쓴 것이니, 만약 그들이 적서가 중국 영토라고 의식했다면 응당 (중국의 영토라고) 기술했을 것이다. 그러나 그들은 그렇게 기술하지 않았는데, 이는 진간과 곽여림 등 책봉사들이 이러한 의식을 갖지 않았기 때문이다. 따라서 조어도는 무주지였다"고 주장했다. 그러나 정상청은 "물론 진간과 곽여림 두 사절이 적극적 방식으로 적서 이서가 중국의 영토임을 명확하게 기술할 수도 있었다. 그러나 보통 이러한 정황에서 그렇게 할 수 있었다 하더라도 필요하지 않으면 쓰지 않을 수도 있다. '마땅히 쓸 수 있었는데' 쓰지 않았다고 해서 그들이 '중국 영토' 의식을 갖지 않았다고 단정하고, 더 나아가 그곳이 무주지였다고 추리하는 논리는 실로 아주 황당한 것이다"라고 비판하면서, "곽여림이 쓴 '계(界)'자의 뜻을 앞에서 해석한 것 외에 달리 해석할 수 있는 방법이 있는가"라고 반문했다. 진간과 곽여림의 사행록 이후 청대의 첫 사행록까지는 중국과 류큐의 경계에 관한 논술이 없다. 이처럼 상당히 긴 시간 지계 문제에 관한 기록이 공백으로 남아 있음은 오원민웅이 조어도가 무주지였다고 주장하는 이론의 근거 중 하나가 되었다. 그러나 정상청은 "진·곽 이후 후대의 사절들은 역대 사행록을 자세하게 읽었기 때문에 적서와 구미도가 중국과 류큐의 분계임을 잘 알고 있었고, 그들은 자기의 사행록에 특별히 기록할 필요가 없었다"[72]고 해석했다.

중일우호협회 전무이사를 지낸 고교장오랑은 「이른바 센카쿠열도는 일본에 속하는가(所謂的尖閣列島是日本的嗎)」[73]와 『센카쿠열도필기(尖閣列島筆記)』[74]를 통해 "오키나와 사람들은 조어도가 고가 다쓰시로에 의해 발견되었다고 하지만, 이는 모두 착오다.…이 섬은 중국인이 명명한 이름을 사용하고, 이 이름은 중국과 류큐의 고서에 있다.…심지어 1885년에 오키나와현령이 외무경에 보낸 문서에서도 '조어대', '황색서(黃色嶼)', '적색서(赤色嶼)'라는 이름이 사용되었다.…이 섬들은 류큐와 중국이 빈번하게 왕래한 교통선상에 위치했고, 일본인의 관심 밖에

72 井上清, 『釣魚島的歷史與主權』(中文), 34-35頁.

73 高橋莊五郎, 「所謂的尖閣列島是日本的嗎?」, 『朝日亞洲評論』 1972年 第2號.

74 高橋莊五郎, 『尖閣列島筆記』(東京: 青年出版社, 1979).

놓여 있었다"고 주장했다. 또한 그는 "조어도 등 도서가 중국에 속한 지 수백 년이 지난 뒤인 1884년에야 일본은 이 도서를 발견했다. 당시 일본 정부는 비록 침략·병탄의 야심이 팽창했지만 검은 손을 즉시 내밀지 못하다가 1885년 갑오전쟁이 중국의 실패로 끝날 무렵에야 이 도서를 절취했다.…이러한 역사적 사실이 충분히 증명하듯이, 조어도 등 도서는 예로부터 중국 영토였고 중국 타이완에 속하는 영토였다. 이른바 센카쿠열도가 류큐에 속한다는 일부 잘못된 주장은 단지 일본 반동파의 야심을 폭로할 뿐이다"[75]라고 하여, 정상청과 매우 흡사한 논리를 다시 폈다.

요코하마(橫濱)국립대학 교수 촌전충희 역시 정상청과 유사한 논리를 전개했다. 2004년 6월 일본 정부가 이른바 '서남도서유사(西南島嶼有事)' 대책을 제정할 때 촌전충희는 『센카쿠열도/조어도를 어떻게 볼 것인가(如何看待尖閣列島/釣魚島)』란 소책자를 교보사(僑報社)에서 출판했다. 그 주요 관점은 다음과 같다. 첫째, 조어제도는 '무주지'가 아니다. 명대 이래 각종각양의 중국 지도와 문헌은 모두 조어도와 황미서·적미서를 중국 판도 안에 표주(標注)했다. 1562년 명조의 호종헌과 정약증이 편찬한 『주해도편』 권1에 수록된 「복건연해산사도」와 권2에 수록된 「복건사왕일본침로해도(福建駛往日本針路海圖)」는 모두 조어제도를 중국 판도 안에 표시했다. 1621~1628년 시영도(施永圖) 편찬의 『무비비서(武備秘書)』 권2의 「복건해방도(福建海防圖)」도 마찬가지다. 둘째, 류큐국 자료에 기재된 영토 범위에 조어도가 포함되지 않았다. 1701~1724년 채탁(蔡鐸)과 그 아들 채온(蔡溫)이 편찬한 류큐국사 『중산세보(中山世譜)』에는 류큐의 영토가 3부(府) 5주(州) 34군(郡) 36도(島)로 조성되었다고 했는데, 이 류큐 36개 도서에는 조어도가 포함되지 않았다. 셋째, 명·청 시대 중국의 책봉사들이 류큐를 내왕할 때는 조어도를 항로상의 표기로 삼아 조어제도를 지나 적미서와 구미도 사이의 해구를 지나서야 비로소 류큐로 진입하기 시작했다. 중국은 이 사실을 알았고 류큐도 이 사실을 알았다.[76]

촌전충희는 「센카쿠열도/조어도 쟁의(尖閣列島/釣魚島爭議)」(『百年潮』 2004-6)에

75 李理, 「'去中國化'的臺灣中學歷史教科書編纂」, 155-164頁.
76 李理, 「'去中國化'的臺灣中學歷史教科書編纂」, 167-169頁.

서 일본에 의해 센카쿠열도라 불리는 도서가 류큐에 속하지 않았음을 인정했다. 일본이 이 섬을 점유한 것은 1895년 청일전쟁의 승리로 진행된 정정당당하지 않은 행위였다는 것이다. 그는 일본 사료에서 기재한 류큐 영토도 조어도를 포함하지 않았음을 지적했다. 도쿠가와(德川) 막부가 일본을 통일한 뒤 1644~1647년에 전국 지도를 제작했는데, 이 지도의 류큐 부분에 조어제도가 포함되지 않았다고 한다. 촌전충희의 연구에 의하면, 도쿠가와 막부가 정보(正保) 연간(1644~1647)에 각 번에 명을 내려 만든 이 전국 지도에서 "류큐국 지도는 아마미제도(奄美諸島)와 오키나와본도(沖繩本島), 사키시마제도(先島諸島) 등 3장으로 조성되었는데, 모두 3미터에서 6미터에 달하는 거대한 수회도(手繪圖)였다. 이 지도는 사키시마제도의 미야코시마(宮古島) 북변의 산호초까지 분명하게 그렸기 때문에 당시 측량의 정밀함에 감탄하지 않을 수 없다. 1609년 도진번(島津藩)이 류큐에 진공한 이래로 류큐국은 중국과 일본 양국에 종속하여 류큐와 (명)·청의 경계를 분명하게 하지 않을 수 없게 되었다. 이 한 폭의 지도가 묘사한 것은 의심할 여지없이 당시 류큐와 부속의 36도이다. 류큐에 속한 도서는 36개이지만, 그 가운데 조어서와 황미서·적미서는 포괄되지 않았으니, 이것이 당시 류큐와 중국, 일본의 공통된 인식이었다."[77]

쟁의의 당사자인 중국 학계에서 이 논쟁에 적극 참여하는 것은 당연한 일이지만, 공교롭게도 정상청 등 일본의 비주류 학자들이 이미 중국 귀속론을 충실하게 논승해누었기 때문에 중국 학자들은 대부분 정상청 등의 학설을 인용하고 보완하는 형태로 논의를 전개했다. 이 논쟁에 참여한 중국 학자 가운데서 『인민일보』와 『법제일보(法制日報)』를 통해 중국 정부의 공식 입장을 대변한 종엄과 유문종(劉文宗), 가장 체계적 논리를 갖춘 오천영 등 세 학자의 학설을 중심으로 중국 학계의 입장을 정리하면 다음과 같다.

1996년 발표된 종엄의 「조어도 주권의 귀속에 대하여 논함」[78]이라는 글은 중

77 吳天穎, 『甲午戰爭釣魚列嶼歸屬考』, 83-88頁.

78 鐘嚴, 「論釣魚島主權的歸屬」, 『人民日報』, 1996年 10月 18日; 『北京週報』(日本語版) 第44號, 1996年 10月 28日 再揭

국의 관행으로 보아 중국 정부의 공식 입장을 대변하는 것으로 볼 수 있다. 정부의 성명보다 훨씬 더 구체적 논증이 이뤄져 있는 것으로 보아, 중국 학계의 연구 성과가 공식적으로 수렴·발표된 결과로 이해될 수도 있다. 이 글에서 종엄은 "조어도는 명대 이래 중국 영토였다. 이는 중국 정부의 입장일 뿐만 아니라, 일본의 저명한 역사학자 정상청이 엄격하게 고증하여 이끌어낸 결론이기도 하다. 정상청 교수는 1972년에 『센카쿠열도-조어제도의 사적 해명』이란 전문 저작에서 역사학자로서 역사적 문헌을 살핀 결과 조어도가 일본의 손에 들어가지 전에는 '무주의 땅'이 아니라 중국 영토였다고 단정했다. 그의 말에 의하면, 일본의 명치유신(1868) 이전에 일본과 류큐에서는 중국 문헌을 제하고는 단독으로 조어도를 언급한 문헌이 사실상 하나도 없었다"라고 하며 정상청의 연구 성과를 대부분 '인용'하고 몇 가지 새로운 논거를 제시하기도 했다. 예컨대 "1719년 일본의 학자 신정군미(新井君美)가 지은 『남도지(南島誌)』에서는 류큐가 관할하는 36도가 언급되어 있지만, 여기에 조어도는 없다. 1875년에 출판된 『부현개정대일본전도(府縣改正大日本全圖)』에도 조어도는 기재되지 않았다.…채온이 1726년에 지은 『개정중산세보(改訂中山世譜)』란 사서에서도 류큐 영토에는 조어도가 포함되어 있지 않았다. 류큐국이 강희제에 헌상한 『중산세보』의 도보(圖譜)에서도 조어도 등 도서가 없다"는 사실 등을 거론했다. 그는 "조어도 등 도명(島名)은 중국이 앞서 만든 것으로 황미서·적미서 등은 고유의 도명으로 의심할 여지없이 중국의 명칭이니, 타이완의 부속 도서로서의 화병서나 면화서, 팽가 등과 같다. 일본에는 '서(嶼)'라 칭하는 도명이 없고 복건·팽호열도·타이완성에는 '서'라 칭하는 섬이 29개나 있어 중국 고대의 지도에는 많다"는 고교장오랑의 고증까지 '인용'하면서 "1984년 일본의 평범사(平凡社)에서 출판한 『세계대지도장(世界大地圖帳)』에는 일본어로 읽고 한자로 쓴 어조도(魚釣島, Uoturijima), 황미서(黃尾嶼, Kobisho), 적미서(赤尾嶼, Sekibisho) 등이 기술되었다. 따라서 현재 오키나와현 지방 정부도 공식 문서에서도 황미서·적미서라는 칭호를 사용한다. 1995년 방위청이 중의원 예산위원회에 제출한 '방위청 자료'에서도 중국의 도명, 즉 황미서와 적미서가 사용되었다"[79]는 등 새로운 논거를 개발하여 적시하기도 했다.

유문종의 「조어도에 대한 중국의 주권은 변박을 허하지 않는다」[80]라는 글도 중국 학계의 견해를 종합적·공식적으로 정리한 것이다. 유문종 역시 "일본의 유명한 역사학자 정상청의 고증에 의하면, 오키나와해구 일대는 풍파가 강대하여 고대 목조선이 류큐제도에서 조어도로 가는 것은 불가능했다. 타이완을 출항하는 어선은 서에서 동으로 진행하여 조어도로 간다. 조어군도 부근에 어류 자원이 풍부하여 타이완의 어선은 이 일대로 가서 어로했다. 이에 중국 사서는 이 섬을 가리켜 '조어도' 또는 '조어대'라고 칭했다. 그러나 일본은 최초에는 도서의 명칭이 없었고, 중국 고서의 명칭을 빌려서 '어조도(魚釣島)'(문법 규칙을 거슬러 逆이 되었다)라 칭했고, 일본이 중국의 조어도를 불법 점유하기 위해 '센카쿠열도'로 개칭했다"고 하며, "중국이 최초로 조어도를 발견한 나라였음"을 입증하기 위해 정상청의 견해를 적극 '인용'했다. 그는 "조어군도가 중국 타이완성의 부속 도서이고, 류큐제도에 속하지 않는다"는 사실을 증명하기 위해 "일본의 도쿄 재판소가 1944년에 판결을 내린 시점에 조어군도는 '대북주(臺北州)'에서 관할했지 류큐제도에 속하지 않았다고 단정했다. 일본 지배기의 '타이완경비부장관(臺灣警備府長官)' 일본인 복전량삼(福田良三)도 그 당시 조어군도가 그의 관할구 내에 있고 타이완 어민이 조어도 일대로 가서 고기잡이할 경우 '대북주'가 허가증을 발급한다고 말했다"[81]는 등 새로운 논거를 제시하기도 했다.

오천영은 오원민웅이 참여한 류큐 정부 성명에서 "역사상 14세기 후반부터 센카쿠열도의 존재를 알고 있었다"고 하면서도 그 행위의 주체가 누구였는지, 중국인인지 류큐인인지 일본인인지 답하는 것은 회피하고, '알았다'는 말로써 '원시 발견'을 대체한 것을 적극 비판했다. 그는 "그들이 중국 인민이 가장 먼저 이 섬을 발견한 역사적 사실을 엄폐하고 역사 증거의 의의를 힘써 부정하며 심지어는 불승인주의를 취하려 했다"고 비난했다. 오원민웅과 녹간영 등 일본 학계의 주류가 5백 년 동안에 책봉선이 류큐에 왕래한 횟수는 23차에 불과하여 민인(閩

79 浦野起央, 『尖閣諸島, 琉球, 中國－日中國際關係史』, 270-273頁.
80 『法制日報』, 1996年 8月 2日.
81 浦野起央, 『尖閣諸島, 琉球, 中國－日中國際關係史』, 253-254頁.

人)이 이 항로를 경험할 수 있는 것은 일생에 한두 번에 지나지 않다고 하면서 항로에 대한 숙지도 문제를 제기한 데 대해, 오천영은 류큐인의 항해술에 대한 중국인의 높은 공헌도로써 대응했다. 그는 수준 높은 야철 기술과 조선 기술을 가지고 류큐로 이민 간 민중(閩中) '36성(姓)'의 류큐 항해 사업 개발에 대한 탁월한 공헌을 거론하면서, 이로 보아 "중국 인민의 조어열서에 대한 원시 발견과 명명은 절대 우연이 아니었음을 알 수 있다"고 강조했다. '36성'이 류큐에 오기 훨씬 전에 이 섬은 중국의 소유였고 그 당시 류큐의 항해 사업은 여전히 강보 단계에 있었기 때문에 류큐인이 이 섬에 대해 거의 기록을 남기지 못한 것이 놀라운 일이 아니었다는 것이다. 그는 '36성'과 그 후예가 류큐의 해상 무역 발전을 돕고 류큐인으로 하여금 이 섬을 알게 했기 때문에 류큐인은 세대를 이어가며 조어도가 중국의 소유라는 사실을 익혀서 상식화하고 고미산을 류큐의 당연한 변계로 간주하게 되었다고 주장했다.[82]

이러한 조어도의 발견과 명명에 관한 논구를 통해 오천영은 "중국이 가장 먼저 조어열서를 발견·명명·이용하고 국토로 납입했다"는 결론에 도달했다. 그의 논증에 의하면, 1372년(명 홍무 5)에 중국인이 가장 먼저 조어도를 발견하고 명명했으며, 2년 뒤에 중국의 수군함대가 복건에서 조어도를 거쳐 왜구의 함대를 오키나와해조(沖繩海槽)까지 추격했고, 현존하는 조어도와 적미서 등 섬 이름을 가장 일찍 기록한 사적은 1403년(명 영락 원년)에 '고본(古本)'에 근거하여 이루어진 『순풍상송』이다. 따라서 그는 "국제법의 '발현즉영유(發現卽領有)' 원칙에 따라 중국은 14·15세기에 이미 조어열서를 국토로 납입했다"[83]고 주장했다.

오천영은 "일본의 일부 학자들이 책봉사록의 성질을 왜곡하고 그 의의를 폄하하여 관방 문서의 법률 효력을 말살해서 조어열서를 '무주지'로 바꾸려는 목적을 달성하려 기도했다"고 비난하면서, 사행록의 사료적 가치를 힘써 논증했다. 오천영에 의하면, 책봉사록은 사관(史館)에 비치될 뿐만 아니라 인쇄·출판되어 국내외에 공개 발행되어 관련 국가의 인동(認同)과 증인(證引)으로 제공되었

82 吳天穎,『甲午戰爭釣魚列嶼歸屬考』, 25-45頁.
83 吳天穎,『甲午戰爭釣魚列嶼歸屬考』, 179頁.

다. 예컨대 진간의 사록 가운데 고미산이 "류큐에 속하는 것이라"는 기록은 류큐 관방에도 채납되어 1650년『중산세감(中山世鑒)』에 기록되었다. 즉, 책봉사록은 개인의 여행 일기가 아니고 단순한 항해 일지도 아닌 사실상 관방 문서이니, 이치상 당연히 관방 문서의 법률적 효력을 갖는다는 것이다. 따라서 진간의『사유구록』에서 "조어서와 황모서, 적서를 지나…고미산을 보았는데, 류큐에 속한 것이다"라고 하고, 서보광의『중산전신록』에서 고미산은 "류큐 서남방 계상의 진산이다"라고 한 것이나, 곽여림의『사유구록』에서 "적서란 류큐 지방을 계하는 산이다"라고 한 것 등은 모두 오천영에게는 적미서와 그 이서의 도서들이 중국에 속하고 고미산부터 비로소 류큐에 속한다는 사실을 명백히 증명하는 기록이 된다.[84]

오천영은 "적미서와 고미산 사이에 개재한 '흑수구'(오키나와해조)는 중국과 류큐왕국의 자연 강계"라는 '자연 경계론'을 펴기도 했다. 오천영은 "고미산은 류큐에 속하는 것이다((古米山乃屬琉球者)"는 당연히 고미산과 그 이동은 류큐의 영토였음을 가리키고 "적서란 류큐 지방을 '계'하는 산이다(赤嶼者界琉球地方山也)"는 자연히 적미서와 그 이서는 중국 판도에 속함을 가리킨다고 하면서, 적미서와 고미산 사이에 하나의 자연 경계, 즉 흑수구가 가로질러간다는 분명한 사실이 이를 웅변으로 증명한다고 했다. 오천영에 의하면, 조어도와 그 부속 도서는 중국 대륙붕 위에 있어 그 서쪽과 서남쪽의 해심이 평균 200미터 이내인데, 대륙으로 가까워질수록 해심은 더욱 얕아진다. 그 동으로는 오키나와도(沖繩島)와, 남으로는 궁고·팔중산도의 방면과는 단층으로 해저 지층이 급격하게 아래로 빠져서 깊이가 1~2천 미터의 오키나와해조를 형성하여, 서쪽으로는 타이완 해저 분지가 되고 동으로는 류큐군도가 된다. 이로 인해 "조어도와 그 부속 도서와 류큐군도는 지리적으로 아무런 관련이 없다"는 것이다. 적미서와 고미도 사이의 흑조(타이완난류 또는 일본난류라고도 부른다)의 주류가 지나는 오키나와해조는 중국과 류큐국 영토 사이의 자연 강계를 이룬다. 자연적 능력의 엄중한 한계로 인

84 吳天穎,『甲午戰爭釣魚列嶼歸屬考』, 53-57頁.

해 흑조를 건널 때는 왕왕 해신의 보우를 기구하는 의식을 거행했다. 중국 고대에는 흑조를 가리켜 통상 '흑수구'라고 하고, 간칭으로 '구'라고 했으며, 흑조 이서 동해 대륙붕상의 녹남색 해수를 가리켜 '창수(滄水)'라 했다. 명 만력(萬曆) 7년(1579) 책봉 부사 사걸(謝杰)의 『유구녹촬요보유(琉球錄撮要補遺)』에서는 "창수를 거쳐 흑수를 들어갔다가 돌아올 때는 흑수를 거쳐 창수로 들어왔다"고 했다. 오천영은 명 만력 34년(1606)에 책봉사 하자양(夏子陽)의 『사유구록』에서 "흑수를 지나 창수로 들어가니, 이는 필시 중국의 계다"라고 한 것을 들어, "흑수구 서쪽 동해 해상(海床)상에 위치한 조어열서는 의심할 여지가 없이 중국의 판도에 속한다"[85]고 주장했다.

한편 오천영은 중국제일역사당안관(中國第一歷史檔案館) 소장 건륭조(乾隆朝)의 「곤여전도(坤輿全圖)」에서 타이완 동북방의 팽가(彭嘉), 화빈수(華賓須), 호어수(好魚須), 환미수(歡未須), 차미수(車未須) 등이 중국 대륙 및 타이완과 완전히 동일하게 황중대천홍색(黃中帶淺紅色)으로 그려져 있음을 주목했다. 민남(閩南) 방언에 의하면 호어수는 조어서, 환미수는 황미서, 차미수는 적미서를 가리키고, 호어수 이서의 화빈수는 화병서, 팽가는 팽가서를 가리킨다. 오천영은 "건륭제는 조어열서를 증보 입도(入圖)함으로써 청조 중앙 정부가 이들 도서를 고도로 중시했음을 표명했고, 일찍부터 이미 존재한 사실을 정식으로 국가 전도 안으로 납입한 것이라"고 주장했다. 이와 더불어 오천영은 동치 2년(1863)에 간행된 「황조중외일통여도(皇朝中外一統輿圖)」에서 대륙 복건, 타이완 및 그 소속 소류큐, 팽가산, 조어서, 황미서, 적미서 등 도서가 중국에서 통용되는 한어 이름으로 그려져 있지만 류큐나 일본 등의 언어는 없음을 지적하기도 했다. 그에 의하면 적미서를 지나 계속 동쪽으로 가서 "내속류큐(乃屬琉球. 비로소 류큐에 속한다)"라는 고미산(姑米山)으로 진입한 뒤에야 류큐어가 잡용되었다고 한다. 요컨대 오천영은 명 가정(嘉靖) 41년(1652)에 동남 항왜(抗倭) 최고 군정장관 호종헌이 조어열서를 중국 해방 구역으로 정식 납입한 뒤를 이어, 강희 61년(1722) 순대어사(巡臺御史) 황숙경

85 吳天穎, 『甲午戰爭釣魚列嶼歸屬考』, 72-74頁.

(黃叔璥)의 『대해사사록(臺海使槎錄)』부터 동치 10년(1871)의 『중찬복건통지/타이완부/갈마란청(重纂福建通志)』까지, 건륭 32년(1767)에 장우인(蔣友仁)이 그린 「곤여전도(坤輿全圖)」 중의 호어수, 환미수, 차미수 등의 고음(古音) 기록부터 동치 2년(1863) 호북순무(湖北巡撫) 관아에서 새긴 「황조중외일통여도(皇朝中外一統輿圖)」의 조어서와 황미서·적미서 등의 주권 귀속에 대한 표명까지, 청조도 여러 차례 각종 형식으로 조어열서에 대한 주권을 펼쳐보였으나 이웃 각국, 특히 류큐왕국과 일본국은 중국의 이러한 여러 행위에 대해 어떠한 질의나 이의 또는 항의를 제출하지 않았다고 하면서 "조어열서가 중국 영토에 속함은 류큐와 일본 양국의 공통된 인식이었다"[86]고 결론지었다.

한 가지 흥미로운 일은 조어도의 영유권을 두고 벌어진 쟁의에서도 중국 학자들이 참여하면 이른바 '통일적 다민족국가론'이 또 으레 등장한다는 것이다. 가정 35년(1556)에 왜구를 막으려 '국객(國客)'의 자격으로 일본에 간 특사 정순공이 가정 44년에 쓴 『일본일감』에서 "조어서는 소동의 작은 섬이다(釣魚嶼小東小嶼也)"라고 하여 조어도가 소동, 즉 타이완에 소속된 작은 섬이었다고 한 기록에 대하여, 일본의 오원민웅이 "강희 22년(1683)에 청이 타이완에 1부 3현을 설립하기 이전에는 타이완이 중국과 아무런 관계가 없었다"는 이유를 들어 이 기록이 조어도의 중국 귀속을 입증할 수 없다고 단언하자, 오천영은 다음과 같이 응수했다. "우리나라는 다민족 통일국가로서 수천 년의 장기 발전을 거쳐 청조에 최후의 완성을 이루었다. 1683년 타이완과 조국 대륙이 완전 통일을 실현했을 때 세계에는 진정한 통일적 독립 국가가 아직 매우 적었다. 요컨대 타이완은 한족과 고산족 인민이 공동으로 개발해온 것으로 중국의 고유 영토이다. 타이완 인민은 대륙 인민의 골육동포요, 한족 위주 중화민족의 한 조성 부분이다."[87]

이외에도 조어도의 역사적 쟁의에는 새로 첨가된 쟁점이 하나 있었다. 그것은 광서 19년(1893)에 서태후, 즉 청조의 자희태후가 조어열서를 "성선회에게 상급(賞給)"한 조유를 가지고 타이완의 학자 양중발이 "조어대는 '성가(盛家)'의 토지였

86 吳天穎, 『甲午戰爭釣魚列嶼歸屬考』, 128-132頁.
87 吳天穎, 『甲午戰爭釣魚列嶼歸屬考』, 123-127頁.

다"고 하여 조어열서의 중국 영유를 주장한 것이다. 그러나 그 실효적 지배와 조서의 해석 사이에는 많은 논란이 있다. 이는 조서의 형식이 특이하여 그 실태가 불명하기 때문이다. 사견림(沙見林)의 「자희태후 조유와 조어도 주권(慈禧太后詔諭與釣魚島主權)」(『學粹雜誌』 14-2, 1972)에 소개된 조서의 내용을 보면, 1893년(광서 19)에 청조의 고관 성선회가 조어대와 황미서·적미서, 세 섬에서 약초인 해부용(海芙蓉)을 채취하여 그 정제를 자희태후에게 올렸는데, 그 약효로 인해 서태후는 세 섬을 그에게 하사하는 조서를 내렸다고 한다. 그러나 일본학계에서 이러한 사실을 신뢰하지 않을 뿐만 아니라, 중국의 오천영도 "이 조유의 재질이 일반 상유(上諭)와 일치되지 않고 서사(書寫)의 습관이 부합하지 않으며 도장이 평소에 사용하던 옥새와 같지 않은 것 등으로 보아 이 유지는 가짜임이 분명하다"고 인정했다. 즉, 이 조서는 상사(賞賜)된 것이 아니라 감상(鑑賞)의 형식이라는 것이다. 그러나 오천영은 "성씨의 광생당약호(廣生堂藥號)가 장기간 일찍이 조어도에서 약재를 채집한 것은 의심할 여지가 없는 사실이다.…약재 채취와 고기잡이와 같은 조어도와 그 영해의 합법적 사용은 매우 높은 역사적 의의와 지리적 의의, 정치적 의의를 갖는다. 즉, 갑오전쟁 9개월 전에 중국은 조어열서 해역에서 주권을 평화적으로 행사했던 것이다"라고 하면서, "중국 학자들은 자기 논리에 유리하더라도 믿을 수 없는 개별 사료를 용기 있게 배제하지만, 이것이 조어열서가 중국 영토라는 결론을 조금도 손상시키지 않는다"[88]고 주장했다. 사실 이 일은 조어도 쟁의가 얼마나 뜨겁게 진행되었는지를 잘 보여주는 해프닝의 하나였을 뿐이다.

요컨대, 조어도의 역사적 지위에 관한 논쟁은 두 가지의 결론으로 귀결된다. 그 하나는 조어도가 역사적으로 중국의 국가에 귀속되어 있었다는 것으로, 주로 일본 학계의 비주류 학자들과 중국 및 타이완 학계의 주류 학자들이 주장하는 것이다. 또 다른 하나는 조어도가 역사적으로 '무주지', 즉 어떤 나라에도 귀속되지 않았다는 것으로, 주로 일본 학계의 주류 학자들이 주장하는 것이다. 특히 후자는 조어도가 류큐에도 소속되어 있지 않았지만 그렇다고 해서 중국에 소속된

88 吳天穎, 『甲午戰爭釣魚列嶼歸屬考』, 156-160頁; 浦野起央, 『尖閣諸島, 琉球, 中國-日中國際關係史』, 85, 197頁.

것은 아니었다는 것으로, 일본 정부가 1875년 이래 조어도를 실효적으로 점거하는 논거인 '무주지 선점'론의 이론적 출발점이 되고 있다. 일본 정부는 '기본 견해'를 통해 조어도가 '무주지'였음을 확인하고 '선점'했다고 주장하고 있지만, 설사 조어도가 '무주지'였다 하더라도 '무주지 선점'론 자체가 국제법상 수용 가능한 논거가 될 수 있는지, '선점'의 과정이 적법했는지 여부는 또 다른 논쟁의 쟁점이 될 수도 있다.

6. 조어도의 법적 지위

조어도 쟁의가 발생하자 일본 총리부의 주변 단체인 남방동포원호회의 '센카쿠열도연구회'는 1년 동안 오키나와본도와 석원도에서 일본 영유권 주장의 근거 자료를 수집한 다음, 일본은 '무주지 선점'에 근거하여 조어열도를 영유한다고 주장하기 시작했다. 그 뒤부터 일본 정부도 '선점'을 통해 조어열도를 영토로 편입했다고 주장했다. 「센카쿠열도 영유권에 관한 기본 견해」에서, "1885년 이래 정부는 오키나와현 지방 당국을 통해 센카쿠열도에 대해 각종 방식으로 재삼 조사를 진행하여 이곳이 무인도일 뿐만 아니라 어떠한 청국의 관할 흔적도 없음을 확인했다. 이처럼 신중한 확인의 기초 위에 1895년 1월 14일 내각 회의에서 섬 위에 국표(國標)를 세워 정식으로 우리나라 영토로 편입하기로 결정했다"고 했다. 요컨대, 일본 외무성의 「기본 견해」에서 일본이 조어도를 점유한 것은 이른바 '무주지 선점' 법리에 의한 것이었다고 선언했기 때문에 이 쟁의의 역사 논쟁은 일본이 점유하기 전에 이 섬이 '무주지'였는가 그렇지 않은가를 다투는 논쟁이 됐다. 중국은 사행록 등 고문헌을 통해 조어도가 중국에 의해 발견·명명·사용되었음을 입증하려 했고, 일본은 조어도가 류큐에 의해 영유되지도 않았지만 중국에 의해서도 영유되지 않은 '무주지'였음을 강조했다.

그러면 현재 일본에 의해 조어도가 실효적으로 지배되고 있는 상황은 어떻게 설명될 수 있는가. 일본은 '무주지 선점'의 법리에 의해 점유했기 때문에 국제법적으로 정당하다는 것이고, 중국은 일본이 청일전쟁의 승리를 틈타서 '절취(竊取)', 즉 몰래 탈취한 것이기 때문에 당연히 카이로선언이나 포츠담선언에 의거해서 중국에 반환되어야 한다는 입장이다. 일본 측은 조어열도가 국제법상 '무주지'를 점유하여 국유화한 것이지 타이완의 부속 도서가 아니기 때문에 포츠담선언의 구속을 받지 않고 중국에 돌려줄 필요도 없다고 주장한다. 중국 측은 조어도와 황미서, 적미서, 남소도 및 북소도는 타이완의 부속 도서이지 무주의 땅이 아니라고 주장한다.

1) '무주지 선점' 논쟁

정상청은 조어도를 '무주지 선점 위주의 법칙'에 의거하여 점유했다는 일본 정부와 주류 학계의 견해를 반박하기 위해 '국제법'의 존재 의미부터 검토했다. 그는 근대의 서구 주권 국가들이 세력을 지키고 확대하기 위해 격렬한 권력 투쟁을 전개하는 과정에서 이러한 권력 투쟁이 끊임없이 격화되는 것을 방지하기 위해 하나의 합리적 규칙을 제정해서 제한함으로써 국제법이 출현했다고 하면서, 이 '합리적 규칙'이란 강자의 이익에 지나지 않고 이 강자의 이익이 체현된 것이 바로 '무주지 선점 위주 법칙'이라고 이해했다. 다만 19세기 후기에 이르러 국제법상 선점을 확정하려면 실효성이 요구되었으니, 토지의 현실적 점유와 유효한 통치권력의 설립, 즉 모종 정도의 행정기구와 질서 유지를 위해 경찰 역량 및 일정 수량의 병력이 필요했다.

정상청에 의하면, 설사 이러한 법칙을 적용한다 하더라도 조어도가 중국에 속하지 않는 것이 아니다. 왜냐하면 이곳은 중국인이 발견하고 중국 이름을 지어주었을 뿐만 아니라 명·청 정부는 조어군도를 해상방어구역으로 납입하고 왜구를 방어하는 책략을 체계적으로 논술한 『주해도편』에서 조어군도의 위치와 그 관할 구역을 표출(標出)했다. 따라서 명·청 시대의 중국 정부와 중국인은 현대 제국주의의 '국제법'에 따라 조어도를 '선점'했음을 설명할 필요가 없었다. 그들은 이곳이 자기의 영토임을 확신하고 있었기 때문에 현대 제국주의의 선점론이 부정

할 수 없는 역사적 사실을 명확하게 남겨놓았을 뿐이다.[89]

정상청은 국제법상의 무주지 관념과 선점의 법리 자체가 구미 식민지주의와 제국주의의 이익을 위해 봉사하는 것이라 하여 그 권위를 부정했다. 이러한 정상청의 선점 법리 무효론은 매우 특징적인 것으로, 중국도 공식적으로는 선점 법리의 무효를 주장하는 것은 아니고, 타이완도 일본의 센카쿠열도 점유가 요점을 만족시키지 않는 점을 비판할 뿐 선점의 법리를 무효한 것으로 보지는 않기 때문이다. 오원민웅에 의하면, 무주지 개념이나 선점의 법리는 유럽 제국에 의해 식민지를 영토 지배하는 법적 기술로 성립되었던 것은 사실이지만, 유럽 제국의 식민지 지역에만 적용된 것은 아니고 선점의 법리에 의해 확보된 오늘날 특정 국가의 영역을 모두 식민지로 부르는 것도 아니다. 예컨대 "오가사와라제도(小笠原諸島)나 홋카이도를 식민지로 규정하는 사람은 없다. 마찬가지로 내몽골이나 티베트, 구 만주의 일부, 타이완 등이 중국령으로 인정되는 것도 국제법상으로 보아 선점의 법리에 의한 것이다. 따라서 유독 센카쿠열도와 같은 무인도에 대해서만 선점의 법리가 효력이 없다고 주장하는 것은 옳지 않다"[90]는 것이 오원민웅의 법리적 판단이다.

오원민웅에 의하면, 근대 국제법에서 영유권이 확정되기 위해서는 실효적 지배가 필요하기 때문에 주권 행사를 게을리 하면 유기의 의사로 추정될 수도 있다. 따라서 자국의 영토로 의식하는 지역에 대해 제3국이 주권을 행사하면 자국 영역 침해에 대해 항의를 제기해야 한다. 그러나 오원민웅은 "센카쿠열도의 경우 중국도 타이완도 일본령임을 명시적으로 인정했다"고 주장한다. 그 한 예로, 1953년 1월 8일 『인민일보』는 「유구군도 인민의 미국 점령에 반대하는 투쟁」이라는 제목의 중요한 논설을 게재했는데, 여기서 센카쿠열도를 류큐군도 안에 명시적으로 포함시켰다는 것이다. 또한 1958년 11월 북경의 지도출판사가 작성한 지도의 「일본부」에서 센카쿠열도를 (타이완식의) '조어대'나 (중국식의) '조어서'가 아닌 (일본식의) '어조도'라는 이름으로 명시하고 '첨각군도'라는 총칭을 사용

89 井上淸,『釣魚島的歷史與主權』(中文), 65-70頁.
90 奧原敏雄,「尖閣列島の領有權と'井上淸'論文」, 89頁.

했다. 마찬가지로 타이완에서도 1965년 10월에 국방연구원과 지학연구소에서 출판된 『세계지도집』 제1책(東亞諸國)에서 '센카쿠군도'라는 명칭으로 열도의 존재를 명기하고, 각 섬의 이름을 일본어 발음(和音)의 로마자로 표시했다. 그 외에도 1970년에 중화민국 국민중학교 지리과 교과서에서도 센카쿠열도는 '대류큐군도(大琉球群島)'의 일부로서 어조도, 북소도, 남소도 등 화명(和名)을 사용했다. 타이완 부속도서의 범위에 대해서도 1964년 「중화인민공화국분성지도(中華人民共和國分省地圖)」에서 최북단을 팽가서로 명기했고, 1965년 타이완성 정부에서 출판한 『타이완성지방자치지요(臺灣省地方自治誌要)』와 1968년의 『중화민국연감(中華民國年鑑)』도 팽가서의 북단을 타이완성의 극북으로 명시했다. 이처럼 1970년 이전의 중국과 타이완의 공문서와 문헌·지도 등에서는 센카쿠열도를 중국령으로 명시하거나 타이완성에 포함시킨 사실이 한 번도 보이지 않는다. 이에 반해 1954년의 『기륭시지(基隆市志)』(基隆市文獻委員會)는 팽가서와 면화서, 화병서 등이 타이완에 편입된 것이 1905년이었음을 명기했다.[91]

오원민웅 등 일본 학계 주류의 '무주지 선점'론에 대해 고교장오랑 등 비주류 학자들은 비판적 관점을 제시했다. 고교장오랑은 조어도의 지명에 대한 검증을 통해 일본이 조어도에 대한 영유권을 옹유하고 있다고 인정하면서, 다만 열도를 조성하는 각 도서의 명칭이 확정되지 않았을 뿐만 아니라 무인도와 환초에 대한 실효적 지배도 문제가 있고, 일본은 다만 타이완 통치를 통해 이 섬을 자기의 판도로 열입했으니 이는 무주지에 대한 실효적 지배라 할 수 없고 선점도 아니라고 주장했다. 그는 센카쿠열도는 타이완의 부속 도서이므로 청일전쟁 중의 할양을 통해 일본 영토가 되었다고 이해했다. 그는 일본 "외무성이 조어도가 '무주(여서) 선점'했다고 주장하려면, 공개적으로 도명을 확정하여 지도상에 명확하게 표기해야 할 것이나, 소화(昭和) 이래 출판된 지도 대부분에는 조어도가 표주(標注)되지 않았다"[92]고 지적하기도 했다.

특히 정상청은 오원민웅의 무주지 선점론이 "'센카쿠열도' 일본 영토론자의

---

91 奥原敏雄, 「尖閣列島の領有權と'井上清'論文」, 90頁.
92 李理, 「'去中國化'的臺灣中學歷史教科書編纂」, 98-100, 161頁.

제국주의 강도 논리를 완전히 폭로한 것"이라고 격렬하게 비판했다. 정상청은 "오원민웅이 중국 봉건 왕조의 영토 규제의 각종 형식 중에 근·현대 주권 국가의 영토 규제 방식과 같은 유효한 규제가 없다는 핑계로 이 섬이 '무주지'라고 교변(狡辯)한다"고 비판했다. 그리고 "'센카쿠열도'를 '실제 점유'하지도 않고 점유를 '통보'하지도 않았으며, 국내 법률상으로 일본국으로 납입하는 수속을 이행하지도 않고, 다만 일본 정부가 이곳이 일본 영토라고 인정하고 규제를 가하기만 해도 이 땅은 곧 일본 영토에 속한다는 것이다, 즉 '내'가 영토로 삼아 규제를 가한 토지는 곧 '나'의 영토라고 주장하는 일본의 국가 행위는 완전히 제국주의에 부합하는 방자하고 망령된 논조로서, 이처럼 조금도 가리지 않고 강도짓을 고취하는 논리는 조어도 일본 영토론자의 전적인 파탄을 잘 폭로하는 것이다"[93]라고 비판했다.

정상청은 '무주지 선점'에 의한 영토 취득은 그 자체가 제국주의적 영토 점거의 방식이라고 비난했지만, 중국 학자들은 이 방법을 인정하면서 일본이 아니라 중국이 오히려 '무주지'인 조어도를 선점했다고 주장했다. 그 대표적 국제법 학자인 지전화는 전통적으로 국제법에서 승인하는 영토 취득의 5종 방식으로는 선점(occupation) 곧 '무주지'에 대한 '유효한 점령', 시효(acquisitive prescription) 곧 타국의 영토에 대한 장기적이고 어떠한 어지럽힘도 받지 않는 실제 점령, 첨부(accretion) 곧 진흙이나 모래의 퇴적 등 자연적 원인에 의한 영토의 점차적 증가, 할양(cession) 곧 조약에 의거한 영토의 전이, 정복(conquest) 곧 전쟁을 통한 다른 나라 영토의 취득 등이 있다고 전제하고, 그중에서도 '선점'은 당시 대부분 국가가 운용한 매우 중요하고 항상 볼 수 있는 영토 취득의 방식이었다고 하면서, "중국은 조어도를 우선 발견했는데 당시 조어도는 무주지의 상태에 처해 있었다. '선점' 원칙에 근거하여 중국은 무주지의 우선 발견을 통해 도서의 주권을 획득할 수 있었다"고 주장했다. 이 문제에서 정상청과 중국 학자들의 견해가 갈라지게 된 것은 정상청이 제국주의를 철저하게 반대하는 신념의 소유자였음에 반해

93 井上清, 『釣魚島的歷史與主權』(中文), 196-198頁.

중국 학자들은 '통일적 다민족국가론'을 옹위하는 입장에 있기 때문이다.

2) 일본의 조어도 점유 과정

일본의 조어도 점유 과정에 관한 논쟁도 정상청이 일본 외무성 성명을 학술적으로 비판함으로써 시작되었다. 정상청의 비판을 일본 학계 주류에서 비판하고 이를 일본 학계의 비주류가 재비판했으며, 중국 학계는 이를 인용하여 일본 학계 주류의 주장을 비판하는 패턴이 반복됐다. 따라서 여기서도 정상청의 문제의식과 비판을 먼저 정리한다.

정상청은 일본 정부 문건과 1885년 정부 내부 및 오키나와현 간의 조어군도 소유권에 관한 왕래 서신을 통해 다음과 같은 사실을 확인했다고 한다. "① 먼저 내무성이 이 섬을 점유할 의도가 있어 오키나와현에 조사를 진행하도록 밀령했다. ② 오키나와현은 이 섬이 중국 영토일 가능성을 알고 이 섬의 일본 영토 편입에 대해 고려한 바 있었다. ③ 다만 내무성은 계속 점유를 강행하려 했다. ④ 외무성은 중국이 항의할 것을 걱정하고 즉각적 점유를 반대했다. ⑤ 마지막으로 내무성도 방기했다." 따라서 류큐 정부의 「센카쿠열도 주권에 관한 성명」은 '사실에 대한 지극히 큰 왜곡'이었다.[94]

정상청에 의하면, 일본은 청일전쟁 중에 타이완을 '명탈(明奪)'하고 조어도를 '암취(暗取)'했다. 일본 정부가 고가(古賀)의 청원을 거부한 지 얼마 지나지 않아 9년이나 기다려온 조어도 탈취를 위한 절호의 기회가 마침내 왔다. 청일전쟁에서 승리가 눈앞에 다가온 것이다. 일본 정부는 1890년 오키나와현의 신청에 대해 아무런 답을 주지 않았고, 1893년 오키나와현의 재차 신청에 대해서도 대답하지 않았다. 그러나 이번에는 순조롭게 내각회의를 통과했는데, 그 원인은 무엇인가. 정상청은 그 답을 내무성이 외무성에 보낸 협상서 안에서 "그때와 금일의 정황이 상이하다"고 한 말에서 찾았다. 1885년과 1894년의 정황이 어떻게 달라졌

94 井上清, 『釣魚島的歷史與主權』(中文), 142-147頁.

다는 것인가. 1894년 12월 초에 이미 일본이 절대적 승리를 거두어 정부는 타이완을 청 정부의 손에서 떼어낼 계획을 개시하여 강화 조건의 하나로 만들었다. 이것이 조어군도의 '탈취' 정황과 관련 있는 것으로 이전과 현재의 결정적 '상이'었다는 것이다. 천황 정부가 조어군도를 탈취할 절호의 기회는 다른 때가 아니라 바로 정부와 대본영이 이토 히로부미(伊藤博文) 수상의 전략에 따라 타이완을 점령할 방침을 제정한 때였다. 1885년 정부가 공개적으로 조어군도에 국표를 세웠다면 "청국의 의심을 불러오고" 분규를 일으키기 쉬웠을 것이지만, 지금은 일본이 조어군도에 표장(標椿)을 세운다 하더라도 청 정부는 항의할 힘이 없다. 정부는 타이완과 오키나와현 사이의 조어도와 같이 작은 무인도는 군사적 점령이 근본적으로 필요하지 않고 단지 그 위에 표장 하나만 세우고 이곳이 오키나와현 관할이라고 쓰면 된다고 생각했을 것이다. 그러나 1972년 3월 8일에 발표한 외무성의 센카쿠열도의 소유권에 대한 '견해'는 "명치 18년 이후 정부는 누차 센카쿠열도에 대해 실지 감찰(勘察)을 진행하여 그곳이 무인도임을 확인했을 뿐만 아니라 청국이 관할한 흔적이 없음을 신중하게 실증했다. 이러한 기초 위에서 명치 28년 1월 14일 내각 회의를 통과하여 이 섬에 표장을 세웠다"고 했다. 정상청은 이 말을 '완전히 황당하고 거짓된 말'이라고 규정했다. 명치 정부가 실시한 조어군도의 소유권에 관한 실지 조사는 다만 1885년 내무대신의 밀령에 근거하여 진행된 한 차례밖에 없었기 때문이다. 따라서 이 섬이 "청국에 관할된 흔적이 없음을 신중하게 실증했다"는 말은 순전히 거짓말이라는 것이다. 내각 회의는 "신중하게 실증한 기초 위"에서 조어군도의 점유를 결정한 것이 아니다. 1885년에는 중국의 항의를 돌아보아 꺼리지 않을 수 없었지만, 이제는 중국과의 전쟁에서 이미 승리를 거두고 심지어는 타이완을 탈취할 방침을 확정하여 정부는 "신중하게 실증한" 그 이전과 현재의 결정적 "정황 차이"의 기초 위에서 비로소 1895년 1월에 내각 회의를 통과시켰다는 것이다.[95]

내각 회의의 결정과 내무성이 오키나와현에 발급한 비시(批示, 1월 21일)는 일

95 井上淸, 『釣魚島的歷史與主權』(中文), 153-160頁.

청강화조약(1895년 4월 17일 조인, 5월 8일 비준서 교환)이 발효되기 전이었다. 따라서 만약 현재의 일본 정부가 말하는 것처럼 내각 회의의 결정에 근거하여 비로소 조어군도의 일본 영토 편입이 결정되었다면 이 섬은 일청강화조약 제2조의 중국 영토 할양의 규정에 근거하여 중국에게서 취득한 것이 아니라 조약이 발효되기 전에 일본이 이 섬의 점유를 이미 결정했던 것이다. 정상청은 이들 도서가 역사상 중국의 영토였기 때문에 1885년에 일본 정부는 청 정부의 항의를 걱정해서 결심하지 못했지만, 1895년에는 청조에 대한 전승의 기회를 타고 이 중국의 도서를 자기 것으로 점유하기로 결심을 내린 것이라고 판단했다. 즉, 조어도는 타이완과 같이 화약에 근거하여 공공연하게 청조로부터 빼앗아온 것이 아니라 전승의 기회를 타고 어떠한 조약도 맺지 않고 담판을 진행하지도 않은 채 몰래 절취해온 것이라는 것이다. 일본공산당은 일본이 '센카쿠열도'를 '영유'한 것은 시모노세키조약의 규정에 근거하여 타이완 및 그 부속 도서와 함께 중국에서 할양된 것이 아니기 때문에 이 섬은 카이로선언 중에서 선언한 것과 같은 "일본이 중국에서 절취한" 것이 아니라고 주장한다. 정상청은 "정말 그렇다면 이 섬은 일본이 시모노세키조약 제2조의 규정에 근거하여 공공연하게 정식으로 중국에서 할양된 것이 아니다. 그러나 이 섬은 시간상으로 결코 우연이 아니라 일본이 청일전쟁 중에 승리를 거둔 것과 교묘하게 합쳐져서 일어난 것이다. 일본 정부는 의식적이고 계획적으로 청일전쟁에서의 승리를 틈타서 절취한 것이다"[96] 라고 비판했다.

정상청은 일본의 '센카쿠열도의 영유'는 국제법상으로도 무효라고 주장한다. 『아사히신문(朝日新聞)』의 1972년 3월 20일 사설 「센카쿠열도와 우리나라의 영유권」에서, 만약 조어군도가 정말 중국의 영토라면 청 정부는 당시 일본이 이 섬을 영유한 데 대해 이의를 제출했어야 했는데, "당시 청 정부가 이의를 제출하지 않았다. 중국 측이 이러한 견해가 있었다면 일청강화 담판 시뿐만 아니라 제2차 대전 종전 후 영토를 처리할 때도 응당 이의를 제출했어야 했다"고 주장했다. 그러

96 井上清, 『釣魚島的歷史與主權』(中文), 161-165頁.

나 정상청은 "청일강화 담판 시에 일본은 내각 회의가 조어군도 영유를 결정했음을 한마디도 하지 않았고 일본 측이 이 일을 제기하지 않았으니 청 정부는 결코 알 수 없었다. '내각 회의 결의'도 발표되지 않았으니, 당시 조어도 위에 일본의 표장이 건립될 수도 없었고, 어떠한 다른 방법으로도 이 섬이 일본 영토로 귀속되었음을 통보하지 않았다. 따라서 강화 담판 시에 청 정부 측이 조어군도 사건을 문제로 삼아 제기할 수 없었다"고 해석했다. 제2차 대전 후에 영토를 처리할 때에도 중국 측이 일본의 조어도 점유를 문제 삼아 이의를 제출하지 않은 데 대해서도, 정상청은 "일본과 중국 간의 영토 문제의 처리는 아직 끝나지 않았다. 샌프란시스코 평화 담판 시에 중국 대표는 심지어 회의에 초청되어 참가하지도 않았다. 따라서 이 회의의 일체 결의는 중국에 대해 어떠한 구속력도 갖지 못한다"고 주장했다. 또한 정상청은 일본 정부와 타이완의 장제스 정권 사이에 체결된 이른바 '일중조약'에 대해서도 "중국을 진정 대표하는 정권과 체결한 조약이 아니다"라고 하면서, 그 이유로 "당시 중화인민공화국이 중국의 유일 합법 정부로 이미 성립되어 있었기 때문에 이 조약은 무효이고, 중화인민공화국에 대해서도 전혀 구속력이 없다"고 규정했다. 또한 그는 "중국과 일본 사이의 영토 문제는 아직 완전히 해결되지 않았으니, 응당 금후의 일·중 화평 담판을 통해 해결되어야 한다"고 하면서, "중국이 당시 일본의 조어군도 점유에 대해 이의를 제기하지 않았다고 해서 이 섬이 일본의 영토로 당연히 인정될 수는 없다"[97]고 결론지었다.

정상청은 명치 정부가 조어군도를 '절취'한 활동이 처음부터 끝까지 모두 청 정부와 세계 각국의 이목을 가리고 비밀리에 진행했음을 시종 강조했다. 1885년 내무경이 오키나와현 현령에게 실지 조사를 진행하도록 명한 것도 '밀령'이었다. 외무경도 내무경이 조사를 외부에 누설하지 않도록 특별히 주의를 주었다. 심지어 1894년 12월에 내무대신이 외무대신에게 보낸 협상서도 일반적 경우와 달리 비밀문서를 사용했다. 1895년 1월의 내각 회의 결의도 당연히 공포되지 않았다.

97 井上清, 『釣魚島的歷史與主權』(中文), 166-167頁.

같은 해 정부가 오키나와현에 명하여 어조·구장 2도에 오키나와현 관할을 표시하는 표장을 세우게 한 일도 통보하지 않았다. 이러한 일은 모두 1952년 3월 발행한 『일본외교문서(日本外交文書)』 제23권에 처음으로 공개되었다. 그뿐만 아니라 오키나와현은 정부의 명령을 받은 뒤에도 실제로 심지어는 섬 위에 표장을 건립하지 않았다. 일·청 강화회의 전에 세우지 않았을 뿐만 아니라 그 이후의 좋은 시기에도 세우지 않았다. 표장의 건립은 실제로 1969년 5월 5일에 이뤄졌다. 이른바 센카쿠열도 해전에 풍부한 석유가 매장되었다는 추측이 나와 이 섬의 소유권이 일·중 양국의 쟁탈의 대상이 된 후에 류큐의 석원시가 이 섬에 하나의 장방형 석제 표장을 세웠던 것이다. 정상청은 "법률상 이는 일본이 한 국가로서 해서는 안 될 행위였다"고 규탄했다. 일본 정부는 조어군도를 일본 영토로 납입했다고 주장하지만, '일청강화조약'의 발효 전 또는 이후를 막론하고 최근에 이를 때까지 이 일을 공개하여 명확하게 표시하지 않았다는 것이다. 조어군도가 어느 해 몇 월 몇 일에 오키나와현의 관할 구역이 되었는지는 심지어 일본 국민조차도 전혀 몰랐다. 이는 일본 정부가 이 일을 통보하지 않았기 때문이다. 정상청은 제국주의 각국의 '국제법' 규정에는 '무주지'를 '선점'할 때 이를 국제적으로 통고할 필요는 없지만, 국내 법률 규정으로는 적어도 새로운 영토의 위치와 명칭 및 그 행정 관할을 통보해야 한다고 하면서, "만약 일본 정부가 심지어 국민에 대해서도 그곳이 일본 영토가 되었음을 통보하지 않았다면, 그곳이 사실상 일본 영토로 납입되었다고 볼 수는 없다"[98]고 단언했다.

류큐 정부는 1970년 9월 10일에 발표한 「센카쿠열도의 영유권과 대륙붕 자원개발권에 관한 주장」에서 "명치 28년 1월 14일 내각 회의의 결의를 거쳐 그 다음 해 4월 1일 '칙령 제13호'에 근거하여 이 지구를 일본의 영토로 정하고 오키나와현 팔중산 석원촌에 예속시켰다"고 했다. 그러나 정상청은 "이는 사실이 아니다. 명치 29년의 '칙령 제13호'에는 이 일에 대해 한마디도 언급되지 않았다"고 밝혔다. 이 칙령 중에는 '어조도'와 '구장도'의 이름이 제기되지 않았다. 당연

98 井上淸, 『釣魚島的歷史與主權』(中文), 168頁.

히 이때는 아직 '센카쿠열도'라는 이름이 명명되지도 않았다. 정상청에 의하면 "이 칙령은 원래 조어군도의 관할과 조금도 관계가 없고, 다만 오키나와현에 처음으로 군제(郡制)를 설립한다는 공고를 선포했을 뿐이다."[99]

정상청은 명치 정부가 무주지의 도서를 일본 영토로 새로 납입할 때 그 정확한 위치와 명칭 및 행정 예속을 통보하는 것이 결정적으로 중요한 의의를 갖는다는 것을 아주 잘 알고 있었다고 주장한다. 왜냐하면 조어군도를 '약탈'하기 4년 전인 1891년에 일본은 소립원도 서남의 무인도를 본국 판도로 납입하려고 할 때나, 1905년에 조선의 울릉도 부근에 있던 무인도를 '죽도(竹島)'라고 명명하고 일본 영토로 새로 납입했을 때와는 달리, 조어군도를 점유할 때는 행정적 수속을 조금도 이행하지 않았다. "일본 정부는 이 도서의 경·위도와 명칭, 행정 소속 등에 대해 어떠한 형식의 공고도 진행하지 않고, 오로지 갑오전쟁 중에 승리를 거둔 기회를 타서 마음대로 귀신도 알지 못하게 자기 것으로 점유했다. 이것이 절취가 아니고 무엇인가?"[100] 정상청은 "일본은 타국의 섬을 몰래 취했기 때문에 이 섬의 '영유'를 공고할 방법이 없었고, 심지어는 근본적으로 '영유'의 시간과 그 정확한 지역 범위, 위치, 명칭을 확정할 방법도 없었다는 것이다. 일본이 유황도와 죽도를 영유한 방법과 비교해보면 '무주지 선점 위주'의 요소 가운데 한 조목도 갖추지 못했다"고도 했다.

요컨대, 정상청은 "조어군도는 원래 무주지가 아니고 분명히 중국의 영토였다. '무주지 선점 위주'의 법칙은 본래 이 섬에는 적용할 수 없었다. 혹시 그것이 무주지였다 하더라도 일본이 필요한 법률 수속을 이행하지 않았기 때문에 '선점 위주'도 이 섬을 일본 영토로 납입하는 유효한 의거가 될 수 없다. 일본은 진정한 무주지를 악의 없이 영유하지 않았음은 물론 정말로 이곳이 무주지 토지였다고 생각한 것이 아니라 중국 영토임을 명백히 알고서도 승리를 타고 자기 것으로 빼앗았던 것이다. 어떤 핑계를 찾더라도 일본은 그 영유를 합법화할 수는 없다"는 결론을 제시했다. 그는 "일본이 약탈한 타이완과 그 부속 도서 중에 조어

99 井上清, 『釣魚島的歷史與主權』(中文), 168-172頁.
100 井上清, 『釣魚島的歷史與主權』(中文), 173-175頁.

군도가 포함되어 있다고 말하는 것은 부정확하다. 정확하게 말한다면, 타이완과 팽호열도는 시모노세키조약 제2조에 근거하여 공공연히 강탈된 것이다. 조어군도는 어떠한 조약에 의거함이 없이 일본이 갑오전쟁의 승리를 타서 중국과 기타 국가의 이목을 덮고 절취한 것이다. 그리고 이 강탈과 절취는 시간상으로 연계가 있을 뿐만 아니라 정치상으로도 밀접하여 나눌 수 없는 것이다"[101]라고 강조했다.

이에 반해, 일본 학계의 주류는 오래전부터 센카쿠열도 점유론의 법률적 근거를 1895년(명치 28) 1월 14일의 '1·14 내각 결의'와 그 다음 해 3월 5일에 반포된 '제13호 칙령'에서 찾았다. 1970년에 오원민웅은 『오키나와시보』에 발표한 「센카쿠열도와 그 법률 지위(尖閣列島とその法律地位)」에서 "명치 28년에 각의가 이 열도에 대해 결정한 바에 근거한 조치는 명치 29년(1896) 4월 1일 오키나와현이 제13호 칙령에 의거하여 진행한 것이다.…오키나와현 지사는 제13호 칙령에 나오는 '팔중산제도'가 센카쿠열도를 내포한다고 해석했기 때문에…이 열도를 팔중산군으로 편입한 조치는 행정구획상의 편입에 그치지 않고 국내법상의 영토 편입을 완성한 조치였다"고 주장했다. 그 13일 후인 9월 17일에 그가 집필한 류큐정부의 「센카쿠열도의 영유권에 관하여」라는 성명에서도 "명치 29년 4월 1일 내각의 결정에 기초하여 제13호 칙령을 발포하여 오키나와의 시행에 이르게 되었으니, 우리나라는 이 열도에 대하여 국내법상의 편입 조치를 완성했다. 제13호 칙령 중에서 가리키는 '팔중산제도'는 오키나와현 지사의 해석에 의거하여 응당 센카쿠열도를 그 안에 포괄하며, 따라서 지방 행정구획으로 획분할 때 이 열도를 팔중산군으로 편입했다. 이 조치는 지방행정 구역 획분의 편입일 뿐만 아니라 국내법 영토 편입의 조치이기도 하다"고 했다. 녹간영도 "국내법상 센카쿠열도의 영토 편입에 대한 조치는 명치 29년 3월 5일 제13호 칙령을 실시할 때 진행된 것으로…칙령은 오키나와현을 5개의 군으로 나누어 설치하고…구장도와 어조도(釣魚嶼)를 팔중산군으로 편입시켰다"[102]고 해석했다. 이는 곧 '제13호 칙령'에는

101 井上淸, 『釣魚島的歷史與主權』(中文), 11-13, 176頁.

102 綠間榮, 『尖閣列島』, 101-2頁.

조어도에 관한 기록이 없고 다만 팔중산군에 관한 기록만 있다는 정상청 등 비주류 학자들의 비판에 대한 반응이었다.

그리고 조어도를 납입하는 행정적 수속이 없었다는 지적에 대해서도, 오원민웅은 『조일아주평론(朝日亞洲評論)』에 발표한 「센카쿠열도와 영토 귀속 문제(尖閣列島與領土歸屬問題)」를 통해 "먼저 무주지를 선점할 때는 국가의 영유 의지를 증명해야 하는데, 국제법의 규정에 의하면 내각 회의 결의나 고시 등 국내 법률에 의거하여 본국 영토로 정식 납입함을 표시하는 수속과 같은 것은 반드시 해야 할 필요는 없다. 선점 원칙에 의거하여 토지를 획득할 때 가장 중요한 것은 실질적 규제로, 이러한 사실을 통해 국가의 영유 의지를 증명할 수만 있으면 충분하다"고 응수했다. 그는 "센카쿠열도의 자연환경과 거주의 부적절성을 고려하여 일본이 실제 점유하지 않더라도 국가의 통치 역량이 일반적으로 이 땅에 미칠 수 있음을 증명할 수만 있으면 이 섬이 국제법상 일본에 속한다고 주장하기에 충분하다"[103]고 주장했다.

포야기앙도 일본 정부가 적용한 선점의 법리에 대해서 "선점의 법리는 영유권 처리의 규칙으로 등장한 것으로 영역 취득을 둘러싼 국제적 대립은 이 선점의 법적 유효성에 따라서 처리되었다"고 인정했다. 그리고 '칙령 13호'에 의거한 조처는 국제법상 또는 국내법상의 조치가 아니라 오키나와현의 일방적 행위에 지나지 않는다는 지적에 대해서는, "이는 중앙의 지도에 의한 정부의 실효적 행위로 볼 수 있다"고 판단했다. 포야기앙은 시모노세키조약에서 타이완의 부속도서인 센카쿠열도를 일본이 탈취했다는 주장에 대해, "센카쿠제도가 타이완의 부속 도서인지는 역사 기록에서도 증명되지 않는다. 지질적으로 타이완 또는 중국 본토의 대륙붕의 일부인가 하는 문제는 영토 귀속의 문제와는 관계가 없다"고 하면서, "일본은 그 이전부터 의사의 행사를 통해 내정 조치로서 지배를 확인했다"고 반론을 제기했다. 또한 그는 국표 건설이 1895년에 이루어지지 않은 이유에 대해 다음과 같이 해명했다. "첫째, 일본은 류큐 문제로 청국과 충돌을

103 井上清, 『釣魚島的歷史與主權』(中文), 196頁.

피하기 위해 그 결정을 미루었다. 둘째, 1891년 일본에 의한 유황도(硫黃島)에 대한 선점의 행사로 스페인의 조야를 자극한 배경이 있다. 이로 인해 정부는 선점의 행사에 신중했다. 셋째, 오키나와현령의 국표 건설 상신에 대해 외무성은 센카쿠열도의 귀속에 대하여 판단할 시기가 아니었고 대국인 청국과의 대결을 회피했다. 넷째, 1885년 9월 6일의 『신보(申報)』는 「타이완경고(臺灣警告)」에서 일본의 센카쿠제도 조사에 대한 중국의 여론을 보도했다."[104]

이러한 일본 학계 주류의 반격에 대해 비주류 학자들은 다시 논박했다. 일본의 또 다른 비주류 학자 촌전충희는 일본 정부가 '센카쿠열도'를 점유할 때 오직 한 차례의 실지 조사를 실시했을 뿐 "여러 차례 실지 조사를 진행했다"는 말은 완전히 거짓말이라고 비판했다. 그의 연구에 의하면, 1885년 명치 정부는 오키나와현 정부에 실지 조사를 진행하고 국가 표지를 설치하도록 명령했지만, 당시의 오키나와현 현령 서촌사삼(西村舍三)은 이 무인도가 "『중산전신록』에 기재된 조어대와 황미서·적미서와 같음이 의심할 바가 없다"고 하여, 대동도(大東島)와 같이 실지 조사와 국가 표지 건립을 진행하는 데 대하여 동의하지 않고, 다만 선도군도와 나하 사이를 왕래하는 '출운환(出雲丸)'을 타고 나하에서 돌아가는 도중에 이 섬을 경유하여 간단한 실지 조사를 진행했다. 따라서 촌전충희는 이른바 "여러 차례 실지 조사를 진행했다"는 말은 완전히 거짓말이라고 지적했다. 오히려 석택병오(石澤兵吾)가 일찍이 1885년 10월 30일 어조도에 잠시 오른 뒤에 이 섬이 청국과 관계있음을 증명하는 물품을 보았다고 보고한 것으로 보아, 이른바 "청조 통치를 받은 흔적이 없음"을 '신중하게' 인정했다는 결론은 '신중한' 정신을 결했다는 것이 촌전충희의 지적이다. 요컨대, "센카쿠제도가 무인도일 뿐만 아니라 청조의 통치를 받은 흔적도 없음을 신중하게 확인"한 것이 아니라, 바로 이곳이 청국과 관계가 있으니 반드시 신중하게 대응해야 했기 때문에 1885년 12월에 이 섬에 관할 표지를 설치하는 일을 늦추기로 결정했다는 것이다. 그는 일본 정부가 조어도를 영토로 취하는 수속 방면에서 대내외적으로 공시하지 않

---

104 浦野起央, 『尖閣諸島, 琉球, 中國－日中國際關係史』, 194-199頁.

은 등 중대한 하자가 존재했음을 지적하기도 하고, 일본 정부가 전승의 기회를 타고 조어도를 점령했음을 지적하기도 했다.[105]

오랫동안 일본 관방과 주류 학자들이 견지해온 조어열서 '일본 고유 영토'론의 주요 법적 근거는 1895년(명치 28) 1월 14일의 '1·14 내각 결의'와 그 다음 해 3월 5일의 명치 천황이 반포한 '제13호 칙령'이었다. 그러나 정상청과 마찬가지로 고교장오랑도 "제13호 칙령 중에는 센카쿠열도의 그림자도 없다"고 하고 "제13호 칙령의 제출은 센카쿠열도와 아무런 관계가 없고, 관계가 있다고 말하는 것은 완전한 착오이다"[106]라고 비판했다. 그러나 비주류 학자들 사이에도 약간의 의견 차이를 보이는 부분이 있다. 예컨대, 정상청과 고교장오랑은 일본의 조어도 점유가 전승을 틈탄 '절취'였는가 아니면 시모노세키조약에 의한 '할양'이었는가 하는 문제에서 의견 차이를 보였다. 고교장오랑은 "센카쿠열도는 무주지가 아니라 타이완의 부속 도서이므로 청일전쟁 중에 중국의 할양을 통해 일본의 영토가 되었다"[107]고 주장했다. 그러나 정상청은 고교장오랑의 「센카쿠열도는 일본에 속하는가」란 논문에서 "조어군도가 일본이 시모노세키조약 제2조에 근거하여 청 정부에게서 빼앗아온 것"이라는 의견을 제출한 데 대해 부정적 입장을 표명했다. 그는 "이 섬은 타이완을 약탈함과 동시에—엄격히 시간상으로 말한다면 타이완을 약탈하기 조금 전이지만, 타이완 약탈과 정치적으로 밀접한 불가분의 관련이 있다—어떠한 합법적 또는 불법적 조약도 없었던 정황에서 청조로부터 절취한 것이라"고 하면서, "만약 이 섬이 시모노세키조약 제2조의 규정에 근거하여 타이완의 부속 도서가 되어 타이완과 같이 일본에 할양된 것이라면 이 도서가 왜 타이완 총독의 관할 구역에 속하지 않고 오키나와현 소관으로 귀속되었는지 해석할 방법이 없다. 명치 18년 이래로 천황 정부가 이 섬을 절취하는 전 과정으로 보아, 이 섬과 갑오전쟁의 승리가 밀접 불가분하고 시모노세키조약의 제2조와는

105 村田忠禧, 書和平 譯, 『日中領土爭奪的起源: 從歷史檔案看釣魚島問題』(北京: 社會科學文獻出版社, 2013), 218-9頁.

106 『尖閣列島ノート』(東京: 青年出版社, 1979).

107 浦野起央 等 編, 『釣魚臺群島(尖閣諸島)問題硏究資料匯編』, 355頁; 褚靜濤, 『中日釣魚島爭端硏究(上·下)』, 39頁.

직접 관계가 없었다고 말하지 않을 수 없다"[108]고 주장했다. 이에 대해 촌전충희는 2003년 일중교류연구회에서 「센카쿠열도·조어도 쟁의—21세기 사람들의 지혜에 대한 검증(尖閣列島·釣魚島爭議—對21世紀人們智慧的考驗)」을 발표하여, "역사적 사실은 일본에 의해 센카쿠열도라 불리는 도서는 본래 중국에 속하는 것이지 류큐에 속하는 것이 아니라는 것이다. 일본은 1895년에 이곳을 점령했는데, 이는 갑오전쟁에서 승리할 때 불이 난 틈을 타서 겁탈한 것이니, 이는 절취이지 정 정당당한 영유 행위가 아니다"[109]라고 했다.

중국 학계에서도 일본 학계 비주류의 의견, 특히 정상청의 그것과 유사한 견해를 제출했다. 지전화는 "1885년 일본 외무경이 내무성에 보낸 비망록과 19세기 90년대 일본 외무성이 두 차례에 걸쳐 오키나와현 지사가 섬 위에 국표를 건립하게 해달라고 신청한 요구를 거절한 것은 일본 관방이 1895년 전에 이미 조어도가 중국의 소유임을 분명하게 알고 있었음을 의미하며, 따라서 일본이 제출한 무주지 이유는 성립되지 않는다"고 지적했다. 일본 측에서 내각이 1895년에 결의하여 주권을 취득했지 시모노세키조약을 통해 권리를 획득한 것은 아니라고 한 데 대해 "이 역시 국제법에 위배된다. 국제법상 주권 변경에 관한 협의와 행동은 반드시 공개적으로 진행해야 하는데, 일본은 조어도의 주권 귀속을 알고 있었음에도 불구하고 1895년 1월에 내각 결의를 통해 판도 안으로 조어도를 편입했으니, 이는 무효이다. 다른 나라의 영토에 대해 비밀리에 감사하고 이러한 감사의 결과 비밀리에 내각 결의를 통과하여 다른 나라 영토를 그 국토에 편입한 것은 정상적인 국과 국 사이의 관계 준칙에 위배되는 방식으로 영토 소유권을 변경한 것으로 무효이다"[110]라고 주장했다. 1996년 8월 2일 『법제일보(法制日報)』에 게재된 유문종의 「조어도에 대한 중국의 주권은 변박을 허락하지 않는다」라는 글에서도 "일본은 청일전쟁에서 승리에 편승하여 조어군도를 일본의 판도로 넣고, 청조를 압박하여 불평등한 시모노세키조약을 체결하게 하여 '타이

108 井上清, 『釣魚島的歷史與主權』(中文), 195-196頁.
109 村田忠禧, 『日中領土爭奪的起源: 從歷史檔案看釣魚島問題』, 6-7頁.
110 遲全華, 『釣魚島之爭』, 189頁.

완 전도와 그 부속 도서'를 할양받았다"고 하여, 일본의 조어도 점유를 승전에 편승한 탈취로 규정했다. 그는 "이때 일본의 행위는 '침략 행위'였고, 근대 국제법에 의하면 침략 행위는 합법적 권리를 발생하지 못한다"는 이유를 들어 제2차 대전의 종결 후 일본은 조어도를 타이완·팽호열도와 함께 중국에 반환했어야 했다고 주장했다.[111]

3) 국제조약상의 법적 지위

그러면 시모노세키조약이나 카이로선언, 포츠담선언, 샌프란시스코화약 등 일련의 국제 조약상에서 조어도가 점하는 법적 지위는 어떠했는가? 조어도가 일본 수중으로 들어간 것이 1895년 1월 14일의 일본 내각 결의에 의해 결정되었는가? 아니면 청일전쟁의 종전으로 체결된 시모노세키조약에 의해 타이완이 할양된 결과였는가?

1972년에 발표된「센카쿠제도의 영유권 문제에 대한 일본 외무성의 기본 견해」에서 "센카쿠제도는 명치 28년(1895)에 발효된 시모노세키조약 제2조에 근거하여 우리나라가 청국에서 할양받은 타이완과 팽호제도에는 포함되지 않는다. 따라서 센카쿠제도는 샌프란시스코 평화조약 제2조에 근거하여 우리나라가 방기한 영토 안에 포함되지 않으며, 제3조에 근거하여 서남제도의 일부로서 아메리카합중국의 시정하에 놓이게 되었다가, 1971년에 체결한「류큐제도 및 다이토우제도에 관한 일본국과 아메리카합중국 사이의 협정」(沖繩返還協定)에 의해 우리나라에 시정권이 반환된 지역에 포함된다"고 하여, '일본 영토로서의 센카쿠제도의 법적 지위'를 규정했다.

이에 대한 정상청 등 일본의 비주류 학자들의 입장은 다음과 같다. "일본 정부와 일본공산당이 어떻게 역사를 위조·왜곡하고 사실을 엄폐하며 제국주의 국제법을 희롱하든 중국 영토는 중국 영토이고 일본이 절취한 것은 일본이 절취한

111 浦野起央,『尖閣諸島, 琉球, 中國－日中國際關係史』, 254頁.

것이다. 따라서 제2차 대전에서 일본이 패전하고 무조건 투항한 뒤 조어군도는 응당 타이완, 팽호열도 및 '관동주(關東州)'와 마찬가지로 자동으로 그 본래의 소유주인 중국에게 환급해야 했다." 그 까닭은 "카이로선언에서 '일본이 청조에게서 절취한 영토, 예컨대 만주와 타이완, 팽호열도 등은 중국에 귀환하게 한다'고 규정했기 때문이다. 정상청에 의하면, 일본 정부는 1895년 조어군도를 절취한 뒤 국내 입법으로 어떻게 합법화했든, 섬 위에 각종 시설을 건립했든, 심지어 고가 다쓰시로가 1896년 9월에 여러 해의 소망을 실현하여 정부로부터 조어도 전체를 빌려서 그 위에 사업을 크게 벌였다 하더라도 이 섬이 현재 일본의 영토가 되었다는 증거가 될 수는 없다. 일본이 이 섬을 절취했을 때 중국이 항의를 제출하지 않았다고 하더라도 일본이 반드시 집행해야 하는 카이로선언과 포츠담선언의 효력에 조금도 영향을 주고 규정할 수가 없다. 1945년 8월 일본이 전승국에 투항한 뒤 미국이 류큐열도와 조어도를 계속 점령했고 1952년 4월28일 샌프란시스코 평화 조약이 발효하여 조어도가 계속 미군에 의해 공제되도록 규정되었지만, 이것도 이 도서가 역사상 중국 영토였다는 사실을 개변할 수는 없다. 따라서 현재 미국 정부가 '서남열도'의 미군 시정권과 조어군도의 시정권까지 함께 일본에 '돌려주었지만' 역시 조어군도가 이로 인해 일본 영토가 될 수는 없다. "도무지 중국 영토는 중국의 영토인 것이다."[112]

이에 호응하여 중국 학계에서도 비판이 적극적으로 제기되었다. 먼저 오천영은 "조어열서가 일본의 손으로 떨어진 것은 '1·14 내각 결의'의 '무주지 선점'에서 나온 것이 아니라 오로지 마관조약이 '타이완 전도와 부속 각 도서'를 할양한 필연적 결과일 뿐이다"라고 주장했다. 즉, "1895년 일본이 중국에서 빼앗아간 조어열서는 '1·14 내각 결의'와는 조금도 상관없고 중국이 갑오전쟁에 패하여 억지로 맺은 마관조약 제2조 제2항의 산물일 뿐이다. 오늘날 일본 측은 이 결의를 '센카쿠제도가 일본의 쟁의가 존재하지 않는 고유한 영토'론의 '법적 근거'로 삼고 있지만, 국제법상으로뿐만 아니라 일본 국내법상으로도 모두 불법 무효적

112 井上淸, 『釣魚島的歷史與主權』(中文), 181-184頁.

인 것"이라는 것이다. 오천영에 의하면, 1943년 중국과 미국·영국 등 3국이 카이로선언에서 명문으로 규정하기를 "일본이 중국에서 절취한 영토, 예컨대 동북 4성과 타이완, 팽호군도 등을 중화민국에 귀환한다. 기타 일본이 무력 또는 탐욕으로 확취한 토지에서도 일본을 구축하여 출경시킨다"고 했다. 1945년의 포츠담공고 제8조에서도 "카이로선언의 규정은 반드시 실시하고, 일본의 주권은 반드시 본주와 홋카이도, 규슈, 시코쿠 및 우리가 결정하는 기타 소도로 제한한다"고 했다. 같은 해 9월 2일 일본 정부는 '일본 투항서'에서 명확하게 포츠담공고를 접수했다. 따라서 "카이로선언과 포츠담공고 및 '일본 투항서'에 근거하여 일본은 마땅히 '국유지' 극을 종결하고 타이완의 부속 도서인 조어열서를 중국에 귀환해야 한다."[113]

지전화 역시 『조어도의 다툼(釣魚島之爭)』에서 "조어도는 마관조약을 통해 일본에 할양되었고, 카이로선언과 포츠담공고를 통해 일본은 마관조약으로 획득한 조약 권리를 방기하여 조어도를 중국에 돌려주어야 했다"고 주장했다. 그의 논의에 따르면, "조어도는 류큐의 부속 도서가 아니라 타이완의 부속 도서인데, 마관조약으로 타이완과 그 부속 도서가 일본에 할양되었고, 제2차 대전 이후 카이로선언과 포츠담공고 등 각종 국제 문건이 타이완과 그 부속 도서가 중국의 소유로 귀속되어야 한다고 명확하게 규정했으니, 미국과 일본이 샌프란시스코합약과 '오키나와반환협정'을 통해 조어도를 마음대로 주고받은 것은 불법 무효라"는 것이다. 이처럼 마관조약과 카이로선언, 포츠담공고, 샌프란시스코화약 등에는 '조어도'가 한 번도 출현하지 않지만, 중국인에게는 조어도가 타이완의 부속 도서로 간주되고 그 당연한 결과로 조어도는 중국의 영토로 이해되었다.[114]

1996년 10월 18일 『인민일보』에 게재되고 10월 28일 『북경주보』(日本語版) 제44호에 재게된 종엄의 「조어도의 주권의 귀속에 대하여 논함」이라는 글에서도 "미·일 양국 간 조약 체결이 조어도의 영토 주권 귀속을 결정할 법적 효력이 없다"고 강조하면서, "일본이 포츠담선언을 받아들인 것은 그들이 탈취한 중국 영

113 吳天穎, 『甲午戰爭釣魚列嶼歸屬考』, 161-180頁.
114 遲全華, 『釣魚島之爭』, 78-79頁.

토를 방기함을 의미한다. 여기에는 타이완에 속하는 섬, 즉 조어도가 포함된다.…전후 영토 귀속 문제에 대해 일본은 1945년에 받아들인 포츠담선언과 카이로선언을 엄수해야 한다"[115]고 주장했다. 유문종도 『법제신문』을 통해 "카이로선언과 포츠담선언에 의하면, 일본은 항복한 뒤에 타이완과 팽호열도 등의 도서를 중국에 반환해야 하는데, 타이완의 부속 도서로서의 조어도도 본래는 일괄 반환했어야 했다. 그러나 미국은 당시의 정치 목적에서 오키나와를 일본에 반환할 시점에 조어도도 일본에 넘겨주었다"고 하면서, "미 국무성 대변인은 '오키나와를 반환할 때 미국은 센카쿠열도를 포함하여 시정권을 일본에 반환하지만 미국으로서는 시정권과 주권이 별개의 것이라 생각한다. 주권 문제를 둘러싸고 다른 의견이 발생할 경우에는 당사국이 협의하여 해결해야 한다'고 해석했다. 따라서 일본이 조어군도에 대한 주권을 옹유하려 하는 것을 미국 정부가 승인하는 것은 아니다"[116]라고 주장했다.

7. 류큐 문제와 조어군도

조어도 쟁의의 관건은 조어도가 중국의 영토인가 아니면 류큐의 일부분인가 하는 것이다. 중국 민대(閩臺) 동부 해역과 류큐군도의 교계처에 위치한 조어도는 일본에 점유되기 전에 네 가지 형태 가운데 하나로 존재했을 가능성이 있다. 하나는 중국의 영토로, 둘은 류큐의 영토로, 셋은 중국과 류큐의 공유로, 넷은 중국과 류큐 모두 영유하지 않은 것으로 존재했을 것이다. 현실 정치에 제한을 받아 양안, 즉 중국과 타이완의 학자들과 일본의 비주류 학자들은 조어도가 타이완의 부속 도서 또는 중국의 영토이지 류큐에 속하지 않았음을 논증했고, 일본의 주류 학자들은 조어도가 중국의 영토가 아니고 '무주지'여서 일본에 의해 류큐군도로 획입되었음을 힘써 논증했다. 그러면 조어도 쟁의는 류큐 문제와 어떠

115 浦野起央, 『尖閣諸島, 琉球, 中國－日中國際關係史』, 276-278頁.
116 浦野起央, 『尖閣諸島, 琉球, 中國－日中國際關係史』, 255-256頁.

한 관계에 놓여 있는가?

외무성 관방 홈페이지에 등재된 일본 정부의「센카쿠제도에 대한 기본 견해」[117]에서는 "센카쿠제도는 역사상 시종 일본 영토의 남서제도의 일부분이었다"라고 하여, 센카쿠제도를 류큐의 일부로 규정했다. 포야기앙의 정리에 의하면, 일본 학계에서는 일본과 류큐의 역사적 관계를 대체로 다음과 같이 이해하고 있다. ① 일본은 8세기부터 남도(南島)의 조공을 받아 일본이 류큐를 관치했다. ② 류큐 국왕은 일본의 황윤(皇胤)이다. ③ 풍토, 문학, 언어, 종교, 풍속, 습관에서 일본과 류큐는 일체였다. ④ 1441년 이래 류큐는 사쓰마(薩摩)에 속하여 일본의 통치권 아래에 있었다. ⑤ 류큐와 중국이 책봉과 조공을 교환한 관계는 경제상의 기만행위요 유명무실한 허례에 지나지 않았다.[118]

1609년 일본의 사쓰마번이 침공한 이후 류큐는 사쓰마번의 실효적 지배를 받음과 동시에 중국의 국가들과도 종래의 종번관계를 계속 유지하여 흔히 '양속(兩屬)'관계로 이해되어왔다. 그러나 일본은 명치유신 이후 1871년(명치 4)에 이른바 '폐번치현(廢藩置縣)'을 통해 류큐제도를 가고시마현(鹿兒島縣)의 관할 하에 두고, 류큐왕국의 조약 체결권을 박탈하여 대외적 권리를 상실하게 했다. 일본은 류큐국왕을 '류큐번왕'으로 임명하여 '류큐번'을 성립시켜 외무성에 직할케 했다. 1874년에는 '류큐번'의 소관을 외무성에서 내무성으로 이관하여, 다른 부현과 동렬케 했다. 류큐인은 이른바 '류큐 처분'을 단호히 거부했지만, 일본은 류큐가 중국과 진공사와 책봉사를 교환하는 것을 금지하고 류큐 정부의 외교권과 내정권을 박탈했다. 1867년 미국 배가 타이완의 남번 목단사(牧丹社)의 공격을 받았고, 1871년에도 미야코시마(宮古島)의 연공(年貢) 운반선이 타이완에 표착했다가 미야코시마와 야에야마군도 주민 66명 가운데 54명이 목단사에 의해 살해되는 사건이 발생했다. 1873년 북경에 특파된 일본 외무경이 청국 총리각국사무아문 총령대신 혁소(奕訴. 恭親王)에게 질의하자, 혁소는 "타이완 동부의 생번(生番)은 화외자(化外者)로 청국의 정교(政教)가 미치지 않는 곳"이라고 회답했다. 이 발언

117「尖閣諸島についての基本的見解」(http://www.cn.emb-japan.go.jp/fpolicy/senkaku-2.html)
118 浦野起央,『尖閣諸島, 琉球, 中國-日中國際關係史』, 88頁.

에 의해 고무된 일본은 1874년 대규모의 군대를 보내 목단사를 공격했다. 이 사건은 청국의 타이완 지배를 확인케 함과 동시에 일본의 타이완 진출의 계기가 되기도 했다. 한편 류큐번이 일본의 명을 거부하며 중국과의 관계를 끊으려 하지 않자 일본은 1879년에 군대를 동원하여 류큐번을 폐하고 오키나와현으로 편입시키는 이른바 '류큐 처분'을 단행했다. 이때 일본은 류큐 지배를 인정받는 대가로 미야코군도와 야에야마군도를 청국에 할양하는 대신 「청일수호조약」을 개정하여 최혜국대우를 얻으려 했고, 청국은 개약(改約)의 대가로 두 군도를 할양받음과 동시에 류큐왕국을 존속케 하기를 원했다. 그러나 류큐인들이 격렬하게 반대하고 청국에서는 이홍장(李鴻章)이 반대하여 '분도개약(分島改約. 增約)'안은 유산되었다.[119] 곧이어 청일전쟁이 1984년에 일어났기 때문인데, 그다음 해인 1895년에 조어도가 일본에 의해 점유되었다.

일본 외무성은 「센카쿠제도에 대한 기본 견해」에서 "센카쿠제도는 역사상 시종 일본 영토의 남서제도의 일부분이었다"는 견해를 표명했지만, 정상청과 함께 일본 학계의 비주류에 속하는 촌전충희는 센카쿠제도가 '남서군도의 일부분'이라는 '견해'에 대해 의문을 표시했다. 촌전충희에 의하면, '남서군도'란 명칭은 본래 역사적 전승에서 나온 것이 아니다. '남서군도'는 지리적 개념이지 '류큐국'이나 '오키나와현' 등 강역과 관계가 있는 개념이 아니다. 따라서 역사상 '센카쿠열도'는 류큐국에 속하지 않았고 일청전쟁 전의 오키나와현에도 포함되지 않았다는 것이다.[120]

정상청 역시 "막부 말기에 류큐인은 이들 소도(小島)와 아무런 관계가 없었다"고 하여, 센카쿠제도와 류큐의 관계를 부정했다. 류큐의 문헌에서 조어도란 명칭은 두 차례만 나오는데, 한 번은 류큐왕국 집정관 향상현이 1650년에 편찬한 『유구국중산세감』 권5이고, 또 한 번은 류큐 출생의 대유학자요 지리학자인 정순칙이 1708년에 지은 『지남광의』의 「침로조기(針路條記)」와 부도(附圖)에 나온다. 그러나 『유구국중산세감』은 명조 책봉사 진간의 『사유구록』 중에서 적록(摘錄)했기 때

119 浦野起央, 『尖閣諸島, 琉球, 中國ー日中國際關係史』, 103-120頁.

120 村田忠禧, 『日中領土爭奪的起源: 從歷史檔案看釣魚島問題』, 218頁.

문에 그중에서 출현하는 '조어서'란 명칭은 향상현 본인이 쓴 것이 아니다. 정순칙의 책도 중국의 항해서와 중국 책봉사의 기록에 의거한 것이다. 따라서 1867년 이전의 일본과 류큐에는 독자적으로 조어도를 언급한 역사 문헌이 없었다고 할 수 있으니, 정상청은 "이는 우연한 일이 아니다"라고 했다. 왜냐하면 풍향과 유향(流向)의 영향으로 일반적으로 류큐인은 류큐에서 이 섬으로 갈 수 없었기 때문이다. 정상청은 "책봉사의 큰 배가 나하에서 중국으로 돌아갈 때도 바람과 조류의 제약으로 인해 일반적으로 구미도 부근에서 곧바로 북상한 다음 얼마 지나지 않아 서쪽으로 방향을 바꾸어 항행함으로써 조어군도를 지나지 않는다. 하물며 작은 류큐 어선이 역풍과 역류로 조어도 부근까지 가서 고기를 잡는 것은 상상하기 어렵다. 따라서 그들의 조어군도 명칭에 대한 지식은 대개 먼저 중국인이 있는 곳에서 얻은 것이다.⋯이로 보아 이 섬들과 류큐인의 생활은 관계가 크지 않았음을 알 수 있다"[121]고 주장했다.

그럼에도 불구하고 정상청은 일본의 조어도 점유를 류큐 침탈의 연장선상에서 이해했다. 그의 연구에 의하면, 1868년 명치유신 후에 천황 정부는 이미 조선과 타이완, 류큐 등을 정복할 야심을 품고 있었다. 천황 정부의 이들 3개 지구에 대한 정책은 서로 밀접한 관련을 갖고 혼연일체가 되었으니, 천황제 군국주의의 창끝은 얼마 지나지 않아 조어군도로 향했다는 것이다. 정상청은 "이로 인해 천황 정부와 조어군도의 관계를 논술하려면 반드시 류큐 처치(處置)를 중심으로 천황제 군국주의의 연원을 거슬러 올라가야 한다"[122]고 보았다.

정상청은 일본의 류큐열도에 대한 독점은 청일전쟁 중에 확립된 것으로 이해했다. 류큐왕국이 중국과의 관계를 끊지 않을 수 없고 그 영토가 일본의 '처치'에 의해 병탄되었지만, 일본의 원래 계산은 만약 중국이 어떤 조건을 제출하면 일부 토지를 청 정부에 내어주려고 했다. 정상청에 의하면, "류큐를 과분(瓜分)하는 문제와 조어도의 귀속 문제는 중요한 관계가 있다." 일본이 '류큐 처치'를 실시하여 류큐 왕이 청조에 조공하는 것을 금지하자 수백 년간 류큐를 자기의 속국

121 井上淸, 『釣魚島的歷史與主權』(中文), 79-85頁.
122 井上淸, 『釣魚島的歷史與主權』(中文), 108-110頁.

으로 간주해온 청 정부는 일본 정부에 항의했다. 1879년 4월 4일에 일본은 류큐를 완전하게 병탄했고, 5월 10일에 청 정부가 북경 주재 일본 대사에게 일본의 처치를 승인하지 않는다고 표시했다. 일·중 양국 사이에 류큐의 소유권 문제를 놓고 1년 반 동안의 교섭이 진행되었다. 그 사이에 마침 미국 전 대통령 그랜트(Ulysses S. Grant)가 동아시아에 여행하던 중이어서 청 정부가 일·중 간의 조정을 부탁했다. 청 정부는 먼저 3분 방안을 제출했으니, 원래의 류큐인 '류큐중산(琉球中山)', 즉 오키나와도 및 '류큐 36도'를 3분하여, 17세기 이래 도진번에 관할된 북부의 아마미군도(奄美群島)를 일본에 영속(領屬)케 하고, 중부의 오키나와본도 중심의 군도를 류큐 왕에게 주어 그 왕국을 회복케 하며, 남부의 궁고·팔중산군도를 중국에 영속케 한다는 것이다. 그러나 일본은 만약 청 정부가 중국 내지에서 통상을 진행하는 자유 등을 일본인도 일률 균등하게 향유할 수 있도록 하는 데 동의하고 이를 '일청우호조약'에 추가 조관(條款)으로 보완해서 넣는 데 동의한다면, 그 보상으로 류큐를 2분해서 궁고·팔중산군도를 중국에 영속케 하고 오키나와군도 이북은 일본에 영속케 한다는 이른바 '분도개약' 방안을 역제안했다. 이에 대해 청 정부의 내부 의견은 통일되지 않았다. 당시 청의 총리각국사무아문은 일리(伊犁)에서 러시아와 변경 분규에 처해 있었기 때문에, 일본에 양보하여 류큐 문제를 해결하고 일중관계를 긴밀하게 해서 러시아의 발상을 고립시키기 위해 1880년 10월에 일본 대사와 일본의 제안에 근거하여 분도개약의 조약안을 의정했다. 그러나 북양대신 이홍장이 분도개약안을 강렬하게 반대했고, 이로 인해 중국 대표는 의정 조약안에 서명하지 못했다. 그 뒤 1881년에 천진 주재 일본 영사 다케조에 신이치로(竹添進一郎)가 리훙장과 비공식 회담을 갖고 보고했을 때 이노우에 가오루 외상은 만약 궁고와 팔중산을 할양해서 리훙장을 만족시킬 수 있다면 "토지 문제에 대해 우리 측은 조금도 이의가 없다"고 회신한 바 있다. 그러나 "청일전쟁이 코앞에 닥치게 되자 일본의 입장에서는 중국에 가장 가까운 류큐 남부를 중국에 할양하는 것이 절대 불가능한 일이 되었다. 만약 이 땅이 중국 영토로 변한다면 전쟁 중에 중국이 일본으로 진공하는 유력한 근거가 될 것이고, 만약 일본이 점유한다면 이곳을 거점으로 하여 중국 본토의 남부나 타이완으로 진공할 수 있을 것이기 때문이다. 개전과 동시에 류큐 문제는 이미 다시는 양국 간의 '각치' 문제가 되지 않았다. 시모노세키 강화회담에서 일본 측과 중국 측은 모두 류큐 문제를 언급하지 않았고, 강화조약에서도 당연히 류큐 문제가 한 자도 언급되지 않았다. 일·중 양국의 새로운 관계에서 강화 시에 일본이 류큐를 점유한 사실에 대해 청은 어떤 이의도 제기하지 않았다. 이로 인해 일본 독점이 기정사실화되었다. 다시 말해서 바로 일본이 일·중 갑오전쟁 중에서 승리를 거둠으로써 비로소 청 정부로 하여금 류큐에 대한 일체의 역사적 권리와 권익을 상실하게 하고 일본의 류큐 독점의 국면을 확립한 것이다."[123]

청일전쟁을 통해 류큐에 대한 일본의 독점적 지배가 확립되고 이에 편승하여 조어도가 점유되었다는 정상청의 주장에 대해, 중국 학계에서는 중국과 류큐의 전통적 책봉-조공관계를 강조하면서 "역사상 류큐는 조어도가 종주국 중국의 영토임을 인정했다"고 주장했다. 그 대표적인 학자인 이리(李理)는 류큐와 중국의 전통적 관계에서 조어도가 점한 위상을 다음과 같이 설명했다. "1372년 명 태조가 류큐의 중산왕(中山王) 찰도(察度)에게 조유를 내린 이래로 류큐의 북산(北山)·중산(中山)·남산(南山)의 세 왕이 중국에 조공하기 시작했다. 1402년 중산왕이 삼산(三山)을 통일하고 1404년 명 태조가 책봉사를 류큐에 파견했다. 당시 류큐는 동남아의 섬라(暹羅)와 안남 등지와 광범하게 무역했는데, 조어열도는 류큐와 중국의 교통로상에 있어 조어대군도 주위는 해상 번영의 '은좌'와 같았다. 해조(海潮)로 인해 중국과 남방 제국으로 돌아가는 배는 조어도를 목표로 삼았다. 류큐에서 중국으로 가는 배는 모두 반드시 복주로 가기 때문에 복주에 '류큐관(琉球館)'이 설치되어 있었다. 따라서 조어열도는 오키나와와 복주 사이의 도서였다." 이리에 의하면, "류큐와 중국 사이에는 영토 문제도 없었다. 36도와 복주 사이를 빈번하게 왕래한 류큐의 관리와 선원은 류큐와 복주 사이에 흩어져 있는 중국 도명(島名)의 조어대와 황미서·적미서를 당연히 종주국의 도서로 인정했다." 따라서 이리의 이해에 의하면, 조어군도는 류큐의 밖에 있었기 때문에 시모

123 井上清, 『釣魚島的歷史與主權』(中文), 122-131頁.

노세키조약을 맺을 때 담판의 대상이 될 수 없었다. "일본은 명치유신 이후 일청전쟁이 폭발할 때까지 근본적으로 조어군도 등에 대한 영유권을 주장하거나 청국의 영유권에 대해 이의를 제출할 생각이 없었다."[124]

한편 저정도는 "조어도는 타이완도와 류큐군도 사이에 위치한다. 류큐군도는 일본의 고유한 영토가 아니다. 1879년에 일본은 류큐를 평탄한 뒤 타이완도 침점을 준비했다. 조어도는 일본의 타이완도 침점의 낭중지물(囊中之物)이다. 류큐의 법률 지위는 지금까지 현(懸)하여 미결되었다"고 주장한다. 즉, 조어도는 일본이 류큐와 타이완을 차례로 점유하는 과정에서 거둔 부수물이었기 때문에 조어도 문제를 해결하기 위해서는 먼저 류큐 문제를 해결해야 한다는 것이다. 그는 "중국 정부는 꼭 조어도 문제를 위해 과도하게 다툴 필요가 없이, 불을 지펴 솥바닥부터 덥혀가듯이 미국과 일본 등과 류큐의 귀속 문제에 관해 대화하라"고 조언했다. "복잡한 원인으로 인해 1950년 이후 중국이 공개적으로는 류큐 문제에 대해 이야기하기를 피했지만, 일본의 류큐·타이완 침략에 관한 사료를 읽고 난 뒤에 나는 일본의 류큐 병탄을 드러내지 않으면 조어도가 중국의 영토임을 논증하는 데 실로 불리하다고 느꼈다"[125]고 심중을 토로하기도 했다. 저정도는 "일본의 류큐국 병탄과 점령은 국제법상 명백히 불법이고 류큐 주권은 여전히 현안으로 미결되었다"고 하면서, "일본이 류큐를 침점한 뒤에 중국 인민은 류큐 인민이 받은 고난을 잊지 않았다.…1945년 10월에 타이완이 광복되어 조국의 품으로 돌아오자 류큐혁명동지회가 류큐 인민을 대표하여 중화 조국으로의 반귀(返歸)를 요구했다. 국민당 정부 군정계와 지식계는 류큐 문제에 대한 소개와 연구 공작을 전개하여 여러 편의 문장을 발표하고 몇 부의 전문서적을 출판하여 초보적 학술 성과를 취득했다. 이들 연구들은 류큐의 군사적 가치를 중시하여 류큐를 중국의 판도에 납입해서 국제 공동관리를 실행할 것을 주장하고, 일본의 역량이 재차 류큐에 진입하는 것을 반대했다"[126]는 사실을 밝히기도 했다.

---

124 李理, 「'去中國化'的臺灣中學歷史教科書編纂」, 94, 148-150頁.
125 褚靜濤, 『中日釣魚島爭端研究(上·下)』, 3頁.
126 褚靜濤, 『中日釣魚島爭端研究(上·下)』, 51-53頁.

한편 타이완 학계에서는 매우 미묘한 류큐관을 표출했다. 그 대표적인 예가 옹가음(翁佳音)의 「고국(古國)은 지금 어디에 있나-타이완에서 본 류큐인의 국가 인동의 길」이란 글에서 잘 나타나 있다. 이 글에서 옹가음은 "타이완과 류큐는 역사적으로 일찍이 하나의 이름을 공유했고, 한인 이민의 경험을 거쳤으며, 천조 중화에 대해 말하기 어려울 정도의 사모의 정감을 가졌다.…그러나 타이완 섬에 거주하는 사람들의 류큐에 대한 인식은 대체로 류큐는 '우리'의 속국이라는 차원에 머물러 있다"고 기억했다. 그의 관찰에 의하면, 일본 명치 정부의 '류큐처분'으로 '폐번치현'이 단행되었을 때 망국의 류큐 사족은 조선(한국)과 마찬가지로 대체로 친중국과 친일본의 양파로 나뉘었다. 친중국의 보황당(保皇黨)은 류큐 역사상 '귀천파(龜川派)' 또는 완고당(頑固黨)으로 불렸는데, 이 일파는 청 정부가 그들의 복국(復國)을 도와줄 수 있을 것으로 기대하고, 그들 가운데 임세공(林世功) 같은 사람은 중국 본토로 건너가서 구해달라고 애원하기도 했다. 그러나 갑오전쟁에서 청국이 패배해서 이들의 꿈이 좌절되었다. 이에 반해 '개화당(開化黨)'이라 불린 친일파는 명치 정부가 류큐를 지배하는 신체제에 순응하여 류큐 사회에서 주도적 지위를 얻었다. 일본 본토 인사들은 여전히 류큐가 변강 화외(化外)의 땅이라고 생각했지만, '오키나와학(沖繩學)의 아버지'라고 불린 이하 후유(伊波普猷)가 언어학과 민속학으로 '일유동조론(日琉同祖論)'을 증명하기 위해 노력한 덕분에 많은 류큐인은 시골구석이라는 굴욕적 심리에서 벗어나 일본민족이라는 자아 인동의 길로 달려갈 수 있었다. 그러나 전후에 류큐가 미군에 의해 신탁관리되자 류큐인은 한때 미군을 '해방군'으로 보고 환영을 표시하기도 했으며, 어떤 사람은 류큐 독립국을 다시 세우려는 경향을 보이기도 했지만, 미국 정부가 군사기지를 확보 확장하기 위해 강제 무상으로 류큐인의 토지를 수탈해서 류큐인의 반발을 불러일으켰다. 그리고 일본이 전후에 부흥하여 대국을 형성하자 대다수의 류큐인은 일본을 선택했다. 일·류 통일 후 지금까지 류큐의 생활이 진일보 개선되었지만, 일본국에 있는 미군의 공군기지 대부분이 오키나와현 토지의 5분의 1을 점하고 있고 전통적 차별과 멸시는 여전히 존재한다. 일반 일본 본토의 국민은 정신적으로 여전히 오키나와를 향비외지(鄉卑外地)로 보고 있고,

나이 많은 오키나와인은 역사적 경험으로 인해 일본 내지인을 여전히 경계하고 두려워하며 '대화자(大和仔)'—대체로 타이완인이 '외성자(外省仔)', 홍콩 사람이 '표숙(表叔)'이라 말하는 것과 같다—라고 부른다. 류큐인의 20세기 국가 인동 과정에서, 일찍이 독립을 주장한 인사는 뒤에 통일(회귀)파로 변하여 과거의 일을 부끄러워하고, 통일을 강렬하게 주장한 자는 1970년대에 자아비판을 시작해서 반회귀의 입장에서 자립을 주장하고 류큐(오키나와)의 특수성을 강조한다. 옹가음은 자신이 류큐 본도에 갔다가 어느 회식 자리에서 60세 좌우의 어느 류큐대학 교수가 한 말을 기억했다. "우리 류큐는 일본에 너무 일찍 회귀하여 실력이 아직 일정 정도로 함양되지 않았으니…당신들 타이완은 좀 일찍 준비하는 것이 좋을 것이다." 일류운동(日琉運動)과 사상사를 전공하는 이 류큐대학의 노 교수는 "우리는 일본인이 아니다(We are not Japanese!)"란 말을 덧붙였다고 한다.[127]

센카쿠제도와 류큐의 관계에 대한 류큐 학계의 이해는 사뭇 독특하다. 그 한 예로, 오키나와대학 지역연구소가 편찬한 『센카쿠제도와 오키나와』는 그 머리말에서, "'중국이 센카쿠를 빼앗으러 오고, 그 다음에는 오키나와를 빼앗으러 온다'는 위기감이 오키나와에 미군 기지를 두게 하는 수단이 되고 있다.…그러나 오키나와는 독자적 국가 '류큐'이다. 오키나와 자체가 일본이라는 국가의 '고유한 영토'라는 말은 무리가 있다.…'생활권'이라는 영토 개념을 상대화해야 한다.…'국경을 뛰어넘는 공생권을 창출해야 한다'"[128]고 하면서, 중국·류큐·일본 관계사에 정통한 서리희행(西里喜行)이 쓴 센카쿠 문제의 기점으로서의 역사적 배경에 관한 글을 실었다.

오키나와대학을 퇴직한 서리희행은 「중·류·일 관계사에서 본 센카쿠제도」에서, "'센카쿠 문제'란 3층의 구조를 갖고 있는데, 그 하나는 류큐의 '자기결정권' 문제이고, 하나는 센카쿠제도의 '영유권' 문제이며, 하나는 주변 해역과 해저의

127 『自立早報』 副刊 1988-11-24, 25; 翁佳音 等, 『臺灣通史類著作解題與分析』(業强出版社, 1992), 193-197頁.

128 冲縄大學地域研究所, 『尖閣諸島と冲縄―時代に翻弄される島の歴史と自然』(芙蓉房出版, 2013), 7-8頁.

'자원' 문제로, 삼자가 연동되어 있다"고 하면서, 중국과 류큐, 일본과 류큐의 전통적 관계 및 류큐와 조어도의 관계를 다음과 같이 정리했다. ① '폐류치번(廢琉置藩)' 이전의 중국과 류큐의 관계사에서 센카쿠열도는 류큐의 나하와 중국의 복주를 왕래하는 책봉사선이나 진공선의 항로 표지로서 중국과 류큐 쌍방에 의해 인식된, 쌍방의 경계에 위치한 주인 없는 무인도로서, 그 주변의 어장과 함께 쌍방의 생활권 안에 있었다. 이는 공용의 항로 표지로 위치했을 뿐, 중국에 영유된 적도 없고 류큐인도 영유 의식이 없었다. ② 에도 막부나 사쓰마번은 대외적으로 류큐국에 '양속국(兩屬國)'과 '인국(隣國)'이라는 위치를 부여했다. 근대 이후 명치 정부는 류큐왕국을 대마도와 같이 '순수한 일본 국내의 번'으로 보고, 류큐인의 목숨 건 저항을 억누르고 류큐(廢琉) 처분(置懸)을 단행했다. ③ 청국 정부는 '폐류치현(廢琉置縣)' 직후에 류큐를 "속국이면서 자주국"으로 그리고 동시에 "일본에도 속하고 중국에도 속하는" 입장에서 류큐의 '양속'을 공식적으로 인정했다. 그 이전에는 류큐왕국이 청국에 '전속'했다고 주장했지만, 처음으로 류큐의 '일·청 양속'을 인정하고, 명치 정부의 일방적 '폐류치현'에 항의하며 다시 류큐의 '주권 회복'을 요구했다. 리훙장은 "류큐는 중토도 아니고 일토도 아닌, 하나의 자주국"이라 하고 또는 "수천년래의 자주국"이라고도 했다. ④ 외교 교섭에서 청국 측은 류큐의 '주권 회복'을 주장하다가 최종적으로 일본 측의 제안인 류큐 이분할안(二分割案)으로 조약에 합의하고 조인을 약속했으나, 중국에 있던 류큐인의 완강한 반대 청원(조인 저지운동)에 의해 분할 조약은 일단 폐기되어 청일전쟁 전까지 분할 조약의 부활 교섭도 류큐인의 저지운동(구국운동)에 의해 좌절되었다. ⑤ '폐류치번' 후의 센카쿠제도에 대해서는 고가 다쓰시로와 오키나와현이 탐험 조사하고 정부에 영유 확정을 요청했으나, 정부는 류큐 분할 문제의 미결정을 배려하여 요청에 응하지 않다가, 청일전쟁의 승패가 결정될 시점에서 영유를 각의에서 결정하고 청일강화조약에서도 센카쿠제도에 대해서는 전혀 언급하지 않아, 이 시점에 센카쿠제도가 일본 영토로 편입되었다. 서리희행은 "그러나 역사적 경위에서 보면 센카쿠제도는 일본의 '고유한 영토'도 중국의 '고유한 영토'라고도 할 수 없으니, '고유한 영토'론을 고집하면 센카쿠 문제의 해결은 어렵다"[129]고 주장했다.

신기성휘(新崎盛暉) 역시 중국이나 일본의 입장과는 다른 제3의 견해, 즉 류큐를 중심으로 보는 시각을 제시했다. 그는 "영토나 국경 같은 단어가 실체를 지니게 되는 것은 근대 국가가 성립하고 근대적 국제관계가 확립된 이후의 일이니, 몇 백 년 전부터 같은 의미를 지니며 존재했던 것은 아니다"라고 하면서, "오키나와/류큐는 불과 백수십 년 전까지는 일본의 막번 체제 안에 자리하면서 동시에 중국(청)과 책봉관계에 있었다. 역사적 주체로서 오키나와를 중심으로 볼 경우 오키나와는 이중 조공 국가로서 독자적인 존재였다. 그런 상황에서는 현재와 같은 의미의 영토라거나 국경은 존재하지 않는다"고 주장했다. 신기성휘에 의하면, "오키나와에서 중국에 대해 친근감을 갖는 사람들이 많은 이유는 전근대적 국제관계에서 동아시아의 중심에 자리한 대국 중국이 주변 제국에 조공을 요구하기는 했지만 지배나 경제적 수탈은 하지 않고자 했으며 오히려 실리적으로는 은혜를 주었다는 역사적 배경이 있기 때문이다. 그러나 그것은 류큐가 중국에 속해 있었다거나 속하고 싶어 한다는 것과는 전혀 다른 차원이다. 그와 반대로 근대 국가 일본의 형성 과정에서 판도 확정을 위해 이루어진 '류큐 처분'은 민족 통일이나 근대화라는 대의명분을 내세우고는 있었지만, 류큐 주민의 의사를 무시하고 힘으로 밀어붙인 처사였다는 부정적인 의미를 지속적으로 짊어지고 있다. 청의 이의 제기에 대해 명치 정부는 청이 구미 열강에 제공하고 있는 통상특권을 인정해준다면, 즉 1871년에 체결된 청일수호조약에 구미와 같은 수준의 내지 통상권을 인정하는 규정을 추가한다면 궁고와 팔중산제도를 청에 할양해도 좋다는 '분도개약(增約)안'을 제안했다. 이 분도개약안은 한 번 합의되기는 했으나 조인이 보류되었고, 결국 청일전쟁으로 일본이 타이완까지 영유하게 된 탓에 이 문제도 사실상 매듭이 지어져버린 것이다. 그러나 민족 통일이라는 대의명분을 내세운 명치 정부가 경제적 이익을 '고유의 영토(그리고 그 인민)'와 맞바꾸는 형태로 팔아넘기고자 했다는 역사적 사실은 사라지지 않는다."[130]

---

129 冲繩大學地域硏究所, 『尖閣諸島と沖繩ー時代に翻弄される島の歷史と自然』, 30-31頁.
130 아라사끼 모리떼루(新崎盛暉) 지음, 백영서·이한결 옮김, 『오끼나와, 구조적 차별과 저항

이처럼 신기성휘 같은 류큐인에게는 "중국과 일본의 '고유의 영토'론이 독자적인 역사적 주체로서의 류큐/오키나와를 무시 내지는 경시하는 것이다." 그에 의하면, 센카쿠제도라고 불리게 된 몇 개의 무인도는 명·청 시대에는 복주에서 오키나와로 향하는 책봉사의 항해에 있던 표지도(標識島)에 불과하다. 따라서 『책봉유구사록(冊封琉球使錄)』 등 고문서의 기술을 근거로 이 섬들이 중국 고유의 영토라는 주장을 최초로 펼친 일본의 역사학자 정상청도 신기성휘에 의해 비판되었다. 그는 "정상청의 주장은 중국에서 많이 원용된다고 한다. 그러나 그의 이 주장과 그 근거가 되는 고문서의 이해 등에 대해 요사이 많은 비판이 있다"고 하면서, 『책봉유구사록』 11권의 완역자인 원전우웅(原田禹雄)이 "복주에서 나하 항으로의 항해 경험이 전혀 없는 책봉사에게 그 항로와 표지도를 상세하게 가르쳐준 것은 봉주(封舟)에 함께 탄 항해에 익숙한 류큐의 간침통사(看針通事)였다. 중국어를 할 수 있었던 류큐의 침로(針路) 담당은 봉주의 항로 지도자였다. 그리고 이 표지도의 호칭도 중국의 사신이나 선원과 공통어이고 중국풍 섬 이름이 사용된 것은 당연하다"[131] 고 한 주장을 인용하기도 했다.

신기성휘에 의하면, 전 근대에 책봉사의 항해용 표지도에 지나지 않았던 무인도와 그 주변 해역을 조사·개발한 것은 '폐번치현' 후의 오키나와현이었다. 신천옹의 깃털 채취와 개발 허가 신청을 받은 오키나와현은 여러 차례 이 섬을 조사하고 정부에 국표 건립을 신청했으나, 분도개약 문제조차 결말짓지 못하고 있던 명치 정부는 청의 불필요한 의심을 사서는 안 된다는 생각으로 결정을 연기하고, 1895년 1월 14일에 이르러서야 비로소 내각 회의에서 영유를 결정했다. 이러한 지연이 1960년대 말에 벌어진 영토 논쟁에서 하나의 논거가 되었다. 이듬해인 1896년 고가 다쓰시로가 어조도, 구장도, 남소도, 북소도를 국가로부터 빌려서 어조도를 중심으로 깃털 채취와 견절(鰹節. 가쓰오부시) 공장을 경영했다. 전성기에는 200명 이상이 생활하는 마을이 형성되었다. 그 후 센카쿠제도와 그 주변 해역은 오키나와인의 생활권으로 순조롭게 개발되었다. 고가 다쓰시로가 죽은 뒤

의 현장』(창비, 2013), 112-115쪽.

131 原田禹雄, 『尖閣諸島冊封琉球使錄を讀む』, 榕樹書林, 2006.

인 1932년에 그의 유족이 국가로부터 네 섬을 불하받아 사업을 계속했지만 전시 체제가 진행된 1940년에 사업을 단념했다. 이후부터 이곳은 다시 무인도가 되었다. 이로 인해 "오키나와에서는 거의 대부분의 사람들이 '이군쿠바시마'라는 오키나와의 이름으로 부르는 센카쿠제도는 오키나와에 속한 것으로 여겨지지만, 그것은 역사적으로 축적된 이 섬들과의 관계에서 비롯한 구체적인 기억이 공유되고 있기 때문이다. 그 오키나와가 일본에 속해 있으니 센카쿠제도도 일본에 속해 있는 것일 뿐이며, 이는 중국과 일본이 말하는 '고유의 영토'론과는 비슷하면서도 다른 것이다."[132]

8. 비판적 결론

지금까지 조어도 영유권을 둘러싸고 제기된 여러 관련 국가들의 입장과 여러 나라 학계의 의견과 주장을 들어보았다. 이 쟁의는 석유 매장이 발표된 이후에 야기된 너무나 적나라한 국익의 다툼이었기 때문에 쟁의 당사국의 공식적 입장은 물론이거니와 이 쟁의에 참여한 각국 학계 인사들의 견해도 대부분 각자가 소속된 국가의 현실적 이익을 위해 적극적으로 기여하는 방향으로 개진되었다. 그럼에도 불구하고 현실적 국익을 초월하여 학문적 논리와 소신에 충실했던 일본 학계의 일부 비주류 학자들의 견해가 귀를 기울이게 한다. 국가적 정체성을 이미 상실한 류큐인이나 국익을 초월할 수 있는 제3자의 의견도 경청할 필요가 있다.

일본 학계의 비주류를 대표하는 정상청은 "센카쿠열도, 정확히는 조어군도는 일본이 갑오전쟁 중에 중국에서 약탈해온 것이 아닌가? 만약 그렇다면 제2차 대전이 끝나고 일본이 포츠담선언을 무조건 접수하고 항복했을 때 응당 이 선언의 영토 조항에 근거하여 즉시 주동적으로 이 도서를 중국에 되돌려주었어야 했다.

132 아라사끼 모리떼루, 『오끼나와, 구조적 차별과 저항의 현장』, 115-118쪽.

현재 또 그것을 일본 영토라 하는 것은 일본 군국주의의 대두가 아닌가"라고 하면서, "영토 문제는 국민의 감정을 가장 자극하는 것이다. 예로부터 반동적 통치자들은 왕왕 영토 문제를 훼조하여 인민을 선동해서 허구적 애국주의 열광을 불러일으켰다. 죽었다가 다시 회복한 일본 군국주의도 망령되게 '센카쿠열도'의 '주권'을 견지하여 일본 인민을 군국주의의 큰 소용돌이 속으로 밀어 넣고 있다"고 탄식했다. 그는 "1968년 이후 조어군도 해저에서 큰 유전이 발견되었고, 그 근해는 가다랑어 등 물고기가 풍부한 어장이다. 이 군도는 경제적으로 중요할 뿐만 아니라 군사적으로도 매우 중요하다. 만약 이곳에 군사기지를 건조하면 총구를 중국의 코 밑에 들이대는 것과 같다. 미군은 1955년 10월부터 1956년 4월까지 이 군도의 황미서(일본은 久場島라 칭함)와 적미서(일본은 久米赤島 또는 大正島라 칭함) 위에 폭탄 사격 연습장을 만들었고 금년(1972)에 일본 정부는 미 제국주의가 이곳을 일본에 '귀환'할 때 곧 방공식별권 안으로 납입하고 이 군도 가운데 가장 큰 조어도(일본은 魚釣島라 칭함) 위에 레이더 기지를 건립할 것이라 표명했다. 조어도 주위는 12킬로미터이고 면적은 367제곱킬로미터이며 섬 위에는 마실 수 있는 물이 풍부해서, 이곳에 유도탄 기지와 잠수함 기지를 만들 수도 있다"고 하면서, "이 군도의 경제적 가치와 군사적 가치가 커갈수록 일본 통치계급은 자기 것으로 가지려는 야심과 욕망이 더욱 강렬해져서 도서 주권 문제를 이용하여 일본 인민을 허구적 애국주의와 군국주의로 끌어들이는 위험성이 더욱 커졌다"[133]고 경고하기도 했다.

정상청은 "정부와 정당 중에 허다한 어용학자들이 있으나, 이들 가운데 국사관대학의 국제법 조교 오원민웅을 제외하고는 한 사람도 공개적으로 역사에 대해 설명하려 하지 않는다"고 하면서, "국제관계에 관심 있는 전문가와 역사학자들은 '센카쿠' 문제를 언급하려 하지 않는다. 내가 이 문제에 관한 논문을『역사학연구(歷史學硏究)』에 투고한 이후, 이 논문의 발표로 인해 위원회가 공격을 받았다. 조어군도가 역사상 중국 영토이고 무주지가 아님을 고증하려는 학술 논문

133 井上淸,『釣魚島的歷史與主權』(中文), 3-7頁.

이 전문 잡지에 발표되는 것은 쉬운 일이 아니다. 엄격하게 사실과 도리에 따라 말하면, 역사학이든 국제법의 각도로든 조어군도가 무주지라고 말할 수 없고 일본이 무주지의 규정에 근거하여 이 섬에 대해 영유권을 가질 수도 없다. 다만 이같이 말하면 '국가이익에 손해를 끼치는 매국노'라는 중상과 박해를 받게 된다"[134] 고 아쉬워했다.

중국 학자들 가운데도 "가장 중요한 것은 진실과 진리이지 국가의 이익이 아니다"라고 주장하는 이들이 있다. 한 예로 이리는 "조어도 문제는 고립적으로 보지 않고 오키나와 문제, 타이완 문제 등과 정체적(整體的)으로 변화 발전한 것으로 보아야 하고, 과거의 역사와 오늘날의 현실과 결합하여 분석해야 한다. 영토 문제가 이처럼 국가 간의 견해가 대립하는 정황하에서 상대방의 의견을 경청하여 냉정하고 평화적 방법으로 문제를 해결하는 태도를 지켜야 한다. 냉정하게 사고하지 않고 협소한 민족주의와 위장된 애국주의를 이용하여 정서를 선동하는 것은 절대 해서는 안 된다"고 하면서, 이 문제에 관해서는 저우언라이와 덩샤오핑에게서 학습해야 한다고 제안하기도 했다.[135] 1972년 중·일 국교 정상화 시에 저우언라이 총리가 일본 공명당 위원장과 회담하면서 "센카쿠열도 문제를 건드릴 필요가 없다. 국교 정상화와 비교하면 이는 문제가 아니다"라고 말했다고 한다. 그 뒤 덩샤오핑 부총리도 1978년 '중일화평우호조약'의 비준서를 교환할 때 일본을 방문해 기자회견을 하면서 "센카쿠열도를 우리는 '댜오위다오'라고 부른다. 이 이름에 대해 우리는 부르는 법이 다르고 쌍방은 서로 다른 시각이 있다. 중·일 국교 정상화를 실현할 때 우리 쌍방은 이 문제를 언급하지 않기로 약정했다.…10년을 기다려도 관계없다. 우리 세대의 지혜가 아직 충분하지 않다. 우리 세대가 해결하지 못하면 다음 세대가 우리보다 더 지혜가 있을 수 있다. 그때 여러분 모두가 받아들일 수 있는 해결방법을 찾을 수 있다"[136]고 했다고 한다.

일본의 학계 밖 정부 안에도 일본 정부의 공식적 견해와 다른 비판적 견해가

134 井上清, 『釣魚島的歷史與主權』(中文), 23-24, 202-203頁.

135 李理, 「'去中國化'的臺灣中學歷史教科書編纂」, 218頁.

136 李理, 「'去中國化'的臺灣中學歷史教科書編纂」, 196-197頁.

존재했다. 그 대표적인 경우가 일본의 전 외무성 국제정보국 국장인 마고사키 우케루(孫崎享)의 관점이다. 그는 2012년 7월 18일 『아사히신문』에서 "센카쿠는 일본의 고유 영토가 아니다"는 견해를 발표했고, 그 뒤에 중국의 『환구시보(環球時報)』 기자와 가진 인터뷰에서 중·일 간에 영토 쟁의를 보류하여 공동체를 건립하기를 제안했다. 그는 "고유 영토란 일반적으로 역사상 수백 년가량 장기간 관할권을 옹유한 영토를 말하는데, 조어도는 1895년 이후에야 일본이 점유했으니 어떻게 일본의 고유 영토라 할 수 있겠는가"라고 하면서, "나는 일본이 자기의 주장과 입장을 버릴 것을 요구하는 것이 아니다. 일본 측의 주장이 백이면 백 모두 정확한 것은 아니니…역사상 명·청 시대에 중국은 조어도에서 일정 정도의 관할권이 존재했다.…조어도 자체의 가치에 비해 중·일 간 합작이 더욱 큰 가치를 갖는다.…현재 대체로 80%의 일본 국민은 조어도가 일본 고유의 영토라고 생각한다. 이 80%의 국민은 나의 설법에 대해 격렬하게 반응했다.…이시하라 신따로 동경도지사와 같은 과격한 정치가의 주장이 일본 80%의 국민의 지지를 받고 있다. 저우언라이와 덩샤오핑이 제창한 '각치쟁의'의 본뜻은 조어도를 일본에 할양하겠다는 것이 아니라, 중국과 일본이 조어도 문제로 충돌하는 것을 피하자는 것이다. 즉, 무력을 사용하지 말자는 것이다.…동아시아 공동체는 '후각치시대(後擱置時代)'의 목적지다"[137]라고 주장했다.

이외에도 일본 외무성 조약국 국장과 네덜란드 주재 대사를 지낸 도고 가즈히코(東鄕和彦)가 있다. 그는 『일본의 영토 문제: 북방 4도, 죽도, 센카쿠제도』를 지었는데, 2012년 8월 22일 일본 언론과의 인터뷰에서 조어도 문제에서 일본은 반드시 중국 대륙과 타이완의 의견을 청취해야 한다고 주장했다. 홍콩중평사(香港中評社)의 2012년 8월 22일 보도에 의하면, 조어도 문제에서 일본은 어떠한 영토 문제도 존재하지 않는다고 주장하지만, 동향화언은 일본이 중국 대륙과 타이완의 의견을 청취할 것을 권유했다고 한다. 그는 인터뷰에서 "나는 조어도가 중국의 영토라고 말한 적이 없다. 일본의 매우 많은 사람들이 일본의 '고유 영토'라고

137 李理, 「'去中國化'的臺灣中學歷史教科書編纂」, 177-184頁.

생각한다. 중국은 조어도가 중국의 도서라고 주장하는데, 중국의 이 같은 주장이 전혀 근거 없는 것은 아니다. 이곳은 분쟁의 땅이다"라고 하면서, "1972년 저우언라이 총리가 다나카 가쿠에이(田中角榮)에게 일본과 중국은 응당 '구대동존소이(求大同存小異)'해야 한다고 말했다. 조어도 문제가 소이(小異)에 속함은 의심할 여지가 없다.…저우언라이와 덩샤오핑의 화법에 따라 쟁의를 각치하는 것이 상책이다"[138]라고 말했다.

이처럼 일본 학계의 일부 비주류 학자들과 일부 소신 있는 인사들은 일본 정부나 정당, 언론계의 공식적 입장과는 달리 일본의 현실적 국익을 초월하여 학문적 논리와 양심적 신념에 입각하여 조어도의 영유권이 일본이 아닌 중국에 귀속되어야 한다거나 귀속될 수도 있다는 견해를 '용기 있게' 제시하기도 했다. 그러나 이들은 조어도의 영유권이 '중국'에 귀속된다고 말하기는 하지만 '류큐'에 귀속된다고 말하지는 않는다. 그 까닭은 아마도 류큐가 현재 일본의 일부로 편입되어 있기 때문에 조어도가 류큐에 귀속된다 함은 곧 일본에 귀속된다 함을 의미하기 때문일 것이다. 실제로 일본 정부와 주류 학계는 센카쿠제도가 류큐의 것이라 하고 중국 정부와 중국 학계는 조어열도가 타이완의 것이라 하는데, 이는 류큐는 곧 일본의 것이라 생각하고 타이완은 곧 중국의 것이라 간주하기 때문이다. 그러나 정작 류큐 학계는 류큐가 일본이 아니라 하고 타이완 학계에서는 타이완이 중국이 아니라고 한다. 따라서 조어열도/센카쿠제도 문제는 중·일 양국 사이의 쟁의로 보이고 또 그렇게 진행되고 있지만, 중·일 양국이 일차적 귀속처로 간주하는 타이완과 류큐의 발언을 좀 더 경청할 필요가 있다.

류큐 학계에서는 센카쿠제도가 원래 일본인에게는 알려지지 않은 섬이었음을 상기시키거나 이 섬의 분쟁이 류큐인에게 화근이 될까 걱정하는 글이 나오기도 했다. 예컨대 풍하유언(豊下楢彦)은 "일부 관계자 외의 본토 대부분의 일본인은 오키나와본도의 남방 400킬로미터 넘어 해역에 센카쿠제도라 불리는 섬들이 있고, 이러한 섬들이 일본령이라는 사실을 최근(석유 매장이 알려진 뒤)에 와서

138 李理, 「'去中國化'的臺灣中學歷史教科書編纂」, 189-192頁.

야 처음으로 알게 되었다.…장기적으로 '잊어버린 섬들'인 센카쿠제도가 타이완과 중국에 의한 영유권 주장에 의해 처음으로 그 존재가 인식되어 일본의 '고유한 영토'임이 일본인 자신에 대해 선전·교육된 것이다. 석유 매장 가능성으로 인해 비로소 '센카쿠 문제'가 내·외 정치의 초점이 되었으니, 이 문제 '해결'의 중요한 실마리는 바로 여기에 있다"[139]고 주장했다. 또한 신기성휘는 "2010년 9월, 센카쿠제도 해역에서 중국 어선과 일본 해상보안청의 순시선이 충돌하는 사고가 발생했다. 당시 해상보안청을 관리하던 국교상(오키나와 담당상 겸임) 등은 이 문제를 이용해 중국 위협론을 부추기면서 오키나와 소재 미군기지, 특히 그 중에서도 후텐마(普天間)의 해병대 기지와 그를 대체할 헤노코(邊野古)의 신기지 건설의 필요성을 강조하는 근거로 최대한 이용하고자 했다"고 하면서, 이 지역에 중·일 간 분쟁이 존재하는 것은 미군의 오키나와 주둔을 정당화한다는 의미에서 미국의 국익에 들어맞는 것이라는 해석을 제시하기도 했다.[140]

일본의 비주류 학자들과 류큐 학자들뿐만 아니라 객관적 입장에 있는 제3자의 견해 가운데서도 경청할 만한 것이 적지 않다. 『저항하는 섬』을 저술한 개번 맥코맥 같은 이는 먼저 일본 정부가 항상 주장하는 '고유 영토론'과 '무주지 선점론'에 대해 근본적인 재검토를 요구한다. '고유'란 말이나 '무주지'란 말 자체가 외교적으로나 국제법상으로 존재하지 않거나 유효하지 않다는 것이다. 또한 그는 "조약을 통해 센카쿠제도를 중국으로부터 얻어내지 못했음에도 불구하고, 그 섬들을 조약이나 협상 없이 전쟁에서의 승리를 이용하여 살그머니 거머쥐게 되었다"라는 정상청의 지적을 인용하면서, 섬들에 대한 일본의 권리 주장이 합법적이건 아니건 간에 그 뿌리는 잔인한 제국 건설에 놓여 있음을 상기시켰다. 맥코맥은 이 문제가 단순하게 영토적인 것이 아니라 역사에 깊은 뿌리를 두고 있음을 강조했다. 즉, 오늘날 '센카쿠' 문제는 난징 학살에 대한 일본 고위층의 부인, 역사 교과서를 세탁하려는 우익의 정기적인 시도, 아시아 전역에 걸친 일본군 성노예제도 희생자들에 대한 공식적 법적 책임 인정 거부, 일본 총리대신과

139 豊下楢彦, 『「尖閣問題」とは何か』(岩波書店, 2012), 35-38頁.
140 아라사끼 모리떼루, 『오끼나와, 구조적 차별과 저항의 현장』, 105-109쪽.

각료의 주기적인 야스쿠니 방문 등 일본이 오랫동안 무시하거나 충분하게 해결하지 않은 전쟁 책임 문제에 대한 중국의 해소되지 못한 의심이라는 '역풍'의 성격을 가지고 있음을 지적했다.[141]

미국은 일본에 류큐의 주권을 이전했지만 센카쿠는 시정권만 넘겼다. 맥코맥은 미국이 류큐로부터 센카쿠를 분리함으로써 암묵적으로 이 섬들이 영유권 분쟁의 대상이 될 수 있음을 인정한 것으로 이해했다. 최근의 연구들이 이러한 결정에 마키아벨리적인 고려가 있었음을 밝히고 있다는 것이다. 원귀미혜(原貴美惠)는 미국은 이 섬들이 중국을 "봉쇄하는 쐐기"로 기능할 것이며, "중국과 일본 사이의, 특히 오키나와에 가까운 섬들에 대한 영토 분쟁은 미군의 오키나와 주둔을 일본이 더 받아들일 수 있도록 만들 것이라고 이해했다"고 한다. 풍하유언에 연구에 따르면, 미국은 중국과 일본 사이에 영토를 둘러싼 충돌의 씨앗 또는 불씨를 뿌리면서 영토의 경계에 의도적으로 '애매한' 태도를 취했고, 그럼으로써 일본이 미국에 더 오래 의존하도록 미군 기지의 주둔을 정당화하려 했다는 것이다. 맥코맥에 의하면, 이들 두 연구의 함의는 오늘날 센카쿠/댜오위 문제는 미국 정책 결정의 결과라는 것임이 분명하다. 센카쿠/댜오위의 소유권에 대한 '애매하며', 미해결된 '쐐기/불씨' 도식은 중일관계에 지속적인 마찰을 보장함으로써 일본을 속국 또는 미국에 종속적인 국가의 자리에 가둬버리는 열쇠 역할을 담당했다는 것이다.[142]

맥코맥은 근대의 중일관계에서 조어도 문제가 류큐 처분과 밀접하게 연결되어 있었던 것으로 보았다. 일본과 중국이 미국 그랜트 전대통령의 중재로 마련한 류큐군도의 분할안이 중국의 지도자 이홍장의 반대로 실현되지 못했는데, 이때 리홍장은 "류큐는 중국이나 일본의 영토가 아니라 독립국가"라며 협정에 반대했다고 한다. 130여 년 후 중국이 양국 사이에 오키나와의 지위에 관한 협정이 존재하지 않았으며 따라서 그 지위 문제는 '미해결' 상태라고 주장한 것에 대해, 맥코맥은 "이는 단순히 역사적 사실을 진술한 것이었다"[143]고 동의했다.

141 개번 맥코맥, 노리마쯔 사또꼬, 『저항하는 섬, 오끼나와』, 373-379쪽.
142 개번 맥코맥, 노리마쯔 사또꼬, 『저항하는 섬, 오끼나와』, 363-365쪽.

맥코맥은 서로 경쟁적인 주장을 하는 세 국가 사이에 놓여 있는 류큐/오키나와는 특히 민감하며 취약한 위치를 차지하고 있고 이 지역 해상에서 진행되는 주권에 대한 경합이 자신에게 위협적이라는 점을 오키나와인은 뼛속 깊이 알고 있음을 강조했다. 류큐대학 명예교수인 비옥근조부(比屋根照夫)가 지적한 것처럼, 센카쿠를 방어하기 위한 전쟁은 "오키나와인을 희생자로 휘말리게 하는, 제2차 세계대전의 재발"이 될 것이라고 예측했다. 따라서 센카쿠에 대한 오키나와인의 사고는 매우 독특하다. 오키나와 시민사회는 배제보다는 협력적이고 포괄적인 지역적 해결책을 구상하고 있다. 그들은 또한 (일본 본토와는 대조적으로) 중국과 우호적인 관계를 맺었던 역사적 기억을 돌아보는 경향이 있다. 따라서 그들은 '고유의 영토'라는 언어를 버리고 "일본·중국·타이완이 공존·공생하는 공간이며 선의의 상징인 생활권"에 대해 이야기한다. 그들은 오키나와를 '아시아의 평화 허브'로 바꾸기 위해 노력하고 있다. 맥코맥은 "민족국가를 상대화하고 국경을 가로지르는 협력의 구조를 만들려는 이들의 전망은 확실히 가장 급진적인 것이다. 하지만 그러한 노력이야말로 센카쿠/댜오위 문제를 해결할 수 있는 최선의 전망을 제공해주며, 또한 '팍스 아시아'의 탄생을 알리는 신호가 될 수도 있을 것이다"[144]라고 기대했다.

국가적 이익보다는 학문적 논리와 신념에 충실한 학자들, 국가적 정체성을 이미 상실한 류큐인들, 또는 상황을 객관적으로 관찰할 수 있는 제3국인들의 견해를 경청해보면, 대체로 조어도는 일본이나 중국의 '영토'라기보다는 류큐인과 타이완인의 '생활권'이었던 것으로 이해하는 것이 가장 합리적으로 보인다. 류큐와 타이완은 일본과 중국의 지방이 아니라 여전히 독립된 역사공동체이기 때문이다. 류큐인은 엄미군도에서 오키나와제도를 거쳐 궁고도와 팔중산제도까지 활 모양으로 늘어서 있는 '류큐 문화권'을 가리켜 흔히 류큐호(琉球弧)라고 부른다. 류큐호에는 오키나와현뿐만 아니라 역사적으로 사쓰마번에 의해 침략 당하기 이전의 류큐왕국 판도가 모두 포함되는데, 주로 류큐의 독자적인 역사와 문

143 개번 맥코맥, 노리마쯔 사또꼬, 『저항하는 섬, 오끼나와』, 363쪽.
144 개번 맥코맥, 노리마쯔 사또꼬, 『저항하는 섬, 오끼나와』, 380쪽.

화를 강조할 때 사용되는 말이다. 센카쿠군도는 류큐왕국의 영토에 속하지는 않았을지 몰라도 류큐호의 범위에 넣어도 좋을 것이다. 마찬가지로 조어도는 역사적으로 중국 국가에 영속되지 않았을지는 몰라도 타이완인의 생활권에는 포함되어 있었을 것이다. 류큐와 타이완을 일본과 중국의 일개 지방으로 간주하기보다는 오랜 기간 역사적 경험과 역사의식을 공유해온 독자적 역사공동체로 이해한다면, 조어도 쟁의는 좀 더 차분하게 해결의 실마리를 찾을 수도 있을 것이다.

8
동아시아 역사 논쟁의 비판적 이해

1. 머리말

중국 사회과학원 중국변강사지연구중심의 '동북(邊疆歷史與現狀系列研究)공정'이 2003년 여름부터 한국에 알려짐으로써 촉발된 고구려사 논쟁은 '역사 전쟁'이라 불릴 정도로 매우 거칠고 감정적이어서 논쟁 발발의 합리적 이유를 발견하기가 쉽지 않을 정도였다. 이 논쟁의 초기 단계에서는 중국 학자들이 "고구려가 중국 국가의 일개 지방 정부였음"을 입증하려 하는 데 대해 한국 학자들이 "고구려는 자주적이며 독립적인 강대 국가였다"고 소박하게 대응함으로써 중국 학계의 '부당한 고구려사 침탈 행위'를 방어하려 했다. 그러나 근래에 이르러 중국의 역사학계는 56개 '민족'을 아우르는 '통일적 다민족국가'를 유지해야 할 현실적 과제에 '복무'하기 위해 "중국 또는 중국사의 범주는 현재 중화인민공화국(또는 1840년대 大淸)의 영토를 기준으로 한다"는 가설을 옹립하여 마치 만능 키를 사용하듯 고구려사 논쟁에서도 마음껏 활용하고 있고, 한국 학계에서는 이 난감한 도전에 효과적으로 대응하기 위해 고심하고 있다.

이러한 국제적 역사 논쟁은 고구려사 귀속 문제를 둘러싸고 중국과 한국 사이에서만 발생한 것이 아니다. 동아시아의 다른 방면에서도 갖가지 쟁점을 놓고 다양한 역사 논쟁이 전개되어왔다. 티베트와 중국 사이에서는 이미 오래전부터 티베트 독립의 타당성과 중국의 티베트 지배의 정당성을 역사에서 확인하려는 역사 논쟁이 치열하게 진행되었는데, 그 주된 쟁점은 전통적 단월(檀越)=공시(供施)관계의 성격에 관한 것이었다. 이와 마찬가지로 타이완과 중국 사이에서도 타이완의 독립과 중국과의 통일 문제를 둘러싼 이른바 '통독(統獨)' 논쟁이 역사학 방면에서 격렬하게 진행되었는데, 타이완 내부에서도 통일론자와 독립론자 두 진영 사이에서 같은 쟁점으로 치열한 논쟁이 병행되었다. 중국과 몽골 사이에서도 중국과 한국 사이의 역사 논쟁과 유사한 논쟁이 간헐적으로 진행되었다. 중국 학계는 칭기즈칸과 같은 몽골의 역사적 인물을 중국인으로 규정하고 이들이 이룩해놓은 몽골의 역사를 중국사로 서술했고, 몽골 학계에서는 이를 부당한 역사 침탈로 보고 완강하게 저항했다. 동투르키스탄인과 중국인 사이에서도 동투르키스탄 역사 또는 신강 위구르인의 역사를 독립된 역사로 볼 것인가 아니면 중국사의 일부로 이해할 것인가를 놓고 정반대의 의견이 노출되었는데, 이 논쟁은 투르크인의 정체성과 위구르인의 귀속 문제에 대한 쟁의에서 출발했다. 중국인과 베트남인 사이에서도 1979년의 중월전쟁을 즈음하여 매우 격렬한 역사 논쟁이 벌어졌는데, 그 주요한 쟁점은 역사상 중국 국가들의 베트남 침공에 관한 것이었다. 일본과 중국 사이에 벌어지고 있는 댜오위열서/센카쿠제도 귀속에 관한 논쟁 역시 현대 동아시아 역사 논쟁의 한 중요한 부분을 구성했으니, 중·일 양국은 이 섬들에 대한 영유권의 근거를 역사에서 찾으려 했기 때문이다.

동아시아 각 방면에서 전개되어온 이들 국제적 역사 논쟁은 몇 가지 공통점을 갖고 있다. 그 하나는 모두 중국과 관련되어 있고 모두 현대 중국인에 의해 촉발되었다는 것이다. 또 다른 하나는 모두 중국인이 이른바 '변강(邊疆)'이라고 부르는 공간을 둘러싸고 전개된 논쟁이라는 점이다. 이 역사 논쟁들의 또 다른 공통점은 중국인에 의해 '통일적 다민족국가'론이 무차별적으로 적용되었다는 것이고, 이것이 모두 전통적 동아시아 국제 질서, 즉 이른바 '중국적 세계 질서'의 유산이라는 것이다. 이들 역사 논쟁에서 발견되는 가장 큰 공통점은 국가 개념과 역사공동체 개념을 구별하지 못하고 역사공동체의 귀속 문제와 역사의 귀속 문제를 분별하지 않음으로써 논쟁이 논리적으로 전개되지 못하고 민족주의나 애국주의 정서에 의해 지배되었다는 것이다.

동아시아 각 방면에서 다양하게 전개되어온 역사 논쟁이 중국의 논쟁 상대가 갖는 특수한 역사적 조건으로 인해 다양한 쟁점과 배경을 갖고 진행되었음에도 불구하고 이들 동아시아의 역사 논쟁이 적지 않은 공통점을 갖고 있다는 것은 곧 각 논쟁의 특수성과 일반성에 대한 비교사적 접근을 통해 각 논쟁의 성격에 대한 이해를 제고할 수 있을 뿐만 아니라 전통 시대 동아시아의 '중국적 세계 질서'에 대한 이해를 심화할 수 있음을 뜻하기도 한다. 특히 동아시아 각 방면의 역사 논쟁들이 제공하는 다양한 지식들은 한·중 간의 고구려사 논쟁을 이해하는 데 적지 않은 도움을 줄 수도 있을 것이다. 다시 한 번 동아시아의 다양한 역사 논쟁의 전개 과정과 쟁점별 논의 내용을 정리·분석·비판하려는 까닭이 여기에 있다.

2. 한국과 중국의 고구려 역사 논쟁

"고구려민족은 중국 역사상의 변강민족이고 고구려국은 중국 역사상의 변강민족 정권"이라고 주장하는 중국 학계의 주류 관점이 2003년 6월 24일 『광명일보(光明日報)』에 변중(邊衆)의 「고구려 역사 연구의 몇 가지 문제에 대한 시론」이란 글로 발표되었다. 그러나 "고구려가 오랫동안 중국에 귀속되었다"는 것이 중국 학계에서 통일된 견해는 아니다. 427년 고구려의 평양 천도를 전후하여 귀속이 달라졌다는 견해도 있고, "고구려가 고대 조선의 국가라"는 견해도 있으며, 고구려사가 한국과 중국에 공동으로 귀속된다는 '일사양용(一史兩用)'의 견해도 존재한다. 이와 같은 중국 학계의 귀속론에 대해 한국 학계에서도 이에 대응하여 중국 학계와 유사한 과정을 통해 귀속 논의를 전개하였으니, 귀속을 확인하기 위해 거론된 핵심적 주제별로 논쟁을 정리하면 다음과 같다.

① 고구려인의 기원 논쟁

고구려 역사 논쟁의 첫 번째 쟁점은 고구려인의 기원에 관한 것이다. 중국 학계에서 고구려인의 기원을 통해 고구려가 중국사상의 일개 '민족'이었음을 입증하려 했기 때문이다. 동북공정의 포문을 연 변중의 시론에서 "대다수 중국 학자들은 고구려민족의 기원에 대해 예맥설(濊貊說), 부여설(夫餘說), 고이설(高夷說),

상인설(商人說), 염제설(炎帝說) 등을 제기하고 있는데, 이런 여러 학설에 공통점이 있다면 고구려민족은 주(周)와 진(秦) 때 중국의 동북 지역에서 활동했다는 점이다"[1]라고 하여, '고구려민족'의 중국 기원설을 제기했다. 그러나 현재 중국 학계에서 가장 일반적 지지를 받고 있는 고구려 기원설은 맥(貊)과 이(夷), 한족 등 여러 '민족'의 융합으로 형성되었다는 다원설이다.[2] 한국 학계에서는 특히 화하족(華夏族) 기원설을 집중적으로 비판하면서 예맥설을 적극적으로 주장했다.[3]

② 고구려 강역 논쟁

고구려 역사 논쟁의 두 번째 쟁점은 고구려가 어디에서 건국했고 고구려인이 어디에서 활동하였는가 하는 강역론이다. 중국 학계에서는 고구려가 중국 왕조의 군현 안에서 건국되고 군현의 영역 안에서 활동했기 때문에 고구려는 중국 왕조의 일개 지방 정부였다고 주장하지만, 한국 학계에서는 고구려가 중국 왕조의 군현 밖에서 건국하여 군현을 공격·축출하면서 발전했다고 주장한다. 중국 학계에서는 고구려가 한의 군현, 즉 현도군 고구려현 안에서 건립되어 "705년간 그 활동 구역이 한·진 이래의 현도·낙랑·대방·요동군을 벗어나지 못하였다"는 사실에 근거하여 "고구려는 양한으로부터 수·당에 이르는 사이 중원 왕조 판도 내에서 생존·활동한 소수민족정권이라"[4]고 한다. 다만 중국 학계의 고구려 강역론에는 평양 천도의 의미를 놓고 두 가지 이상의 의견으로 나뉘어 있다. 이에 대해 한국 학계에서는 중국 학계가 고구려가 현도군 경내에 설치되었다고 하는 주장은 "고구려국과 고구려현을 혼동한 데 따른 오류"라고 지적하면서, 고구

1 邊衆, 「試論高句麗歷史研究的幾個問題」, 『光明日報』, 2003年 6月 24日.
2 孫進己, 「中國高句麗的研究開放繁榮的六年」, 『고구려사 국제학술심포지엄 자료집』(중국의 고구려사왜곡 공동대책위원회, 2004); 「중국 고구려사 연구의 '개방과 번영의 6년'」, 『동북공정의 해부』(한국학술정보, 2011), 135-137쪽; 楊保隆, 「고구려족의 민족 근원」, 馬大正·楊保隆·李大龍·權赫秀·華立, 서길수 역, 『중국이 쓴 고구려 역사』(『古代中國高句麗歷史叢論』, 黑龍江教育出版社, 2001), 여유당출판사, 2007.
3 최광식, 『중국의 고구려사 왜곡』(살림, 2004), 22쪽.
4 耿鐵華, 「고구려 유적의 '세계문화유산명록'등재와 고구려 역사의 귀속문제」, 厲聲·朴文一 主編, 『고구려 역사문제 연구논문집』(고구려연구재단, 2005), 338쪽.

려가 현도군에 내속했다는 것은 고구려가 현도군을 통해 한과 관계를 가졌던 것으로 이해해야 한다고 주장했다.[5]

③ 고구려 번속 논쟁

고구려 역사 논쟁의 세 번째 쟁점은 이른바 종번(宗藩)관계, 즉 책봉(册封)과 조공(朝貢)을 교환하는 관계의 성격에 관한 것이다. 중국 학계는 중원 왕조와 고구려 간의 책봉과 조공으로 중국사 편입이 결정된다고 주장했고, 한국 학계는 책봉-조공관계는 독립적인 국가와 국가 사이의 외교관계에 지나지 않기 때문에 이것으로 귀속 여부를 결정할 수 없다고 주장했다. 동북공정의 주도자들은 고구려가 중국의 일개 지방 정부였음을 입증하는 증거로서 중원 왕조와 고구려가 책봉과 조공을 교환한 국가였음을 거론하며 이른바 '번속(藩屬)이론'을 제기했다.[6] 그러나 한국 학계에서는 책봉-조공체제를 지배 또는 통치를 위한 국가체제가 아니라 동아시아 특유의 국제체제로 이해하여 "고구려의 경우에는 조공과 책봉이 외교상 형식에 불과하였을 뿐 별다른 구속력을 갖지 못했다. 즉, 고구려는 중국의 여러 왕조와 형식적으로는 종속관계의 양식인 조공과 책봉을 교환했으나 그 실상은 대등한 독립적 관계였다"[7]고 주장했다.

④ 고구려-수·당 전쟁의 성격 논쟁

고구려 역사 논쟁의 다섯 번째 쟁점은 수·당-고구려 전쟁의 성격에 관한 것이다. 중국 학계에서는 이 전쟁이 통일을 위한 국내 전쟁이었다고 규정했고, 한국 학계에서는 수·당의 고구려 침공을 외국에 대한 '침략'이었다고 반박했다. 중국 학자들은 고구려를 일개 지방 정권으로 간주하기 때문에 중원 왕조가 고구려에 무력을 행사한 것은 통일을 위한 국내 전쟁이 되지만,[8] 고구려를 자주적 독립국

---

5 김미경, 「고구려 건국 문제를 통해 본 '지방 정권론'의 내용과 비판」, 정운용 외, 『중국의 통일국가론으로 본 고구려사』(동북아역사재단, 2009), 67-88쪽.

6 李大龍, 『漢唐藩屬體制研究』(北京: 中國社會科學出版社, 2006).

7 강선, 「'책봉'을 통해 본 고구려 '지방 정권론' 비판」, 정운용 외, 『중국의 통일국가론으로 본 고구려사』, 180-186쪽.

가로 이해하는 한국 학자에게는 당연히 일국이 타국을 침략한 국제 전쟁이었다.[9]

⑤ 고구려 유민 논쟁

고구려가 패망한 뒤 그 유민의 거취는 고구려 역사 논쟁의 또 하나의 주요한 쟁점이다. 중국 학자들의 주장에 의하면, 고구려 멸망 당시 고구려의 전체 호수는 69만 7000호가량인데 그중에는 한족을 비롯한 여러 소수민족이 있었기 때문에 순수한 고구려인 호수는 15만 내외로 75만 명에 지나지 않았으며, 이들 고구려 유민 가운데서 당으로 흘러들어간 인구가 30만 명, 신라로 10만 명, 돌궐로 1만여 명, 발해로 20만 명이 갔으며, 중국으로 옮겨간 고구려인의 대다수는 한족에 융화되었다고 한다. 그러나 한국 학계에서는 고구려 유민의 상당수가 신라나 발해로 유입되어 한국인의 조상이 되었다고 주장한다.[10]

⑥ 고려의 고구려 계승 논쟁

고구려 역사 논쟁의 마지막 쟁점은 고려가 고구려를 계승하였는가 하는 문제였다. 중국 학계에서는 고구려와 고려의 시간·인구·영토상의 차이를 지적하면서 양자는 서로 관계가 없었다고 주장했고, 한국 학계는 전통적인 사서의 기록에 근거하여 역사의식의 계승관계를 강조했다. 변중은 "고구려가 패망하고 고려가 세워지기까지 큰 시간 차이(250년)가 있을 뿐 아니라 역사 발전과 연원도 크게 다르다"는 등의 이유를 들어 "왕씨고려는 결코 고구려의 계승자가 아니었다"[11]고 단정했다. 그러나 한국 학계에서는 각종 사서의 기록을 강조하면서, "왕건은 고구려 왕실의 피를 이은 것이 아니라 그 법통을 이어 고려를 건국했다"[12]고 반박

8 李大龍,「高句麗與唐王朝臣屬關係的建立和發展」, 黑龍江敎育出版社,『古代中國高句麗歷史叢論』, 2001, 223頁.

9 김용만,「고구려 후기 고구려, 수당, 북방 제국의 대립관계」, 고구려연구회 편,『동북공정과 한국학계의 대응논리』, 여유당, 2008, 423-440쪽.

10 박승범,「중화인민공화국 학계의 고구려 유민 연구 검토」, 고구려연구회 편『동북공정과 한국학계의 대응논리』, 667-680쪽.

11 邊衆,「試論高句麗歷史硏究的幾個問題」.

12 김인성,「역사적 진실 왜곡에 대한 비판과 반성」,『동북공정의 해부』, 280-281쪽.

했다.

3. 티베트와 중국의 티베트 역사 논쟁

한국과 중국 사이에 전개된 고구려사 논쟁과 매우 흡사한 역사 논쟁이 티베트와 중국 사이에서도 전개된 바 있었다. 한국인이 자기의 역사라고 믿어 의심치 않았던 고구려 역사를 중국인이 자기네 역사라고 주장하였듯이, 티베트인이 자기 역사라 인식해온 티베트 역사를 중국인이 중국사라고 주장하였기 때문이다. 고구려사 논쟁의 쟁점이 고구려의 귀속 문제에 집중되었듯이, 티베트 역사 논쟁의 주요 쟁점도 티베트의 귀속 문제에 모아졌다. 즉, 고구려사 논쟁이 "고구려는 중국 왕조들의 일개 지방 정부였다"는 중국 측 주장에 대해 한국 측에서 "고구려는 강대하고 자주적인 독립 국가였다"고 반박하는 과정으로 진행된 것처럼, 티베트 역사 논쟁도 "티베트는 예로부터 중국의 분할할 수 없는 일부분이었다"는 중국 측 주장에 대항하여 티베트 측에서 "티베트는 중국과 분리된 자주적 독립 국가였다"고 주장하는 과정으로 진행되었다.

티베트 역사 논쟁은 이미 14세 달라이라마의 망명 전에, 영국과 중국이 티베트를 놓고 제국주의적 다툼을 벌이던 20세기 초부터 간헐적으로 전개되었지만, 본격적인 역사 논쟁은 1967년 티베트인 체폰 샤캅파(Tsepon W. D. Shakabpa, 孜本夏格巴-汪秋德丹)가 『티베트 정치사(Tibet: A Political History)』를 미국 예일대학교 출판부에서 영문으로 출간한 뒤부터 불이 붙었다. 티베트 역사를 통사적으로 서술한 이 책은 1976년 인도에서 티베트어로 출판되었고 1980년에는 『장구정치사(藏區政治史)』란 제목으로 중국어로 중국에서 출판되어 서구 사회와 티베트 및 중국 학계의 비상한 관심을 불러일으켰다. 티베트 관리로서 티베트 독립운동을 주도했던 샤캅파가 티베트 역사를 중국사와 구별된 독립적 역사 체재로 서술했기 때문에 이 책은 티베트 독립을 지지하고 옹호하는 사람들에게는 매우 유력한 논리적 근거를 제공한 반면에 티베트 독립을 원치 않는 중국인에게는 근거 없는 선동 문서로 비난되었다. 그 한 사례로서 이 책은 1987년 미국 볼더(Boulder)출판사에서 출간된 반 프라그(Michael C. van Walt van Praag)의 『티베트의 지위(The Status of Tibet: History, Rights, and Prospects in International Law)』라는 책에 역사학적 기반을 제공했다. 1990년 중국에서 『서장의 지위(西藏的地位)』란 제명으로 출판된 이 책은 역사상 근거를 찾아 티베트의 국제법적 지위를 규정함으로써 '장독(藏獨)', 즉 티베트 독립을 지지하는 세력에게는 매우 중요한 논거를 제공하고 티베트 독립을 반대하는 중국 학계에서는 혹독한 비판을 불러일으켰다. 그 결과 중국에서는 티베트 독립설을 비판하는 학설을 집대성한 책이 나오게 되었는데, 왕관(王貫)과 희요니마(喜饒尼瑪), 당가위(唐家衛) 등이 저술한 『서장역사지위변(西藏歷史地位辨一評夏格巴"藏區政治史"和范普拉赫"西藏的地位")』이었다. 1995년에 북경에서 출간된 이 책은 샤갑파와 반 프라그의 논리를 철저하게 분석하여 조목조목 비판함으로써 '장독' 세력의 논리적 공세에 전면적으로 대응했다. 한편 제3의 견해도 제출되었으니, 해외로 망명한 중국의 반체제 인사들이 양측의 견해를 일부 수용하고 동시에 일부 비판하며 『중국대륙지식분자론서장(中國大陸知識分子論西藏)』을 1996년에 출간했는데, 조장청(曹長青)이 주편하여 대북(臺北)에서 출간한 이 책은 정치적 구속으로부터 자유로운 중국인이 티베트 문제에 대한 자신의 견해를 어떻게 표출할 수 있는가를 잘 보여준다. 최근에는 미국의 티베트 학계를 중심으로 티베트의 인권과 자치·환경 문제 등이 주로 논의되고 있지만, 티베트와 중국의 역사적 관계에 대한 논쟁의 불꽃이 완전히 꺼진 것은 아니다. 이 같은 양측의 논쟁을 주제별로 정리하면 다음과 같다.

① 티베트인의 기원

티베트 측에서는 티베트는 자연환경이 중국과 완전히 분리되어 있을 뿐만 아니라 그 인적 기원도 중국과는 전혀 다르다고 주장하고, 특히 티베트인은 유사 이래로 '서장자치구' 지역을 넘어 티베트고원의 광대한 지역에 분포해서 살아왔음을 강조했다. 그러나 중국 측에서는 중국은 수많은 '민족'이 공동으로 만든 '통일적 다민족국가'라고 전제하고, '장족(藏族)'도 중국이라는 통일적 다민족국가를 이루는 일개 성원이라고 규정하면서, 티베트고원에는 장족뿐만 아니라 수많은 다른 '민족'도 함께 섞여 살아왔다고 주장했다.

② 당과 토번의 구생(舅甥)·화친(和親)관계

티베트 측에서는 토번의 국왕은 중국의 어떠한 통치자와도 평등한 권력을 갖고 있었으며, 당과 토번 양국의 관계는 평등하고 대립적인 관계였다고 주장했다. 그들의 주장에 의하면 문성공주의 출가는 토번의 군사적 위협을 받고 당 황제가 마지못해 보낸 것이었다. 그러나 중국 측에서는 당과 토번의 관계는 매우 우호적이었고, 토번의 군주 송첸감포가 당의 문성공주와 결혼함으로써 장·한 두 민족이 정치·경제·문화 방면에서 밀접하게 융합하였으며 당 황제가 송첸감포를 책봉하여 '상하'관계를 맺었다고 주장했다.

③ 송과 티베트 지방 세력의 차마호시(茶馬互市)

티베트 측에서는 송대 티베트의 대외관계의 중심은 중국에서 인도와 네팔로 옮겨졌다고 주장했다. 그들의 주장에 의하면, 송과 티베트 사이에는 차와 말을 교환하는 호시(互市)만 존재하고 있었을 뿐 아무런 정치적 관계도 존재하지 않았다. 그러나 중국 측에서는 토번이 멸망한 뒤에 티베트고원은 수많은 지방 세력으로 분열되었고, 이들 지방 세력 가운데 일부가 송조에 귀부하여 장족과 한족의 관계를 더욱 밀접하게 발전시켰다고 주장했다.

④ 몽원(蒙元) 황제와 티베트 라마의 단월=공시관계

티베트 측에서는 원대 이후 티베트와 중국의 관계는 라마, 즉 고위 승려와 시주 사이의 단월(檀越)관계, 즉 공시(供施)관계일 뿐 지방 정권과 중앙정권의 관계는 아니었다고 주장했다. 그들의 주장에 의하면, 몽원 황제는 티베트의 사캬(薩迦) 법왕에게 티베트고원의 통치권을 '시주'하고 사캬 법왕은 몽원 황제의 중국 통치를 위해 기원하는 특수한 종교적 관계를 맺었다고 한다. 또한 티베트 측의 주장에 따르면, 몽원 황제와 사캬 법왕의 관계는 몽골인과 티베트인의 관계일 뿐 중국인과 티베트인의 관계가 아니었다. 왜냐하면 원대의 중국은 몽골인에게 정복당한 몽골제국의 일부였을 뿐이기 때문이다. 그러나 중국 측에서는 쿠빌라이 등 몽골인이 13세기에 중국 영토 안의 여러 민족을 통일해서 원조를 세우고 파스파 등 티베트 고승에게 서장 지방의 통치권을 위임했고 선정원(宣政院) 등 기구를 건립하여 티베트를 통제함으로써 "서장은 원대부터 조국의 판도 안으로 들어왔다"고 주장했다.

⑤ 명조의 법왕 책봉

티베트 측에서는 명조 황제는 티베트에 대한 몽골의 지배적 권력과 지위를 계승하지 못했고 티베트불교에 대해 관심도 갖지 못했다고 주장했으니, 그들의 주장에 의하면 짱추갈쨴(强曲堅贊) 시기의 티베트는 이미 독립적 형세를 취하고 있었다. 그러나 중국 측은 명조는 기본적으로 원조가 서장을 다스리던 각종 제도를 계승했고, '중건다봉(衆建多封)' 정책을 실시하여 장구(藏區) 각지의 여러 정교(政敎) 수령을 법왕(法王) 등으로 책봉했으며, 명의 황제와 티베트 라마 사이에도 단월관계가 유지되었고, 차마호시와 조공-회사의 방식을 통해 장구와 중원의 경제·문화적 교류와 장족과 한족의 관계를 더욱 발전시켰다고 주장했다.

⑥ 만청 황제와 달라이라마의 단월=공시관계

티베트 측은 만청의 순치(順治) 황제와 5세 달라이라마가 서로 만나 단월=공시관계를 맺고 상대를 각자 영토와 신민에 대한 주권을 향유하는 군주로 인정했다고 주장했다. 그들의 주장에 의하면 몽골인과 티베트인의 관계가 몽골인과 중국인의 관계가 아니었듯이 만주인과 티베트인의 관계 역시 만주인과 중국인의 관계가 아니었으니, 청대의 중국은 만주인에게 정복당한 만청제국의 일부에 지나지 않았다. 그러나 중국 측에서는 만주인이 전 중국을 통일하여 청조를 건립하고 달라이라마와 판첸라마를 차례로 책봉하고 카룬(噶論)을 임명했다고 주장하고, 몽골인은 물론 만주인도 중국인이었기 때문에 만청의 티베트 지배는 곧 중국의 티베트 지배였다고 주장했다.

⑦ 청군의 티베트 진군과 주장대신 파견

티베트 측은 만청이 티베트고원에 군대를 파병한 것은 만청 황제와 달라이라마가 맺은 단월관계에 의해 달라이라마를 외적과 정적으로부터 보호하기 위한 조처였을 뿐이며, 만청 정부가 라싸에 파견한 주장대신(駐藏大臣)은 단순한 외교 사절, 즉 대사(大使)와 같은 존재였을 뿐이었다고 주장했다. 그러나 중국 측은 여러 차례 대규모 군대와 주장대신을 파견하여 티베트 내정과 외정을 통제했으며, 흠정장정(欽定章程)을 반포하여 서장 지방 정부의 체제와 법규를 규정함으로써 서장과 '조국'의 관계를 더욱 긴밀하고 견고하게 형성하였다고 주장했다.

⑧ 13세 달라이라마의 독립 선언과 구한(驅漢)

티베트 측에서는 티베트와 중국의 국경을 분획한 심라조약은 유효하다고 주장했고, 만청이 멸망하고 13세 달라이라마가 인도에서 티베트로 돌아온 뒤에 중국인을 몰아내고 티베트는 자립을 선언하여 완전히 독립적인 국가를 건립했다고 주장했다. 그러나 중국 측은 19세기 말 만청 시기에 영 제국주의 세력이 중국 연해와 티베트고원을 침입하여 장·한 양 민족의 관계를 이간하려 도발하였으나 장족과 한족은 만주족, 몽골족, 회족 등 중국을 이룬 다른 민족과 힘을 모아 제국주의 세력을 몰아내어 '조국'을 보위했다고 주장했다.

⑨ 국민당 정부의 조문(弔問)·좌상(坐床) 사절 파견

티베트 측은 13세 달라이라마의 조문과 14세 달라이라마의 좌상을 위해 국민당 정부가 라싸에 파견한 사절단은 다른 국가의 대표에 비해 더 많은 의의를 갖지 못했다고 주장했다. 그러나 중국 측은 민국 시대에 들어가서도 티베트에 몽장위원회 위원장 등을 보내 달라이라마의 조문과 좌상 예식을 주관함으로써 중국이 원조 이래로 서장 지방에 대해 주권을 행사해온 전통을 계속 지킬 수 있었다고 주장했다.

⑩ '17조 협의' 체결과 인민해방군의 라싸 진군

티베트 측은 티베트가 완전히 독립된 국가였기 때문에 1951년 중국의 인민해방군이 라싸로 진군한 것은 티베트 겸병을 위한 침입에 불과했고, 이른바 '17조 협의'를 체결한 것도 달라이라마가 협상 대표에게 전권을 주지 않았고 티베트 정부도 조약 체결의 권한까지 위임한 것이 아니었기 때문에 유효하지 않다고 주장했다. 그러나 중국 측은 1949년 영미 등 제국주의 세력이 중국을 분열시키는 음모를 획책하는 상황에서 중국 중앙 정부와 서장 지방 정부 대표가 북경에서 '17조 협의'를 체결하고 이에 근거하여 인민해방군이 서장에 합법적으로 진군하여 1951년 서장 인민을 평화적으로 해방시켰다고 주장했다.

⑪ 티베트인의 저항운동과 14세 달라이라마의 망명

티베트 측에 의하면 청정미묘(清淨美妙)한 티베트고원이 중국 군대의 침입에 의해 거대한 감옥으로 황폐화되었으니, 중국의 침입으로 인해 인권이 유린되어 티베트 인구의 7분의 1에 해당하는 약 100여만 명의 티베트인이 사망했고, 대부분의 사찰이 파괴되는 등 티베트불교가 탄압을 받았으며, 티베트의 자원이 약탈되고 환경이 파괴되었고, 30만 병력이 주둔하고 핵무기가 배치되어 고도로 군사화되었다. 티베트 측은 14세 달라이라마가 망명하여 인도 다람살라에 건립한 망명정부가 티베트 전체 인민을 대표하는 유일한 합법적 정부이며, 티베트 문제를 해결할 수 있는 유일한 방법은 티베트인에게 고도의 자치를 허용하는 것이라고 주장했다. 그러나 중국 측은 서장으로 들어간 중국공산당이 봉건 농노제를 전복시키고 농노를 해방시켜 스스로 주인이 되게 하는 혁명을 성공시키고, 1965년에 정식으로 중화인민공화국의 일개 자치구로서 서장에 서장자치구가 건립되어, 장족은 다른 55개 민족과 함께 중국이라는 통일적 다민족국가를 완성시켰다고 주장했다.

4. 베트남과 중국의 베트남 역사 논쟁

한국인과 매우 유사한 역사를 경험한 베트남인이 1979년의 중월전쟁을 전후하여 중국인과 치열한 역사 논쟁을 벌인 바 있다. 위로는 반랑국(文郞國)의 영역이 어디까지 미쳤는가 하는 문제부터 비롯해서, 이른바 '북속(北屬)'시대 중국의 군현적 지배가 베트남 사회의 발전에 어떠한 영향을 미쳤는가, '종번'관계의 시기에 중월관계의 주류가 책봉과 조공의 교환 또는 문화적 교류였는가, 아니면 침략과 항격(抗擊)의 전쟁 관계였는가 등 중월관계사의 갖가지 문제가 광범하게 다루어졌는데, 기본적으로는 전통 시대 동아시아 세계 질서를 어떻게 이해할 것인가 하는 문제로 귀결되었다. 이 논쟁은 중·월 사이에 전쟁이 진행되던 시기를 전후하여 양국의 언론과 역사학계가 전면에 나서서 격렬하게 진행되었기 때문에 가히 포탄 대신에 언어가 무기로 사용된 '역사 전쟁'이었다고 해도 과장이라 할 수 없었다.

중국인과 베트남인 사이에 벌어진 역사 논쟁은 베트남민주공화국과 중화인민공화국이 1979년 2월 17일부터 3월 18일까지 1개월에 걸쳐 벌인 중월전쟁을 전후하여 전개되었다. 사회주의 동맹국이 함께 힘을 모아 세계 최강의 미국을 물리친 뒤 벌인 이 전쟁은 당시 세계를 경악케 했다. 베트남의 『인민보』는 1979년 중월전쟁의 원인을 가까이로는 '중국의 확장주의와 패권주의', 멀리로는 중국에 대한 베트남의 '백전백승'이라는 신화적 역사에서 찾고 있다.[13] 이에 반해 중국 학자들은 이 전쟁의 원인으로 베트남의 캄보디아 침공, 베트남과 소련의 합작, 베트남의 중국 영토 침범 등 베트남의 중국에 대한 일련의 도발을 열거했다.[14] 한국 학계에서는 이 전쟁에 역사적으로 접근하여 "전 근대 시기와 다름없이 여전히 '대한민족대국주의(大漢民族大國主義)'를 추구하는 중국과 이에 맞서 '고두(叩

13 「我們光輝的百戰百勝的旗幟」, 『人民報』, 1979年3月2日; 中國社會科學院 歷史研究所 編, 『古代中越關係史資料選編』(中國社會科學出版社 內部發行, 1982), 778~779頁.

14 李亞青, 「由'同志加兄弟'到兵戎相見-再論中越關係」, 『齊齊哈爾師範專科學校學報』 2010-3, 124頁.

頭)'를 거부하는 베트남의 충돌은 불가피할 수밖에 없었고, 그 결과가 1979년의 중월전쟁으로 나타났다"[15]고 해석했다. 현실적 중월관계의 악화는 과거 중월관계에 대한 이해를 악화시켰다. 양국 관계가 악화되면서 1965년부터 베트남 신문들은 고대 중월관계를 내용으로 하는 문장을 발표하여 "주요한 위협은 북방에서 왔다"고 하면서 고대 베트남이 중국 봉건 왕조에 저항한 전쟁을 거론했고,[16] 1980년대부터 중국의 "일부 사학 공작자들도 (베트남의) 일부 '기담괴론(奇談怪論)'에 대해 비판과 반박을 진행했다."[17]

① 동고문화(銅鼓文化)의 기원

중·월 역사 논쟁은 멀리 베트남 역사 기원에 관한 논의까지 거슬러 올라간다. 특히 동고문화의 기원과 성격에 관해 중·월 양국의 역사학계는 판이한 의견 차이를 보여주었다. 베트남의 학자들은 "동썬동기(東山銅器)를 대표로 하는 동고 기술과 동기 기술은 완전히 본지인이 창조한 일종의 독특한 기술"[18]로서 "베트남에서 북쪽으로 전(滇, 雲南), 촉(蜀, 四川) 지구로 전해지고, 남으로는 말레이반도와 야도지국(椰島之國, 인도네시아)으로 전해졌다"[19]는 동고베트남기원설(銅鼓越南起源說)을 통설화하기도 했다. 그러나 베트남 사학계의 동고문화기원설과 동남아문화중심설은 중월 역사 논쟁이 한창 고조되었던 1980년대 초 중국 역사학계의 강렬한 반발에 부딪혔다. 중국 학자들은 현재 중국 운남과 광서 등 남방 소수민족지구에서 출토되어 수장된 각종 유형의 동고는 베트남 동고에 비해 10배나 많다고 하면서 "베트남의 동고는 중국 운남에서 전래된 것이다"[20]라고 주장했다.

---

15 劉仁善, 『베트남과 그 이웃 중국－양국관계의 어제와 오늘』(창비, 2012), 442-448쪽.

16 張家連, 「對古代中越關係的理論思考」, 『廣西教育學院學報』 1995-2. 15頁.

17 楊立冰, 「評越南史學界歪曲中越關係史的幾個謬論」, 『東南亞縱橫』 1985-1. 20頁.

18 『陶維英, 『越南古代史』(科學出版社, 1959), 185-188頁; 『古代中越關係史資料選編』 675頁.

19 陳輝燎, 「越中兩國之間的歷史關係」, 『歷史硏究』 1966-6, 제88期; 『古代中越關係史資料選編』 781頁; 越南社會科學委員會, 『越南歷史』 第一集(北京: 北京人民出版社, 1977), 22-38頁. 이하 『越南歷史』와 『選編』으로 각각 약칭한다.

20 楊立冰, 「評越南史學界對越南古代史的'硏究'」, 『學術論壇』 1983-2, 79-80頁.

② 반랑국과 어우락국

또 다른 논쟁의 쟁점은 소위 '반랑국-홍브엉(雄王) 시대'와 '어우락국(甌雒國) 시대'에 관한 것이었다. 베트남인은 "청동기가 발전한 시대에 베트남의 역사는 홍브엉 시기, 즉 반랑국 시대로 진입했다"고 하면서, 반랑국의 군주는 "황제를 자칭했는데, 역사에서는 '홍브엉'이라 칭했다"[21]고 믿었다. 그러나 반랑국에 대한 중국 학계의 입장은 반랑국의 실체 자체가 의심스럽고, 반랑국이 실재했다 하더라도 고대 국가로 볼 수 없으며, 반랑국이 고대 국가였다 하더라도 그 영역이 동정호까지 미치지는 않았다는 것이다.[22] 중국 학계는 반랑국이 정치적으로 조작되었음을 강력하게 지적하면서 "그 목적은 명백히 레주언(黎笋) 집단이 중국 남방의 대규모 영토를 엿보며 여론을 조작하여 베트남 당국이 추진하는 지구패권주의(地區覇權主義)를 위해 역사적 근거를 제공하는 데 있었다"[23]고 비판했다.

③ 북속 시기의 기간

베트남의 '독립투쟁사관'에서 가장 빈번하게 논의되는 주제는 베트남이 중국인의 지배하에 놓여 있던 이른바 '북속 시대'에 관한 것이다. 중국 학계에서는 서한 무제가 남월국(南越國)을 멸망시키고 9개 군(郡)을 설치한 시기부터 시작된 1천여 년의 '군현 시기'를 '북속 시기'라고 하지만,[24] 베트남 학계에서는 남월이 베트남을 침공하여 군현을 설치한 기원전 179년부터 '북속 시대'로 규정했다. 이는 곧 현대 베트남인이 남월을 중국의 한 국가로 이해함을 뜻한다. 전통적으로 베트남인은 조타(趙佗)의 남월을 베트남사의 첫 장으로 자부했다. 그러나 유물역사관을 '인민과 민족의 예리한 투쟁 무기'로 삼은 현대 사가들은 "조타는 우리 민족의 침략자임"을 지적하여, 남월국 조조(趙朝)의 역사가 베트남 역사의 범위 안으로

21 『越南歷史』, 22-38頁; 『選編』, 686-688頁.
22 楊立冰, 「評越南史學界對越南古代史的'研究'」, 『學術論壇』 1983-2. 20, 77-79頁; 宋北侖, 「關于中越關係的分期問題」, 『東南亞縱橫』 1999-5·6, 11頁; 劉忠明, 「中越關係中的領土爭端」, 『國際資料信息』 2010-8, 6頁.
23 楊立冰, 「評越南史學界歪曲中越關係史的幾個謬論」, 20頁.
24 張家連, 「對古代中越關係的理論思考」, 『廣西教育學院學報』 1995-2, 14頁.

들어갈 수 없게 되었다."[25] 현대의 중국인은 남월을 중국의 일개 지방할거정권으로 이해하고 있다.[26] 따라서 남월의 성격에 관한 논의에 관한 한, 중국 학계와 대립적 위치에 있는 베트남 학계의 논쟁 상대는 전통 시대의 베트남 사가에 국한된다.

북속 시대에 관한 논쟁에서 다루어진 또 하나의 쟁점은 북속 시대가 언제 끝나서 베트남이 독립하게 되었는가 하는 문제다. 968년에 정부령(丁部領)이 '12사군(使君)'의 할거를 평정하고 베트남을 통일하여 '대구월국(大瞿越國)'을 건립했는데, 중국 학계에서는 일반적으로 이 사건을 베트남 입국의 시작으로 본다. 중·월 양국의 학자들이 베트남의 입국에 관해서는 계속 견해차이가 있었는데, 그중 5종의 관점이 가장 중요하다. 제1종의 시각은 훙브엉 시대에 건립된 반랑국에서 시작했다는 것으로 베트남과 프랑스·일본의 일부 학자들이 이 설을 견지했다. 제2종의 시각은 베트남의 구사(舊史. 『大越史記全書』 등과 같은 것)에서 조타가 건립한 남월국이 입국의 시작이라는 것이다. 제3종 시각은 오권(吳權)이 938년(後晉 天福 3)에 건국한 것을 표지로 삼으며, 제4종의 시각은 정부령이 968년(宋 開寶 3)에 건국한 것을 표지로 삼는다. 제5종 시각은 남송 왕조가 1174년(宋 淳熙 원년)에 이천조(李天祚)를 안남국 왕으로 책봉한 것을 표지로 삼는다. 중국 학자들은 일반적으로 제4종 관점에 동의하고, 제3·제5종 관점도 각각 지지자를 갖고 있다.[27]

④ 이징(二徵) 사건

북속 시대에서 가장 논란이 된 쟁점은 이른바 '이징(二徵)' 사건이었다. '이징', 즉 징측(徵側)과 징이(徵貳) 자매의 기의에 대해 베트남의 사학계에서는 매우 적극적으로 평가했다. 베트남인은 "징측·징이 기의는 북속 시기 베트남 인민이 제1차로 승리를 취득한 기의로서, 전국 범위로 발전하여 국가의 독립을 회복했

25 劉仁善, 『베트남과 그 이웃 중국—양국관계의 어제와 오늘』, 29-30쪽.
26 戴可來, 「略論古代中國和越南之間的宗藩關係」, 『中國邊疆史地研究』 2004-2, 116頁; 宋北侖, 「關于中越關係的分期問題」, 11頁.
27 王桃, 「20世紀以來中國學者關于淸代以前中越關係的硏究」, 『東南亞硏究』 2006-3, 83頁.

다"[28]고 평가하면서, 이징 사건을 소극적으로 평가하는 중국 사학계를 공격했다. 이에 반해 중국 학계에서는 이징 사건이 변군(邊郡)에 대한 '개토귀류(改土歸流)'가 실행되자 낙후(雒侯)·낙장(雒將) 등 기득권자들이 자신의 권리를 잃지 않기 위해 일으킨 저항으로 이해하여 소극적으로 평가했다.[29]

⑤ 북속 시기의 의의

북속 시기에 관한 논의 가운데서 문제가 된 또 하나의 쟁점은 북속 시기에 중국 왕조의 베트남 통치가 베트남 사회의 발전에 얼마나 기여했는가 하는 것이다. 베트남 사가들은 "중국 봉건 집단의 1천 년 이상의 통치를 거쳐 우리나라 사회 발전은 극히 완만하고 극히 낙후되었다. 국토상의 자원이 약탈되고 생산력은 속박·파괴되었으며, 식민적 권리를 주기 위해 낡은 생산관계가 유지되고 월족 문화는 많이 소멸되었다"[30]고 하여, 매우 부정적인 이해를 보였다. 이에 반해 중국 학계에서는 "중·월 학계에서는 이 시기 베트남의 사회 성질에 대해 비교적 큰 견해차이가 있지만, 중원 문화의 베트남 정치·사회 발전에 대한 작용은 의심할 필요가 없는 것이다"[31]라고 단정했다.

북속 시기에 관한 논쟁에서 가장 큰 쟁점은 이 시기에 베트남이 문화적으로 얼마나 한화(漢化), 즉 중국에 동화되었는가 하는 문제였다. 이에 대해 중국 학계에서는 전통적으로 베트남의 한화를 일관되게 주장해왔지만, 현대에 와서도 일반적으로 "월인에 대해 한 문화는 깊은 영향을 주었다"[32]는 사실을 강조하고 있다. 그러나 베트남 역사학계에서는 북속 시기 베트남의 한화설을 적극적으로 부정했으니 "10세기 넘는 기간에 다만 베트남민족만 한편으로 중국 문화의 정화를 흡수하면서도 다른 한편으로는 중국 봉건 통치자의 동화정책을 성공적으로

28 文新,「準備紀念二徵夫人殖難1930年」,『歷史硏究』1972-1·2;『選編』, 703頁.
29 陳玉龍,「略論中越歷史關係的幾個問題」,『東南亞縱橫』1983-1, 30頁; 宋北侖,「關于中越關係的分期問題」, 12頁; 戴可來,「略論古代中國和越南之間的宗藩關係」, 116頁.
30 陳國旺·何文晉,『越南封建制度史』第一卷(河內, 教育出版社, 1960), 55-68頁;『選編』, 702頁.
31 王桃,「20世紀以來中國學者關于淸代以前中越關係的硏究」, 85頁.
32 戴可來,「略論古代中國和越南之間的宗藩關係」, 117頁.

저지했다"고 하면서, 이로 인해 "중국의 방대한 주위에서 오직 조선과 베트남만이 지금까지 계속 존재하고 있다"[33]고 자부했다.

⑥ 종번관계론과 전쟁 관련 논쟁

중·월 사이의 역사 논쟁에서 가장 많이 다루어진 주제는 베트남이 독립된 이후 프랑스의 식민 지배를 받기까지 시기에 집중되었다. 이 시기는 중국 학계에서 주로 종번관계가 유지된 시기로 규정되었고 이 시기 중월관계의 기조를 문화적 교류로 간주한다. 이에 반해 베트남 학계에서는 이 시기를 외침에 완강하게 저항하여 독립을 지킨 항격의 시기로 규정하고, 이 시기 중월관계의 기조를 전쟁으로 간주한다. 이와 더불어 중월관계사에서 빈번하게 지속적으로 일어난 전쟁이 중국이 베트남을 침공한 일방적 전쟁이었는가 아니면 베트남도 중국을 침공한 쌍방적인 것이었는가 하는 것도 중요한 쟁점의 하나였다. 베트남 측에서는 중월관계사의 전쟁은 모두 중국의 일방적 베트남 침공으로 이루어졌다고 주장하지만, 중국 측에서는 중국 왕조가 베트남을 침공한 경우도 있었지만 베트남 왕조가 중국을 침공한 적도 있었기 때문에 일방적인 것은 아니었다고 주장한다. 이러한 논쟁의 과정에서 베트남의 중국 침공의 대표적 사례로 중국 측이 제기하는 전쟁은 1075년 베트남의 이조(李朝)가 중국의 송조를 공격한 사건인데, 이 전쟁의 성격을 둘러싸고 가장 치열하게 논쟁이 진행되었다. 중국 측에서는 이 전쟁이 베트남이 중국을 침공한 대표적 사례라 지적하지만, 베트남 측에서는 송조의 침공을 사전에 봉쇄하기 위한 조처였다고 주장한다. 중월관계사에서의 전쟁 성격을 어떻게 규정할 것인가 하는 문제도 중요한 쟁점의 하나였다. 중국 측에서는 마르크스 사관에 입각하여 봉건 왕조의 행위이기 때문에 침략한 쪽의 인민이나 침략을 당한 쪽의 인민이나 모두 피해자라는 계급모순론을 제기했고, 베트남 측에서는 또는 민족과 민족의 항쟁으로 평가하기도 하고 또는 계급적 모순으로 이해하기도 한다.

---

33 文新, 「發現度山舊石器的意義」, 『歷史硏究』 1961-3; 『選編』, 710-711頁.

5. 몽골과 중국의 몽골 역사 논쟁

"몽골국가박물관의 전시관에서는 자기 국가의 역사를 흉노제국과 선비제국, 유연제국, 돌궐제국, 회골제국 및 몽골제국, 만족 통치 하의 몽골, 혁명 전야의 몽골, 공산주의 시기의 몽골, 민주화 후의 몽골 등의 순서로 설명하여, 참관자에게 몽골국은 예로부터 중앙아시아 각 제국의 합법적 계승자이고, 역사상 각 제국의 통치자는 몽골인의 직접적 조상이거나 몽골인과 긴밀한 관계를 갖고 있음을 말하려 한다. 즉, 2천 년 이래로 중앙아시아의 거주자와 건국자 및 통치자의 후대는 곧 현재의 몽골인이라는 것이다. 몽골 국가박물관이 반영하는 역사관은 '중국 민족의 대일통사관(大一統史觀)'과 달리 몽골인은 자기가 중화민족의 일부분임을 부인한다. 그러나 중국인은 역사상 매우 긴 시간 동안 몽골은 (흉노, 돌궐, 위구르 등과 마찬가지로) 일찍부터 중국의 일부분이었다고 생각한다."[34]

몽골인과 중국인 사이의 이처럼 현격한 몽골 역사에 대한 인식 차이는 이미 1911년 몽골인이 독립을 선언할 때부터 표면화되었다. 중국인은 몽골이 독립하는 논리적 근거, 즉 만주와 몽골의 통합 국가라는 만청의 성격에 대한 논리적 투쟁을 준비하지 않을 수 없게 되었고, 이러한 과정에서 출현한 것이 이른바 '통일적 다민족국가론'이다. 1979년 중국은 중국몽골사학회를 창립하고 칭기즈칸을 중국인의 영웅으로 화려하게 부활시켰다. '통일적 다민족국가론'에 입각한 몽골 역사 서술도 지속적으로 생산되었다. 몽골족간사편사조(蒙古族簡史編寫組)의 고문덕(高文德) 등이 저술한 『몽골족간사(蒙古族簡史)』(呼和浩特: 內蒙古人民出版社, 1985), 내몽골사회과학원 역사연구소의 유금소(留金鎖) 등이 편찬한 『몽골족통사(蒙古族通史)』 상·중·하(北京: 民族出版社, 1991), 오르도스(鄂爾多斯)시 몽골민족통사위원회 맹광요(孟廣耀) 등의 『몽골민족통사(蒙古民族通史)』(2002), 태역적올척-만창(泰亦赤兀惕-滿昌) 주편의 『10권본 몽골족통사(10卷本 蒙古族通史)』(瀋陽: 遼寧民族出版社, 2004) 등이 그것이다.

---

34 王穎春,「蒙古的歷史觀」,『世界之窓』 2010-3, 43頁.

'통일적 다민족국가론'에 입각한 중국인의 몽골사 서술과 이해에 대해 몽골인은 매우 불쾌하게 생각하고 중국인의 정치적 의도를 의심했다. 그들은 마오쩌둥주의자들이 몽골 역사를 왜곡하고 훼손하고 있음을 규탄하면서, 이는 '통일적 다민족국가'라는 북경 정부의 임의적 지시와 관련되어 있다고 주장했다. 몽골인은 마오쩌둥주의 역사가들의 논문 내용과 목적이 북경 정부의 몽골인민공화국 국토에 대한 욕심과 몽골의 독립을 방해하려는 위협을 변명하는 데 있는 것으로 의심했다.[35] 몽골인과 중국인에게는 몽골사 논쟁이 과거가 아니라 현재를 위한 수단일 뿐이었다.

① 몽골 고대사의 범위

몽골인과 중국인의 몽골사에 대한 인식의 차이는 몽골제국의 성립 이전의 역사에 대한 서술에서부터 분명하게 드러난다. 중국인은 북방 초원 유목민이 세운 일체의 유목 제국들, 예컨대 흉노제국, 유연제국, 돌궐제국, 회골제국, 몽골제국 등이 모두 중국인에 의해 세워진 중국의 제국이요 그 역사도 중국의 역사라고 주장하는데, 이러한 주장이 이른바 통일적 다민족국가론에 입각한 것임은 물론이다. 그러나 몽골인에게는 "흉노는 중국의 한과 대등하게 맞섰던 아시아의 거대한 제국 중 하나였다. 중국의 한은 기원전 198년 흉노국을 스스로 대적하는 나라로 인식하고, 두 나라의 국경을 중국의 만리장성으로 정하였다"고 생각한다.[36] 이들은 마오쩌둥주의자들이 '통일적 다민족 중국'론을 증명하기 위해 2천여 년 동안 중국 제국이 전쟁을 치르면서 간섭해온 모든 지역 민족을 오늘날 중국의 국민이라고 보고 있다고 비판한다.

---

35 페를레(Damdin Perlee), G. 수흐바트르, 「마오주의자들의 몽골 역사 왜곡 훼손 사실」, 『몽골 과학 아카데미 소식』, 1976-3, 126-137쪽.

36 대표적으로 G. 수흐바트르는 「흉노족 사회 구조에 대한 문제로부터」, 『역사연구』(울란바토르, 1975)에서 "흉노는 중국과는 전혀 다른 나라이자 정권을 가진 유목민족이었다"(143-176쪽)고 주장하고, 흉노와 중국 간의 독립적 역사 관계를 상세하게 논했다.

② 칭기즈칸의 '민족'적 귀속

중국인과 몽골인 사이에 개재된 가장 큰 역사적 인식의 차이는 바로 칭기즈칸을 어떻게 인식하는가 하는 문제다. 몽골인은 말할 필요도 없이 칭기즈칸이 몽골인의 위대한 선조라고 생각하지만, 중국인은 몽골인이 중화민족의 일부였듯이 칭기즈칸은 중국인이었다는 역사인식을 표명해왔다. 이들은 "칭기즈칸은 중국인이고, 중국 국경 내에 있는 몽골족은 중국 소속이다. 따라서 칭기즈칸은 (중국) 국경 내외에 있는 모든 몽골민족의 공동 조상이다"[37]라고 말하기도 하고, "칭기즈칸은 중국의 고대 몽골 통치자이며, 몽골족은 중국의 소수민족이다. 몽골민족은 조상 대대로 중국의 영토에서 생활했으며 성장하고 발전했다. 칭기즈칸은 몽골의 칸이 아니라 중국 고대의 일개 소수민족의 통치자였다. 역사적으로 몽골을 외국으로 볼 수 없다. 오늘날 몽골족의 대부분은 역시 중국 국경 내에 살고 있음을 기억할 필요가 있다"[38]고 주장했다. 그러나 몽골인은 "몽골 역사가 중국 역사의 일부가 아니고 칭기즈칸이 중국인이 아니라 몽골인이었다는 것은 오늘날 일반적 상식을 가진 사람들이라면 누구나 분명히 알고 있는 사실이다. 그러나 일부 잔인하고 편협한 사고를 가진 사람들의 잘못된 정책으로 인해 이러한 생각이 지금까지 남아 있는 것은 유감스럽기 그지없는 일이다"[39]라고 비판하기도 하고, "칭기즈칸은 대몽골국을 건립하고, 더 나아가 역사상 처음으로 중국을 정복하였으니…이것을 중국의 소수민족이 국가를 통일한 사건이라고 볼 수는 없다"[40]고 주장하기도 한다.

---

37 『內蒙古大學 第四次 蒙古硏究 國際學術懇談會 資料輯』(呼和浩特, 2004年 8月 16일-20日), 266頁.

38 『光明日報』, 1979年 9月 11日; 『成吉思汗關聯硏究論文集』上中下(鄂爾多斯市 成吉思汗硏究所, 2005), 13-14頁.

39 G. 바타르, 「몽골 제국, 칭기즈칸, 원나라, 후빌라이칸에 대한 중국 중학교 역사교과서의 기술에 대하여」, 『위대한 칭기즈칸』(울란바토르, Soyombo Printing, 2009), 194쪽.

40 『동아시아 역사 왜곡에 대한 국내외 비정부기관의 연계를 통한 해결 방안』(울란바토르: 한국-몽골 학술심포지엄, 2008), 68쪽.

③ 몽골제국사와 원조사

몽골인의 입장에서 볼 때 몽골제국의 출발시점 역시 중국 역사가들이 '명백히 잘못된 접근'을 시도하는 주제의 하나다. 중국인은 1206년 이후로 칭기즈칸이 세운 대몽골제국까지 원나라의 역사에 포함시키고 있다. 즉, 몽골의 4명의 대 칸, 곧 칭기즈칸, 오고타이칸, 귀위크칸, 몽케칸 등도 마치 원나라의 군주인 것처럼 서술하는 것이다.[41] 이들은 칭기즈칸이 몽골고원 지대를 통일한 1206년을 원이 개국한 해로 간주함으로써 칭기즈칸을 중국 역사에 등장하는 원조의 건립자로 개조하고 칭기즈칸 시대 몽골제국조차 중국의 역사 안의 왕조로 편입시켰다.[42]

그러나 몽골인은 중국 교과서의 기술이 "원을 몽골제국이 세워진 1206년부터 시작된 것으로 보고 몽골의 조상들을 원의 군주처럼 연결시켜보려는 아주 깊고 사악한 의도를 가지고 있는 것"으로 본다. 또한 "몽골족이 중국화되는 과정을 가속화하였다는 것은 너무 무례한 결론이다. 중화인민공화국 역사가들이 1960년에 쓴 역사책들이 원을 중국을 정복한 외국의 한 민족이라고 보는 것은 잘못된 주장이라는 내용을 담고 있다"[43]고 비난한다. 그들은 몽골과 만주 등의 민족들을 중국 전체 역사의 한 부분으로 보고, 원대의 충돌은 민족 간의 충돌이 아니라 사회계층 간의 충돌이었다고 주장하는 중국 학자들의 견해를 적극적으로 비판했다. 몽골인은 몽골제국이 탄생한 해는 1206년으로 보고, 2006년에 몽골 전역에서 몽골 제국 탄생 800주년을 기념했다. 2006년 몽골국 과학아카데미 역사연구소는 칭기즈칸 제국 성립 800주년 기념 성과물들을 차례로 출판하여, 1260년에 성립된 쿠빌라이의 대원제국의 성격을 대몽골제국의 후계 제국으로 간주한 뒤 원나라의 역사는 몽골의 지배사라는 입장을 분명히 했다. 즉, 원나라가 '통일적 다민족국가'의 시작이라는 중화인민공화국의 주장을 일축한 것이다.[44]

---

41 김장구, 「중국연구자들의 원대사 연구와 몽골 인식」, 『고구려연구재단연구총서』 17, 2006, 39쪽.
42 金鮮浩, 『내몽골, 외몽골—20세기 분단의 몽골역사』(한국학술정보, 2014), 167-170쪽.
43 바타르, 「몽골 제국, 칭기즈칸, 원나라, 쿠빌라이칸에 대한 중국 중학교 역사교과서의 기술에 대하여」, 200-201쪽.
44 박원길, 「중국의 몽골역사 해석과 인식」, 『10-18세기 북방민족과 정복왕조 연구』(동북아역사재단, 2009), 54쪽.

이러한 논쟁은 근본적으로 "몽골은 중국 고대의 한 민족이다"라는 중국인의 가설에서 출발한 것이다. 중국의 중학교 학생들이 배우는 교과서에는 "몽골족은 우리나라 고대의 한 민족이며, 오랜 시기에 걸쳐 우리나라 북방의 몽골고원에서 가축 유목을 하고 사냥을 하며 생활해왔다.…원의 통합은 민족 통합을 촉진했다. 이는 원이 우리나라의 역사에 기여한 부분이다"[45]라고 기술되어 있다. 그러나 몽골인은 중국 교과서에 나오는 이러한 설명과 달리 "몽골의 역사는 보다 길고 보다 복잡하며 보다 풍부한 역사이며, 흉노 시대부터 선비, 거란 등 적어도 수천여 년의 역사를 가지고 있다"고 했다. 몽골인은 몽골국이 흉노 이래 역사상 명멸했던 유목민족의 전통을 이어받은 국가이며 몽골이 복속을 받았던 청조는 한족이 아닌 만주족 정권이었다고 믿고 있으며,[46] 원제국은 몽골인의 정권이고 원제국의 역사는 몽골인 역사의 한 부분에 불과하다고 단언한다.[47]

④ 명·청과 몽골 제국(諸國)

중·몽 역사 논쟁에서 제기된 또 하나의 쟁점은 명과 북원, 청과 몽골 제국의 관계에 관한 것이다. 우선 중국인은 이른바 통일적 다민족국가론에 입각하여 명과 북원의 관계를 남조와 북조의 관계로 설정했다. 한 예로, 『몽골족통사』에서는 "우리는 양자(明朝와 北元)의 관계를 중국과 외국의 관계로 파악하지 않고, 또한 중앙과 지방의 관계로도 보지 않으며, 원조 멸망 후 중국 땅에 병존한 2개의 독립 정권으로 파악했다"[48]고 밝히고, 『몽골민족통사』에서는 "국내에 서로 다른 민족이 건립한 남북 두 정권이 병존한 구조는 우리나라 역사상 여러 차례 나타났다.…남북조시대와 송·요·금이 대치했던 시대처럼…명조와 북원/몽골의 병

45 9학년제의 제3학년 교사용 교재, 『중국의 역사』 제2권 (국립교육출판소), 124쪽.
46 오 바트사이한, 이평래 역, 「중국 역사학자들의 몽골사 왜곡에 대하여」, 고구려연구재단 제1회 국제학술회의 『한국사 속의 고구려의 위상』(고구려연구재단, 2004), 399쪽.
47 몽골국립역사박물관장 A. Ochir, 「몽골과 한국의 관계에 대하여」, 『고구려연구회 창립 10주년기념 제10회 고구려국제학술대회(2004.6.28-30) 논문집』, 85쪽; 이개석, 「13-14세기 東아시아 歷史像과 민족주의」, 『한-몽 역사학자들의 동북아역사인식』(동북아역사재단, 2008), 94-95쪽.
48 留金鎖 等 編, 『蒙古族通史』 上(北京: 民族出版社, 1991), 3-4頁.

렬은 비록 시대와 조건이 다르고 면모가 조금씩 차이가 있지만 똑같은 역사의 반복이다"[49]라고 하여 이 시기를 남북조시대라고 규정하기도 했다.[50]

그러나 몽골인은 중국인이 "'통일적 다민족 중국'이라는 절실한 공식을 위해 오이라드 몽골이 중국의 북방 안에 있던 것처럼 제멋대로 왜곡하였다"고 비난하고, 오이라드 몽골인이 1449년 중국을 공격할 때 명의 군주를 포로로 잡고 북경을 점령하려 했었다"는 사실을 상기시키면서, "오이라드가 명나라 내의 한 민족이었음을 입증할 증거는 없다"[51]고 단언했다. 만청과 몽골 제국의 관계에 관해서는 "만주족, 내몽골, 그리고 한족이 당시의 지배 권력이 되어 청나라를 세운 것"[52]이 몽골인의 생각이다. 준가르가 만주의 침략에 대항하여 몽골민족의 독립을 위해 싸웠다는 역사의식은 몽골 학계의 일반적 경향이다.[53] 몽골 학자들은 만주의 잔혹한 몽골 탄압을 통해 "두 나라가 각각 독립된 나라였음"[54]을 확인한다. 또한 몽골인은 "몇 명의 오이라드 영주들에게 명에서 작위를 준 것은 주종관계를 표현하는 것이 아님"을 강조하면서, "역사적으로 중국 왕조들의 외교정책은 이웃나라의 사신 왕래가 이어지고 어느 정도 관계가 형성되면 직위를 내리고 도장도 주곤 했다"고 하며, 이른바 책봉-조공관계의 성격을 중국인과 달리 해석했다.[55]

⑤ 몽골의 독립

중·몽 역사 논쟁에서 그 어떤 문제보다도 더 뜨거운 논쟁을 불러일으킨 쟁점은 바로 몽골의 독립에 대한 역사적 평가였다. 중·몽 역사 논쟁이 몽골인의 독립 선언을 계기로 불붙었기 때문이다. 몽골 연구자들이 1911년 독립 선언을 기본적

---

49 白拉都格基 等, 『蒙古民族通史』 3卷(呼和浩特: 內蒙古大學出版社, 1991-2002), 48-49頁.
50 이평래, 「중국 학계의 몽골사 서술 분석」, 『중국 학자들의 소수민족 역사 서술』(동북아역사재단, 2008), 80-83쪽.
51 페를레·수흐바트르, 「마오주의자들의 몽골 역사 왜곡 훼손 사실」, 131쪽.
52 페를레·수흐바트르, 「마오주의자들의 몽골 역사 왜곡 훼손 사실」, 128쪽.
53 S. 나착도르지, 『만주 고대시대 하르힌 약사』(1691-1911), (울란바토로, 1963), 58-80쪽.
54 페를레·수흐바트르, 「마오주의자들의 몽골 역사 왜곡 훼손 사실」, 129쪽.
55 페를레·수흐바트르, 「마오주의자들의 몽골 역사 왜곡 훼손 사실」, 129-133쪽.

으로 청의 지배를 받기 시작하면서부터 진행된 몽골인의 반청 투쟁의 결과로 이해하고 있는 반면, 중국 연구자들은 이를 시종일관 제정러시아의 연출에 의한 타율적인 사건으로 평가했다.[56] 『몽골족간사』에서는 "외몽골 '독립'운동이 제정러시아 제국주의의 직접적인 지휘하에서 발생했다"[57]고 주장했다. 타이완 연구자들도 "외몽골 독립은 본래 러시아인의 음모와 선동이 가장 중요한 원인이다"[58]고 단정하고, '외몽골 독립'이 제출한 '한·몽 2족은 청조로부터 동시에 해방되었다'는 독립 논조가 국제법상으로나 중화세계 질서 원리상으로 성립할 수 없다고 반박했다.[59] 그러나 몽골 학자들은 1911년 독립 문제에 관한 중국 학자들의 연구는 "몽골의 독립을 무너뜨려 중화인민공화국에 편입시키려는 중국의 국가 전략을 실현시키기 위한 것"[60]이라고 주장했으니, 몽골인에게 신해혁명이란 '달노구축(韃虜驅逐)'이라는 중국인의 민족혁명으로 인식되었다.[61]

⑥ 몽골의 분단

외몽골은 1945년에는 중국국민당에, 그리고 1949년에는 중국공산당에 현대국가로서의 독립과 중국으로부터의 완전 독립을 인정받았다. 반면에 내몽골은 1947년, 즉 중화인민공화국 건국 2년 전에 이미 내몽골자치정부를 수립하여 중국공산당 안에서 하나의 자치구로 정립되었다. 이렇게 몽골이 남북으로 분단됨에 따라 몽골사의 서술도 달라졌다. 『몽골족간사』와 『몽골족통사』 및 『몽골민족통사』 등 중국에서 간행된 3종의 몽골사 개설서는 서술 범위가 몽골인 기원에서 1949년 신중국 성립까지만 다루고 1921년 외몽골 혁명 이후 몽골국의 역사를 서

---

56 村井宗行, 1987, 「いわゆる'自治政府'の性格」, 『モンゴル研究』 10, 81-82頁; 이평래, 「중국 학계의 몽골사 서술 분석」, 142-143쪽.

57 蒙古族簡史編寫組, 『蒙古族簡史』(呼和浩特: 內蒙古人民出版社, 1985), 324頁.

58 李毓澍, 『蒙事論叢』(臺北: 里仁書局, 1990), 257-261頁.

59 張啓雄, 『外蒙主權歸屬交涉 1911-1916』(臺北: 中央研究院近代史研究所, 1995), 5-6, 308-309頁.

60 오 바트사이한, 「중국 역사학자들의 몽골사 왜곡에 대하여」, 『한국사 속의 고구려의 위상』(고구려연구재단 제1회 국제학술회의 자료집, 2004), 413-414쪽.

61 楊海英, 『殖民地としてのモンゴル』(東京: 勉誠出版, 2013), 32-36頁.

술에서 제외했으며, 몽골국에서 간행된 몽골사 개설서(전5권)도 1921년 이후 내몽골에 대한 서술은 제외하여 역사 서술에서도 현실의 '분단'이 반영되었다.[62] 문화대혁명과 함께 중국과 외몽골의 관계가 악화되면서 역사 왜곡은 대부분 몽골 측의 북경 정부에 대한 비난의 내용이 되었다. 몽골인은 "중국의 마오쩌둥 일당은 그동안 실질적으로 몽골인민공화국의 존재조차 부정하고 장제스 일당과 마찬가지로 한족우월주의에 젖어 몽골 영토를 중국으로 귀속시키려는 꿈을 꾸어왔고, 특히 한문화나 마오쩌둥사상을 몽골인에게 주입시키려 하였다"[63]고 비난했다. 몽골인의 증언에 의하면, "중화인민공화국의 출현 이래로 몽골인의 반중국인·반초원개간(反草原開墾)으로 대표되는 반식민지투쟁과 민족자결사조차 '중국인과 함께 일본제국주의에 저항한 혁명사'가 되고 '중국 혁명의 일부'로 개찬(改竄)되었다.…몽골인의 독자적 역사가 '중국인 역사의 일부'로 전락하고 왜소화했다."[64]

6. 동투르키스탄과 중국의 동투르키스탄 역사 논쟁

9·11 한 달 뒤인 2001년 10월 11일, 중국 정부는 처음으로 중국 신강과 경외의 '동돌 공포 세력'이 국가와 인민의 생명과 재산의 안전을 위해함을 폭로했고, 중국 국무원 신문판공실에서는 백피서 『'동돌' 공포세력은 죄책에서 벗어날 수 없다('東突'恐怖勢力難逃罪責)』를 발표했다. 중국인이 이처럼 격렬하게 비난하는 '동돌'은 '동돌궐' 또는 '동돌궐사탄(東突厥斯坦)'의 준말이고, '동돌궐사탄'이란 '동투르키스탄'을 한자로 표기한 것으로 '돌궐인의 동쪽 땅'이란 뜻이다. 오늘날 서방의 역사지리학자들은 중앙아시아의 러시아령 투르키스탄을 '서투르키스탄'이

62 이평래, 「중국 학계의 몽골사 서술 분석」, 73-75쪽.
63 1967년 8월 라디오 울란바타르; 金鮮浩, 『내몽골, 외몽골-20세기 분단의 몽골역사』, 80쪽에서 재인용.
64 楊海英, 『殖民地としてのモンゴル』, 184-207頁.

라 칭하고, 중국 신강 남부 타림분지를 '중국 투르키스탄' 또는 '동투르키스탄'이라 칭한다.[65] 돌궐(투르크)은 돌궐어를 사용하는 역사공동체를 가리키는 말이 되었지만, 그렇다고 해서 이 역사공동체가 오로지 '돌궐어'라는 공통분모만 공유하는 공동체는 아니다. 이들이 하나의 역사공동체로서 지금까지 오래도록 유지될 수 있었던 데는 중국인이 '쌍범(雙泛)'이라 부르는 '범이슬람주의'와 '범투르크주의'가 작동했다. '쌍범'은 19세기 하반에 일종의 사회사조로 형성되어 20세기 초 신강에 전입된 뒤 1933년과 1944년에 동투르키스탄이슬람공화국과 동투르키스탄공화국을 각각 성립시켰다.

동투르키스탄의 분리·독립 운동을 야기한 쌍범 가운데서 특히 범투르크주의는 역사 논쟁을 불러일으켰다. 왜냐하면 중국인이 범투르크주의는 역사적 사실에 근거한 것이 아니라 이념적 가설에 근거한 것이라고 공격했기 때문이다. 1933년의 독립운동을 주도한 무함마드 이민 부그라는 인도로 망명한 뒤에 『동투르키스탄 역사』를 지어 "투르키스탄의 투르크민족은 전 세계에서 가장 오래되고 고상한 문화를 가진, 전 세계에서 가장 높은 지위를 가진, 인류 사회에서 가장 공헌이 큰 민족이다"라고 하여 범투르크주의와 '동투르키스탄의 독립'을 고취했지만, 중국인은 "현대 내륙 아시아의 수십 개 민족은 돌궐어를 사용하는 여러 민족이 되었으나, 이들 수십 개 민족은 민족학적 의미에서 동일 민족이 아니니, 이들 수십 개 민족을 통일적 '돌궐민족'이라 말하는 것은 범투르크주의자들이 지어낸 신화일 뿐이다"[66]라고 비판했다.

동투르키스탄 역사에 대한 연구는 주로 위구르인과 중국인 그리고 러시아인에 의해 이루어졌고, 그 연구 성과도 세 가지 방향으로 다르게 이루어졌다. 이 지역이 위구르인과 중국인·러시아인의 경쟁이 이루어지는 전장이 되어왔듯이, 위구르 역사 서술 역시 위구르와 중국·러시아의 경쟁적 민족주의와 그 이념 투쟁의 장이 되어왔다. 중국 국가는 신강(新疆) 지배를 합리화하고 통일된 중국 개념을

65 厲聲, 『中國新疆: "東突厥斯坦"分裂主義的由來與發展』(烏魯木齊, 新疆人民出版社, 2009), 2-3頁.

66 潘志平·王鳴野·石巖, 『"東突"的歷史與現狀』(北京: 民族出版社, 2008), 11-12, 110-115頁.

지원하는 연구의 진전을 기대하면서, 그 자신의 역사적 해석을 선전하고 이 방면에서의 학자들의 작업을 지원했다. 중국인의 역사 연구의 지나친 정치화는 분명하게 구별된 민족으로 위구르의 역사를 보는 위구르 민족주의 역사가들을 자극했다. 중국인은 신강이 고대 이래로 중국의 분리할 수 없고 양도할 수 없는 부분이고, 위구르는 중화민족의 일부를 형성하며, 그들은 그들 자신의 독립 국가를 세워본 적이 없다고 주장한다. 이와 달리, 위구르 역사학자들은 위구르가 중국의 국가에 속한 적이 없고 그들의 조상은 과거에 찬란한 문화를 창조하고 수많은 독립 국가들을 건립했다고 믿는다. 이 논쟁의 핵심은 위구르인이 투르크'민족'에 속하는지 아니면 중국인들이 믿는 것처럼 통일된 '중화민족'을 구성하는 소수민족의 하나인지 하는 문제이다.[67] 중국과 위구르 역사가들의 논쟁은 주로 다음과 같은 쟁점을 중심으로 전개되었다.[68]

① 위구르의 민족적 기원

중국 학자들은 일반적으로 돌궐부의 정령(丁零)을 위구르의 첫 조상으로 인증했으나, 위구르 학자들은 훈족이 위구르의 조상이라고 인증했다. 위구르인은 훈제국을 고대 위구르 역사의 가장 중요한 부분으로 기술했으나, 훈인을 고대 중국 그룹으로 간주하는 중국 역사가들은 이 관점에 반대했다.

② 신강 원주민으로서의 위구르

중국 역사가들은 정치적 동기로 인해 위구르의 민족적 기원을 현대 신강과 분리시키고 그들을 몽골과 연결시켜 위구르족은 9세기부터 비로소 신강의 주요 사회·정치 세력이 되었으며, 한대 중국인이 신강의 원주민이었다고 주장했다. 그

67 Ablet Kamalov, "The Uyghurs as a Part of Central Asian Commonality: Soviet Historiography on the Uyghurs," *Situating the Uyghurs Between China and Central Asia*, Ashgate, 2007, p.33.

68 Nabijan Tursun, "The Formation of Modern Uyghur Historiography and Competing Perspectives toward Uyghur History," *China and Eurasia Forum Quarterly*, Vol.6, No.3, 2008, p.92. 이하 쟁점별 논쟁 내용은 이 논문을 정리한 것이다.

러나 무하마드 아민 부그라와 투르군 알마스 등을 포함한 위구르 역사학자들에 따르면, 신강은 언제나 위구르의 고향이었고 위구르-투르크족은 이 지역의 원주민이었다.

③ 신강이 고대부터 중국의 일부였는가 하는 문제

1990년대에 중앙아시아에서 정치적 변화가 일어나고 위구르의 분산된 거주지에서 위구르의 자결운동이 성장한 뒤부터 중국 정부 및 국가와 제휴한 학자들은 그들의 선전 전략을 한족이 신강의 원주민임을 강조하는 것으로부터 신강이 고대 이래로 중국의 분리할 수 없는 부분이라는 점에 초점을 맞추는 것으로 바꾸었다. 중화인민공화국 주석 장쩌민이 1998년 신강을 방문했을 때 "신강은 고대부터 우리 조국의 한 부분이었다"[69]고 강조했는데, 이 정치적 기준을 따라 중국 학자들은 '분리주의자들'이 신강에 대한 그들의 견해를 주장하기 위해 역사를 왜곡하고 이 지역을 중국에서 쪼개어내려 한다고 주장했다.

④ 신강에서의 위구르인의 역할

위구르 학자들에 따르면, 위구르인은 신강의 정치·경제·문화생활에서 지배적인 역할을 한 사람들이었고, 정치에 대한 중국의 영향과 통제는 오직 1759년과 1884년 이후에야 나타났다. 이에 반해 중국 학자들은 중국인은 18세기 이전부터 신강의 역사에서 중요한 역할을 맡았으며, 청 왕조가 통제한 뒤부터 중국인은 이 지역에 대한 정치적 통제뿐만 아니라 문화적 통제까지 발휘했다고 주장했다.

⑤ 위구르 국가들의 독립

위구르 학자들과 중국 학자들 사이의 가장 큰 이념적 다툼은 중화인민공화국의 통제 이전에 있었던 위구르 국가들의 독립이라는 쟁점을 둘러싸고 집중되었다. 중국 역사학자들은 위구르인이 경영한 정치적 실체는 단지 중앙 왕조의 통제

69 『中國歷代中央王朝治理新疆政策硏究』(烏魯木齊: 新疆人民出版社, 2004), 1頁에서 인용.

하에 있었던 지방 통치 실체였을 뿐이었으며 그것들은 완전한 독립을 향유하지 못했다고 주장함으로써 위구르 역사를 중국 역사를 구성하는 단순한 한 성분으로 묘사했다. 그러나 위구르 역사학자들은 위구르가 국가 건립의 긴 전통을 가졌고 그들에 의해 건립된 국가들은 완벽하게 독립적이었다고 주장했다.

⑥ 중국인과 위구르인 사이의 역사적 관계

중국 학자들은 고대 이래로 위구르를 포함한 비한족 집단의 지배자들은 '중원'의 '중앙 왕조'와 밀접한 관계를 가졌고 중국 황제에게 조공을 바침과 동시에 사신을 보내 자신의 복속을 표현하였으며 한족 중국인과 밀접한 경제적 관계를 가지면서 한 문화의 영향을 받았다고 주장했다. 이와 반대로 위구르 역사학자들은 위구르 국가들이 중국의 지배 권력을 다룰 때 독립적 지위에 있었음을 강조했다. 그들은 위구르 왕국이 주권 국가였지 정치적으로나 경제적으로 당조에 속하지 않았지만, 당조는 조공을 바쳤고 그들의 정치적 요구를 보호한 대가로 황제의 딸을 위구르 칸에게 출가시켰다고 주장했다.

20세기에 위구르 역사 분야는 위구르 인민과 중국 국가의 염원이 서로 다투는 플랫폼이었다. 위구르인은 독립 국가를 실현하기를 갈망했고 중국 정부는 통일된 중국을 유지하려 노력했기 때문에 각기 현재의 목표를 정당화하기 위해 위구르의 과거에 대한 대립적인 해석에 의존했다. 이 기간의 위구르 역사 연구는 각 그룹의 저마다의 염원의 토대가 되는 정치적 이념에 뿌리를 두고 있었다.

7. 타이완과 중국의 타이완 역사 논쟁

타이완에서 국민당과 민진당이 정권을 교체할 시점에 즈음하여 '타이완 독립 건국론(臺灣獨立建國論)', 즉 '대독(臺獨)'론이 제기되어 타이완의 '독립'과 중국과의 '통일'에 관한 이른바 '통독(統獨)' 논쟁이 발발했고, 논쟁의 일환으로 타이완과 중국의 역사적 관계에 관한 논쟁이 활발하게 전개되었다. 타이완 독립론자와 통일론자 사이에 전개된 이른바 '통독' 논쟁은 '타이완민족'이 독립적으로 존재하였는가, 타이완의 문화와 언어는 중국의 그것과 다른 것이었는가, 타이완의 역사는 중국의 역사와 독립적으로 전개되었는가 등 다양한 방면에서 이루어졌지만, 이 논쟁을 한마디로 요약한다면 타이완이 중국과 다른 별개의 역사공동체로 존재해왔는가 하는 문제에 대한 논쟁이었다고 할 수 있다. 타이완의 역사 논쟁은 대독론과 통일론의 통독 논쟁과 학술적 역사 논쟁, 그리고 교과서 논쟁 등 주로 세 방향에서 전개되었다.

이른바 '대독'이란 타이완(臺灣과 澎湖, 金馬 등 포함)을 범위로 하여 하나의 독립적 주권 국가를 건립하자는 주장이다. 2·28 사건은 20세기 대독운동의 가장 중요한 기원이지만, 1949년 이후의 계엄 시대에는 대독 주장이 주로 일본과 미국에 망명한 지식분자들을 중심으로 조직적이고 이론적으로 전개되었고, 도내에서는 매우 제한적이고 산발적으로 제기되었다. 1987년 계엄이 해제되고 당금(黨禁)이 개방되며 리덩후이(李登輝) 시기가 도래하여, 타이완이 실제로 하나의 주권 독립적 국가로 변화하고 1990년대에 국민당과 민진당이 변신하면서 각종 유형의 대독론이 백화제방으로 터져 나왔다.[70]

정치 논쟁과 더불어 역사 논쟁도 통독 논쟁의 중요한 성분이 되었다. 정치적 입장을 합리화할 수 있는 역사적 근거가 필요했기 때문에 역사 논쟁은 통독 논쟁을 둘러싸고 도처에서 전개되었다. 타이완 내의 대독파와 통일파 사이에 역사 논쟁이 전개되었을 뿐만 아니라, 중국 학계와 타이완 학계 사이에도 전선이 형성되었고 대독파 내에서도 논쟁이 이뤄지기도 했다. 특히 중국의 타이완 사학계와 타이완의 대독파 사학자들 사이에 전개된 역사 논쟁의 쟁점은 매우 포괄적이어서, 타이완사 및 타이완-중국 관계사에 대한 상반된 이해가 얼마나 전면적으로 충돌할 수 있었는지를 잘 보여준다. 1996년에 진공립(陳孔立)이 『타이완역사강요(臺灣歷史綱要)』(九州圖書出版社)를 주편하여 타이완사에 대한 중국 학계의 기본 입장을 천명하자, 타이완의 어떤 학자는 이를 두고 '양안(兩岸)의 역사 전쟁'이라고

70 陳儀深, 「臺獨主張的起源與流變」, 『臺灣史研究』 17-2, 2010, 131頁.

하면서, "일방은 타이완이 중국의 일부라는 기억을 강화하고 일방은 망각을 통해 중국과의 인동(認同)에서 이탈하려 하니, 이는 형제가 울타리 안에서 싸우기 위해 길을 내는 것과 같다"[71]고 했다.

2·28 사건 등 타이완의 외성인과 본성인의 '성적모순(省籍矛盾)'이 격화됨에 따라 1950년대부터 중국과 구별되는 독립 국가를 건립해야 한다는 주장이 제기되기 시작했다. 이를 위해 대독론자들은 독립적 '타이완민족'의 존재를 논증하려 했다. 그들은 '타이완민족'이 혈통상 한족과 다른 하나의 '단독 민족'이라 했고, 타이완 문화가 중국 문화가 아니라고 했으며, '타이완화(臺灣話)'는 중국어가 아니라고 했고, 타이완 역사는 중국의 역사가 아니라고 했다. 이로 인해 타이완과 중국의 역사학계에서는 이러한 '타이완민족론'을 중심으로 치열한 역사 논쟁이 전개되었다.

① 타이완민족과 중국 민족

"타이완은 단독·유일의 민족"이라는 대독론자들의 기본 명제는 통독 논쟁의 가장 기본적 쟁점이 되었다. 타이완민족론에는 타이완인은 한인이 아니라 중국인과 낙족(駱族), 와라족(瓦羅族), 인니인(印尼人), 마래인(馬來人), 스페인인, 네덜란드인, 영국인, 프랑스인, 일본인의 혼합종이라는 혼화설(混和說)[72]과 역사적 발전을 통해 타이완인이 이미 한족의 혈통과 문화를 초월하여 하나의 신흥·독립 민족을 이루었다는 초월설(超越說),[73] 주관적 의식상으로 타이완인은 하나의 '명운적 공동체'라 하고 '타이완 의식(臺灣意識)'이라는 "'공동 명운'의 의식이 민족 국가의 기초를 구성하였다"[74]고 하는 공동운명체설 등이 있다. 이러한 대독론자들의 '타이완민족론'에 대하여 그 반대론자들, 특히 중국의 통일론자들은 주로 스탈린의 '민족론'을 근거로 하여 '타이완민족론'을 공격했다.[75] 이들은 혼합설

71 『聯合報』, 1996年 6月 21日.

72 林濁水, 「『夏潮論壇』反'臺灣人意識論'的崩解」, 『臺灣意識論戰選集』(臺北: 前衛出版社, 1988), 158-159頁.

73 史明, 『臺灣人四百年史』(臺北: 蓬島文化公司, 1980), 94頁.

74 黃嘉樹, 『臺灣能獨立嗎-透視臺獨-』(臺北: 南海出版公司, 1994), 218-219頁.

은 종족의 개념으로 민족의 개념을 대체한 것이라고 비판했고,[76] 타이완의 초월설에 대해서도 "타이완과 대륙의 차이성·특수성·주체성은 비록 존재한다 하더라도 사회의 주류가 되지는 못한다"고 비판했으며, 공동운명체론에 대해서도 "타이완의 '인동감(認同感)'과 '귀속감'은 본래 일종의 정상적인 향토 감정일 뿐"[77]이라고 반박했다.

② 타이완 문화와 중국 문화

"타이완 문화는 중국 문화가 아니다"는 주장과 그에 대한 반론도 세 가지 방향에서 전개되었다. 먼저, "타이완 사회와 타이완인은 중국과 같은 혈연·문화관계를 초월했다"는 타이완 문화 초월설과 "타이완 문화의 요소는 다원적이라 네덜란드 문화와 일본 문화, 원주민 문화, 한 문화, 서양 문화를 융합했고, 중국 문화는 타이완 문화의 일부"라고 하는 혼합 문화설이 있지만, 대독론자들이 가장 많이 견지하는 이론은 해양 문화론이다. 해양 문화인 타이완 문화는 대륙형의 중국 문화와는 근본 속성이 전혀 다르다는 것이다.[78] 이러한 타이완 문화 초월설에 대해서도 "타이완 문화는 복건 문화와 마찬가지로 중화 문화의 구역성 체현으로 타이완 이민 사회 형성의 역사를 통해 결정된 것이다"[79]라고 비판했다. 타이완 문화의 혼합 문화설에 대해서도 "타이완 사회의 인구 주체와 문화 주체는 한족과 한족 문화다"라고 하고, 해양 문화설에 대해서는 "중국은 내륙 국가일 뿐만 아니라 해양 국가이기도 하기 때문에 해양 문화도 중국 문화의 한 조성 부분이다"[80]라고 반박했다.

---

75 林勁, 「從『臺灣人四百年史』析史明的'臺灣民族論'」, 『史明臺灣史論的虛構』(臺北: 人間出版社, 1994) 239-244頁.

76 劉登翰, 『中華文化與閩臺社會ー閩臺文化關係論綱』(福州: 福建人民出版社, 2002), 288-289頁

77 劉登翰, 『中華文化與閩臺社會ー閩臺文化關係論綱』, 290-295頁.

78 張俊宏이 許信良의 『風雨之聲』을 위해 지은 서문. 黃嘉樹, 『臺灣能獨立嗎ー透視臺獨』(臺北: 南海出版公司, 1994) 207-208頁에서 인용.

79 劉登翰, 『中華文化與閩臺社會ー閩臺文化關係論綱』, 296頁.

80 劉登翰, 『中華文化與閩臺社會ー閩臺文化關係論綱』, 301-302頁; 陳孔立, 「臺灣'去中國化'

③ 타이완어와 중국어

"타이완어는 중국어가 아니다"라는 대독론자의 주장도 격렬한 논쟁을 불러일으켰다. 대독론자들은 타이완어를 중국어와 대립시켜 중국어나 일본어와 마찬가지로 독립된 언어라 했다. 이들은 "타이완화 중 복로화(福佬話)는 베트남화와 더 가깝다"[81] 고 하고, 타이완어는 "절대 복건화(福建話)와 같지 않다"[82]고 하여, 중국어를 국어라고 사용을 강제하는 언어 정책을 비판했다.[83] 이에 대해 통일론자들은 "대독론자들이 말하는 타이완화 또는 대어(臺語)란 바로 복로화를 말하는데, 복로화란 사실 17세기 중엽 이래로 복건 천주(泉州)·장주(漳州) 2부에서 도래한 이민이 타이완으로 진입하면서 가져온 민남화(閩南話)를 말한다"고 하면서, "민남화는 독립된 민족 언어가 아니라 한어의 일개 차방언(次方言)이다"[84]라고 반박했다.

④ 타이완 역사와 중국사

"타이완 역사는 중국 역사가 아니라"는 대독론자들의 주장도 치열한 논쟁을 불러일으켰다. 대독론자들은 타이완 역사를 중국 역사에서 떼어내어서, 타이완 사회의 발전 중에서 중국이 점하는 지위를 타이완의 역사 서술 밖으로 배제하여 타이완 역사의 '주체성'과 '자주성'으로써 '대독'의 민족 이론과 국가 이론을 구축하려 했다. 대독론자들의 역사관에는 중국 중심의 '중원사관'에 대응하여 타이완의 역사가 응당 타이완인의 관점에서 출발하여 해석되어야 한다는 타이완인 중심론이 있고,[85] 타이완의 수백 년 역사를 식민지성 사회 발전사와 타이완인 반식민지 투쟁의 역사로 보는 입장이 있으며,[86] 대륙에서 건너온 이민에 대한

的文化動向」,『臺灣研究集刊』(厦門大學臺灣研究所) 2001-3; 陳昭南,『中國海洋發展史論文集』(臺北: 中央研究院 三民主義研究所, 1984) 引言.

81 許世楷,「臺灣民族之我見」,『臺灣公論報』, 1982年 10月 8日.

82 洪哲勝,「臺灣發展史巡禮」,『臺灣與世界』, 1·2, 1983年 6·7月.

83 胡不歸,「讀『臺灣語言問題論集』有感」,『臺灣與世界』, 3, 1984.

84 童伊,「文化臺獨把'語言'當'稻草', 荒蓼!」, 臺灣人間出版社『思想與創作叢刊』2001年 秋季號.

85 王育德,『臺灣-苦悶的歷史』(東京: 1964).

새로운 해석을 통해 타이완 역사의 특수성과 독립성을 강조하는 주장이 있다. 예컨대, 대독론자들은 대륙에서 타이완에 온 이민이 "중국에서 방기되어 중국의 통치를 접수하려 하지 않았다"[87]고 하고, "중국 사회의 권외로 쫓겨나서 중국 대륙과 관계를 완전히 단절하였다"[88]고 하는가 하면, 청대 일대는 타이완에 온 한인이 '토착화'를 통해 토착 사회로 변화한 과정이었다고 주장하여,[89] 이민을 매체로 하여 중국과 타이완의 관계를 강조하려는 통일론자들의 논거를 비판했다. 이에 대해 중국 학자들은 타이완사를 중국 지방사로 이해해야 한다는 내지화론(內地化論)으로 맞대응했는데, 이들은 "타이완은 중국의 불가분의 일부분이고…타이완 역사는 중국 역사의 한 조성 부분으로 전국적 역사와 공통성을 갖는다"[90]고 주장했다.

타이완 역사 논쟁의 한 전선은 대독파 내부에서 형성되었다. 특히 사명(史明)의 『타이완인 사백년사(臺灣人四百年史)』를 중심으로 좌파 역사학자들 사이에 전개된 역사 논쟁은 매우 학술적이고 포괄적이어서 타이완 역사 논쟁의 중요한 한 흐름을 엿볼 수 있게 한다. 사명의 『타이완인 사백년사』는 타이완 의식에 기초를 둔 타이완주체사관을 집대성한 것이기 때문에, 논쟁의 일방은 이 책에 포함된 논리로 무장되었고 논쟁의 다른 일방은 이 책의 논리를 공격함으로써 타이완주체사관을 제압할 수 있다고 믿는다. 사명은 중국공산당 영도의 항일 활동에 참여한 바 있는 공산주의자였고 일본으로 망명한 뒤에 '독립혁명군'을 조직한 혁명가이기도 했다. 그가 저술한 『타이완인 사백년사』는 1962년 일본어로 출판되었고 1980년 중국어로 증정본을 냈는데, 이 책은 "타이완인 입장에서 처음으로 쓴 타이완사"라는 평가를 받기도 하고, 많은 타이완사 연구자들이 그의 이론을 인용하여 새로운 타이완 사상(史像)을 형성하는 데 동참하기도 했지만, 중국과의 통일을 기대하는 타이완의 좌파 이론가들에게서 극렬한 공격을 받기도 했다. 사명과

86 史明, 『臺灣人四百年史』(臺北: 蓬島文化公司, 1980).
87 彭明敏, 『自由的滋味』(臺北: 文藝出版社, 1987), 250頁.
88 史明, 『臺灣不是中國的一部分』(前衛出版社, 1992), 36頁.
89 陳其南, 「清代臺灣漢人社會的建立和結構」(Yale University 碩士論文, 1975).
90 陳孔立, 『臺灣歷史與兩岸關係』 5-6(臺北: 臺海出版社, 1999), 42頁.

좌파 통일론자들이 벌인 논쟁을 쟁점별로 정리하면 다음과 같다.

• 네덜란드 점령기의 이민 개시와 경제권 분리

사명은 '타이완인의 4백년 역사'를 입증하기 위해 먼저 "한인이 타이완으로 이민한 것은 네덜란드인의 추진 아래에서 비로소 개시되었다"는 가설을 제시했다. 또한 그는 대륙의 인민이 타이완으로 건너간 뒤에 "정치·경제·사회적으로 각 방면에서 중국 대륙과 관계를 완전히 단절했다"고 하고, 네덜란드 점령 뒤에 "타이완은 거의 중국과 다른 하나의 '경제권'을 이루었다"고 했으며, "타이완 개척자 사회는 처음부터 근본적으로 중국 사회의 연장이 아니었고, 더구나 그 부분적 존재가 아니었다"[91]고도 했다. 사명이 "한인이 타이완으로 온 이민은 네덜란드인의 추진하에 개시되었다"고 한 까닭은 전『타이완인 사백년사』를 꿰뚫는 핵심적 논리를 입증하기 위한 것이다.『타이완인 사백년사』의 기본 논리는 유사 이래 "4백 년간 타이완은 처음부터 지금까지 모두 몇 개의 각각 다른 '외래 정복자'의 식민 통치하에 있었다"[92]는 것으로, 한인의 타이완 이민이 대표적 식민자인 네덜란드의 추진 하에 비로소 개시되었다면 한인의 타이완 이민은 처음부터 식민주의적 색채를 갖게 되었고, 이러한 '개시'가 "그 뒤의 타이완 사회 발전의 '역사적 필연'을 불러오게 된다."[93] 이에 대해 좌파 통일론자들은 "중국 대륙의 한인은 일찍이 네덜란드 식민자가 타이완을 침략하여 점거하기 이전에 이미 송·원대부터 타이완으로 이민하기 시작했다"면서, "만약 중국인의 정권이 '외래'의 식민 정권이라면 천백 년 동안 타이완에 이주한 한인도, 사명의 조상까지 포함하여 '외래'의 식민자다"[94]라고 비판했다.

• 정씨 왕조 시기 식민지론

사명은 "정씨 왕조도 네덜란드인과 거의 마찬가지로 하나의 외래 식민 통치 집단이었다"[95]고 주장했다. 그러나 좌파 통일론자들은 "정성공이 타이완을 수복

---

91 史明,『臺灣人四百年史』(鴻儒堂出版社, 1994), 91-97頁.

92 史明,『臺灣人四百年史』, 3頁.

93 史明,『臺灣人四百年史』, 71頁.

94 藍芳遠,「漢人向臺灣移民是始於荷蘭人的推進嗎?」, 許南村 編,『史明台灣史論的虛構』(臺北: 人間出版社, 1994), 15-28頁.

하여 네덜란드 식민자를 쫓아내고 조국 영토의 완정성을 수호하여, 정성공은 중화민족의 역사상에서 숭고한 지위를 향유했다”[96]고 반박했다.

• 만청 시기 식민지론

사명은 청대의 타이완 역시 외래 세력의 식민지였다고 규정했으니, “청조가 타이완을 통치한 2백여 년간 일관되게 타이완에 대해 경시하고 차별하는 사상과 의식을 품고 시종 적극 금지 또는 소극 방임의 식민 정책을 채택했다”[97]고 주장했다. 그러나 좌파 통일론자들은 “사명은 모든 계급모순을 모두 민족모순으로 보고, 일체의 계급투쟁을 모두 민족투쟁으로 보았으니, 이렇게 두 가지 완전히 다른 개념을 서로 혼동했다”[98]고 반박했다.

• 대륙 한인과 타이완 한인 구분론

사실 사명은 『타이완인 사백년사』에서 청대 타이완의 “삼년일소반(三年一小反) 오년일대란(五年一大亂)”은 “‘당산(唐山)’(중국)과 ‘본지’(타이완)의 지역적·사회적 대립 항쟁,”[99] 즉 이른바 ‘반당산’ 투쟁이었다고 말했다. 이는 그의 중요한 ‘이론적 프레임’으로, 이러한 틀 아래서 사명은 타이완 역사를 ‘타이완 한인’이 ‘대륙 한인’을 반대한 역사로 귀결지었다. 이에 대해 좌파 통일론자들은 “청대 타이완의 농민봉기는 모두 사회의 기본 모순에서, 즉 지주와 농민의 모순 대립의 기초 위에서 폭발한 것으로…이른바 ‘당산인’과 ‘본지인’의 모순 대립의 결과가 아니었고, 조금도 ‘반당산’적 성격과 색채가 없었다”[100]고 주장하고, “‘타이완 한인’과 ‘대륙 한인’은 모두 타이완 사회 구조 내부의 조성부분으로, 다만 계급적 차이만 있었을 뿐이다”[101] 라고 주장했다.

---

95 史明, 『臺灣人四百年史』, 107頁.

96 唐曙, 「鄭淸時期台灣是中國的‘植民地’嗎?—駁一種‘台獨’的歷史觀」, 『史明台灣史論的虛構』, 34-39頁.

97 史明, 『臺灣人四百年史』, 142쪽.

98 唐曙, 「鄭淸時期台灣是中國的‘植民地’嗎?—駁一種‘台獨’的歷史觀」, 44-46頁; 林勁, 「從『臺灣人四百年史』析史明的‘臺灣民族論’」, 254-255頁.

99 史明, 『臺灣人四百年史』, 197-198頁.

100 劉哲夫, 「評史明的‘反唐山’論」, 『史明台灣史論的虛構』, 81-87頁.

101 林瑞乾, 「評所謂‘臺灣漢人’與‘大陸漢人’」, 『史明台灣史論的虛構』, 51-58頁.

• 일거(日據) 시기 근대화론

사명은 "일본 국내가 바로 근대화 개혁을 진행하고 자본주의를 발전시킬 때 타이완 사회와 타이완인은 정치·경제·사회·문화 등 각 방면에서 모두 '일본의 통치권'으로 들어가서 일본 국내의 자본주의화 진도에 맞춰 점차 '근대화(자본주의화)'의 발전 과정으로 달리게 되었다"[102]고 주장했으나, 좌파 통일론자들은 "일거 시기 타이완의 사회·경제는 하나의 전형적 식민지 경제였지, 무슨 '근대화'의 자본주의 경제는 아니었다"[103]고 비판했다.

• 일거 시기 타이완민족 형성론

사명은『타이완인 사백년사』에서, "일거 시대에 타이완인과 타이완 사회는 이미 중국인, 중국 사회와 다른 한 군체로 발전하여 단독·유일한 '타이완민족'을 형성했다"[104]고 강조했다. 그러나 좌파 통일론자들은 "일거 이전의 타이완 사회는 대륙 이민 수백 년의 개간을 거쳐 청대 후기에 이르러 이미 변강 사회의 특징을 이탈하고 점차 내지화하여 사회구조상 대륙 연해 성들과 아무런 다름이 없었다"[105]고 하면서 "타이완인과 타이완 사회는 중국인과 중국 사회였고, 소위 '타이완민족'론은 허구적, 존재하지 않은 것임은 의심할 바 없다"[106]고 반박했다.

• 일거 시기 타이완인의식론

사명은 타이완 인민의 항일투쟁이 강렬한 '타이완인의식'에 기초한 것이라 하고, 타이완 인민의 항일투쟁의 목표는 독립된 '타이완국'을 건립하는 것이었다고 말했다.[107] 그러나 좌파 통일론자들은 "일본 식민지로 전락하기 전에 타이완은 중국의 일개 성이었고 타이완 인민은 중국 대륙에서 이거한 한족 이민 및 그

---

102 史明,『臺灣人四百年史』, 330-333頁.

103 程文騰,「史明關於日據下臺灣'近代化'(資本主義化)論之批判」,『史明台灣史論的虛構』, 125-127頁.

104 史明,『臺灣人四百年史』, 150쪽.

105 陳孔立,『清代臺灣社會發展的模式問題-評'土着化'和'內地和'的爭論」,『臺灣研究十年』(厦門, 厦門大學出版社, 1990); 若林正夫,「臺灣抗日民族運動中的'中國座標'與'臺灣座標'」,『近代臺灣的社會發展與民族意識』(香港, 香港大學校外課程部, 1987).

106 程文騰,「論臺灣人與臺灣民族運動」,『史明台灣史論的虛構』, 144-150頁.

107 史明,『臺灣人四百年史』, 165-166頁.

자손과 소수 원주민, 즉 고산족으로 조성되었고, 그들은 모두 중화민족의 한 분자였으니, 이것이 결정한 타이완민족운동의 실질은 타이완에서의 중화민족의 일부분(주로 한족)과 일본 식민주의 사이의 모순과 투쟁이었다"[108]고 주장했다.

• 전후 민족모순론

국민당의 타이완 통치에 관하여 사명은, "일제를 대신하여 타이완을 점령한 장가 국부는 중국과 중국인이 다시 타이완과 타이완인을 잔폭하게 식민 통치하는 상황을 초래하였으니, 이는 실로 구제하기 어려운 대비극이었다"[109]고 하면서, 현대 타이완 사회를 '식민지성 쌍중(雙重) 구조'로 파악했다.[110] 사명은 타이완 사회를 분석할 때 타이완 본성인(원주민계 타이완인과 한족계 타이완인)을 '타이완민족'으로 보고, 1945년 타이완이 광복된 뒤 타이완에 온 대륙 인민은 별개의 한 민족이 된 것으로 보았다. 이에, 성적(省籍)관계, 성적모순도 민족관계, 민족모순이 되었다. 이로 인해 그는 국민당 정권의 통치하의 타이완 사회 모순은 계급모순과 민족모순을 포함하지만, 정치 모순의 핵심은 민족모순이라고 하였으니, 그가 강조한 두 갈래 공식은 '중국민족=통치계급=압박계급'과 '타이완민족=피통치계급=피압박계급'이었다. 따라서 사명에게는 현재의 타이완 정치는 식민통치로서 마치 일본인의 타이완에 대한 식민 통치와 같았다. 이에 대해 좌파 통일론자들은 "사명은 타이완 동포를 내포하는 전 중국 인민과 장제스 집단을 머리로 한 국민당 반동 독재 통치의 계급모순을 타이완인과 중국인의 민족모순으로 만들었다"[111]고 규난하고, "사명은 성적모순의 지방성(지방주의) 차원의 마찰을 가지고 민족·종족모순이라고 하고, '중국인'과 '타이완인'의 차이를 강조하며 '타이완민족'이 '중화민족'과 같지 않음을 강조하고, '중국인'이 '타이완인'을 압박했음을 강조했다"[112]고 비판했다.

---

108 程文騰, 「關於臺灣人的抗日與'臺灣人意識'－史明'臺灣人意識'論的批判」, 『史明台灣史論的虛構』, 167-170頁.

109 史明, 『臺灣人四百年史』, 742頁.

110 史明, 『臺灣人四百年史』, 930頁.

111 林勁, 「從『臺灣人四百年史』析史明的'臺灣民族論'」, 255-256頁.

112 陳國興, 「戰後臺灣社會矛盾的分析－兼駁史明的'民族矛盾論'」, 『史明台灣史論的虛構』,

• 2·28 사변 민족모순론

사명은 "2·28 대혁명은 타이완인이 일어나 외래 중국인 통치자에 반대한 식민지 해방투쟁이었을 뿐만 아니라 곤궁·무력한 타이완 대중의 기의 발난을 통해 자연히 발생한 항외 투쟁이었다"[113]고 하면서, "타이완을 통치하는 장가 국민당이든 타이완이 중국 영토임을 주장하고 타이완 점령을 부르짖던 중공이든 막론하고" 모두 '외래 세력'과 '배척되어야 할 대상'이라고 주장했다.[114] 이에 대해 좌파 통일론자들은 "2·28 사건의 실질은 민족 내부의 계급 압박과 반압박으로, 이 계급모순의 내용을 말살하고 '민족모순'의 내용을 부여한다면 두 가지 다른 문제의 성질을 혼동하는 것"[115]이라고 비판했다.

⑤『인식타이완』 교과서 쟁의풍파

계엄령이 해제되고 리덩후이가 집정한 뒤 '거중국화(去中國化)'의 '타이완 의식'과 결합한 본토 역사 연구의 성과가 교육체계에 신속히 도입됨으로써 중소학(中小學) 역사 교과서 내용이 크게 변화했다. 그리고 이러한 대변화는 타이완 역사상 전무후무한 대역사 논쟁을 동반했다. 1997년 6·7월 사이에 타이완에서는 온 사회의 주의를 모은 일대 쟁의 사건이 발생했다. 신당(新黨) 소속 국회의원 이경화(李慶華)가 6월 3일에 주관한 '국중『인식타이완』 교과서 내용은 타당한가?(國中『認識臺灣』教科書內容是否妥當)' 공청회가 그해 9월에 채택될 새 국중 교과서『인식타이완』 '역사편'과 '사회편'의 일부 내용을 강력하게 비판한 것을 기화로 하여, 편심위원회와 집필자가 회답하고 건국당과 민진당의 민선 공직자와 지지 군중이 새로운 국중 교과서에 대한 지지를 표시함으로써, 흔히 '『인식타이완』 교과서 쟁의풍파'라고 불린 대쟁의가 전개된 것이다. 3개월 동안의 쟁의 과정에서 8차례의 공청회가 열리고, 4차례의 군중 항쟁이 발동되었으며, 타이완의 4대 주

229-230頁.

113 史明, 『臺灣人四百年史』, 795頁.

114 史明, 『臺灣人四百年史』, 195-198頁.

115 林勁, 「從『臺灣人四百年史』析史明的'臺灣民族論'」, 256-257頁.

요 일간지에 이 쟁의풍파에 관한 보도와 평론, 독자투서가 모두 341회 출현했다.[116]

쟁의의 내용은 주로 타이완과 중국의 역사 관계, 타이완과 일본의 역사 관계, 대독, 리덩후이의 공과 등 네 가지였는데, 앞의 두 가지는 역사학자가 관심을 갖는 사실(史實)과 사관이고, 뒤의 두 가지는 정치인물이 관심을 갖는 현실 정치의 문제였다. 이 논쟁에서 『인식타이완』 지지자들의 논의는 대부분 '타이완은 자고로 중국에 예속되지 않았다', '중국은 단지 타이완 역사상의 여러 외래 정권의 하나였을 뿐이다', '근대 타이완과 중국의 발전은 각자 평행하여 종속되지 않았다'는 역사적 논점에 집중되었다. 이는 과거 교과서 중의 중국 의식에 대한 반격이었다고 말할 수 있다. 반대하는 역사학자들은 새 교과서의 일본 식민 통치에 대한 과도한 긍정과 일인 통치가 타이완에 가져다준 부정적 영향을 극력 희석하여, 일본 식민 통치자에 대해 '가공송덕(歌功頌德)'했다고 말할 수 있다고 했다. 그 외에도 교과서가 타이완역사상 중국과 관련 있는 중대한 사건(예컨대, 중국이 三國, 隋朝, 宋朝, 元朝, 明朝에 모두 타이완에 파병하여 온 사실)을 고의로 제시하지 않고, 외성인이 비교적 중요하다고 생각하는 역사 사건이나 인물을 의도적으로 제시하지 않았으며, 양장(兩蔣) 정권을 폄하하고 전 총통 리덩후이의 타이완 민주화에 대한 공헌을 과장했다는 것이다. 이러한 쟁의의 토론 내용으로 보아, 『인식타이완』 교과서의 주요 쟁점은 그것이 대표하는 관방 역사 관점의 거대한 전변에 있음을 알 수 있다. 쟁의풍파가 개시되어 신문 매체가 처음으로 이 사건을 보도했을 때 「『인식타이완』 교과서의 대중국의식(大中國意識) 전복(顚覆)」이란 표제로 쟁의의 위상을 정하였던 것처럼, 새 교과서는 타이완의 과거를 보는 새로운 관점을 대표했다.[117]

이경화의 질의와 6월 3일 공청회가 『인식타이완』 논쟁 가운데서 가장 핵심적이고 가장 큰 풍파를 일으켰음은 분명하지만, 그 이전에 이미 이와 유사한 쟁의

116 王甫昌, 「民族想像族群意識與歷史—『認識臺灣』敎科書爭議風波的內容與脈絡」, 中央研究院臺灣史研究所 『臺灣史研究』 8-2, 2001, 146頁.

117 王甫昌, 「民族想像族群意識與歷史」, 152-4쪽.

가 있었다. 중국 고대사 연구자인 두정승(杜正勝)이 1996년 10월에 국립편역관(國立編譯館)의 초청을 받아 고중(高中) 3년 전 과정의 역사 교과서 편찬을 기획했는데, 이때 그가 제시한 '동심원사관(同心圓史觀)', 즉 먼저 타이완과 그 주변의 역사를 학습케 하고, 그다음에 중국사, 그다음에 아시아사, 최후에 세계사를 학습케 하는 구상이 과거 50년 동안 중국사를 주축으로 하고 타이완사는 없으며 아시아사도 없는 교재 설계와는 아주 다른 것이어서 치열한 논쟁을 불러일으켰다.[118] 『인식타이완』의 공격에 참여한 신당 정치인들은 신당의 단결과 대독 세력의 방어를 위해 참여했고, 반제국주의의 기치가 선명한 『하조(夏潮)』 성원들은 주로 '일치긍정(日治肯定)'사관이 국정 교과서에 들어가는 것을 반대하기 위해 참여했지만, 중국사학자들은 주로 두정승의 동심원사관을 비판하기 위해 반대 전선에 동참했다.[119]

8. 일본과 중국의 조어도 쟁의

조어도(댜오위열서/센카쿠제도)의 영유권에 관한 논쟁은 현재 동아시아에서 전개되고 있는 가장 현실적인 쟁의의 하나이지만, 이 역시 치열한 역사 논쟁을 동반하고 있기 때문에 동아시아의 역사 논쟁을 정리하고 이해하는 과정에서 빠뜨릴 수 없는 주제의 하나가 될 수밖에 없다. 조어도의 귀속 논쟁은 1895년 일본이 조어도를 점유하고 나서 73년이 지난 1968년부터 전개되었다. 1968년 유엔 아시아극동경제위원회(ECAFE)가 조어도 해역에 풍부한 석유 자원이 매장되어 있다고 발표함과 동시에, 타이완과 일본·중국 등 조어도 인근 국가들이 다투어 성명을 발표하여 조어도가 자국의 영토임을 주장하고 나섰고, 1972년에 이른바 오키나와반환협정(沖繩返還協定)을 통해 미국이 조어도의 시정권, 즉 행정관할권

118 杜正勝, 「歷史教育與國家認同-臺灣歷史教科書風波的分析」, 『臺灣心, 臺灣魂』(高雄: 河畔出版社, 1998), 157-158頁.
119 王甫昌, 「民族想像族群意識與歷史」 181-185頁.

을 류큐군도의 행정관할권과 연동하여 일본에 넘겨줌으로써 결정적 고비의 하나를 맞게 되었다. 1972년 중·일 수교와 1978년 중일평화우호조약의 체결로 인해 조어도 등 도서의 귀속 문제는 장래 조건이 성숙해질 때를 기다려 해결하는 것으로 암묵적으로 동의되었으나, 타이완과 홍콩·미국 등에서 보조운동(保釣運動)이 지속되고 2012년에 동경 도지사 이시하라 신타로(石原愼太郞)의 제의에 따라 일본 정부가 조어도를 구입하여 '국유화'함으로써 조어도 쟁의는 더욱 첨예하게 격화되었다.

조어도 쟁의는 타이완과 류큐, 일본, 중국 등 주변 나라들의 성명전으로 시작되었고, 이후에 전개된 역사 논쟁은 각국의 공식적 성명에 기초하거나 성명을 비판 또는 반박하는 형식으로 진행되었다. 따라서 조어도 쟁의의 전개 과정을 이해하기 위해서는 먼저 각국에서 발표된 주요 성명의 내용을 정리하여 기억해 둘 필요가 있다.

먼저 류큐 정부가 1970년 9월 1일 나하에서 「센카쿠열도의 영토권에 대하여」라는 성명을 발표하여 "센카쿠열도는 명치 28년에 이르러 어느 국가에도 속하지 않는 영토로서 국제법상 무주지였다. 14세기 이래 센카쿠열도에 대하여 언급된 류큐 및 중국 측 문헌에 센카쿠열도가 자국의 영토임을 표명한 것은 없다. 이들 문헌은 항로상의 목표로서 항해 일지나 항로도에 기재되고 또는 여정을 푸는 한시 가운데에 편의상 센카쿠열도의 도서 명칭을 자의로 사용한 것에 지나지 않는다"고 하여, 역사상 조어도가 '무주지'였음을 증명하려 했다. 이 「성명」은 조어도의 편입과정을 설명하면서 "1895년(명치 28) 1월 14일 각의는 정식으로 야에야마군도의 서북에 있는 우오쓰리시마(魚釣島)와 구바시마(久場島)를 동 현의 소속으로 인정하고, 오키나와현 지사에 내신을 통하여 동도에 관할 표항을 건설하게 하도록 결정하고, 이 뜻을 동월 21일 현 지사에게 지령했다. 이 각의 결정에 근거하여 명치 29년 4월 1일 칙령 제13호를 오키나와현에 시행하는 기회에 동 열도에 대해 국내법상의 편입 조치가 시행되었다. 오키나와현 지사는 칙령 제13호의 '야에야마제도'에 동 열도가 포함되는 것으로 해석하여 동 열도를 지방 행정 구분상 야에야마군에 편입시키는 조치를 취했다"라고 주장했다.

1972년 미국으로부터 류큐열도와 조어제도에 대한 '시정권'을 '반환'받은 일본은 '현재' 일본은 '센카쿠제도'에 대하여 '실효적 지배'를 유지하고 있음을 천명하면서, '센카쿠제도'는 일본의 '고유한 영토'이고 이러한 사실은 역사적으로도 국제법상으로도 명백하다고 주장했다. 일본 정부의 주장과 그 논거는 1972년 3월 8일에 중의원 오키나와북방문제특별위원회(沖縄北方問題特別委員會)에서 발표된「센카쿠제도의 영유권 문제에 대한 일본 외무성의 기본 견해」에 가장 잘 표현되어 있다. 이「견해」는 "센카쿠제도는 명치 18년(1885) 이후 정부가 오키나와현 당국을 통하는 등의 방법에 의해 재삼 현지 조사를 시행하여, 이곳이 무인도일 뿐만 아니라 청국 지배가 미친 흔적이 없음을 신중하게 확인했고, 이러한 기초 위에서 명치 28년(1895) 1월 14일 각의에서 현지에 표장(標椿)을 건립하기로 결정하여 정식으로 우리나라의 영토로 편입했다"고 하여, 조어도가 '무주지'였음을 확인한 다음에 신중하게 영토로 편입하였음을 강조하고, "이때부터 센카쿠제도는 역사적으로 일관되게 우리나라의 영토인 남서제도의 일부를 구성하게 되었음"을 확인했다.

타이완 당국은 1971년 6월 11일에「조어대열서의 주권에 관한 중화민국 외교부 성명」을 발표하여 "조어대열서는 타이완성에 부속된 중화민국 영토의 일부분을 구성하는 것으로 지리적 위치, 지질 구조, 역사적 연계 및 타이완성 주민의 장기적·계속적 사용 등의 이유에 근거하여 중화민국과 밀접한 관계에 있음"을 주장했다.

1971년 12월 30일에 발표된「조어도 등의 주권에 관한 중화인민공화국 외교부 성명」에서 "조어도 등 도서는 옛날부터 중국 영토였다. 일찍이 명대에 그 도서는 중국의 해상방위구역의 가운데로 포함시켰으니, 이는 류큐, 즉 현재의 오키나와에 속하는 것이 아니라 중국의 타이완에 부속하는 도서이다. 중국과 류큐의 경계선은 적미서와 구미도 사이다. 중국 타이완의 어민은 옛날부터 조어도 등 도서에서 어로에 종사했다"고 하여 조어도의 역사적 귀속을 주장하고, "일본 정부는 중·일 갑오전쟁을 통해 이들 도서를 탈취하고, 당시 청조 정부에 압력을 가하여 1895년 4월 '타이완과 그 부속 도서' 및 팽호열도(澎湖列島)의 할양이라는 불평등한 마관조약에 중국을 조인케 했다"고 주장하고, "조어도와 황미서, 적미서, 남소도, 북소도 등 도서는 타이완의 부속 도서이다. 이들 도서는 타이완과 같이 옛날부터 중국 영토의 불가분의 일부였다. 중국민은 타이완을 해방시킨다. 중국 인민은 조어도 등 타이완 부속도서를 회복한다"는 결의를 '엄중하게 성명'했다.

1970년 8월 조어도 해역에서 유전이 발견되고 조어제도의 귀속 문제를 둘러싸고 주변 국가들 사이에 다툼이 발생하자 곧 각국의 학계에서도 즉각적인 반응을 나타냈다. 가장 먼저 이 논쟁에 참여한 국가는 타이완이었다. 1970년 타이완과 해외에서 보조운동이 일어났을 때, 중국 대륙은 문화혁명 시기여서 학술 연구 기구의 조어도 문제에 대한 전문적 연구가 불가능했다. 오히려 일본의 역사학자 정상청(井上清; 이노우에 키요시)의 『센카쿠열도-조어제도의 역사적 해명(尖閣列島-釣魚諸島の歷史的解明)』(現代評論社, 1972)이 『조어도 등 도서의 역사와 귀속 문제에 관하여(關於釣魚島等島嶼的歷史和歸屬問題)』란 제목으로 1973년 삼련서점(三聯書店)에서 번역·출판되어, 중국 학자들이 중·일 조어도 문제를 이해하는 데 결정적인 도움을 제공했다. 1979년 이후에는 중국 학자들이 조어도 문제에 관심을 갖고 많은 논문을 발표했지만, 여전히 정상청의 '중국 귀속설'이 인용되었다. 일본의 경우 외교부 견해가 발표된 뒤에 자유민주당을 비롯해서 일본공산당 등 여러 정당과 언론이 일치하여 일본 정부의 입장을 지지하고 확인했으나, 학계에서는 통일된 견해가 형성되지 못했다.

조어도 귀속에 관한 학술 논쟁은 매우 특이한 양식으로 진행되었으니, 조어도의 역사적 지위와 법적 지위에 관한 류큐와 일본 정부의 공식적 입장에 대해 일본의 비주류 학자들이 문제를 제기하고, 주류 학자들이 이를 반박한 뒤, 다시 중국 학자들이 일본 비주류 학자들의 연구 성과를 인용하는 등의 형식으로 진행되었다. 여기서는 조어도의 법적 지위에 관한 논쟁은 보류하고 역사적 지위에 관한 논쟁만을 정리한다.

먼저 류큐과 일본 정부가 발표한 센카쿠열도의 영토권에 관한 성명에 대해, 일본의 대표적 비주류 역사학자인 정상청은 조목조목 문제가 있음을 지적했다.

정상청에 연구에 의하면, 적어도 16세기 중엽에는 조어도, 황모서, 적서(赤嶼) 등 조어군도에 관한 중국 이름이 있었으니, 16세기에 지어졌으나 저자와 연대가 불분명한 항해지침서 『순풍상송(順風相送)』이 복주(福州)에서 나하(那覇)로 가는 항선을 기록하면서 조어군도에 관한 최초의 기록을 남겼다. 연대가 분명한 문헌으로는, 중국 복주에서 류큐로 간 명조의 책봉사 진간(陳侃)이 1534년에 편찬한 『사유구록(使琉球錄)』이 있다. 진간 일행은 1532년 5월 8일 민강(閩江)의 강구를 출발해서 5월 "10일…평가산(平嘉山)을 지나고, 조어서를 지나, 황모서를 지나고 적서를 지났다.…11일 저녁에 고미산(古米山)을 보았는데, 류큐에 속한 것이다. 이인(夷人)이 배 위에서 작무(雀舞)하며 가향(家鄉)에 도착했음을 기뻐했다"고 한다. 중국의 제1차 류큐 책봉사는 1372년에 있었고, 진간은 제11번째 책봉사였다. 1562년 책봉사로 류큐에 다녀온 곽여림(郭汝霖)은 『중편사유구록(重編使琉球錄)』에서, 5월 29일 복주에서 출항하여 "윤5월 초하루에 조어서를 지났고, 3일에 적서에 이르렀다. 적서는 류큐 지방과 경계를 이루는 산이다. 다시 하루 바람이 있으면 고미산(姑米山)을 바라볼 수 있다"고 기록했다. 이 두 편의 사행록이 조어도 정황에 관한 가장 이른 문헌이다.[120]

정상청은 진간이 고미산(古米山, 또는 姑米山. 久米島)을 가리켜 "비로소 류큐에 속하는 것(乃屬琉球者)"이라고 하고 곽여림이 적서를 가리켜 "류큐 지방을 '계'하는 산이다(界琉球地方山也)"라고 한 것을 매우 중시했는데, 그 까닭은 이 두 기사가 조어도의 영속(領屬)을 가리키는 사료로 해석되었기 때문이다. 정상청에 의하면, 이 두 섬 사이에는 수심이 약 1천 미터에 이르는 해구(海溝)가 있고 어떠한 작은 섬도 존재하지 않는다. 따라서 진간이 복주에서 나하로 갈 때 가장 먼저 도달한 류큐 영토는 구미도였기 때문에 여기서부터 류큐 영토라고 썼고, 곽여림은 중국의 동쪽 끝 작은 섬 적미서를 류큐 지방이 경계로 삼는 소산(小山)이라고 함으로써 복주에서 적서까지가 중국의 영토임을 밝혔다.[121]

---

120 井上清, 『尖閣列島-釣魚諸島の歷史的解明』(東京: 現代評論社, 1972); 賈俊琪·于偉 譯, 『釣魚島的歷史與主權』(中文)(北京: 新星出版社, 2013), 30-31頁.

121 井上清, 『釣魚島的歷史與主權』(中文), 31-32頁.

이와 더불어 정상청은 류큐인 향상현(向象賢)이 『유구국중산세감(琉球國中山世鑑)』을 편찬하면서 진간의 사행록을 그대로 적록하였는데, 이는 곧 중국인뿐만 아니라 류큐인도 모두 구미도가 류큐 영토의 변계이고 적서 이서는 류큐의 영토가 아니었음을 알았음을 의미하는 것으로 해석했다. 정상청은 적어도 16세기에 조어도가 중국의 영토였다는 것을 증명할 수 있는 문헌으로 진간과 곽여림 등과 거의 같은 시기에 활동한 호종헌(胡宗憲) 편찬의 『주해도편(籌海圖編)』을 거론했다. 『주해도편』 제1권의 「연해산사도(沿海山沙圖)」에서 복건성 연해의 각 도서를 기재했는데, 그 가운데 '조어서'와 '황미산(黃尾山)', '적서' 등이 서에서 동으로 배열되어 있다. 정상청은 이 지도에는 중국 영토 이외의 지구는 전혀 포함시키지 않았다는 이유를 들어, 조어군도가 복건 연해의 중국 도서 가운데 하나로 위치해 있었음을 알 수 있다고 주장했다.[122]

정상청은 조어군도가 중국 영토임을 실증하는 기록이 청대 사행록에서도 발견된다고 강조했다. 청조의 두 번째 책봉사 왕즙(汪楫)의 사행록인 『사유구잡록(使琉球雜錄)』에서 적서와 구미도 사이의 해상에서 해난(海難)을 피하기 위한 제사를 거행했다는 기사가 기재되어 있다. 여기서 이곳을 '중외지계(中外之界)'라 했는데, 정상청은 곧 '중국과 외국의 강계(疆界)'라는 뜻으로 해석했다. 정상청에 의하면, 적서와 구미도 사이에는 물 깊이가 1천 미터에서 2천 미터 이상에 달하는 해구가 있어 흑조(黑潮)가 이곳을 동서로 가로지르기 때문에 책봉사의 배가 이곳을 지날 때는 언제나 돼지와 양 등을 바치는 제례를 피해난(避海難) 제사로 드려야 했다. 정상청은 '구(溝)' 또는 '교(郊)'라고 부른 이곳은 해난다발처(海難多發處)일 뿐만 아니라 '중외지계'였으니, "그런데도 여전히 적서 이서가 무주지였다고 말할 수 있는가"[123]라고 반문했다.

또한 정상청은 왕즙의 뒤, 주황의 앞에서 출사한 서보광(徐葆光)도 『중산전신록(中山傳信錄)』의 기사를 통해 이 '계(界)'의 의미를 한 번 더 실증했음에 주목했다. 서보광은 '고미산'의 주(注)에서 "류큐 서남방 '계'상의 진산(琉球西南方界上鎭

---

122 井上清, 『釣魚島的歷史與主權』(中文), 32-36頁.
123 井上清, 『釣魚島的歷史與主權』(中文), 41-47頁.

山)"이라 했는데, 정상청은 여기서 말하는 '진'이란 국경과 촌계의 '진호(鎭護)'의 '진', '진수(鎭守)'의 '진'이라고 해석했다. 그에 의하면, 중국의 복주에서 조어군도를 거쳐 류큐로 진입하려면 반드시 구미산을 거쳐야 하는데, 이 섬은 류큐 국경을 진호하는 도서이기 때문에 '계상진산(界上鎭山)'이라 한 것이다. 정상청은 "이 주해는 구미도가 중국과 류큐를 왕래할 때의 국경이었음을 설명한다"고 하면서, 이 '계'의 다른 일방은 중국이라고 하여 곽여림의 "적서는 류큐 지방을 '계'하는 산이다(赤嶼乃界琉球地方山也)"의 '계'와 같은 뜻임을 강조했다.[124]

정상청은 일본 측의 유일한 문헌 자료인 임자평의 『삼국통람도설(三國通覽圖說)』(1785) 중의 부도인 「유구삼성급삼십륙도지도(琉球三省及三十六島之圖)」에서 조어대와 황미산, 적미산 등의 섬들이 중국 본토와 같이 담홍색(淡紅色)으로 칠해졌음을 들어 "이 지도에서 임자평이 조어군도를 중국의 영토로 간주했음을 볼 수 있다"고 했다. 이 책의 부도 가운데 하나인 「삼국통람여지노정전도(三國通覽輿地路程全圖)」에서도 조어군도가 중국 본토와 같은 색으로 칠해져 있다. 정상청은 『삼국통람도설』이 1832년에 프랑스어로 번역되어 서구에서 발행되고 그 부록 지도도 원판과 같이 채색·인쇄되었음을 거론하면서, 이 책이 국제적으로 매우 중시되어 서구인조차도 조어군도가 중국 영토임을 알게 되었다고 주장하기도 했다.[125]

1555년 왜구를 대비하기 위해 명의 정순공(鄭舜功)이 절강순무(浙江巡撫)의 명을 받들어 일본 규슈에 가서 3년간 머무르다가 귀국한 뒤 『일본일감(日本一鑑)』을 지었는데, 그 제3부 「일본일감부해도경(日本一鑑桴海圖經)」의 '만리장가(萬里長歌)'에서 중국 광동에서 일본 규슈로 가는 항로를 설명하면서 "혹자매화산록(或自梅花山麓), 계롱상개조어(鷄籠上開釣魚)"라 하고, "매화에서 팽호의 소동으로 가는 도항", "조어서는 소동의 소서(小嶼)다"라고 주해했다. 정상청은 소동은 곧 타이완을 가리키는 말로, "정순공은 조어서가 타이완의 부속 소도임을 명확하게 기재하였으니 이로 보아 조어도가 중국의 영토였음을 분명하게 알 수 있다"[126]고 주

124 井上清, 『釣魚島的歷史與主權』(中文), 47-50頁.
125 井上清, 『釣魚島的歷史與主權』(中文), 53-61頁.

장했다.

류큐와 일본 정부의 기본 견해에 대한 정상청의 이 같은 비판은 류큐 정부 성명의 기초에 참여한 오원민웅(奧原敏雄, 오쿠하라 토시오)에 의해 즉각 반박되었다. 오원민웅은 먼저 센카쿠열도와 그 항로에 대한 류큐인과 중국인의 숙지 정도에 대하여 자신의 견해를 피력함으로써 조어열도가 중국인에 의해 발견되고 명명되었다는 정상청의 주장을 반박했다. 오원민웅에 의하면, 진공선과 사은선, 영접선 등 류큐의 배가 복주를 왕래한 것이 모두 281회나 있었는데, 중국의 배는 류큐의 배에 비해 32분의 1밖에 되지 않았다. 그리고 진간과 그 이전 사신 황민(黃旻) 사이에는 55년의 공백이 있었고, 진간과 곽여림 사이에는 28년의 공백이 있었다. 따라서 중국인은 센카쿠열도의 항로에 익숙해지지 않아 선박 조종의 기술이 불안하고 경험이 부족한 것은 당연한 일이었다. 이로 인해 가는 길, 오는 길에 언제나 류큐선이 선도하고 류큐인이 책봉선에 옮겨 타서 인도할 필요가 있었다. 오원민웅은 "진간의 사행록에는 열도의 도서를 진간이 명명한 사실이 기재된 흔적이 없다. 진간은 배 위에서 류큐인 등이 이를 부르는 이름을 듣고 사행록에 남겼다고 보는 것이 자연스럽다"[127]고 주장했다.

오원민웅은 곽여림이 "적서는 류큐 지방을 '계'하는 산이다(赤嶼乃界琉球地方山)"라고 한 것을 두고, 정상청이 "적서는 류큐와 중국의 경계"로 해석한 것은 아전인수의 해석에 지나지 않는다고 비판했다. 그는 "적서가 중국과 류큐를 '계'하는, 중국 국경의 섬"이라고 해석하는 것은 곤란하고, "적서는 류큐 지방 산과 '계'하는 것"이라고 해석되어야 한다고 하면서, 이 문언(文言)의 의미는 적서 이동의 섬은 류큐령이지만 적서는 류큐령이 아니라는 뜻으로 해석되어야 한다고 주장했다. 즉, 중국과 류큐의 양국 어느 쪽에도 속하지 않는 경우가 있음을 무시해서는 안 된다는 것이다. 왕즙의 『사유구잡록』(1683)에서 "중외지계(中外之界)"라 한 것도 마찬가지다. 오원민웅은 "이때는 타이완이 아직 중국의 판도로 들어가지 않았고, '과교(過郊)'는 '과구(過溝)', 즉 해구를 지난다는 뜻일 뿐이다. '구'는 단순히

126 井上清, 『釣魚島的歷史與主權』(中文), 198-199頁.
127 奧原敏雄, 「尖閣列島の領有權と'井上清'論文」, 『日本及日本人』 1973年 新春號, 90頁.

류큐해와 민해(閩海)의 해상 특색을 보여주는 의미를 가질 뿐이다"[128]라고 주장했다.

호종헌이 편찬한 『주해도편』「연해산사도」에 대해서도, 오원민웅은 "이 그림은 하나의 대체적인 연해도일 뿐 자국의 영토를 말하는 것이 아니라 그 부근의 도서와 지역도 모두 그 안에 포괄했다"고 하면서, "이 그림에서 조어도가 명확하게 복건성계 안에 그려져 있지 않기 때문에 조어도가 중국의 영토였음을 확정할 수 없다"[129]고 단정했다. 임자평의 『삼국통람도설』(1785)에 대해서도, 그는 조어대가 류큐령이 아님을 나타내었을 뿐, 열도가 중국령이었음을 인정하는 것으로 추측할 수는 없다고 주장했다.[130] 정상청이 정순공의 『일본일감』을 들어 조어열도가 타이완의 부속 도서였다고 한 것에 대해서도, 오원민웅은 전통 시대의 조어열도는 타이완의 일부로 인정되지 않았다고 반박했다.[131]

오원민웅은 일본이나 류큐·중국의 고문서는 열도의 중국 귀속을 입증하지 못한다고 주장했다. 그는 이들 고문서는 류큐 왕조 시대에 조어도가 류큐령이 아니었음을 입증할 수는 있어도, 이 열도가 중국령이었음을 직접적으로 입증할 수 없음은 물론, 간접적인 추측도 할 수 없게 한다고 주장했다.[132] 그에게는 책봉사행록에 나오는 조어도는 '중국의 영토'가 아니라 '항로상의 목표'였을 뿐이다. 요컨대 오원민웅이 말하고자 하는 것은 사행록 등 고문서에 나오는 기사들은 적서이서의 조어열도가 류큐의 것이 아님을 나타내지만 중국의 것임을 나타내지도 못한다는 것이니, 명·청 시대의 조어열도는 어느 곳에도 소속되지 않은 '무주지'였다는 것이고, 따라서 '무주지'를 '선점'한 일본의 행위는 정당하다는 것이다.

물론 일본 학계 주류의 '정상청설' 비판은 오원민웅 일인에 그치지 않았다. 포야기앙(浦野起央, 우라노 타츠오) 역시 정상청설의 주요한 비판자였다. 그는 "조어

---

128 奥原敏雄, 「尖閣列島の領有權と'井上清'論文」, 43, 90-91頁.

129 奥原敏雄, 「尖閣列島領有權的根據」, 『中央公論』, 1978年 7月號; 李理·趙國輝 編著, 『日本各界人士對日本尖閣列島主張的反駁』(臺北: 海峽學術, 2013), 145-146頁.

130 奥原敏雄, 「尖閣列島の領有權問題-臺灣の主張とその批判」, 『季刊沖縄』 56, 1971, 59頁.

131 奥原敏雄, 「尖閣列島の日本領有權と『明報』論文」, 『中國』 1971年6月號, 90頁.

132 奥原敏雄, 「尖閣列島の領有權問題-臺灣の主張とその批判」, 59頁.

제도의 지명은 중국명이지만, 이것을 가지고 중국 영토라고 판단할 수는 없다"고 하면서, 1866년 최후의 책봉사인 조신(趙新)의 『속유구국지략(續琉球國志略)』에 황미서를 구장도(久場島)라 하고 적미서를 구미적도(久米赤島)라 표시했던 것으로 보아 "조어도는 당시 중국에도 류큐에도 명확하게 속하지 않았던 것으로 보인다"고 주장했다. 포야기앙은 사행록에 나오는 흑수구를 가지고 "류큐령 이외의 조어제도가 중국 영토에 있었다고 판단할 수는 없다"고 하면서, "이는 수역의 내외를 가리키는 것"일 뿐 "그 바다의 서쪽은 흑수구와 격절되어 민(閩, 福建省)해의 계"로 이해된다고 해석했다. 포야기앙은 '중외지계'에 대해서도, "이러한 변경 인식을 가지고 이를 지배의 경계로 볼 수는 없다. 항해를 통한 인식과 이해가 판도의 인식으로 이해될 수는 없다. '구'의 의미는 '중외지계'의 '변계를 접하는' 것으로 이해하지만, 이는 항해 루트의 눈으로 보이는 자연 경계이지 판도, 즉 지배의 한계 설정을 확인하는 것은 아니다"라고 주장했다. 조어도가 중국의 해방구역 안으로 편입되어 있었다는 정상청설에 대해서도 포야기앙은 "조어도가 왜구의 방위대상 범위 안으로 들어갔다고 해서 그것이 중국의 판도가 되고 중국의 지배가 확립되었다고 단정할 수는 없다. 여기에는 실효적 지배는 없었다고 보는 것이 맞다"[133]고 응수했다. 포야기앙은 임자평의 『삼국통람도설』의 부도 「유구삼성병삼십육도지도(琉球三省幷三十六島之圖)」에서 센카쿠열도가 중국과 같은 색으로 칠해져 있는 것에 대해서도, "『삼국통람도설』 그 자체가 중국의 문헌에 따른 것으로 이는 하나의 설명 재료에 지나지 않는다"고 반박했다. 포야기앙 역시 오원민웅과 마찬가지로 조어도에 대한 영유권은 역사적으로 확인할 수도 있지만, 문제는 여기서의 권력 지배의 의사와 행사가 있었는가 하는 것이 논의의 주제가 되어야 한다고 강조했다. '옛날부터 내려온 주권'을 주장하는 것은 권력의 행사를 확인하는 것이 아니고 민족감정 발로의 차원에서 전개되었다는 지적이다. 그는 "센카쿠제도에 대한 대응은 역사인식의 문제가 아니다. 그 대응은 현재 존재하는 '실효적 지배'의 실태를 확인하는 것 위에서 현실적으로 처리하는

133 浦野起央, 『尖閣諸島, 琉球, 中國－日中國際關係史』(東京: 三和書籍, 2005), 56-82頁.

것이다"라고 하여, 일종의 '역사 무용론'을 개진했다.[134]

한편 쟁의의 당사자인 중국 학계에서는 정상청 등 일본의 비주류 학자들이 이미 성취해놓은 조어도 중국 귀속론을 충실하게 인용하면서, 부분적으로는 새로 개발한 논거를 제시하기도 했다. 한 예로, 1996년 10월 18일 『인민일보』에 게재된 종엄(鐘嚴)의 「조어도의 주권의 귀속에 대하여 논함」이라는 글에서는 "조어도는 명대 이래 중국 영토였다. 이는 중국 정부의 입장일 뿐만 아니라, 일본의 저명한 역사학자 정상청이 엄격하게 고증하여 이끌어낸 결론이기도 하다. 정상청 교수는 1972년 『센카쿠열도-조어제도의 사적 해명』이란 전문 저작에서, 역사학자로서 역사적 문헌을 살핀 결과 조어도가 일본의 손에 들어가지 전에는 '무주의 땅'이 아니라 중국 영토였다고 단정했다. 그의 말에 의하면, 일본의 명치유신 이전에 일본과 류큐에서는 중국 문헌을 제하고는 단독으로 조어도를 언급한 문헌이 사실상 하나도 없었다"고 하면서, 정상청의 연구 성과를 대부분 '인용'했다. 그렇다고 해서 중국 학계에서 자체 개발한 성과가 없었던 것은 아니다. 오천영(吳天穎)의 연구는 중국 학계가 생산한 주체적 성과의 대표적 사례라 할 수 있다.

오천영은 오원민웅 등 일본 학계 주류가 제기한 항로에 대한 중국인의 숙지도 문제에 대하여 류큐인의 항해술에 대한 중국인의 높은 공헌도로써 대응했다. 오천영은 수준 높은 야철 기술과 조선 기술을 가지고 류큐로 이민 간 민중(閩中) '36성(姓)'의 류큐 항해 사업 개발에 대한 탁월한 공헌을 거론하면서, 이로 보아 "중국 인민의 조어열서에 대한 원시 발견과 명명은 절대 우연이 아니었음을 알 수 있다"고 강조했다. 그는 '36성'과 그 후예가 류큐의 해상 무역 발전을 돕고 류큐인으로 하여금 이 섬을 알게 한 뒤 세대를 이어가며 전해져서 모두 조어열서가 중국의 소유라는 사실을 익혀서 상식화되어 고미산을 류큐의 당연한 변계로 간주했다고 주장했다.[135]

오천영의 논증에 의하면, 1372년(명 홍무 5)에 중국인이 가장 먼저 조어열서를 발견하고 명명했으며, 2년 뒤 중국의 수군함대가 복건에서 조어열서를 거쳐 왜

134 浦野起央,『尖閣諸島, 琉球, 中國ー日中國際關係史』, 200-201頁.
135 吳天穎, 『甲午戰爭釣魚列嶼歸屬考』(北京: 中國民主法制出版社, 2013), 35-45頁.

구의 함대를 오키나와해조(沖繩海槽)까지 추격했고, 현존하는 조어도와 적미서 등 섬 이름을 가장 일찍 기록한 사적은 1403년(명 영락 원년)에 '고본(古本)'에 근거하여 이루어진 『순풍상송』이다. 따라서 그는 "14·15세기 국제법의 '발현즉영유(發現卽領有)' 원칙에 의하면, 중국은 이미 조어열서를 국토로 납입하였다"[136] 고 주장했다.

정상청의 '조어도=타이완 소도'설을 오원민웅 등 일본 주류학자들이 "강희 22년(1683)에 청이 타이완에 1부 3현을 설립하기 이전에는 타이완이 중국과 아무런 관계가 없었다"고 비판한 것에 대해, 오천영은 "우리나라는 다민족 통일국가로서 수천 년의 장기 발전을 거쳐 청조에 최후의 완성을 이루었다. 1683년 타이완과 조국 대륙이 완전한 통일을 실현했을 때 세계에서 진정한 독립과 통일을 이룬 국가는 아직 매우 적었다. 요컨대 타이완은 한족과 고산족 인민이 공동으로 개발해온 것으로 중국의 고유 영토이다. 타이완 인민은 대륙 인민의 골육 동포요, 한족 위주의 중화민족의 한 조성 부분이다"[137]라고 하면서, 중국 학계 특유의 통일적 다민족국가론을 펼치기도 했다.

오천영은 불리한 국면을 만회하기 위해 일본 측이 취한 대책은 역사적 기록의 가치를 폄하하는 것이었다고 비판했다. 류큐 학자 녹간영(綠間榮)이 "센카쿠열도의 영토 쟁의는 역사학상의 논증이나 고대 기록 자료의 해석과 추론이 아니다"[138]라고 주장한 데 대해, 오천영은 "일본의 일부 학자들이 『책봉사록』의 성질을 왜곡하고 그 의의를 폄하하여 관방 문서의 법률 효력을 말살해서, 조어열서를 '무주지'로 바꾸려는 목적을 달성하려 기도하였다"고 비난하면서, 사행록의 사료적 가치를 힘써 논증했다. 오천영에 의하면, 책봉사록은 사관(史館)에 비치될 뿐만 아니라 인쇄·출판되어 국내외에 공개 발행되어 관련 국가의 인동(認同) 자료로 제공되기도 했다. 즉, 책봉사록은 개인의 여행 일기가 아니고, 단순한 항해 지침서도 아니며, 사실상 관방 문서였으니, 이치상 당연히 관방 문서의 법률적

136 吳天穎, 『甲午戰爭釣魚列嶼歸屬考』, 179頁.
137 吳天穎, 『甲午戰爭釣魚列嶼歸屬考』, 123-127頁.
138 綠間榮, 『尖閣列島』(那覇, 沖繩ひるぎ社, 1984年 初版, 1993年 8版), 46頁.

효력을 갖는다는 것이다.[139]

요컨대, 조어도의 역사적 지위에 관한 논쟁은 두 가지의 결론으로 귀결된다. 그 하나는 조어도가 역사적으로 중국의 국가에 귀속되어 있었다는 것으로, 주로 일본 학계의 비주류 학자들과 중국 및 타이완 학계의 주류 학자들이 주장하는 것이다. 또 다른 하나는 조어도가 역사적으로 '무주지', 즉 어떤 나라에도 귀속되지 않았다는 것으로, 주로 일본 학계의 주류 학자들이 주장하는 것이다. 특히 후자는 조어도가 류큐에도 소속되어 있지 않았지만, 그렇다고 해서 중국에 소속된 것은 아니었다는 것으로, 일본 정부가 1875년 이래 조어도를 실효적으로 점거하는 논거인 '무주지 선점'론의 이론적 출발점이 되고 있다.

9. 맺음말: 동아시아 역사 논쟁의 비판적 이해

지금까지 살펴본 바와 같이, 동아시아 각 방면에서 발생하여 전개되어온 역사 논쟁은 각 쟁점별로 상반된 견해와 논의를 극렬하게 양산했는데, 그 까닭은 이러한 쟁의가 각국의 현실적 이익에 봉사하기 위해 제기되었기 때문이다. 그것은 논리에 충실해야 할 학자들조차 자신을 타자화하여 객관적 위치에 놓는 일에 실패하고 학문과 논리의 형식을 빌려 애국적 정서를 적극적으로 피력한 결과라 할 수 있다. 따라서 이들 역사 논쟁에서 다루어진 쟁점들을 민족주의나 애국주의적 정서를 배제하고 객관적 입장에서 비판적으로 접근한다면 논쟁 참여자들이 제시한 견해와는 다른 제3의 시각을 확보할 수도 있다.

그 한 예로 고구려사 쟁의를 점검해보면, 비합리적 논쟁의 과정을 적시하는 일이 어렵지 않다. 고구려인의 기원 문제만 하더라도 중국 학계와 한국 학계는 모두 예맥(濊貊)을 고구려인을 구성한 핵심적 성분의 하나로 인정하면서도, 중국 학계에서는 예맥을 '중국의 고민족' 가운데 하나라고 주장하고 한국 학계에서는

139 吳天穎,『甲午戰爭釣魚列嶼歸屬考』, 53-55頁.

예맥을 '한민족'을 만든 양대 근간의 하나로 간주한다. 그러나 예맥은 '중국'에 위치한 바 없었을 뿐만 아니라, '한(韓)'과는 달리 요동에 위치하면서 '한(韓)'과 구별된 별개의 역사공동체를 이루고 있었다. '예(濊)'는 원래 요동 동부에 위치한 역사공동체였고, '맥(貊)'은 중국의 북쪽에서 요동 중부로 점차 이동한 역사공동체였다. 양자는 요동에서 만나 고조선과 고구려라는 통합 국가 안에서 공존하면서 서로 융합하여 '예맥'이라는 하나의 역사공동체를 이루었다. 고구려를 처음 건립한 핵심 성분은 '맥인'이었으나, 이후 고구려가 발전하는 과정에서 '예인'은 물론 중국의 '한인(漢人)'과 요동 서부의 '선비인(鮮卑人)', 요동 동부의 '숙신인(肅愼人)', 그리고 한반도의 '한인(韓人)'까지 아울러서 거대한 통합 국가가 되었던 것으로 이해하는 것이 합리적이다.

또한 고구려의 강역에 관해서도 한·중 양국 학계는 모두 한(漢)대 변군(邊郡)체제의 본질적 특성에 대한 몰이해를 드러내 보였다. 한대에는 중국에 설치된 군현을 내군(內郡)이라 하고 이적(夷狄)의 거주지에 설치된 군현을 변군(邊郡)이라 했는데, 변군에서는 내군과 달리 인두세의 징수, 요역과 병역의 수취, 한법(漢法)의 적용 등이 이루어지지 못했기 때문에 군현적 지배, 즉 주민에 대한 군주의 직접적·개별적 지배가 관철되지 않았다. 따라서 고구려인이 변군인 현도군 경내에 거주하고 있었다고 해서 그것이 곧 현도군 체제 안에서 직접 통치를 받고 있었음을 의미하는 것은 아니다.

중국 왕조와 고구려의 종번관계에 관한 논쟁에서, 책봉-조공관계를 통해 고구려를 중원 왕조의 지방 정권으로 간주하려는 중국 학계의 노력은 전통 시대 동아시아 국제 질서에 대한 기본적 이해의 결여에서 비롯되었다. 상(商)·주(周) 시대 이래로 책봉-조공체제는 독립된 주권 국가 상호간의 국제적 승인과 국제 사회 형성 과정에 이용된 특수한 예(禮)적 장치로서 군현제 같은 국가 내의 통치체제와는 그 본질적 성격이 엄연히 구별된다. 한편 한국 학계에서는 '조공관계'의 문화적·경제적 의미를 강조함으로써 그 정치적 의미를 희석시키려 노력해왔지만, '조공'은 반드시 '책봉'이라는 행사를 동반해야 하나의 제도적 관계를 성립시키며, '책봉'은 국제 질서의 중심에 위치한 국가의 군장이 주변 국가의 군장을 승인함과 아울러 그 국가를 자국 중심의 국제 질서에 편입시키는 중요하고 실질적 의미를 갖는 정치적 행사였다. 따라서 고구려와 중국 국가들의 책봉-조공관계는 전통 시대 동아시아 특유의 독립적이나 불평등한 국제관계의 제도적 표현으로 이해되어야 할 것이다.

수·당-고구려 전쟁의 성격에 관해서는, 중국 학계가 중국 국내의 통일 전쟁으로 규정했는데, 이는 북송과 거란(遼), 남송과 여진(金)의 전쟁을 중국 국내의 통일 전쟁으로 이해하고 악비(岳飛)와 같은 전통적 '민족영웅'을 대한족주의자(大漢族主義者)로 매도한 최근 중국 학계의 일반적 경향을 반영하고 있다. 그러나 이러한 주장은 현재적 관점에서 과거의 역사적 사실을 재단하는 것으로, 현재는 요동이 중국의 일부로 간주된다 하더라도 당시에는 거란과 여진의 요동이 중국의 일부로 인정되지 않았기 때문에 이들 전쟁을 중국의 내전으로 이해할 수는 없다. 고구려와 수·당의 전쟁 역시 중국 내의 중앙 정부와 지방 정권의 내전이 아니었음은 물론이거니와, 중국 국가와 한국 국가의 국제 전쟁으로 보기도 어려운 측면이 있다. 그것은 중국 국가와 요동 국가의 전쟁으로 보는 것이 더 합리적이다. 이는 수와 당이 고구려를 정벌할 때 항상 이를 '정요(征遼)' 또는 '정요동(征遼東)'이라 표현한 것으로 보아도 알 수 있다.

고구려 유민의 거취에 관해, 중국 학계에서는 고구려가 패망한 뒤에 그 유민의 반 수 이상이 중국으로 유입되어 '한족'에 동화되어 한화되었다고 주장했으나, 엄밀히 말해서 고구려 유민의 대부분은 요동에 잔류했으므로 망국 이후에도 고구려의 요동 국가적 전통은 계속 유지되고 있었다. 한국 학계에서는 고구려 유민의 상당수가 한반도로 이동하여 신라 국민으로 편입되었고 역시 상당수는 발해 건국에 참여했다고 주장했지만, 이러한 주장은 오로지 추측에 의지한 것으로 중국 학계가 수치를 계산하여 자기의 주장을 입증하려는 노력에 훨씬 미치지 못하고 있다. 뿐만 아니라 중국 학계에서는 오래전부터 발해는 당연히 당조의 일개 지방 정권이었다고 주장하고 있기 때문에 고구려 유민이 발해 국민이 되었다는 것만 논증하면 곧 고구려 역사가 한국사로 귀속될 것으로 판단하는 것은 적어도 중국과의 고구려 역사 논쟁에서는 유효하지도 않고 유력하지도 않다.

마지막으로 고려의 고구려 계승설에 관한 논쟁에서, 한국 학계에서는 고려가 고구려를 계승했다는 전통 사료의 기사에만 의존하여 고구려-고려 계승설을 고집하고 있지만, 고구려의 인구나 영토, 문화적 전통 등이 고려를 건립하는 데 얼마나 기여했는가를 구체적으로 확인하는 작업이 생략되어 있다. 중국 학계 역시 고려가 고구려를 계승했다는 전통 사료의 기사를 무조건 부정하면서 고구려와 고려는 이름만 같을 뿐 실제로는 아무런 관계가 없다고 주장하고 있지만, 역사적 계승의식이라는 요소가 역사공동체의 형성에 결정적 요소로 작용한다는 사실을 간과할 수는 없다.

그럼에도 불구하고 '동북공정'의 소동과 '역사 전쟁'의 소란이 비생산적인 후유증만 남긴 것은 아니다. 고구려 역사 논쟁을 정리하는 과정에서 확인할 수 있었던 사실의 하나는, 그럼에도 불구하고 이 논쟁이 학문의 발전에 기여한 바가 적지 않았다는 것이다. 고구려 역사 논쟁이 지금까지 양국의 학계에서 당연시되어왔던 문제들을 하나씩 학문적으로 검증할 수 있는 기회를 가져다준 것이다. 지금까지 오랜 기간 한국인은 물론 중국인에게도 고구려는 당연히 한국의 국가였고 고구려 역사가 한국의 역사였음은 의심할 여지가 없는 사실이었다. 그러나 학문의 세계에서는 '당연한' 사실이나 '의심할 여지가 없는 사실'이란 있을 수 없다. "고구려는 한국인이 세운 국가였는가" 또는 "고구려의 역사는 한국의 역사인가"와 같이 가장 기본적인 문제에 대해 한 번도 의문을 던져본 적이 없었던 한국인에게 "고구려는 중국인이 세운 국가였다"거나 "고구려 역사는 중국의 역사다"라고 주장하는 '동북공정'은 실로 감당하기 어려운 충격이었을 것이다. 그러나 이 '어불성설'의 주장을 반박할 수 있는 논거를 찾는 과정에서 한국인은 그동안 경험하지 못했던 연토와 학습의 기회를 자주 갖게 되었다. 고구려는 예맥인과 한인(韓人)만으로 건립된 국가였는가, 고구려의 건립과 발전에 중국인의 역할은 무시해도 좋은가, 고구려는 한(漢)의 변군체제에 참여한 적이 없었는가, 책봉-조공관계에는 문화적·경제적 의미만 내포되어 있고 정치적 의미는 무시해도 좋은가, 고구려의 유민 가운데 한국으로 유입된 수는 얼마나 의미 있는 수인가, 고려는 인적·지리적으로 고구려의 얼마만한 부분을 계승했는가 등 한국인이 자문해

본 적이 거의 없었던 문제들에 불가피하게 직면하여 확인하지 않을 수 없었을 것이다. 중국인도 이 논쟁을 통해 중화인민공화국의 건립 이후 지금까지 역사상 '민족관계' 문제를 논의할 때 예외 없이 적용해왔던 가설들, 즉 "현재 중화인민공화국의 영토 범위를 기준으로 역사상 '중국'과 '중국사'의 범주를 규정한다"거나 "중국은 자고 이래로 통일적 다민족국가였다"는 등의 가설이 고구려 역사 논쟁에서도 여전히 유효하게 적용될 수 있는지 확인하지 않을 수 없었다. 그동안 당연시하여 의문을 품지 않았던 문제들을 다시 한 번 검증하여 확인하는 과정에서 한국과 중국 역사학계에서는 새롭고 유효한 지식을 적지 않게 축적할 수 있었던 것으로 보인다. 만약 이와 유사한 다른 역사 논쟁으로 우리의 지적 경험을 확장시킬 수 있다면 고구려 역사 논쟁에 대한 이해를 심화시킬 수 있을 뿐만 아니라 전통 시대 동아시아 세계 질서의 구조적 특성에 대한 적절한 이해에 접근할 수도 있을 것이다.

동아시아의 각 방면에서 동시다발적으로 전개된 역사 논쟁에서 얻을 수 있는 첫 번째 교훈은 논쟁 당사자들이 국가와 역사공동체 개념을 명료하게 분별해야 한다는 점이다. 전통 시대의 '중국', '한국', '티베트', '몽골', '투르크(돌궐)', '베트남', '타이완', '류큐' 등은 국가의 명칭이 아니라 특정한 역사공동체의 개념을 내포하고 있었지만, '당(唐)'이나 '고구려', '토번', '원', '대남(大南)', '중산국(中山國)', '중화민국' 등은 어디까지나 특정 국가의 명칭이었으니, 이들을 서로 구별하지 않을 수 없다. 그럼에도 불구하고 이들 논쟁은 모두 국가와 역사공동체 개념을 구별하지 않은 채 국가 간의 관계와 역사공동체 사이의 관계를 일치시키려는 방향으로 진행됨으로써 논쟁 쌍방이 모두 논리적으로 치명적인 허점을 함께 드러내고 있다.

그 한 예가 티베트 역사 논쟁이다. 티베트와 중국 양측 모두 국가 개념과 역사공동체 개념을 구별하지 못하고 혼동하고 있었다. 티베트 측은 '중국'과 구별되는 '티베트'의 역사공동체적 특성을 강조함으로써 '티베트'가 자고로 자주적 독립 '국가'였음을 입증하려 했고, 마찬가지로 중국 측도 티베트와 중원 왕조들의 정치적 관계를 통해 '중국'이라는 역사공동체에 '티베트'라는 역사공동체를 내포시키려 노력했다. 그러나 국가와 역사공동체는 별개의 개념이다. 예컨대 '토번'과 '당'은 국가 개념이지만 '티베트'와 '중국'은 역사공동체 개념이다. '토번'과 '당' 같은 국가들은 서로 침공하고 화맹하며 지배하고 통치할 수도 있고 발전하고 쇠퇴하며 멸망될 수도 있지만, '티베트'와 '중국'은 각각 다른 공간에서 각각 다른 역사적 경험을 통해 각각 다른 역사의식을 공유해온 공동체였기 때문에 쉽게 소멸되거나 통합되지 않는다. 즉, 현재 티베트인의 국가는 중국인에 의해 멸망되고 중국인의 국가에 통합되었지만, 티베트 역사공동체는 여전히 유지되고 있다. 따라서 역사공동체가 다르다고 해서 국가적 통합을 논리적으로 배척할 수는 없고 국가적 관계를 통해 역사공동체의 통합을 입증할 수도 없다.

국가와 역사공동체 개념을 구별하지 않는 논쟁의 특징은 중국이 일방으로 참여하는 역사 논쟁에서는 언제나 어디에서나 쉽게 발견된다. 중국을 중심으로 전개된 역사 논쟁이 모두 역사적 국가관계를 통해 역사공동체의 관계에 접근하는 특수한 구조를 갖고 있는 까닭은 '중국'이라는 역사공동체와 '중화인민공화국'이라는 국가의 특수성에 기인한다고 볼 수 있다. 현재의 '중화인민공화국'이라는 국가는 '중국'이라는 역사공동체와 '변강'으로 불리는 수다한 기타 역사공동체들로 구성된 통합 국가임을 기억한다면, 티베트와 요동, 타이완, 몽골(초원 유목 공동체), 투르키스탄 등 독립된 역사공동체에서 발생한 모든 역사적 사건과 정치적 실체를 '중국'이라는 범주 안에 포괄시키려는 현대 중국인의 인식체계를 이해할 수 있을 것이다. 중국 바깥에 존재하는 다른 역사공동체에 대한 중국인의 역사적 '침범'은 중국인만 갖고 있는 '통일적 다민족국가론'에 근거한 것이니, 그들에게는 이들 역사공동체가 현재 중화인민공화국의 영토 범위 또는 1840년대 만청의 영토 범위 안에 위치하고 있는 한 그 구성원은 중국인이고 그 역사는 당연히 중국사로 규정된다.

중국 학계에서 고구려와 수·당의 전쟁을 송과 거란(요), 송과 여진(금)의 전쟁과 마찬가지로 중국 국내의 통일 전쟁으로 이해하는 까닭은 이른바 '통일적 다민족국가론'에 의거하여 이 문제를 바라보기 때문이다. '중국'과 '중국사'의 범주를 현재 중화인민공화국(또는 중국의 범위가 가장 넓었던 1840년대 청조) 영토의 범주를 기준으로 규정하는 한, 그 범위 안에 포함되는 고구려는 '중국'의 일부이고 고구려와 수·당의 전쟁은 중국 국내 전쟁일 수밖에 없다. 이처럼 현재적 관점에서 과거의 역사적 사실을 재단하는 '통일적 다민족국가론'은 고구려사 논쟁의 거의 모든 쟁점에 적용되는 것이지만, 특히 수·당과 고구려의 '국내 통일 전쟁'론에 보다 적극적으로 활용되었다.

고구려사 논쟁의 과정에서 확인되는 이 문제는 동아시아의 다른 방면에서 전개된 역사 논쟁에서도 흔히 발견된다. 예컨대, 몽골과 동투르키스탄에서 전개된 역사 논쟁은 주로 통일적 다민족국가론을 둘러싸고 진행되었다. 중국인은 통일적 다민족국가론에 입각하여 몽골 등 북방 유목민 역사를 중국사의 일부로 편입했고, 몽골인은 이러한 시도에 완강히 저항했다. 몽골이 독립을 선언하게 된 논리적 근거는 만주와 몽골, 중국 등 세 역사공동체가 통합하여 대청(大淸)이라는 하나의 국가를 건립하였는데 대청의 멸망으로 더 이상 중화민국이라는 새 국가에 참여해야 할 이유가 없어졌다는 것이다. 그럼에도 불구하고 중국인은 통일적 다민족국가론을 거론하며 몽골인과 만주인도 중국인이라 규정하고 몽골의 역사를 중국의 역사로 서술하려 한 것이다. 중국인의 통일적 다민족국가론은 중국인의 역사의식을 왜곡시켰을 뿐만 아니라 상대인 몽골인의 역사의식까지 왜곡시키는 효과를 가져왔으니, 몽골과는 직접적 관련이 없는 흉노와 돌궐 등 유목제국의 역사, 심지어는 여진의 역사까지 몽골사 체제 안에 포함시키도록 자극했다. 현재 중국인이 자기 조상을 정복하여 지배한 칭기즈칸을 중국인이라고 규정하고 명과 북원의 관계를 남북조로 이해하는 것도 그들이 통일적 다민족국가론을 포기하지 않는 한 불가피한 일이라 할 수 있다. 몽골인이 이처럼 어처구니없는 '봉변'을 피할 수 있는 유일한 방법은 중국인이 모든 민족 및 변강 문제를 해결하는데 마스터키로 사용하는 통일적 다민족국가론을 논리적으로 극복할 수 있어야 한다. 동투르키스탄에서도 이와 유사한 일이 일어났다. 중국인은 신강을 유효하게 통치하기 위해 이른바 통일적 다민족국가론을 활용하여 동투르키스탄을 역사상 중국으로 획정하고 그 주민을 중국인으로, 그 역사를 중국사로 규정했다. 이에 대항하여 동투르키스탄인은 투르크(돌궐)어를 사용하는 중앙아시아의 모든 주민을 투르크인, 그 거주지를 투르키스탄이라 획정했으며 그 역사를 투르크 역사로 규정했다.

그러나 중국인이 만능키처럼 사용하는 '통일적 다민족국가론'은 중국 이외의 다른 역사공동체 구성원에게는 용인되지 않음을 확인할 수도 있다. 1979년에 발표된 베트남 『인민보』의 사설에서 중국이 몽골과 만주, 제국주의 열강 등에 의해 침략받은 사실을 열거하면서 "최근 1천 년 동안에 중국은 독립을 5백 년 이상 잃었다. 그런데 중국인 가운데서 베트남은 과거에 중국의 부속국이었다고 말하는 사람이 있다. 여러분, 이렇게 말하는 것이 영광인가 치욕인가? 위에서 말한 5백 년 동안에 중국 자신조차 독립 국가를 유지하지 못했는데, 어떻게 무슨 부속국이란 것이 있을 수 있는가"라고 항변했다. 이는 몽골 또는 만주를 중국의 일부로 간주하는 중국 학계의 입장과는 달리, 베트남인은 몽골 또는 만주를 중국과 별개의 역사공동체로 이해하고 있음을 보여주는 것이다. 심지어 티베트 역사 논쟁에 참여한 중국인 반체제 인사들도 "원조의 중국과 서장은 같이 몽골인의 노예였고, 같이 몽골인에 의해 점령되었다. 엄격히 말한다면 원조는 중국의 역사로 헤아려질 수 없고 그것은 몽골인의 역사다"라고 하면서, "왜 중국인은 당시에 같이 겸병되어 원조의 관할하에 있었던 베트남과 조선에 대해서는 (중국이라고) 주장하지 않는가"[140]라고 반문했다.

중국 학계에서 일반적으로 수용되고 있는 통일적 다민족국가론이란 현재로써 과거를 재단할 수 있는가 하는 근본적인 역사철학적 문제를 내포하고 있을 뿐만 아니라 중국과 더불어 과거에 존재한 역사공동체들과 함께 현재도 중화인민공화국의 영토 범위 안에 존재하고 있는 수다한 역사공동체의 존재까지 부정하는 태생적 모순을 안고 있다. 대부분의 중국 역사학자들은 56개 '민족'으로 구성된 중화인민공화국의 정치적 문제, 즉 '민족모순'을 해소하는 일에 적극 '복무'하기 위해 통일적 다민족국가론의 강변에 기꺼이 참여하고 있지만, 중국 학계에도 손조민 같은 학자가 있어 '중국'과 '중국사'의 범주는 각 시대마다 변화한다는

140 曹長靑, 「前言」, 曹長靑 主編, 『中國大陸知識分子論西藏』(臺北: 時報文化出版公司, 1996), 10頁.

반론을 제기하기도 했다.[141]

중국 학계에서 고구려가 한대에 현도군에 소속되어 있었음을 들어 고구려가 중국의 일부였음을 주장하고 한국 학계에서는 고구려가 현도군 밖에 위치하고 있었다고 주장함으로써 고구려가 한국의 일부였음을 강조하려 한 것은 양자 모두 고대 중국의 변군체제를 이해하지 못한 데서 비롯되었다. 변군체제란 형식적으로는 군현의 형식을 취한 개별적·직접적 지배 체제였지만 실질적으로는 책봉-조공체제로 운용된 집단적·간접적 지배 체제였다. 따라서 고구려가 현도군이라는 변군에 '내속(內屬)'되어 있었다 하더라도 독립적 국가의 본질은 전혀 손상되지 않았다. 이러한 변군체제의 특성에 대한 이해는 베트남 북속 시대의 지배 체제와의 비교사적 연구를 통해 더욱 심화시킬 수 있다. 남월이 멸망한 뒤 베트남에 설치된 교주(交州)의 군현은 모두 초군(初郡)으로, 형식적으로는 이때 월인이 한의 군현 체제에 '내속'한 것이지만 실제로는 고속(故俗)에 의한 자치가 허용되는 집단적·간접적 지배가 이루어지는 변군체제를 갖추고 있었다. 위·진·남북조 시대의 중국 국가들과 고구려가 책봉과 조공을 교환한 관계, 즉 종번관계 역시 다른 역사 논쟁과의 비교사적 접근을 통해 전통 시대에 국제 질서를 형성하는 동아시아 특유의 국제관계였음을 이해할 수 있다. 전통 시대 동아시아 세계에서는 중국을 중심으로 한국과 베트남, 일본, 몽골, 서역 등 수다한 역사공동체들이 다양한 국가를 건립하여 전쟁관계, 통사(通使)관계, 화맹관계, 화친관계, 종번관계, 내속관계 등 다양한 국제관계를 통해 하나의 유기적 세계를 구성하고, 변군체제와 막부(幕府)체제, 기미부주(羈縻府州)체제, 토사(土司)체제 등 다양한 운영 체제를 작동하여 이른바 '중국적 세계 질서', 즉 중국 중심의 일정한 국제 질서를 형성하고 있었는데, 이러한 국제 질서를 형성하고 유지하는 가장 기본적 관계는 책봉과 조공을 교환하는 종번관계였고, 종번관계의 본질은 불평등하지만 독립적인 국제관계라는 것이다.

'고구려가 한국의 국가인가 또는 중국의 국가인가'라는 문제와 '고구려 역사

141 孫祚民, 「中國古代史中有關祖國疆域和少數民族問題的錯誤觀點」, 『文匯報』, 1961年 11月 4日.

는 한국의 역사인가 또는 중국의 역사인가'라는 문제는 전혀 별개의 문제다. 왜냐하면 전자는 '사실'을 확인하는 문제이지만, 후자는 '의식'에 의해 설정되는 문제이기 때문이다. 그럼에도 불구하고 중국 학계에서는 끊임없이 "고구려는 중원 왕조의 일개 지방 정권이었다"고 규정함으로써 '고구려 역사가 중국사에 귀속됨'을 입증하려 했고, 한국 학계에서도 "고구려는 자주적인 강대국이었다"고 강조함으로써 "'고구려 역사가 한국사에 귀속됨'을 확인하려 했다. 오히려 고구려 유민에 관한 논의야말로 고구려 역사의 귀속을 판단하는 중요한 근거를 제공할 수 있을 것이다. 고구려가 현재의 한국을 형성하는 데 일정한 기여를 했다면 고구려의 역사는 한국사의 일부로 서술될 것이고, 고구려가 현재의 중국을 구성하는 데 일정한 기여를 했다면 고구려의 역사는 중국사의 일부로도 서술될 수 있을 것이기 때문이다. 현재의 한국이나 중국을 형성하는 데 기여한 '고구려'란 구체적으로는 고구려의 영토, 고구려의 인구, 고구려의 문화 등이 주목될 수 있을 것이다.

몽골, 동투르키스탄, 티베트, 타이완 등의 역사 논쟁에서도 역사의 귀속 문제를 중요한 쟁점으로 포함했다. 몽골 역사는 몽골인과 중국인 사이에 다툼의 대상이 되었고, 동투르키스탄의 역사 또는 위구르의 역사는 동투르키스탄인 또는 위구르인과 중국인이 서로 다투었으며, 티베트인과 중국인, 타이완인과 중국인도 티베트 역사와 타이완 역사를 놓고 서로 자기의 역사라고 치열하게 다투었다. 따라서 이러한 동아시아 각국의 역사 논쟁에 대한 비교사적 검토는 동아시아 역사 논쟁 그 자체의 이해를 제고시킬 뿐만 아니라 한국인과 중국인 사이에서 전개되고 있는 고구려사 논쟁에 대한 이해도 역시 높여줄 수 있을 것으로 기대된다.

동북공정이 알려진 뒤로 중국 학계와 한국 학계는 고구려 역사를 놓고 서로 '왜곡'한다고 비난하면서 고구려 역사의 자국사 편입을 고집했다. 그러나 지금까지 고구려 역사 논쟁에 참여한 한국의 학자들 가운데는 민족주의적 정서와 자기중심적 사고방식에서 벗어나지 못하고 객관적 시각을 놓친 경우가 적지 않았고, 애국주의로 무장한 중국의 학자들은 노골적으로 '정치에 복무'하기 위해 학문을 현실에 굴절시키는 경향을 농후하게 드러냈다. 학문이 논리 외적 정서에 이끌리고 정치 논리에 굴절되면 역사적 사실에 정확하게 접근할 수 없음은 당연한 일이다.

역사학이 정치에 복무한 현상은 동아시아 각 방면의 역사 논쟁에서 예외 없이 발견된다. 타이완, 티베트, 몽골, 동투르키스탄의 역사 논쟁이 통독 논쟁, 즉 통일과 독립을 위한 전위였음은 물론이거니와, 베트남의 역사 논쟁은 중월전쟁과 동시에 치러졌고, 조어도 논쟁은 영토 쟁탈전의 일환으로 전개되었다. 각국의 역사학자들이 조국의 정치적 목적을 위해 자신의 학문을 기꺼이 희생했던 만큼 이러한 역사 논쟁에서 학문적 논리를 기대하는 것 자체가 무리인지도 모른다. 그럼에도 불구하고 이들 논쟁에는 가끔 논리에만 충실한 '학자'가 등판해서 자국의 학문적 수준을 돋보이게 한다. 중국에는 현재의 영토 범위로써 중국과 중국사의 범주를 규획하겠다는 이른바 '통일적 다민족국가론'에 용감하게 대항해서 일당백으로 투쟁한 손조민이 있었고, 타이완에는 평생의 신념을 굴절하지 않고 '타이완 4백년 역사'가 식민지 역사였음을 설파한 사명이 있었으며, 일본에는 눈앞의 국익을 돌보지 않고 자신의 학문적 논리와 소신을 끝까지 굽히지 않은 정상청이 있었다. 한국의 학계에서도 스스로 자신을 객관적 위치에 놓고 철저하게 학문적 논리에만 순종하는 학자를 찾을 수 있게 되기를 기대한다.

참고문헌

(발표 연대순-저자명 가나다순)

1. 고구려사 논쟁

白壽彝, 「論歷史上祖國國土問題的處理」, 『光明日報』, 1951.5.5.

白壽彝, 「論歷史上祖國國土問題的處理」, 『歷史教育』, 5, 1951.

何茲全, 「中國古代史教學中存在的一個問題」, 『光明日報』, 1951.7.5.

趙華富, 「爲正確闡明我國歷史上的民族關係而鬪爭」, 『山東大學學報』 1, 1959.

孫祚民, 「中國古代史中有關祖國疆域和少數民族的問題」, 『文匯報』, 1961. 11.4; 『古代中國民族關係問題探究』, 河南大學出版社, 1992.

周恩來, 「周恩來總理談中朝關係」, 『外事工作通報』, 1963-10.

楊建新, 「沙俄最早侵占的中國領土和歷史上中國的疆域問題」, 『中俄關係史論文集』, 甘肅人民出版社, 1979.

翦伯贊, 「關于處理中國史上的民族關係問題」, 『中央民族學院學報』 1-2, 1979.

전해종, 『한중관계사연구』, 일조각, 1979.

孫祚民, 「處理歷史上民族關係的幾個重要準則: 讀范文瀾『中國歷史上的民族鬪爭與融合』」, 『歷史研究』, 1980-5.

王玉哲, 「統一的多民族國家形成的時代問題」, 『南開大學學報』, 1980-2.

張博泉, 「漢玄菟郡考」, 『吉林大學學報』, 1980-6.

盧泰敦, 「고구려유민사 연구」, 『한우근정년논총』, 1981.

서영수, 「삼국과 남북조 교섭의 성격」, 『동양학』 11, 1981.

翁獨健, 「民族關係史研究中的幾個問題」, 『中央民族學院學報』, 1981-4.

張博泉, 『東北歷代疆域史』, 吉林人民出版社, 1981.

陳連開, 「論中國歷史上的疆域與民族」, 『中央民族學院學報』, 1981-4.

陳梧桐, 「關于處理我國民族關係史若干原則的商榷」, 『中央民族學院』, 1981-2.

杜榮坤, 「試論我國歷史上的統一與分裂,民族戰爭與民族英雄」, 『歷史教育』, 1982-1.
陳梧桐, 「正確對待我國歷史上的少數民族及其與漢族王朝的戰爭」, 『光明日報』, 1982.7.5.
姜孟山, 「試論高句麗的源流及其早期國家』, 『朝鮮史硏究』, 1983-5
禹種烈, 「高句麗民族的分布」, 『朝鮮史硏究』, 1983-5; 孫進己·孫海 主編, 『高句麗渤海研究集成』, 哈爾濱出版社, 1997.
庄嚴, 「高句麗族源初探」, 『朝鮮史硏究』, 1983-5.
孫進己, 「我國歷史上民族關係的幾個問題」, 社會科學出版社, 『中國民族關係史硏究』, 1984.
張璇如, 「民族關係史若干問題的我見」, 社會科學出版社, 『中國民族關係史硏究』, 1984.
羅繼祖, 「遼東公孫氏連吳拒魏及其和高句麗的關係」, 『東北地方史硏究』, 1985-4.
王健群, 「玄菟郡的西遷和高句麗的發展」, 『社會科學戰線』, 1985-2, 1986-1.
張博泉, 『東北地方史稿』, 吉林大學出版社, 1985.
耿鐵華, 「高句麗起源和建國問題探索」, 『求是學刊』, 1986-1; 『高句麗渤海研究集成』 1, 哈爾濱出版社, 1997.
樊遠生, 「高句麗民族的探討」, 『博物館硏究』, 1987-3.
서영수, 「삼국시대 한중외교의 전개와 성격」, 『고대한중관계사의 연구』, 삼지원, 1987.
서영수, 「고구려의 대륙진출과 대중외교의 성격」, 『계간경향』 여름호, 1987.
孫進己, 『東北民族源流』, 黑龍江人民出版社, 1987.
楊保隆, 「各史『高句麗傳』的幾個問題辨析」, 『民族硏究』, 1987-1.
王健群, 「高句麗族屬探源」, 『學習與探索』, 1987-6.
王健群, 「玄菟郡的西遷和高句麗的發展」, 『社會科學戰線』, 1987-2.
張博泉, 「試論我國北方民族政權類型的劃分」, 『學習與探索』 48, 1987.
劉永祥, 「朱蒙與東明-高句麗始祖問題探索」, 『遼寧大學學報』, 1988-6.
張國顯, 「略論漢武帝對烏桓和人東沃沮高句麗的不同治理方式」, 『瀋陽師院學報』, 1988-3.
白壽彝, 『中國通史』, 上海人民出版社, 1989.
費孝通, 「中華民族的多元一體格局」, 『中華民族多元一體格局』, 北京, 1989.
孫進己 等, 『東北歷史地理』(1·2), 黑龍江人民出版社, 1989.
王景義, 『東北地方簡史』, 哈爾濱工業大學出版社, 1989.
周偉洲, 「歷史上的中國及其疆域民族問題」, 『雲南社會科學』, 1989-2.
孫玉良·李殿福, 「高句麗與中原王朝的關係」, 『博物館硏究』, 1990-3.

신형식, 「통일신라시대 고구려유민의 동향」, 『통일신라사연구』, 1990.
李健才, 「玄菟郡的建立和遷移」, 『東北地方史研究』, 1990-1.
李殿福·孫玉良 저, 강인구·김영수·한문상 역, 『高句麗簡史』, 삼성출판사, 1990; 『중국 학자가 쓴 고구려사』, 학연문화사, 2005.
邸富生, 「隋唐時期收復遼東的戰爭」, 『中國邊疆史地研究』, 1990-3.
集安博物館, 『高句麗研究文集』, 1990.
譚其驤, 「歷史上的中國和中國歷代疆域」, 『中國邊疆史地研究』, 1991-1; 瀋陽東亞研究中心 『歷史上政權民族歸屬理論研究』, 1999; 楊春吉 耿鐵華 主編 『高句麗歸屬問題研究』, 吉林文史出版社, 2000.
薛虹·李澍田, 『中國東北通史』, 吉林文史出版社, 1991.
송기호, 「고구려사를 바라보는 또 하나의 시각-『高句麗簡史』」, 『한국고대사논총』 1, 1991.
王玉哲, 「中國古代史上的幾個問題」, 『中國邊疆史地研究』, 1991-1.
金翰奎, 「古代 東아시아의 民族關係史에 대한 現代 中國의 社會主義的 理解」, 『東亞研究』 24, 1992.
孫進己, 『東北各民族文化交流史』, 春風文藝出版社, 1992.
劉永祥, 「從都城變遷看高句麗的不同發展時期」, 『東北亞歷史與文化』, 遼瀋書社, 1992.
李建才, 「高句麗的都城和疆域」, 『中國邊疆史地研究報告』, 1992-1, 2.
李德山, 「高句麗族源及其族屬考辨」, 『社會科學戰線』, 1992-1.
邢玉林, 「中國邊疆學及其研究的若干問題」, 『中國邊疆史地研究』, 1992-1.
禾摛, 「高句麗族稱及其族屬」, 『社會科學戰線』, 1992-1.
耿鐵華, 「中國高句麗文化研究十年」, 『高句麗研究文集』, 延邊大學出版社, 1993.
耿鐵華·孫仁傑 編, 『高句麗研究文集』, 延邊大學出版社, 1993.
孟古託力, 「隋王朝對邊疆遼海的經略」, 『中國邊疆史地研究』, 1993-1.
范犁, 「高句麗族屬探源駁議」, 『高句麗研究文集』, 延邊大學出版社, 1993.
范犁, 「毌丘儉征高句麗的幾個問題」, 『高句麗研究文集』, 延邊大學出版社, 1993.
楊昭全, 「論高句麗的歸屬」, 『韓國上古史學報』 13, 1993.
楊昭全·孫玉海, 『中朝邊界史』, 中洲古籍出版社, 1993.
劉厚生, 「高句麗市我國東北古代少數民族的地方政權」, 『東北民族與疆域研究動態』, 1993-3.
李殿福, 「高句麗民族的形成發展與解體」, 『中國古代北方民族史』, 黑龍江人民出版社, 1993.

蔣秀松 等,『東北民族史綱』, 遼寧教育出版社, 1993.

張昌熙, 「東夷傳中的高句麗資料辨析-兼談古高句麗的幾個問題」,『延邊大學學報』, 1993-2.

張鴻雁·傅兆君, 「論傳統夷夏觀的演變及其對近代社會民族觀的影響」,『民族研究』, 1993-2.

陳克進, 「略述中國古代民族關係的討論」,『中國史學硏究動態』中華書局, 1993.

葛劍雄,『統一與分裂-中國歷史的啓示-』, 三聯書店, 1994.

金岳, 「東北貊族源流研究」,『遼海文物學刊』, 1994-2.

孫進己, 「高句麗國家的建立和發展」,『東北民族史研究』1, 中州古籍出版社, 1994.

孫進己, 「高句麗王國和中央皇朝的關係」,『東北民族史研究』, 中州古籍出版社, 1994.

王綿厚, 「關于漢以前東北貊族考古學文化的考察兼論大石棚和石棺墓文化的族屬與時代」,『文物春秋』, 1994-1.

孫進己, 「高句麗王國和中央皇朝的關係」,『東北民族史研究』, 中洲古籍出版社, 1994;『高句麗歸屬問題研究』, 吉林文史出版社, 2000.

孫進己, 「關于高句麗歸屬問題的幾個爭議焦點」,『東北民族史研究』, 中洲古籍出版社, 1994;『高句麗歸屬問題研究』, 吉林文史出版社, 2000.

孫進己, 「高句麗王國的民族分布」,『東北民族史研究』1, 中洲古籍出版社, 1994;『高句麗渤海研究集成』, 哈爾濱出版社, 1997.

劉永智, 「高句麗時期的中朝關係」,『中朝關係史研究』, 中洲古籍出版社, 1994.

李宗勳, 「高句麗族源流略考」,『中朝韓日關係史研究論叢』, 延邊大學出版社, 1995.

李澍田 衣保中, 「論長白文化」,『社會科學戰線』, 1994-6.

蔣力華, 「研究長白山文化弘揚長白山精神」,『社會科學戰線』, 1994-6.

張博泉,『中華一體的歷史軌跡』, 遼寧人民出版社, 1994.

張博泉·程妮娜,『中國地方史論』, 吉林大學出版社, 1994.

김정배·유재신 편,『중국학계의 고구려사 인식』, 대륙연구소, 1995.

劉永智, 「高句麗是中國少數民族的國家」,『中朝關係史研究』, 中洲古籍出版社, 1995.

劉子敏, 「高句麗國與南北朝的關係」,『中朝韓日關係史研究論叢』, 延邊大學出版社, 1995.

李大龍, 「高麗與唐王朝互使述論」,『黑龍江民族叢刊』, 1995-1.

李宗勛, 「高句麗源流略考」,『中朝韓日關係史研究論叢』, 延邊大學出版社, 1995.

趙東艷, 「高句麗文化中的漢文化因素」,『遼寧大學學報』, 1995-3.

陳光崇, 「論隋唐之祭經略遼海地區的戰爭」,『益陽師專學報』16, 1995.

韓昇, 「唐朝對高句麗政策的形成與遷變」, 『東北亞研究』, 1995-2.

徐貴通, 「中原王朝對高句麗諸王的册封」, 『通化師院學報』, 1996-1; 『高句麗歷史與文化研究』(通化師範學院 高句麗研究所), 吉林文史出版社, 1997.

楊秀祖, 「隋煬帝征高句麗的幾個問題」, 『通化師院學報』, 1996-1.

梁志龍, 「高句麗名稱考釋」, 『遼海文物學刊』, 1996-1.

劉子敏, 「高句麗最早的源頭高夷」, 『高句麗歷史研究』, 延邊大學出版社, 1996.

劉子敏, 「古代高句麗與中原王朝的關係」, 『東疆學刊』, 1996-3.

劉子敏, 「"高夷"考辨」, 『延邊大學學報』, 1996-4.

劉子敏, 「高句麗故地沿革考」, 『通化師院學報』, 1996-1.

李健才, 『東北史地考略』, 吉林文史出版社, 1996.

李大龍, 「唐王朝與新羅互使述論」, 『黑龍江民族叢刊』, 1996-2.

李成珪, 「중국의 分裂體制模式과 東아시아 諸國」, 『韓國古代史論叢』 8, 1996.

李若遷, 「高句麗文化與中原文化淵源關係述略」, 『通化師院學報』, 1996-1.

李英, 「四十年來我國高句麗研究的文獻計量學分析」, 『高句麗歷史與文化研究』, 吉林文史出版社, 1996.

秦昇陽, 「唐對高句麗政策及其演變」, 『通化師院學報』, 1996-1.

韓昇, 「隋煬帝伐高句麗之謎」, 『漳州師院學報』, 1996-1.

康德文, 「高句麗何以能同'南北朝'長期和平相處」, 『高句麗歷史與文化研究』, 吉林文史出版社, 1997.

徐貴通, 「中原王朝對高句麗諸王的册封」, 刁書仁 主編, 通化師範學院 高句麗研究所, 『高句麗歷史與文化研究』, 吉林文史出版社, 1997.

孫進己, 『高句麗渤海研究集成』, 哈爾濱出版社, 1997.

楊秀祖, 「隋煬帝征高句麗的幾個問題」, 刁書仁 主編, 通化師範學院 高句麗研究所, 『高句麗歷史與文化研究』, 吉林文史出版社, 1997.

楊春吉, 『高句麗歷史與文化研究』, 吉林文史出版社, 1997.

楊春吉, 「高句麗史研究中的幾個問題」, 『高句麗歷史與文化研究』, 吉林文史出版社, 1997.

楊春吉·耿鐵華 主編, 『高句麗歷史與文化研究』, 吉林文史出版社, 1997.

王綿厚, 「高句麗民族的起源及其考古學文化」, 『高句麗渤海研究集成』 1, 哈爾濱出版社, 1997.

劉子敏, 「古高句麗新探」, 楊春吉·耿鐵華 主編 『高句麗歷史與文化研究』, 吉林文史出版社,

1997.
衣保中·吳祖鯤, 「論長白文化的內涵與特色」, 『長白學刊』, 1997-6.
曹德全, 「論漢武帝置高句麗縣時還不存在高句麗族」, 『高句麗渤海研究集成』1, 哈爾濱出版社, 1997.
曹德全, 「高句麗名稱辨疑」, 『高句麗渤海研究集成』1, 哈爾濱出版社, 1997.
刁書仁 主編, 通化師範學院 高句麗研究所, 『高句麗歷史與文化研究』, 吉林文史出版社, 1997.
조이옥, 「고구려의 인구」, 『경기사론』1, 1997.
秦升陽, 「唐代對高句麗的政策及其演變」, 『高句麗歷史與文化研究』, 吉林文史出版社, 1997.
韓升, 「隋煬帝'遼東之役'芻議」, 『軍事歷史』, 1997-2.
佟冬, 『中國東北史』, 吉林文史出版社, 1998.
朴燦奎, 「關于王莽朝高句麗記事的諸史料辨析」, 『朝鮮學韓國學論叢』6, 延邊大學出版社, 1998.
孫進己, 「高句麗的歸屬」, 『中朝邊界研究文集』, 1998.
孫進己, 「爲維持中朝韓友好和半島局勢穩定歷史上高句麗的歸屬仍以中朝共有爲宜」, 『當代中國邊疆問題調研』, 1998-33.
楊保隆, 「高句麗族族源與高句麗人流向」, 『民族研究』, 1998-4; 『古代中國高句麗歷史叢論』, 2001.
楊昭全, 「論高句麗歸屬」, 『中朝邊界研究文集』, 1998.
楊春吉·耿鐵華 主編, 『高句麗史籍匯要』, 吉林文史出版社, 1998.
倪軍民 等, 『中國學者高句麗研究文獻敍錄』, 吉林文史出版社, 1998.
劉子敏, 「對高句麗故地歸屬上的幾種錯誤說法的辨析」, 『中朝邊界研究文集』, 1998.
劉子敏, 「高句麗與南北朝的關係」, 『中朝韓日關係史研究論叢』, 延邊大學出版社, 1998.
李大龍, 「從高句麗縣到安東都護府-高句麗和歷代中央王朝關係述論」, 『民族研究』, 1998-4.
張博泉, 「高句麗與中原文明」, 『社會科學戰線』, 1998-5.
張博泉·魏存成 主編, 『東北古代民族考古與疆域』, 吉林大學出版社, 1998.
張博泉, 「高句麗與中原文明」, 『社會科學戰線』, 1998-5; 蔣非非·王小甫, 『中朝關係史: 古代卷』, 社會科學文獻出版社, 1998.
張碧波, 「高句麗文化淵源考」, 『北方文物』1998-1.
姜孟山, 「高句麗史的歸屬問題」, 『東疆學刊』, 1999-4; 『黑土地的古代文明』, 遠方出版社,

2000.
노태돈, 『고구려사 연구』, 사계절출판사, 1999.
雷頤, 「中國現代的‘華夏中心觀’與‘民族主義’」, 『知識分子立場;民族主義?轉型期中國的命運』, 1999.
徐德源, 「關于朝鮮半島早期史硏究經受誤導的反思」, 『全國首屆高句麗學術硏討會論文集』, 吉林社會科學院高句麗硏究中心 通化師範學院高句麗硏究所, 1999.
孫進己, 「高句麗硏究綜述」, 『歷史上政權民族歸屬理論硏究』(徵求意見稿), 東亞硏究中心, 內部出版, 1999.
孫進己, 「隋唐時期高麗王國經濟文化的漢化」, 『高句麗國史』, 徵求意見稿, 1999.
孫進己·孫泓, 「對高句麗歸屬問題的硏究」, 『歷史上政權民族歸屬問題理論硏究』, 國家九五規劃項目徵求意見稿, 1999.
孫進己·孫泓, 「歷史上政權民族歸屬理論硏究」, 『歷史上政權民族歸屬問題理論硏究』, 國家九五規劃項目徵求意見稿, 1999.
孫進己·孫泓 編著, 『歷史上政權民族歸屬理論硏究』, 東亞硏究中心, 內部出版, 1999.
孫泓, 「高句麗民族的形成發展及解消亡」, 『全國首屆高句麗學術硏討會論文集』, 吉林社會科學院高句麗硏究中心 通化師範學院高句麗硏究所, 1999.
劉炬·寧勇, 「論唐太宗東征高麗受挫之原因」, 『全國首屆高句麗學術硏討會論文集』, 吉林社會科學院高句麗硏究中心 通化師範學院高句麗硏究所, 1999.
劉永智, 「高句麗時期的中朝關係」, 『全國首屆高句麗學術硏討會論文集』, 吉林社會科學院高句麗硏究中心 通化師範學院高句麗硏究所, 1999.
劉子敏, 「關於高句麗政權及其領土的歷史歸屬問題之我見」, 『全國首屆高句麗學術硏討會論文集』, 吉林社會科學院高句麗硏究中心 通化師範學院高句麗硏究所, 1999.
劉厚生, 「高句麗是我國東北古代少數民族的地方政權-兼談我國東北歷史上民族歸屬的標準問題」, 『東北民族與疆域硏究動態』, 1999-3.
張博泉, 「論古代疆域民族與疆域硏究問題」, 『吉林大學社會科學學報』, 1999-3.
張博泉·魏存成, 『東北古代民族考古與疆域』, 吉林大學出版社, 1999.
張碧波, 「關于歷史上民族歸屬與疆域問題的再思考」, 『黑土地的古代文明』, 遠方出版社, 1999.
張碧波, 「關于歷史上民族歸屬與疆域問題的幾點思考」, 『東北民族與疆域硏究動態』, 1999-3.
張碧波, 「高句麗文化淵源考」, 『全國首屆高句麗學術硏討會論文集』(吉林社會科學院高句麗

研究中心 通化師範學院高句麗研究所), 1999; 신종원 편저, 주상길 역,『중국인들의 고구려연구-동북공정의 논리』, 민속원, 2009.
張碧波,「高句麗研究中的誤區」,『中國邊疆史地研究』, 1999-3.
張春霞,「高句麗國家的形成發展滅亡」,『全國首屆高句麗學術硏討會論文集』, 吉林社會科學院 高句麗研究中心 通化師範學院高句麗研究所, 1999.
韓忠富,「國內高句麗歸屬問題研究綜述」,『全國首屆高句麗學術硏討會論文集』, 吉林社會科學院高句麗研究中心 通化師範學院高句麗研究所, 1999; 신종원 편저, 주상길 역,『중국인들의 고구려연구-동북공정의 논리』, 민속원, 2009.
康德文,「高句麗臣屬東漢」, 楊春吉 耿鐵華 主編『高句麗歸屬問題研究』, 吉林文史出版社, 2000.
姜孟山,「高句麗史的歸屬問題」, 劉厚生 等 主編,『黑土地的古代文明』, 遠方出版社, 2000.
耿鐵華·楊春吉 主編『高句麗歸屬問題研究』, 吉林文史出版社, 2000.
耿鐵華·楊春吉,「高句麗歸屬問題」,『高句麗歸屬問題研究』, 吉林文史出版社, 2000.
耿鐵華·倪軍民 編,『高句麗歷史與文化』, 吉林文史出版社, 2000.
金旭東·安文榮·楊立新,「探索高句麗早期遺存及起源」,『中國文物報』, 2000年3月19日.
滕紅岩·紀娟,「試析中原王朝對高句麗政權的册封」, 楊春吉·耿鐵華 主編,『高句麗歸屬問題研究』, 吉林文史出版社, 2000.
馬大正,「中國學者高句麗歷史研究百年歷程」,『中國邊疆史地研究』10-1, 2000;『黑土地的古代文明』, 遠方出版社, 2000;『高句麗歸屬問題研究』, 吉林文史出版社, 2000; 신종원 편,『중국인들의 고구려 연구-동북공정의 논리』, 동북아역사총서 7, 한국학중앙연구원, 2005.
朴燦奎,『三國志高句麗傳研究』, 吉林人民出版社, 2000.
徐德源,「先秦到隋唐時期遼東地方歸屬問題考議」,『黑土地的古文明』, 遠方出版社, 2000.
孫金花,「朝鮮學者對高句麗的研究」,『高句麗歷史與文化』, 吉林文史出版社, 2000.
孫進己,「當前研究高句麗歸屬的幾個問題」,『東北地區三至十世紀古代文化學術討論會交流論文』, 2000;『東疆學刊』, 2001-3.
孫進己,「關于高句麗歷史歸屬問題的幾個爭議焦點」,『高句麗歷史與文化叢書』, 吉林文史出版社, 2000.
申瀅植·趙二玉-徐日範,「中國學界의 韓國古代史 研究活動」,『國史館論叢』91, 2000.

梁啓政·張韜, 「關于高句麗歸屬問題的文獻記載及說明」, 楊春吉·耿鐵華 主編, 『高句麗歸屬問題研究』, 吉林文史出版社, 2000.
楊春吉·耿鐵華, 『高句麗歸屬問題研究』, 吉林文史出版社, 『高句麗歷史與文化』叢書, 2000.
楊春吉·耿鐵華, 「高句麗是我國東北歷史上的少數民族政權」, 『高句麗歷史與文化』, 吉林文史出版社, 2000.
楊春吉·耿鐵華, 「我國歷史教科書中對高句麗提法的變化與說明」, 『高句麗歷史與文化』, 吉林文史出版社, 2000.
倪軍民·耿鐵華·楊春吉, 「高句麗歷史歸屬問題論稿」, 『通化師範學院學報』, 2000-1.
倪軍民·楊春吉, 「高句麗與中原的關係」, 楊春吉·耿鐵華 主編, 『高句麗歸屬問題研究』, 吉林文史出版社, 2000.
王利群, 「關于高句麗疆域的幾個問題」, 『高句麗歸屬問題研究』, 吉林文史出版社, 2000.
劉心銘, 「隋煬帝唐太宗征高麗略論」, 『解放軍外國語學院學報』, 2000-2.
劉子敏, 「關于高句麗政權及其領域的歷史歸屬問題之我見」, 『高句麗歸屬問題研究』, 楊春吉·耿鐵華 主編, 『高句麗歸屬問題研究』, 吉林文史出版社, 2000.
劉子敏, 「走出高句麗歷史研究的誤區-試析古人在高句麗歸屬問題上的錯誤說法-」, 『東疆學刊』, 2000-1.
李淑英, 「中國學者對高句麗史的研究」, 『高句麗歷史與文化』, 吉林文史出版社, 2000.
임기환, 「중원고구려비를 통해 본 고구려와 신라의 관계」, 『고구려연구』 10, 2000.
張韜, 「隋煬帝征高句麗」, 耿鐵華·倪軍民 編, 『高句麗歷史與文化』, 吉林文史出版社, 2000.
張韜, 「唐太宗征高句麗」, 耿鐵華·倪軍民 編, 『高句麗歷史與文化』, 吉林文史出版社, 2000.
張碧波, 「역사상의 민족귀속과 강역문제의 재사고에 대하여-'일사양용'의 사관을 겸하여 평론」, 楊春吉·耿鐵華 主編, 『高句麗歸屬問題研究』, 吉林文史出版社, 2000.
張碧波, 「略談古朝鮮高句麗研究中的誤區」, 『高句麗歸屬問題研究』, 吉林文史出版社, 2000.
張碧波, 「關于歷史上民族歸屬與疆域問題的再思考-兼評"一史兩用"史觀」, 『黑土地的古代文明』, 遠方出版社, 2000; 『高句麗歷史與文化叢書』, 吉林文史出版社, 2000; 『中國邊疆史地研究』, 2000-2.
趙福香, 「高句麗滅亡後民族流向」, 耿鐵華 倪軍民 編, 『高句麗歷史與文化』, 吉林文史出版社, 2000.
趙福香·黃甲元, 「高句麗在東北史上的地位」, 耿鐵華·倪軍民 編, 『高句麗歷史與文化』, 吉林文史出版社, 2000.
秦新陽, 「隋唐君臣對高句麗歸屬問題的認識」, 楊春吉·耿鐵華 主編, 『高句麗歸屬問題研究』, 吉林文史出版社, 2000.
韓忠富, 「國內高句麗歸屬問題研究綜述」, 楊春吉·耿鐵華 主編, 『高句麗歸屬問題研究』, 吉林文史出版社, 2000.
姜維東, 『唐麗戰爭史』, 吉林文史出版社, 2001.
姜孟山, 「高句麗史的歸屬問題」, 劉厚生·孫啓林·王景澤 主編, 『黑土地的古代文明-全局首屆東北民族與疆域問題學術硏討會論文集』, 遠方出版社, 東北民族疆域研究叢書, 2001.
高福順, 「試論漢魏時期高句麗政權的統轄區域-以『三國史記』高句麗本紀記事爲中心-」, 『東疆學刊』, 2001-4.
金賢淑, 「중국 소재 고구려유민의 동향」, 『한국고대사연구』 23, 2001.
馬大正 外, 『古代中國高句麗史叢論』, 黑龍江敎育人民出版社, 2001: 서길수 역, 『중국이 쓴 고구려 역사』, 여유당, 2007.
徐德源, 「高句麗歷史與疆域歸屬問題補議」, 『社會科學戰線』, 2001-5.
孫進己, 「國際法中關于確定土地民族政權歸屬的原則」, 『中國東北民族與疆域研究』, 吉林時代文藝出版社, 2001.
孫進己, 「我國統一多民族國家的形成和發展」, 『史學集刊』, 2001-3.
孫進己, 「高句麗歷史研究綜述」, 『社會科學戰線』, 2001-5.
孫進己, 「高句麗考古研究綜述」, (韓國)『高句麗遺跡發掘和遺物』, 學硏文化社, 2001.
孫進己, 「當前研究高句麗歸屬的幾個問題」, 『東疆學刊』 18-3, 2001.
孫玉良, 「『고대중국고구려역사총론』을 평한다-근본을 거슬러 올라가 근원을 찾아 논증했다」, 『社會科學前線』, 2001-6.
楊保隆, 「高句麗國滅亡和高句麗人的去向」, 馬大正 外, 『古代中國高句麗史叢論』, 黑龍江敎育人民出版社, 2001.
楊保隆, 「兩個高麗的差別」, 馬大正 外, 『古代中國高句麗史叢論』, 黑龍江敎育人民出版社, 2001.
楊保隆, 「高氏高麗與王氏高麗無前後相承關係辨論」, 馬大正 外, 『古代中國高句麗史叢論』, 黑龍江敎育人民出版社, 2001.
楊春吉·耿鐵華 主編, 『高句麗歸屬問題研究』, 吉林文史出版社, 2001.

楊春吉·耿鐵華, 「高句麗是我國東北歷史上少數民族政權」, 耿鐵華·倪軍民 編, 『高句麗歷史與文化』, 吉林文史出版社, 2001.

楊春吉·耿鐵華, 「高句麗與高麗王朝」, 耿鐵華·倪軍民 編, 『高句麗歷史與文化』, 吉林文史出版社, 2001.

王柯, 「民族與國家-中國多民族統一國家思想的系譜」, 中國社會科學出版社, 2001; 김정희 역, 『민족과 국가-중국 다민족통일국가 사상의 계보』, 동북아역사재단, 2005.

劉子敏, 「高句麗疆域沿革考辨」, 『社會科學戰線』, 2001-4.

劉厚生·孫啓林·王景澤 主編, 『黑土地的古代文明-全局首屆東北民族與疆域問題學術硏討會論文集』, 遠方出版社, 東北民族疆域硏究叢書, 2001.

李大龍, 『唐朝和邊疆民族使者往來硏究』, 黑龍江敎育出版社, 2001.

李大龍, 「使者與唐王朝邊疆民族管理體制」, 『民族硏究』, 2001-1.

李大龍, 「高句麗與唐王朝臣屬關係的建立和發展」, 黑龍江敎育出版社, 『古代中國高句麗歷史叢論』, 2001.

李大龍, 「高句麗和隋王朝的關係」, 黑龍江敎育出版社, 『古代中國高句麗歷史叢論』, 2001.

李大龍, 「高句麗歷代中央王朝關係的特質」, 黑龍江敎育出版社, 『古代中國高句麗歷史叢論』, 2001.

李大龍, 「高句麗與兩漢至南北朝中央王朝的關係」, 黑龍江敎育出版社, 『古代中國高句麗歷史叢論』, 2001.

李春祥, 「從正史<高句麗傳>看高句麗政權的內屬性」, 楊春吉·耿鐵華 主編, 『高句麗歸屬問題硏究』, 吉林文史出版社, 2001.

張璇如, 「國外學者有關我國東北疆域民族的種種錯誤觀點」, 劉厚生·孫啓林·王景澤 主編, 『黑土地的古代文明-全局首屆東北民族與疆域問題學術硏討會論文集』, 遠方出版社, 東北民族疆域硏究叢書, 2001.

韓忠富, 「國內高句麗歸屬問題硏究綜述」, 『社會科學戰線』, 2001-5.

邢玉林, 「1989-1998年中國古代疆域理論問題硏究綜述」, 『中國邊疆史地硏究』, 2001-1.

耿鐵華, 『中國高句麗史』, 吉林人民出版社, 2002; 朴倉培 譯, 『중국인이 쓴 高句麗史』上下, 고구려연구재단, 2004.

권오중, 「漢과 高句麗의 關係」, 『고구려연구』 14, 2002.

김광수 외, 『고구려사 연구지원을 위한 기초연구』, 교육인적자원부 정책연구개발과제특14, 2002.
孫進己, 「高句麗歷史地理研究綜述」, 『東北歷史地理論叢』 摘刊, 哈爾濱出版社, 2002.
孫進己, 「高句麗的起源及前高句麗文化的研究」, 『社會科學戰線』, 2002-2.
梁玉多, 「高句麗遺民的渤海化進程」, 『哈爾濱學院學報』 23-9, 2002.
厲聲·李國强 主編, 『中國邊疆史地研究綜述(1989-1998)』, 黑龍江教育出版社, 2002.
劉爲, 「東北邊疆史地研究綜述」, 厲聲·李國强 主編, 『中國邊疆史地研究綜述(1989-1998)』, 黑龍江教育出版社, 2002.
劉子敏, 「論西漢對高句麗的有效管轄」, 『中國東北民族與疆域研究』, 2002.
윤휘탁, 「중국의 애국주의와 역사교육」, 『중국사연구』 18, 2002.
張碧波, 「評『古代中國高句麗歷史叢論』」, 『中國邊疆史地研究』, 2002-2.
趙福香·黃甲元, 「高句麗在東北史上的地位」, 『通化師範學院學報』, 23-6, 2002.
趙永春, 「關于中國歷003.史上疆域的幾点認識」, 『中國邊疆史地研究』 12-3, 2002.
耿鐵華, 「中國疆域的形成與發展」, 『中國邊疆史地研究』, 中國社會科學出版社, 2003.
都永浩·王禹浪, 「對東北民族與歷史問題研究的理論思考」, 『中國邊疆史地研究』 13-3, 2003.
馬大正 外, 『古代中國高句麗史續論』, 中國社會科學出版社, 2003; 서길수 역, 『동북공정 고구려사』, 사계절, 2006.
馬大正, 「再論高句麗歷史研究中的相關問題」, 『古代中國高句麗史續論』, 中國社會科學出版社, 2003.
馬大正, 「關于'東北邊疆歷史與現狀系列研究工程'的幾個問題」, 馬大正 主編, 『中國東北邊疆研究』, 中國社會科學院, 2003.
馬大正, 『古代中國高句麗歷史續論』, 中國社會科學出版社, 2003; 서길수 역, 『동북공정 고구려사』, 사계절, 2006.
馬大正, 「試論高句麗歷史研究的幾個問題」, 『高句麗歷史知識』, 吉林文史出版社, 2003; 邊衆之文同此.
朴京哲, 「高句麗 '民族'問題 認識의 現況과 課題」, 『韓國古代史研究』, 2003.
박영철, 「중국 역사교과서의 한국사 서술과 그 인식-전근대를 중심으로」, 『중국 교과서의 한국사 인식』(한국사론 38), 2003.
朴燦奎, 「淺談高句麗歷史歸屬研究的幾個問題」, 『延邊高句麗渤海問題學術研討會』, 2003.
邊衆, 「試論高句麗歷史研究的幾個問題」, 『光明日報』, 2003.6.24.

서길수, 「중국의 고구려사 귀속문제에 대한 연구현황과 논리」, 『'고구려=중국사', 중국의 논리는 무엇인가?』, 고구려연구회, 2003.
서길수, 「고구려 정체성에 대한 중국의 연구 현황과 논리」, 『고구려=중국사, 중국의 논리는 무엇인가?』(고구려 연구회 학술토론회 자료집), 2003.
孫進己, 「고구려의 귀속문제에 관한 몇 가지 논쟁의 초점」, 『고구려연구』 15, 2003.
孫進己, 「我國歷史上疆域形成變遷的理論硏究」, 『中南民族大學學報』(人文社會科學) 23-2, 2003.
孫進己, 「再論高句麗歸屬的硏究」, 『中南民族大學學報』, 2003-2.
孫進己, 「關于高句麗渤海硏究中的一些問題」, 『延邊高句麗渤海會議報告』, 2003.
孫泓, 「高句麗文化的主體是漢文化」, 集安高句麗學術會議交流稿, 2003.
송기호, 「중국의 한국고대사 빼앗기 공작」, 『역사비평』 65, 2003 겨울.
신형식, 『고구려사』, 이대출판부, 2003.
신형식, 「중국의 동북공정의 허실」, 『백산학보』 67, 2003.
余昊奎, 「中國學界의 高句麗 對外關係史 硏究現況」, 『韓國古代史硏究』 31, 2003.
여호규, 「고구려의 족속 기원과 건국 과정」, 『중국의 고구려사 왜곡 대책 학술발표회』, 2003.
王洛林, 「加强東北邊疆硏究 促進學科建設」, 馬大正 主編, 『中國東北邊疆硏究』, 中國社會科學院, 2003.
劉厚生, 「長白山文化的界定及其他」, 『中國邊疆史地硏究』 13-4, 2003.
윤명철, 「고구려와 수당 간의 전쟁에 대한 중국 '東北工程'의 시각」, 『고구려=중국사, 중국의 논리는 무엇인가?』(고구려연구회 학술토론회 자료집), 2003.
윤휘탁, 「고구려 정체성 부정하는 중국의 '만주전략'」, 『한겨레21』, 2003.11.26.
윤휘탁, 「"동북공정 추진현황과 추진기구 실태" 토론요지」, 고구려연구재단 제1차 국내학술회의, 2003.
윤휘탁, 「현대중국의 변강.민족의식과 동북공정」, 『역사비평』 65, 2003 겨울.
李大龍, 「中國學者的高句麗歸屬硏究評析」, 馬大正 等, 『古代中國高句麗歷史續論』, 2003.
李大龍, 「古代中國的藩屬」, 馬大正 等, 『古代中國高句麗歷史續論』, 2003.
李德山, 「試論長白山文化的特點」, 『中國邊疆史地硏究』 13-4, 2003.
李德山·欒凡, 『中國東北古民族發展史』, 中國社會科學出版社, 2003(『중국동북 고민족

발전사』, 동북아역사재단 내부검토자료 5).

이성규, 「中國 古文獻에 나타난 東北觀」, 한국정신문화연구원 학술대회논문집 『동북아시아 선사 및 고대사 연구의 방향』, 2003.

이인철, 「중국의 고구려사 편입과 한국의 대응전략」, 『백산학보』 67, 2003.

임기환, 「중국과 고구려의 책봉-조공관계」, 『중국의 고구려사 왜곡 대책 학술발표회』, 2003.

임기환, 「남북조기 한중 책봉-조공 관계의 성격」, 『한국고대사연구』 32, 2003.

張韜, 「說高句麗活動和管轄的地區都是古代中國的領土的依據是什麽?」, 『高句麗歷史知識問答』, 吉林人民出版社, 2003.

張碧波, 「中國歷史疆域的界定與文獻學考古學的根據:以東北民族與疆域爲例」, 『學習與探索』 144, 2003-1.

全哲洙, 「開展東北邊疆問題研究的幾個問題」, 『中國東北邊疆研究』, 中國社會科學院, 2003.

조법종, 「동북 고대종족 및 고조선 연구동향과 문제점」, 『중국의 고구려사 왜곡 대책 학술발표회』, 2003.

秦升陽, 「高句麗的軍事擴張及其疆域變遷」, 『通化師範學院學報』 24-1, 2003.

최광식, 「고구려사의 정체성 문제」, 『중국 역사왜곡 공개토론회 자료집』, 일본교과서바로잡기운동본부, 2003.

姜維東, 「고구려 연구의 몇 가지 문제」, 『중국의 동북변강 연구』, 고구려연구재단, 2004.

고구려연구재단 편, 『북한의 최근 고구려사 연구』, 고구려연구재단, 2004.

고구려연구재단, 『다시 보는 고구려사』, 고구려연구재단, 2004.

고구려연구재단 편, 『중국의 고구려사연구동향분석』, 고구려연구재단, 2004.

김성한, 「중국학계의 수당-고구려 관계사 인식과 그 한계」, 국사편찬위원회, 『한국사론』 40, 2004.

金裕哲, 「中國 史書에 나타난 高句麗의 國家的 正體性」, 『高句麗研究』 18, 2004.

김일권, 「중국 학계의 고구려 고분벽화 연구동향 분석」, 『중국의 고구려사 연구동향 분석』, 고구려연구재단, 2004.

김종완, 「고구려의 조공과 책봉의 성격」, 『고구려연구』 18, 2004.

김지훈·정영순, 「최근 중국 중고등학교 역사교과서 속의 한국과 한국사」, 『중국근현대사연구』 23, 2004.

김한규, 『요동사』, 문학과지성사, 2004.
김한규, 「중국과 중화인민공화국의 사이-요동과 티베트의 역사공동체적 위상」, 한양대 비교역사문화연구소, 『근대의 국경, 역사의 변경』, 2004.
김현숙, 「고구려 민족, 정치 분야에 대한 중국학계의 연구동향」, 『중국의 고구려사 연구-동향분석』, 고구려연구재단, 2004.
김현숙, 「고구려 붕괴 후 그 유민의 거취 문제」, 『한국고대사연구』 33, 2004.
김희교, 「한국언론의 중국 동북공정 보도 비판」, 『역사비평』, 2004 겨울호.
馬大正·劉逖 편, 조세현 역, 『중국의 국경 영토 인식-20세기 중국의 변강사 연구』, 동북아역사재단, 2004.
馬大正, 「中國學者的高句麗歸屬硏究評析」, 『東北史地』, 2004-1.
馬大正, 「關于當代中國邊疆硏究中的幾個問題」, 『當代中國史硏究』 11-4, 2004.
박경철, 「중국학계의 고구려 대 수·당 70년 전쟁 인식의 비판적 검토」, 『한국고대사연구』 33, 2004.
박두복, 「고구려사 공유하기」, 『조선일보』 2004.8.17.
박선영, 「중국의 국가주권과 통일의 기억 만들기: 동북 프로젝트의 거시적 함의」, 『중국근현대사연구』 24, 2004.
朴眞奭, 「試論四-五世紀東北亞世界的朝貢冊封體系-以高句麗爲中心-」, 馬大正 編 『高句麗渤海歷史問題硏究論文集』, 延邊大學出版社, 2004.
朴燦奎, 『초기 고구려사 연구』, 한국학술정보, 2004.
방향숙, 「中國學界의 古代社會性格 및 邊疆政權 인식」, 만주학회, 국사편찬위원회 주최 학술회의 발표집 『중국의 '동북공정' 논리와 그 한계』, 2004.
방향숙, 「古代 동아시아 冊封朝貢體制의 원형과 변용--韓中관계를 중심으로」, 고구려연구재단 주최 제2차 학술회의 발표집 『朝貢冊封體制와 韓中關係』, 2004.
방향숙, 「中國學界의 古代社會性格 및 邊疆政權 인식」, 만주학회, 국사편찬위원회 주최 학술회의 발표집 『중국의 '동북공정' 논리와 그 한계』, 2004.
서길수, 「중화인민공화국의 역사왜곡 현장에 관한 사례 분석」, 『고구려연구』 20, 2004.
徐永大, 「韓國史書에 나타난 高句麗의 正體性」, 『고구려연구』 18, 2004.
소치형, 「중국의 동북공정과 정치적 의도」, 『중국연구』, 2004.
孫進己, 「高句麗土地人民文化的繼承」, 고구려역사문제학술토론회, 2004.

孫進己, 「고구려와 中朝(韓國)의 관계 및 귀속」, 『고구려 정체성』=『고구려연구』 18, 2004.
孫進己, 「중국 고구려사 연구의 개방과 번영의 6년」, 『고구려의 역사와 문화유산』, 2004.
孫泓, 「고구려 귀속에 관한 중국학자들의 연구 종술」, 『高句麗硏究』 18, 2004; 신종원 편, 주상길 역, 『중국인들의 고구려 연구-동북공정의 논리』, 민속원, 2009.
孫泓, 「고구려와 동북아시아의 여러 나라와 민족 간의 관계」, 『북방사논총』 1, 고구려연구재단, 2004.
신형식 등, 『고구려는 중국史인가-중국의 '동북공정' 무엇이 문제인가』, 백산자료원, 2004.
안병우, 「중국의 고구려사 왜곡과 동북공정」, 『국제정치연구』 7-2, 2004.
여호규, 「중국의 동북공정과 고구려사 인식체계의 변화」, 『한국사연구』 126, 2004.
王綿厚, 『高句麗與濊貊硏究』, 2004(『고구려와 예맥 연구』, 동북아역사재단 내부자료 10).
牛金娥, 「高句麗民族對東北開發的貢獻」, 『北方文物』 79, 2004.
于逢春, 「高句麗歷史問題學術硏討會述評」, 『中國邊疆史地硏究』, 2004-4.
우실하, 『동북공정의 선행작업들과 중국의 국가전략』, 울력, 2004.
柳鏞泰, 「東北工程의 논리: 中華民族論과 東北地政學」, 『우리에게 중국은 무엇인가?』(현대중국학회 연차학술대회발표문), 2004.
劉子敏, 「關于高句麗歸屬問題的再檢討-以當全相關問題之商榷爲中心」, 『北方民族』, 2004-1.
劉子敏, 「東北亞古族古國歸屬談」, 『高句麗渤海歷史問題硏究論文集』, 延邊大學出版社, 2004.
윤명철, 「고구려와 수당 전쟁의 성격에 관한 해석-동북공정과 연관하여」, 『고구려연구』 18, 2004.
윤명철, 「高句麗의 古朝鮮 繼承性과 東北工程의 背景」, 국학원, 『고구려 기획전 특별강연회』, 2004.
윤휘탁, 「중국의 동북공정과 한반도-"동북공정"은 '방어적 적략인가?' '공세적 전략인가?'」; 「중국학계의 영토, 민족 국가 인식-'統一的 多民族國家論'과 그 한계」, 『"중국의 '동북공정' 논리와 그 한계"학술대회 발표요지』, 만주학회, 국사편찬위원회, 2004.
윤휘탁, 「중국의 東北工程과 高句麗史 인식체계의 변화」, 『한국사연구』 126, 2004.
윤휘탁, 「중국의 '邊疆' 연구 동향과 '邊疆' 인식」, 고구려연구재단, 『중국의 東北邊疆연구』, 2004.
이강래, 「동북아의 역사전쟁, 그 현재적 의미 맥락」, 전남대 호남문화연구소, 『호남문화연구』 34, 2004.
李玠奭, 「중화주의 역사의식과 한중 역사분쟁」, 철학연구회 편, 『역사를 어떻게 볼 것인가』, 철학과현실사, 2004.
李國强, 「"東北工程"與中國東北史的硏究」, 『中國邊疆史地硏究』, 2004-4.
이남주, 「중국의 동북공정과 민족주의」, 한신중국포럼, 중앙대 2004.9.24.
李大龍, 「傳統夷夏觀與中國疆域的形成-中國疆域形成理論探討-」, 『中國邊疆史地硏究』, 2004-1.
李德山, 「唐朝對高句麗政策的形成演變及其原因」, 『中國邊疆史地硏究』, 2004-4.
이성제, 「중국의 동북공정과 고구려사 왜곡」, 『군사』 53, 2004.
李叔英·耿鐵華, 「兩漢時期高句麗的封國地位」, 『中國邊疆史地硏究』 4, 2004.
이영호, 「고구려의 역사와 동북아의 현실」, 『창작과 비평』, 2004 여름호.
이인철 외 9인, 『대고구려 역사 중국에는 없다』, 예문당, 2004.
이인철, 「중국학계의 시기별 고구려사 연구-동향분석」, 『중국의 고구려사 연구 동향 분석』, 고구려연구재단, 2004.
이인철, 「중국학계의 고구려 사회경제 및 대외관계 분야 연구동향 분석」, 『중국의 고구려사 연구』, 2004.
이희옥, 「동북아 시민사회 교류와 공동체적 지역통합」, 한국동북아지식인연대 편, 『동북아공동체를 향하여』, 2004.
李春祥, 『高句麗與東北民族疆域硏究』, 吉林文史出版社, 2004.
임기환, 「고구려 족속의 기원과 중국과의 정치적 관계」, 『고려대학교 BK21한국학 교육연구단 2004년도 동계공개강좌 자료집』, 2004.
임상선, 「한중일 역사교과서에 나타난 민족주의」, 『신동아』 534, 2004.
임상선, 「중국 역사 교과서의 고구려 발해사」, 『대고구려 역사 중국에는 없다』, 예문당, 2004.
임상선·김은국·윤재운, 『중국의 발해사 연구 동향 분석』, 고구려연구재단, 2004.
張碧波, 「高句麗(民族與政權)歸屬問題的幾點思考」, 『高句麗渤海歷史問題硏究論文集』, 延邊大學出版社, 2004.
張福有, 「高句麗渤海國與長白山文化」, 『長春師範學院學報』 23-4, 2004.
張英, 「고구려 귀속 문제에 대한 중화인민공화국 학자의 관점」, 『고구려 정체성』=『고구려연구』 18, 2004.

錢文忠, 「高句麗是中國和韓國的共同遺産」, 『亞洲週刊』, 2004.7.25.
정두희, 「중국의 동북공정으로 제기된 한국사학계의 몇 가지 문제」, 『역사학보』 183, 2004.
조법종, 「중국학계의 동북고민족 및 고조선 연구동향과 문제점」, 『한국고대사연구』 33, 2004.
최갑수, 「동북아 역사논쟁과 민족주의」, 서울대 민교협 발제문, 미간행, 2004.
최광식, 『중국의 고구려사 왜곡』, 살림출판사, 2004.
최광식, 「'東北工程'의 배경과 내용 및 대응방안-고구려사 연구동향과 문제점을 중심으로」, 『한국고대사연구』 33, 2004.
최종택, 『고구려 2004년 남북공동기획 고구려문화전 해설집』, 민화협, 2004.
프라센지트 두아라, 문명기 외 역, 『민족으로부터 역사를 구출하기: 근대중국의 새로운 해석』, 삼인, 2004.
한국고대사학회, 『한국고대사연구』 31(2003)의 특집 「고구려사의 연구현황과 과제」; 『한국고대사연구』 33(2004)의 특집 「중국의 고구려사 왜곡의 실태와 대처 방안」.
한국고대사학회·서울시정개발연구원, 『고구려의 역사와 문화유산』, 서경문화사, 2004.
耿鐵華, 「고구려 유적의 <세계문화유산명록>등재와 고구려 역사의 귀속문제」, 厲聲·朴文一 主編, 『고구려 역사문제 연구논문집』, 고구려연구재단, 2005.
고구려연구재단, 『중국의 한국 고대사 연구분석』, 고구려연구재단, 2005.
고구려연구재단, 『고구려 문명 기행』, 고구려연구재단, 2005.
고구려연구재단, 『고조선 고구려 발해 발표 논문집』, 고구려연구재단, 2005.
고구려연구재단, 『중국의 동북공정과 중화주의』, 고구려연구재단, 2005.
금경숙, 「중국의 고구려 계승문제 의식과 분석」, 『중국의 한국 고대사 연구 분석』, 고구려연구재단, 2005.
김현숙, 「고구려 족원문제에 대한 중국학계의 인식」, 『중국의 한국 고대사 연구 분석』, 고구려연구재단, 2005.
김정배, 『고구려 역사문제 연구 논문집』, 고구려연구재단 번역총서 5, 2005.
김진순, 「중국 학계의 고구려 고분벽화 연구분석」, 『중국의 한국고대문화 연구』, 2005.
苗威, 「김부식의 고구려관으로부터 본 고구려 정권의 성격과 그 역사귀속」, 厲聲·朴文一 主編, 『고구려 역사문제 연구논문집』, 고구려연구재단, 2005.
朴文一, 「역사상에서 "中"과 "外"의 획분 문제에 대한 초보적인 견해-겸하여 고구려사의 귀속문제를 논함」, 厲聲·朴文一 主編, 『고구려 역사문제 연구논문집』, 고구려연구재단, 2005.

박장배, 「현대 중국 학계의 고구려사 연구사업의 등장 배경」, 『역사와 현실』 55, 2005.

朴章培, 「중국의 '소수민족' 정책과 지역구조–지역 재구성 및 '서부대개발'과 관련하여」, 이개석 등, 『중국의 동북공정과 중화주의』, 고구려연구재단, 2005.

朴眞奭, 「試論中外古書關於高句麗歷史地位的記載」, 『高句麗歷史問題研究論文集』, 延邊大學出版社, 2005; 「중국 국내외 고서에 기재된 고구려의 역사적 지위에 관한 시론」, 厲聲·朴文一 主編, 『고구려 역사문제 연구논문집』, 고구려연구재단, 2005.

方鐵, 「南詔정권의 성격을 논함」, 厲聲·朴文一 主編, 『고구려 역사문제 연구논문집』, 고구려연구재단, 2005.

방향숙, 「고대 동아시아 책봉조공체제의 원형과 변용–韓中관계를 중심으로」, 『한중 외교관계와 조공책봉』(고구려연구재단 연구총서 8), 2005.

백산학회 편, 『고구려사 연구의 제문제』, 백산자료원, 2005.

費馳, 「對中韓學者關于高句麗遺民問題的比較研究」, 『長春師範學院學報』 24-1, 2005.

서길수, 「중화인민공화국의 역사 왜곡 현장에 관한 사례 분석」, 『고구려연구』 20, 2005.

서길수, 「고구려 정체성(귀속문제)에 대한 중화인민공화국의 연구 현황과 논리」, 『한민족의 북방 영역-오늘과 내일』, 북방문제연구소, 2005.

徐永大, 「한국 사료에 나타난 고구려사 인식」, 백산학회 편 『고구려사 연구의 제문제』, 백산자료원, 2005.

孫進己·孫泓, 「고구려와 동북아 여러 나라 여러 민족의 관계」, 厲聲·朴文一 主編, 『고구려 역사문제 연구논문집』, 고구려연구재단, 2005.

孫進己·孫泓, 「고구려의 토지, 인민, 문화에 대한 동북아 각국의 계승」, 厲聲·朴文一 主編, 『고구려 역사문제 연구논문집』, 고구려연구재단, 2005.

신종원 편, 『중국인들의 고구려 연구–동북공정의 논리』, 한국학중앙연구원, 2005.

신형식, 「中國의 '東北工程'의 虛實」, 백산학회 편, 『고구려사 연구의 제문제』, 백산자료원, 2005.

厲聲, 「關於'東北工程'與'高句麗史研究'的幾點見解-高句麗歷史研究學術研討會」, 『高句麗歷史問題研究論文集』, 延邊大學出版社, 2005; 「"동북공정"과 "고구려 역사연구"에 대한 몇 가지 견해–고구려 역사문제 학술토론회에서 한 발언」, 厲聲·朴文一

主編, 『고구려 역사문제 연구논문집』, 고구려연구재단, 2005.

厲聲·朴文一 主編, 『高句麗歷史問題研究論文集』, 延邊大學出版社, 2005; 고구려연구재단, 『고구려 역사문제 연구논문집』, 2005.

여호규, 「한중 역사인식의 접점-고구려사를 어떻게 볼 것인가를 기획하며」, 『역사와 현실』 55, 2005.

오강원, 「현대 중국의 고조선 연구와 그 맥락」, 『중국의 한국고대사연구』, 고구려연구재단, 2005.

劉炬, 「論中國少數民族政權性質的界定標準-兼論高句麗政權的性質」, 『高句麗歷史問題研究論文集』, 延邊大學出版社, 2005; 「중국역사상 소수민족 정권 성격의 界定 기준에 대하여-고구려 정권의 성격을 겸하여 논함」, 厲聲·朴文一 主編, 『고구려 역사문제 연구논문집』, 고구려연구재단, 2005.

劉國石, 「有關高句麗研究的兩個問題」, 『北華大學學報』 6-2, 2005.

柳鏞泰, 「중국 대학 역사교재의 한국사 인식과 중화사관-고중세사를 중심으로」, 이개석 등, 『중국의 동북공정과 중화주의』, 고구려연구재단, 2005.

유용태, 「중화 민족론과 동북 지정학: 동북공정의 논리근거」, 『동양사학연구』 93, 2005.

劉子敏, 「中華天下秩序中의 高句麗-책봉, 조공 및 할거문제를 겸하여 논함」, 厲聲·朴文一 主編, 『고구려 역사문제 연구논문집』, 고구려연구재단, 2005.

劉子敏, 「中華天下秩序中의 高句麗」, 백산학회 편, 『고구려사 연구의 제문제』, 백산자료원, 2005.

王綿厚, 「고이, 구려, 고구려와 서한 현토군의 변천 및 귀속관계의 역사적 지위규정을 논함」, 厲聲·朴文一 主編, 『고구려 역사문제 연구논문집』, 고구려연구재단, 2005.

이개석 등, 『중국의 동북공정과 중화주의』, 고구려연구재단 연구총서 12, 2005.

李玠奭, 「현대중국 역사학 연구의 추이와 동북공정의 역사학」, 이개석 등, 『중국의 동북공정과 중화주의』, 고구려연구재단, 2005.

李國强, 「고구려 역사문제 학술토론회의에 대한 종합적 평론」, 厲聲·朴文一 主編, 『고구려 역사문제 연구논문집』, 고구려연구재단, 2005.

李大龍, 「漢唐藩屬體制看高句麗政權的問題」, 『高句麗歷史問題研究論文集』, 延邊大學出版社, 2005; 「漢唐 번속체제로부터 본 고구려 정권의 귀속」, 厲聲·朴文一 主編, 『고구려 역사문제 연구논문집』, 고구려연구재단, 2005.

李大龍, 「西漢王朝藩屬體制的建立和維系」, 『學習與探索』, 2005-3.

李德山, 「從漢唐藩屬體制看高句麗政權的歸屬」, 『高句麗歷史問題研究論文集』, 延邊大學出版社, 2005; 「漢唐藩屬體制로 본 高句麗政權의 歸屬」, 厲聲·朴文一 主編, 『고구려 역사문제 연구논문집』, 고구려연구재단, 2005.

이성제, 『高句麗의 西方定策 研究』, 국학자료원, 2005.

李仁哲, 「중국의 고구려사 편입과 한국의 대응전략」, 백산학회 편, 『고구려사 연구의 제문제』, 백산자료원, 2005.

이인철, 「厲聲·朴文一 主編 『高句麗 歷史問題 研究 論文集』 해제」, 厲聲·朴文一 主編, 『고구려 역사문제 연구논문집』, 고구려연구재단, 2005.

李宗勛, 「한국의 고구려 연구와 그 史觀-고구려 귀속문제를 위주로」, 厲聲·朴文一 主編, 『고구려 역사문제 연구논문집』, 고구려연구재단, 2005.

李熙玉, 「중국의 '동북공정' 추진현황과 참여기관 실태」, 이개석 등, 『중국의 동북공정과 중화주의』, 고구려연구재단, 2005.

林相先, 「중국학계의 발해-고구려 역사연구 비교」, 이개석 등, 『중국의 동북공정과 중화주의』, 고구려연구재단, 2005.

張福有, 「고구려의 平壤, 新城과 黃城」, 厲聲·朴文一 主編, 『고구려 역사문제 연구논문집』, 고구려연구재단, 2005.

장석호, 「기자조선에 대한 중국의 최근 입장과 비판」, 『중국의 한국고대사연구』, 고구려연구재단, 2005.

張增香·王平, 「高句麗歸屬問題之我見」, 『白城師範學院學報』 19-4, 2005.

田子福, 「中國長白山文化本原論」, 『東北史地』, 2005-1.

趙永春, 「중국 역사영역을 인식하는 몇 가지 원칙」, 厲聲·朴文一 主編, 『고구려 역사문제 연구논문집』, 고구려연구재단, 2005.

崔圭成, 「중국의 東北工程의 실체와 高麗의 高句麗 계승의식」, 백산학회 편, 『고구려사 연구의 제문제』, 백산자료원, 2005.

耿鐵華, 「高句麗民族起源與民族融合」, 『社會科學輯刊』, 2006-1.

고구려연구재단, 『한중외교관계와 조공책봉』(연구총서 8), 고구려연구재단, 2006.

구난희, 「중국 역사교육에서의 '민족문제'와 고구려 발해 서술 변화에 대한 고찰」, 『중국의 역사교육과 교과서』, 고구려연구재단, 2006.

김위현, 「동북공정의 옛 땅 민족사 연구결과에 대한 평가」, 『중화인민공화국의 동북공정 연구 성과에 대한 분석과 평가』(국회헌정기념관 발표문), 고구려연구회, 2006.
노태돈, 「고구려와 북위 간의 조공책봉 관계에 대한 연구」, 『한국 고대국가와 중국왕조의 조공 책봉 관계』, 고구려연구재단, 2006.
동북아역사재단 편, 『중국 역사 교과서의 한국 고대사 서술 문제』, 동북아역사재단, 2006.
동북아역사재단 편, 『중국 역사 교과서의 민족 국가 영토 문제』, 동북아역사재단, 2006.
박진석, 「'두 개의 고구려' 이론에 관한 초보적인 견해」, 『2006년 고구려문제 학술대회 논문집』, 동북아역사재단, 2006.
박한제, 「수당 세계제국과 고구려-조공질서 및 기미체제와 관련하여」, 『한국 고대국가와 중국왕조의 조공-책봉 관계』(연구총서 15), 고구려연구재단, 2006.
서길수, 「『동북공정 고구려사』의 내용과 성격」(옮긴이의 해설), 『동북공정 고구려사』(속론), 사계절, 2006.
서길수, 「동북공정의 고구려 연구 결과에 대한 평가」, 『중화인민공화국의 동북공정 연구 성과에 대한 분석과 평가』(국회헌정기념관 발표문), 고구려연구회, 2006.
서영수, 「동북공정의 고조선, 부여 연구 결과에 대한 평가」, 『중국의 동북공정 연구 성과에 대한 분석과 평가』(고구려연구회 특별기획 학술발표 자료집), 2006.
孫進己·孫泓, 「中國學者高句麗歸屬研究綜述」, 『高句麗史研究會』, 2006.
孫進己·孫泓, 「고구려 귀속에 관한 중국 학자들의 연구 성과에 대한 검토」, 『2006년 고구려 문제 학술대회 논문집』, 동북아역사재단, 2006.
신종원·오순제 등, 『고구려의 역사와 대외관계』, 서경, 2006.
楊軍, 『高句麗民族與國家的形成和演變』, 中國社會科學出版社, 2006; 『고구려 민족 및 국가 형성과 변천』, 동북아역사재단 내부검토자료 1.
여호규, 「고구려와 모용연의 조공-책봉 관계 연구」, 『한국 고대국가와 중국 왕조의 책봉-조공 관계』(연구총서 15), 고구려연구재단, 2006.
吳仕民 編, 『中國民族理論新編』, 中央民族大學出版社, 2006.
우실하, 「동북공정의 최종판 '요하문명론'」, 『단군학연구』 15, 2006.
우실하, 『동북공정 너머 요하문명론』, 소나무, 2007.
劉子敏, 「史學觀,方法論及其他一以古朝鮮,漢四郡及高句麗研究爲中心」, 『高句麗史新研究』, 延邊大學出版社, 2006.

윤용구, 「고구려의 흥기와 책구루」, 『고구려의 역사와 대외관계』, 서경문화사, 2006.
윤휘탁, 『신중화주의』, 푸른역사, 2006.
李樂營·李淑英, 『中國高句麗學者與硏究綜述』, 吉林文史出版社, 2006.
李大龍, 『漢唐蕃屬體制硏究』, 中國社會科學出版社, 2006.
李大龍, 「高句麗와 東漢 왕조의 戰事雜考-『三國史記』 高句麗本紀의 기록을 중심으로」, 『2006년 고구려 문제 학술대회 논문집』, 2006.
李大龍, 「關于高句麗早期歷史的幾個問題」, 『東北史地』, 2006-4.
李仁哲, 『中國의 高句麗硏究-연구동향, 연구자, 연구논저목록-』, 백산자료원, 2006.
이인철, 「고구려와 고대 중국의 전쟁」, 『고구려연구』 24, 2006.
李宗勛, 「韓國社會的高句麗意識與我們的硏究方法」, 『高句麗史新硏究』, 延邊大學出版社, 2006.
李春祥, 『高句麗與東北民族疆域硏究』, 吉林文史出版社, 2006.
임기환, 「중국의 동북공정과 한국 역사학계의 대응—고구려사 인식을 중심으로」, 『사림』 26, 2006.
임기환, 「중국의 동북공정이 남긴 것」, 『역사와 현실』 62, 2006.
조법종, 「중국학계의 고조선 연구 검토-동북공정 전후시기 연구를 중심으로」, 『한국사학보』 25, 2006.
조법종, 「중국의 '장백산문화'론과 고구려」, 『백산학보』 76, 2006.
고구려연구재단, 『한국 고대국가와 중국 왕조의 조공-책봉 관계』(연구총서 15), 고구려연구재단, 2007.
고구려연구회, 「한국학계의 동북공정 대응 논리」, 『고구려연구』 29, 2007.
顧奎相 編, 『東北古代民族硏究論綱』, 中國社會科學出版社, 2007.
기수연, 「중국 학계의 한사군 연구 동향과 분석」, 『문화사학』 27, 2007.
김현숙, 「고구려의 종족기원과 국가 형성과정」, 『대구사학』 89, 2007.
김지훈, 「한중 역사 갈등 줄이기-동북공정과 중국의 역사 교과서」, 『역사문제연구』 17, 2007.
馬大正, 「머리말을 대신하여: 고구려 역사 연구와 관련된 몇 가지 문제에 대한 소론」, 馬大正·박대재, 「고대 동아시아세계론과 고구려의 정체성」, 동북아역사재단, 『고대 '동아시아 세계론'과 고구려사』, 2007.

반병률, 「중화인민공화국 동북공정에 대한 한국의 대응과 반성」, 『중화인민공화국의 동북공정 5년 그 성과와 한국의 대응』(국회의원회관 발표문), 고구려연구회, 2007.
楊保隆·李大龍·權赫秀·華立, 『古代中國高句麗歷史叢論』, 黑龍江教育出版社, 2001; 서길수 역, 『중국이 쓴 고구려 역사』, 여유당출판사, 2007.
馬大正, 「중국 학자들의 고구려 역사 연구에 대한 평론」, 馬大正·楊保隆·李大龍·權赫秀·華立, 『古代中國高句麗歷史叢論』, 黑龍江教育出版社, 2001; 서길수 역, 『중국이 쓴 고구려 역사』, 여유당출판사, 2007.
馬大正, 「고구려 역사 연구 심화를 위한 소견」, 馬大正·楊保隆·李大龍·權赫秀·華立, 『古代中國高句麗歷史叢論』, 黑龍江教育出版社, 2001; 서길수 역, 『중국이 쓴 고구려 역사』, 여유당출판사, 2007.
馬大正, 「꼬리말」, 馬大正·楊保隆·李大龍·權赫秀·華立, 『古代中國高句麗歷史叢論』, 黑龍江教育出版社, 2001; 서길수 역, 『중국이 쓴 고구려 역사』, 여유당출판사, 2007.
서길수, 「옮긴이 해설: 『중국이 쓴 고구려 역사』를 펴내며」, 馬大正·楊保隆·李大龍·權赫秀·華立, 『古代中國高句麗歷史叢論』, 黑龍江教育出版社, 2001; 서길수 역, 『중국이 쓴 고구려 역사』, 여유당출판사, 2007.
서길수, 「중국 동북공정 5년의 성과와 전망–역사침탈은 계속된다」, 『중국의 동북공정 5년 그 성과와 한국의 대응』(국회의원회관 발표문), 고구려연구회, 2007.
송기호, 『동아시아의 역사분쟁』, 솔출판사, 2007.
楊保隆, 「고구려 명칭의 출현, 개념, 변천 및 소멸」, 馬大正·楊保隆·李大龍·權赫秀·華立, 『古代中國高句麗歷史叢論』, 黑龍江教育出版社, 2001; 서길수 역, 『중국이 쓴 고구려 역사』, 여유당출판사, 2007.
楊保隆, 「고구려족의 민족 근원(族源)」, 馬大正·楊保隆·李大龍·權赫秀·華立, 『古代中國高句麗歷史叢論』, 黑龍江教育出版社, 2001; 서길수 역, 『중국이 쓴 고구려 역사』, 여유당출판사, 2007.
楊保隆, 「고구려국의 멸망과 고구려인의 행방」, 馬大正·楊保隆·李大龍·權赫秀·華立, 『古代中國高句麗歷史叢論』, 黑龍江教育出版社, 2001; 서길수 역, 『중국이 쓴 고구려 역사』, 여유당출판사, 2007.
楊保隆, 「두 고려의 차이」, 馬大正·楊保隆·李大龍·權赫秀·華立, 『古代中國高句麗歷史叢論』, 黑龍江教育出版社, 2001; 서길수 역, 『중국이 쓴 고구려 역사』, 여유당출판

사, 2007.

楊保隆, 「고씨고려와 왕씨고려가 서로 계승 관계가 없다는 판별」, 馬大正·楊保隆·李大龍·權赫秀·華立, 『古代中國高句麗歷史叢論』, 黑龍江教育出版社, 2001; 서길수 역, 『중국이 쓴 고구려 역사』, 여유당출판사, 2007.

여호규, 「한국사의 입장에서 본 고구려사―중국의 동북공정을 넘어」, 『내일을 여는 역사』 27, 2007.

여호규, 「고구려 초기 대중전쟁의 전개과정과 그 성격」, 『동북아역사논총』 15, 2007.

王成國, 「略論高句麗與中原王朝的關係」, 『東北史地』, 2007-1.

우실하, 「'통일적 다민족국가론'의 전개와 적용」, 『고구려연구』 29, 2007.

禹實夏, 『동북공정 너머 요하문명론』, 소나무, 2007.

윤휘탁, 「중국의 동북문화강역 인식 고찰―'장백산문화론'을 중심으로」, 『중국학보』 56, 2007.

李大龍, 「고구려국의 건립과 발전」, 馬大正·楊保隆·李大龍·權赫秀·華立, 『古代中國高句麗歷史叢論』, 黑龍江教育出版社, 2001; 서길수 역, 『중국이 쓴 고구려 역사』, 여유당출판사, 2007.

李大龍, 「양한에서 남북조에 이르는 시기의 고구려와 중앙 왕조와의 관계」, 馬大正·楊保隆·李大龍·權赫秀·華立, 『古代中國高句麗歷史叢論』, 黑龍江教育出版社, 2001; 서길수 역, 『중국이 쓴 고구려 역사』, 여유당출판사, 2007.

李大龍, 「고구려와 隋 왕조의 관계」, 馬大正·楊保隆·李大龍·權赫秀·華立, 『古代中國高句麗歷史叢論』, 黑龍江教育出版社, 2001; 서길수 역, 『중국이 쓴 고구려 역사』, 여유당출판사, 2007.

李大龍, 「고구려와 唐 왕조의 신속 관계 수립과 발전」, 馬大正·楊保隆·李大龍·權赫秀·華立, 『古代中國高句麗歷史叢論』, 黑龍江教育出版社, 2001; 서길수 역, 『중국이 쓴 고구려 역사』, 여유당출판사, 2007.

李大龍, 「고구려와 역대 중앙 왕조 관계의 성격」, 馬大正·楊保隆·李大龍·權赫秀·華立, 『古代中國高句麗歷史叢論』, 黑龍江教育出版社, 2001; 서길수 역, 『중국이 쓴 고구려 역사』, 여유당출판사, 2007.

전인갑, 「현대중국의 '지식구조' 변동과 '역사공정'」, 『동북공정 이후, 우리 학계의 과제』(2007년 동양학연구소 학술발표회 발표요지문), 2007.

강선, 「고구려와 북방민족의 관계에 대한 중화인민공화국 학계의 견해」, 고구려연구회 편, 『동북공정과 한국학계의 대응논리』, 여유당, 2008.
강현사 외, 『중국 학자들의 소수민족 역사 서술』, 동북아역사재단, 2008.
고구려연구회 편, 『동북공정과 한국학계의 대응논리』, 여유당, 2008.
기수연, 「현도군과 고구려 건국에 대한 연구」, 고구려연구회 편, 『동북공정과 한국학계의 대응논리』, 여유당, 2008.
김지훈, 「중화인민공화국 역사 교과서에 나타난 고구려 발해사 서술」, 고구려연구회 편 『동북공정과 한국학계의 대응논리』, 여유당, 2008.
박선미, 「동북공정에 나타난 고조선사 인식논리 검토」, 고구려연구회 편, 『동북공정과 한국학계의 대응논리』, 여유당, 2008.
박승범, 「중화인민공화국 학계의 고구려 유민 연구 검토」, 고구려연구회 편, 『동북공정과 한국학계의 대응논리』, 여유당, 2008.
박아림, 「고구려 벽화를 통해서 본 고구려의 정체성 연구」, 고구려연구회 편, 『동북공정과 한국학계의 대응논리』, 여유당, 2008.
서길수, 「중화인민공화국 동북공정 5년의 성과와 전망」, 『동북공정과 한국학계의 대응논리』, 여유당, 2008.
서길수, 「중화인민공화국 동북공정 5년의 성과와 전망」, 고구려연구회 편, 『동북공정과 한국학계의 대응논리』, 여유당, 2008.
서길수, 「중국 학자의 고구려 왕릉 비정에 대한 비판적 고찰」, 고구려연구회 편, 『동북공정과 한국학계의 대응논리』, 여유당, 2008.
서영수 등, 『요동군과 현도군 연구』, 동북아역사재단, 2008.
孫玉良·孫文范 주편, 『簡明高句麗史』, 吉林人民出版社, 2008.
송용호, 「중화인민공화국의 고구려사 왜곡과 일사양용에 관한 연구」, 고구려연구회 편, 『동북공정과 한국학계의 대응논리』, 여유당, 2008.
아시아 평화와 역사연구소 편, 『동아시아에서 역사인식의 국경넘기』, 선인, 2008.
楊雨舒, 「論隋朝治理東北邊疆的思想及政策」, 『東北史地』, 2008-4.
王蕾 陳廣政, 「對高句麗民族文化的幾點思考」, 『通華師範學院學報』 29-1, 2008.
王明珂, 이경룡 역, 『중국 화하 변경과 중화민족』, 동북아역사재단, 2008.
우실하, 「'통일적다민족국가론'의 전개와 적용」, 고구려연구회 편, 『동북공정과 한국학계의 대응논리』, 여유당, 2008.
윤휘탁, 「'以古爲今': 중국의 민족문제와 중화민족 국가관」, 『東北亞歷史論叢』 21, 2008.
이도학, 「삼국에 관한 주변 국가의 인식에 관한 연구」, 고구려연구회 편, 『동북공정과 한국학계의 대응논리』, 여유당, 2008.
李樂營, 「高句麗政權禮制體制及其在中國古代皇權統治體制內的實踐」, 『通化師範學院學報』 29-1, 2008.
이종욱, 『주몽에서 태조대왕까지』, 서강대학교출판사, 2008.
임상선 등, 『중국과 타이완 홍콩 역사교과서 비교』, 동북아역사재단, 2008.
정병준, 「중화인민공화국의 '藩屬理論'과 그 비판」, 고구려연구회 편, 『동북공정과 한국학계의 대응논리』, 여유당, 2008.
최광식, 「동북공정 이후 중국 연구서에 보이는 고구려.발해 인식」, 『선사와 고대』 29, 2008.
정병준 등, 『중국학계의 북방민족 국가 연구』, 동북아역사재단, 2008.
정병준, 「중화인민공화국의 '藩屬理論'과 그 비판」, 『동북공정과 한국학계의 대응논리』, 여유당, 2008.
黃松筠, 『中國古代蕃屬制度硏究』, 吉林人民出版社, 2008.
강선, 「'책봉'을 통해 본 고구려 '지방 정권론' 비판」, 정운용 외, 『중국의 통일국가론으로 본 고구려사』, 동북아역사재단, 2009.
김락기, 「고구려 경역과 중국 학계의 '지방 정권론'」, 정운용 외, 『중국의 통일국가론으로 본 고구려사』, 동북아역사재단, 2009.
김미경, 「고구려 건국 문제를 통해 본 '지방 정권론'의 내용과 비판」, 정운용 외, 『중국의 통일국가론으로 본 고구려사』, 동북아역사재단, 2009.
동북아역사재단 편, 『한중일 학계의 한중관계사 연구와 쟁점』, 동북아역사재단, 2009.
방향숙, 「중국학계의 한중관계사 연구, 어제와 오늘」, 『한중일 학계의 한중관계사 연구와 쟁점』, 동북아역사재단, 2009.
신종원 편, 주상길 역, 『중국인들의 고구려 연구-동북공정의 논리-』, 민속원, 2009.
이인철, 「동북공정 이전 중국의 고구려귀속문제 연구」, 『한국 고대사 연구의 현단계』(이기동정년기념), 2009.
이인철, 「고구려의 국가적 성격-지방 정권론, 속국론 및 번속국론, 봉국론에 대한 재검토」, 이태진정년논총위, 『세계속의 한국사』(문화로 보는 한국사 5), 태학사, 2009.

정운용 외, 『중국의 통일국가론으로 본 고구려사』, 동북아역사재단, 2009.
정운용, 「역사적 적용에 있어서 '다민족 통일국가론'의 허실」, 정운용 외, 『중국의 통일국가론으로 본 고구려사』, 동북아역사재단, 2009.
조인성 외, 『중국 '동북공정' 고구려사 연구논저 분석』, 동북아역사재단, 2010.
김종박 등, 『중국 역사교과서의 통일적다민족국가론』, 동북아역사재단, 2011.
조정남·나영주 편저, 『동북공정의 해부』, 한국학술정보, 2011.

2. 티베트 역사 논쟁

Charles Bell, *Tibet Past & Present*, Oxford, 1924.
J. Bacot, *Introduction a L'histoire du Tibet*, Paris, 1946.
Tieh-Tseng Li, *The Historical Status of Tibet*, Kings' NY, Crown Press, Columbia Univ., 1956.
Tieh-Tseng Li, *Tibet: Today and Yesterday*, NY, 1960.
Huge E. Richardson, *A Short History of Tibet*, NY, Dutton, 1962.
Tsepon W. D. Shakabpa, *Tibet: A Political History*, Yale Univ. Press, 1967.
G. Sandberg, *The Exploration of Tibet, History and Particulars*, Delhi, 1973.
Zahiruddin Ahmad, "The Historical Status of China in Tibet," *The Tibet Journal* 1-1, 1975.
E. Sperling, "The Status of Tibet According to Tibetan and Chinese Sources", *Tibetan Messenger* 9, No.1, 1980.
Nirmal Chandra Sinha), *How Chinese Was China's Tibet Region?*, Calcutta, KLM, 1981.
子元, 「西藏地方與祖國的歷史關係」, 國家民族事務委員會政策研究室 編, 『中國民族關係史論文集』, 民族出版社, 1982.
王輔仁, 「論西藏地方政權的歷史地位」, 『藏族學術討論會論文集』, 西藏人民出版社, 1984.
王輔仁 等, 『蒙藏民族關係史略』, 中國社會科學, 1985.
藏族簡史編寫組, 『藏族簡史』, 西藏人民, 1985.

湯池安, 「評夏格巴『西藏政治史』中所謂‘供施關係’的政治涵義」, 『西藏硏究』, 1985-1.

湯池安, 「淺談供施關係」, 『世界宗教硏究』, 1985-1.

黃奮生 編, 『藏族史略』, 民族出版社, 1985.

西藏社會科學院 等, 『西藏地方是中國不可分割的一部分』, 西藏人民出版社, 1986.

李鐵錚·夏敏娟 譯, 『西藏歷史上的法律地位』, 湖南人民出版社, 1986.

夏格巴, 「剔出曲解膿包之椎針」, 印度, 藏文『知識』月刊 1986-4·5.

Michael C. van Walt van Praag, *The Status of Tibet: History, Rights, and Prospects in International Law*, Colorado, Westview Press, Boulder, 1987; 范普拉赫, 『西藏的地位』, 1990.

Tom Grunfeld, *The Making of Modern Tibet*, Avon, Bath Press, 1987; 譚 戈倫夫, 『現代西藏的誕生』, 中國藏學出版社, 1990.

余萬治·阿旺, 「事實勝于雄辯-評夏格巴對元末西藏歷史的歪曲」, 『青海民族學院學報』, 1987-2.

湯池安, 「夏格巴自欺欺人之談可以休矣」, 『西藏硏究』, 1987-1.

多杰才旦, 「回顧與展望我國的藏學硏究」, 『中國藏學』,1988-1.

鄧銳齡, 「評譚戈倫夫著『近代西藏的誕生』」, 『中國藏學』, 1988-1.

阿沛·阿旺晉美, 「1959年‘3月10日事件’的眞相」, 『中國藏學』, 1988-2.

艾夫唐(John F. Avedon), 『雪域境外流亡記』, 西藏人民出版社, 1988.

鄧銳齡, 『元明兩代中央與西藏地方的關係』, 中國藏學出版社, 1989.

山口瑞鳳, 『チベット』, 東京大學出版部, 1989.

葉健靑, 『近代西藏獨立運動之硏究』, 臺北, 南天書局, 1989.

M. Goldstein, *A History of Modern Tibet, 1913-1951*, The Demise of the Lamaist State, 1989; 梅 戈爾斯坦 著, 杜永彬 譯, 『西藏現代史-喇嘛王國的覆滅』, 北京, 時事出版社, 1994.

吳豊培, 『淸朝駐藏大臣制度的建立與沿革』, 中國藏學, 1989.

劉小賓, 「唐蕃和盟關係」, 『雲南社會科學』, 1989-5.

Christian Klieger, “Ideology and the Framing of the Tibetan History,” *The Tibt Journal* XIV-4, 1989.

Dawa Norbu, “The Europeanization of Sino-Tibetan Relations, 1775-1907: The Genesis of Chinese ‘Suzerainty’ and Tibetan ‘Autonomy’,” *The Tibet Journal* XV-4, 1990.

洛桑, 「論西藏歷史上的'供施關係'」, 『中國西藏』, 1990-2.

馬起華, 『西藏政制』, 臺北, 中華民國公共秩序研究會, 1990.

楊公素, 「評范普拉赫的『西藏的地位』」, 『中國藏學』, 1990-2.

李茂郁, 「西藏的過去現在和未來都是中國不可分割的一部分-駁尼爾瑪爾.錢德拉. 辛哈著『這麻中國的西藏地方過去是中國的?』關于西藏的若干謬論-」, 『中國藏學』, 1990-4.

李維倫, 『西藏實踐與理論探索』, 西藏人民出版社, 1990.

李澤銳,「殖民主義者侵華策略的自白-評范普拉赫先生近著『西藏的地位』-」, 『中國藏學』, 1990-2.

黃健青, 『近代西藏獨立運動之研究』, 臺北, 南天書局, 1990.

西藏社會科學院西藏學漢文文獻編輯室, 『大清會典理藩院事例』, 全國圖書館文獻縮微複製中心, 1991.

阿聳, 「談元代西藏政務-兼評『西藏政治史』一書」, 『西藏研究』(藏文版), 1991-2.

李風珍, 「清代西藏喇嘛朝貢概述-兼評理查遜的西藏朝貢是外交和貿易關係的謬論」, 『中國藏學』, 1991-1.

築啓源·喜饒尼瑪, 『中華民國時期中央政府與西藏地方的關係』, 中國藏學, 1991.

黃鴻釗, 『西藏問題的歷史淵源』, 商務印書館(香港), 1991.

恰白-次旦平措, 『西藏簡明通史』, 1991.

羅潤蒼, 「評夏格巴的『藏區政治史』」, 『中國藏學』 1992-3.

樊保良, 『蒙藏關係史研究』, 青海人民, 1992.

王小甫, 『唐吐蕃大食政治關係史』, 北京大學, 1992.

姚兆麟, 「西藏和祖國的關係不容歪曲-駁范普拉赫『西藏的地位』一書-」, 『西藏研究』, 1992-4, 1993-1.

柳升祺, 「評范普拉赫先生的西藏史觀及其他」, 『中國藏學』, 1992-1.

張駿逸, 「中國歷朝主權在西藏的承繼及確定-由行政觀點看-」, 臺灣'西藏與中原關係國際學術討論會, 『中國藏學』 ,1992-3.

宋岳, 「對歷史的篡改 對國際法的歪曲-簡評范普拉赫『西藏的地位』一書」, 『中國藏學』, 1994-2.

Edward Lazar ed., *Tibet: The Issue is Independence Tibetans-in-Exile Address the Key Tibetan Issue the World Avoids*, California, Berkeley, 1994.

吳燕紹 編著, 『西藏史大綱』, 西藏社會科學院, 1993.

中國藏學研究中心等合 編, 『元以來西藏地方與中央政府關係檔案史料匯編』 1-7, 中國藏學, 1994.
王貫·喜饒尼瑪·唐家衛,『西藏歷史地位辦-評夏格巴『藏區政治史』和范普拉赫『西藏的地位』, 北京, 民族出版社, 1995.
陰法唐,『西藏歷史地位辨』, 民族出版社, 1995.
黃玉生 等,『西藏地方與中央政府關係史』, 西藏人民出版社, 1995.
司馬晉(James D, Seymour),「序言」, 曹長青 主編,『中國大陸知識分子論西藏』, 臺北, 時報文化出版公司, 1996.
『西藏政治史』評註小組 編,『夏格巴的『西藏政治史』與西藏歷史的本來面目』, 民族, 1996.
宋黎明,「重評'十七條協議'」, 曹長青 主編,『中國大陸知識分子論西藏』, 臺北, 時報文化出版公司, 1996.
沈彤,「不可回避的西藏問題」, 曹長青 主編,『中國大陸知識分子論西藏』, 臺北, 時報文化出版公司, 1996.
嚴家祺,「聯邦制和西藏前途」, 曹長青 主編,『中國大陸知識分子論西藏』, 臺北, 時報文化出版公司, 1996.
楊公素, 「評范陰法唐「一部還西藏歷史以本來面目的好書-評學術專書『西藏歷史地位辨』-」, 『中國藏學』, 1996-1.
王若望,「拉薩行和西藏獨立」, 曹長青 主編,『中國大陸知識分子論西藏』, 臺北, 時報文化出版公司, 1996.
于大海,「關於西藏和民運的民族政策」, 曹長青 主編,『中國大陸知識分子論西藏』, 臺北, 時報文化出版公司, 1996.
Warren W. Smith, *Tibetan Nation, A History of Tibetan Nationalism and Sino-Tibetan Relations*, Colorado, Westview Press, 1996.
魏京生,「就西藏問題從獄中給鄧小平的信」, 曹長青 主編,『中國大陸知識分子論西藏』, 臺北, 時報文化出版公司, 1996.
陰法唐, 「一部還西藏歷史以本來面目的好書-評學術專書『西藏歷史地位辨』-」,『中國藏學』, 1996-1.
蔣培坤·丁子霖,「關心西藏人權:知識分子的責任」, 曹長青 主編,『中國大陸知識分子論西藏』, 臺北, 時報文化出版公司, 1996.
曹長青,「西藏問題眞相與洗腦」, 曹長青 主編,『中國大陸知識分子論西藏』, 臺北, 時報文化出版公司, 1996.

趙曉薇, 「獨立:西藏人民的權利」, 曹長青 主編, 『中國大陸知識分子論西藏』, 臺北, 時報文化出版公司, 1996.

項小吉, 「民主自由平等與獨立分離自治」, 曹長青 主編, 『中國大陸知識分子論西藏』, 臺北, 時報文化出版公司, 1996.

恰白-次旦平措·諾章-吳堅·平措次仁, 『西藏通史-松石寶串』, 西藏古籍出版社, 江蘇古籍出版社, 1996.

Roger E. McCarthy, *Tears of the Lotus, Accounts of Tibetan Resistance to the Chinese Invasion, 1950-1962*, North Carolina, McFarland & Company, Inc., Publishes, 1997.

楊碧川, 『達賴與西藏獨立』, 臺北, 一橋出版社, 1997.

王家偉·尼瑪堅贊, 『中國西藏的歷史地位』, 1997.

直云邊吉, 『達賴喇嘛-分裂者的流亡生涯-』, 海南出版社, 1997.

張云, 『元代吐蕃地方行政體制研究』, 中國社會科學出版社, 1998.

顧祖成, 『明清治藏史要』, 西藏人民 齊魯書社, 1999.

索文清, 『チベット研究文獻目錄1945-1999』, 風響社, 1999.

尹偉先, 『明代藏族史研究』, 2000.

趙志忠, 『清王朝與西藏』, 華文出版社, 2000.

趙苹·續文輝, 『簡明西藏地方史』, 民族出版社, 2000.

呂昭義, 『英帝國與中國西南邊境(1911-1947)』, 中國藏學, 2001.

周偉洲, 『英國俄國與中國西藏』, 中國藏學, 2001.

杜永彬, 「美國藏學研究現狀述評」, 拉巴平措 等, 『當代藏學研究的幾個理論問題』, 中國藏學出版社, 2002.

拉巴平措 等, 『當代藏學研究的幾個理論問題』, 中國藏學出版社, 2002.

張雲, 「西藏自古是中國領土不可分割一部分的若干問題」, 拉巴平措 等, 『當代藏學研究的幾個理論問題』, 中國藏學出版社, 2002.

張雲, 「評夏格巴及其『藏區政治史』」, 拉巴平措 等, 『當代藏學研究的幾個理論問題』, 中國藏學出版社, 2002.

陳慶英, 「關于漢藏兩個民族的歷史淵源關係」, 拉巴平措 等, 『當代藏學研究的幾個理論問題』, 中國藏學出版社, 2002.

陳虹, 「藏學研究的歷史使命」, 拉巴平措 等, 『當代藏學研究的幾個理論問題』, 中國藏學出版社, 2002.
蘇發祥, 『藏族歷史』, 巴蜀書社, 2003.
A. McKay, *The History of Tibet*, London & NY, Routledge Curzon, 2003.
王堯·王啓龍·劉小咏, 『中國藏學史』(1949年前), 北京, 民族出版社, 清華大學出版社, 2003.
E. Sperling, *The Tibet-China Conflict: History and Polemics*, Washington, East-West Center, 2004.
陳慶英·高淑芬 主編, 『西藏通史』, 中州古籍出版社, 2003.
浦野起央, 『チベット,中國,ダライラマ-チベット國際關係史-』, 三和書籍, 2006.
Frederic Lenoir, 『チベット眞實の時 Q&A』, 二玄社, 2009.
黎爾平, 「歐美學刊有關西藏人權文章述評」, 『西藏研究』, 2010-4.
王暉, 『亞洲視野:中國歷史的敍述』, Hong Kong, Oxford University Press, 2010.
王暉, 「東西之間的"西藏問題"-東方主義民族區域自治與尊嚴政治」, 『區域:亞洲研究論叢, 第1輯, 跨體系社會』, 清華大學出版社, 2010.
熱地, 「民族區域自治制度的光輝普照西藏-祈念西藏和平解放60周年」, 『西藏研究』, 2011-2.
王暉, 『東西之間的"西藏問題"(外二篇)』, 北京, 生活讀書新知三聯書店, 2011.
許廣智, 「淺談簽定<十七條協議>的歷史意義」, 『西藏研究』, 2011-2.
益多, 『十四世達賴言行評析』, 人民出版社, 2012.
劉學銚, 『從歷史看清西藏問題』, 臺北, 致知, 2013.

3. 중월관계사 논쟁

張宗芳, 「越南臣服中國考」, 『河北第一博物院』(半月刊), 1932, 10, 15.
何炳賢, 「中國與安南貿易問題的研究」, 『國際貿易導報』, 1934, 6-5.
彭勝天, 「中越關係之史的考察」, 『南洋研究』, 1940. 9-2·3.
劉伯奎, 「中越關係之史的探討」, 『新南洋』, 1943. 1-1.
黎正甫, 「明代安南郡縣建置」, 『眞理雜誌』, 1944. 1-1.

呂谷, 「中國和越南的歷史關係」, 『歷史教學』, 1951. 1-2.

周一良, 「中越兩國人民的傳統友好關係」, 『新華月報』, 1955-7.

陳壽和, 「中越兩國人民的傳統友誼和文化交流」, 『光明日報』, 1955.8.16.

邵循正, 「17-18世紀中越人民在南圻的合作」, 『中國和亞非各國友好關係史論叢』, 北京, 三聯書店, 1957.

蔣君章, 『越南論叢』, 臺北, 中央文物供應社, 1959.

明崢, 『越南史略』, 北京, 三聯書店, 1960.

陳璋, 「明代安南復置郡縣及其棄守之始末」, 『香港大學歷史學會年刊』, 1961.

洛明, 「中國越南友好史話」, 『羊城晚報』, 1965.4.2.·4·5·8·13.

陳輝燎, 「越南民族是一個不屈的民族」, (越南)『歷史研究』 28, 1966-1.

張效乾, 「明清兩代與越南」, 臺灣, 『大陸雜誌』 35-3, 1967.

高柄翊, 「越南史에 있어서의 中國文化」, 『越南의 政治 經濟 文化 및 熱帶病에 관한 研究』, 서울대학교, 1968.

張秀民, 「明代交趾人在中國之貢獻」, 『明代國際關係』, 臺灣, 學生書局, 1968.

Alexander Woodside, *Vietnam and the Chinese Model: A Comparative Study of Nguyen and Ch'ing Civil Government in the First Half of the Nineteenth Century*, Cambridge, Harvard Univ. Press, 1971.

越南社會科學委員會 編, 『越南歷史』 第一集, 越南社會科學出版社, 1971; (中文版) 北京, 人民出版社, 1977.

陶維英, 『越南歷代疆域』, 北京, 商務印書館, 1973.

山本達郎 編, 『越南中國關係史;曲氏의 擡頭에서 淸佛戰爭까지』, 東京, 山川出版社, 1975.

潘輝黎, 「文郎國은 월남의 '역사상 제일개 국가 기구」, (越南) 『人民軍隊報』, 1975.11.11.

陶維英, 『越南古代史』, 商務印書館, 1976.

李光濤, 『記乾隆年平定安南之役』, 臺灣, 中央研究院歷史語言研究所, 1976.

張奕善, 「明帝國南海外交使節考」, 「明帝國與南海政略」, 『東南亞研究論集』, 臺灣學生書局, 1976.

范玉奉, 「我們民族歷史上的戰略決戰」, (越南)『人民日報』, 1977.4.24.

越南社會科學委員會, 『越南歷史』 第一集, 北京大學東語系越南語教研室 譯, 北京, 人民出版社, 1977.

片倉穣,『ベトナムの歴史と東アジア』, 東京, 杉山書店, 1977.

戴可來,「關于越南學術界反華的一些情況和問題」, 1978年 10月, 鄭州大學歷史系 油印本.

戴可來,「論中越關係史中的若干問題-兼駁越南史學界的反華謬論」,『華僑問題資料』, 1978-3.

潘輝黎, 「兩千多年來反抗北京擴張勢力的回顧」, 越南祖國戰線中央機關刊物 『大團結』 1979-29, 30.

方萱,「自封'文明古國'的奇談」,『人民日報』, 1979.5.13(越南人民武裝公安司令部 政治部 編,『我國民族反對外來侵略的傳統』의 '參考資料' 引用).

中國社會科學院 考古研究所 編,『考古學參考資料』, 文物出版社, 1979.

陳智超,「關于中越關係史研究的若干問題」,『中國史研究動態』1, 1979.

鄒啓宇,「利用歷史反華的拙劣表演-評越南當局導演的"記念如月江大捷九百周年"」,『紅旗』, 1979-2.

高觀如,「中越佛教關係」,『中國佛教』, 北京, 知識出版社, 1980.

潘輝黎 等 著,『越南民族歷史上的幾次戰略決戰』, 戴可來 譯, 中譯本, 世界知識出版社, 1980; 杜玉亭,「"越南歷史"篡改兀良合台出使安南史實考」,『印度支那研究』1980년 增刊.

印支研究所,『中越關係史大事記』, 廣西社會科學院 印度支那研究所, 1980.

張秀民,「從歷史上看中越關係」,『印度支那研究』5, 1980.

梁志明,「十一世紀宋朝反擊越南李朝侵略戰爭中富良江位置考」,『中國東南亞研究會第二屆年會論文專集』, 1980.

K. W. Taylor,「월남역사에 있어서 中國支配期 재평가」,『아세아연구』23-1, 1980.

黃國安,「關于中越關係史分期問題的探討」,『中國東南亞研究會 第二屆年會論文專集』,『印度支那研究』1980 增刊.

정천구,「中共-베트남 戰爭의 原因分析」, 고려대학교 대학원 박사학위논문, 1981.

魏火賢 潘香華 粟冠昌,「略論宋熙寧年間的中越戰爭」,『廣西師院學報』, 1981-1.

張世銓,「論越南不足銅鼓的發源地」,『印度支那研究』, 1981-2.

朱雲影,『中國文化對日韓越的影響』, 臺灣, 黎明文化事業公司, 1981.

黃國安,「歷史不容歪曲」,『印度支那研究』, 1981-1.

中國社會科學院 歷史研究所,『古代中越關係資料選編』, 中國社會科學出版社(內部發行), 1982.

戴可來·許永璋,「爲地區霸權主義服務的僞史學-評越南史學界中的一些謬論」,『紅旗』, 1982-7.

戴可來,「越南歷史述略」,『印支研究』, 1983-1.

蒙文通, 『越史叢考』, 北京, 人民出版社,, 1983.
山本達郎, 『越南中國關係史年表』, 昆明, 雲南省東南亞硏究所, 1983.
陳玉龍, 「略論中越歷史關係的幾個問題」, 『印度支那』, 1983-1.
楊立冰, 「評越南史學界對越南古代史的“硏究”」, 『學術論壇』, 1983-2.
黃錚, 「關于中越兩國歷史上的戰爭問題」, 『學術論壇』, 1983-4.
山本達郎, 「『中越關係史』結束語」, 『東南亞縱橫』, 1984-1.
黎文休, 『大越史記全書』, 陳荊和 編校, 東京, 1984-86.
林鍾布·林梅雲 合著, 『抵抗, 反亂, 革命』, 新加坡, 1984.
최영, 「중월전쟁연구」, 『아세아연구』 27-2, 1984.
明崢, 『越南史略』, 三聯書店, 1985.
楊立冰, 「評越南史學界歪曲中越關係史的幾個謬論」, 『東南亞縱橫』, 1985-1.
郭明 等 編, 『現代中越關係史資料選編』, 時事出版社, 1986.
William J. Dobson & Fravel Taylor, *China and Vietnam: The Roots of Conflict*, Berkeley, Institute of East Asian Studies, Univ. of California, 1986.
정천구, 「中越戰爭의 原因과 結果」, 『한국과 국제정치』 2-2, 1986.
黃國安, 『中越關係史簡編』, 南寧, 廣西人民出版社, 1986.
黃國安, 「中國科擧制度對越南的影響」, 『印度支那』, 1986-3.
黃國安·黃錚·楊立冰·楊萬秀, 『中越關係史簡編』, 南寧, 廣西人民出版社, 1986.
楊煥英, 「孔子思想在越南的傳播與影響」, 『孔子思想在國外的傳播與影響』, 北京教育科學出版社, 1987.
劉仁善, 「中越關係와 朝貢制度-가상과 실상-」, 『歷史學報』, 111, 1987.
古田元夫, 「ベトナム史學界とベトナム史像」, 『東京大學教養學部人文科學紀要』 87, 1988.
三尾忠志, 「‘大漢民族大國主義’とベトナムの對應」, 三尾忠志 編, 『インドシナをめぐる國際關係』, 東京, 日本國際問題硏究所, 1988.
王民同, 「越南李朝和陳朝封建統治的特點及其對外戰爭」, 『雲南社會科學』, 1988-4.
黃國安·蕭德浩·楊立冰 編, 『近代中越關係資料選編』, 廣西人民出版社, 1988.
李延凌, 「乾隆與淸代中越戰爭」, 『印度支那』(혹은 『東南亞縱橫』), 1989-2.
何勁松, 「漢魏兩晉南北朝時期交州佛教及其同中原佛教的關係」, 『世界宗教硏究』, 1989-2.
戴可來·童力, 『越南關于西南沙群島主權歸屬問題文件資料匯編』, 河南人民出版社, 1991.

陳重金 著, 戴可來 譯,『越南通史』, 商務印書館, 1991.
郭明 編,『中越關係演變四十年』, 南寧, 廣西人民出版社, 1992.
桃木支朗,「十-十五世紀ベトナム國家の'南'と'西'」,『東洋史研究』51-3, 1992.
張秀民,「安南王朝多爲華裔創建考」,『中越關係史論文集』, 文史哲出版社, 1992.
張秀民,『中越關係史論文集』, 臺北, 文史哲出版社, 1992.
조재현,「제3차 印支戰爭 硏究: 共産體制內 베트남과 캄푸치아間 戰爭(1978.12-1979.1)의 原因 分析」, 경희대학교 대학원 박사학위논문, 1992.
陳重金·戴可來 譯,『越南通史』, 北京, 商務印書館, 1992.
黃錚,「略論中越兩國歷史上的戰爭問題」,『中越關係史輯稿』, 廣西人民出版社, 1992.
蕭德浩·黃錚 主編,『中越邊界歷史資料選編』(上·下), 社會科學文獻出版社, 1993.
권경희,「베트남의 캄푸치아 侵攻-현실주의적 팽창 혹은 방어?」,『國際政治論叢』34-2, 1994.
呂士朋,「明代制度文化對越南黎朝的影響」,『史學集刊』, 1994-1.
龍永行,「明淸時期的中越關係」,『東南亞縱橫』, 1994-4.
劉仁善,「베트남 阮朝의 성립과 '大南' 帝國秩序」,『아시아문화』10, 1994.
劉仁善,「베트남의 도이머이(刷新)정책과 베트남사의 재해석」,『동남아시아연구』3, 1994.
劉仁善,「베트남 阮朝의 성립과 '大南'帝國秩序」,『아시아문화』10, 1994.
張笑梅·郭振鐸,「試析十三世紀元朝入侵越南的若干史實」,『東南亞縱橫』, 1994-1.
朱亞非,「明初中越關係與成祖征安南地役」,『烟台大學學報』, 1994-1.
劉仁善,「베트남 전통사회와 유교화문제, 그리고 우리의 베트남사 연구」,『東洋史學研究』50, 1995.
張家連,「對古代中越關係的理論思考」,『廣西教育學院學報』, 1995-2.
竺天,「十三世紀末安南與元帝國之間的歷史問題」,『周口師範學院學報』, 1995-S1.
竺天,「元朝與安南陳朝關係的幾個方面」,『東南亞縱橫』, 1995-3.
岡部達味,「ベトナムの苦惱;對中關係」, 西原正 編,『對頭するベトナム』, 東京, 中央公論社, 1996.
劉仁善,「베트남역사와 중국-정치적 문화적 관계를 중심으로-」,『남방문화』2, 1996.
Ramses Amer, "The Territorial Disputes between China and Vietnam and Regional

Stability," *Contemporary Southeast Asia*, Vol. 19, No. 1 (June), 1997.
李福君,「明嘉靖朝征安南之役述論」,『天津師大學報』, 1997-2.
冷東,「明嘉靖朝之安南事件」,『中國邊疆史地研究』, 1998-3.
戴可來 于向東,『越南』, 南寧, 廣西人民出版社, 1998.
宋正男,「전(陳)朝의 對蒙抗爭에 관한 硏究」,『釜山史學』34, 1998.
鄭永常,『征戰與棄守-明代中越關係研究-』, 臺北, 國立成功大學出版社, 1998.
趙玉蘭,「從越南的社會生活看中越文化關係」,『東南亞縱橫』, 1998-4.
Duong Van Mai Elliott, *The Sacred Willow: Four Generations in the Life of a Vietnamese Family*, NY, Oxford University Press, 1999.
馬明達,「元代出使安南考」,『中西初識』, 鄭州, 大象出版社, 1999.
宋北侖,「關于中越關係的分期問題」,『東南亞縱橫』85·86, 1999-5·6.
宋正男,「베트남史의 兩面性」,『釜山史學』23, 1999.
전황수,「중국과 ASEAN의 스프래트리군도(南沙群島) 분쟁: 갈등 양상과 해결 노력」,『국제정치논총』39-1, 1999.
황귀연,「베트남의 對중국관계 변화에 관한 연구」,『아시아지역연구』2, 1999.
黃心川,「中國與東方周邊國家哲學的雙向交流及其影響」,『社科院研究生院學報』, 1999-4.
唐雪海,「宋元時期中國與東南亞各國關係的發展」,『暨南大學碩士論文』, 2000.
邵循正,『中法越南關係始末』, 石家莊, 河北教育出版社, 2000.
孫宏年,「中越關係研究(1644-1885)」, 復旦大學博士論文, 2000.
孫宏年,「淸代越南政治避難者問題初探」,『南洋問題研究』, 2000-2.
陳雙燕,「中越宗藩關係的歷史發展述論」,『南洋問題研究』, 2000-4(104).
郭振鐸·張笑梅 主編,『越南通史』, 北京, 中國人民大學出版社. 2001.
王民同,「越南西山農民起義與淸朝出兵干涉之目的質疑」,『東南亞』, 2001-1.
劉仁善,「전근대 베트남人의 歷史認識-黎文休와 吳士連을 중심으로」,『東洋史學研究』73, 2001.
張笑梅一郭振鐸,『越南通史』, 中國人民大學出版社, 2001.
華林甫,「略論中國地名文化對越南的影響」,『南洋問題研究』, 2001-2.
黎巧萍,「試述外來文化對越南文化的影響」,『東南亞縱橫』, 2002-5.
李喜所,『五千年中外文化交流史』, 北京, 世界知識出版社, 2002.

鍾小武, 「明朝對安南莫氏的政策」, 『江西師大學報』, 2002-2.

李金明, 『南海爭端與國際海洋法』, 海洋出版社, 2003.

이한우, 「베트남-중국 관계의 역사적 전개와 현재: 협력과 갈등의 이중주」, 『동아연구』 44, 2003.

朱軍覬, 「朝貢與邦交-明末淸初中越關係硏究-」, 中山大學博士論文, 2003.

黃敏, 「科擧制度在越南的嬗變及其對越南文化的積極影響」, 『解放軍外國語學院學報』, 2003-6.

戴可來, 「略論古代中國和越南之間的宗藩關係」, 『中國邊疆史地硏究』, 2004-2.

鄧昌友, 「宋朝與越南關係硏究」, 暨南大學博士論文, 2004.

傅菊輝 外, 『當代中越關係史』, 香港, 中國國制文化出版社, 2004.

宋正男, 「越中關係에 관한 硏究」, 『高句麗硏究』 18, 2004.

楊朝欽, 「西山時期的中越關係」, 鄭州大學碩士學位論文, 2004.

袁運福, 「略論北屬時期中國文化對越南的影響」, 『天中學刊』, 2004-3.

李未醉·余羅玉, 「略論古代中越文學作品交流及其影響」, 『鞍山師範學院學報』, 2004-3.

譚志詞, 「越南閩籍僑僧拙公和尙與十七,十八世紀中越佛教交流」, 暨南大學博士論文, 2005.

Liem C. Kelley, *Beyond the Bronze Pillars, Envoy Poetry and the Sino-Vietnamese Relationship*, Hawaii Univ. Press, 2005.

王繼東, 「論越南李陳朝時期的對外關係」, 鄭州大學碩士論文, 2005.

章百家, 「"抗美援朝"與"援越抗美"」, 『世界經濟與政治』, 2005-3.

鄭琪, 「從前四史看古代越南所發生的戰爭」, 『洛陽師範學院學報』, 2005-4.

陳文源, 「明朝與安南關係硏究」, 暨南大學博士論文, 2005.

戴可來·于向東, 『越南歷史與現狀硏究』, 香港社會科學出版社, 2006.

문정인·김명섭, 『동아시아의 전쟁과 평화』, 연세대학교출판부, 2006.

孫宏年, 『淸代中越宗藩關係硏究』, 哈爾濱, 黑龍江敎育出版社, 2006.

宋正男, 「中世 베트남의 外交-對蒙抗爭을 소재로」, 『국제지역연구』 10-1, 2006.

王桃, 「20世紀以來中國學者關于淸代以前中越關係的硏究」, 『東南亞硏究』, 2006-3.

王英, 「元朝與安南之關係」, 暨南大學碩士論文, 2006.

陳文, 「科擧在越南的移植與本土化-越南黎朝科擧制度硏究」, 暨南大學博士論文, 2006.

노영순, 「1979년 중월전쟁; 중국-베트남 상호 적대 의식의 발전사와 베트남 화인 문제」, 안병우 외, 『중국의 변강인식과 갈등』, 한신대학교 출판부, 2007.

Do Tien Sam, 「베트남과 중국의 15년 관계 회고와 전망」, 『동향과 논단』 1·2호(겨울), 2007.
陳國保, 「越南史百年研究回顧」, 『中國民族史論壇网』, 2007.11.1.
清水太郎, 「朝鮮使節とヴェトナム使節の中國への邂逅-虛構の交流-」, 『전북사학』 31, 2007.
古小松, 『越南藍皮書-越南國情報告』, 社會科學文獻出版社, 2008.
김명섭·최정호, 「1979년 중국-베트남 전쟁의 원인에 관한 재고찰」, 『세계지역연구논총』 26-1, 2008.
孫建黨, 「清代中越關係史研究的新成果-讀孫宏年博士著, 『清代中越宗藩關係研究』」, 『中國邊疆史地研究』 2008-1.
伊藤悅子 等 譯, 『ベトナムの歷史-ベトナム中學校歷史教科書』, 東京, 明石書店, 2008.
李火卓然, 「越南史籍對"中國"及"華夷"觀念的詮釋」, 『復旦學報』,(社會科學), 2008-2.
張秀閣, 「翟强著『中國與越南戰爭, 1950-1975』」, 『歷史教學』, 2008-14.
片倉穰, 『朝鮮とベトナム日本とアジア』, 福村出版, 2008.
邢利海, 「解析十世紀中越戰爭」, (哲學史學研究) 『文教資料』, 2008年1月號下旬刊.
古小松, 『越南國情與中越關係』, 北京, 世界知識出版社, 2009.
柳岳武, 「論淸代以前中越宗藩關係」, 『鹽城師範學院學報』, 2009-4.
유인선, 「전근대 베트남의 對中國認識-조공과 대등의식의 양면성」, 『동북아역사논총』 23, 2009.
李新平, 「越南史百年研究概述」, 『文化研究』, 2009-2.
祝華新, 「不能忘懷的-對越自衛反擊戰30周年祭」, 『視野』, 2009-8.
何勝文, 「中越完成陸地邊界勘界立碑及其意義」, 『當代世界』, 2009-4.
古小松·梁炳猛, 「恩怨過後正常化-中越關係60年回顧與展望」, 『東南亞縱橫』, 2010-1.
劉信君, 「中朝與中越朝貢制度比較研究」, 『吉林大學社會科學學報』 50-5, 2010.
劉忠明, 「中越關係中的領土爭端」, 『國際資料信息』, 2010-8.
李亞青, 「由'同志加兄弟'到兵戎相見-再論中越관계」, 『齊齊哈爾師範專科學校學報』, 2010-3.
曺秉漢, 「清末 海防 체제와 中越 朝貢 관계의 변화」, 『역사학보』 205, 2010.
曾貝·劉雄, 「元朝時期中國與越南關係研究述評」, 『洛陽師範學院學報』, 2010-4, 29.
崔熙在, 「越南, 朝鮮과 1860-80년대 清朝 朝貢國政策의 再調整」, 『역사학보』 206, 2010.
李勝偉, 「古代中越關係史的多重解讀與正確定立」, 『河南師範大學學報』,(哲學社會科學) 38-3,

2011.
陳文源·周亮,「明淸之際中越關係的演變與抉擇」,『東南亞硏究』, 2011-1.
최병욱,「19세기 전반 베트남 帝國의 국제 질서」,『동남아시아연구』21-1, 2011.
유인선,『베트남과 그 이웃 중국-양국관계의 어제와 오늘』, 창비, 2012.

4. 몽골사 논쟁

矢野仁一,『蒙古近代史』, 東京, 弘文堂書房, 1916.
Choibalsan kh. Losol D. Demid G.,『몽골인민 민주혁명의 발생과 성립에 관한 간략한 역사』, 울란바토르, 1934.
陳崇祖, 古川園重利 譯,『外蒙古獨立史』, 東京, 生活社, 1939.
Korostovets, 高山洋吉 譯,『蒙古近世史』, 東京, 森北書店, 1943.
Gerard M. Friters, *Outer Mongolia and Its International Position*, The Johns Hopkins Press, 1949.
尙越 主編,『中國歷史綱要』, 人民出版社, 1954.
Owen Lattimore, *Nationalism and Revolution in Mongolia*, Leiden, E.J.Brill, 1955.
札奇斯欽,「外蒙古的獨立自治和撤治」,『中國現代史叢刊』4, 臺北, 1962.
George G. S. Murphy, *Soviet Mongolia*, Berkeley and LA, Univ. of California Press, 1966.
傅啓學,『六十年來外蒙古』, 臺灣商務印書館, 1970.
坂本是忠,『中國邊境と少數民族問題』, アジア經濟硏究所, 1970.
산닥,『몽골의 정치 외교, 1850-1919』, 울란바토르, 1971.
William Heaton, "Inner Mongolia, The Hao and Huais of Chinese Policy toward the Mongols," *Mongolian Studies*, Vol.3, 1976.
李毓澍,『外蒙古撤治問題』, 中央硏究院近代史硏究所, 臺灣商務印書館, 1976.
페를레(Damdin Perlee), G. 수흐바트르,「마오주의자들의 몽골 역사 왜곡 훼손 사실」,『몽골 과학 아카데미 소식』, 1976년 제3호, 울란바토르.

盧明輝,『德王"蒙古自治"始末』上·下, 呼和浩特, 內蒙古自治區蒙古語文歷史研究所, 1977.

Thomas E. Ewing, *Between the Hammer and the Anvit? Chinese and Russian Policies in Outer Mongolia 1911-1921*, Bloomington: Research Institute for Inner Asian Studies, Indiana University, 1980.

大島立子,「中華人民共和國における元朝史研究」,『東方學』63, 1982.

룩 콴텐, 송기중 옮김,『유목민족제국사』, 서울, 민음사, 1984.

Sh. Bira 外編, *Bugd Nairamdakh Mongol Ard Ulsyn Tuukh*, Ulaanbaatar: Ulsyn Khevleliin Gazar, 1984.

蒙古族簡史編寫組,『蒙古族簡史』, 呼和浩特, 內蒙古人民出版社, 1985.

蒙藏委員會 編寫組,『論外蒙古的獨立問題』, 呼和浩特, 內蒙古人民出版社, 1985.

薄音湖 等,「建國以來我國蒙古史研究概況」,『蒙古史研究』1, 呼和浩特, 內蒙古大學出版社, 1985.

韓儒林 主編,『中國大百科全書; 中國歷史, 元史』, 中國大百科全書出版社, 1985.

『蒙古族簡史』編寫組,『蒙古族簡史』, 呼和浩特, 內蒙古人民出版社, 1986.

周良宵,『忽必烈』, 吉林教育出版社, 1986.

韓儒林 主編,『元朝史』, 人民出版社, 1986.

村井宗行,「いわゆる'自治政府'の性格」,『モンゴル研究』10, 1987.

C.R. Bawden, *The Modern History of Mongolia*, London and NY, Kegan Paul International, 1989.

楊志玖-審定·李治安·王曉欣 編著,『元史學概說』, 天津教育出版社, 1989.

馬大正 主編,『中國古代邊疆政策研究』, 中國社會科學出版社, 1990.

李毓澍,『蒙事論叢』, 臺北, 里仁書局, 1990.

中國社會科學院 近代史研究所,『沙俄侵華史』, 北京, 人民出版社, 1990.

格日勒,「北洋軍閥政府與西盟王公會議」,『內蒙古近代史論叢』4, 內蒙古大學出版社, 1991; 內蒙古社會科學院歷史研究所『蒙古族通史』編寫組,『蒙古族通史』上·中·下, 北京, 民族出版社, 1991原版, 2001修正版.

鄧力群·王鐸 等 主編,『當代中國的內蒙古』, 當代中國出版社, 1992.

小貫雅男,『蒙古現代史』, 東京, 山川出版社, 1993.

內蒙古黨委黨史研究室 編,『內蒙古的歷史和黨的工作』, 內蒙古人民出版社, 1994.

錢穆,『國史大綱』(下), 商務印書館, 1994.

Magsarjav N.,『몽골국의 새로운 역사』, 울란바토르, 1994.

中見立夫,「モンゴルの獨立と國際關係」, 溝口雄三 編,『周邊からの歷史』, 東京大出版會, 1994.

李玠奭,「蒙古帝國 元史 연구의 전망과 과제」,『동양사학연구』50, 1995.

이평래,「20세기 몽골 王公들의 政局認識과 獨立構想」,『한국민족학연구』3, 1995.

이평래,「1990년 이후 몽골 역사학계의 몽골사 연구동향과 연구성과」,『중앙아시아연구』1, 1995.

張啓雄,『外蒙主權歸屬交涉 1911-1916』, 中央研究院近代史研究所, 1995.

이평래,「20세기 초기 아르 몽골 왕공들의 新政에 대한 인식」,『김문경정년퇴임논총』3, 1996, 혜안.

이평래,「1990년 이후 몽골 역사학계의 몽골사 연구동향과 연구성과」,『중앙아시아연구』1, 1996.

르네 그루쎄, 김호동 유원수 정재훈 역,『유라시아 유목제국사』, 사계절, 1998.

毛里和子,『周緣からの中國-民族問題と國家』, 東京大學出版會, 1998.

김호동,『근대 중앙아시아의 혁명과 좌절』, 사계절, 1999.

松本ますみ,『中國民族政策の研究-淸末から1945年までの「民族論」を中心に』, 多賀出版, 1999.

周一良 主編,『大學歷史叢書』邱樹林,『元朝簡史』, 福建人民出版社, 1999.

間野英二,「內陸アジア史研究の回顧と今後の課題」,『東方學』100, 2000.

裵京漢,「辛亥革命 직후 몽골 독립에 대한 孫文과 革命派의 대응」,『인문연구』30, 2000.

姚大力,『'天馬'南牧』, 長春出版社, 2000/2005.

東方民族網 www.e56.com.cn,『電子版 蒙古族通史』, 2001.

『蒙古族通史』編寫組,『蒙古族通史』, 北京, 民族出版社, 2001.

劉學銚,『外蒙古問題』, 臺北, 南天書局, 2001.

宮脇淳子,『モンゴルの歷史』, 東京, 刀水書房, 2002.

文化大學大陸研究所 編,『二十世紀的蒙藏問題』, 臺北, 南天書局, 2002.

伊克昭盟『蒙古民族通史』編委會,『蒙古民族通史』全5卷, 呼和浩特, 內蒙古大學出版社, 2002.

曹永年 撰寫,『蒙古民族通史』, 呼和浩特, 內蒙古人民出版社, 2002.

丹巴 主編,『蒙古史』, 海拉爾, 內蒙古文化出版社, 2003.

D. Tsevendorj ed., *Mongol Ulsyn Tuukh, Terguun Bot'*, Ulaanbaatar: ADMON, 2003.
Moris Rossabi, "Inner Mongolia－Another Tibet or Xinjiang?", March 24, 2003.
몽골과학원 역사연구소,『몽골국사』, 울란바토르, 2003.
L. Jamsran 編, Mongol Ulsyn, Tuukh Gutgaar Bot', Ulaanbaatar:ADMON, 2003.
Wang Chuge 編,『成吉思汗祠堂』, 呼和浩特, 2003.
오 바트사이한, 이평래 역,「중국 역사학자들의 몽골사 왜곡에 대하여」, 고구려연구재단 제1회 국제학술회의『한국사 속의 고구려의 위상』, 고구려연구재단, 2004.
朱耀廷,「칭기스 칸에 관한 몇 가지 문제에 대한 사견」,『內蒙古大學 제4차 몽골연구 국제학술간담회 資料輯』, 呼和浩特, 2004.
泰亦赤兀惕-滿昌 主編,『蒙古族通史』10冊, 瀋陽, 遼寧民族出版社, 2004.
고마츠 히사오(小松久男) 외, 이평래 옮김,『중앙유라시아의 역사』, 소나무, 2005.
邱樹森,「칭기스 칸의 평가에 관한 몇 가지 문제」,『光明日報』, 1979.9.11;『成吉思汗關聯研究論文集』上·中·下, 鄂爾多斯市 成吉思汗研究所, 2005.
김유리,「개혁 개방 이후 중국의 역사교육과 '통일적 다민족국가'론」,『北方史論叢』6, 2005
李成珪,「中華帝國의 팽창과 축소: 그 이념과 실제」,『역사학보』186, 2005.
니콜라 디코스모, 이재정 옮김,『오랑캐의 탄생: 중국이 만들어 낸 변방의 역사』, 황금가지, 2005.
정재훈,『위구르유목제국사』, 문학과지성사, 2005.
김선호,「현대 내몽골 자치운동에 대한 중국 역사자료의 내면적 특성-20세기 전반기 '德王'의 자치운동을 중심으로」,『중국역사가들의 몽골사 인식』, 고구려연구재단, 2006.
김장구·서인범·김성수·이평래·김선호,『중국 역사가들의 몽골사 인식』, 고구려연구재단, 2006.
노기식,「중국 역사 교과서의 북방민족사 서술」,『중국역사교과서의 민족, 국가, 영토 문제』, 동북아역사재단, 2006.
薩楚日勒圖,『鄂爾多斯革命史』上·下, 內蒙古人民出版社, 2006.
이평래,「1911년 몽골 독립선언에 대한 중국 역사학자들의 인식」,『중국역사가들의 몽골사 인식』, 고구려연구재단, 2006.

齊木德道爾吉·郝維民 主編,『內蒙古通史綱要』, 北京, 人民出版社, 2006.
박원길, 「북방공정의 논리와 전개과정 연구」, 『고구려연구』 29, 2007.
烏雲畢力格·白拉都格其,『蒙古史綱要』, 呼和浩特, 內蒙古人民出版社, 2007.
이평래, 「잃어버린 역사」, 『오류와 편견으로 가득한 세계사 교과서 바로잡기』, 삼인, 2007.
曹永年 主編,『內蒙古通史』(總四卷), 內蒙古大學出版社, 2007.
이평래, 「중국 학계의 몽골사 서술 분석」, 『중국 학자들의 소수민족 역사 서술』, 동북아역사재단, 2008.
『동아시아 역사왜곡에 대한 국내외 비정부기관의 연계를 통한 해결 방안』, 한국-몽골 학술심포지움, 울란바토르, 2008.
바트사이한, 「몽골 독립과 1915년 중-러-몽 캬흐타 3국 협정」, 『한-몽 역사학자들의 동북아역사 인식』, 동북아역사재단, 2008.
박원길, 「북방공정의 논리와 전개과정 연구–원나라는 몽골의 지배사인가, 중국사인가」, 『동북공정과 한국학계의 대응논리』, 여유당, 2008.
장룽, 송하진 역, 『늑대토템』, 김영사, 2008.
촐몬, 「몽골제국사 연구와 중국학자들의 역사서술」, 『한-몽 역사학자들의 동북아역사 인식』, 동북아역사재단, 2008.
류영표 외, 『북방민족과 중원 왕조의 민족인식』, 동북아역사재단, 2009.
G. 바타르, 「몽골 제국, 칭기스칸, 원나라, 후빌라이칸에 대한 중국 중학교 역사교과서의 기술에 대하여」, 『위대한 칭기스칸』(학회논문집), 울란바토르, Soyombo Printing, 2009.
柳岳武,『傳統與變遷-康雍乾之淸廷與藩部屬國關係研究-』, 四川出版集團巴蜀書社, 2009.
王穎春, 「蒙古的歷史觀」, 『世界之窓』 2010-3 多桑(Duosang Menggu Shi), 『多桑蒙古史』 上·下, 東方出版社, 2012.
楊海英,『殖民地としてのモンゴル』, 勉誠出版, 2013.
Itgel Chuluunbaatar, *Critical distance-analyzing china threat perception in mongolia*, M.A. Thesis, November o1, 2013.
中見立夫,『「滿蒙問題」の歷史的構圖』, 東京大學出版會, 2013.
金鮮浩,『내몽골, 외몽골–20세기 분단의 몽골역사』, 한국학술정보, 2014.

5. 동투르키스탄 역사 논쟁

伊瀨仙太郞,『中國西域經營史研究』, 東京, 巖南堂書店, 1955.

中國科學院 近代史研究所 資料編譯組,『外國資産階級是乍+心樣看待中國歷史的』, 北京, 商務印書館, 1961.

堀川徹,「中亞突厥民族史硏究展望」,『東洋史硏究』34-4, 1976.

新疆社會科學院民族研究所 編,『新疆簡史』第一册, 第二册, 烏魯木齊, 新疆人民出版社, 1980.

張大軍,『新疆風暴七十年』, 臺北, 蘭溪出版社, 1980.

雅各布-莫-蘭道,『土耳其的泛突厥主義-民族統一主義研究』, 倫敦, 1981.

包爾漢,『新疆五十年』, 北京, 文史資料出版社, 1984.

L. Kwanten, 송기중 역,『유목민족제국사』, 민음사, 1984.

劉志霄,『維吾爾族歷史』上編, 北京, 民族出版社, 1985.

巴托爾德,『中阿突厥十二講』, 北京, 中國社會科學出版社, 1985.

新疆社會科學院民族研究所 編,『新疆簡史』第三册, 烏魯木齊, 新疆人民出版社, 1987.

『維吾爾族簡史』編寫組,『維吾爾族簡史』, 烏魯木齊, 新疆人民出版社, 1991.

片岡一忠,『清朝新疆統治研究』, 東京, 雄山閣, 1991.

A. H. Dani & V. M. Masson ed., *History of Civilizations of Central Asia*, Paris, Usesco Publishing, 1992.

白振聲 等,『新疆現代政治社會史略』, 北京, 中國社會科學出版社, 1992.

阿爾沙魯尼 等,『俄國泛伊斯蘭主義和泛突厥主義簡論』, 新疆社會科學院, 1992.

孜牙-喬加勒甫,『突厥主義原理』, 新疆社會科學院, 1992.

楊發仁 主編,『泛伊斯蘭主義,泛突厥主義研究論文集』, 烏魯木齊, 新疆社會科學院 歷史研究所, 1993.

楊發仁 主編,『泛伊斯蘭主義,泛突厥主義研究』, 烏魯木齊, 新疆社會科學院, 1994.

李澤 等,「新疆民族分裂主義研究」, 楊發仁 主編,『泛伊斯蘭主義,泛突厥主義研究』, 烏魯木齊, 新疆社會科學院, 1994.

張玉璽,「新疆解放以來反對民族分裂主義的鬪爭及其歷史經驗」, 楊發仁 主編,『泛伊斯蘭主義,泛突厥主義研究』, 烏魯木齊, 新疆社會科學院, 1994.

『新疆三區革命領導人向中共中央的報告及文選』, 烏魯木齊, 新疆人民出版社, 1995.
王柯, 『東トルキスタン共和國研究, 中國のイスラムと民族問題』, 東京大學出版會, 1995.
余太山, 『西域通史』, 中州古籍出版社, 1996.
劉志霄, 『維吾爾族歷史』 中編, 北京, 中國社會科學出版社, 1996.
中共中央, 「中央政治局常委會關於維護新疆穩定籍會議紀」, 中共中央(1996)7號文件, 1996.3.19.
르네 그루쎄, , 김호동·유원수·정재훈 옮김, 『유라시아 유목제국사』, 사계절, 1998.
潘志平 主編, 『民族自決還是民族分裂』, 烏魯木齊, 新疆人民出版社, 1999.
陳慧生, 『民國新疆史』, 烏魯木齊, 新疆人民出版社, 1999.
陳延琪 潘志平, 『泛突厥主義文化透視』, 烏魯木齊, 新疆人民出版社, 2000.
陳慧生 等, 『中國新疆地區伊斯蘭史』, 烏魯木齊, 新疆人民出版社, 2000.
Wang Zhilai, "Atalmish Sherqiy Turkistan Toghrisida[About So-called East. Turkistan]," *Tarix Bétini Waraqlighanda*, Shinjang Xelq neshriyati, 2001
馬大正, 『國家利益高于一切』, 烏魯木齊, 新疆人民出版社, 2002.
厲聲·李國强, 『中國邊疆史地研究綜述』(1989-1998), 黑龍江教育出版社, 2002.
陳聯壁 等, 『中亞民族與宗教問題』, 北京, 中央民族大學出版社, 2002.
潘志平 主編, 『中南亞的民族宗教衝突』, 烏魯木齊, 新疆人民出版社, 2003.
潘志平 主編, 『中亞的民族關係; 歷史,現狀與前景』, 烏魯木齊, 新疆人民出版社, 2003.
劉漢太·都幸福 主編, 『中國打擊'東突'報告』, 烏魯木齊, 新疆人民出版社, 2003.
瓦庫利 等, 『中牙和南牙的恐怖主義和宗教極端主義』, 蘭州, 蘭州大學出版社, 2003.
潘志平, 「論土耳其與泛突厥主義」, 『史學集刊』, 2004-4, 長春, 吉林大學.
小松久南 外, 이평래 譯, 『중앙유라시아의 역사』, 소나무, 2005.
니콜라 디코스모, 이재정 옮김, 『오랑캐의 탄생: 중국이 만들어낸 변방의 역사』, 황금가지, 2005.
馬大正 等, 『新疆史鑒』, 新疆人民出版社, 2006.
厲聲, 『中國新疆歷史與現實』, 烏魯木齊, 新疆人民出版社, 2006.
박상수, 「중국 근대 '민족국가'(nation-state)의 창조와 '변강'문제」, 안병우 외, 『중국의 변강 인식과 갈등』, 한신대학교출판부, 2007.
윤휘탁, 「중국의 변강민족정책과 '국민국가' 완성하기: '서부대개발'을 중심으로」, 안병우 외, 『중국의 변강인식과 갈등』, 한신대학교출판부, 2007.

Ablet Kamalov, "The Uyghurs as a Part of Central Asian Commonality: Soviet Historiography on the Uyghurs," *Situating the Uyghurs Between China and Central Asia*, Ashgate, 2007.

Nabijan Tursun, "The Formation of Uyghur Nationalism and Uyghur Identity", *Uyghur Reader*, Hyattsville, MD: Dunwoody Press, 2007.

Nabijan Tursun, "The Formation of Modern Uyghur Historiography and Competing Perspectives toward Uyghur History", *China and Eurasia Forum Quarterly*, Volume 6, No.3, 2008.

潘志平 等,『"東突"的歷史與現狀』, 民族出版社, 2008.

厲聲,『中國新疆-"東突厥斯坦"分裂主義的由來厲發展』, 新疆人民出版社, 2009.

柳岳武,『傳統與變遷-康雍乾之淸廷與藩部屬國關係硏究-』, 四川出版集團巴蜀書社, 2009.

王曆雄,『私の西域,君のトルキスタン』, 中國書店, 2011.

鄭汕,『中國邊疆學概論』, 云南出版集團公司 云南人民出版社, 2012.

제임스 밀워드,『신장의 역사—유라시아의 교차로』, 사계절, 2013.

6. 타이완 통독 논쟁

連橫,『臺灣通史』上·下, 臺北, 臺灣通史社, 1920; 北京, 商務印書館, 1996.

T. F. Tsiang, "Sino-Japanese Deplomatic Relations, 1870-1894," *The Chinese Social and Political Science Review*, vol. X VII(1933).

莊嘉農,『憤怒的臺灣』, 香港, 智源書局, 1949.

卿汝楫,『美國侵略臺灣史』, 北京, 中國青年出版社, 1955.

黃靜,「日下臺灣之殖民地法制與殖民統治」,『臺灣文獻』10-1, 1959.

史明,『臺灣人四百年史』, 1962(日文版), 1980(中文版).

曹永和,「早期臺灣的開發與經營」,『臺北文獻』3, 1963.

王育德,『臺灣;苦悶的歷史』, 日文版, 1964;『苦悶的臺灣』, 中文版, 東京, 臺灣青年社, 1979.

戴天昭,『臺灣國際政治史硏究』, 東京, 法政大學出版社, 1971.

Hsu Wen-Hsiung, "Chinese Colonization of Tiawan," Univ. of Chicago Ph. D. Dissertation, 1975.

閔斗基, 「臺灣의 方向−曺瑛煥 編『臺灣의 將來』를 紹介하면서」, 『東洋史硏究』 10, 1976.

閔斗基, 「臺灣에서의 전통평가 논쟁과 자유주의 기운의 좌절」, 『中國近代史論』 1, 1976.

楊雲萍, 「鄭成功的歷史地位」, 『臺灣史硏討會紀錄』, 臺北, 臺灣大學歷史系, 1978.

呂秀蓮, 『臺灣的過去與未來』, 臺北, 拓荒者出版社, 1979.

林志雄, 『顯微鏡下的「臺灣」』, 臺北, 世界日報社, 1979.

南方朔, 『帝國主義與臺灣獨立運動』, 臺北, 四季出版公司, 1980.

戴國煇, 『臺灣與臺灣人』, 東京, 硏文堂, 1980.

時事週報社 編, 『明辨大是大非-剖視「臺獨」』, 臺北, 時事週報社, 1980.

楊樹藩, 「從法統上斥'臺獨'之荒謬」, 『臺獨臉譜;'臺獨'是禍國邪說』, 臺北, 嵩山出版社, 1980.

葉青, 『臺獨理論批判』, 臺北, 帕米爾書店, 1980.

汪大淵, 『島夷誌略校釋』, 北京, 中華書局, 1981.

陳碧笙, 『臺灣地方史』, 中國社會科學出版社, 1982.

江日昇, 『臺灣外紀』, 福州, 福建人民出版社, 1983.

孔立, 「康熙二十二年:臺灣的歷史地位」, 『臺灣硏究集刊』(厦門大學臺灣史硏究所), 1983-2; 『清代臺灣史硏究』, 厦門大學出版社, 1986.

陳綏民, 『迷惘-臺獨往何處去?』, 臺北, 天人出版, 1983.

洪哲勝, 「臺灣發展史巡禮」, 『臺灣與世界』, 1·2, 1983.

莊爲璣·王連茂, 『閩台關係族譜資料選編』, 福建人民出版社, 1984.

陳其南, 「土着化與內地化: 論清代臺灣漢人社會的發展模式」, 中央硏究院, 『中國海洋發展史論文集』, 1984.

陳昭南, 『中國海洋發展史論文集』「引言」, 中央硏究院 三民所, 1984.

胡不歸, 「讀『臺灣語言問題論集』有感」, 『臺灣與世界』 3, 1984.

王曜波, 『走出臺灣歷史的陰影』, 臺北, 帕米爾書店, 1986.

陳孔立, 「試論臺灣歷史的特殊性」, 『臺灣硏究集刊』, 1986-2.

許雪姬, 「近年來大陸對臺灣史的硏究-介紹與評估-」(下), 『臺灣風物』 36-2, 1986.

劍南, 「官方說法的迷思-從部定歷史教科書談臺灣史意識」, 『南方』 5, 1987.

謝長廷, 「新的臺灣意識和新的臺灣文化」, 楊青矗 編, 『臺灣命運中國結』, 高雄, 敦理出版社,

1987.

施聯朱 許良國,『臺灣民族歷史與文化』, 中央民族學院出版社, 1987.

若林正夫, 「臺灣抗日民族運動中的'中國座標'與'臺灣座標', 『近代臺灣的社會發展與民族意識』, 香港大學校外課程部, 1987.

楊青矗 編,『臺灣命運中國結』, 臺北, 敦理出版社, 1987.

楊青矗, 「臺灣命運中國結-爲臺灣意識與中國情結尋共識」, 楊青矗 編,『臺灣命運中國結』, 高雄, 敦理出版社, 1987.

尹章義, 「臺灣意識之史的發展」, 楊青矗 編,『臺灣命運中國結』, 高雄, 敦理出版社, 1987.

座談會, 「檢驗臺灣意識與中國意識」,『臺灣文藝』108, 1987.

中國論壇社, 「'中國結'與'臺灣結'硏討會論文專輯」,『中國論壇』25-1, 1987.

彭明敏,『自由的滋味』, 臺北, 臺灣文藝出版社, 1987.

黃國光, 「臺灣結與中國結的社會心理分析」, 楊青矗 編,『臺灣命運中國結』, 高雄, 敦理出版社, 1987.

黃光國, 「'臺灣結'與'中國結';對抗與出路」,『中國論壇』25-1, 1987.

史明,『臺灣獨立的理論與實際』, 臺北, 南冠出版社, 1988.

宋澤萊,『臺灣人的自我追尋』, 臺北, 前衛出版社, 1988.

施敏輝,『臺灣意識論戰選集-臺灣結與中國結的總決算』, 臺北, 前衛出版社, 1988.

楊亮功, 「二二八事變奉命查辦之經過」,『楊亮功先生年譜』, 臺北, 聯經出版公司, 1988.

王曉波,『臺灣史與臺灣人』, 臺北, 東大圖書, 1988.

林濁水, 「『夏潮論壇』反'臺灣人意識論」,『臺灣意識論戰選集』, 臺北, 前衛出版社, 1988.

彭懷恩,『臺灣政治變遷四十年』, 臺北, 臺北紫笠晚報, 1988.

戴國煇,『臺灣總體相』, 臺北, 遠流出版社, 1989.

劉添財(阿修伯),『新臺獨眞相』, 臺北, 阿爾泰出版社, 1989.

鄭欽仁,『生死存亡年代的臺灣」, 臺北, 稻鄕出版社, 1989.

陳芳明,『在時代分合的路口-統獨論爭與海峽關係』, 臺北, 前衛出版社, 1989.

施敏輝,『臺灣意識論戰選集』, 臺北, 前衛出版社, 1990.

李篠峯, 金喆洙·尹和中 共譯,『臺灣民主運動40年』, 성균관대학교출판부, 1990.

莊嘉農,『憤怒的臺灣』, 臺北, 前衛出版社, 1990.

張旭成,『臺灣, 中國與世界』, 臺北, 前衛出版社, 1990.

鄭興,「1981-1985年海外臺獨理論述評」,『當代臺灣政治研究』, 厦門大學出版社, 1990.
鄭興,「析評'中國意識'與'臺灣意識'籍糾葛」,『當代臺灣政治研究』, 厦門大學出版社, 1990.
曹永和,「臺灣史研究的另一個途徑-"臺灣島史"概念」,『中研院臺灣史田野研究通訊』, 15期, 1990.
陳孔立,「清代臺灣社會發展的模式問題-評'土着化'和'內地和'的爭論」,『臺灣研究十年』, 厦門大學出版社, 1990.
陳碧笙,『臺灣地方史』, 中國社會科學出版社, 1990.
鄧孔昭 編,『二二八事件資料集』, 臺北, 稻鄉出版社, 1991.
李學明,『海峽兩岸交流史稿』, 四川人民出版社, 1991.
林仁川,『大陸與臺灣的歷史淵源』, 上海, 文匯出版社, 1991.
장팅푸(蔣廷黻) 지음, 김기주·김원수 옮김,『清日韓外交關係史』, 민족문화사, 1991.
丁果,「臺灣"二二八"事件的起因」,『上海師範大學學報』, 1991-3.
陳芳明,「朝向臺灣史觀的建立」,『美洲時報週刊』, 316-7, 1991.
蔡百銓 譯,『臺灣就是臺灣(Let Taiwan Be Taiwan)』, 臺北, 前衛出版社, 1991.
胡友鳴·馬欣來,『臺灣文化』, 遼寧省教育出版社, 1991.
史明,『臺灣不是中國的一部分』, 臺北, 前衛出版社, 1992.
史明,『民族形成與臺灣民族』, 東京, 研文社, 1992.
翁佳音 等,『臺灣通史類著作解題與分析』, 業强出版社, 1992.
林其泉,『閩台六親』, 厦門大學出版社, 1992.
張德水,『激動, 臺灣的歷史』, 臺北, 前衛出版社, 1992.
張崇根,『臺灣歷史與高山族文化』, 青海人民出版社, 1992.
載國輝, 魏廷朝 譯,『臺灣總體相』, 臺北, 遠流出版公司, 1992.
陳芳明,『探索臺灣史觀』, 臺北, 自立晚報文化出版社, 1992.
陳映眞,「祖國..追求.喪失與再發見-戰後臺灣資本主義各段階的民族主義」,『海峽評論』21, 1992.
黃國昌,『中國意識與臺灣意識』, 臺北, 五南圖書出版公司, 1992.
葛永光,『文化多元主義與國家整合-兼論中國認同的形成與挑戰』, 臺北, 正中書局, 1993.
籃博洲,『白色恐怖』, 揚智出版社, 1993.
민두기,「書評; 行政院研究「二二八事件」小組 著『二二八事件研究報告(增補版)』,『中國現代史研究會會報』1, 1993.

石計生等,『意識形態與臺灣教科書』, 臺北, 前衛出版社, 1993.

石田浩,『公同幻想としての'中華'』, 田畑書店, 1993.

石之瑜,『當代臺灣的中國意識』, 臺北, 正中書局, 1993.

吳乃德,「省籍意識政治支持和國家認同-臺灣族群政治理論的初探」, 張茂桂 主編,『族群關係與國家認同』, 業强出版社, 1993.

吳密察,「臺灣人的夢與二二八事件; 臺灣的脫植民地化」,『當代』87, 1993.

王明珂,「集體歷史記憶與族群認同」,『當代』91, 1993.

林勁,『臺獨研究論集』, 臺北, 海峽學術出版社, 1993.

任海,「"中華民族主義"的話語與其對立話語」,『當代』96, 1993.

張茂桂 等,『族群關係與國家認同』, 臺北, 業强出版社, 1993.

陳隆志,『臺灣的獨立與建國』, 臺北, 月旦出版社, 1993.

黃昭堂,『臺灣民主國之研究』, 臺北, 現代學術研究基金會, 1993.

黃昭堂·林正青,『대만이 뛰고 있다』, 하늘, 1993.

史明,『臺灣人四百年史』漢文版, 臺北, 鴻儒堂出版社, 1994.

施正鋒,『臺灣民族主義』, 臺北, 前衛出版社, 1994.

吳密察,「臺灣史的成立及其課題」,『當代』100, 1994.

李篠峯,『臺灣歷史閱覽』,『自立晚報』,文化出版部, 1994.

林滿紅,『四百年來的兩岸分合』, 臺北, 自立晚報文化出版部, 1994.

林勁,「從『臺灣人四百年史』析史明的'臺灣民族論」,『史明臺灣史論的虛構』, 臺灣 人間出版社, 1994.

趙建民,「認同危機與兩岸交流」, 臺灣,『中國大陸研究』, 1994-3.

陳孔立,「臺灣學者對臺灣歷史的研究」,『臺灣研究(歷史)』, 1994-1.

陳國强 田玨,『臺灣少數民族』, 江西教育出版社, 1994.

許南村 編,『史明臺灣史論的虛構』, 臺北, 人間出版社, 1994.

黃嘉樹,『臺灣能獨立嗎-透視臺獨-』, 南海出版公司, 1994.

岡田英弘,「臺灣的歷史認同和清朝的本質」,『馬關條約一百年研討會論文集』, 1995.

江戶雄介,『中國大崩裂』, 臺北, 大展出版社, 1995.

臺灣歷史學會,「'建立臺灣主體性歷史觀'座談會」,『臺灣歷史學會通訊』1, 3-37, 1995.

杜正勝,「中國史在臺灣研究的未來」,『歷史月刊』, 1995-9.

劉國深, 「試論百年來“臺灣認同”的異化問題」, 『臺灣研究集刊』, 1995-3·4.
林勁, 「評李登輝的“臺灣生命共同體”」, 『臺灣研究集刊』, 1995-3·4.
張炎憲, 「臺灣史的問題意識與反省」; 「臺灣歷史意識的反省」, 『臺灣歷史學會通迅』 1·2, 1995·6.
張炎憲, 「威權統治和臺灣人民歷史意識的形成」, 『馬關條約一百年硏討會論文集』, 1995.
陳芳明, 「植民歷史與臺灣文學硏究-讀陳昭瑛‘論臺灣的本土化運動」, 『中外文學』 23-12, 1995.
陳弱水, 「傳統中國史硏究與臺灣史的未來」, 『當代』 111, 1995-7.
陳昭瑛, 「論臺灣的本土化運動;一個文化史的考察」, 『海峽評論』 51, 1995-3.
陳映眞, 「臺獨批判的若干理論問題-對陳昭瑛‘論臺灣的本土化運動’之回應」, 『海峽評論』 52, 1995-4.
彭明敏·黃昭堂, 『臺灣在國際法上的地位』, 臺北, 玉山出版社, 1995.
許信良, 『新興民族』, 臺北, 臺北遠流出版社, 1995.
黃玉蘭·趙萬均, 『寶島春秋-中國臺灣史錄-』, 北京社會科學文獻出版社, 1995.
馬仲可, 「중국대륙과 대만: 中華文化의 認同危機(Identity Crisis)」, 『아시아문화』 12, 1996.
王明珂, 「臺灣與中國的歷史記憶與失憶」, 『歷史月刊』, 1996-10.
張炎憲, 「臺灣史硏究的新精神」, 『臺灣史論文精選』上, 1996.
周婉窈, 「曖昧的臺灣人-日本殖民痛治與近代民族國家之認同」, 硏討會, 『何謂臺灣-近代臺灣美術與文化認同』, 1996.
朱衛東, 「“臺獨”理論綱要剖析」, 『海南大學學報』(社會科學), 14-3, 1996.
陳孔立, 「臺灣歷史與兩岸關係」, 『歷史』, 1996年 10月號.
陳孔立 主編, 『臺灣歷史綱要』, 九州圖書出版社, 1996.
陳儀深, 「論臺灣二二八事件的原因」, 『臺灣史論文精選』, 臺北, 玉山社, 1996.
夏潮基金會 主編, 『中國意識與臺灣意識』, 臺北, 海峽學術出版社, 1996.
杜正勝, 「一個新史觀的誕生」, 『當代』 120, 1997.
呂春盛, 「關於中國大陸學界‘歷史上的中國’概念之討論」, 『臺灣歷史學會通迅』 4, 1997.
吳密察, 「‘歷史’的出現」, 『臺灣史硏究一百年;回顧與硏究』, 中央硏究院, 1997.
王仲孚 王曉波 主編, 『 認識臺灣』教科書參考資料』, 臺北, 臺灣史硏究會, 1997.
林仁川 黃福才, 『閩台文化交融史』, 福建教育出版社, 1997.
周婉窈, 『臺灣歷史圖說』, 臺北, 聯經出版事業公司, 1997.
陳孔立, 『臺灣歷史綱要』, 北京, 九洲圖書出版社, 1997.

陳木衫,『海峽兩岸編寫「臺灣史」的反思與整合』, 臺北, 學生書局, 1997.
陳昭瑛, 「幷不是臺灣人特別可憐」,『海峽評論』79, 1997.
Christopher Hughes, *Taiwan and Chinese Nationalism: National Identity and Status in International Society*; London, Routledge, 1997.
彭維學, 「『認識臺灣』教科書評析」,『臺灣研究』, 1997-4.
行政院研究二二八事件小組,『二二八事件研究報告』, 臺北, 時報文學出版公司, 1997.
黃富三 主編,『臺灣史研究一百年;回顧與研究』, 臺北, 中央研究院臺灣史研究所, 1997.
郭譽孚,『主惕的主體的臺灣史』, 臺北, 汗漫書屋, 1998.
杜正勝,『臺灣心, 臺灣魂』, 高雄, 河畔出版社, 1998.
杜正勝, 「歷史教育與國家認同-臺灣歷史教科書風波的分析」,『臺灣心, 臺灣魂』, 高雄, 河畔出版社, 1998.
蘇格,『美國對華政策與臺灣問題』, 北京, 世界知識出版社, 1998.
余克禮 主編,『海峽兩岸關係概述』, 武漢, 武漢出版社, 1998.
王功安 等,『海峽兩岸關係概論』, 無漢出版社, 1998.
王甫昌, 「光復後臺灣族群意識形成」,『歷史月刊』, 1998-12.
柳鏞泰, 「중국인의 '南朝鮮 漢城'」,『동아시아역사연구』4, 1998.
李莜峰,『解讀2·28』, 玉山社, 1998.
張亞中,『兩岸主權論』, 臺北, 生智出版社, 1998.
陳佳宏,『海外臺獨運動史』, 臺北, 臺灣前衛出版社, 1998.
陳孔立,『簡明臺灣史』, 1998.
黃昭堂,『臺灣那想那利斯文』, 臺北, 前衛出版社, 1998.
郭志珊, 「李登輝的"新臺灣人主義"評釋」,『臺灣研究』, 1999-2.
盧建榮,『分裂的國家認同』, 臺北, 麥田出版公司, 1999.
司平平, 「從國際法看兩岸關係」,『法學』, 1999-9.
蕭新煌,『新臺灣人的心-國家認同的新象』, 臺北, 日月文化出判, 1999.
施正鋒, 「臺灣意識的探索」, 夏潮基金會 編,『中國意識與臺灣意識-1999年澳門學術討論會論文集』, 臺北, 海峽學術出版社, 1999.
姚禮明, 「1949年以前的臺灣海峽兩岸關係研究」,『北京大學學報』(哲學社會科學), 1999-3.
劉文宗, 「從國際法論主權不可分割及臺灣的法律地位」,『臺灣研究』, 1999-3.

李登輝,『臺灣的主張』, 臺北, 遠流出版社, 1999.

才家端,『中國意識與臺灣意識』, 臺北, 海峽出版社, 1999.

才家瑞,「對臺灣意識與中國意識的幾点思考」,『臺灣硏究(政治)』, 1999-2.

趙玉福,「臺灣意識的複雜性及與中國意識之關係」, 夏潮基金會 編,『中國意識與臺灣意識-1999年澳門學術討論會論文集』, 臺北, 海峽學術出版社, 1999.

陳孔立,「'認識臺灣'(歷史篇)評議」, 傅英,「還歷史以本來面目-讀陳著"臺灣歷史與兩岸關係"」,『臺灣硏究集刊』, 1999-4.

陳孔立,『臺灣歷史與兩岸關係』, 北京, 臺海出版社, 1999.

包宗和 吳玉山 編,『爭辯中的兩岸關係理論』, 臺灣, 五南圖書出版有限公司, 1999.

馮建三,「臺灣意識的危機」,『當代』, 1999-7.

夏潮基金會 編,『中國意識與臺灣意識-1999年澳門學術討論會論文集』, 臺北, 海峽學術出版社, 1999.

黃俊傑,「論臺灣意識的發展及其特質」, 夏潮基金會 編,『中國意識與臺灣意識-1999年澳門學術討論會論文集』, 臺北, 海峽學術出版社, 1999.

高民政,『臺灣政治縱覽』, 北京, 華文出版社, 2000.

盧建榮,『分裂的國家認同』, 麥田出版社, 2000.

陶迎,「從國際法看一個中國的原則-兼批"臺獨"謬論」,『理論月刊』, 2000-7.

杜繼東,「1949年以來大陸地區的臺灣近代史硏究綜述」,『近代史硏究』, 2000-5.

鄧孔昭,「子虛烏有的'延平王國';論臺灣國民中學教科書『認識臺灣』(歷史篇)對鄭氏政權的杜撰」,『鄭成功與明鄭臺灣史硏究』, 北京, 臺海出版社, 2000.

孫準植,「清朝의 臺灣 認識과 政策」,『근대중국연구』1, 2000.

施正鋒,『臺灣人的民族認同』, 臺北, 前衛出版社, 2000.

楊新一,『臺灣的主權-過去 現在 未來』, 臺北, 胡氏圖書出版社, 2000.

王育德,『臺灣-苦悶的歷史』, 臺北, 前衛出版社, 2000.

張炎憲 等,『臺灣共和國』, 臺北, 吳三連基金會, 2000.

田珏,『臺灣史綱要』, 福建人民出版社, 2000.

朱建業,「論一個中國的法理基礎」,『法學雜誌』, 2000-3.

程曉鵬,「"二二八"事變與省籍情結」,『黃岡師範學院學報』20-5, 2000.

陳木衫,『大陸學界編寫臺灣歷史的理論與實際』, 臺北, 鼎文, 2000.

河世鳳, 「臺灣의 正體性과 歷史 찾기」, 『歷史批評』 53, 2000.
하세봉, 「대만역사의 망각과 기억-중학교 교과서 '認識臺灣'의 인식」, 『부산사학』 38, 2000.
黃俊傑, 『臺灣意識與臺灣文化』, 臺北, 正中書局, 2000.
김영신, 『대만의 역사』, 지영사, 2001.
盧義輝, 『臺灣意識的多面向-百年兩岸的民族主義』, 臺北, 黎明出版社, 2001.
童伊, 「文化臺獨把'語言'當'稻草', 荒蔘!」, 臺灣人間出版社, 『思想與創作叢刊』, 2001秋.
宋光宇 等, 『臺灣史地』 1·2, 臺北, 東大圖書公司, 2001.
宋承錫, 「'臺灣文學'의 中國結과 臺灣結-'臺灣文學本土論'과 '中國文學論'의 對話」, 『中國語文學論集』 18, 2001.
심혜영, 「대만정체성 논의에 관하여」, 『중국학보』 44, 2001.
吳幼雄 主編, 『施琅研究』, 北京, 中國社會科學出版社, 2001.
翁佳音, 『異論臺灣史』, 臺北, 稻鄕出版社, 2001.
王鵬·李毅, 「論臺灣的法律地位兼駁"臺獨"理論」, 『河北法學』, 2001-3.
王甫昌, 「民族想像,族群意識與歷史-『認識臺灣』教科書爭議風波的內容與脈絡」, 中央研究院臺灣史研究所 『臺灣史研究』 8-2, 2001.
王龍·黃小波, 「"臺獨"問題的由來」, 『中學歷史教學研究』, 2001-5.
王仲孚 編, 『爲歷史留下見證』, 海峽學術出版社, 2001.
姚同發, 「關于'文化臺獨'的幾個問題」, 『臺灣研究』, 中國社會科學院臺灣研究所, 2001-3.
于永成, 「從國際法上認識臺灣屬于中國」, 『遼寧師範大學學報』, 2001-1.
張亞中, 『兩岸統合論』, 臺北, 生智出版社, 2001.
全國臺灣研究會編, 「'建立主權獨立自主的臺灣共和國'基本綱領」, 『民進黨大陸政策演變』, 2001.
酒井亨, 『臺灣新論』, 臺北, 玉山社, 2001.
陳孔立, 「臺灣'去中國化'的文化動向」, 厦門大學臺灣研究所, 『臺灣研究集刊』, 2001-3.
陳在正, 『台灣海疆史研究』, 厦門大學出版社, 2001.
陳淸敏·黃昭仁·施志輝, 『認識臺灣』, 臺北, 黎明文化事業有限公司, 2001.
崔之淸, 『臺灣是中國領土不可分割的一部分-歷史與現實的實錄』, 人民出版社, 2001.
하세봉, 「'우리'는 누구인가—대만의 역사 찾기」, 『동아시아 역사학의 생산과 유통』, 아세아문화사, 2001.
簡後聰,『臺灣史』, 臺北. 五南圖書出版社, 2002.
郭洪紀,『臺灣意識與中國情節』, 臺北, 慧明出版社, 2002.
盧曉衡,『中國對外關係中的臺灣問題』, 北京, 經濟管理出版社, 2002.
Stephane Corcuff ed., *Memories of the Future: National Identity Issues and the Search for a New Taiwan*, NY, M.E. Sharp Inc., 2002.
Stephane Corcuff, "Conclusion: History, the Memories of the Future," Stephane Corcuff ed., *Memories of the Future: National Identity Issues and the Search for a New Taiwan*, NY, M.E. Sharp Inc., 2002.
Stockton, Hans, "National Identity on Taiwan: Causes and Consequences for Political Reunification," *American Journal of Chinese Studies* 9(2), 2002.
신주백, 「동아시아 근현대사에 나타나는 전쟁과 평화에 대한 기억의 차이, 그리고 역사교육」, 『화해와 반성을 위한 동아시아 역사인식』, 역사비평사, 2002.
楊景堯, 「兩岸國初中歷史教科書比較研究」, 『歷史月刊』, 2002-10.
王曉波,『交鋒-統獨論戰三十年』, 臺北, 海峽學術出版社, 2002.
劉登翰, 「論閩臺文化的地域特徵」, 『東南學術』, 2002-6.
劉登翰,『中華文化與閩臺社會-閩臺文化關係論綱-』, 福建人民出版社, 2002.
莊萬壽,『"臺灣獨立"的理論與歷史』, 前衛出版社, 2002.
全國臺灣研究會 編,『臺灣問題實錄(上)』, 北京, 九州出版社, 2002.
錢奠香 李如龍, 「論閩臺兩省方言和文化的共同特點」, 『語言文字應用』 2, 2002.
周平德,『大中國分裂論』, 臺北, 周平德, 2002.
陳癸淼,『論臺灣』, 臺北, 海峽學術出版社, 2002.
黃秀政,『臺灣史』, 臺北, 五南圖書出版, 2002.
黃麗卿, 「論臺灣主體性與去中國化-個文化哲學的反思」, 『東亞人文學』 2, 2002.
杜正勝,『臺灣的誕生』, 臺北, 時藝多媒體, 2003.
潘叔明,『"一國兩制"與臺灣問題』, 北京, 人民出版社, 2003.
范燕秋, 「近十年國內『臺灣史』通論著作研究回顧」, 『臺灣史料研究』 21, 2003.
楊景堯, 「兩岸國初中歷史教科書有關'臺灣'記載之比較」, 『歷史月刊』, 2003-5.
劉瀟湘 曾健敏, 「論臺灣本土化性質的轉化」, 『中央社會主義學院學報』 125, 2003.

張煒方,『中國海疆通史』, 北京, 中州古籍出版社, 2003.
전인영, 「최근 중국 중학교 역사교과서의 한국사 서술과 인식-근대사 부분을 중심으로」, 『한국사론』 38, 2003.
周婉窈, 손준식 신미정 역, 『대만-아름다운 섬 슬픈 역사』, 서울, 신구문화사, 2003.
陳孔立, 「臺灣歷史的集體記憶與民衆的複雜心態」, 『臺灣研究集刊』, 2003-3.
陳義彦, 陳陸輝, 「模稜兩可的態度還是不確定的未來;臺灣民衆統獨觀的解析」, 『中國大陸研究』(臺北) 46-5, 2003.
何義麟, 『二二八事件』, 東京, 東京大學出版會, 2003.
許志嘉, 「타이완 '2.28사건'의 역사적 진실과 복권(平反)」, 『기억과 전망』 4, 2003.
黃德宗, 「高中歷史教學的回顧與檢討」, 臺灣歷史學會 編 『歷史意識與歷史教科書論文集』, 2003.
黃頌顯, 『臺灣與日本關係史新論』, 臺北, 海峽學術, 2003.
江日昇, 『臺灣外誌』, 齊魯書社, 2004.
藍適齊, 「超越民族想像-中國的臺灣論述與民族論述」, 若林正夫·吳密察 主編, 『跨界的臺灣史研究-與東亞史的交錯』, 臺北, 播種者文化有限公司, 2004.
陶文釗, 『美國對華政策文件集(第二卷上)』, 北京, 世界知識出版社, 2004.
杜契東, 「臺灣"二二八"事件研究綜述」, 『近代史研究』, 2004-2.
杜正勝, 『新史學之路』, 三民, 2004.
輔仁大學歷史學科教授, 「高句麗史論爭中的臺灣觀點」, 『中國時報』, 2004. 7. 15.
徐博東, 「論臺灣文化的特點和漢文化在島內傳播發展的歷史分期」, 『北京聯合大學學報』 4, 2004.
習賢德, 『統獨啓示錄-飛彈危機下的臺海和戰決擇』(1996-2006), 臺北, 亞太出版社, 2004.
劉錚雲 主編, 『披荊斬棘-十七世紀後的臺灣』, 臺北, 故宮博物院, 2004.
李永熾 等編撰, 『臺灣主體性的建構』, 臺北, 群策會李登輝學校, 2004.
張春英 主編, 『海峽兩岸關係史』(全四卷), 福建人民出版社, 2004.
陳孔立, 『臺灣學導論』, 臺北, 博揚文化事業公司, 2004.
陳宏, 『解讀臺灣問題』, 北京, 新世界出版社, 2004.
陳儀深, 「從邊疆史到臺灣史;世變下郭廷以史學的一個側面」, 『史學,時代, 世變;郭廷以與中國近代史研究學術研討會』, 2004.

하세봉, 「대만의 식민지 경험과 정체성」, 『비교문화연구』 16, 2004.
김원곤, 「臺灣社會의 臺灣意識 擴散과 그 影響」, 『중국연구』 36, 2005.
김원곤, 「臺灣 民衆 統獨意識의 變化와 그 影響」, 『中國學硏究』 31, 2005.
니타니 사다오, 「중국: 생생하고도 사실적인 기술」, 『세계의 역사교과서』, 작가정신, 2005.
戴天昭, 『臺灣法的地位の史的硏究』, 行人社, 2005.
박강배, 「타이완 사람들의 기억과 기념-대만 2.28기념관-」, 『민주주의와 인권』 5-2, 2005.
徐靜玉, 「近年來中國大陸關于國際法中的臺灣問題硏究綜述」, 『嶺南學刊』, 2005-5.
薛元化 戴寶村 周美里, 『臺灣, 不是中國的-臺灣國民的歷史』, 臺北, 財團法人群策會, 2005.
손준식, 「'同化'와 '開化'의 傷痕—식민지 臺灣의 언어정책과 그 상흔」, 『중국근현대사연구』 26, 2005.
閻學通 漆海霞, 『國際形勢與臺灣問題豫測』, 北京大學出版社, 2005.
廖明容, 「"臺獨"的由來」, 『四川統一戰線』, 2005-12.
劉國深 總主編, 『臺灣硏究25年精粹』, 北京, 九州出版社, 2005.
李祖基 主編, 『臺灣硏究25年精髓』(歷史篇), 九州出版社, 2005.
張少寧 黎良華, 「論"臺獨"所依賴的心理基礎與文化基礎-"臺灣意識"與"文化臺獨"透視」, 『廣西社會主義學院學報』 17-3, 2005.
張炎憲 等, 『自覺與認同』(1950-1990年 海外臺灣人運動專輯), 臺灣史料中心, 2005.
조세현, 「대만 학계의 중국 변강 연구 동향과 추이—'邊疆'에서 '民族'으로」, 『중국의 변강정책과 민족문제 연구 동향 분석』, 고구려연구재단, 2005.
陳佳宏, 「戰後臺灣獨立運動之發展與演變(1945-2000)」, 臺灣師範大學歷史學系博士論文, 2005.
陳小冲, 『日本植民統治臺灣五十年史』, 北京, 社會科學文獻出版社, 2005.
許維德, 「在流離中改變國家認同;以認同形成取向來分析美國臺灣運動參與者的傳記」; Wei-der Shu, "Transforming National Identity in the Disaspora; An Identity Formation Approach to Biographies of Activists Affiliated with the Taiwan Independence Movement in the United States," Ph.D. Dissertation, Syracuse University, 2005.
黃居正, 「臺灣主張了什麽?」, 『臺灣國際法季刊』 2:4, 2005.
리쫑찬, 쇼지 하루코, 「제4장 대만」, 『동아시아 역사교과서는 어떻게 쓰여 있을까?』, 에디터, 2006.

신승하, 『당대 중국; 중화인민공화국과 대만』, 대명출판사, 2006.
吳圭烈, 「劉國深 總主編, 『臺灣研究25年精粹』(北京, 九州出版社, 2005)」, 『중소연구』 29-4, 2006.
汪毅夫, 『閩台緣與閩南風』, 福建教育出版社, 2006.
劉芳彬, 「探析臺灣意識」, 『中央社會主義學院學報』, 140, 2006.
李祖基, 『臺灣歷史研究』, 北京, 台海出版社, 2005.
李硯琴, 「從臺灣文化源頭看兩岸統一的文化基礎」, 『信陽師範學院學報』 26-5, 2006.
張炎憲 等, 『二二八事件責任歸屬研究報告』, 臺北, 財團法人二二八事件紀念基金會, 2006.
조 사토시, 고 겐슈쿠, 황 샤오춘, 「중국」, 『동아시아 역사교과서는 어떻게 쓰여 있을까?』, 에디터, 2006.
조세현, 「대만에서의 역사 다시 쓰기: 대만사, 중국-대만 관계사, 변강사를 중심으로」, 『북방사논총』 10, 2006
조윤주, 「대만의 민주화 과정에 따른 중학교 역사교육의 변화: 『인식대만(역사편)』의 내용을 중심으로」, 숙대석서학위논문, 2006.
『中國近代現代史』(上冊, 全日制普通高級中學教科書, 必修), 北京, 人民教育出版社, 2006.
陳佳宏, 『臺灣獨立運動史』, 玉山社, 2006.
陳孔立, 「二二八事件中的本省人與外省人」, 『臺灣研究集刊』, 2006-3.
何義麟 編輯, 『認識二二八』, 臺北二二八紀念館, 2006.
許介鱗, 『日本殖民統治讚美論總批判』, 臺北, 文英堂, 2006.
邢愛芬, 「"法理臺獨"論析」, 『北京教育學院學報』 20-1, 2006.
胡文生, 「臺灣民衆"國家認同"問題的由來歷史及現實」, 『北京聯合大學學報』 12, 2006.
國立臺灣博物館 主編, 『四百年來相關臺灣地圖』, 臺北, 國立臺灣博物館, 2007.
金貞和, 「'2.28 臺灣 民衆抗爭'과 연구현황」, 『인문학지』 35, 2007.
金翰奎, 「臺灣의 歷史共同體的 正體性」, 『西江大人文論叢』 21, 2007.
배성준, 「중일 역사교과서의 근대영토 문제서술」, 『중국 역사 교과서의 민족, 국가, 영토문제』, 동북아역사재단, 2007.
文興鎬, 『臺灣問題와 兩岸關係』, 서울, 폴리테이아, 2007.
백수경, 「한국과 대만의 중학교 역사교과서 비교 연구」, 『역사교육』 11, 2007.
普通高級中學 『歷史』(第二册), 臺南, 翰林出版事業公司, 2007.

孫雲,『臺獨理論與思潮』, 北京, 九州出版社, 2007.

王建民,「關于“臺灣意識”與“臺灣主體意識”問題的討論」, 全國臺灣研究會 周志懷 主編,『臺灣研究優秀成果獲奬論文匯編(2008卷)』, 北京, 九州出版社, 2007.

이상원,「대만민족은 존재하는가?-민족적 정체성, 정당일체감 그리고 통독문제의 상관관계 중심으로」, 한국민족연구원,『민족연구』29, 2007.

이희옥,「정명운동, 타이완의 탈중국화」,『플랫폼』5, 2007-9·10.

장룽지,「장개석 기념당 명칭개정조치를 통해 조명해 본 현 대만사회의 역사논쟁과 정치적 정체성 및 민주사회(當代臺灣的歷史論爭認同政治與公民社會)」,『동아시아 브리프』7, 2007.

褚靜濤,「正確認識“二二八事件”」,『兩岸關係』, 2007-2.

全國臺灣研究會 周志懷 主編,『臺灣研究優秀成果獲奬論文匯編(2008卷)』, 北京, 九州出版社, 2007.

彭明敏,「什麽是‘臺獨’?」,『自由時報』, 2007.2.10.

韓文琦,「臺灣“二二八”事件研究述評」,『南京社會科學』, 2007-4.

후지이 다케시(藤井),「동아시아 ‘과거 청산’의 두 가지 과제-타이완의 ‘과거청산’은 무엇을 가렸는가」,『제노사이드연구』1, 2007.

김장구 등,『중국과 타이완, 홍콩 역사교과서 비교』, 동북아역사재단, 2008.

金貞和,「2-28 臺灣 民衆抗爭과 臺灣意識」,『史林』(成均館大) 29, 2008.

金貞和,「‘2.28 臺灣 民衆抗爭’과 대만인의 ‘臺灣意識’」, 수선사학회,『사림』29, 2008.

郭秀鈴,「타이완과 티베트의 중국문제」,『플랫폼』10, 2008-7, 8.

白永瑞,「日本人인가, 中國人인가-20世紀 前半期 中國旅行을 통해본 臺灣人의 正體性」, 임성모 외,『東亞細亞 歷史 속의 旅行』2, 산처럼, 2008.

楊立憲 編著,『‘臺獨’組織與人物』, 北京, 九州出版社, 2008.

姚同發,『臺灣歷史文化淵源』, 北京, 九州出版社, 2008.

王苹,「臺灣民衆國家認同“源”與“流”的歷史文化透視」,『軍事歷史研究』, 2008-1.

袁魯寧,「歷史角度:臺灣問題的地緣性分析」,『今日南國』97, 2008.

李理,「‘去中國化’的臺灣中學歷史教科書編纂」,『海峽評論』213, 2008.

이은자,「중국 근대사 서술에 대한 두 가지 시각-중국 역사교과서와 대만 역사교과서의 비교 분석을 중심으로」,『사총』66, 2008.

林麗月, 「개혁과 변화-타이완 역사교과서 속의 한국사」, 연민수 외 『동아시아 역사교과서의 주변국 인식』, 동북아역사재단, 2008.
張風山, 『'臺獨'的歷史演變』, 北京, 九州出版社, 2008.
조너선 클레멘츠, 허강 역, 『해적왕 정성공』, 삼우반, 2008.
커밍즈, 『식민지 시대 대만은 발전했는가』, 일조각, 2008.
邢福有, 『透析臺獨』, 保定, 臺海出版社, 2008.
金裕利, 「대만사, 중국사, 세계사: 2004-2008년 대만의 고등학교 역사과정 개혁 분석」, 『歷史教育』 109, 2009.
박종우, 「양안 정치실체의 역사와 주권에 대한 인식 차이와 통일정책」, 중국학연구회 『중국학연구』 49, 2009.
孫岩, 『臺灣問題與中美關係』, 北京大學出版社, 2009.
송요후 외, 『타이완 홍콩 대학에서의 역사교육과 한국사에 대한 인식』, 동북아역사재단, 2009.
이명미, 「타이완의 대학 역사교재 분석」, 『타이완, 홍콩 대학에서의 역사교육과 한국사에 대한 인식』, 동북아역사재단, 2009.
李鵬, 『海峽兩岸關係析論-以和平發展爲主題之硏究』, 福州, 鷺江出版社, 2009.
李成武·戚嘉林, 『大陸臺灣六十年』, 海口, 海南出版社, 2009.
曺世鉉, 「中國大陸에서 出刊된 臺灣史 槪說書의 歷史敍述」, 『中國史硏究』 62, 2009.
陳忠純, 「大陸臺灣史硏究的歷史與分析-以『臺灣硏究集刊』歷史類論文(1983-2007)爲中心-」, 『臺灣硏究集刊』, 2009-2.
何海兵 主編, 『臺灣六十年』, 上海, 上海人民出版社, 2009.
박종우, 「대만독립의 주요 이론과 중국의 입장」, 『중국연구』 48, 2010.
孫準植, 「日帝下 '臺灣意識'의 形成背景과 그 性格」, 『中央史論』 31, 2010.
宋繼和·王春剛, 「略論臺灣的歷史歸屬問題」, 『山東教育學院學報』, 2010-1.
李祖基, 『臺灣硏究新跨越.歷史硏究』, 北京, 九州出版社, 2010.
洪彩眞, 「同源一脈-閩臺文化淵源探討」, 『貴州民族硏究』 131, 2010.
鄧孔昭, 『閩粵移民與臺灣社會歷史發展硏究』, 厦門大學出版社, 2011.
陳姃湲, 「處於'東洋史'與'國史'之間;戰後韓國歷史學界中的臺灣史硏究」, 『臺灣史硏究』 18-3, 2011.

Hung Chien-chao, *A New History of Taiwan; Asia's First Republic in the New Millennium, Taipei*, The Central News Agency, 2011.
文明基, 「한국의 대만사 연구, 1945-2012」, 『中國近現代史硏究』 57, 2012.
최원식·백영서, 『대만을 보는 눈–한국-대만, 공생의 길을 찾아서』, 창비, 2012.
國立政治大學圖書館數位典藏組 編, 『左翼 民族』, 臺北, 國立政治大學圖書館, 2013.
李筱峰, 『台灣史101問』, 臺北, 玉山社, 2013.
張方遠, 『高中歷史課綱烽火錄』, 臺北, 海峽學術, 2013.

7. 조어열서/센카쿠제도 쟁의

撰者未詳, 『順風相送』, 1403; 中華書局, 1961.
陳侃, 『使琉球錄』, 1534.
郭汝霖, 『重刻使琉球錄』, 1561.
鄭若曾, 『鄭開陽雜著』, 1561.
鄭舜功, 『日本一鑑』, 1557; 東京, 笠間書院, 1974.
胡宗憲·鄭若曾, 『籌海圖編』 「萬里海防圖」, 1561.
茅元儀, 『武備志』 「福建沿海山沙圖」, 1621.
向象賢, 『中山世鑑』, 1650.
『使琉球錄』, 臺北, 商務印書館; 北京, 中華書局, 1983.
汪楫, 『使琉球雜錄』, 1684.
向象賢, 『琉球國中山世鑒』.
程順則, 『指南廣義』, 1708.
徐葆光, 『中山傳信錄』, 1719.
周煌, 『琉球國志略』 「琉球國全圖』, 1756.
林子平, 『三國通覽圖說』 「琉球三省幷三十六島之圖」, 1785.
日本 內務省 地理局, 『大日本府縣分割圖』 附圖 「琉球三省三十六島之圖」, 1881; 1883 修訂.
黑岩恒, 「尖閣列島探險記事」, 『地學雜誌』 十二集 第十四-一百四十一卷, 1900.

藤田元春,『日本支那交通的研究』「中近世論」, 富山房, 1938.
新野弘, 「東中國海及南中國海淺海部沈積層」(Niino, H., Emery K. O, "Sediment of Shallow Portions of East China Sea and South China Sea", *Geol.Slc of Am.Bull*, V72, 1961.)
梁嘉彬,『琉球及東南諸島與中國』, 東海大學, 1965.
中野好夫 編,『沖繩問題の思索』, 東京, 太平出版社, 1968.
劉江水, 「論釣魚島主權歸屬問題」,『日本學刊』, 1969-6.
大熊良一, 「尖閣列島の歷史地理」, 自由民主黨,『政策日報』177, 1970.
馬廷英, 「釣魚臺列嶼屬我的歷史證據」,『自立晚報』, 1970.8.30.
馬英九, 「從新海洋法論釣魚臺列嶼與東海劃界問題」, 博士論文, 1970.
楊仲撥, 「從史地背景看釣魚臺列嶼」, 臺北,『文藝復興』10月號, 1970.
楊仲撥, 「尖閣群島問題」1-2,『中央日報』, 1970.8.22.-23.
奧原敏雄, 「尖閣列島とその法的地位」1-8,『沖繩タイムス』, 1970.9.2.-9.
奧原敏雄, 「尖閣列島-歷史と政治のあいだ」,『日本及日本人』, 1970年 新春號.
奧原敏雄, 「尖閣列島の地位」,『季刊沖繩』52, 1970.
琉球政府, 「尖閣列島の領土權について」, 1970年 9月 17日 聲明.
王曉波, 「釣魚臺不容斷送」; 「保衛釣魚臺」,『中華雜誌』, 1970.
周士傑, 「釣魚臺列嶼係我國土」,『自立晚報』, 1970.8.29-30.
丘宏達, 「釣魚臺列嶼問題大事記」,『大陸雜誌』40, 1971.
丘宏達, 「從國際法觀點論釣魚臺列嶼問題」,『大學雜誌』60-1, 1971.
丘宏達, 「日本對於釣魚臺列嶼主權問題的論據分析」,『明報月刊』75, 1971.
丘宏達, 「日本對於釣魚臺列嶼主權問題的論據分析」,『政大法學評論』5, 1971.
國民黨中央委員會 編,『釣魚臺列嶼問題資料匯編』, 臺灣海峽學術出版社, 1971; 2011再版.
牧野清, 「尖閣列島小史」,『季刊沖繩』56, 1971.
方豪, 「『日本一鑒』和所記釣魚嶼」,『東方雜誌』5-6, 1971.
奧原敏雄, 「尖閣列島の日本領有權と『明報』論文」,『中國』, 1971年 6月號.
奧原敏雄, 「尖閣列島の領有權問題-臺灣の主張とその批判」,『季刊沖繩』56, 1971.
吳仲賢, 「香港保衛釣魚大運動的實況」,『明報月刊』66, 1971.
吳輯員, 「從『使琉球錄』看釣魚嶼-釣魚嶼等圖書非琉球所屬史證之-」,『東方雜誌』復刊 5-6,

1971.
姚立民,「保衛釣魚大運動的回顧與前議」,『明報月刊』66, 1971.
Toshio Okuhara(奧原敏雄), “The Territorial Sovereignty over the Senkaku Islands and Problems on Surrounding Continental Shelf,” *The Japanese Annual of International Law*, Vol. 15, 1971.
尖閣列島研究會,「尖閣列島と日本の領有權」,『季刊沖縄』56, 1971.
高橋莊五郎,「いわゆる尖閣列島は日本のものか-“歴史は回答する-」,『アジアレビュ-』10, 1972.
丘宏達,「關於『日本對於釣魚對列嶼主權問題的論據分析』一文的補充說明」,『明報月刊』77, 1972.
丘宏達,「釣魚大列嶼問題研究」,『政大法學評論』6, 1972.
大平善梧,「尖閣列島の領有權」,『言論人』, 1972.3.25.
牧野淸,「南島屬領の歴史-京大井上教授の『尖閣列島は中國に屬する』という所論に反論す-」,『季刊沖縄』63, 1972.
尾崎衆義,「尖閣諸島の歸屬について」上中下,『レファレンス』260, 261, 262, 263, 1972; 浦野起央 等 編,『釣魚臺群島(尖閣諸島)問題研究資料匯編』, 香港, 勵志出版社, 2001.
方豪,「『日本一鑒』和所記釣魚嶼」,『學粹』14-2, 1972.
沙見林,「慈禧太后詔諭與釣魚島主權」,『學粹』14-2, 1972.
沙學浚,「釣魚臺屬中國不屬琉球的史地根據」,『學粹』14-2, 1972.
沙學俊,「日本文獻證明釣魚臺屬中華民國」,『中國憲政』7-5, 1972.
山田友二,「尖閣列島問題年史(1872-1972年3月)」,『アジアレビュ-』10, 1972.
盛承楠,「由日本海圖證明釣魚臺是中國領土」,『中華雜誌』10-5, 1972.
楊仲撥,『中國,琉球,釣魚臺』, 香港, 友聯出版社, 1972.
楊仲撥,「釣魚臺は‘盛家’の土地である」,『アジアレビュ-』10, 1972.
楊仲撥,「釣魚臺列嶼主權平議-兼答日本奧原敏雄氏『釣魚臺列島領有權問題』一文」,『祖國』, 1972年12月號.
奧原敏雄,「尖閣列島と歸屬問題」,『アジアレビュ-』10, 1972.
奧原敏雄,「明代および淸代における尖閣列島の法的地位」,『季刊沖縄』, 1972年63號.
王成聖,「盛宣懷與釣魚臺」,『內外雜誌』11-1, 1972.
いわゆる尖閣列島問題研究グル-プ,「いわゆる尖閣列島の領有權問題」,『日本と中國』1972.

1.24.-4.17.

日本現代中國語會話教室 編譯,『釣魚臺事件の眞相』, 香港,『明報月刊』, 1972年10月82期.

入江啓四郎,「日清講和と尖閣列島の地位」,『季刊沖縄』63, 1972.

張嘉言,「我們反對日本侵呑琉球和釣魚臺列嶼」,『國家論壇』5-6, 1972.

井上淸,「釣魚群島(尖閣列島等)の歷史と歸屬問題」,『歷史學硏究』381, 1972.

井上淸,「釣魚群島(尖閣列島)などは中國領である」,『日中文化交流』177, 1972;『人民日報』, 1972.5.4.

井上淸,「釣魚諸島(尖閣列島など)の歷史とその領有權(再論)」,『中國硏究月報』, 1972年6月號.

井上淸,『尖閣列島-釣魚諸島の歷史的解明』, 現代評論社, 1972

井上淸,『釣魚列島的歷史和主權問題』, 香港,『七十年代』雜誌社, 1972.

尖閣列島硏究會,「尖閣列島と日本の領有權」,『季刊沖縄』63, 1972.

平和彦,「中國史籍に現れたる尖閣(釣魚)諸島」上下,『アジア.アフリカ資料通報』, 10-4,6, 1972.

洪安全,「釣魚臺不屬琉球」,『東方雜誌』5-8, 1972.

喜舍場一隆,「尖閣諸島と册封使錄」,『季刊沖縄』1972年 63號.

勝沼智一,「尖閣列島の領土問題の歷史と法理」,『法學志林』71-2, 1973; 浦野起央 等 編,『釣魚臺群島(尖閣諸島)問題硏究資料匯編』, 香港, 勵志出版社, 2001.

楊仲撥,「尖閣群島問題」,『華學月刊』23, 1973.

奧原敏雄,「尖閣列島の領有權と'井上淸'論文」,『日本及日本人』, 1973年 新春號.

井上淸,『關於釣魚島等島嶼的歷史和歸屬問題』, 三聯書店, 1973.

沙學俊,「日本虛構事實向國詐騙釣魚臺」,『東方雜誌』7-10, 1974.

Tao Cheng, "The Sino-Japanese Dispute over the Tiao-yu-ta'i(Senkaku) Islands and the Law of Territorial Acquisition," *Virginia Journal of International Law*, Vol.14 No.1, 1974.

丘宏達,『關於中國領土的國際問題論集』, 臺北, 臺灣商務印書館, 1975.

Victor H. Li, "China and Offshore Oil: The Tiao-yu-t'ai Dispute," *Stanford Journal of International Studies*, Vol.10, 1975.

奧原敏雄,「尖閣列島の領土編入經緯」,『政經學會誌』4, 1975; 浦野起央 等 編,『釣魚臺群島(尖閣諸島)問題硏究資料匯編』, 香港, 勵志出版社, 2001.

太壽堂鼎,「領土問題-北方領土.竹島.尖閣諸島の歸屬」,『ジュリスト』647, 1977.

奧原敏雄,「尖閣列島領有權の根據」,『中央公論』, 1978年 7月號.

奧原敏雄,「尖閣列島-中國及び臺灣の領有權批判」,『AFAシリ-ズ』, 1978-4.

劉公木,「釣魚嶼是我們中國的領土」,『臺灣文獻』29-4, 1978.

周兆銳,「釣魚島等島嶼問題的來朧去脈-釣魚島等島嶼是中國的領土」,『武漢師範學院學報』, 1978-2, 3.

高橋莊五郎,『尖閣列島ノ-ト』, 東京, 青年出版社, 1979.

孫淡寧 主編,『明報月刊所載釣魚臺群島資料』, 香港, 明報出版社, 1979.

楊仲揆,「琉球日本史籍上所見之釣魚臺列嶼」,『文藝復興』1980年 12月號.

緑間榮,『尖閣列島』, 那覇, 沖繩ひるぎ社, 1984年 初版, 1993年 8版; 浦野起央 等 編,『釣魚臺群島(尖閣諸島)問題研究資料匯編』, 香港, 勵志出版社, 2001.

馬英九,『從新海洋法-論釣魚臺列嶼與東海劃界問題』, 臺北, 正中書局, 1986.

于福順·劉耀祖,「釣魚列島歷史資料」,『中國邊疆史地研究報告』1, 1987.

杜繼東,「釣魚島等島的歷史和現狀」, 1988; 呂一燃 主編,『中國海疆歷史與現狀研究』, 黑龍江教育出版社, 1995.

吳天穎,「日本竊取的我的釣魚列嶼的歷史考察」,『抗日戰爭研究』, 1988-2.

Byron N. Tzou, *China and International Law: The Boundary Disputes*, NY: Preager Publisher, 1990.

楊仲揆,『琉球古今談-兼論釣魚臺問題-』, 臺北, 商務印書館, 1990.

楊仲揆,「現代史上釣魚臺列嶼問題」,『近代中國』80, 1990.

丘宏達,『釣魚臺列嶼主權爭執問題及其解決方法的研究』, 臺北, 國立政治大學國際關係研究中心, 1991.

邵玉銘 主編,『風雲的年代-保釣運動及留學生涯之回憶』, 臺北, 聯經出版社, 1991.

丘宏達,「釣魚臺列嶼問題資料彙編」,『中國國際法與國際事務年報』5, 1992.

Robert G. Sutter, *East Asia: Disputed Islands/ Offshore Claims Issues for U.S. Policy*, Washington, D.C.: Congressional Research Service, Library of Congress, July 28, 1992.

張啓雄,「釣魚臺列嶼的主權歸屬問題-日本領有主張的國際法驗證-」,『中央研究院近代史研究所集刊』, 22, 1993.

馬英九,「釣魚臺列嶼主權爭議的回顧與展望」,『交流』30, 1994.

吳天穎,『甲午戰爭前釣魚列嶼歸屬考-兼質日本奧原敏雄諸教授-』, 北京, 社會科學文獻出版社, 1994.
蘇崇民,「關於釣魚島問題的思考」, 北京,『現代日本經濟』, 1995.2.3.
中國福建省琉球列島交涉史研究調査委員會 編,『中國福建省/琉球列島交涉史研究』, 第一書房, 1995.
陳本善,「關於釣魚島歸屬問題的初步意見」,『現代日本經濟』, 1995.2.3.
鄒曉翔,「釣魚島主權與劃界分離論」,『現代日本經濟』, 1995.2.3.
江戶雄介,『尖閣諸島-どうする日本』, 東京, 恒久出版, 1996.
明報出版社編輯部 編,『釣魚臺-中國的領土』, 香港, 明報出版社, 1996.
山崎太喜男,「尖閣諸島は日本領土である」,『自由』, 1996年12月號.
呂一燃,「歷史資料證明;釣魚島列島的主權屬於中國」,『抗日戰爭硏究』, 1996-4.
鈴木祐二,「尖閣諸島領有權問題の發生」,『海外事情』, 1996年12月號.
領土返還國民協議會同人 編,『日本の領土-北方四島,竹島,尖閣列島の諸問題』, 東京, 領土返還國民協議會, 1996.
王乃昂 等,「略論中日釣魚諸島之爭」,『中國邊疆史地硏究』. 1996-4.
王曉波,『尙未完成歷史-保釣二十五年』, 臺北, 海峽學術出版社, 1996.
劉江永,「論釣魚島的主權歸屬問題」,『日本學刊』, 1996-6.
劉文宗,「釣魚島に對する中國の主權に駁論を許さない」,『北京週報』(日本語版) 34, 1996.
劉文宗,「中國對釣魚列島主權具有無可爭辯的歷史和法理依據」,『法制日報』, 1996.11.1.
張植榮,『釣魚島事件眞相』(未公開), 1996.
鐘嚴,「論釣魚島主權歸屬」,『人民日報』, 1996.10.18.
中川昌郎,「尖閣諸島問題の過去と未來-臺灣の動向」,『東亞』353, 1996.
惠忠久,『尖閣諸島-釣魚島』, 尖閣諸島防衛協會, 1996.
馬英九,「釣魚臺列嶼主權爭議」, 任孝琦 編『有愛無悔:保釣風雲與愛盟故事』, 臺北, 風雲時代出版公司, 1997.
德田敎之,「尖閣紛爭の原點を解析する」,『改革者』438, 1997.
牧野淸 仲間均,『尖閣諸島上陸-日本領有の正當性』, 石垣尖閣諸島を衛る會, 1997.
松本健男,「尖閣諸島と竹島の正しい解決-侵略戰爭の歸結としての認識が必要」,『社會評論』23-2, 1997.

松井芳郎, 「領土國際法和尖閣列島爭端」, 『日本國際法年刊』, 40, 1997; 浦野起央 等 編, 『釣魚臺群島(尖閣諸島)問題研究資料匯編』, 香港, 勵志出版社, 2001.

吳輝, 「論中日釣魚島爭端」, 北京大學國際關係學院碩士論文, 1997.

寥彩雲, 「釣魚臺列嶼主權問題之探討」, 『文大日研學報』 2, 1997.

林田富, 「關於釣魚臺列嶼主權之爭議與對前之保釣運動」, 『靜宣人文學報』 9, 1997.

朱素梅, 「釣魚島問題與臺灣的'保釣運動'」, 『臺灣研究』, 1997-1.

黃正文, 「釣魚臺列嶼主權與歷史文獻」, 『文大日研學報』 2, 1997.

大畑篤四郎, 「釣魚臺列島問題的省思」, 程家瑞 編 『釣魚臺列嶼之法律地位』論文集, 臺北, 東吳大學校法學院, 1998.

米慶余, 「讀陳侃『使琉球錄』-古代中琉疆界記實」 「林子平『三國通覽圖說』珍本及其地圖著色」, 『琉球歷史研究』, 天津人民出版社, 1998.

小熊英二, 『「日本人」の境界』, 新曜社, 1998.

吳天穎, 『甲午戰爭前釣魚列嶼歸屬考-奧原敏雄諸氏への反證』, 外文出版社, 1998.

宇佐美滋, 「尖閣列島問題」, 程家瑞 編 『釣魚臺列嶼之法律地位』論文集, 臺北, 東吳大學校法學院, 1998.

林田富, 『釣魚臺列島主權歸屬之研究』, 臺北, 五南圖書出版有限公司, 1998.

程家瑞 編, 臺灣東吳大學校主催 釣魚臺問題國際學術研討會論文集 『釣魚臺列瑞之法律地位』, 1998.

鄭海麟, 『釣魚島列嶼之歷史與法理研究』, 香港, 明報出版社, 1998; (增補版) 北京, 中華書局出版社, 2007.

德松信男, 「侵略される尖閣列島」 1-10, 『祖國と青年』 253-263, 1999.

夫馬進 編, 『增訂使琉球錄解題及び研究』, 榕樹書林, 1999.

山下重一, 『琉球-沖繩史研究序說』, 御茶の水書房, 1999.

安里進 等編, 『沖繩人はどこから來た101』, ボーダインク, 1999.

王琳, 「從國際法論中國對釣魚群島擁有無可辨的主權」, 『中國邊疆史研究』, 1999-4.

林琳, 「從國際法論中國對釣魚島群島無可爭辯的主權」, 『中國邊疆史地研究』, 1999-4.

林田富, 『釣魚臺列瑞主權歸屬之研究』, 臺北, 五南圖書出版有限公司, 1999.

張植榮 編, 『中日關係與釣魚臺問題研究論集』, 1999.

北京圖書館 編, 『國家圖書館藏琉球資料匯編』 上·中·下, 2000.

安京, 「試論中國古代海界問題」, 『中國邊疆史硏究』, 2000-2.
吳輝, 「從國際法論中日釣魚島爭端及其解決前景」, 『國際論壇』, 2000-4.
鞠德源, 『日本國竊土源流/釣魚列嶼主權辨』, 首都師範大學出版社, 2001.
翁佳音, 『異論臺灣史』, 稻鄉出版社, 2001.
張植榮 等 編, 『釣魚臺群島(尖閣諸島)問題硏究資料匯編』, 香港, 勵志出版社, 2001.
沖繩歷史教育硏究會, 『高等學校 琉球 沖繩史』, 編集工房東洋企劃, 2001.
浦野起央 等 編修, 『釣魚臺群島「尖閣諸島」問題』, 勵志出版社+刀水書房, 2001.
浦野起央 等 編, 『釣魚臺群島(尖閣諸島)問題硏究資料匯編』, 香港, 勵志出版社/ 東京, 刀水書房, 2001.
米慶余, 「釣魚島及其部屬島嶼歸屬考-從明代陳侃『使琉球錄』談起」, 『歷史硏究』, 2002-3.
北京圖書館 編, 『國家圖書館藏琉球資料續編』 上·下, 2002.
山口榮鐵 編譯, 『琉球王國の崩壞』, 榕樹書林, 2002.
李國强, 「近十年來釣魚島問題硏究之狀況」, 『中國邊疆史地硏究』, 2002-1.
林田富, 『再論釣魚臺列瑞主權爭議』, 臺北, 五南圖書出版有限公司, 2002.
張植榮, 「日本有關釣魚列嶼問題硏究評述」, 『中國邊疆史地硏究』, 2002-1.
張植榮·蔣蘇晉, 「美國與中日釣魚臺列嶼爭端」, 『中國邊疆史地硏究』, 2002-3.
浦野起央, 『尖端諸島,琉球,中國-日中國際關係史(分析, 資料, 書籍)』, 東京, 三和書籍, 2002.
藤原良雄 編, 『琉球文化圈とは何か』, 藤原書店, 2003.
原田禹雄, 『琉球と中國』, 吉川弘文館, 2003.
張植榮, 「蛻變-釣魚島問題在臺灣」, 『國際論壇』, 2003-4.
鄭海麟, 『從歷史與國際法看釣魚台主權歸屬』, 臺北, 海峽學術出版社, 2003.
黃兆强 編, 東吳大學主催 第2次 釣魚臺問題國際學術硏討會論文集 『釣魚臺列瑞之歷史與法律地位』, 2003.
山下重一, 『續琉球-沖繩史硏究序說』, 御茶の水書房, 2004.
村田忠禧, 『如何看待尖閣列島/釣魚島』, 僑報社, 2004.
村田忠禧, 「尖閣列島?釣魚島爭議」, 『百年潮』, 2004-6.
村田忠禧, 「尖閣列島, 釣魚島爭議-對21世紀人們知慧的考驗」, 『中國現代史學會通訊』 18, 2004.
郭永虎, 「關於中日釣魚島爭端中‘美國因素’的歷史考察」, 『中國邊疆史地硏究』, 2005-4.

西里喜行,『清末中琉日關係史の研究』, 京都大學學術出版會, 2005.

西銘圭藏,『國家を超越えた思想-伊波普猷』, ウインかもがわ, 2005.

浦野起央,『尖閣諸島.琉球.中國-日中國際關係史(分析.資料.文獻)』增補版, 三和書籍, 2005.

鞠德源,『釣魚島正名-釣魚島列嶼的歷史主權及國際法淵源』, 北京, 崑崙出版社, 2006.

原田禹雄,『尖閣諸島-冊封琉球使錄を讀む』, 榕樹書林, 2006.

劉傑 等編,『國境を越える歷史認識』, 東京大學出版會, 2006.

劉中民 劉文科,「近十年來國內釣魚島問題研究綜述」,『中國海洋大學學報』(社會科學), 2006-1.

原田禹雄,『尖閣諸島冊封琉球使錄を讀む』, 榕樹書林, 2006.

Kimie Hara, "The Ryukyus: Okinawa and the Senkaku/Diaoyu disputes," *Cold War Frontiers in the Asia-Pacific: Divided Territories in the San Francisco System*, Abingdon: Taylor and Francis 2006.

James C. Hsiung, "Sea Power, Law of the Sea, and a Sino-Japanese East China Sea 'Resource War'," in James C. Hsiung, ed., *China and Japan at Odds: Deciphering the Perpetual Conflict*, Palgrave Macmillan 2007.

宮崎正弘,『中國がたくらむ台灣沖繩侵攻と日本支配』, 2008.

다카라 구라요시, 원정식 역,『류큐왕국』, 한림대학교 일본학연구소, 2008.

新城俊昭,『琉球-沖繩史』, 東洋企劃印刷, 2008.

張植榮 張啓雄,「明治時期日本官書對'尖閣列島'地位的認識」,『中國邊疆史地研究』, 2008-1.

정근식 등 編著,『경계의 섬, 오키나와: 기억과 정체성』, 논형, 2008.

宮里政玄 等編,『沖繩「自立」への道を求めて-基地,經濟,自治觀點』, 高文硏, 2009

上原兼善,『島津氏の琉球侵略』, 榕樹書林, 2009.

芹田健太郞,『日本の領土』, 中公文庫, 2010.

臺灣清華大學 編,『啓蒙,狂風,反思-保釣運動四十年』, 臺灣清華大學出版社, 2010.

西里喜行,「東アジア史における琉球處分」,『經濟史研究』13, 2010.

石井明,「中國の琉球沖繩政策-琉球沖繩の歸屬問題を中心に」,『境界研究』1, 2010.

戚其章,「釣魚島主權歸屬之爭及相關問題-日本明治政府的南擴戰略與前後處置」,『學術月刊』, 2010-1.

沖繩歷史教育研究會代表 新城俊昭,『沖繩から見える歷史風景』, 2010.

後田多敦,『琉球救國運動』, 出版社 Mugen, 2010.

金永明, 「批駁日本關於釣魚島列嶼領有權基本見解的錯誤性」, 『雲南大學學報』(法學), 2011-2.
賴奕佑, 「馬英九關于釣魚島問題的學術見解」, 『東北亞論壇』, 2011-1.
孫崎享, 『日本の國境問題-尖閣.竹島.北方領土』, ちくま新書, 2011.
張植榮·王俊峰, 『東海油爭-釣魚島爭端的歷史,法理與未來』, 黑龍江人民出版社, 2011.
井上淸, 『釣魚列島的歷史和主權問題』, 香港, 天地圖書, 2011.
鄭海麟, 「釣魚島主權歸屬的歷史與國際法分析」, 『中國邊疆史地研究』 2011-4.
臺灣淸華大學 編, 『東亞脈絡下的釣魚臺-繼承,轉化,再前進』, 臺灣淸華大學出版社, 2012.
別冊寶島編輯部, 『尖閣諸島-竹島が日本領土である理由がわかる本』, 寶島社, 2012.
羽根次郎, 「尖閣問題に內在する法理的矛盾-'固有の領土'論の克服のために」, 『世界』, 2012年11月號.
石原愼太郎, 「尖閣諸島という國難」, 『文藝春秋』, 2012年7月號.
「Senkaku purchase must be settled calmly in Japan」, 『每日新聞』 社說, 2012.7.11.
「Stop infighting over the Senkakus」, 『재팬타임스』 사설, 2012.7.18.
孫崎享 編, 『檢證尖閣問題』, 岩波書店, 2012.
松島泰勝, 『琉球獨立への道-植民地主義に抗う琉球ナショナリズム-』, 法律文化社, 2012.
Ivy Lee and Fang Ming, "Deconstructing Japan's claim of sovereignty over the Diaoyu/Senkaku islands," *The Asia-Pacific Journal: Japan Focus*, 2012.12.31.(http://japanfocus.org/-fang-ming/3877)
王偉男, 「臺灣當局在釣魚島問題上的立場演變-以臺當局'外交部'歷年來的涉釣文獻爲視覺」, 『太平洋學報』, 2012-12.
羽根次郎, 「尖閣問題に內在する法理的矛盾-'固有の領土'論の克服のために」, 『世界』, 2012年11月號.
劉江永, 『中日關係二十講-釣魚島問題將何去何從』, 北京, 中國人民大學出版社, 2012.
劉江永, 「釣魚島是中國固有領土」, 『光明日報』, 2012.9.25.
琉球新報社, 『「琉球處分」を問う』, 琉球新報社, 2012.
張寧, 「'釣魚島'の背後の中國の思想的分岐」, 『現代思想』, 2012年12月號.
張彩霞, 「2000年以來大陸學界對釣魚島問題的研究現狀分析」, 『臺灣研究集刊』, 2012.
田畑光永, 「'領有權問題'をめぐる歷史的事實-平和的解決のための糸口はどこにあるか」, 『世界』, 2012年12月號.

井上清,『「尖閣」列島』, 第三書館, 2012.

鄭海麟,『釣魚島列嶼之歷史與法理研究』, 中華書局, 2012.

中華人民共和國 國務院 新聞辦公室,『釣魚島是中國的固有領土』白皮書, 2012.

Togo Kazuhiko, "Japan's territorial problem:the Northern Territories, Takeshima, and the Senkaku islands," *The National Bureau of Asian Research, Commentary*, 2012.5.8.

豊下楢彦,『「尖閣問題」とは何か』, 岩波書店, 2012.

韓結根,「歷史文獻中的釣魚島問題」,『文匯報』, 2012.9.29.

和田春樹,『領土問題をどう解決するか-對立から對話へ』, 平凡社, 2012.

大田昌秀 等,『沖縄の自立と日本-「復歸」40年の問いかけ』岩波書店, 2013.

Ben Dolven, Shirley A. Kan, Mark E. Manyin, *Maritime Territorial Disputes in East Asia: Issues for Congress*, Congressional Research Service, 2013.1.23.

아라사끼 모리떼루(新崎盛暉), 백영서 이한결 옮김,『오끼나와, 구조적 차별과 저항의 현장』, 창비, 2013.

吳天穎,『甲午戰爭釣魚列嶼歸屬考』, 北京, 中國民主法制出版社, 2013.

劉傑,『對立と共存の歷史認識』, 東京大學出版會, 2013.

李理 趙國輝 編著,『日本各界人士對日本尖閣列島主張的反駁』, 臺北, 海峽學術, 2013.

人民日報,「論釣魚島及周邊海域是中國之一部」,『人民日報』, 2013.5.10.(http://j.people.com.cn/94474/8240278.html)

人民日報,「論馬關條約和釣魚島問題(3)」,『人民日報』, 2013.5.10 (http://j.people.com.cn/94474/204188/8237309.html)

人民日報,「清の文獻から見る釣魚島の歸屬」,『人民日報』,2013.5.17.(http://j.people.com.cn/94474/8247415.html)

人民日報,「釣魚島是被日本盜取的中國之領土」,『人民日報』, 2013.5.24.(http://j.people.com.cn/94474/8256439.html.)

褚靜濤,『中日釣魚島爭端研究(上下), 臺北, 海峽學術, 2013.

井上清, 賈俊琪 譯,『釣魚島嶼歷史與主權』, 北京, 新星出版社, 2013.

眞久田正,『沖縄獨立研究序說』, 株式會社Ryukyu企劃, 2013.

村田忠禧,『日中領土問題の起源』, 花傳社, 2013.

村田忠禧, 書和平 譯,『日中領土爭奪的起源;從歷史檔案看釣魚島問題』, 北京, 社會科學文獻出版社, 2013.

沖繩大學地域硏究所 編,『尖閣諸島と沖繩-時代に翻弄される島の歷史と自然』, 芙蓉書房出版, 2013.

惠隆之介,『中國が沖繩を奪う日』, 幻冬舍, 2013.

「沖繩からの緊急アピール:尖閣諸島(釣魚島及其附屬島嶼釣魚臺列嶼)を共存共生の生活圈にするために」: "An Urgent Appeal from Okinawa to turn the disputed islands and surrounding waters into a shared livelihood space," Peace Philosophy Centre, 2013.1.10.(http://peacephilosophy.blogspot.ca/2013/02/an-urgent-appeal-from-Okinawa-to-turn.html)

개번 매코맥(Gavan McCormack), 노리마쯔 서또꼬(乘松聰子), 정영선 옮김,『저항하는 섬, 오끼나와(Resistant Islands)』, 창비, 2014.

大城宜武,『日本殖民地國家論-沖繩支配の構造』, 株式會社Ryukyu企劃, 2014.

遲全華,『釣魚島之爭』, 北京, 世界知識出版社, 2014.

8. 동아시아의 역사 논쟁의 비판적 이해

Tsepon W. D. Shakabpa(孜本 夏格巴-汪秋德丹), *Tibet: A Political History*, Yale Univ. Press, 1967.

井上淸,『尖閣列島-釣魚諸島の歷史的解明』, 現代評論社, 1972.

朱雲影,『中國文化對日韓越的影響』, 黎明文化事業公司, 1981.

中國社會科學院 歷史硏究所,『古代中越關係資料選編』, 中國社會科學出版社(內部發行), 1982.

綠間榮,『尖閣列島』, 沖繩ひるぎ社, 1984.

郭明 等編,『現代中越關係史資料選編』, 時事出版社, 1986.

Michael C. van Walt van Praag, *The Status of Tibet: History, Rights, and Prospects in International Law*, Westview Press, 1987.

史明,『臺灣人四百年史』, 鴻儒堂出版社, 1994.

吳天穎,『甲午戰爭前釣魚列嶼歸屬考-兼質日本奧原敏雄諸教授-』, 社會科學文獻出版社, 1994.
王貴·喜饒尼瑪·唐家衛,『西藏歷史地位辨-評夏格巴『藏區政治史』和范普拉赫『西藏的地位』, 民族出版社, 1995.
陰法唐,『西藏歷史地位辨』, 民族出版社, 1995.
張啓雄,『外蒙主權歸屬交涉 1911-1916』, 中央研究院近代史研究所, 1995.
連橫,『臺灣通史』上·下, 商務印書館, 1996.
陳孔立,『臺灣歷史綱要』, 九洲圖書出版社, 1997.
王育德,『臺灣-苦悶的歷史』, 前衛出版社, 2000.
翁佳音,『異論臺灣史』, 稻鄉出版社, 2001.
王曉波,『交鋒-統獨論戰三十年』, 海峽學術出版社, 2002.
浦野起央,『尖端諸島,琉球,中國-日中國際關係史(分析, 資料, 書籍)』, 三和書籍, 2002.
厲聲,『中國新疆歷史與現實』, 新疆人民出版社, 2006.
原田禹雄,『尖閣諸島-冊封琉球使錄を讀む』, 榕樹書林, 2006.
潘志平 等,『"東突"的歷史與現狀』, 民族出版社, 2008.
王暉,『東西之間的"西藏問題"(外二篇)』, 生活讀書新知三聯書店, 2011.
豊下楢彦,『「尖閣問題」とは何か』, 岩波書店, 2012.
國立政治大學圖書館數位典藏組 編,『左翼 民族』, 國立政治大學圖書館, 2013.
吳天穎,『甲午戰爭釣魚列嶼歸屬考』, 中國民主法制出版社, 2013.
李理·趙國輝 編著,『日本各界人士對日本尖閣列島主張的反駁』, 海峽學術, 2013.
褚靜濤,『中日釣魚島爭端研究(上·下)』, 海峽學術, 2013.
村田忠禧, 書和平 譯,『日中領土爭奪的起源;從歷史檔案看釣魚島問題』, 社會科學文獻出版社, 2013.
金鮮浩,『내몽골, 외몽골: 20세기 분단의 몽골역사』, 한국학술정보, 2014.

Abstract

The Historical Debates in East Asia

by Kim Han-Gyu

The process and contents of a debate on the history of Koguryu between Korean and Chinese societies have been widely known not only in academics but also in the media and the civil society. However, it has not been well known that the historical debates which were similar to the above argument were occurred in the various regions in East Asia during the similar period. For instance, between Tibetan and Chinese societies, there has been a controversy over the traditional priest-donator relationship, and Vietnamese and Chinese societies have exchanged an argument on the history of Sino-Vietnam relationship. For Taiwanese, a problem of independence from or unification with China has long been disputed with Chinese society. Moreover, an issue on the reversion of the Mongol history, and an issue on the reversion of the East Turkistan history have been debated between Mongolian and Chinese, and Uyghur historians and Chinese, respectively. Lastly, there also has been an argument over the dominium of the Diào-yú-dǎo or Senkaku islands between Japanese and Chinese societies.

All of these historical debates has two traits in common: First, one of the counterparts of all debates was always Chinese society. Second, one of the key concepts that caused those debates was always the inheritances of the Chinese world order. Therefore, in order to obtain useful lessons to understand the debate on the history of Koguryu and the structural characteristics of the international order in the traditional East Asia, the analysis and arrangement of these historical debates by using the method of comparative history should be helpful.

찾아보기

ㅇ

ㅈ

ㅊ

ㅋ

ㅌ